A MANUAL FOR JUDICIAL
EXPERTISE ADMINISTRATION

司法鉴定管理工作手册

（修订版）

司法部司法鉴定管理局 编

北京大学出版社
PEKING UNIVERSITY PRESS

图书在版编目(CIP)数据

司法鉴定管理工作手册/司法部司法鉴定管理局编. —北京：北京大学出版社，2015.11
ISBN 978-7-301-26435-5

Ⅰ.①司… Ⅱ.①司… Ⅲ.①司法鉴定—管理—中国—手册 Ⅳ.①D926-62

中国版本图书馆 CIP 数据核字(2015)第 249691 号

书　　　名	司法鉴定管理工作手册 SIFA JIANDING GUANLI GONGZUO SHOUCE
著作责任者	司法部司法鉴定管理局　编
责 任 编 辑	杨玉洁　刘　华
标 准 书 号	ISBN 978-7-301-26435-5
出 版 发 行	北京大学出版社
地　　　址	北京市海淀区成府路 205 号　100871
网　　　址	http://www.pup.cn
电 子 信 箱	yandayuanzhao@163.com
新 浪 微 博	@北京大学出版社
电　　　话	邮购部 62752015　发行部 62750672　编辑部 62117788
印 刷 者	南京爱德印刷有限公司
经 销 者	新华书店
	880 毫米×1230 毫米　A5　22 印张　808 千字 2015 年 11 月第 1 版　2018 年 3 月第 2 次印刷
定　　　价	188.00 元

未经许可，不得以任何方式复制或抄袭本书之部分或全部内容。
版权所有，侵权必究
举报电话：010-62752024　电子信箱：fd@pup.pku.edu.cn
图书如有印装质量问题，请与出版部联系，电话：010-62756370

修 订 说 明

为进一步指导司法鉴定管理工作,推动司法鉴定行业健康有序发展,近期我们在 2015 年出版的《司法鉴定管理工作手册》基础上,对其内容进行了增补、调整和修订,删除了一些已经过时或者已经废止的文件,重新编辑成册,供广大读者参阅。

司法部司法鉴定管理局

2018 年 1 月

编写说明

今年是《全国人民代表大会常务委员会关于司法鉴定管理问题的决定》颁布实施十周年。这十年是我国司法鉴定事业快速发展的十年,也是司法鉴定制度建设硕果累累的十年。

为全面梳理司法鉴定发展历程,客观展现司法鉴定管理工作发展脉络和制度化建设成果,便于我们在新的起点上谋划和推动司法鉴定工作的改革发展,我们将现行有效的涉及司法鉴定管理的有关规定汇编成册,供广大司法鉴定管理干部、司法鉴定人和关心司法鉴定事业改革发展的社会各界人士参阅。

本手册共分六部分:一是法律;二是法规;三是规章;四是司法部规范性文件;五是其他部门文件;六是地方性法规。内容涉及司法鉴定准入管理、执业管理、监督管理以及与司法鉴定活动相关的制度建设等。

编写过程中,一些地方司法鉴定管理干部和司法鉴定人也给予了大力支持,在此一并表示感谢!

司法部司法鉴定管理局

2015 年 11 月

目 录

一、法 律

全国人民代表大会常务委员会关于司法鉴定管理问题的
　决定(2015年修正) 1
中华人民共和国刑法(2017年修正)(节录) 4
中华人民共和国刑事诉讼法(2012年修正)(节录) 7
中华人民共和国民事诉讼法(2017年修正)(节录) 12
中华人民共和国行政诉讼法(2017年修正)(节录) 15
中华人民共和国行政许可法(2003年) 16
中华人民共和国行政处罚法(2017年修正) 29
中华人民共和国行政复议法(2017年修正) 38
中华人民共和国侵权责任法(2009年)(节录) 46
中华人民共和国精神卫生法(2012年)(节录) 48
中华人民共和国治安管理处罚法(2012年修正)(节录) 50
中华人民共和国仲裁法(2017年修正)(节录) 51
中华人民共和国监狱法(2012年修正)(节录) 52
中华人民共和国计量法(2015年修正) 53
中华人民共和国标准化法(2017年修订) 57
中华人民共和国劳动争议调解仲裁法(2007年)(节录) 63
中华人民共和国道路交通安全法(2011年修正)(节录) 64

二、法 规

中华人民共和国认证认可条例(2016年修正) 65
诉讼费用交纳办法(2006年)(节录) 75

三、规　章

司法鉴定机构登记管理办法　（2005 年 9 月 29 日　司法部令第 95 号）…… 76
司法鉴定人登记管理办法　（2005 年 9 月 29 日　司法部令第 96 号）…… 83
司法鉴定执业活动投诉处理办法
　　（2010 年 4 月 8 日　司法部令第 123 号）……………………… 89
司法鉴定程序通则　（2016 年 3 月 2 日　司法部令第 132 号）……… 93

四、司法部规范性文件

（一）机构和人员管理

司法部关于将司法部司法鉴定科学技术研究所列为全国司法鉴定人
　　继续教育基地的批复　（2003 年 5 月 12 日　司发函〔2003〕67 号）…… 100
司法部关于审批新设司法鉴定机构有关问题的紧急通知
　　（2005 年 6 月 8 日　司发通〔2005〕49 号）…………………… 101
司法部关于司法行政部门所属司法鉴定机构管理体制调整的意见
　　（2005 年 7 月 18 日　司发通〔2005〕58 号）…………………… 102
司法部关于撤销"司法部司法鉴定中心"的批复
　　（2005 年 9 月 22 日　司复〔2005〕7 号）………………………… 104
司法部司法鉴定体制改革工作办公室关于部批司法鉴定机构调整管理
　　方式的通知　（2006 年 3 月 22 日　司鉴字〔2006〕7 号）………… 105
司法部关于印发《司法鉴定教育培训规定》的通知
　　（2007 年 11 月 1 日　司发通〔2007〕72 号）…………………… 107
司法部关于开展法医临床司法鉴定人转岗培训工作的通知
　　（2009 年 6 月 10 日　司发通〔2009〕95 号）…………………… 111
司法部关于《司法鉴定机构登记管理办法》第十一条和《司法鉴定人
　　登记管理办法》第十条规定适用问题的批复
　　（2009 年 9 月 29 日　司复〔2009〕17 号）……………………… 117

司法部关于印发《司法鉴定职业道德基本规范》的通知
  （2009年12月23日 司发〔2009〕24号） …………………… 118
司法部关于印发《司法鉴定许可证和司法鉴定人执业证管理办法》
  的通知 （2010年4月12日 司发通〔2010〕83号） ………… 119
司法部办公厅关于印发《司法鉴定高级专业技术职务任职资格评审细则》
  的通知 （2010年6月4日 司办通〔2010〕51号） …………… 123
司法部关于印发《司法鉴定机构仪器设备配置标准》的通知
  （2011年12月27日 司发通〔2011〕323号） ………………… 130
司法部关于公布全国司法行政业务培训师资库名单的通知
  （2013年1月14日 司发通〔2013〕9号） …………………… 147
司法部关于印发《司法鉴定机构内部管理规范》的通知
  （2014年4月22日 司发通〔2014〕49号） …………………… 156

（二）国家级鉴定机构

司法部关于开展遴选国家级司法鉴定机构评审推荐工作的通知
  （2009年9月28日 司发通〔2009〕167号） ………………… 160
最高人民法院、最高人民检察院、公安部、国家安全部、司法部关于印发
  《国家级司法鉴定机构遴选办法》和《国家级司法鉴定机构评审
  标准》的通知 （2009年12月24日 司发通〔2009〕207号） …… 163
最高人民法院、最高人民检察院、公安部、国家安全部、司法部
  关于国家级司法鉴定机构遴选结果的通知
  （2010年9月30日 司发通〔2010〕179号） ………………… 168
司法部办公厅关于十家国家级司法鉴定机构通过资质审核的函
  （2013年9月10日 司办函〔2013〕183号） ………………… 193

（三）名册管理

司法部关于统一开展编制和公告《国家司法鉴定人和司法鉴定机构名册》
  工作的通知 （2005年9月14日 司发通〔2005〕72号） ……… 194
司法鉴定人和司法鉴定机构名册管理办法
  （2010年4月12日 司发通〔2010〕84号） …………………… 197

（四）质量管理

司法部、国家认证认可监督管理委员会关于开展司法鉴定机构认证认可
  试点工作的通知 （2008年7月25日 司发通〔2008〕116号） ……… 199

司法部、国家认证认可监督管理委员会关于全面推进司法鉴定机构认证认可工作的通知 （2012年4月12日 司发通〔2012〕114号） …… 206

国家认证认可监督管理委员会、司法部关于印发《司法鉴定机构资质认定评审准则》的通知 （2012年9月14日 国认实联〔2012〕68号） …… 211

司法部关于严格准入 严格监管提高司法鉴定质量和公信力的意见 （2017年11月22日 司发〔2017〕11号） …… 220

（五）文书规范

司法部办公厅关于印发《司法行政机关司法鉴定登记管理文本格式（试行）》的通知 （2005年8月26日 司办通〔2005〕第65号） …… 225

司法部关于印发司法鉴定文书格式的通知 （2016年11月21日 司发通〔2016〕112号） …… 242

（六）执业管理

司法部关于下发《司法鉴定执业分类规定（试行）》的通知 （2000年11月29日 司发通〔2000〕159号） …… 254

司法部关于法医精神病鉴定业务范围问题的复函 （2008年7月2日 司办函〔2008〕130号） …… 257

司法部关于认真贯彻落实精神卫生法做好精神障碍医学鉴定工作的通知 （2013年6月6日 司发通〔2013〕104号） …… 258

司法部关于认真做好贯彻落实《人体损伤程度鉴定标准》工作的通知 （2013年10月9日 司发通〔2013〕146号） …… 261

司法部司法鉴定管理局关于适用《人体损伤程度鉴定标准》有关问题的通知 （2014年1月6日 〔2014〕司鉴1号） …… 263

司法部关于认真学习贯彻执行修订后《司法鉴定程序通则》的通知 （2016年3月22日 司发通〔2016〕27号） …… 264

司法部关于认真做好实施《人体损伤致残程度分级》相关工作的通知 （2016年5月19日 司发通〔2016〕48号） …… 266

司法部办公厅关于规范司法鉴定机构开展亲子鉴定业务有关工作的通知 （2016年6月21日 司办通〔2016〕40号） …… 267

司法部办公厅关于颁布《亲权鉴定技术规范》等8项司法鉴定技术规范（2016年修订版）的通知 （2016年9月22日 司办通〔2016〕58号） …… 269

司法部办公厅关于统一换发新版《司法鉴定许可证》和《司法鉴定人执业证》的通知 （2016年12月5日 司办通〔2016〕74号） …… 271

（七）科技管理

司法部办公厅关于组织实施"十二五"国家科技支撑计划项目《司法鉴定关键技术研究》有关问题的通知
（2012年9月5日　司办通〔2012〕62号）·················· 273

（八）收费管理

司法部办公厅关于转发《国家发展改革委办公厅关于司法鉴定收费有关问题的复函》的通知　（2006年6月19日　司办通〔2006〕第35号）····· 275

国家发展和改革委员会、教育部、司法部、新闻出版广电总局关于下放教材及部分服务价格定价权限有关问题的通知
（2015年6月3日　发改价格〔2015〕1199号）················ 276

司法部司法鉴定管理局关于制定司法鉴定服务收费标准有关问题的通知
（2015年7月23日　司鉴〔2015〕10号）··················· 278

司法部办公厅关于做好司法鉴定收费标准制定相关工作的通知
（2016年1月28日　司办通〔2016〕6号）·················· 279

国家发展和改革委员会关于废止教材价格和部分服务收费政策文件有关问题的通知　（2016年3月29日　发改价格〔2016〕703号）·········· 281

司法部办公厅关于进一步加强司法鉴定收费管理的通知
（2017年3月22日　司办通〔2017〕22号）················· 283

司法部办公厅关于进一步加强司法鉴定收费行为监督管理工作的通知
（2017年7月7日　司办通〔2017〕74号）·················· 284

（九）投诉处理

司法部关于贯彻实施《司法鉴定执业活动投诉处理办法》进一步加强司法鉴定监督管理工作的通知
（2010年8月20日　司发通〔2010〕126号）················· 286

司法部关于进一步加强司法鉴定投诉处理工作的意见
（2013年8月27日　司发通〔2013〕126号）················· 290

司法部关于开展司法鉴定行风建设专项活动的通知
（2014年2月7日　司发通〔2014〕8号）··················· 294

司法部关于进一步发挥司法鉴定制度作用防止冤假错案的意见
（2014年2月13日　司发通〔2014〕10号）·················· 297

司法部关于河北等地司法行政机关严肃查处司法鉴定违法违规行为典型案件情况的通报　（2015年3月31日　司发通〔2015〕27号）········· 301

司法部关于司法鉴定违法违规行为处罚情况的通报
  （2016年5月11日　司发通〔2016〕47号）·················· 305
司法部关于山西省司法厅严肃查处山西省灵石司法鉴定中心违法违规案件
  情况的通报　（2017年2月6日　司发通〔2017〕10号）·········· 309
司法部办公厅关于2017年前三季度司法鉴定管理类行政复议、行政应诉
  案件情况通报　（2017年12月1日　司办通〔2017〕128号）········ 311

（十）综合管理

司法部关于组建省级司法鉴定协调指导机构和规范面向社会服务的司法
  鉴定工作的通知　（1999年8月24日　司发通〔1999〕092号）······· 317
司法部关于学习贯彻《全国人大常委会关于司法鉴定管理问题的决定》
  的通知　（2005年4月28日　司发通〔2005〕30号）············· 319
司法部关于设立司法鉴定管理局的通知
  （2006年10月9日　司发通〔2006〕65号）················· 323
司法部关于认真贯彻落实全国司法鉴定管理工作会议精神进一步加强司法
  鉴定管理工作的通知　（2012年7月16日　司发通〔2012〕172号）··· 324

五、相关部门文件

（一）全国人大

全国人民代表大会常务委员会法制工作委员会《关于司法鉴定管理问题
  的决定》施行前可否对司法鉴定机构和司法鉴定人实施准入管理
  等问题的意见　（2005年6月20日　法工委发函〔2005〕52号）········ 327
全国人民代表大会常务委员会法制工作委员会关于对法医类鉴定与
  医疗事故技术鉴定关系问题的意见
  （2005年9月22日　法工委复字〔2005〕29号）··············· 329
全国人民代表大会常务委员会法制工作委员会对如何处理省高级
  人民法院制定的规范性文件的意见
  （2008年10月6日　法工委复〔2008〕10号）················· 330

(二) 最高人民法院

最高人民法院关于民事诉讼证据的若干规定(节录)
  (2001年12月21日　法释〔2001〕33号) ………… 331
人民法院对外委托司法鉴定管理规定
  (2002年3月27日　法释〔2002〕8号) …………… 336
最高人民法院关于行政诉讼证据若干问题的规定(节录)
  (2002年7月24日　法释〔2002〕21号) ………… 338
最高人民法院关于审理人身损害赔偿案件适用法律若干问题的解释
  (2003年12月26日　法释〔2003〕20号) ………… 341
最高人民法院关于印发《人民法院司法鉴定人名册制度实施办法》
  的通知　(2004年2月9日　法发〔2004〕6号) …… 347
最高人民法院关于地方各级人民法院设立司法技术辅助工作机构的通知
  (2006年9月25日　法发〔2006〕182号) ………… 351
最高人民法院办公厅关于印发《技术咨询、技术审核工作管理规定》和
  《对外委托鉴定、评估、拍卖等工作管理规定》的通知
  (2007年8月23日　法办发〔2007〕5号) ………… 352
最高人民法院关于人民法院委托评估、拍卖和变卖工作的若干规定
  (2009年11月12日　法释〔2009〕16号) ………… 364
最高人民法院关于适用《中华人民共和国侵权责任法》若干问题的通知
  (2010年6月30日　法发〔2010〕23号) ………… 366
最高人民法院关于适用《中华人民共和国刑事诉讼法》的解释(节录)
  (2012年12月20日　法释〔2012〕21号) ………… 367
最高人民法院关于审理环境民事公益诉讼案件适用法律若干问题的解释
  (2015年1月6日　法释〔2015〕1号) …………… 380
最高人民法院关于适用《中华人民共和国民事诉讼法》的解释(节录)
  (2015年1月30日　法释〔2015〕5号) ………… 385
最高人民法院关于审理环境侵权责任纠纷案件适用法律若干问题的解释
  (2015年6月1日　法释〔2015〕12号) ………… 388
中华人民共和国人民法院法庭规则(节录)
  (2016年4月13日　法释〔2016〕7号) ………… 391
最高人民法院关于防范和制裁虚假诉讼的指导意见
  (2016年6月20日　法发〔2016〕13号) ………… 392

最高人民法院关于行政诉讼应诉若干问题的通知
　　（2016年7月28日　法〔2016〕260号）……………………… 394

（三）最高人民检察院

最高人民检察院关于贯彻《全国人民代表大会常务委员会关于司法鉴定
　　管理问题的决定》有关工作的通知
　　（2005年9月21日　高检发办字〔2005〕11号）………………… 397
最高人民检察院关于印发《人民检察院鉴定机构登记管理办法》、《人民检察
　　院鉴定人登记管理办法》和《人民检察院鉴定规则（试行）》的通知
　　（2006年11月30日　高检发办字〔2006〕33号）………………… 399
人民检察院刑事诉讼规则（试行）（节录）
　　（2012年11月22日　高检发释字〔2012〕2号）………………… 412

（四）公安部

公安机关办理刑事案件程序规定（节录）
　　（2012年12月13日　公安部令第127号）………………………… 426
公安机关办理行政案件程序规定（节录）
　　（2012年12月19日　公安部令第125号）………………………… 431
公安机关鉴定规则　（2017年2月16日　公通字〔2017〕6号）……… 436

（五）其他部门

卫生部关于做好《侵权责任法》贯彻实施工作的通知（节录）
　　（2010年6月28日　卫医管发〔2010〕61号）…………………… 446
全国组织机构代码管理中心关于司法鉴定机构办理组织机构代码证书
　　有关问题的通知　（2011年3月24日　组代管中发〔2011〕10号）…… 447
检验检测机构资质认定管理办法
　　（2015年4月9日　国家质量监督检验检疫总局令第163号）………… 448

（六）多部门联合发文

最高人民法院、最高人民检察院、公安部、司法部、卫生部关于颁发
　　《精神疾病司法鉴定暂行规定》的通知
　　（1989年7月11日　卫医字〔89〕第17号）……………………… 456

最高人民法院、最高人民检察院、公安部、司法部、新闻出版署关于公安部
　　光盘生产源鉴定中心行使行政、司法鉴定权有关问题的通知
　　　（2000年3月9日　公通字〔2000〕21号）……………… 461
国家发展和改革委员会、司法部关于涉案财物价格鉴定工作有关问题的通知
　　　（2005年7月19日　发改价格〔2005〕1318号）………… 463
最高人民法院、最高人民检察院、公安部、国家安全部、司法部关于做好
　　《全国人民代表大会常务委员会关于司法鉴定管理问题的决定》施行
　　前有关工作的通知　（2005年7月27日　司发通〔2005〕62号）……… 464
国家发展和改革委员会、最高人民法院、最高人民检察院、公安部、财政部
　　关于扣押追缴没收及收缴财物价格鉴定管理的补充通知
　　　（2008年6月4日　发改厅〔2008〕1392号）……………… 466
最高人民法院、最高人民检察院、公安部、国家安全部、司法部关于做好司法
　　鉴定机构和司法鉴定人备案登记工作的通知
　　　（2008年11月20日　司发通〔2008〕165号）……………… 467
最高人民法院、最高人民检察院、公安部、国家安全部、司法部关于办理死刑
　　案件审查判断证据若干问题的规定
　　　（2010年6月30日　法发〔2010〕20号）…………………… 471
最高人民法院、最高人民检察院、公安部、国家安全部、司法部、全国人民代表
　　大会常务委员会法制工作委员会关于实施刑事诉讼法若干问题的规定
　　　（2012年12月26日）……………………………………… 482
最高人民法院、最高人民检察院、司法部关于将环境损害司法鉴定纳入统一
　　登记管理范围的通知　（2015年12月21日　司发通〔2015〕117号）…… 489
司法部、环境保护部关于规范环境损害司法鉴定管理工作的通知
　　　（2015年12月21日　司发通〔2015〕118号）……………… 490
最高人民法院、最高人民检察院、公安部印发《关于办理刑事案件收集提取
　　和审查判断电子数据若干问题的规定》的通知
　　　（2016年9月9日　法发〔2016〕22号）……………………… 492
最高人民法院、司法部关于建立司法鉴定管理与使用衔接机制的意见
　　　（2016年10月9日　司发通〔2016〕98号）………………… 499
司法部、环境保护部关于印发《环境损害司法鉴定机构登记评审办法》、
　　《环境损害司法鉴定机构登记评审专家库管理办法》的通知
　　　（2016年10月12日　司发通〔2016〕101号）……………… 502
最高人民法院、最高人民检察院关于办理环境污染刑事案件适用法律
　　若干问题的解释　（2016年12月23日　法释〔2016〕29号）……… 506

环境保护部、司法部公告 （2017年4月24日 第17号） …………… 511

六、地方性法规

河南省司法鉴定管理条例 ……………………………………… 527
湖北省司法鉴定管理条例 ……………………………………… 533
江西省司法鉴定条例 …………………………………………… 537
四川省司法鉴定管理条例 ……………………………………… 544
河北省司法鉴定管理条例 ……………………………………… 549
山西省司法鉴定条例 …………………………………………… 555
宁夏回族自治区司法鉴定管理条例 …………………………… 561
贵州省司法鉴定条例 …………………………………………… 567
重庆市司法鉴定条例 …………………………………………… 573
浙江省司法鉴定管理条例 ……………………………………… 582
陕西省司法鉴定管理条例 ……………………………………… 590
山东省司法鉴定条例 …………………………………………… 600
青海省司法鉴定条例 …………………………………………… 613
福建省司法鉴定管理条例 ……………………………………… 625
黑龙江省司法鉴定管理条例 …………………………………… 634
云南省司法鉴定管理条例 ……………………………………… 645
广西壮族自治区司法鉴定管理条例 …………………………… 655
江苏省司法鉴定管理条例 ……………………………………… 667
安徽省司法鉴定管理条例 ……………………………………… 676

一、法律

全国人民代表大会常务委员会
关于司法鉴定管理问题的决定（2015 年修正）

（2005 年 2 月 28 日第十届全国人民代表大会常务委员会第十四次会议通过　根据 2015 年 4 月 24 日第十二届全国人民代表大会常务委员会第十四次会议《关于修改〈中华人民共和国义务教育法〉等五部法律的决定》修正）

为了加强对鉴定人和鉴定机构的管理，适应司法机关和公民、组织进行诉讼的需要，保障诉讼活动的顺利进行，特作如下决定：

一、司法鉴定是指在诉讼活动中鉴定人运用科学技术或者专门知识对诉讼涉及的专门性问题进行鉴别和判断并提供鉴定意见的活动。

二、国家对从事下列司法鉴定业务的鉴定人和鉴定机构实行登记管理制度：

（一）法医类鉴定；

（二）物证类鉴定；

（三）声像资料鉴定；

（四）根据诉讼需要由国务院司法行政部门商最高人民法院、最高人民检察院确定的其他应当对鉴定人和鉴定机构实行登记管理的鉴定事项。

法律对前款规定事项的鉴定人和鉴定机构的管理另有规定的，从其规定。

三、国务院司法行政部门主管全国鉴定人和鉴定机构的登记管理工作。省级人民政府司法行政部门依照本决定的规定，负责对鉴定人和鉴定机构的登记、名册编制和公告。

四、具备下列条件之一的人员，可以申请登记从事司法鉴定业务：

（一）具有与所申请从事的司法鉴定业务相关的高级专业技术职称；

（二）具有与所申请从事的司法鉴定业务相关的专业执业资格或者高等院校相关专业本科以上学历，从事相关工作五年以上；

（三）具有与所申请从事的司法鉴定业务相关工作十年以上经历，具有较强的专业技能。

因故意犯罪或者职务过失犯罪受过刑事处罚的，受过开除公职处分的，以及被撤销鉴定人登记的人员，不得从事司法鉴定业务。

五、法人或者其他组织申请从事司法鉴定业务的，应当具备下列条件：

(一)有明确的业务范围;

(二)有在业务范围内进行司法鉴定所必需的仪器、设备;

(三)有在业务范围内进行司法鉴定所必需的依法通过计量认证或者实验室认可的检测实验室;

(四)每项司法鉴定业务有三名以上鉴定人。

六、申请从事司法鉴定业务的个人、法人或者其他组织,由省级人民政府司法行政部门审核,对符合条件的予以登记,编入鉴定人和鉴定机构名册并公告。

省级人民政府司法行政部门应当根据鉴定人或者鉴定机构的增加和撤销登记情况,定期更新所编制的鉴定人和鉴定机构名册并公告。

七、侦查机关根据侦查工作的需要设立的鉴定机构,不得面向社会接受委托从事司法鉴定业务。

人民法院和司法行政部门不得设立鉴定机构。

八、各鉴定机构之间没有隶属关系;鉴定机构接受委托从事司法鉴定业务,不受地域范围的限制。

鉴定人应当在一个鉴定机构中从事司法鉴定业务。

九、在诉讼中,对本决定第二条所规定的鉴定事项发生争议,需要鉴定的,应当委托列入鉴定人名册的鉴定人进行鉴定。鉴定人从事司法鉴定业务,由所在的鉴定机构统一接受委托。

鉴定人和鉴定机构应当在鉴定人和鉴定机构名册注明的业务范围内从事司法鉴定业务。

鉴定人应当依照诉讼法律规定实行回避。

十、司法鉴定实行鉴定人负责制度。鉴定人应当独立进行鉴定,对鉴定意见负责并在鉴定书上签名或者盖章。多人参加的鉴定,对鉴定意见有不同意见的,应当注明。

十一、在诉讼中,当事人对鉴定意见有异议的,经人民法院依法通知,鉴定人应当出庭作证。

十二、鉴定人和鉴定机构从事司法鉴定业务,应当遵守法律、法规,遵守职业道德和职业纪律,尊重科学,遵守技术操作规范。

十三、鉴定人或者鉴定机构有违反本决定规定行为的,由省级人民政府司法行政部门予以警告,责令改正。

鉴定人或者鉴定机构有下列情形之一的,由省级人民政府司法行政部门给予停止从事司法鉴定业务三个月以上一年以下的处罚;情节严重的,撤销登记:

(一)因严重不负责任给当事人合法权益造成重大损失的;

(二)提供虚假证明文件或者采取其他欺诈手段,骗取登记的;

(三)经人民法院依法通知,拒绝出庭作证的;

(四)法律、行政法规规定的其他情形。

鉴定人故意作虚假鉴定,构成犯罪的,依法追究刑事责任;尚不构成犯罪的,依照前款规定处罚。

十四、司法行政部门在鉴定人和鉴定机构的登记管理工作中,应当严格依法办事,积极推进司法鉴定的规范化、法制化。对于滥用职权、玩忽职守,造成严重后果的直接责任人员,应当追究相应的法律责任。

十五、司法鉴定的收费标准由省、自治区、直辖市人民政府价格主管部门会同同级司法行政部门制定。

十六、对鉴定人和鉴定机构进行登记、名册编制和公告的具体办法,由国务院司法行政部门制定,报国务院批准。

十七、本决定下列用语的含义是:

(一)法医类鉴定,包括法医病理鉴定、法医临床鉴定、法医精神病鉴定、法医物证鉴定和法医毒物鉴定。

(二)物证类鉴定,包括文书鉴定、痕迹鉴定和微量鉴定。

(三)声像资料鉴定,包括对录音带、录像带、磁盘、光盘、图片等载体上记录的声音、图像信息的真实性、完整性及其所反映的情况过程进行的鉴定和对记录的声音、图像中的语言、人体、物体作出种类或者同一认定。

十八、本决定自2005年10月1日起施行。

中华人民共和国刑法（2017年修正）（节录）

（1979年7月1日第五届全国人民代表大会第二次会议通过　1997年3月14日第八届全国人民代表大会第五次会议修订　根据1999年12月25日《中华人民共和国刑法修正案》、2001年8月31日《中华人民共和国刑法修正案（二）》、2001年12月29日《中华人民共和国刑法修正案（三）》、2002年12月28日《中华人民共和国刑法修正案（四）》、2005年2月28日《中华人民共和国刑法修正案（五）》、2006年6月29日《中华人民共和国刑法修正案（六）》、2009年2月28日《中华人民共和国刑法修正案（七）》、2011年2月25日《中华人民共和国刑法修正案（八）》、2015年8月29日《中华人民共和国刑法修正案（九）》、2017年11月4日《中华人民共和国修正案（十）》修正）

第一编　总　则
第二章　犯　罪
第一节　犯罪和刑事责任

第十八条　精神病人在不能辨认或者不能控制自己行为的时候造成危害结果，经法定程序鉴定确认的，不负刑事责任，但是应当责令他的家属或者监护人严加看管和医疗；在必要的时候，由政府强制医疗。

间歇性的精神病人在精神正常的时候犯罪，应当负刑事责任。

尚未完全丧失辨认或者控制自己行为能力的精神病人犯罪的，应当负刑事责任，但是可以从轻或者减轻处罚。

醉酒的人犯罪，应当负刑事责任。

第二编　分　则
第三章　破坏社会主义市场经济秩序罪
第五节　金融诈骗罪

第一百九十八条　有下列情形之一，进行保险诈骗活动，数额较大的，处五年以下有期徒刑或者拘役，并处一万元以上十万元以下罚金；数额巨大或者有其他严重情节的,处五年以上十年以下有期徒刑,并处二万元以上二十万元以下罚金;数额特别巨大或者有其他特别严重情节的,处十年以上有期徒刑,并处二万元以上二十万元以下罚金或者没收财产:

（一）投保人故意虚构保险标的,骗取保险金的;

（二）投保人、被保险人或者受益人对发生的保险事故编造虚假的原因或者夸大损失的程度,骗取保险金的;

（三）投保人、被保险人或者受益人编造未曾发生的保险事故,骗取保险金的;

（四）投保人、被保险人故意造成财产损失的保险事故,骗取保险金的;

（五）投保人、受益人故意造成被保险人死亡、伤残或者疾病,骗取保险金的。

有前款第四项、第五项所列行为,同时构成其他犯罪的,依照数罪并罚的规定处罚。

单位犯第一款罪的,对单位判处罚金,并对其直接负责的主管人员和其他直接责任人员,处五年以下有期徒刑或者拘役;数额巨大或者有其他严重情节的,处五年以上十年以下有期徒刑;数额特别巨大或者有其他特别严重情节的,处十年以上有期徒刑。

保险事故的鉴定人、证明人、财产评估人故意提供虚假的证明文件,为他人诈骗提供条件的,以保险诈骗的共犯论处。

第六章　妨害社会管理秩序罪

第二节　妨害司法罪

第三百零五条　在刑事诉讼中,证人、鉴定人、记录人、翻译人对与案件有重要关系的情节,故意作虚假证明、鉴定、记录、翻译,意图陷害他人或者隐匿罪证的,处三年以下有期徒刑或者拘役;情节严重的,处三年以上七年以下有期徒刑。

第三百零七条　以暴力、威胁、贿买等方法阻止证人作证或者指使他人作伪证的,处三年以下有期徒刑或者拘役;情节严重的,处三年以上七年以下有期徒刑。

帮助当事人毁灭、伪造证据,情节严重的,处三年以下有期徒刑或者拘役。

司法工作人员犯前两款罪的,从重处罚。

第三百零七条之一　以捏造的事实提起民事诉讼,妨害司法秩序或者严重侵害他人合法权益的,处三年以下有期徒刑、拘役或者管制,并处或者单处罚金;情节严重的,处三年以上七年以下有期徒刑,并处罚金。

单位犯前款罪的,对单位判处罚金,并对其直接负责的主管人员和其他直接责任人员,依照前款的规定处罚。

有第一款行为,非法占有他人财产或者逃避合法债务,又构成其他犯罪的,依照处罚较重的规定定罪从重处罚。

司法工作人员利用职权,与他人共同实施前三款行为的,从重处罚;同时构成其他犯罪的,依照处罚较重的规定定罪从重处罚。

中华人民共和国刑事诉讼法（2012年修正）（节录）

（1979年7月1日第五届全国人民代表大会第二次会议通过　根据1996年3月17日第八届全国人民代表大会第四次会议《关于修改〈中华人民共和国刑事诉讼法〉的决定》第一次修正　根据2012年3月14日第十一届全国人民代表大会第五次会议《关于修改〈中华人民共和国刑事诉讼法〉的决定》第二次修正）

第一编　总　则

第三章　回　避

第二十八条　审判人员、检察人员、侦查人员有下列情形之一的,应当自行回避,当事人及其法定代理人也有权要求他们回避：

（一）是本案的当事人或者是当事人的近亲属的；

（二）本人或者他的近亲属和本案有利害关系的；

（三）担任过本案的证人、鉴定人、辩护人、诉讼代理人的；

（四）与本案当事人有其他关系,可能影响公正处理案件的。

第三十一条　本章关于回避的规定适用于书记员、翻译人员和鉴定人。

辩护人、诉讼代理人可以依照本章的规定要求回避、申请复议。

第五章　证　据

第四十八条　可以用于证明案件事实的材料,都是证据。

证据包括：

（一）物证；

（二）书证；

（三）证人证言；

（四）被害人陈述；

（五）犯罪嫌疑人、被告人供述和辩解；

（六）鉴定意见；

（七）勘验、检查、辨认、侦查实验等笔录；

（八）视听资料、电子数据。

证据必须经过查证属实,才能作为定案的根据。

第五十二条 人民法院、人民检察院和公安机关有权向有关单位和个人收集、调取证据。有关单位和个人应当如实提供证据。

行政机关在行政执法和查办案件过程中收集的物证、书证、视听资料、电子数据等证据材料,在刑事诉讼中可以作为证据使用。

对涉及国家秘密、商业秘密、个人隐私的证据,应当保密。

凡是伪造证据、隐匿证据或者毁灭证据的,无论属于何方,必须受法律追究。

第五十九条 证人证言必须在法庭上经过公诉人、被害人和被告人、辩护人双方质证并且查实以后,才能作为定案的根据。法庭查明证人有意作伪证或者隐匿罪证的时候,应当依法处理。

第六十一条 人民法院、人民检察院和公安机关应当保障证人及其近亲属的安全。

对证人及其近亲属进行威胁、侮辱、殴打或者打击报复,构成犯罪的,依法追究刑事责任;尚不够刑事处罚的,依法给予治安管理处罚。

第六十二条 对于危害国家安全犯罪、恐怖活动犯罪、黑社会性质的组织犯罪、毒品犯罪等案件,证人、鉴定人、被害人因在诉讼中作证,本人或者其近亲属的人身安全面临危险的,人民法院、人民检察院和公安机关应当采取以下一项或者多项保护措施:

(一)不公开真实姓名、住址和工作单位等个人信息;

(二)采取不暴露外貌、真实声音等出庭作证措施;

(三)禁止特定的人员接触证人、鉴定人、被害人及其近亲属;

(四)对人身和住宅采取专门性保护措施;

(五)其他必要的保护措施。

证人、鉴定人、被害人认为因在诉讼中作证,本人或者其近亲属的人身安全面临危险的,可以向人民法院、人民检察院、公安机关请求予以保护。

人民法院、人民检察院、公安机关依法采取保护措施,有关单位和个人应当配合。

第六十三条 证人因履行作证义务而支出的交通、住宿、就餐等费用,应当给予补助。证人作证的补助列入司法机关业务经费,由同级政府财政予以保障。

有工作单位的证人作证,所在单位不得克扣或者变相克扣其工资、奖金及其他福利待遇。

第九章 其他规定

第一百零六条 本法下列用语的含意是:

(一)"侦查"是指公安机关、人民检察院在办理案件过程中,依照法律进行的专门调查工作和有关的强制性措施；

（二）"当事人"是指被害人、自诉人、犯罪嫌疑人、被告人、附带民事诉讼的原告人和被告人；

（三）"法定代理人"是指被代理人的父母、养父母、监护人和负有保护责任的机关、团体的代表；

（四）"诉讼参与人"是指当事人、法定代理人、诉讼代理人、辩护人、证人、鉴定人和翻译人员；

（五）"诉讼代理人"是指公诉案件的被害人及其法定代理人或者近亲属、自诉案件的自诉人及其法定代理人委托代为参加诉讼的人和附带民事诉讼的当事人及其法定代理人委托代为参加诉讼的人；

（六）"近亲属"是指夫、妻、父、母、子、女、同胞兄弟姊妹。

第二编　立案、侦查和提起公诉

第二章　侦　查

第七节　鉴　定

第一百四十四条　为了查明案情，需要解决案件中某些专门性问题的时候，应当指派、聘请有专门知识的人进行鉴定。

第一百四十五条　鉴定人进行鉴定后，应当写出鉴定意见，并且签名。鉴定人故意作虚假鉴定的，应当承担法律责任。

第一百四十六条　侦查机关应当将用作证据的鉴定意见告知犯罪嫌疑人、被害人。如果犯罪嫌疑人、被害人提出申请，可以补充鉴定或者重新鉴定。

第一百四十七条　对犯罪嫌疑人作精神病鉴定的期间不计入办案期限。

第三编　审　判

第二章　第一审程序

第一节　公诉案件

第一百八十二条　人民法院决定开庭审判后，应当确定合议庭的组成人员，将人民检察院的起诉书副本至迟在开庭十日以前送达被告人及其辩护人。

在开庭以前，审判人员可以召集公诉人、当事人和辩护人、诉讼代理人，对回避、出庭证人名单、非法证据排除等与审判相关的问题，了解情况，听取意见。

人民法院确定开庭日期后,应当将开庭的时间、地点通知人民检察院,传唤当事人,通知辩护人、诉讼代理人、证人、鉴定人和翻译人员,传票和通知书至迟在开庭三日以前送达。公开审判的案件,应当在开庭三日以前先期公布案由、被告人姓名、开庭时间和地点。

上述活动情形应当写入笔录,由审判人员和书记员签名。

第一百八十五条　开庭的时候,审判长查明当事人是否到庭,宣布案由;宣布合议庭的组成人员、书记员、公诉人、辩护人、诉讼代理人、鉴定人和翻译人员的名单;告知当事人有权对合议庭组成人员、书记员、公诉人、鉴定人和翻译人员申请回避;告知被告人享有辩护权利。

第一百八十七条　公诉人、当事人或者辩护人、诉讼代理人对证人证言有异议,且该证人证言对案件定罪量刑有重大影响,人民法院认为证人有必要出庭作证的,证人应当出庭作证。

人民警察就其执行职务时目击的犯罪情况作为证人出庭作证,适用前款规定。

公诉人、当事人或者辩护人、诉讼代理人对鉴定意见有异议,人民法院认为鉴定人有必要出庭的,鉴定人应当出庭作证。经人民法院通知,鉴定人拒不出庭作证的,鉴定意见不得作为定案的根据。

第一百八十九条　证人作证,审判人员应当告知他要如实地提供证言和有意作伪证或者隐匿罪证要负的法律责任。公诉人、当事人和辩护人、诉讼代理人经审判长许可,可以对证人、鉴定人发问。审判长认为发问的内容与案件无关的时候,应当制止。

审判人员可以询问证人、鉴定人。

第一百九十条　公诉人、辩护人应当向法庭出示物证,让当事人辨认,对未到庭的证人的证言笔录、鉴定人的鉴定意见、勘验笔录和其他作为证据的文书,应当当庭宣读。审判人员应当听取公诉人、当事人和辩护人、诉讼代理人的意见。

第一百九十一条　法庭审理过程中,合议庭对证据有疑问的,可以宣布休庭,对证据进行调查核实。

人民法院调查核实证据,可以进行勘验、检查、查封、扣押、鉴定和查询、冻结。

第一百九十二条　法庭审理过程中,当事人和辩护人、诉讼代理人有权申请通知新的证人到庭,调取新的物证,申请重新鉴定或者勘验。

公诉人、当事人和辩护人、诉讼代理人可以申请法庭通知有专门知识的人出庭,就鉴定人作出的鉴定意见提出意见。

法庭对于上述申请,应当作出是否同意的决定。

第二款规定的有专门知识的人出庭,适用鉴定人的有关规定。

第一百九十八条 在法庭审判过程中,遇有下列情形之一,影响审判进行的,可以延期审理:

(一)需要通知新的证人到庭,调取新的物证,重新鉴定或者勘验的;

(二)检察人员发现提起公诉的案件需要补充侦查,提出建议的;

(三)由于申请回避而不能进行审判的。

第三节 简易程序

第二百一十三条 适用简易程序审理案件,不受本章第一节关于送达期限、讯问被告人、询问证人、鉴定人、出示证据、法庭辩论程序规定的限制。但在判决宣告前应当听取被告人的最后陈述意见。

中华人民共和国民事诉讼法（2017年修正）（节录）

（1991年4月9日第七届全国人民代表大会第四次会议通过　根据2007年10月28日第十届全国人民代表大会常务委员会第三十次会议《关于修改〈中华人民共和国民事诉讼法〉的决定》第一次修正　根据2012年8月31日第十一届全国人民代表大会常务委员会第二十八次会议《关于修改〈中华人民共和国民事诉讼法〉的决定》第二次修正　根据2017年6月27日第十二届全国人民代表大会常务委员会第二十八次会议《关于修改〈中华人民共和国民事诉讼法〉和〈中华人民共和国行政诉讼法〉的决定》第三次修正）

第一编　总　则

第四章　回　避

第四十四条　审判人员有下列情形之一的，应当自行回避，当事人有权用口头或者书面方式申请他们回避：

（一）是本案当事人或者当事人、诉讼代理人近亲属的；

（二）与本案有利害关系的；

（三）与本案当事人、诉讼代理人有其他关系，可能影响对案件公正审理的。

审判人员接受当事人、诉讼代理人请客送礼，或者违反规定会见当事人、诉讼代理人的，当事人有权要求他们回避。

审判人员有前款规定的行为的，应当依法追究法律责任。

前三款规定，适用于书记员、翻译人员、鉴定人、勘验人。

第六章　证　据

第六十三条　证据包括：

（一）当事人的陈述；

（二）书证；

（三）物证；

（四）视听资料；

（五）电子数据；

（六）证人证言；

（七）鉴定意见；

（八）勘验笔录。

证据必须查证属实，才能作为认定事实的根据。

第七十三条 经人民法院通知，证人应当出庭作证。有下列情形之一的，经人民法院许可，可以通过书面证言、视听传输技术或者视听资料等方式作证：

（一）因健康原因不能出庭的；

（二）因路途遥远，交通不便不能出庭的；

（三）因自然灾害等不可抗力不能出庭的；

（四）其他有正当理由不能出庭的。

第七十四条 证人因履行出庭作证义务而支出的交通、住宿、就餐等必要费用以及误工损失，由败诉一方当事人负担。当事人申请证人作证的，由该当事人先行垫付；当事人没有申请，人民法院通知证人作证的，由人民法院先行垫付。

第七十六条 当事人可以就查明事实的专门性问题向人民法院申请鉴定。当事人申请鉴定的，由双方当事人协商确定具备资格的鉴定人；协商不成的，由人民法院指定。

当事人未申请鉴定，人民法院对专门性问题认为需要鉴定的，应当委托具备资格的鉴定人进行鉴定。

第七十七条 鉴定人有权了解进行鉴定所需要的案件材料，必要时可以询问当事人、证人。

鉴定人应当提出书面鉴定意见，在鉴定书上签名或者盖章。

第七十八条 当事人对鉴定意见有异议或者人民法院认为鉴定人有必要出庭的，鉴定人应当出庭作证。经人民法院通知，鉴定人拒不出庭作证的，鉴定意见不得作为认定事实的根据；支付鉴定费用的当事人可以要求返还鉴定费用。

第七十九条 当事人可以申请人民法院通知有专门知识的人出庭，就鉴定人作出的鉴定意见或者专业问题提出意见。

第十章 对妨害民事诉讼的强制措施

第一百一十一条 诉讼参与人或者其他人有下列行为之一的，人民法院可以根据情节轻重予以罚款、拘留；构成犯罪的，依法追究刑事责任：

（一）伪造、毁灭重要证据，妨碍人民法院审理案件的；

（二）以暴力、威胁、贿买方法阻止证人作证或者指使、贿买、胁迫他人作伪证的；

（三）隐藏、转移、变卖、毁损已被查封、扣押的财产，或者已被清点并责令其保管的财产，转移已被冻结的财产的；

(四)对司法工作人员、诉讼参加人、证人、翻译人员、鉴定人、勘验人、协助执行的人,进行侮辱、诽谤、诬陷、殴打或者打击报复的;

(五)以暴力、威胁或者其他方法阻碍司法工作人员执行职务的;

(六)拒不履行人民法院已经发生法律效力的判决、裁定的。

人民法院对有前款规定的行为之一的单位,可以对其主要负责人或者直接责任人员予以罚款、拘留;构成犯罪的,依法追究刑事责任。

第二编 审判程序

第十二章 第一审普通程序

第三节 开庭审理

第一百三十八条 法庭调查按照下列顺序进行:

(一)当事人陈述;

(二)告知证人的权利义务,证人作证,宣读未到庭的证人证言;

(三)出示书证、物证、视听资料和电子数据;

(四)宣读鉴定意见;

(五)宣读勘验笔录。

第一百三十九条 当事人在法庭上可以提出新的证据。

当事人经法庭许可,可以向证人、鉴定人、勘验人发问。

当事人要求重新进行调查、鉴定或者勘验的,是否准许,由人民法院决定。

第一百四十六条 有下列情形之一的,可以延期开庭审理:

(一)必须到庭的当事人和其他诉讼参与人有正当理由没有到庭的;

(二)当事人临时提出回避申请的;

(三)需要通知新的证人到庭,调取新的证据,重新鉴定、勘验,或者需要补充调查的;

(四)其他应当延期的情形。

第十五章 特别程序

第四节 认定公民无民事行为能力、限制民事行为能力案件

第一百八十八条 人民法院受理申请后,必要时应当对被请求认定为无民事行为能力或者限制民事行为能力的公民进行鉴定。申请人已提供鉴定意见的,应当对鉴定意见进行审查。

中华人民共和国行政诉讼法（2017年修正）（节录）

（1989年4月4日第七届全国人民代表大会第二次会议通过 根据2014年11月1日第十二届全国人民代表大会常务委员会第十一次会议《关于修改〈中华人民共和国行政诉讼法〉的决定》第一次修正 根据2017年6月27日第十二届全国人民代表大会常务委员会第二十八次会议《关于修改〈中华人民共和国民事诉讼法〉和〈中华人民共和国行政诉讼法〉的决定》第二次修正）

第五章 证 据

第三十三条 证据包括：

（一）书证；

（二）物证；

（三）视听资料；

（四）电子数据；

（五）证人证言；

（六）当事人的陈述；

（七）鉴定意见；

（八）勘验笔录、现场笔录。

以上证据经法庭审查属实，才能作为认定案件事实的根据。

第七章 审理和判决

第一节 一般规定

第五十五条 当事人认为审判人员与本案有利害关系或者其他关系可能影响公正审判，有权申请审判人员回避。

审判人员认为自己与本案有利害关系或者其他关系，应当申请回避。

前两款规定，适用于书记员、翻译人员、鉴定人、勘验人。

院长担任审判长时的回避，由审判委员会决定；审判人员的回避，由院长决定；其他人员的回避，由审判长决定。当事人对决定不服的，可以申请复议一次。

中华人民共和国行政许可法（2003年）

（2003年8月27日第十届全国人民代表大会常务委员会第四次会议通过）

第一章 总 则

第一条 为了规范行政许可的设定和实施，保护公民、法人和其他组织的合法权益，维护公共利益和社会秩序，保障和监督行政机关有效实施行政管理，根据宪法，制定本法。

第二条 本法所称行政许可，是指行政机关根据公民、法人或者其他组织的申请，经依法审查，准予其从事特定活动的行为。

第三条 行政许可的设定和实施，适用本法。

有关行政机关对其他机关或者对其直接管理的事业单位的人事、财务、外事等事项的审批，不适用本法。

第四条 设定和实施行政许可，应当依照法定的权限、范围、条件和程序。

第五条 设定和实施行政许可，应当遵循公开、公平、公正的原则。

有关行政许可的规定应当公布；未经公布的，不得作为实施行政许可的依据。行政许可的实施和结果，除涉及国家秘密、商业秘密或者个人隐私的外，应当公开。

符合法定条件、标准的，申请人有依法取得行政许可的平等权利，行政机关不得歧视。

第六条 实施行政许可，应当遵循便民的原则，提高办事效率，提供优质服务。

第七条 公民、法人或者其他组织对行政机关实施行政许可，享有陈述权、申辩权；有权依法申请行政复议或者提起行政诉讼；其合法权益因行政机关违法实施行政许可受到损害的，有权依法要求赔偿。

第八条 公民、法人或者其他组织依法取得的行政许可受法律保护，行政机关不得擅自改变已经生效的行政许可。

行政许可所依据的法律、法规、规章修改或者废止，或者准予行政许可所依据的客观情况发生重大变化的，为了公共利益的需要，行政机关可以依法变更或者撤回已经生效的行政许可。由此给公民、法人或者其他组织造成财产损失的，行政机关应当依法给予补偿。

第九条 依法取得的行政许可,除法律、法规规定依照法定条件和程序可以转让的外,不得转让。

第十条 县级以上人民政府应当建立健全对行政机关实施行政许可的监督制度,加强对行政机关实施行政许可的监督检查。

行政机关应当对公民、法人或者其他组织从事行政许可事项的活动实施有效监督。

第二章 行政许可的设定

第十一条 设定行政许可,应当遵循经济和社会发展规律,有利于发挥公民、法人或者其他组织的积极性、主动性,维护公共利益和社会秩序,促进经济、社会和生态环境协调发展。

第十二条 下列事项可以设定行政许可:

(一)直接涉及国家安全、公共安全、经济宏观调控、生态环境保护以及直接关系人身健康、生命财产安全等特定活动,需要按照法定条件予以批准的事项;

(二)有限自然资源开发利用、公共资源配置以及直接关系公共利益的特定行业的市场准入等,需要赋予特定权利的事项;

(三)提供公众服务并且直接关系公共利益的职业、行业,需要确定具备特殊信誉、特殊条件或者特殊技能等资格、资质的事项;

(四)直接关系公共安全、人身健康、生命财产安全的重要设备、设施、产品、物品,需要按照技术标准、技术规范,通过检验、检测、检疫等方式进行审定的事项;

(五)企业或者其他组织的设立等,需要确定主体资格的事项;

(六)法律、行政法规规定可以设定行政许可的其他事项。

第十三条 本法第十二条所列事项,通过下列方式能够予以规范的,可以不设行政许可:

(一)公民、法人或者其他组织能够自主决定的;

(二)市场竞争机制能够有效调节的;

(三)行业组织或者中介机构能够自律管理的;

(四)行政机关采用事后监督等其他行政管理方式能够解决的。

第十四条 本法第十二条所列事项,法律可以设定行政许可。尚未制定法律的,行政法规可以设定行政许可。

必要时,国务院可以采用发布决定的方式设定行政许可。实施后,除临时性行政许可事项外,国务院应当及时提请全国人民代表大会及其常务委员会制定法律,或者自行制定行政法规。

第十五条 本法第十二条所列事项,尚未制定法律、行政法规的,地方性法规可以设定行政许可;尚未制定法律、行政法规和地方性法规的,因行政管理的需要,确需立即实施行政许可的,省、自治区、直辖市人民政府规章可以设定临时性的行政许可。临时性的行政许可实施满一年需要继续实施的,应当提请本级人民代表大会及其常务委员会制定地方性法规。

地方性法规和省、自治区、直辖市人民政府规章,不得设定应当由国家统一确定的公民、法人或者其他组织的资格、资质的行政许可;不得设定企业或者其他组织的设立登记及其前置性行政许可。其设定的行政许可,不得限制其他地区的个人或者企业到本地区从事生产经营和提供服务,不得限制其他地区的商品进入本地区市场。

第十六条 行政法规可以在法律设定的行政许可事项范围内,对实施该行政许可作出具体规定。

地方性法规可以在法律、行政法规设定的行政许可事项范围内,对实施该行政许可作出具体规定。

规章可以在上位法设定的行政许可事项范围内,对实施该行政许可作出具体规定。

法规、规章对实施上位法设定的行政许可作出的具体规定,不得增设行政许可;对行政许可条件作出的具体规定,不得增设违反上位法的其他条件。

第十七条 除本法第十四条、第十五条规定的外,其他规范性文件一律不得设定行政许可。

第十八条 设定行政许可,应当规定行政许可的实施机关、条件、程序、期限。

第十九条 起草法律草案、法规草案和省、自治区、直辖市人民政府规章草案,拟设定行政许可的,起草单位应当采取听证会、论证会等形式听取意见,并向制定机关说明设定该行政许可的必要性、对经济和社会可能产生的影响以及听取和采纳意见的情况。

第二十条 行政许可的设定机关应当定期对其设定的行政许可进行评价;对已设定的行政许可,认为通过本法第十三条所列方式能够解决的,应当对设定该行政许可的规定及时予以修改或者废止。

行政许可的实施机关可以对已设定的行政许可的实施情况及存在的必要性适时进行评价,并将意见报告该行政许可的设定机关。

公民、法人或者其他组织可以向行政许可的设定机关和实施机关就行政许可的设定和实施提出意见和建议。

第二十一条　省、自治区、直辖市人民政府对行政法规设定的有关经济事务的行政许可，根据本行政区域经济和社会发展情况，认为通过本法第十三条所列方式能够解决的，报国务院批准后，可以在本行政区域内停止实施该行政许可。

第三章　行政许可的实施机关

第二十二条　行政许可由具有行政许可权的行政机关在其法定职权范围内实施。

第二十三条　法律、法规授权的具有管理公共事务职能的组织，在法定授权范围内，以自己的名义实施行政许可。被授权的组织适用本法有关行政机关的规定。

第二十四条　行政机关在其法定职权范围内，依照法律、法规、规章的规定，可以委托其他行政机关实施行政许可。委托机关应当将受委托行政机关和受委托实施行政许可的内容予以公告。

委托行政机关对受委托行政机关实施行政许可的行为应当负责监督，并对该行为的后果承担法律责任。

受委托行政机关在委托范围内，以委托行政机关名义实施行政许可；不得再委托其他组织或者个人实施行政许可。

第二十五条　经国务院批准，省、自治区、直辖市人民政府根据精简、统一、效能的原则，可以决定一个行政机关行使有关行政机关的行政许可权。

第二十六条　行政许可需要行政机关内设的多个机构办理的，该行政机关应当确定一个机构统一受理行政许可申请，统一送达行政许可决定。

行政许可依法由地方人民政府两个以上部门分别实施的，本级人民政府可以确定一个部门受理行政许可申请并转告有关部门分别提出意见后统一办理，或者组织有关部门联合办理、集中办理。

第二十七条　行政机关实施行政许可，不得向申请人提出购买指定商品、接受有偿服务等不正当要求。

行政机关工作人员办理行政许可，不得索取或者收受申请人的财物，不得谋取其他利益。

第二十八条　对直接关系公共安全、人身健康、生命财产安全的设备、设施、产品、物品的检验、检测、检疫，除法律、行政法规规定由行政机关实施的外，应当逐步由符合法定条件的专业技术组织实施。专业技术组织及其有关人员对所实施的检验、检测、检疫结论承担法律责任。

第四章 行政许可的实施程序

第一节 申请与受理

第二十九条 公民、法人或者其他组织从事特定活动,依法需要取得行政许可的,应当向行政机关提出申请。申请书需要采用格式文本的,行政机关应当向申请人提供行政许可申请书格式文本。申请书格式文本中不得包含与申请行政许可事项没有直接关系的内容。

申请人可以委托代理人提出行政许可申请。但是,依法应当由申请人到行政机关办公场所提出行政许可申请的除外。

行政许可申请可以通过信函、电报、电传、传真、电子数据交换和电子邮件等方式提出。

第三十条 行政机关应当将法律、法规、规章规定的有关行政许可的事项、依据、条件、数量、程序、期限以及需要提交的全部材料的目录和申请书示范文本等在办公场所公示。

申请人要求行政机关对公示内容予以说明、解释的,行政机关应当说明、解释,提供准确、可靠的信息。

第三十一条 申请人申请行政许可,应当如实向行政机关提交有关材料和反映真实情况,并对其申请材料实质内容的真实性负责。行政机关不得要求申请人提交与其申请的行政许可事项无关的技术资料和其他材料。

第三十二条 行政机关对申请人提出的行政许可申请,应当根据下列情况分别作出处理:

(一)申请事项依法不需要取得行政许可的,应当即时告知申请人不受理;

(二)申请事项依法不属于本行政机关职权范围的,应当即时作出不予受理的决定,并告知申请人向有关行政机关申请;

(三)申请材料存在可以当场更正的错误的,应当允许申请人当场更正;

(四)申请材料不齐全或者不符合法定形式的,应当当场或者在五日内一次告知申请人需要补正的全部内容,逾期不告知的,自收到申请材料之日起即为受理;

(五)申请事项属于本行政机关职权范围,申请材料齐全、符合法定形式,或者申请人按照本行政机关的要求提交全部补正申请材料的,应当受理行政许可申请。

行政机关受理或者不予受理行政许可申请,应当出具加盖本行政机关专用印章和注明日期的书面凭证。

第三十三条 行政机关应当建立和完善有关制度,推行电子政务,在行政机关的网站上公布行政许可事项,方便申请人采取数据电文等方式提出行政许可申请;应当与其他行政机关共享有关行政许可信息,提高办事效率。

第二节　审查与决定

第三十四条　行政机关应当对申请人提交的申请材料进行审查。

申请人提交的申请材料齐全、符合法定形式,行政机关能够当场作出决定的,应当当场作出书面的行政许可决定。

根据法定条件和程序,需要对申请材料的实质内容进行核实的,行政机关应当指派两名以上工作人员进行核查。

第三十五条　依法应当先经下级行政机关审查后报上级行政机关决定的行政许可,下级行政机关应当在法定期限内将初步审查意见和全部申请材料直接报送上级行政机关。上级行政机关不得要求申请人重复提供申请材料。

第三十六条　行政机关对行政许可申请进行审查时,发现行政许可事项直接关系他人重大利益的,应当告知该利害关系人。申请人、利害关系人有权进行陈述和申辩。行政机关应当听取申请人、利害关系人的意见。

第三十七条　行政机关对行政许可申请进行审查后,除当场作出行政许可决定的外,应当在法定期限内按照规定程序作出行政许可决定。

第三十八条　申请人的申请符合法定条件、标准的,行政机关应当依法作出准予行政许可的书面决定。

行政机关依法作出不予行政许可的书面决定的,应当说明理由,并告知申请人享有依法申请行政复议或者提起行政诉讼的权利。

第三十九条　行政机关作出准予行政许可的决定,需要颁发行政许可证件的,应当向申请人颁发加盖本行政机关印章的下列行政许可证件:

(一)许可证、执照或者其他许可证书;

(二)资格证、资质证或者其他合格证书;

(三)行政机关的批准文件或者证明文件;

(四)法律、法规规定的其他行政许可证件。

行政机关实施检验、检测、检疫的,可以在检验、检测、检疫合格的设备、设施、产品、物品上加贴标签或者加盖检验、检测、检疫印章。

第四十条　行政机关作出的准予行政许可决定,应当予以公开,公众有权查阅。

第四十一条　法律、行政法规设定的行政许可,其适用范围没有地域限制的,申请人取得的行政许可在全国范围内有效。

第三节 期　限

第四十二条 除可以当场作出行政许可决定的外,行政机关应当自受理行政许可申请之日起二十日内作出行政许可决定。二十日内不能作出决定的,经本行政机关负责人批准,可以延长十日,并应当将延长期限的理由告知申请人。但是,法律、法规另有规定的,依照其规定。

依照本法第二十六条的规定,行政许可采取统一办理或者联合办理、集中办理的,办理的时间不得超过四十五日;四十五日内不能办结的,经本级人民政府负责人批准,可以延长十五日,并应当将延长期限的理由告知申请人。

第四十三条 依法应当先经下级行政机关审查后报上级行政机关决定的行政许可,下级行政机关应当自其受理行政许可申请之日起二十日内审查完毕。但是,法律、法规另有规定的,依照其规定。

第四十四条 行政机关作出准予行政许可的决定,应当自作出决定之日起十日内向申请人颁发、送达行政许可证件,或者加贴标签、加盖检验、检测、检疫印章。

第四十五条 行政机关作出行政许可决定,依法需要听证、招标、拍卖、检验、检测、检疫、鉴定和专家评审的,所需时间不计算在本节规定的期限内。行政机关应当将所需时间书面告知申请人。

第四节 听　证

第四十六条 法律、法规、规章规定实施行政许可应当听证的事项,或者行政机关认为需要听证的其他涉及公共利益的重大行政许可事项,行政机关应当向社会公告,并举行听证。

第四十七条 行政许可直接涉及申请人与他人之间重大利益关系的,行政机关在作出行政许可决定前,应当告知申请人、利害关系人享有要求听证的权利;申请人、利害关系人在被告知听证权利之日起五日内提出听证申请的,行政机关应当在二十日内组织听证。

申请人、利害关系人不承担行政机关组织听证的费用。

第四十八条 听证按照下列程序进行:

(一)行政机关应当于举行听证的七日前将举行听证的时间、地点通知申请人、利害关系人,必要时予以公告;

(二)听证应当公开举行;

(三)行政机关应当指定审查该行政许可申请的工作人员以外的人员为听证主持人,申请人、利害关系人认为主持人与该行政许可事项有直接利害关系的,

有权申请回避;

（四）举行听证时,审查该行政许可申请的工作人员应当提供审查意见的证据、理由,申请人、利害关系人可以提出证据,并进行申辩和质证;

（五）听证应当制作笔录,听证笔录应当交听证参加人确认无误后签字或者盖章。

行政机关应当根据听证笔录,作出行政许可决定。

第五节　变更与延续

第四十九条　被许可人要求变更行政许可事项的,应当向作出行政许可决定的行政机关提出申请;符合法定条件、标准的,行政机关应当依法办理变更手续。

第五十条　被许可人需要延续依法取得的行政许可的有效期的,应当在该行政许可有效期届满三十日前向作出行政许可决定的行政机关提出申请。但是,法律、法规、规章另有规定的,依照其规定。

行政机关应当根据被许可人的申请,在该行政许可有效期届满前作出是否准予延续的决定;逾期未作决定的,视为准予延续。

第六节　特别规定

第五十一条　实施行政许可的程序,本节有规定的,适用本节规定;本节没有规定的,适用本章其他有关规定。

第五十二条　国务院实施行政许可的程序,适用有关法律、行政法规的规定。

第五十三条　实施本法第十二条第二项所列事项的行政许可的,行政机关应当通过招标、拍卖等公平竞争的方式作出决定。但是,法律、行政法规另有规定的,依照其规定。

行政机关通过招标、拍卖等方式作出行政许可决定的具体程序,依照有关法律、行政法规的规定。

行政机关按照招标、拍卖程序确定中标人、买受人后,应当作出准予行政许可的决定,并依法向中标人、买受人颁发行政许可证件。

行政机关违反本条规定,不采用招标、拍卖方式,或者违反招标、拍卖程序,损害申请人合法权益的,申请人可以依法申请行政复议或者提起行政诉讼。

第五十四条　实施本法第十二条第三项所列事项的行政许可,赋予公民特定资格,依法应当举行国家考试的,行政机关根据考试成绩和其他法定条件作出行政许可决定;赋予法人或者其他组织特定的资格、资质的,行政机关根据申请人的专业人员构成、技术条件、经营业绩和管理水平等的考核结果作出行政许可决定。但是,法律、行政法规另有规定的,依照其规定。

公民特定资格的考试依法由行政机关或者行业组织实施,公开举行。行政机关或者行业组织应当事先公布资格考试的报名条件、报考办法、考试科目以及考试大纲。但是,不得组织强制性的资格考试的考前培训,不得指定教材或者其他助考材料。

第五十五条 实施本法第十二条第四项所列事项的行政许可的,应当按照技术标准、技术规范依法进行检验、检测、检疫,行政机关根据检验、检测、检疫的结果作出行政许可决定。

行政机关实施检验、检测、检疫,应当自受理申请之日起五日内指派两名以上工作人员按照技术标准、技术规范进行检验、检测、检疫。不需要对检验、检测、检疫结果作进一步技术分析即可认定设备、设施、产品、物品是否符合技术标准、技术规范的,行政机关应当当场作出行政许可决定。

行政机关根据检验、检测、检疫结果,作出不予行政许可决定的,应当书面说明不予行政许可所依据的技术标准、技术规范。

第五十六条 实施本法第十二条第五项所列事项的行政许可,申请人提交的申请材料齐全、符合法定形式的,行政机关应当当场予以登记。需要对申请材料的实质内容进行核实的,行政机关依照本法第三十四条第三款的规定办理。

第五十七条 有数量限制的行政许可,两个或者两个以上申请人的申请均符合法定条件、标准的,行政机关应当根据受理行政许可申请的先后顺序作出准予行政许可的决定。但是,法律、行政法规另有规定的,依照其规定。

第五章 行政许可的费用

第五十八条 行政机关实施行政许可和对行政许可事项进行监督检查,不得收取任何费用。但是,法律、行政法规另有规定的,依照其规定。

行政机关提供行政许可申请书格式文本,不得收费。

行政机关实施行政许可所需经费应当列入本行政机关的预算,由本级财政予以保障,按照批准的预算予以核拨。

第五十九条 行政机关实施行政许可,依照法律、行政法规收取费用的,应当按照公布的法定项目和标准收费;所收取的费用必须全部上缴国库,任何机关或者个人不得以任何形式截留、挪用、私分或者变相私分。财政部门不得以任何形式向行政机关返还或者变相返还实施行政许可所收取的费用。

第六章　监督检查

第六十条　上级行政机关应当加强对下级行政机关实施行政许可的监督检查,及时纠正行政许可实施中的违法行为。

第六十一条　行政机关应当建立健全监督制度,通过核查反映被许可人从事行政许可事项活动情况的有关材料,履行监督责任。

行政机关依法对被许可人从事行政许可事项的活动进行监督检查时,应当将监督检查的情况和处理结果予以记录,由监督检查人员签字后归档。公众有权查阅行政机关监督检查记录。

行政机关应当创造条件,实现与被许可人、其他有关行政机关的计算机档案系统互联,核查被许可人从事行政许可事项活动情况。

第六十二条　行政机关可以对被许可人生产经营的产品依法进行抽样检查、检验、检测,对其生产经营场所依法进行实地检查。检查时,行政机关可以依法查阅或者要求被许可人报送有关材料;被许可人应当如实提供有关情况和材料。

行政机关根据法律、行政法规的规定,对直接关系公共安全、人身健康、生命财产安全的重要设备、设施进行定期检验。对检验合格的,行政机关应当发给相应的证明文件。

第六十三条　行政机关实施监督检查,不得妨碍被许可人正常的生产经营活动,不得索取或者收受被许可人的财物,不得谋取其他利益。

第六十四条　被许可人在作出行政许可决定的行政机关管辖区域外违法从事行政许可事项活动的,违法行为发生地的行政机关应当依法将被许可人的违法事实、处理结果抄告作出行政许可决定的行政机关。

第六十五条　个人和组织发现违法从事行政许可事项的活动,有权向行政机关举报,行政机关应当及时核实、处理。

第六十六条　被许可人未依法履行开发利用自然资源义务或者未依法履行利用公共资源义务的,行政机关应当责令限期改正;被许可人在规定期限内不改正的,行政机关应当依照有关法律、行政法规的规定予以处理。

第六十七条　取得直接关系公共利益的特定行业的市场准入行政许可的被许可人,应当按照国家规定的服务标准、资费标准和行政机关依法规定的条件,向用户提供安全、方便、稳定和价格合理的服务,并履行普遍服务的义务;未经作出行政许可决定的行政机关批准,不得擅自停业、歇业。

被许可人不履行前款规定的义务的,行政机关应当责令限期改正,或者依法采取有效措施督促其履行义务。

第六十八条 对直接关系公共安全、人身健康、生命财产安全的重要设备、设施,行政机关应当督促设计、建造、安装和使用单位建立相应的自检制度。

行政机关在监督检查时,发现直接关系公共安全、人身健康、生命财产安全的重要设备、设施存在安全隐患的,应当责令停止建造、安装和使用,并责令设计、建造、安装和使用单位立即改正。

第六十九条 有下列情形之一的,作出行政许可决定的行政机关或者其上级行政机关,根据利害关系人的请求或者依据职权,可以撤销行政许可:

(一)行政机关工作人员滥用职权、玩忽职守作出准予行政许可决定的;
(二)超越法定职权作出准予行政许可决定的;
(三)违反法定程序作出准予行政许可决定的;
(四)对不具备申请资格或者不符合法定条件的申请人准予行政许可的;
(五)依法可以撤销行政许可的其他情形。

被许可人以欺骗、贿赂等不正当手段取得行政许可的,应当予以撤销。

依照前两款的规定撤销行政许可,可能对公共利益造成重大损害的,不予撤销。

依照本条第一款的规定撤销行政许可,被许可人的合法权益受到损害的,行政机关应当依法给予赔偿。依照本条第二款的规定撤销行政许可的,被许可人基于行政许可取得的利益不受保护。

第七十条 有下列情形之一的,行政机关应当依法办理有关行政许可的注销手续:

(一)行政许可有效期届满未延续的;
(二)赋予公民特定资格的行政许可,该公民死亡或者丧失行为能力的;
(三)法人或者其他组织依法终止的;
(四)行政许可依法被撤销、撤回,或者行政许可证件依法被吊销的;
(五)因不可抗力导致行政许可事项无法实施的;
(六)法律、法规规定的应当注销行政许可的其他情形。

第七章 法律责任

第七十一条 违反本法第十七条规定设定的行政许可,有关机关应当责令设定该行政许可的机关改正,或者依法予以撤销。

第七十二条 行政机关及其工作人员违反本法的规定,有下列情形之一的,由其上级行政机关或者监察机关责令改正;情节严重的,对直接负责的主管人员和其他直接责任人员依法给予行政处分:

(一)对符合法定条件的行政许可申请不予受理的;

（二）不在办公场所公示依法应当公示的材料的；

（三）在受理、审查、决定行政许可过程中，未向申请人、利害关系人履行法定告知义务的；

（四）申请人提交的申请材料不齐全、不符合法定形式，不一次告知申请人必须补正的全部内容的；

（五）未依法说明不受理行政许可申请或者不予行政许可的理由的；

（六）依法应当举行听证而不举行听证的。

第七十三条　行政机关工作人员办理行政许可、实施监督检查，索取或者收受他人财物或者谋取其他利益，构成犯罪的，依法追究刑事责任；尚不构成犯罪的，依法给予行政处分。

第七十四条　行政机关实施行政许可，有下列情形之一的，由其上级行政机关或者监察机关责令改正，对直接负责的主管人员和其他直接责任人员依法给予行政处分；构成犯罪的，依法追究刑事责任：

（一）对不符合法定条件的申请人准予行政许可或者超越法定职权作出准予行政许可决定的；

（二）对符合法定条件的申请人不予行政许可或者不在法定期限内作出准予行政许可决定的；

（三）依法应当根据招标、拍卖结果或者考试成绩择优作出准予行政许可决定，未经招标、拍卖或者考试，或者不根据招标、拍卖结果或者考试成绩择优作出准予行政许可决定的。

第七十五条　行政机关实施行政许可，擅自收费或者不按照法定项目和标准收费的，由其上级行政机关或者监察机关责令退还非法收取的费用；对直接负责的主管人员和其他直接责任人员依法给予行政处分。

截留、挪用、私分或者变相私分实施行政许可依法收取的费用的，予以追缴；对直接负责的主管人员和其他直接责任人员依法给予行政处分；构成犯罪的，依法追究刑事责任。

第七十六条　行政机关违法实施行政许可，给当事人的合法权益造成损害的，应当依照国家赔偿法的规定给予赔偿。

第七十七条　行政机关不依法履行监督职责或者监督不力，造成严重后果的，由其上级行政机关或者监察机关责令改正，对直接负责的主管人员和其他直接责任人员依法给予行政处分；构成犯罪的，依法追究刑事责任。

第七十八条　行政许可申请人隐瞒有关情况或者提供虚假材料申请行政许可的，行政机关不予受理或者不予行政许可，并给予警告；行政许可申请属于直接关系公共安全、人身健康、生命财产安全事项的，申请人在一年内不得再次申请该行政许可。

第七十九条 被许可人以欺骗、贿赂等不正当手段取得行政许可的,行政机关应当依法给予行政处罚;取得的行政许可属于直接关系公共安全、人身健康、生命财产安全事项的,申请人在三年内不得再次申请该行政许可;构成犯罪的,依法追究刑事责任。

第八十条 被许可人有下列行为之一的,行政机关应当依法给予行政处罚;构成犯罪的,依法追究刑事责任:

(一)涂改、倒卖、出租、出借行政许可证件,或者以其他形式非法转让行政许可的;

(二)超越行政许可范围进行活动的;

(三)向负责监督检查的行政机关隐瞒有关情况、提供虚假材料或者拒绝提供反映其活动情况的真实材料的;

(四)法律、法规、规章规定的其他违法行为。

第八十一条 公民、法人或者其他组织未经行政许可,擅自从事依法应当取得行政许可的活动的,行政机关应当依法采取措施予以制止,并依法给予行政处罚;构成犯罪的,依法追究刑事责任。

第八章 附 则

第八十二条 本法规定的行政机关实施行政许可的期限以工作日计算,不含法定节假日。

第八十三条 本法自2004年7月1日起施行。

本法施行前有关行政许可的规定,制定机关应当依照本法规定予以清理;不符合本法规定的,自本法施行之日起停止执行。

中华人民共和国行政处罚法（2017年修正）

（1996年3月17日第八届全国人民代表大会第四次会议通过　根据2009年8月27日第十一届全国人民代表大会常务委员会第十次会议《关于修改部分法律的决定》第一次修正　根据2017年9月1日第十二届全国人民代表大会常务委员会第二十九次会议《关于修改〈中华人民共和国法官法〉等八部法律的决定》第二次修正）

第一章　总　则

第一条　为了规范行政处罚的设定和实施,保障和监督行政机关有效实施行政管理,维护公共利益和社会秩序,保护公民、法人或者其他组织的合法权益,根据宪法,制定本法。

第二条　行政处罚的设定和实施,适用本法。

第三条　公民、法人或者其他组织违反行政管理秩序的行为,应当给予行政处罚的,依照本法由法律、法规或者规章规定,并由行政机关依照本法规定的程序实施。

没有法定依据或者不遵守法定程序的,行政处罚无效。

第四条　行政处罚遵循公正、公开的原则。

设定和实施行政处罚必须以事实为依据,与违法行为的事实、性质、情节以及社会危害程度相当。

对违法行为给予行政处罚的规定必须公布;未经公布的,不得作为行政处罚的依据。

第五条　实施行政处罚,纠正违法行为,应当坚持处罚与教育相结合,教育公民、法人或者其他组织自觉守法。

第六条　公民、法人或者其他组织对行政机关所给予的行政处罚,享有陈述权、申辩权;对行政处罚不服的,有权依法申请行政复议或者提起行政诉讼。

公民、法人或者其他组织因行政机关违法给予行政处罚受到损害的,有权依法提出赔偿要求。

第七条　公民、法人或者其他组织因违法受到行政处罚,其违法行为对他人造成损害的,应当依法承担民事责任。

违法行为构成犯罪,应当依法追究刑事责任,不得以行政处罚代替刑事处罚。

第二章 行政处罚的种类和设定

第八条 行政处罚的种类:
(一)警告;
(二)罚款;
(三)没收违法所得、没收非法财物;
(四)责令停产停业;
(五)暂扣或者吊销许可证、暂扣或者吊销执照;
(六)行政拘留;
(七)法律、行政法规规定的其他行政处罚。

第九条 法律可以设定各种行政处罚。
限制人身自由的行政处罚,只能由法律设定。

第十条 行政法规可以设定除限制人身自由以外的行政处罚。
法律对违法行为已经作出行政处罚规定,行政法规需要作出具体规定的,必须在法律规定的给予行政处罚的行为、种类和幅度的范围内规定。

第十一条 地方性法规可以设定除限制人身自由、吊销企业营业执照以外的行政处罚。
法律、行政法规对违法行为已经作出行政处罚规定,地方性法规需要作出具体规定的,必须在法律、行政法规规定的给予行政处罚的行为、种类和幅度的范围内规定。

第十二条 国务院部、委员会制定的规章可以在法律、行政法规规定的给予行政处罚的行为、种类和幅度的范围内作出具体规定。
尚未制定法律、行政法规的,前款规定的国务院部、委员会制定的规章对违反行政管理秩序的行为,可以设定警告或者一定数量罚款的行政处罚。罚款的限额由国务院规定。
国务院可以授权具有行政处罚权的直属机构依照本条第一款、第二款的规定,规定行政处罚。

第十三条 省、自治区、直辖市人民政府和省、自治区人民政府所在地的市人民政府以及经国务院批准的较大的市人民政府制定的规章可以在法律、法规规定的给予行政处罚的行为、种类和幅度的范围内作出具体规定。
尚未制定法律、法规的,前款规定的人民政府制定的规章对违反行政管理秩序的行为,可以设定警告或者一定数量罚款的行政处罚。罚款的限额由省、自治区、直辖市人民代表大会常务委员会规定。

第十四条 除本法第九条、第十条、第十一条、第十二条以及第十三条的规定外,其他规范性文件不得设定行政处罚。

第三章 行政处罚的实施机关

第十五条 行政处罚由具有行政处罚权的行政机关在法定职权范围内实施。

第十六条 国务院或者经国务院授权的省、自治区、直辖市人民政府可以决定一个行政机关行使有关行政机关的行政处罚权,但限制人身自由的行政处罚权只能由公安机关行使。

第十七条 法律、法规授权的具有管理公共事务职能的组织可以在法定授权范围内实施行政处罚。

第十八条 行政机关依照法律、法规或者规章的规定,可以在其法定权限内委托符合本法第十九条规定条件的组织实施行政处罚。行政机关不得委托其他组织或者个人实施行政处罚。

委托行政机关对受委托的组织实施行政处罚的行为应当负责监督,并对该行为的后果承担法律责任。

受委托组织在委托范围内,以委托行政机关名义实施行政处罚;不得再委托其他任何组织或者个人实施行政处罚。

第十九条 受委托组织必须符合以下条件:

(一)依法成立的管理公共事务的事业组织;

(二)具有熟悉有关法律、法规、规章和业务的工作人员;

(三)对违法行为需要进行技术检查或者技术鉴定的,应当有条件组织进行相应的技术检查或者技术鉴定。

第四章 行政处罚的管辖和适用

第二十条 行政处罚由违法行为发生地的县级以上地方人民政府具有行政处罚权的行政机关管辖。法律、行政法规另有规定的除外。

第二十一条 对管辖发生争议的,报请共同的上一级行政机关指定管辖。

第二十二条 违法行为构成犯罪的,行政机关必须将案件移送司法机关,依法追究刑事责任。

第二十三条 行政机关实施行政处罚时,应当责令当事人改正或者限期改正违法行为。

第二十四条 对当事人的同一个违法行为,不得给予两次以上罚款的行政处罚。

第二十五条 不满十四周岁的人有违法行为的,不予行政处罚,责令监护人加以管教;已满十四周岁不满十八周岁的人有违法行为的,从轻或者减轻行政处罚。

第二十六条 精神病人在不能辨认或者不能控制自己行为时有违法行为的,不予行政处罚,但应当责令其监护人严加看管和治疗。间歇性精神病人在精神正常时有违法行为的,应当给予行政处罚。

第二十七条 当事人有下列情形之一的,应当依法从轻或者减轻行政处罚:
(一)主动消除或者减轻违法行为危害后果的;
(二)受他人胁迫有违法行为的;
(三)配合行政机关查处违法行为有立功表现的;
(四)其他依法从轻或者减轻行政处罚的。
违法行为轻微并及时纠正,没有造成危害后果的,不予行政处罚。

第二十八条 违法行为构成犯罪,人民法院判处拘役或者有期徒刑时,行政机关已经给予当事人行政拘留的,应当依法折抵相应刑期。
违法行为构成犯罪,人民法院判处罚金时,行政机关已经给予当事人罚款的,应当折抵相应罚金。

第二十九条 违法行为在二年内未被发现的,不再给予行政处罚。法律另有规定的除外。
前款规定的期限,从违法行为发生之日起计算;违法行为有连续或者继续状态的,从行为终了之日起计算。

第五章 行政处罚的决定

第三十条 公民、法人或者其他组织违反行政管理秩序的行为,依法应当给予行政处罚的,行政机关必须查明事实;违法事实不清的,不得给予行政处罚。

第三十一条 行政机关在作出行政处罚决定之前,应当告知当事人作出行政处罚决定的事实、理由及依据,并告知当事人依法享有的权利。

第三十二条 当事人有权进行陈述和申辩。行政机关必须充分听取当事人的意见,对当事人提出的事实、理由和证据,应当进行复核;当事人提出的事实、理由或者证据成立的,行政机关应当采纳。
行政机关不得因当事人申辩而加重处罚。

第一节 简易程序

第三十三条 违法事实确凿并有法定依据,对公民处以五十元以下、对法人或者其他组织处以一千元以下罚款或者警告的行政处罚的,可以当场作出行政处罚决定。当事人应当依照本法第四十六条、第四十七条、第四十八条的规定履行行政处罚决定。

第三十四条 执法人员当场作出行政处罚决定的,应当向当事人出示执法身份证件,填写预定格式、编有号码的行政处罚决定书。行政处罚决定书应当当场交付当事人。

前款规定的行政处罚决定书应当载明当事人的违法行为、行政处罚依据、罚款数额、时间、地点以及行政机关名称,并由执法人员签名或者盖章。

执法人员当场作出的行政处罚决定,必须报所属行政机关备案。

第三十五条 当事人对当场作出的行政处罚决定不服的,可以依法申请行政复议或者提起行政诉讼。

第二节 一般程序

第三十六条 除本法第三十三条规定的可以当场作出的行政处罚外,行政机关发现公民、法人或者其他组织有依法应当给予行政处罚的行为的,必须全面、客观、公正地调查,收集有关证据;必要时,依照法律、法规的规定,可以进行检查。

第三十七条 行政机关在调查或者进行检查时,执法人员不得少于两人,并应当向当事人或者有关人员出示证件。当事人或者有关人员应当如实回答询问,并协助调查或者检查,不得阻挠。询问或者检查应当制作笔录。

行政机关在收集证据时,可以采取抽样取证的方法;在证据可能灭失或者以后难以取得的情况下,经行政机关负责人批准,可以先行登记保存,并应当在七日内及时作出处理决定,在此期间,当事人或者有关人员不得销毁或者转移证据。

执法人员与当事人有直接利害关系的,应当回避。

第三十八条 调查终结,行政机关负责人应当对调查结果进行审查,根据不同情况,分别作出如下决定:

(一)确有应受行政处罚的违法行为的,根据情节轻重及具体情况,作出行政处罚决定;

(二)违法行为轻微,依法可以不予行政处罚的,不予行政处罚;

(三)违法事实不能成立的,不得给予行政处罚;

(四)违法行为已构成犯罪的,移送司法机关。

对情节复杂或者重大违法行为给予较重的行政处罚,行政机关的负责人应当集体讨论决定。

在行政机关负责人作出决定之前,应当由从事行政处罚决定审核的人员进行审核。行政机关中初次从事行政处罚决定审核的人员,应当通过国家统一法律职业资格考试取得法律职业资格。

第三十九条 行政机关依照本法第三十八条的规定给予行政处罚,应当制作行政处罚决定书。行政处罚决定书应当载明下列事项：
（一）当事人的姓名或者名称、地址；
（二）违反法律、法规或者规章的事实和证据；
（三）行政处罚的种类和依据；
（四）行政处罚的履行方式和期限；
（五）不服行政处罚决定，申请行政复议或者提起行政诉讼的途径和期限；
（六）作出行政处罚决定的行政机关名称和作出决定的日期。
行政处罚决定书必须盖有作出行政处罚决定的行政机关的印章。

第四十条 行政处罚决定书应当在宣告后当场交付当事人；当事人不在场的，行政机关应当在七日内依照民事诉讼法的有关规定，将行政处罚决定书送达当事人。

第四十一条 行政机关及其执法人员在作出行政处罚决定之前，不依照本法第三十一条、第三十二条的规定向当事人告知给予行政处罚的事实、理由和依据，或者拒绝听取当事人的陈述、申辩，行政处罚决定不能成立；当事人放弃陈述或者申辩权利的除外。

第三节 听证程序

第四十二条 行政机关作出责令停产停业、吊销许可证或者执照、较大数额罚款等行政处罚决定之前，应当告知当事人有要求举行听证的权利；当事人要求听证的，行政机关应当组织听证。当事人不承担行政机关组织听证的费用。听证依照以下程序组织：
（一）当事人要求听证的，应当在行政机关告知后三日内提出；
（二）行政机关应当在听证的七日前，通知当事人举行听证的时间、地点；
（三）除涉及国家秘密、商业秘密或者个人隐私外，听证公开举行；
（四）听证由行政机关指定的非本案调查人员主持；当事人认为主持人与本案有直接利害关系的，有权申请回避；
（五）当事人可以亲自参加听证，也可以委托一至二人代理；
（六）举行听证时，调查人员提出当事人违法的事实、证据和行政处罚建议；当事人进行申辩和质证；
（七）听证应当制作笔录；笔录应当交当事人审核无误后签字或者盖章。
当事人对限制人身自由的行政处罚有异议的，依照治安管理处罚条例有关规定执行。

第四十三条 听证结束后，行政机关依照本法第三十八条的规定，作出决定。

第六章 行政处罚的执行

第四十四条 行政处罚决定依法作出后,当事人应当在行政处罚决定的期限内,予以履行。

第四十五条 当事人对行政处罚决定不服申请行政复议或者提起行政诉讼的,行政处罚不停止执行,法律另有规定的除外。

第四十六条 作出罚款决定的行政机关应当与收缴罚款的机构分离。

除依照本法第四十七条、第四十八条的规定当场收缴的罚款外,作出行政处罚决定的行政机关及其执法人员不得自行收缴罚款。

当事人应当自收到行政处罚决定书之日起十五日内,到指定的银行缴纳罚款。银行应当收受罚款,并将罚款直接上缴国库。

第四十七条 依照本法第三十三条的规定当场作出行政处罚决定,有下列情形之一的,执法人员可以当场收缴罚款:

(一)依法给予二十元以下的罚款的;

(二)不当场收缴事后难以执行的。

第四十八条 在边远、水上、交通不便地区,行政机关及其执法人员依照本法第三十三条、第三十八条的规定作出罚款决定后,当事人向指定的银行缴纳罚款确有困难,经当事人提出,行政机关及其执法人员可以当场收缴罚款。

第四十九条 行政机关及其执法人员当场收缴罚款的,必须向当事人出具省、自治区、直辖市财政部门统一制发的罚款收据;不出具财政部门统一制发的罚款收据的,当事人有权拒绝缴纳罚款。

第五十条 执法人员当场收缴的罚款,应当自收缴罚款之日起二日内,交至行政机关;在水上当场收缴的罚款,应当自抵岸之日起二日内交至行政机关;行政机关应当在二日内将罚款缴付指定的银行。

第五十一条 当事人逾期不履行行政处罚决定的,作出行政处罚决定的行政机关可以采取下列措施:

(一)到期不缴纳罚款的,每日按罚款数额的百分之三加处罚款;

(二)根据法律规定,将查封、扣押的财物拍卖或者将冻结的存款划拨抵缴罚款;

(三)申请人民法院强制执行。

第五十二条 当事人确有经济困难,需要延期或者分期缴纳罚款的,经当事人申请和行政机关批准,可以暂缓或者分期缴纳。

第五十三条 除依法应当予以销毁的物品外,依法没收的非法财物必须按照国家规定公开拍卖或者按照国家有关规定处理。

罚款、没收违法所得或者没收非法财物拍卖的款项,必须全部上缴国库,任何行政机关或者个人不得以任何形式截留、私分或者变相私分;财政部门不得以任何形式向作出行政处罚决定的行政机关返还罚款、没收的违法所得或者返还没收非法财物的拍卖款项。

第五十四条 行政机关应当建立健全对行政处罚的监督制度。县级以上人民政府应当加强对行政处罚的监督检查。

公民、法人或者其他组织对行政机关作出的行政处罚,有权申诉或者检举;行政机关应当认真审查,发现行政处罚有错误的,应当主动改正。

第七章 法律责任

第五十五条 行政机关实施行政处罚,有下列情形之一的,由上级行政机关或者有关部门责令改正,可以对直接负责的主管人员和其他直接责任人员依法给予行政处分:

(一)没有法定的行政处罚依据的;

(二)擅自改变行政处罚种类、幅度的;

(三)违反法定的行政处罚程序的;

(四)违反本法第十八条关于委托处罚的规定的。

第五十六条 行政机关对当事人进行处罚不使用罚款、没收财物单据或者使用非法定部门制发的罚款、没收财物单据的,当事人有权拒绝处罚,并有权予以检举。上级行政机关或者有关部门对使用的非法单据予以收缴销毁,对直接负责的主管人员和其他直接责任人员依法给予行政处分。

第五十七条 行政机关违反本法第四十六条的规定自行收缴罚款的,财政部门违反本法第五十三条的规定向行政机关返还罚款或者拍卖款项的,由上级行政机关或者有关部门责令改正,对直接负责的主管人员和其他直接责任人员依法给予行政处分。

第五十八条 行政机关将罚款、没收的违法所得或者财物截留、私分或者变相私分的,由财政部门或者有关部门予以追缴,对直接负责的主管人员和其他直接责任人员依法给予行政处分;情节严重构成犯罪的,依法追究刑事责任。

执法人员利用职务上的便利,索取或者收受他人财物、收缴罚款据为己有,构成犯罪的,依法追究刑事责任;情节轻微不构成犯罪的,依法给予行政处分。

第五十九条 行政机关使用或者损毁扣押的财物,对当事人造成损失的,应当依法予以赔偿,对直接负责的主管人员和其他直接责任人员依法给予行政处分。

第六十条 行政机关违法实行检查措施或者执行措施,给公民人身或者财产造成损害、给法人或者其他组织造成损失的,应当依法予以赔偿,对直接负责的主管人员和其他直接责任人员依法给予行政处分;情节严重构成犯罪的,依法追究刑事责任。

第六十一条 行政机关为牟取本单位私利,对应当依法移交司法机关追究刑事责任的不移交,以行政处罚代替刑罚,由上级行政机关或者有关部门责令纠正;拒不纠正的,对直接负责的主管人员给予行政处分;徇私舞弊、包庇纵容违法行为的,依照刑法有关规定追究刑事责任。

第六十二条 执法人员玩忽职守,对应当予以制止和处罚的违法行为不予制止、处罚,致使公民、法人或者其他组织的合法权益、公共利益和社会秩序遭受损害的,对直接负责的主管人员和其他直接责任人员依法给予行政处分;情节严重构成犯罪的,依法追究刑事责任。

第八章 附 则

第六十三条 本法第四十六条罚款决定与罚款收缴分离的规定,由国务院制定具体实施办法。

第六十四条 本法自 1996 年 10 月 1 日起施行。

本法公布前制定的法规和规章关于行政处罚的规定与本法不符合的,应当自本法公布之日起,依照本法规定予以修订,在 1997 年 12 月 31 日前修订完毕。

中华人民共和国行政复议法（2017年修正）

（1999年4月29日第九届全国人民代表大会常务委员会第九次会议通过　根据2009年8月27日第十一届全国人民代表大会常务委员会第十次会议《关于修改部分法律的决定》第一次修正　根据2017年9月1日第十二届全国人民代表大会常务委员会第二十九次会议《关于修改〈中华人民共和国法官法〉等八部法律的决定》第二次修正）

第一章　总　则

第一条　为了防止和纠正违法的或者不当的具体行政行为，保护公民、法人和其他组织的合法权益，保障和监督行政机关依法行使职权，根据宪法，制定本法。

第二条　公民、法人或者其他组织认为具体行政行为侵犯其合法权益，向行政机关提出行政复议申请，行政机关受理行政复议申请、作出行政复议决定，适用本法。

第三条　依照本法履行行政复议职责的行政机关是行政复议机关。行政复议机关负责法制工作的机构具体办理行政复议事项，履行下列职责：

（一）受理行政复议申请；

（二）向有关组织和人员调查取证，查阅文件和资料；

（三）审查申请行政复议的具体行政行为是否合法与适当，拟订行政复议决定；

（四）处理或者转送对本法第七条所列有关规定的审查申请；

（五）对行政机关违反本法规定的行为依照规定的权限和程序提出处理建议；

（六）办理因不服行政复议决定提起行政诉讼的应诉事项；

（七）法律、法规规定的其他职责。

行政机关中初次从事行政复议的人员，应当通过国家统一法律职业资格考试取得法律职业资格。

第四条　行政复议机关履行行政复议职责，应当遵循合法、公正、公开、及时、便民的原则，坚持有错必纠，保障法律、法规的正确实施。

第五条 公民、法人或者其他组织对行政复议决定不服的,可以依照行政诉讼法的规定向人民法院提起行政诉讼,但是法律规定行政复议决定为最终裁决的除外。

第二章　行政复议范围

第六条 有下列情形之一的,公民、法人或者其他组织可以依照本法申请行政复议:

(一)对行政机关作出的警告、罚款、没收违法所得、没收非法财物、责令停产停业、暂扣或者吊销许可证、暂扣或者吊销执照、行政拘留等行政处罚决定不服的;

(二)对行政机关作出的限制人身自由或者查封、扣押、冻结财产等行政强制措施决定不服的;

(三)对行政机关作出的有关许可证、执照、资质证、资格证等证书变更、中止、撤销的决定不服的;

(四)对行政机关作出的关于确认土地、矿藏、水流、森林、山岭、草原、荒地、滩涂、海域等自然资源的所有权或者使用权的决定不服的;

(五)认为行政机关侵犯合法的经营自主权的;

(六)认为行政机关变更或者废止农业承包合同,侵犯其合法权益的;

(七)认为行政机关违法集资、征收财物、摊派费用或者违法要求履行其他义务的;

(八)认为符合法定条件,申请行政机关颁发许可证、执照、资质证、资格证等证书,或者申请行政机关审批、登记有关事项,行政机关没有依法办理的;

(九)申请行政机关履行保护人身权利、财产权利、受教育权利的法定职责,行政机关没有依法履行的;

(十)申请行政机关依法发放抚恤金、社会保险金或者最低生活保障费,行政机关没有依法发放的;

(十一)认为行政机关的其他具体行政行为侵犯其合法权益的。

第七条 公民、法人或者其他组织认为行政机关的具体行政行为所依据的下列规定不合法,在对具体行政行为申请行政复议时,可以一并向行政复议机关提出对该规定的审查申请:

(一)国务院部门的规定;

(二)县级以上地方各级人民政府及其工作部门的规定;

(三)乡、镇人民政府的规定。

前款所列规定不含国务院部、委员会规章和地方人民政府规章。规章的审查依照法律、行政法规办理。

第八条 不服行政机关作出的行政处分或者其他人事处理决定的,依照有关法律、行政法规的规定提出申诉。

不服行政机关对民事纠纷作出的调解或者其他处理,依法申请仲裁或者向人民法院提起诉讼。

第三章 行政复议申请

第九条 公民、法人或者其他组织认为具体行政行为侵犯其合法权益的,可以自知道该具体行政行为之日起六十日内提出行政复议申请;但是法律规定的申请期限超过六十日的除外。

因不可抗力或者其他正当理由耽误法定申请期限的,申请期限自障碍消除之日起继续计算。

第十条 依照本法申请行政复议的公民、法人或者其他组织是申请人。

有权申请行政复议的公民死亡的,其近亲属可以申请行政复议。有权申请行政复议的公民为无民事行为能力人或者限制民事行为能力人的,其法定代理人可以代为申请行政复议。有权申请行政复议的法人或者其他组织终止的,承受其权利的法人或者其他组织可以申请行政复议。

同申请行政复议的具体行政行为有利害关系的其他公民、法人或者其他组织,可以作为第三人参加行政复议。

公民、法人或者其他组织对行政机关的具体行政行为不服申请行政复议的,作出具体行政行为的行政机关是被申请人。

申请人、第三人可以委托代理人代为参加行政复议。

第十一条 申请人申请行政复议,可以书面申请,也可以口头申请;口头申请的,行政复议机关应当当场记录申请人的基本情况、行政复议请求、申请行政复议的主要事实、理由和时间。

第十二条 对县级以上地方各级人民政府工作部门的具体行政行为不服的,由申请人选择,可以向该部门的本级人民政府申请行政复议,也可以向上一级主管部门申请行政复议。

对海关、金融、国税、外汇管理等实行垂直领导的行政机关和国家安全机关的具体行政行为不服的,向上一级主管部门申请行政复议。

第十三条 对地方各级人民政府的具体行政行为不服的,向上一级地方人民政府申请行政复议。

对省、自治区人民政府依法设立的派出机关所属的县级地方人民政府的具体行政行为不服的,向该派出机关申请行政复议。

第十四条 对国务院部门或者省、自治区、直辖市人民政府的具体行政行为不服的,向作出该具体行政行为的国务院部门或者省、自治区、直辖市人民政府申请行政复议。对行政复议决定不服的,可以向人民法院提起行政诉讼;也可以向国务院申请裁决,国务院依照本法的规定作出最终裁决。

第十五条 对本法第十二条、第十三条、第十四条规定以外的其他行政机关、组织的具体行政行为不服的,按照下列规定申请行政复议:

(一)对县级以上地方人民政府依法设立的派出机关的具体行政行为不服的,向设立该派出机关的人民政府申请行政复议;

(二)对政府工作部门依法设立的派出机构依照法律、法规或者规章规定,以自己的名义作出的具体行政行为不服的,向设立该派出机构的部门或者该部门的本级地方人民政府申请行政复议;

(三)对法律、法规授权的组织的具体行政行为不服的,分别向直接管理该组织的地方人民政府、地方人民政府工作部门或者国务院部门申请行政复议;

(四)对两个或者两个以上行政机关以共同的名义作出的具体行政行为不服的,向其共同上一级行政机关申请行政复议;

(五)对被撤销的行政机关在撤销前所作出的具体行政行为不服的,向继续行使其职权的行政机关的上一级行政机关申请行政复议。

有前款所列情形之一的,申请人也可以向具体行政行为发生地的县级地方人民政府提出行政复议申请,由接受申请的县级地方人民政府依照本法第十八条的规定办理。

第十六条 公民、法人或者其他组织申请行政复议,行政复议机关已经依法受理的,或者法律、法规规定应当先向行政复议机关申请行政复议、对行政复议决定不服再向人民法院提起行政诉讼的,在法定行政复议期限内不得向人民法院提起行政诉讼。

公民、法人或者其他组织向人民法院提起行政诉讼,人民法院已经依法受理的,不得申请行政复议。

第四章 行政复议受理

第十七条 行政复议机关收到行政复议申请后,应当在五日内进行审查,对不符合本法规定的行政复议申请,决定不予受理,并书面告知申请人;对符合本法规定,但是不属于本机关受理的行政复议申请,应当告知申请人向有关行政复议机关提出。

除前款规定外,行政复议申请自行政复议机关负责法制工作的机构收到之日起即为受理。

第十八条 依照本法第十五条第二款的规定接受行政复议申请的县级地方

人民政府,对依照本法第十五条第一款的规定属于其他行政复议机关受理的行政复议申请,应当自接到该行政复议申请之日起七日内,转送有关行政复议机关,并告知申请人。接受转送的行政复议机关应当依照本法第十七条的规定办理。

第十九条 法律、法规规定应当先向行政复议机关申请行政复议、对行政复议决定不服再向人民法院提起行政诉讼的,行政复议机关决定不予受理或者受理后超过行政复议期限不作答复的,公民、法人或者其他组织可以自收到不予受理决定书之日起或者行政复议期满之日起十五日内,依法向人民法院提起行政诉讼。

第二十条 公民、法人或者其他组织依法提出行政复议申请,行政复议机关无正当理由不予受理的,上级行政机关应当责令其受理;必要时,上级行政机关也可以直接受理。

第二十一条 行政复议期间具体行政行为不停止执行;但是,有下列情形之一的,可以停止执行:

(一)被申请人认为需要停止执行的;

(二)行政复议机关认为需要停止执行的;

(三)申请人申请停止执行,行政复议机关认为其要求合理,决定停止执行的;

(四)法律规定停止执行的。

第五章 行政复议决定

第二十二条 行政复议原则上采取书面审查的办法,但是申请人提出要求或者行政复议机关负责法制工作的机构认为有必要时,可以向有关组织和人员调查情况,听取申请人、被申请人和第三人的意见。

第二十三条 行政复议机关负责法制工作的机构应当自行政复议申请受理之日起七日内,将行政复议申请书副本或者行政复议申请笔录复印件发送被申请人。被申请人应当自收到申请书副本或者申请笔录复印件之日起十日内,提出书面答复,并提交当初作出具体行政行为的证据、依据和其他有关材料。

申请人、第三人可以查阅被申请人提出的书面答复、作出具体行政行为的证据、依据和其他有关材料,除涉及国家秘密、商业秘密或者个人隐私外,行政复议机关不得拒绝。

第二十四条 在行政复议过程中,被申请人不得自行向申请人和其他有关组织或者个人收集证据。

第二十五条 行政复议决定作出前,申请人要求撤回行政复议申请的,经说明理由,可以撤回;撤回行政复议申请的,行政复议终止。

第二十六条 申请人在申请行政复议时,一并提出对本法第七条所列有关规定的审查申请的,行政复议机关对该规定有权处理的,应当在三十日内依法处理;无权处理的,应当在七日内按照法定程序转送有权处理的行政机关依法处理,有权处理的行政机关应当在六十日内依法处理。处理期间,中止对具体行政行为的审查。

第二十七条 行政复议机关在对被申请人作出的具体行政行为进行审查时,认为其依据不合法,本机关有权处理的,应当在三十日内依法处理;无权处理的,应当在七日内按照法定程序转送有权处理的国家机关依法处理。处理期间,中止对具体行政行为的审查。

第二十八条 行政复议机关负责法制工作的机构应当对被申请人作出的具体行政行为进行审查,提出意见,经行政复议机关的负责人同意或者集体讨论通过后,按照下列规定作出行政复议决定:

(一)具体行政行为认定事实清楚,证据确凿,适用依据正确,程序合法,内容适当的,决定维持;

(二)被申请人不履行法定职责的,决定其在一定期限内履行;

(三)具体行政行为有下列情形之一的,决定撤销、变更或者确认该具体行政行为违法;决定撤销或者确认该具体行政行为违法的,可以责令被申请人在一定期限内重新作出具体行政行为:

1. 主要事实不清、证据不足的;
2. 适用依据错误的;
3. 违反法定程序的;
4. 超越或者滥用职权的;
5. 具体行政行为明显不当的。

(四)被申请人不按照本法第二十三条的规定提出书面答复、提交当初作出具体行政行为的证据、依据和其他有关材料的,视为该具体行政行为没有证据、依据,决定撤销该具体行政行为。

行政复议机关责令被申请人重新作出具体行政行为的,被申请人不得以同一的事实和理由作出与原具体行政行为相同或者基本相同的具体行政行为。

第二十九条 申请人在申请行政复议时可以一并提出行政赔偿请求,行政复议机关对符合国家赔偿法的有关规定应当给予赔偿的,在决定撤销、变更具体行政行为或者确认具体行政行为违法时,应当同时决定被申请人依法给予赔偿。

申请人在申请行政复议时没有提出行政赔偿请求的,行政复议机关在依法决定撤销或者变更罚款,撤销违法集资、没收财物、征收财物、摊派费用以及对财产的查封、扣押、冻结等具体行政行为时,应当同时责令被申请人返还财产,解除对财产的查封、扣押、冻结措施,或者赔偿相应的价款。

第三十条 公民、法人或者其他组织认为行政机关的具体行政行为侵犯其已经依法取得的土地、矿藏、水流、森林、山岭、草原、荒地、滩涂、海域等自然资源的所有权或者使用权的,应当先申请行政复议;对行政复议决定不服的,可以依法向人民法院提起行政诉讼。

根据国务院或者省、自治区、直辖市人民政府对行政区划的勘定、调整或者征用土地的决定,省、自治区、直辖市人民政府确认土地、矿藏、水流、森林、山岭、草原、荒地、滩涂、海域等自然资源的所有权或者使用权的行政复议决定为最终裁决。

第三十一条 行政复议机关应当自受理申请之日起六十日内作出行政复议决定;但是法律规定的行政复议期限少于六十日的除外。情况复杂,不能在规定期限内作出行政复议决定的,经行政复议机关的负责人批准,可以适当延长,并告知申请人和被申请人;但是延长期限最多不超过三十日。

行政复议机关作出行政复议决定,应当制作行政复议决定书,并加盖印章。

行政复议决定书一经送达,即发生法律效力。

第三十二条 被申请人应当履行行政复议决定。

被申请人不履行或者无正当理由拖延履行行政复议决定的,行政复议机关或者有关上级行政机关应当责令其限期履行。

第三十三条 申请人逾期不起诉又不履行行政复议决定的,或者不履行最终裁决的行政复议决定的,按照下列规定分别处理:

(一)维持具体行政行为的行政复议决定,由作出具体行政行为的行政机关依法强制执行,或者申请人民法院强制执行;

(二)变更具体行政行为的行政复议决定,由行政复议机关依法强制执行,或者申请人民法院强制执行。

第六章 法律责任

第三十四条 行政复议机关违反本法规定,无正当理由不予受理依法提出的行政复议申请或者不按照规定转送行政复议申请的,或者在法定期限内不作出行政复议决定的,对直接负责的主管人员和其他直接责任人员依法给予警告、记过、记大过的行政处分;经责令受理仍不受理或者不按规定转送行政复议申请,造成严重后果的,依法给予降级、撤职、开除的行政处分。

第三十五条 行政复议机关工作人员在行政复议活动中,徇私舞弊或者有其他渎职、失职行为的,依法给予警告、记过、记大过的行政处分;情节严重的,依法给予降级、撤职、开除的行政处分;构成犯罪的,依法追究刑事责任。

第三十六条 被申请人违反本法规定,不提出书面答复或者不提交作出具体行政行为的证据、依据和其他有关材料,或者阻挠、变相阻挠公民、法人或者其他组织依法申请行政复议的,对直接负责的主管人员和其他直接责任人员依法给予警告、记过、记大过的行政处分;进行报复陷害的,依法给予降级、撤职、开除的行政处分;构成犯罪的,依法追究刑事责任。

第三十七条 被申请人不履行或者无正当理由拖延履行行政复议决定的,对直接负责的主管人员和其他直接责任人员依法给予警告、记过、记大过的行政处分;经责令履行仍拒不履行的,依法给予降级、撤职、开除的行政处分。

第三十八条 行政复议机关负责法制工作的机构发现有无正当理由不予受理行政复议申请、不按照规定期限作出行政复议决定、徇私舞弊、对申请人打击报复或者不履行行政复议决定等情形的,应当向有关行政机关提出建议,有关行政机关应当依照本法和有关法律、行政法规的规定作出处理。

第七章 附 则

第三十九条 行政复议机关受理行政复议申请,不得向申请人收取任何费用。行政复议活动所需经费,应当列入本机关的行政经费,由本级财政予以保障。

第四十条 行政复议期间的计算和行政复议文书的送达,依照民事诉讼法关于期间、送达的规定执行。

本法关于行政复议期间有关"五日"、"七日"的规定是指工作日,不含节假日。

第四十一条 外国人、无国籍人、外国组织在中华人民共和国境内申请行政复议,适用本法。

第四十二条 本法施行前公布的法律有关行政复议的规定与本法的规定不一致的,以本法的规定为准。

第四十三条 本法自1999年10月1日起施行。1990年12月24日国务院发布、1994年10月9日国务院修订发布的《行政复议条例》同时废止。

中华人民共和国侵权责任法（2009年）（节录）

（2009年12月26日第十一届全国人民代表大会常务委员会第十二次会议通过）

第七章 医疗损害责任

第五十四条 患者在诊疗活动中受到损害，医疗机构及其医务人员有过错的，由医疗机构承担赔偿责任。

第五十五条 医务人员在诊疗活动中应当向患者说明病情和医疗措施。需要实施手术、特殊检查、特殊治疗的，医务人员应当及时向患者说明医疗风险、替代医疗方案等情况，并取得其书面同意；不宜向患者说明的，应当向患者的近亲属说明，并取得其书面同意。

医务人员未尽到前款义务，造成患者损害的，医疗机构应当承担赔偿责任。

第五十六条 因抢救生命垂危的患者等紧急情况，不能取得患者或者其近亲属意见的，经医疗机构负责人或者授权的负责人批准，可以立即实施相应的医疗措施。

第五十七条 医务人员在诊疗活动中未尽到与当时的医疗水平相应的诊疗义务，造成患者损害的，医疗机构应当承担赔偿责任。

第五十八条 患者有损害，因下列情形之一的，推定医疗机构有过错：

（一）违反法律、行政法规、规章以及其他有关诊疗规范的规定；

（二）隐匿或者拒绝提供与纠纷有关的病历资料；

（三）伪造、篡改或者销毁病历资料。

第五十九条 因药品、消毒药剂、医疗器械的缺陷，或者输入不合格的血液造成患者损害的，患者可以向生产者或者血液提供机构请求赔偿，也可以向医疗机构请求赔偿。患者向医疗机构请求赔偿的，医疗机构赔偿后，有权向负有责任的生产者或者血液提供机构追偿。

第六十条 患者有损害，因下列情形之一的，医疗机构不承担赔偿责任：

（一）患者或者其近亲属不配合医疗机构进行符合诊疗规范的诊疗；

（二）医务人员在抢救生命垂危的患者等紧急情况下已经尽到合理诊疗义务；

（三）限于当时的医疗水平难以诊疗。

前款第一项情形中,医疗机构及其医务人员也有过错的,应当承担相应的赔偿责任。

第六十一条 医疗机构及其医务人员应当按照规定填写并妥善保管住院志、医嘱单、检验报告、手术及麻醉记录、病理资料、护理记录、医疗费用等病历资料。

患者要求查阅、复制前款规定的病历资料的,医疗机构应当提供。

第六十二条 医疗机构及其医务人员应当对患者的隐私保密。泄露患者隐私或者未经患者同意公开其病历资料,造成患者损害的,应当承担侵权责任。

第六十三条 医疗机构及其医务人员不得违反诊疗规范实施不必要的检查。

第六十四条 医疗机构及其医务人员的合法权益受法律保护。干扰医疗秩序,妨害医务人员工作、生活的,应当依法承担法律责任。

中华人民共和国精神卫生法（2012年）（节录）

(2012年10月26日第十一届全国人民代表大会常务委员会第二十九次会议通过)

第三章 精神障碍的诊断和治疗

第三十条 精神障碍的住院治疗实行自愿原则。

诊断结论、病情评估表明，就诊者为严重精神障碍患者并有下列情形之一的，应当对其实施住院治疗：

（一）已经发生伤害自身的行为，或者有伤害自身的危险的；

（二）已经发生危害他人安全的行为，或者有危害他人安全的危险的。

第三十二条 精神障碍患者有本法第三十条第二款第二项情形，患者或者其监护人对需要住院治疗的诊断结论有异议，不同意对患者实施住院治疗的，可以要求再次诊断和鉴定。

依照前款规定要求再次诊断的，应当自收到诊断结论之日起三日内向原医疗机构或者其他具有合法资质的医疗机构提出。承担再次诊断的医疗机构应当在接到再次诊断要求后指派二名初次诊断医师以外的精神科执业医师进行再次诊断，并及时出具再次诊断结论。承担再次诊断的执业医师应当到收治患者的医疗机构面见、询问患者，该医疗机构应当予以配合。

对再次诊断结论有异议的，可以自主委托依法取得执业资质的鉴定机构进行精神障碍医学鉴定；医疗机构应当公示经公告的鉴定机构名单和联系方式。接受委托的鉴定机构应当指定本机构具有该鉴定事项执业资格的二名以上鉴定人共同进行鉴定，并及时出具鉴定报告。

第三十三条 鉴定人应当到收治精神障碍患者的医疗机构面见、询问患者，该医疗机构应当予以配合。

鉴定人本人或者其近亲属与鉴定事项有利害关系，可能影响其独立、客观、公正进行鉴定的，应当回避。

第三十四条 鉴定机构、鉴定人应当遵守有关法律、法规、规章的规定，尊重科学，恪守职业道德，按照精神障碍鉴定的实施程序、技术方法和操作规范，依法独立进行鉴定，出具客观、公正的鉴定报告。

鉴定人应当对鉴定过程进行实时记录并签名。记录的内容应当真实、客观、准确、完整,记录的文本或者声像载体应当妥善保存。

第三十五条 再次诊断结论或者鉴定报告表明,不能确定就诊者为严重精神障碍患者,或者患者不需要住院治疗的,医疗机构不得对其实施住院治疗。

再次诊断结论或者鉴定报告表明,精神障碍患者有本法第三十条第二款第二项情形的,其监护人应当同意对患者实施住院治疗。监护人阻碍实施住院治疗或者患者擅自脱离住院治疗的,可以由公安机关协助医疗机构采取措施对患者实施住院治疗。

在相关机构出具再次诊断结论、鉴定报告前,收治精神障碍患者的医疗机构应当按照诊疗规范的要求对患者实施住院治疗。

第六章 法律责任

第八十条 在精神障碍的诊断、治疗、鉴定过程中,寻衅滋事,阻挠有关工作人员依照本法的规定履行职责,扰乱医疗机构、鉴定机构工作秩序的,依法给予治安管理处罚。

违反本法规定,有其他构成违反治安管理行为的,依法给予治安管理处罚。

中华人民共和国治安管理处罚法(2012年修正)(节录)

(2005年8月28日第十届全国人民代表大会常务委员会第十七次会议通过 根据2012年10月26日第十一届全国人民代表大会常务委员会第二十九次会议《关于修改〈中华人民共和国治安管理处罚法〉的决定》修正)

第四章 处罚程序

第一节 调 查

第九十条 为了查明案情,需要解决案件中有争议的专门性问题的,应当指派或者聘请具有专门知识的人员进行鉴定;鉴定人鉴定后,应当写出鉴定意见,并且签名。

第二节 决 定

第九十九条 公安机关办理治安案件的期限,自受理之日起不得超过三十日;案情重大、复杂的,经上一级公安机关批准,可以延长三十日。

为了查明案情进行鉴定的期间,不计入办理治安案件的期限。

中华人民共和国仲裁法（2017年修正）（节录）

（1994年8月31日第八届全国人民代表大会常务委员会第九次会议通过　根据2009年8月27日第十一届全国人民代表大会常务委员会第十次会议《关于修改部分法律的决定》第一次修正　根据2017年9月1日第十二届全国人民代表大会常务委员会第二十九次会议《关于修改〈中华人民共和国法官法〉等八部法律的决定》第二次修正）

第四章　仲裁程序

第三节　开庭和裁决

第四十四条　仲裁庭对专门性问题认为需要鉴定的，可以交由当事人约定的鉴定部门鉴定，也可以由仲裁庭指定的鉴定部门鉴定。

根据当事人的请求或者仲裁庭的要求，鉴定部门应当派鉴定人参加开庭。当事人经仲裁庭许可，可以向鉴定人提问。

中华人民共和国监狱法（2012年修正）（节录）

（1994年12月29日第八届全国人民代表大会常务委员会第十一次会议通过 根据2012年10月26日第十一届全国人民代表大会常务委员会第二十九次会议《关于修改〈中华人民共和国监狱法〉的决定》修正）

第四章 狱政管理

第五节 生活、卫生

第五十五条 罪犯在服刑期间死亡的，监狱应当立即通知罪犯家属和人民检察院、人民法院。罪犯因病死亡的，由监狱作出医疗鉴定。人民检察院对监狱的医疗鉴定有疑义的，可以重新对死亡原因作出鉴定。罪犯家属有疑义的，可以向人民检察院提出。罪犯非正常死亡的，人民检察院应当立即检验，对死亡原因作出鉴定。

中华人民共和国计量法（2015年修正）

（1985年9月6日第六届全国人民代表大会常务委员会第十二次会议通过　根据2009年8月27日第十一届全国人民代表大会常务委员会第十次会议《关于修改部分法律的决定》第一次修正　根据2013年12月28日第十二届全国人民代表大会常务委员会第六次会议《关于修改〈中华人民共和国海洋环境保护法〉等七部法律的决定》第二次修正　根据2015年4月24日第十二届全国人民代表大会常务委员会第十四次会议《关于修改〈中华人民共和国计量法〉等五部法律的决定》第三次修正）

第一章　总　　则

第一条　为了加强计量监督管理，保障国家计量单位制的统一和量值的准确可靠，有利于生产、贸易和科学技术的发展，适应社会主义现代化建设的需要，维护国家、人民的利益，制定本法。

第二条　在中华人民共和国境内，建立计量基准器具、计量标准器具，进行计量检定，制造、修理、销售、使用计量器具，必须遵守本法。

第三条　国家采用国际单位制。

国际单位制计量单位和国家选定的其他计量单位，为国家法定计量单位。国家法定计量单位的名称、符号由国务院公布。

非国家法定计量单位应当废除。废除的办法由国务院制定。

第四条　国务院计量行政部门对全国计量工作实施统一监督管理。

县级以上地方人民政府计量行政部门对本行政区域内的计量工作实施监督管理。

第二章　计量基准器具、计量标准器具和计量检定

第五条　国务院计量行政部门负责建立各种计量基准器具，作为统一全国量值的最高依据。

第六条　县级以上地方人民政府计量行政部门根据本地区的需要，建立社会公用计量标准器具，经上级人民政府计量行政部门主持考核合格后使用。

第七条　国务院有关主管部门和省、自治区、直辖市人民政府有关主管部门，根据本部门的特殊需要，可以建立本部门使用的计量标准器具，其各项最高

计量标准器具经同级人民政府计量行政部门主持考核合格后使用。

第八条 企业、事业单位根据需要,可以建立本单位使用的计量标准器具,其各项最高计量标准器具经有关人民政府计量行政部门主持考核合格后使用。

第九条 县级以上人民政府计量行政部门对社会公用计量标准器具,部门和企业、事业单位使用的最高计量标准器具,以及用于贸易结算、安全防护、医疗卫生、环境监测方面的列入强制检定目录的工作计量器具,实行强制检定。未按照规定申请检定或者检定不合格的,不得使用。实行强制检定的工作计量器具的目录和管理办法,由国务院制定。

对前款规定以外的其他计量标准器具和工作计量器具,使用单位应当自行定期检定或者送其他计量检定机构检定,县级以上人民政府计量行政部门应当进行监督检查。

第十条 计量检定必须按照国家计量检定系统表进行。国家计量检定系统表由国务院计量行政部门制定。

计量检定必须执行计量检定规程。国家计量检定规程由国务院计量行政部门制定。没有国家计量检定规程的,由国务院有关主管部门和省、自治区、直辖市人民政府计量行政部门分别制定部门计量检定规程和地方计量检定规程。

第十一条 计量检定工作应当按照经济合理的原则,就地就近进行。

第三章 计量器具管理

第十二条 制造、修理计量器具的企业、事业单位,必须具备与所制造、修理的计量器具相适应的设施、人员和检定仪器设备,经县级以上人民政府计量行政部门考核合格,取得《制造计量器具许可证》或者《修理计量器具许可证》。

第十三条 制造计量器具的企业、事业单位生产本单位未生产过的计量器具新产品,必须经省级以上人民政府计量行政部门对其样品的计量性能考核合格,方可投入生产。

第十四条 未经省、自治区、直辖市人民政府计量行政部门批准,不得制造、销售和进口国务院规定废除的非法定计量单位的计量器具和国务院禁止使用的其他计量器具。

第十五条 制造、修理计量器具的企业、事业单位必须对制造、修理的计量器具进行检定,保证产品计量性能合格,并对合格产品出具产品合格证。

县级以上人民政府计量行政部门应当对制造、修理的计量器具的质量进行监督检查。

第十六条 使用计量器具不得破坏其准确度,损害国家和消费者的利益。

第十七条 个体工商户可以制造、修理简易的计量器具。

制造、修理计量器具的个体工商户,必须经县级人民政府计量行政部门考核合格,发给《制造计量器具许可证》或者《修理计量器具许可证》。

个体工商户制造、修理计量器具的范围和管理办法,由国务院计量行政部门制定。

第四章 计量监督

第十八条 县级以上人民政府计量行政部门,根据需要设置计量监督员。计量监督员管理办法,由国务院计量行政部门制定。

第十九条 县级以上人民政府计量行政部门可以根据需要设置计量检定机构,或者授权其他单位的计量检定机构,执行强制检定和其他检定、测试任务。

执行前款规定的检定、测试任务的人员,必须经考核合格。

第二十条 处理因计量器具准确度所引起的纠纷,以国家计量基准器具或者社会公用计量标准器具检定的数据为准。

第二十一条 为社会提供公证数据的产品质量检验机构,必须经省级以上人民政府计量行政部门对其计量检定、测试的能力和可靠性考核合格。

第五章 法律责任

第二十二条 未取得《制造计量器具许可证》、《修理计量器具许可证》制造或者修理计量器具的,责令停止生产、停止营业,没收违法所得,可以并处罚款。

第二十三条 制造、销售未经考核合格的计量器具新产品的,责令停止制造、销售该种新产品,没收违法所得,可以并处罚款。

第二十四条 制造、修理、销售的计量器具不合格的,没收违法所得,可以并处罚款。

第二十五条 属于强制检定范围的计量器具,未按照规定申请检定或者检定不合格继续使用的,责令停止使用,可以并处罚款。

第二十六条 使用不合格的计量器具或者破坏计量器具准确度,给国家和消费者造成损失的,责令赔偿损失,没收计量器具和违法所得,可以并处罚款。

第二十七条 制造、销售、使用以欺骗消费者为目的的计量器具的,没收计量器具和违法所得,处以罚款;情节严重的,并对个人或单位直接责任人员依照刑法有关规定追究刑事责任。

第二十八条 违反本法规定,制造、修理、销售的计量器具不合格,造成人身伤亡或者重大财产损失的,依照刑法有关规定,对个人或者单位直接责任人员追究刑事责任。

第二十九条 计量监督人员违法失职,情节严重的,依照刑法有关规定追究刑事责任;情节轻微的,给予行政处分。

第三十条 本法规定的行政处罚,由县级以上地方人民政府计量行政部门决定。本法第二十六条规定的行政处罚,也可以由工商行政管理部门决定。

第三十一条 当事人对行政处罚决定不服的,可以在接到处罚通知之日起十五日内向人民法院起诉;对罚款、没收违法所得的行政处罚决定期满不起诉又不履行的,由作出行政处罚决定的机关申请人民法院强制执行。

第六章 附 则

第三十二条 中国人民解放军和国防科技工业系统计量工作的监督管理办法,由国务院、中央军事委员会依据本法另行制定。

第三十三条 国务院计量行政部门根据本法制定实施细则,报国务院批准施行。

第三十四条 本法自1986年7月1日起施行。

中华人民共和国标准化法（2017年修订）

（1988年12月29日第七届全国人民代表大会常务委员会第五次会议通过 2017年11月4日第十二届全国人民代表大会常务委员会第三十次会议修订）

第一章 总 则

第一条 为了加强标准化工作，提升产品和服务质量，促进科学技术进步，保障人身健康和生命财产安全，维护国家安全、生态环境安全，提高经济社会发展水平，制定本法。

第二条 本法所称标准（含标准样品），是指农业、工业、服务业以及社会事业等领域需要统一的技术要求。

标准包括国家标准、行业标准、地方标准和团体标准、企业标准。国家标准分为强制性标准、推荐性标准，行业标准、地方标准是推荐性标准。

强制性标准必须执行。国家鼓励采用推荐性标准。

第三条 标准化工作的任务是制定标准、组织实施标准以及对标准的制定、实施进行监督。

县级以上人民政府应当将标准化工作纳入本级国民经济和社会发展规划，将标准化工作经费纳入本级预算。

第四条 制定标准应当在科学技术研究成果和社会实践经验的基础上，深入调查论证，广泛征求意见，保证标准的科学性、规范性、时效性，提高标准质量。

第五条 国务院标准化行政主管部门统一管理全国标准化工作。国务院有关行政主管部门分工管理本部门、本行业的标准化工作。

县级以上地方人民政府标准化行政主管部门统一管理本行政区域内的标准化工作。县级以上地方人民政府有关行政主管部门分工管理本行政区域内本部门、本行业的标准化工作。

第六条 国务院建立标准化协调机制，统筹推进标准化重大改革，研究标准化重大政策，对跨部门跨领域、存在重大争议标准的制定和实施进行协调。

设区的市级以上地方人民政府可以根据工作需要建立标准化协调机制，统筹协调本行政区域内标准化工作重大事项。

第七条 国家鼓励企业、社会团体和教育、科研机构等开展或者参与标准化工作。

第八条 国家积极推动参与国际标准化活动,开展标准化对外合作与交流,参与制定国际标准,结合国情采用国际标准,推进中国标准与国外标准之间的转化运用。

国家鼓励企业、社会团体和教育、科研机构等参与国际标准化活动。

第九条 对在标准化工作中做出显著成绩的单位和个人,按照国家有关规定给予表彰和奖励。

第二章 标准的制定

第十条 对保障人身健康和生命财产安全、国家安全、生态环境安全以及满足经济社会管理基本需要的技术要求,应当制定强制性国家标准。

国务院有关行政主管部门依据职责负责强制性国家标准的项目提出、组织起草、征求意见和技术审查。国务院标准化行政主管部门负责强制性国家标准的立项、编号和对外通报。国务院标准化行政主管部门应当对拟制定的强制性国家标准是否符合前款规定进行立项审查,对符合前款规定的予以立项。

省、自治区、直辖市人民政府标准化行政主管部门可以向国务院标准化行政主管部门提出强制性国家标准的立项建议,由国务院标准化行政主管部门会同国务院有关行政主管部门决定。社会团体、企业事业组织以及公民可以向国务院标准化行政主管部门提出强制性国家标准的立项建议,国务院标准化行政主管部门认为需要立项的,会同国务院有关行政主管部门决定。

强制性国家标准由国务院批准发布或者授权批准发布。

法律、行政法规和国务院决定对强制性标准的制定另有规定的,从其规定。

第十一条 对满足基础通用、与强制性国家标准配套、对各有关行业起引领作用等需要的技术要求,可以制定推荐性国家标准。

推荐性国家标准由国务院标准化行政主管部门制定。

第十二条 对没有推荐性国家标准、需要在全国某个行业范围内统一的技术要求,可以制定行业标准。

行业标准由国务院有关行政主管部门制定,报国务院标准化行政主管部门备案。

第十三条 为满足地方自然条件、风俗习惯等特殊技术要求,可以制定地方标准。

地方标准由省、自治区、直辖市人民政府标准化行政主管部门制定;设区的市级人民政府标准化行政主管部门根据本行政区域的特殊需要,经所在地省、自治区、直辖市人民政府标准化行政主管部门批准,可以制定本行政区域的地方标准。地方标准由省、自治区、直辖市人民政府标准化行政主管部门报国务院标准化行政主管部门备案,由国务院标准化行政主管部门通报国务院有关行政主管部门。

第十四条　对保障人身健康和生命财产安全、国家安全、生态环境安全以及经济社会发展所急需的标准项目,制定标准的行政主管部门应当优先立项并及时完成。

第十五条　制定强制性标准、推荐性标准,应当在立项时对有关行政主管部门、企业、社会团体、消费者和教育、科研机构等方面的实际需求进行调查,对制定标准的必要性、可行性进行论证评估;在制定过程中,应当按照便捷有效的原则采取多种方式征求意见,组织对标准相关事项进行调查分析、实验、论证,并做到有关标准之间的协调配套。

第十六条　制定推荐性标准,应当组织由相关方组成的标准化技术委员会,承担标准的起草、技术审查工作。制定强制性标准,可以委托相关标准化技术委员会承担标准的起草、技术审查工作。未组成标准化技术委员会的,应当成立专家组承担相关标准的起草、技术审查工作。标准化技术委员会和专家组的组成应当具有广泛代表性。

第十七条　强制性标准文本应当免费向社会公开。国家推动免费向社会公开推荐性标准文本。

第十八条　国家鼓励学会、协会、商会、联合会、产业技术联盟等社会团体协调相关市场主体共同制定满足市场和创新需要的团体标准,由本团体成员约定采用或者按照本团体的规定供社会自愿采用。

制定团体标准,应当遵循开放、透明、公平的原则,保证各参与主体获取相关信息,反映各参与主体的共同需求,并应当组织对标准相关事项进行调查分析、实验、论证。

国务院标准化行政主管部门会同国务院有关行政主管部门对团体标准的制定进行规范、引导和监督。

第十九条　企业可以根据需要自行制定企业标准,或者与其他企业联合制定企业标准。

第二十条　国家支持在重要行业、战略性新兴产业、关键共性技术等领域利用自主创新技术制定团体标准、企业标准。

第二十一条　推荐性国家标准、行业标准、地方标准、团体标准、企业标准的技术要求不得低于强制性国家标准的相关技术要求。

国家鼓励社会团体、企业制定高于推荐性标准相关技术要求的团体标准、企业标准。

第二十二条 制定标准应当有利于科学合理利用资源,推广科学技术成果,增强产品的安全性、通用性、可替换性,提高经济效益、社会效益、生态效益,做到技术上先进、经济上合理。

禁止利用标准实施妨碍商品、服务自由流通等排除、限制市场竞争的行为。

第二十三条 国家推进标准化军民融合和资源共享,提升军民标准通用化水平,积极推动在国防和军队建设中采用先进适用的民用标准,并将先进适用的军用标准转化为民用标准。

第二十四条 标准应当按照编号规则进行编号。标准的编号规则由国务院标准化行政主管部门制定并公布。

第三章 标准的实施

第二十五条 不符合强制性标准的产品、服务,不得生产、销售、进口或者提供。

第二十六条 出口产品、服务的技术要求,按照合同的约定执行。

第二十七条 国家实行团体标准、企业标准自我声明公开和监督制度。企业应当公开其执行的强制性标准、推荐性标准、团体标准或者企业标准的编号和名称;企业执行自行制定的企业标准的,还应当公开产品、服务的功能指标和产品的性能指标。国家鼓励团体标准、企业标准通过标准信息公共服务平台向社会公开。

企业应当按照标准组织生产经营活动,其生产的产品、提供的服务应当符合企业公开标准的技术要求。

第二十八条 企业研制新产品、改进产品,进行技术改造,应当符合本法规定的标准化要求。

第二十九条 国家建立强制性标准实施情况统计分析报告制度。

国务院标准化行政主管部门和国务院有关行政主管部门、设区的市级以上地方人民政府标准化行政主管部门应当建立标准实施信息反馈和评估机制,根据反馈和评估情况对其制定的标准进行复审。标准的复审周期一般不超过五年。经过复审,对不适应经济社会发展需要和技术进步的应当及时修订或者废止。

第三十条 国务院标准化行政主管部门根据标准实施信息反馈、评估、复审情况,对有关标准之间重复交叉或者不衔接配套的,应当会同国务院有关行政主管部门作出处理或者通过国务院标准化协调机制处理。

第三十一条 县级以上人民政府应当支持开展标准化试点示范和宣传工作,传播标准化理念,推广标准化经验,推动全社会运用标准化方式组织生产、经营、管理和服务,发挥标准对促进转型升级、引领创新驱动的支撑作用。

第四章　监督管理

第三十二条　县级以上人民政府标准化行政主管部门、有关行政主管部门依据法定职责,对标准的制定进行指导和监督,对标准的实施进行监督检查。

第三十三条　国务院有关行政主管部门在标准制定、实施过程中出现争议的,由国务院标准化行政主管部门组织协商;协商不成的,由国务院标准化协调机制解决。

第三十四条　国务院有关行政主管部门、设区的市级以上地方人民政府标准化行政主管部门未依照本法规定对标准进行编号、复审或者备案的,国务院标准化行政主管部门应当要求其说明情况,并限期改正。

第三十五条　任何单位或者个人有权向标准化行政主管部门、有关行政主管部门举报、投诉违反本法规定的行为。

标准化行政主管部门、有关行政主管部门应当向社会公开受理举报、投诉的电话、信箱或者电子邮件地址,并安排人员受理举报、投诉。对实名举报人或者投诉人,受理举报、投诉的行政主管部门应当告知处理结果,为举报人保密,并按照国家有关规定对举报人给予奖励。

第五章　法律责任

第三十六条　生产、销售、进口产品或者提供服务不符合强制性标准,或者企业生产的产品、提供的服务不符合其公开标准的技术要求的,依法承担民事责任。

第三十七条　生产、销售、进口产品或者提供服务不符合强制性标准的,依照《中华人民共和国产品质量法》、《中华人民共和国进出口商品检验法》、《中华人民共和国消费者权益保护法》等法律、行政法规的规定查处,记入信用记录,并依照有关法律、行政法规的规定予以公示;构成犯罪的,依法追究刑事责任。

第三十八条　企业未依照本法规定公开其执行的标准的,由标准化行政主管部门责令限期改正;逾期不改正的,在标准信息公共服务平台上公示。

第三十九条　国务院有关行政主管部门、设区的市级以上地方人民政府标准化行政主管部门制定的标准不符合本法第二十一条第一款、第二十二条第一款规定的,应当及时改正;拒不改正的,由国务院标准化行政主管部门公告废止相关标准;对负有责任的领导人员和直接责任人员依法给予处分。

社会团体、企业制定的标准不符合本法第二十一条第一款、第二十二条第一款规定的,由标准化行政主管部门责令限期改正;逾期不改正的,由省级以上人民政府标准化行政主管部门废止相关标准,并在标准信息公共服务平台上公示。

违反本法第二十二条第二款规定,利用标准实施排除、限制市场竞争行为的,依照《中华人民共和国反垄断法》等法律、行政法规的规定处理。

第四十条 国务院有关行政主管部门、设区的市级以上地方人民政府标准化行政主管部门未依照本法规定对标准进行编号或者备案,又未依照本法第三十四条的规定改正的,由国务院标准化行政主管部门撤销相关标准编号或者公告废止未备案标准;对负有责任的领导人员和直接责任人员依法给予处分。

国务院有关行政主管部门、设区的市级以上地方人民政府标准化行政主管部门未依照本法规定对其制定的标准进行复审,又未依照本法第三十四条的规定改正的,对负有责任的领导人员和直接责任人员依法给予处分。

第四十一条 国务院标准化行政主管部门未依照本法第十条第二款规定对制定强制性国家标准的项目予以立项,制定的标准不符合本法第二十一条第一款、第二十二条第一款规定,或者未依照本法规定对标准进行编号、复审或者予以备案的,应当及时改正;对负有责任的领导人员和直接责任人员可以依法给予处分。

第四十二条 社会团体、企业未依照本法规定对团体标准或者企业标准进行编号的,由标准化行政主管部门责令限期改正;逾期不改正的,由省级以上人民政府标准化行政主管部门撤销相关标准编号,并在标准信息公共服务平台上公示。

第四十三条 标准化工作的监督、管理人员滥用职权、玩忽职守、徇私舞弊的,依法给予处分;构成犯罪的,依法追究刑事责任。

第六章 附 则

第四十四条 军用标准的制定、实施和监督办法,由国务院、中央军事委员会另行制定。

第四十五条 本法自 2018 年 1 月 1 日起施行。

中华人民共和国劳动争议调解仲裁法（2007年）（节录）

(2007年12月29日第十届全国人民代表大会常务委员会第三十一次会议通过)

第三章　仲　裁

第三节　开庭和裁决

第三十七条　仲裁庭对专门性问题认为需要鉴定的,可以交由当事人约定的鉴定机构鉴定;当事人没有约定或者无法达成约定的,由仲裁庭指定的鉴定机构鉴定。

根据当事人的请求或者仲裁庭的要求,鉴定机构应当派鉴定人参加开庭。当事人经仲裁庭许可,可以向鉴定人提问。

中华人民共和国道路交通安全法
（2011年修正）（节录）

（2003年10月28日第十届全国人民代表大会常务委员会第五次会议通过 根据2007年12月29日第十届全国人民代表大会常务委员会第三十一次会议《关于修改〈中华人民共和国道路交通安全法〉的决定》第一次修正 根据2011年4月22日第十一届全国人民代表大会常务委员会第二十次会议《关于修改〈中华人民共和国道路交通安全法〉的决定》第二次修正）

第五章 交通事故处理

第七十二条 公安机关交通管理部门接到交通事故报警后,应当立即派交通警察赶赴现场,先组织抢救受伤人员,并采取措施,尽快恢复交通。

交通警察应当对交通事故现场进行勘验、检查,收集证据;因收集证据的需要,可以扣留事故车辆,但是应当妥善保管,以备核查。

对当事人的生理、精神状况等专业性较强的检验,公安机关交通管理部门应当委托专门机构进行鉴定。鉴定结论应当由鉴定人签名。

第七十三条 公安机关交通管理部门应当根据交通事故现场勘验、检查、调查情况和有关的检验、鉴定结论,及时制作交通事故认定书,作为处理交通事故的证据。交通事故认定书应当载明交通事故的基本事实、成因和当事人的责任,并送达当事人。

二、法规

中华人民共和国认证认可条例（2016年修正）

(2003年8月20日国务院第18次常务会议通过　根据2016年2月6日《国务院关于修改部分行政法规的决定》修正)

第一章　总　则

第一条　为了规范认证认可活动,提高产品、服务的质量和管理水平,促进经济和社会的发展,制定本条例。

第二条　本条例所称认证,是指由认证机构证明产品、服务、管理体系符合相关技术规范、相关技术规范的强制性要求或者标准的合格评定活动。

本条例所称认可,是指由认可机构对认证机构、检查机构、实验室以及从事评审、审核等认证活动人员的能力和执业资格,予以承认的合格评定活动。

第三条　在中华人民共和国境内从事认证认可活动,应当遵守本条例。

第四条　国家实行统一的认证认可监督管理制度。

国家对认证认可工作实行在国务院认证认可监督管理部门统一管理、监督和综合协调下,各有关方面共同实施的工作机制。

第五条　国务院认证认可监督管理部门应当依法对认证培训机构、认证咨询机构的活动加强监督管理。

第六条　认证认可活动应当遵循客观独立、公开公正、诚实信用的原则。

第七条　国家鼓励平等互利地开展认证认可国际互认活动。认证认可国际互认活动不得损害国家安全和社会公共利益。

第八条　从事认证认可活动的机构及其人员,对其所知悉的国家秘密和商业秘密负有保密义务。

第二章　认证机构

第九条　取得认证机构资质,应当经国务院认证认可监督管理部门批准,并在批准范围内从事认证活动。

未经批准,任何单位和个人不得从事认证活动。

第十条　取得认证机构资质,应当符合下列条件：

(一)取得法人资格;
(二)有固定的场所和必要的设施;
(三)有符合认证认可要求的管理制度;
(四)注册资本不得少于人民币 300 万元;
(五)有 10 名以上相应领域的专职认证人员。

从事产品认证活动的认证机构,还应当具备与从事相关产品认证活动相适应的检测、检查等技术能力。

第十一条 外商投资企业取得认证机构资质,除应当符合本条例第十条规定的条件外,还应当符合下列条件:
(一)外方投资者取得其所在国家或者地区认可机构的认可;
(二)外方投资者具有 3 年以上从事认证活动的业务经历。

外商投资企业取得认证机构资质的申请、批准和登记,还应当符合有关外商投资法律、行政法规和国家有关规定。

第十二条 认证机构资质的申请和批准程序:
(一)认证机构资质的申请人,应当向国务院认证认可监督管理部门提出书面申请,并提交符合本条例第十条规定条件的证明文件;
(二)国务院认证认可监督管理部门自受理认证机构资质申请之日起 45 日内,应当作出是否批准的决定。涉及国务院有关部门职责的,应当征求国务院有关部门的意见。决定批准的,向申请人出具批准文件,决定不予批准的,应当书面通知申请人,并说明理由。

国务院认证认可监督管理部门应当公布依法取得认证机构资质的企业名录。

第十三条 境外认证机构在中华人民共和国境内设立代表机构,须向工商行政管理部门依法办理登记手续后,方可从事与所属机构的业务范围相关的推广活动,但不得从事认证活动。

境外认证机构在中华人民共和国境内设立代表机构的登记,按照有关外商投资法律、行政法规和国家有关规定办理。

第十四条 认证机构不得与行政机关存在利益关系。

认证机构不得接受任何可能对认证活动的客观公正产生影响的资助;不得从事任何可能对认证活动的客观公正产生影响的产品开发、营销等活动。

认证机构不得与认证委托人存在资产、管理方面的利益关系。

第十五条 认证人员从事认证活动,应当在一个认证机构执业,不得同时在两个以上认证机构执业。

第十六条 向社会出具具有证明作用的数据和结果的检查机构、实验室,应当具备有关法律、行政法规规定的基本条件和能力,并依法经认定后,方可从事相应活动,认定结果由国务院认证认可监督管理部门公布。

第三章 认 证

第十七条 国家根据经济和社会发展的需要,推行产品、服务、管理体系认证。

第十八条 认证机构应当按照认证基本规范、认证规则从事认证活动。认证基本规范、认证规则由国务院认证认可监督管理部门制定;涉及国务院有关部门职责的,国务院认证认可监督管理部门应当会同国务院有关部门制定。

属于认证新领域,前款规定的部门尚未制定认证规则的,认证机构可以自行制定认证规则,并报国务院认证认可监督管理部门备案。

第十九条 任何法人、组织和个人可以自愿委托依法设立的认证机构进行产品、服务、管理体系认证。

第二十条 认证机构不得以委托人未参加认证咨询或者认证培训等为理由,拒绝提供本认证机构业务范围内的认证服务,也不得向委托人提出与认证活动无关的要求或者限制条件。

第二十一条 认证机构应当公开认证基本规范、认证规则、收费标准等信息。

第二十二条 认证机构以及与认证有关的检查机构、实验室从事认证以及与认证有关的检查、检测活动,应当完成认证基本规范、认证规则规定的程序,确保认证、检查、检测的完整、客观、真实,不得增加、减少、遗漏程序。

认证机构以及与认证有关的检查机构、实验室应当对认证、检查、检测过程作出完整记录,归档留存。

第二十三条 认证机构及其认证人员应当及时作出认证结论,并保证认证结论的客观、真实。认证结论经认证人员签字后,由认证机构负责人签署。

认证机构及其认证人员对认证结果负责。

第二十四条 认证结论为产品、服务、管理体系符合认证要求的,认证机构应当及时向委托人出具认证证书。

第二十五条 获得认证证书的,应当在认证范围内使用认证证书和认证标志,不得利用产品、服务认证证书、认证标志和相关文字、符号,误导公众认为其管理体系已通过认证,也不得利用管理体系认证证书、认证标志和相关文字、符号,误导公众认为其产品、服务已通过认证。

第二十六条 认证机构可以自行制定认证标志。认证机构自行制定的认证标志的式样、文字和名称,不得违反法律、行政法规的规定,不得与国家推行的认证标志相同或者近似,不得妨碍社会管理,不得有损社会道德风尚。

第二十七条 认证机构应当对其认证的产品、服务、管理体系实施有效的跟踪调查,认证的产品、服务、管理体系不能持续符合认证要求的,认证机构应当暂停其使用直至撤销认证证书,并予公布。

第二十八条 为了保护国家安全、防止欺诈行为、保护人体健康或者安全、保护动植物生命或者健康、保护环境,国家规定相关产品必须经过认证的,应当经过认证并标注认证标志后,方可出厂、销售、进口或者在其他经营活动中使用。

第二十九条 国家对必须经过认证的产品,统一产品目录,统一技术规范的强制性要求、标准和合格评定程序,统一标志,统一收费标准。

统一的产品目录(以下简称目录)由国务院认证认可监督管理部门会同国务院有关部门制定、调整,由国务院认证认可监督管理部门发布,并会同有关方面共同实施。

第三十条 列入目录的产品,必须经国务院认证认可监督管理部门指定的认证机构进行认证。

列入目录产品的认证标志,由国务院认证认可监督管理部门统一规定。

第三十一条 列入目录的产品,涉及进出口商品检验目录的,应当在进出口商品检验时简化检验手续。

第三十二条 国务院认证认可监督管理部门指定的从事列入目录产品认证活动的认证机构以及与认证有关的检查机构、实验室(以下简称指定的认证机构、检查机构、实验室),应当是长期从事相关业务、无不良记录,且已经依照本条例的规定取得认可、具备从事相关认证活动能力的机构。国务院认证认可监督管理部门指定从事列入目录产品认证活动的认证机构,应当确保在每一列入目录产品领域至少指定两家符合本条例规定条件的机构。

国务院认证认可监督管理部门指定前款规定的认证机构、检查机构、实验室,应当事先公布有关信息,并组织在相关领域公认的专家组成专家评审委员会,对符合前款规定要求的认证机构、检查机构、实验室进行评审;经评审并征求国务院有关部门意见后,按照资源合理利用、公平竞争和便利、有效的原则,在公布的时间内作出决定。

第三十三条 国务院认证认可监督管理部门应当公布指定的认证机构、检查机构、实验室名录及指定的业务范围。

未经指定,任何机构不得从事列入目录产品的认证以及与认证有关的检查、检测活动。

第三十四条 列入目录产品的生产者或者销售者、进口商,均可自行委托指定的认证机构进行认证。

第三十五条　指定的认证机构、检查机构、实验室应当在指定业务范围内,为委托人提供方便、及时的认证、检查、检测服务,不得拖延,不得歧视、刁难委托人,不得牟取不当利益。

指定的认证机构不得向其他机构转让指定的认证业务。

第三十六条　指定的认证机构、检查机构、实验室开展国际互认活动,应当在国务院认证认可监督管理部门或者经授权的国务院有关部门对外签署的国际互认协议框架内进行。

第四章　认　可

第三十七条　国务院认证认可监督管理部门确定的认可机构(以下简称认可机构),独立开展认可活动。

除国务院认证认可监督管理部门确定的认可机构外,其他任何单位不得直接或者变相从事认可活动。其他单位直接或者变相从事认可活动的,其认可结果无效。

第三十八条　认证机构、检查机构、实验室可以通过认可机构的认可,以保证其认证、检查、检测能力持续、稳定地符合认可条件。

第三十九条　从事评审、审核等认证活动的人员,应当经认可机构注册后,方可从事相应的认证活动。

第四十条　认可机构应当具有与其认可范围相适应的质量体系,并建立内部审核制度,保证质量体系的有效实施。

第四十一条　认可机构根据认可的需要,可以选聘从事认可评审活动的人员。从事认可评审活动的人员应当是相关领域公认的专家,熟悉有关法律、行政法规以及认可规则和程序,具有评审所需要的良好品德、专业知识和业务能力。

第四十二条　认可机构委托他人完成与认可有关的具体评审业务的,由认可机构对评审结论负责。

第四十三条　认可机构应当公开认可条件、认可程序、收费标准等信息。

认可机构受理认可申请,不得向申请人提出与认可活动无关的要求或者限制条件。

第四十四条　认可机构应当在公布的时间内,按照国家标准和国务院认证认可监督管理部门的规定,完成对认证机构、检查机构、实验室的评审,作出是否给予认可的决定,并对认可过程作出完整记录,归档留存。认可机构应当确保认可的客观公正和完整有效,并对认可结论负责。

认可机构应当向取得认可的认证机构、检查机构、实验室颁发认可证书,并公布取得认可的认证机构、检查机构、实验室名录。

第四十五条 认可机构应当按照国家标准和国务院认证认可监督管理部门的规定,对从事评审、审核等认证活动的人员进行考核,考核合格的,予以注册。

第四十六条 认可证书应当包括认可范围、认可标准、认可领域和有效期限。

第四十七条 取得认可的机构应当在取得认可的范围内使用认可证书和认可标志。取得认可的机构不当使用认可证书和认可标志的,认可机构应当暂停其使用直至撤销认可证书,并予公布。

第四十八条 认可机构应当对取得认可的机构和人员实施有效的跟踪监督,定期对取得认可的机构进行复评审,以验证其是否持续符合认可条件。取得认可的机构和人员不再符合认可条件的,认可机构应当撤销认可证书,并予公布。

取得认可的机构的从业人员和主要负责人、设施、自行制定的认证规则等与认可条件相关的情况发生变化的,应当及时告知认可机构。

第四十九条 认可机构不得接受任何可能对认可活动的客观公正产生影响的资助。

第五十条 境内的认证机构、检查机构、实验室取得境外认可机构认可的,应当向国务院认证认可监督管理部门备案。

第五章 监督管理

第五十一条 国务院认证认可监督管理部门可以采取组织同行评议,向被认证企业征求意见,对认证活动和认证结果进行抽查,要求认证机构以及与认证有关的检查机构、实验室报告业务活动情况的方式,对其遵守本条例的情况进行监督。发现有违反本条例行为的,应当及时查处,涉及国务院有关部门职责的,应当及时通报有关部门。

第五十二条 国务院认证认可监督管理部门应当重点对指定的认证机构、检查机构、实验室进行监督,对其认证、检查、检测活动进行定期或者不定期的检查。指定的认证机构、检查机构、实验室,应当定期向国务院认证认可监督管理部门提交报告,并对报告的真实性负责;报告应当对从事列入目录产品认证、检查、检测活动的情况作出说明。

第五十三条 认可机构应当定期向国务院认证认可监督管理部门提交报告,并对报告的真实性负责;报告应当对认可机构执行认可制度的情况、从事认可活动的情况、从业人员的工作情况作出说明。

国务院认证认可监督管理部门应当对认可机构的报告作出评价,并采取查阅认可活动档案资料、向有关人员了解情况等方式,对认可机构实施监督。

第五十四条 国务院认证认可监督管理部门可以根据认证认可监督管理的需要,就有关事项询问认可机构、认证机构、检查机构、实验室的主要负责人,调查了解情况,给予告诫,有关人员应当积极配合。

第五十五条 县级以上地方人民政府质量技术监督部门和国务院质量监督检验检疫部门设在地方的出入境检验检疫机构,在国务院认证认可监督管理部门的授权范围内,依照本条例的规定对认证活动实施监督管理。

国务院认证认可监督管理部门授权的县级以上地方人民政府质量技术监督部门和国务院质量监督检验检疫部门设在地方的出入境检验检疫机构,统称地方认证监督管理部门。

第五十六条 任何单位和个人对认证认可违法行为,有权向国务院认证认可监督管理部门和地方认证监督管理部门举报。国务院认证认可监督管理部门和地方认证监督管理部门应当及时调查处理,并为举报人保密。

第六章　法律责任

第五十七条 未经批准擅自从事认证活动的,予以取缔,处 10 万元以上 50 万元以下的罚款,有违法所得的,没收违法所得。

第五十八条 境外认证机构未经登记在中华人民共和国境内设立代表机构的,予以取缔,处 5 万元以上 20 万元以下的罚款。

经登记设立的境外认证机构代表机构在中华人民共和国境内从事认证活动的,责令改正,处 10 万元以上 50 万元以下的罚款,有违法所得的,没收违法所得;情节严重的,撤销批准文件,并予公布。

第五十九条 认证机构接受可能对认证活动的客观公正产生影响的资助,或者从事可能对认证活动的客观公正产生影响的产品开发、营销等活动,或者与认证委托人存在资产、管理方面的利益关系的,责令停业整顿;情节严重的,撤销批准文件,并予公布;有违法所得的,没收违法所得;构成犯罪的,依法追究刑事责任。

第六十条 认证机构有下列情形之一的,责令改正,处 5 万元以上 20 万元以下的罚款,有违法所得的,没收违法所得;情节严重的,责令停业整顿,直至撤销批准文件,并予公布:

(一)超出批准范围从事认证活动的;

(二)增加、减少、遗漏认证基本规范、认证规则规定的程序的;

(三)未对其认证的产品、服务、管理体系实施有效的跟踪调查,或者发现其认证的产品、服务、管理体系不能持续符合认证要求,不及时暂停其使用或者撤销认证证书并予公布的;

（四）聘用未经认可机构注册的人员从事认证活动的。

与认证有关的检查机构、实验室增加、减少、遗漏认证基本规范、认证规则规定的程序的,依照前款规定处罚。

第六十一条 认证机构有下列情形之一的,责令限期改正;逾期未改正的,处 2 万元以上 10 万元以下的罚款:

（一）以委托人未参加认证咨询或者认证培训等为理由,拒绝提供本认证机构业务范围内的认证服务,或者向委托人提出与认证活动无关的要求或者限制条件的;

（二）自行制定的认证标志的式样、文字和名称,与国家推行的认证标志相同或者近似,或者妨碍社会管理,或者有损社会道德风尚的;

（三）未公开认证基本规范、认证规则、收费标准等信息的;

（四）未对认证过程作出完整记录,归档留存的;

（五）未及时向其认证的委托人出具认证证书的。

与认证有关的检查机构、实验室未对与认证有关的检查、检测过程作出完整记录,归档留存的,依照前款规定处罚。

第六十二条 认证机构出具虚假的认证结论,或者出具的认证结论严重失实的,撤销批准文件,并予公布;对直接负责的主管人员和负有直接责任的认证人员,撤销其执业资格;构成犯罪的,依法追究刑事责任;造成损害的,认证机构应当承担相应的赔偿责任。

指定的认证机构有前款规定的违法行为的,同时撤销指定。

第六十三条 认证人员从事认证活动,不在认证机构执业或者同时在两个以上认证机构执业的,责令改正,给予停止执业 6 个月以上 2 年以下的处罚,仍不改正的,撤销其执业资格。

第六十四条 认证机构以及与认证有关的检查机构、实验室未经指定擅自从事列入目录产品的认证以及与认证有关的检查、检测活动的,责令改正,处 10 万元以上 50 万元以下的罚款,有违法所得的,没收违法所得。

认证机构未经指定擅自从事列入目录产品的认证活动的,撤销批准文件,并予公布。

第六十五条 指定的认证机构、检查机构、实验室超出指定的业务范围从事列入目录产品的认证以及与认证有关的检查、检测活动的,责令改正,处 10 万元以上 50 万元以下的罚款,有违法所得的,没收违法所得;情节严重的,撤销指定直至撤销批准文件,并予公布。

指定的认证机构转让指定的认证业务的,依照前款规定处罚。

第六十六条 认证机构、检查机构、实验室取得境外认可机构认可,未向国务院认证认可监督管理部门备案的,给予警告,并予公布。

第六十七条 列入目录的产品未经认证,擅自出厂、销售、进口或者在其他经营活动中使用的,责令改正,处 5 万元以上 20 万元以下的罚款,有违法所得的,没收违法所得。

第六十八条 认可机构有下列情形之一的,责令改正;情节严重的,对主要负责人和负有责任的人员撤职或者解聘:

(一)对不符合认可条件的机构和人员予以认可的;

(二)发现取得认可的机构和人员不符合认可条件,不及时撤销认可证书,并予公布的;

(三)接受可能对认可活动的客观公正产生影响的资助的。

被撤职或者解聘的认可机构主要负责人和负有责任的人员,自被撤职或者解聘之日起 5 年内不得从事认可活动。

第六十九条 认可机构有下列情形之一的,责令改正;对主要负责人和负有责任的人员给予警告:

(一)受理认可申请,向申请人提出与认可活动无关的要求或者限制条件的;

(二)未在公布的时间内完成认可活动,或者未公开认可条件、认可程序、收费标准等信息的;

(三)发现取得认可的机构不当使用认可证书和认可标志,不及时暂停其使用或者撤销认可证书并予公布的;

(四)未对认可过程作出完整记录,归档留存的。

第七十条 国务院认证认可监督管理部门和地方认证监督管理部门及其工作人员,滥用职权、徇私舞弊、玩忽职守,有下列行为之一的,对直接负责的主管人员和其他直接责任人员,依法给予降级或者撤职的行政处分;构成犯罪的,依法追究刑事责任:

(一)不按照本条例规定的条件和程序,实施批准和指定的;

(二)发现认证机构不再符合本条例规定的批准或者指定条件,不撤销批准文件或者指定的;

(三)发现指定的检查机构、实验室不再符合本条例规定的指定条件,不撤销指定的;

(四)发现认证机构以及与认证有关的检查机构、实验室出具虚假的认证以及与认证有关的检查、检测结论或者出具的认证以及与认证有关的检查、检测结论严重失实,不予查处的;

(五)发现本条例规定的其他认证认可违法行为,不予查处的。

第七十一条 伪造、冒用、买卖认证标志或者认证证书的,依照《中华人民共和国产品质量法》等法律的规定查处。

第七十二条 本条例规定的行政处罚,由国务院认证认可监督管理部门或者其授权的地方认证监督管理部门按照各自职责实施。法律、其他行政法规另有规定的,依照法律、其他行政法规的规定执行。

第七十三条 认证人员自被撤销执业资格之日起5年内,认可机构不再受理其注册申请。

第七十四条 认证机构未对其认证的产品实施有效的跟踪调查,或者发现其认证的产品不能持续符合认证要求,不及时暂停或者撤销认证证书和要求其停止使用认证标志给消费者造成损失的,与生产者、销售者承担连带责任。

第七章 附 则

第七十五条 药品生产、经营企业质量管理规范认证,实验动物质量合格认证,军工产品的认证,以及从事军工产品校准、检测的实验室及其人员的认可,不适用本条例。

依照本条例经批准的认证机构从事矿山、危险化学品、烟花爆竹生产经营单位管理体系认证,由国务院安全生产监督管理部门结合安全生产的特殊要求组织;从事矿山、危险化学品、烟花爆竹生产经营单位安全生产综合评价的认证机构,经国务院安全生产监督管理部门推荐,方可取得认可机构的认可。

第七十六条 认证认可收费,应当符合国家有关价格法律、行政法规的规定。

第七十七条 认证培训机构、认证咨询机构的管理办法由国务院认证认可监督管理部门制定。

第七十八条 本条例自2003年11月1日起施行。1991年5月7日国务院发布的《中华人民共和国产品质量认证管理条例》同时废止。

诉讼费用交纳办法（2006年）（节录）

（2006年12月8日国务院第159次常务会议通过）

第一章 总 则

第二条 当事人进行民事诉讼、行政诉讼，应当依照本办法交纳诉讼费用。本办法规定可以不交纳或者免予交纳诉讼费用的除外。

第二章 诉讼费用交纳范围

第六条 当事人应当向人民法院交纳的诉讼费用包括：
（一）案件受理费；
（二）申请费；
（三）证人、鉴定人、翻译人员、理算人员在人民法院指定日期出庭发生的交通费、住宿费、生活费和误工补贴。

第十一条 证人、鉴定人、翻译人员、理算人员在人民法院指定日期出庭发生的交通费、住宿费、生活费和误工补贴，由人民法院按照国家规定标准代为收取。

当事人复制案件卷宗材料和法律文书应当按实际成本向人民法院交纳工本费。

第十二条 诉讼过程中因鉴定、公告、勘验、翻译、评估、拍卖、变卖、仓储、保管、运输、船舶监管等发生的依法应当由当事人负担的费用，人民法院根据谁主张、谁负担的原则，决定由当事人直接支付给有关机构或者单位，人民法院不得代收代付。

人民法院依照民事诉讼法第十一条第三款规定提供当地民族通用语言、文字翻译的，不收取费用。

三、规章

司法鉴定机构登记管理办法

(2005年9月29日　司法部令第95号)

第一章　总　则

第一条　为了加强对司法鉴定机构的管理,规范司法鉴定活动,建立统一的司法鉴定管理体制,适应司法机关和公民、组织的诉讼需要,保障当事人的诉讼权利,促进司法公正与效率,根据《全国人民代表大会常务委员会关于司法鉴定管理问题的决定》和其他相关法律、法规,制定本办法。

第二条　司法鉴定机构从事《全国人民代表大会常务委员会关于司法鉴定管理问题的决定》第二条规定的司法鉴定业务,适用本办法。

第三条　本办法所称的司法鉴定机构是指从事《全国人民代表大会常务委员会关于司法鉴定管理问题的决定》第二条规定的司法鉴定业务的法人或者其他组织。

司法鉴定机构是司法鉴定人的执业机构,应当具备本办法规定的条件,经省级司法行政机关审核登记,取得《司法鉴定许可证》,在登记的司法鉴定业务范围内,开展司法鉴定活动。

第四条　司法鉴定管理实行行政管理与行业管理相结合的管理制度。

司法行政机关对司法鉴定机构及其司法鉴定活动依法进行指导、管理和监督、检查。司法鉴定行业协会依法进行自律管理。

第五条　全国实行统一的司法鉴定机构及司法鉴定人审核登记、名册编制和名册公告制度。

第六条　司法鉴定机构的发展应当符合统筹规划、合理布局、优化结构、有序发展的要求。

第七条　司法鉴定机构开展司法鉴定活动应当遵循合法、中立、规范、及时的原则。

第八条　司法鉴定机构统一接受委托,组织所属的司法鉴定人开展司法鉴定活动,遵守法律、法规和有关制度,执行统一的司法鉴定实施程序、技术标准和术操作规范。

第二章　主管机关

第九条　司法部负责全国司法鉴定机构的登记管理工作,依法履行下列职责:

(一)制定全国司法鉴定发展规划并指导实施;

(二)指导和监督省级司法行政机关对司法鉴定机构的审核登记、名册编制和名册公告工作;

(三)制定全国统一的司法鉴定机构资质管理评估制度和司法鉴定质量管理评估制度并指导实施;

(四)组织制定全国统一的司法鉴定实施程序、技术标准和技术操作规范等司法鉴定技术管理制度并指导实施;

(五)指导司法鉴定科学技术研究、开发、引进与推广,组织司法鉴定业务的中外交流与合作;

(六)法律、法规规定的其他职责。

第十条　省级司法行政机关负责本行政区域内司法鉴定机构登记管理工作,依法履行下列职责:

(一)制定本行政区域司法鉴定发展规划并组织实施;

(二)负责司法鉴定机构的审核登记、名册编制和名册公告工作;

(三)负责司法鉴定机构的资质管理评估和司法鉴定质量管理评估工作;

(四)负责对司法鉴定机构进行监督、检查;

(五)负责对司法鉴定机构违法违纪的执业行为进行调查处理;

(六)组织司法鉴定科学技术开发、推广和应用;

(七)法律、法规和规章规定的其他职责。

第十一条　省级司法行政机关可以委托下一级司法行政机关协助办理本办法第十条规定的有关工作。

第十二条　司法行政机关负责监督指导司法鉴定行业协会及其专业委员会依法开展活动。

第三章　申请登记

第十三条　司法鉴定机构的登记事项包括:名称、住所、法定代表人或者鉴定机构负责人、资金数额、仪器设备和实验室、司法鉴定人、司法鉴定业务范围等。

第十四条　法人或者其他组织申请从事司法鉴定业务,应当具备下列条件:

(一)有自己的名称、住所;

（二）有不少于二十万至一百万元人民币的资金；
（三）有明确的司法鉴定业务范围；
（四）有在业务范围内进行司法鉴定必需的仪器、设备；
（五）有在业务范围内进行司法鉴定必需的依法通过计量认证或者实验室认可的检测实验室；
（六）每项司法鉴定业务有三名以上司法鉴定人。

第十五条 法人或者其他组织申请从事司法鉴定业务,应当提交下列申请材料：

（一）申请表；
（二）证明申请者身份的相关文件；
（三）住所证明和资金证明；
（四）相关的行业资格、资质证明；
（五）仪器、设备说明及所有权凭证；
（六）检测实验室相关资料；
（七）司法鉴定人申请执业的相关材料；
（八）相关的内部管理制度材料；
（九）应当提交的其他材料。

申请人应当对申请材料的真实性、完整性和可靠性负责。

第十六条 申请设立具有独立法人资格的司法鉴定机构,除应当提交本办法第十五条规定的申请材料外,还应当提交司法鉴定机构章程,按照司法鉴定机构名称管理的有关规定向司法行政机关报核其机构名称。

第十七条 司法鉴定机构在本省（自治区、直辖市）行政区域内设立分支机构的,分支机构应当符合本办法第十四条规定的条件,并经省级司法行政机关审核登记后,方可依法开展司法鉴定活动。

跨省（自治区、直辖市）设立分支机构的,除应当经拟设分支机构所在行政区域的省级司法行政机关审核登记外,还应当报经司法鉴定机构所在行政区域的省级司法行政机关同意。

第十八条 司法鉴定机构应当参加司法鉴定执业责任保险或者建立执业风险金制度。

第四章 审核登记

第十九条 法人或者其他组织申请从事司法鉴定业务,有下列情形之一的,司法行政机关不予受理,并出具不予受理决定书：

（一）法定代表人或者鉴定机构负责人受过刑事处罚或者开除公职处分的；

（二）法律、法规规定的其他情形。

第二十条 司法行政机关决定受理申请的，应当出具受理决定书，并按照法定的时限和程序完成审核工作。

司法行政机关应当组织专家，对申请人从事司法鉴定业务必需的仪器、设备和检测实验室进行评审，评审的时间不计入审核时限。

第二十一条 经审核符合条件的，省级司法行政机关应当作出准予登记的决定，颁发《司法鉴定许可证》；不符合条件的，作出不予登记的决定，书面通知请人并说明理由。

第二十二条 《司法鉴定许可证》是司法鉴定机构的执业凭证，司法鉴定机构必须持有省级司法行政机关准予登记的决定及《司法鉴定许可证》，方可依法开展司法鉴定活动。

《司法鉴定许可证》由司法部统一监制，分为正本和副本。《司法鉴定许可证》正本和副本具有同等的法律效力。

《司法鉴定许可证》使用期限为五年，自颁发之日起计算。

《司法鉴定许可证》应当载明下列内容：

（一）机构名称；

（二）机构住所；

（三）法定代表人或者鉴定机构负责人姓名；

（四）资金数额；

（五）业务范围；

（六）使用期限；

（七）颁证机关和颁证时间；

（八）证书号码。

第二十三条 司法鉴定资源不足的地区，司法行政机关可以采取招标的方式审核登记司法鉴定机构。招标的具体程序、时限按照有关法律、法规的规定执行

第五章　变更、延续和注销

第二十四条 司法鉴定机构要求变更有关登记事项的，应当及时向原负责登记的司法行政机关提交变更登记申请书和相关材料，经审核符合本办法规定的，司法行政机关应当依法办理变更登记手续。

第二十五条 司法鉴定机构变更后的登记事项，应当在《司法鉴定许可证》副本上注明。在《司法鉴定许可证》使用期限内获准变更的事项，使用期限应当与《司法鉴定许可证》的使用期限相一致。

第二十六条　《司法鉴定许可证》使用期限届满后,需要延续的,司法鉴定机构应当在使用期限届满三十日前,向原负责登记的司法行政机关提出延续申请,司法行政机关依法审核办理。延续的条件和需要提交的申请材料按照本办法第三章申请登记的有关规定执行。

不申请延续的司法鉴定机构,《司法鉴定许可证》使用期限届满后,由原负责登记的司法行政机关办理注销登记手续。

第二十七条　司法鉴定机构有下列情形之一的,原负责登记的司法行政机关应当依法办理注销登记手续:

(一)依法申请终止司法鉴定活动的;

(二)自愿解散或者停业的;

(三)登记事项发生变化,不符合设立条件的;

(四)《司法鉴定许可证》使用期限届满未申请延续的;

(五)法律、法规规定的其他情形。

第六章　名册编制和公告

第二十八条　凡经司法行政机关审核登记的司法鉴定机构及司法鉴定人,必须统一编入司法鉴定人和司法鉴定机构名册并公告。

第二十九条　省级司法行政机关负责编制本行政区域的司法鉴定人和司法鉴定机构名册,报司法部备案后,在本行政区域内每年公告一次。司法部负责汇总省级司法行政机关编制的司法鉴定人和司法鉴定机构名册,在全国范围内每五年公告一次。

未经司法部批准,其他部门和组织不得以任何名义编制司法鉴定人和司法鉴定机构名册或者类似名册。

第三十条　司法鉴定人和司法鉴定机构名册分为电子版和纸质版。电子版由司法行政机关负责公告,纸质版由司法行政机关组织司法鉴定机构在有关媒体上告并正式出版。

第三十一条　司法机关和公民、组织可以委托列入司法鉴定人和司法鉴定机构名册的司法鉴定机构及司法鉴定人进行鉴定。

在诉讼活动中,对《全国人民代表大会常务委员会关于司法鉴定管理问题的决定》第二条所规定的鉴定事项发生争议,需要鉴定的,司法机关和公民、组织应当委托列入司法鉴定人和司法鉴定机构名册的司法鉴定机构及司法鉴定人进行鉴定。

第三十二条　编制、公告司法鉴定人和司法鉴定机构名册的具体程序、内容和格式由司法部另行制定。

第七章　监督管理

第三十三条　司法行政机关应当按照统一部署,依法对司法鉴定机构进行监督、检查。

公民、法人和其他组织对司法鉴定机构违反本办法规定的行为进行举报、投诉的,司法行政机关应当及时进行监督、检查,并根据调查结果进行处理。

第三十四条　司法行政机关可以就下列事项,对司法鉴定机构进行监督、检查:

（一）遵守法律、法规和规章的情况;
（二）遵守司法鉴定程序、技术标准和技术操作规范的情况;
（三）所属司法鉴定人执业的情况;
（四）法律、法规和规章规定的其他事项。

第三十五条　司法行政机关对司法鉴定机构进行监督、检查时,可以依法查阅或者要求司法鉴定机构报送有关材料。司法鉴定机构应当如实提供有关情况和材料。

第三十六条　司法行政机关对司法鉴定机构进行监督、检查时,不得妨碍司法鉴定机构的正常业务活动,不得索取或者收受司法鉴定机构的财物,不得谋取其他不正当利益。

第三十七条　司法行政机关对司法鉴定机构进行资质评估,对司法鉴定质量进行评估。评估结果向社会公开。

第八章　法律责任

第三十八条　法人或者其他组织未经登记,从事已纳入本办法调整范围司法鉴定业务的,省级司法行政机关应当责令其停止司法鉴定活动,并处以违法所得一至三倍的罚款,罚款总额最高不得超过三万元。

第三十九条　司法鉴定机构有下列情形之一的,由省级司法行政机关依法给予警告,并责令其改正:

（一）超出登记的司法鉴定业务范围开展司法鉴定活动的;
（二）未经依法登记擅自设立分支机构的;
（三）未依法办理变更登记的;
（四）出借《司法鉴定许可证》的;
（五）组织未取得《司法鉴定人执业证》的人员从事司法鉴定业务的;
（六）无正当理由拒绝接受司法鉴定委托的;
（七）违反司法鉴定收费管理办法的;

（八）支付回扣、介绍费，进行虚假宣传等不正当行为的；

（九）拒绝接受司法行政机关监督、检查或者向其提供虚假材料的；

（十）法律、法规和规章规定的其他情形。

第四十条 司法鉴定机构有下列情形之一的，由省级司法行政机关依法给予停止从事司法鉴定业务三个月以上一年以下的处罚；情节严重的，撤销登记：

（一）因严重不负责任给当事人合法权益造成重大损失的；

（二）具有本办法第三十九条规定的情形之一，并造成严重后果的；

（三）提供虚假证明文件或采取其他欺诈手段，骗取登记的；

（四）法律、法规规定的其他情形。

第四十一条 司法鉴定机构在开展司法鉴定活动中因违法和过错行为应当承担民事责任的，按照民事法律的有关规定执行。

第四十二条 司法行政机关工作人员在管理工作中滥用职权、玩忽职守造成严重后果的，依法追究相应的法律责任。

第四十三条 司法鉴定机构对司法行政机关的行政许可和行政处罚有异议的，可以依法申请行政复议。

第九章 附 则

第四十四条 本办法所称司法鉴定机构不含《全国人民代表大会常务委员会关于司法鉴定管理问题的决定》第七条规定的鉴定机构。

第四十五条 本办法自公布之日起施行。2000年8月14日公布的《司法鉴定机构登记管理办法》（司法部令第62号）同时废止。

司法鉴定人登记管理办法

(2005 年 9 月 29 日　司法部令第 96 号)

第一章　总　　则

第一条　为了加强对司法鉴定人的管理,规范司法鉴定活动,建立统一的司法鉴定管理体制,适应司法机关和公民、组织的诉讼需要,保障当事人的诉讼权,促进司法公正和效率,根据《全国人民代表大会常务委员会关于司法鉴定管理问题的决定》和其他相关法律、法规,制定本办法。

第二条　司法鉴定人从事《全国人民代表大会常务委员会关于司法鉴定管理问题的决定》第二条规定的司法鉴定业务,适用本办法。

第三条　本办法所称的司法鉴定人是指运用科学技术或者专门知识对诉讼涉及的专门性问题进行鉴别和判断并提出鉴定意见的人员。

司法鉴定人应当具备本办法规定的条件,经省级司法行政机关审核登记,取得《司法鉴定人执业证》,按照登记的司法鉴定执业类别,从事司法鉴定业务。

司法鉴定人应当在一个司法鉴定机构中执业。

第四条　司法鉴定管理实行行政管理与行业管理相结合的管理制度。

司法行政机关对司法鉴定人及其执业活动进行指导、管理和监督、检查,司法鉴定行业协会依法进行自律管理。

第五条　全国实行统一的司法鉴定机构及司法鉴定人审核登记、名册编制和名册公告制度。

第六条　司法鉴定人应当科学、客观、独立、公正地从事司法鉴定活动,遵守法律、法规的规定,遵守职业道德和职业纪律,遵守司法鉴定管理规范。

第七条　司法鉴定人执业实行回避、保密、时限和错鉴责任追究制度。

第二章　主管机关

第八条　司法部负责全国司法鉴定人的登记管理工作,依法履行下列职责:

(一)指导和监督省级司法行政机关对司法鉴定人的审核登记、名册编制和名册公告工作;

(二)制定司法鉴定人执业规则和职业道德、职业纪律规范;

（三）制定司法鉴定人诚信等级评估制度并指导实施；

（四）会同国务院有关部门制定司法鉴定人专业技术职称评聘标准和办法；

（五）制定和发布司法鉴定人继续教育规划并指导实施；

（六）法律、法规规定的其他职责。

第九条 省级司法行政机关负责本行政区域内司法鉴定人的登记管理工作，依法履行下列职责：

（一）负责司法鉴定人的审核登记、名册编制和名册公告；

（二）负责司法鉴定人诚信等级评估工作；

（三）负责对司法鉴定人进行监督、检查；

（四）负责对司法鉴定人违法违纪执业行为进行调查处理；

（五）组织开展司法鉴定人专业技术职称评聘工作；

（六）组织司法鉴定人参加司法鉴定岗前培训和继续教育；

（七）法律、法规和规章规定的其他职责。

第十条 省级司法行政机关可以委托下一级司法行政机关协助办理本办法第九条规定的有关工作。

第三章 执业登记

第十一条 司法鉴定人的登记事项包括：姓名、性别、出生年月、学历、专业技术职称或者行业资格、执业类别、执业机构等。

第十二条 个人申请从事司法鉴定业务，应当具备下列条件：

（一）拥护中华人民共和国宪法，遵守法律、法规和社会公德，品行良好的公民；

（二）具有相关的高级专业技术职称；或者具有相关的行业执业资格或者高等院校相关专业本科以上学历，从事相关工作五年以上；

（三）申请从事经验鉴定型或者技能鉴定型司法鉴定业务的，应当具备相关专业工作十年以上经历和较强的专业技能；

（四）所申请从事的司法鉴定业务，行业有特殊规定的，应当符合行业规定；

（五）拟执业机构已经取得或者正在申请《司法鉴定许可证》；

（六）身体健康，能够适应司法鉴定工作需要。

第十三条 有下列情形之一的，不得申请从事司法鉴定业务：

（一）因故意犯罪或者职务过失犯罪受过刑事处罚的；

（二）受过开除公职处分的；

（三）被司法行政机关撤销司法鉴定人登记的；

（四）所在的司法鉴定机构受到停业处罚，处罚期未满的；

（五）无民事行为能力或者限制行为能力的；
（六）法律、法规和规章规定的其他情形。

第十四条　个人申请从事司法鉴定业务,应当由拟执业的司法鉴定机构向司法行政机关提交下列材料：
（一）申请表；
（二）身份证、专业技术职称、行业执业资格、学历、符合特殊行业要求的相关资格、从事相关专业工作经历、专业技术水平评价及业务成果等证明材料；
（三）应当提交的其他材料。

个人兼职从事司法鉴定业务的,应当符合法律、法规的规定,并提供所在单位同意其兼职从事司法鉴定业务的书面意见。

第十五条　司法鉴定人审核登记程序、期限参照《司法鉴定机构登记管理办法》中司法鉴定机构审核登记的相关规定办理。

第十六条　经审核符合条件的,省级司法行政机关应当作出准予执业的决定,颁发《司法鉴定人执业证》；不符合条件的,作出不予登记的决定,书面通知其所在司法鉴定机构并说明理由。

第十七条　《司法鉴定人执业证》由司法部统一监制。《司法鉴定人执业证》是司法鉴定人的执业凭证。

《司法鉴定人执业证》使用期限为五年,自颁发之日起计算。

《司法鉴定人执业证》应当载明下列内容：
（一）姓名；
（二）性别；
（三）身份证号码；
（四）专业技术职称；
（五）行业执业资格；
（六）执业类别；
（七）执业机构；
（八）使用期限；
（九）颁证机关和颁证时间；
（十）证书号码。

第十八条　司法鉴定人要求变更有关登记事项的,应当及时通过所在司法鉴定机构向原负责登记的司法行政机关提交变更登记申请书和相关材料,经审核符合本办法规定的,司法行政机关应当依法办理变更登记手续。

第十九条　《司法鉴定人执业证》使用期限届满后,需要继续执业的,司法鉴定人应当在使用期限届满三十日前通过所在司法鉴定机构,向原负责登记的司法行政机关提出延续申请,司法行政机关依法审核办理。延续申请的条件和需要提交的材料按照本办法第十二条、第十三条、第十四条、第十五条的规定执行。

不申请延续的司法鉴定人,《司法鉴定人执业证》使用期限届满后,由原负责登记的司法行政机关办理注销登记手续。

第二十条 司法鉴定人有下列情形之一的,原负责登记的司法行政机关应当依法办理注销登记手续:

(一)依法申请终止司法鉴定活动的;

(二)所在司法鉴定机构注销或者被撤销的;

(三)《司法鉴定人执业证》使用期限届满未申请延续的;

(四)法律、法规规定的其他情形。

第四章 权利和义务

第二十一条 司法鉴定人享有下列权利:

(一)了解、查阅与鉴定事项有关的情况和资料,询问与鉴定事项有关的当事人、证人等;

(二)要求鉴定委托人无偿提供鉴定所需要的鉴材、样本;

(三)进行鉴定所必需的检验、检查和模拟实验;

(四)拒绝接受不合法、不具备鉴定条件或者超出登记的执业类别的鉴定委托;

(五)拒绝解决、回答与鉴定无关的问题;

(六)鉴定意见不一致时,保留不同意见;

(七)接受岗前培训和继续教育;

(八)获得合法报酬;

(九)法律、法规规定的其他权利。

第二十二条 司法鉴定人应当履行下列义务:

(一)受所在司法鉴定机构指派按照规定时限独立完成鉴定工作,并出具鉴定意见;

(二)对鉴定意见负责;

(三)依法回避;

(四)妥善保管送鉴的鉴材、样本和资料;

(五)保守在执业活动中知悉的国家秘密、商业秘密和个人隐私;

(六)依法出庭作证,回答与鉴定有关的询问;

(七)自觉接受司法行政机关的管理和监督、检查;

(八)参加司法鉴定岗前培训和继续教育;

（九）法律、法规规定的其他义务。

第五章　监 督 管 理

第二十三条　司法鉴定人应当在所在司法鉴定机构接受司法行政机关统一部署的监督、检查。

第二十四条　司法行政机关应当就下列事项，对司法鉴定人进行监督、检查：

（一）遵守法律、法规和规章的情况；
（二）遵守司法鉴定程序、技术标准和技术操作规范的情况；
（三）遵守执业规则、职业道德和职业纪律的情况；
（四）遵守所在司法鉴定机构内部管理制度的情况；
（五）法律、法规和规章规定的其他事项。

第二十五条　公民、法人和其他组织对司法鉴定人违反本办法规定的行为进行举报、投诉的，司法行政机关应当及时进行调查处理。

第二十六条　司法行政机关对司法鉴定人进行监督、检查或者根据举报、投诉进行调查时，可以依法查阅或者要求司法鉴定人报送有关材料。司法鉴定人应当如实提供有关情况和材料。

第二十七条　司法行政机关依法建立司法鉴定人诚信档案，对司法鉴定人进行诚信等级评估。评估结果向社会公开。

第六章　法律责任

第二十八条　未经登记的人员，从事已纳入本办法调整范围司法鉴定业务的，省级司法行政机关应当责令其停止司法鉴定活动，并处以违法所得一至三倍的款，罚款总额最高不得超过三万元。

第二十九条　司法鉴定人有下列情形之一的，由省级司法行政机关依法给予警告，并责令其改正：

（一）同时在两个以上司法鉴定机构执业的；
（二）超出登记的执业类别执业的；
（三）私自接受司法鉴定委托的；
（四）违反保密和回避规定的；
（五）拒绝接受司法行政机关监督、检查或者向其提供虚假材料的；
（六）法律、法规和规章规定的其他情形。

第三十条　司法鉴定人有下列情形之一的，由省级司法行政机关给予停止执业三个月以上一年以下的处罚；情节严重的，撤销登记；构成犯罪的，依法追究刑事责任：

（一）因严重不负责任给当事人合法权益造成重大损失的；

（二）具有本办法第二十九规定的情形之一并造成严重后果的；

（三）提供虚假证明文件或者采取其他欺诈手段，骗取登记的；

（四）经人民法院依法通知，非法定事由拒绝出庭作证的；

（五）故意做虚假鉴定的；

（六）法律、法规规定的其他情形。

第三十一条　司法鉴定人在执业活动中，因故意或者重大过失行为给当事人造成损失的，其所在的司法鉴定机构依法承担赔偿责任后，可以向有过错行为的司法鉴定人追偿。

第三十二条　司法行政机关工作人员在管理工作中滥用职权、玩忽职守造成严重后果的，依法追究相应的法律责任。

第三十三条　司法鉴定人对司法行政机关的行政许可和行政处罚有异议的，可以依法申请行政复议。

第七章　附　则

第三十四条　本办法所称司法鉴定人不含《全国人民代表大会常务委员会关于司法鉴定管理问题的决定》第七条规定的鉴定机构中从事鉴定工作的鉴定人。

第三十五条　本办法自公布之日起施行。2000年8月14日公布的《司法鉴定人管理办法》（司法部令第63号）同时废止。

司法鉴定执业活动投诉处理办法

(2010年4月8日 司法部令第123号)

第一章 总 则

第一条 为了规范司法鉴定执业活动投诉处理工作,加强司法鉴定执业活动监督,根据《全国人民代表大会常务委员会关于司法鉴定管理问题的决定》,结合司法鉴定工作实际,制定本办法。

第二条 投诉人对司法行政机关审核登记的司法鉴定机构和司法鉴定人执业活动进行投诉,以及司法行政机关开展投诉处理工作,适用本办法。

第三条 本办法所称投诉人,是指认为司法鉴定机构和司法鉴定人在执业活动中有违法违规行为,向司法行政机关投诉的公民、法人和其他组织。

本办法所称被投诉人,是指被投诉的司法鉴定机构和司法鉴定人。

第四条 司法鉴定执业活动投诉处理工作,应当遵循分级受理、依法查处、处罚与教育相结合的原则。

司法行政机关应当依法保障和维护投诉人和被投诉人的合法权益。

第五条 司法行政机关应当向社会公布投诉受理范围、投诉处理机构的通讯方式等事项,并指定专人负责投诉接待工作。

第六条 司法部负责指导、监督全国司法鉴定执业活动投诉处理工作。

省级司法行政机关负责指导、监督本行政区域内司法鉴定执业活动投诉处理工作。

第七条 司法行政机关指导、监督司法鉴定协会实施行业惩戒;司法鉴定协会协助和配合司法行政机关开展投诉处理工作。

第二章 投诉受理

第八条 公民、法人和其他组织认为司法鉴定机构和司法鉴定人在执业活动中有下列违法违规情形的,可以向司法鉴定机构住所地或者司法鉴定人执业机构所在地的县级以上司法行政机关投诉:

(一)超出登记的业务范围或者执业类别从事司法鉴定活动的;

(二)违反司法鉴定程序规则从事司法鉴定活动的;

（三）因不负责任给当事人合法权益造成损失的；
（四）违反司法鉴定收费管理规定的；
（五）司法鉴定机构无正当理由拒绝接受司法鉴定委托的；
（六）司法鉴定人私自接受司法鉴定委托的；
（七）司法鉴定人经人民法院通知，无正当理由拒绝出庭作证的；
（八）司法鉴定人故意做虚假鉴定的；
（九）其他违反司法鉴定管理规定的行为。

第九条 投诉人应当向司法行政机关提交书面投诉材料。投诉材料内容包括：被投诉人的姓名或者名称、投诉请求以及相关的事实和理由，并提供司法鉴定协议书、司法鉴定文书等相关的证明材料。投诉材料应当真实、合法、充分。

投诉人委托他人代理投诉的，代理人应当提交投诉人的授权委托书和本人的身份证明。

第十条 司法行政机关收到投诉材料后，应当即时填写《司法鉴定执业活动投诉登记表》。登记表应当载明投诉人及其代理人的姓名（名称）、性别、职业、住址、联系方式，被投诉人的姓名（名称）、投诉事项、投诉请求、投诉理由以及相关证明材料目录，投诉的方式和时间等信息。

第十一条 司法行政机关收到投诉材料后发现投诉人提供的信息不齐全或者无相关证明材料的，应当及时告知投诉人补充。

第十二条 有下列情形之一的，不予受理：
（一）投诉事项已经司法行政机关处理，或者经行政复议、行政诉讼结案，且没有新的事实和证据的；
（二）对人民法院采信鉴定意见的决定有异议的；
（三）仅对鉴定意见有异议的；
（四）对司法鉴定程序规则及司法鉴定技术规范有异议的；
（五）投诉事项不属于违反司法鉴定管理规定的。

第十三条 司法行政机关应当及时审查投诉材料，对属于本机关管辖范围并符合受理条件的投诉，应当受理；对不属于本机关管辖范围或者不符合受理条件的投诉，或者应当由司法鉴定协会给予行业惩戒的投诉，不予受理，但应当告知投诉人寻求救济的途径和办法。

第十四条 对涉及严重违法违规行为的投诉，省级司法行政机关可以直接受理，也可以交由下一级司法行政机关受理。

第十五条 司法行政机关应当自收到投诉材料之日起七日内，作出是否受理的决定，并书面告知投诉人或者其代理人。情况复杂的，可以适当延长作出受理决定的时间，但延长期限不得超过十五日，并应当将延长的理由告知投诉人。

投诉人补充投诉材料所需的时间和投诉案件移送、转办的流转时间,不计算在前款规定期限内。

第三章 调查处理

第十六条 司法行政机关受理投诉后,应当进行调查。调查应当全面、客观、公正。调查工作不得妨碍被投诉人正常的司法鉴定活动。

司法行政机关认为有必要的,可以委托下一级司法行政机关进行调查。被投诉人为司法鉴定人的,其执业所在的司法鉴定机构应当配合调查。

第十七条 司法行政机关进行调查,可以要求被投诉人说明情况、提交有关材料,可以调阅被投诉人有关业务案卷和档案材料,可以向有关单位、个人核实情况、收集证据,可以听取有关部门的意见和建议。

调查应当由两名以上工作人员进行,并制作笔录。调查笔录应当由被调查人签字或者盖章;不能签字、盖章的,应当在笔录中注明有关情况。

第十八条 被投诉人应当如实陈述事实、提供有关材料,不得提供虚假、伪造的材料或者隐匿、毁损、涂改有关证据材料。

第十九条 司法行政机关在调查过程中发现有本办法第十二条规定情形的,可以终止投诉处理工作,并将终止理由告知投诉人。

第二十条 司法行政机关在调查过程中,发现被投诉人的违法违规行为仍处在连续或者继续状态的,应当责令被投诉人立即停止违法违规行为。

第二十一条 司法行政机关应当根据调查结果,作出如下处理:

(一)被投诉人有应当给予行政处罚的违法违规行为的,移送有处罚权的司法行政机关依法给予行政处罚;

(二)被投诉人违法违规情节轻微,没有造成危害后果,依法可以不予行政处罚的,应当给予批评教育、训诫、通报、责令限期整改等处理;

(三)投诉事项查证不实或者无法查实的,对被投诉人不作处理,并应当将不予处理的理由书面告知投诉人。

对于涉嫌犯罪的,移送司法机关依法追究刑事责任。

第二十二条 司法行政机关受理投诉的,应当自受理之日起六十日内办结;情况复杂,不能在规定期限内办结的,经本机关负责人批准,可以适当延长办理期限,但延长期限不得超过三十日,并应当将延长的理由告知投诉人。

第二十三条 司法行政机关应当自作出处理决定之日起七日内,将投诉处理结果书面告知投诉人、被投诉人。

第二十四条 司法行政机关应当及时将投诉处理结果通报被投诉人住所地或者执业机构所在地的司法行政机关和司法鉴定协会。

司法行政机关应当将投诉处理结果记入被投诉人的司法鉴定执业诚信档案。

第二十五条　被投诉人对司法行政机关的投诉处理决定有异议的,可以依法申请行政复议或者提起行政诉讼。

第二十六条　司法行政机关应当对被投诉人履行处罚、处理决定,纠正违法违规行为的情况进行检查、监督,发现问题可以责令其限期整改。

第四章　监　督

第二十七条　司法行政机关应当加强对下级司法行政机关投诉处理工作的指导、监督和检查,发现有违法、不当情形的,应当及时责令改正。下级司法行政机关应当及时上报纠正情况。

第二十八条　司法行政机关工作人员在投诉处理工作中有滥用职权、玩忽职守或者其他违法行为的,应当依法给予行政处分;构成犯罪的,依法追究刑事责任。

第二十九条　司法行政机关应当按年度将司法鉴定执业活动投诉处理工作情况书面报告上一级司法行政机关。

对于涉及重大违法违规行为的投诉处理结果,应当及时报告上一级司法行政机关。

第三十条　司法行政机关应当建立司法鉴定执业活动投诉处理工作档案,并妥善保管和使用。

第五章　附　则

第三十一条　本办法自2010年6月1日起施行。

司法鉴定程序通则

（2016 年 3 月 2 日　司法部令第 132 号）

第一章　总　则

第一条　为了规范司法鉴定机构和司法鉴定人的司法鉴定活动，保障司法鉴定质量，保障诉讼活动的顺利进行，根据《全国人民代表大会常务委员会关于司法鉴定管理问题的决定》和有关法律、法规的规定，制定本通则。

第二条　司法鉴定是指在诉讼活动中鉴定人运用科学技术或者专门知识对诉讼涉及的专门性问题进行鉴别和判断并提供鉴定意见的活动。司法鉴定程序是指司法鉴定机构和司法鉴定人进行司法鉴定活动的方式、步骤以及相关规则的总称。

第三条　本通则适用于司法鉴定机构和司法鉴定人从事各类司法鉴定业务的活动。

第四条　司法鉴定机构和司法鉴定人进行司法鉴定活动，应当遵守法律、法规、规章，遵守职业道德和执业纪律，尊重科学，遵守技术操作规范。

第五条　司法鉴定实行鉴定人负责制度。司法鉴定人应当依法独立、客观、公正地进行鉴定，并对自己作出的鉴定意见负责。司法鉴定人不得违反规定会见诉讼当事人及其委托的人。

第六条　司法鉴定机构和司法鉴定人应当保守在执业活动中知悉的国家秘密、商业秘密，不得泄露个人隐私。

第七条　司法鉴定人在执业活动中应当依照有关诉讼法律和本通则规定实行回避。

第八条　司法鉴定收费执行国家有关规定。

第九条　司法鉴定机构和司法鉴定人进行司法鉴定活动应当依法接受监督。对于有违反有关法律、法规、规章规定行为的，由司法行政机关依法给予相应的行政处罚；对于有违反司法鉴定行业规范行为的，由司法鉴定协会给予相应的行业处分。

第十条　司法鉴定机构应当加强对司法鉴定人执业活动的管理和监督。司法鉴定人违反本通则规定的，司法鉴定机构应当予以纠正。

第二章 司法鉴定的委托与受理

第十一条 司法鉴定机构应当统一受理办案机关的司法鉴定委托。

第十二条 委托人委托鉴定的,应当向司法鉴定机构提供真实、完整、充分的鉴定材料,并对鉴定材料的真实性、合法性负责。司法鉴定机构应当核对并记录鉴定材料的名称、种类、数量、性状、保存状况、收到时间等。

诉讼当事人对鉴定材料有异议的,应当向委托人提出。

本通则所称鉴定材料包括生物检材和非生物检材、比对样本材料以及其他与鉴定事项有关的鉴定资料。

第十三条 司法鉴定机构应当自收到委托之日起七个工作日内作出是否受理的决定。对于复杂、疑难或者特殊鉴定事项的委托,司法鉴定机构可以与委托人协商决定受理的时间。

第十四条 司法鉴定机构应当对委托鉴定事项、鉴定材料等进行审查。对属于本机构司法鉴定业务范围,鉴定用途合法,提供的鉴定材料能够满足鉴定需要的,应当受理。

对于鉴定材料不完整、不充分,不能满足鉴定需要的,司法鉴定机构可以要求委托人补充;经补充后能够满足鉴定需要的,应当受理。

第十五条 具有下列情形之一的鉴定委托,司法鉴定机构不得受理:
(一)委托鉴定事项超出本机构司法鉴定业务范围的;
(二)发现鉴定材料不真实、不完整、不充分或者取得方式不合法的;
(三)鉴定用途不合法或者违背社会公德的;
(四)鉴定要求不符合司法鉴定执业规则或者相关鉴定技术规范的;
(五)鉴定要求超出本机构技术条件或者鉴定能力的;
(六)委托人就同一鉴定事项同时委托其他司法鉴定机构进行鉴定的;
(七)其他不符合法律、法规、规章规定的情形。

第十六条 司法鉴定机构决定受理鉴定委托的,应当与委托人签订司法鉴定委托书。司法鉴定委托书应当载明委托人名称、司法鉴定机构名称、委托鉴定事项、是否属于重新鉴定、鉴定用途、与鉴定有关的基本案情、鉴定材料的提供和退还、鉴定风险,以及双方商定的鉴定时限、鉴定费用及收取方式、双方权利义务等其他需要载明的事项。

第十七条 司法鉴定机构决定不予受理鉴定委托的,应当向委托人说明理由,退还鉴定材料。

第三章 司法鉴定的实施

第十八条 司法鉴定机构受理鉴定委托后,应当指定本机构具有该鉴定事项执业资格的司法鉴定人进行鉴定。

委托人有特殊要求的,经双方协商一致,也可以从本机构中选择符合条件的司法鉴定人进行鉴定。

委托人不得要求或者暗示司法鉴定机构、司法鉴定人按其意图或者特定目的提供鉴定意见。

第十九条 司法鉴定机构对同一鉴定事项,应当指定或者选择二名司法鉴定人进行鉴定;对复杂、疑难或者特殊鉴定事项,可以指定或者选择多名司法鉴定人进行鉴定。

第二十条 司法鉴定人本人或者其近亲属与诉讼当事人、鉴定事项涉及的案件有利害关系,可能影响其独立、客观、公正进行鉴定的,应当回避。

司法鉴定人曾经参加过同一鉴定事项鉴定的,或者曾经作为专家提供过咨询意见的,或者曾被聘请为有专门知识的人参与过同一鉴定事项法庭质证的,应当回避。

第二十一条 司法鉴定人自行提出回避的,由其所属的司法鉴定机构决定;委托人要求司法鉴定人回避的,应当向该司法鉴定人所属的司法鉴定机构提出,由司法鉴定机构决定。

委托人对司法鉴定机构作出的司法鉴定人是否回避的决定有异议的,可以撤销鉴定委托。

第二十二条 司法鉴定机构应当建立鉴定材料管理制度,严格监控鉴定材料的接收、保管、使用和退还。

司法鉴定机构和司法鉴定人在鉴定过程中应当严格依照技术规范保管和使用鉴定材料,因严重不负责任造成鉴定材料损毁、遗失的,应当依法承担责任。

第二十三条 司法鉴定人进行鉴定,应当依下列顺序遵守和采用该专业领域的技术标准、技术规范和技术方法:

(一)国家标准;

(二)行业标准和技术规范;

(三)该专业领域多数专家认可的技术方法。

第二十四条 司法鉴定人有权了解进行鉴定所需要的案件材料,可以查阅、复制相关资料,必要时可以询问诉讼当事人、证人。

经委托人同意,司法鉴定机构可以派员到现场提取鉴定材料。现场提取鉴定材料应当由不少于二名司法鉴定机构的工作人员进行,其中至少一名应为该鉴定事项的司法鉴定人。现场提取鉴定材料时,应当有委托人指派或者委托的人员在场见证并在提取记录上签名。

第二十五条 鉴定过程中,需要对无民事行为能力人或者限制民事行为能力人进行身体检查的,应当通知其监护人或者近亲属到场见证;必要时,可以通知委托人到场见证。

对被鉴定人进行法医精神病鉴定的,应当通知委托人或者被鉴定人的近亲属或者监护人到场见证。

对需要进行尸体解剖的,应当通知委托人或者死者的近亲属或者监护人到场见证。

到场见证人员应当在鉴定记录上签名。见证人员未到场的,司法鉴定人不得开展相关鉴定活动,延误时间不计入鉴定时限。

第二十六条 鉴定过程中,需要对被鉴定人身体进行法医临床检查的,应当采取必要措施保护其隐私。

第二十七条 司法鉴定人应当对鉴定过程进行实时记录并签名。记录可以采取笔记、录音、录像、拍照等方式。记录应当载明主要的鉴定方法和过程,检查、检验、检测结果,以及仪器设备使用情况等。记录的内容应当真实、客观、准确、完整、清晰,记录的文本资料、音像资料等应当存入鉴定档案。

第二十八条 司法鉴定机构应当自司法鉴定委托书生效之日起三十个工作日内完成鉴定。

鉴定事项涉及复杂、疑难、特殊技术问题或者鉴定过程需要较长时间的,经本机构负责人批准,完成鉴定的时限可以延长,延长时限一般不得超过三十个工作日。鉴定时限延长的,应当及时告知委托人。

司法鉴定机构与委托人对鉴定时限另有约定的,从其约定。

在鉴定过程中补充或者重新提取鉴定材料所需的时间,不计入鉴定时限。

第二十九条 司法鉴定机构在鉴定过程中,有下列情形之一的,可以终止鉴定:

(一)发现有本通则第十五条第二项至第七项规定情形的;

(二)鉴定材料发生耗损,委托人不能补充提供的;

(三)委托人拒不履行司法鉴定委托书规定的义务、被鉴定人拒不配合或者鉴定活动受到严重干扰,致使鉴定无法继续进行的;

(四)委托人主动撤销鉴定委托,或者委托人、诉讼当事人拒绝支付鉴定费用的;

(五)因不可抗力致使鉴定无法继续进行的;

(六)其他需要终止鉴定的情形。

终止鉴定的,司法鉴定机构应当书面通知委托人,说明理由并退还鉴定材料。

第三十条 有下列情形之一的,司法鉴定机构可以根据委托人的要求进行补充鉴定：

（一）原委托鉴定事项有遗漏的；

（二）委托人就原委托鉴定事项提供新的鉴定材料的；

（三）其他需要补充鉴定的情形。

补充鉴定是原委托鉴定的组成部分,应当由原司法鉴定人进行。

第三十一条 有下列情形之一的,司法鉴定机构可以接受办案机关委托进行重新鉴定：

（一）原司法鉴定人不具有从事委托鉴定事项执业资格的；

（二）原司法鉴定机构超出登记的业务范围组织鉴定的；

（三）原司法鉴定人应当回避没有回避的；

（四）办案机关认为需要重新鉴定的；

（五）法律规定的其他情形。

第三十二条 重新鉴定应当委托司法鉴定机构以外的其他司法鉴定机构进行；因特殊原因,委托人也可以委托原司法鉴定机构进行,但原司法鉴定机构应当指定原司法鉴定人以外的其他符合条件的司法鉴定人进行。

接受重新鉴定委托的司法鉴定机构的资质条件应当不低于原司法鉴定机构,进行重新鉴定的司法鉴定人中应当至少有一名具有相关专业高级专业技术职称。

第三十三条 鉴定过程中,涉及复杂、疑难、特殊技术问题的,可以向本机构以外的相关专业领域的专家进行咨询,但最终的鉴定意见应当由本机构的司法鉴定人出具。

专家提供咨询意见应当签名,并存入鉴定档案。

第三十四条 对于涉及重大案件或者特别复杂、疑难、特殊技术问题或者多个鉴定类别的鉴定事项,办案机关可以委托司法鉴定行业协会组织协调多个司法鉴定机构进行鉴定。

第三十五条 司法鉴定人完成鉴定后,司法鉴定机构应当指定具有相应资质的人员对鉴定程序和鉴定意见进行复核；对于涉及复杂、疑难、特殊技术问题或者重新鉴定的鉴定事项,可以组织三名以上的专家进行复核。

复核人员完成复核后,应当提出复核意见并签名,存入鉴定档案。

第四章　司法鉴定意见书的出具

第三十六条 司法鉴定机构和司法鉴定人应当按照统一规定的文本格式制作司法鉴定意见书。

第三十七条 司法鉴定意见书应当由司法鉴定人签名。多人参加的鉴定,对鉴定意见有不同意见的,应当注明。

第三十八条 司法鉴定意见书应当加盖司法鉴定机构的司法鉴定专用章。

第三十九条 司法鉴定意见书应当一式四份,三份交委托人收执,一份由司法鉴定机构存档。司法鉴定机构应当按照有关规定或者与委托人约定的方式,向委托人发送司法鉴定意见书。

第四十条 委托人对鉴定过程、鉴定意见提出询问的,司法鉴定机构和司法鉴定人应当给予解释或者说明。

第四十一条 司法鉴定意见书出具后,发现有下列情形之一的,司法鉴定机构可以进行补正:

(一)图像、谱图、表格不清晰的;

(二)签名、盖章或者编号不符合制作要求的;

(三)文字表达有瑕疵或者错别字,但不影响司法鉴定意见的。

补正应当在原司法鉴定意见书上进行,由至少一名司法鉴定人在补正处签名。必要时,可以出具补正书。

对司法鉴定意见书进行补正,不得改变司法鉴定意见的原意。

第四十二条 司法鉴定机构应当按照规定将司法鉴定意见书以及有关资料整理立卷、归档保管。

第五章　司法鉴定人出庭作证

第四十三条 经人民法院依法通知,司法鉴定人应当出庭作证,回答与鉴定事项有关的问题。

第四十四条 司法鉴定机构接到出庭通知后,应当及时与人民法院确认司法鉴定人出庭的时间、地点、人数、费用、要求等。

第四十五条 司法鉴定机构应当支持司法鉴定人出庭作证,为司法鉴定人依法出庭提供必要条件。

第四十六条 司法鉴定人出庭作证,应当举止文明,遵守法庭纪律。

第六章　附　则

第四十七条 本通则是司法鉴定机构和司法鉴定人进行司法鉴定活动应当遵守和采用的一般程序规则,不同专业领域对鉴定程序有特殊要求的,可以依据本通则制定鉴定程序细则。

第四十八条 本通则所称办案机关,是指办理诉讼案件的侦查机关、审查起诉机关和审判机关。

第四十九条 在诉讼活动之外,司法鉴定机构和司法鉴定人依法开展相关鉴定业务的,参照本通则规定执行。

第五十条 本通则自 2016 年 5 月 1 日起施行。司法部 2007 年 8 月 7 日发布的《司法鉴定程序通则》(司法部第 107 号令)同时废止。

四、司法部规范性文件

(一)机构和人员管理

司法部关于将司法部司法鉴定科学技术研究所列为全国司法鉴定人继续教育基地的批复

(2003年5月12日 司发函〔2003〕67号)

司法部司法鉴定科学技术研究所:

你所《关于建立司法鉴定教育培训基地的请示》(司鉴所发请〔2003〕7号)收悉。经研究,现批复如下:

一、同意将你所列为全国司法鉴定人继续教育基地,开展面向社会服务司法鉴定人的继续教育工作,主要职责包括:协助司法部制定司法鉴定人的继续教育规划和年度计划;按照司法部司法鉴定人继续教育的有关规定和年度培训计划,组织开展全国各执业类别的司法鉴定人的继续教育工作;承办各省、自治区、直辖市司法厅(局)委托的有关司法鉴定教育培训工作;协助司法部组织编写有关司法鉴定人继续教育大纲和培训教材。

二、你所应制定年度教育培训计划并报部法规教育司审核备案。年度教育培训计划执行完毕后,应及时提交工作总结。

望你所切实加强自身学术和科研建设,充分发挥智力和技术优势,为建设高素质的司法鉴定人队伍,健全和完善司法鉴定人继续教育制度做出应有的贡献。

司法部关于审批新设司法鉴定机构
有关问题的紧急通知

(2005年6月8日 司发通〔2005〕49号)

各省、自治区、直辖市司法厅(局)、新疆生产建设兵团司法局:

全国人大常委会《关于司法鉴定管理问题的决定(以下简称〈决定〉)》颁布后,司法部及时下发《关于学习贯彻〈全国人大常委会关于司法鉴定管理问题的决定〉的通知》(以下简称司发通〔2005〕30号文),各地司法厅局认真地学习贯彻,自觉按照《决定》和司发通〔2005〕30号文的要求,从国家法治建设的高度出发,认真履行司法行政机关肩负的职责,努力做好《决定》施行前过渡期的各项准备工作。目前,各地对申请设立司法鉴定机构和申请司法鉴定人资格的做法不一,不少地方要求司法部作出明确和统一规定。为此,紧急通知如下:

在2005年2月28日《决定》颁布后至10月1日实施前,原则上不批或严格控制审批司法鉴定机构。对于申请人坚持的,可以按照《行政许可法》、《国务院对确需保留的行政审批项目设定行政许可的决定》(国务院412号令)、司法部《司法鉴定机构登记管理办法》(司法部62号令)、《司法鉴定人管理办法》(司法部63号令)和地方法规的有关要求,本着严格条件、严格程序、从严掌握的原则进行。由于《决定》自2005年10月1日起才生效施行,而在《决定》施行前,审批的标准、依据,只能适用现行的规定,为严格统一执法,确保《决定》生效后司法鉴定工作良好秩序,凡是按照现行法规、规章批准设立并公告的司法鉴定机构有效期一律到2005年9月30日为止。

司法部关于司法行政部门所属司法鉴定机构管理体制调整的意见

(2005年7月18日 司发通〔2005〕58号)

各省、自治区、直辖市司法厅(局),新疆生产建设兵团司法局:

《全国人民代表大会常务委员会关于司法鉴定管理问题的决定》(以下简称《决定》)赋予司法行政部门管理司法鉴定工作的重要职责,并规定"司法行政部门不得设立鉴定机构"。为切实贯彻执行《决定》,严格保证司法行政部门在依法管理司法鉴定工作中做到客观、中立与公正,现就司法行政部门所属司法鉴定机构管理体制的调整提出以下意见,请认真贯彻执行。

一、依据《决定》的有关规定,各级司法行政部门设立的司法鉴定机构均属于管理体制调整的范围。各有关司法厅(局)应当在2005年9月30日前,完成所属司法鉴定机构管理体制的调整任务。

二、各级司法行政部门要提高对《决定》有关规定重要意义的认识,在具体工作中,既坚决贯彻执行《决定》规定,又要有利于司法鉴定事业的健康发展,采取有力措施,确保现有司法鉴定机构的合理调整和鉴定人员的妥善安排,确保国有资产不流失。

三、各级司法行政部门应积极与有关部门协调、协商,在不再隶属于司法行政部门的前提下,稳妥地引导现有司法鉴定机构采取多种形式,顺利完成管理体制的调整、转轨工作,有条件的司法鉴定机构可以转制为独立的事业法人;可以与有关科研单位、高等院校、医院、社团组织等单位采用合作、合并和共建等形式,在重新整合鉴定资源的基础上,申请设立新的司法鉴定机构;也可以根据实际情况,在安排好现有人员的基础上撤销所属鉴定机构。

四、自2005年10月1日后,司法行政部门依照《决定》不再受理司法行政部门设立的或设立后在人、财、物方面仍与之有直接、间接隶属关系的司法鉴定机构的设立申请。

五、司法行政部门所属司法鉴定机构管理体制的调整工作虽然数量不多,但能否顺利完成调整任务,直接关系到《决定》的顺利实施和司法行政部门社会公信力的确立,影响面大,政策性强。作为司法鉴定的主管部门,各有关司法行政部门应当高度重视,统筹考虑,审慎研究,确保按时、妥善地完成所涉司法鉴定机构管理体制的调整任务。有关调整情况及遇到的问题,应及时报部司法鉴定体制改革工作办公室。

司法部关于撤销"司法部司法鉴定中心"的批复

(2005年9月22日 司复〔2005〕7号)

司法部司法鉴定科学技术研究所:

你所《关于撤销"司法部司法鉴定中心"的请示》(司鉴所发请〔2005〕23号)收悉。

根据全国人大常委会《关于司法鉴定管理问题的决定》的有关规定,经研究,同意撤销你所"司法部司法鉴定中心"。

此复。

司法部司法鉴定体制改革工作办公室
关于部批司法鉴定机构调整管理方式的通知

(2006年3月22日 司鉴字〔2006〕7号)

北京、天津、黑龙江、湖北、湖南、重庆、陕西省(直辖市)司法厅(局),部批各司法鉴定机构:

2005年,全国人大常委会《关于司法鉴定管理问题的决定》(以下简称《决定》)正式实施,经国务院批准司法部重新修改制定颁布了《司法鉴定机构登记管理办法》(司法部第95号令)和《司法鉴定人登记管理办法》(司法部第96号令)(以下简称两办法)。根据《决定》和两办法的有关规定,司法部今后不再直接受理司法鉴定机构和司法鉴定人的登记管理工作。有鉴于此,为了保证司法部审批设立的司法鉴定机构健康有序地发展,自本通知下达之日起,凡是2005年10月1日前经由司法部批准设立的16个司法鉴定机构及所属司法鉴定人,按照属地管理原则,一律交由司法鉴定机构所在行政区域的省级司法行政机关管理。

部批司法鉴定机构及司法鉴定人管理权限下移地方管理后,各有关省级司法行政机关要统筹规划,认真做好相关准备工作,充分发挥原部批司法鉴定机构的积极作用,司法部也将继续给予必要的业务指导;各部批司法鉴定机构接此通知后,也应及时与所在行政区域的省级司法行政机关联系,共同努力,顺利完成调整工作,保证鉴定活动的顺利开展。

特此通知

附件

司法部批准设立的司法鉴定机构及其所在地情况表

机构所在地:北京市(10个)
   法大法庭科学技术鉴定研究所
   中国人民大学物证技术鉴定中心
   北京大学司法鉴定室
   北京华夏物证鉴定中心

     华科知识产权鉴定中心
     中天司法鉴定中心
     北京华大方瑞司法物证鉴定中心
     法源司法科学证据鉴定中心
     中国法医学会司法鉴定中心
     中国科协司法鉴定中心
机构所在地:天津市(1个)
     农业生态环境及农产品质量安全司法鉴定中心
机构所在地:黑龙江省(1个)
     黑龙江大学司法鉴定中心
机构所在地:湖北省(1个)
     中南财经政法大学司法鉴定中心
机构所在地:湖南省(1个)
     湖南大学司法鉴定中心
机构所在地:重庆市(1个)
     西南政法大学司法鉴定中心
机构所在地:陕西省(1个)
     西北政法学院司法鉴定中心

司法部关于印发《司法鉴定教育培训规定》的通知

(2007年11月1日 司发通〔2007〕72号)

各省、自治区、直辖市司法厅(局),新疆生产建设兵团司法局:

为了提高司法鉴定人的政治素质、业务素质和职业道德,加强司法鉴定人队伍建设,规范司法鉴定人教育培训工作,促进司法鉴定事业的健康发展,根据国家有关法律、法规和司法部《司法鉴定机构登记管理办法》和《司法鉴定人登记管理办法》,司法部制定了《司法鉴定教育培训规定》,现印发各地。各地在执行中遇到的问题和相关建议,请及时报告给司法部。

司法鉴定教育培训规定

第一章 总 则

第一条 为了提高司法鉴定队伍的政治素质、业务素质和职业道德素质,保障司法鉴定质量,根据国家有关法律、法规和《司法鉴定机构登记管理办法》、《司法鉴定人登记管理办法》等有关规定,制定本规定。

第二条 本规定适用于申请和已取得司法鉴定人执业证书的人员。

本规定所称的司法鉴定教育培训包括岗位培训和继续教育。

第三条 司法鉴定教育培训工作根据国家"先培训后上岗"和终身教育的要求,坚持统筹规划、分级负责、按需组织、分类实施的原则。

第四条 司法鉴定人应当积极参加教育培训,学习政治理论和业务知识,不断提高执业能力和水平,加强职业道德修养。

司法鉴定人接受岗位培训后,方可以司法鉴定人的名义独立进行执业活动;司法鉴定人完成规定的继续教育学时是申报评定司法鉴定专业技术职称任职资格的条件之一。

第五条 司法鉴定机构应当按照本规定的要求,组织本机构司法鉴定人参加教育培训。

司法鉴定机构组织教育培训的情况,纳入对其进行资质评估、考核评价的内容。

第六条 司法行政机关负责对司法鉴定教育培训工作进行规划、组织和指导,对司法鉴定机构及其司法鉴定人参加教育培训的情况进行监督、检查。

第二章　岗位培训

第七条　岗位培训是指以适应职业岗位任职的需要，达到司法鉴定岗位资质要求和执业能力为目的的学习和培训活动。

岗位培训的对象包括申请司法鉴定执业的人员和已取得司法鉴定人执业证书尚未独立执业的人员。

岗位培训的内容包括国家有关政策方针、鉴定业务知识、相关法律知识、职业道德、职业纪律和执业规则等。

第八条　岗位培训分为岗前培训和转岗培训。

岗前培训是指对未取得司法鉴定人执业证书的人员和已取得司法鉴定人执业证书尚未独立执业的人员进行的培训。培训对象是相同专业的人员。

转岗培训是指对取得司法鉴定人执业证书已经执业和尚未独立执业的人员进行的培训。培训对象是相关专业的人员。

第九条　岗前培训方案由省级司法行政机关制定并组织实施。岗前培训应当统一培训内容、统一培训要求、统一培训时间、统一考核形式和统一颁发证书。

转岗培训方案由司法部制定并指导实施。

第十条　岗位培训应当在司法部或者省级司法行政机关确定的司法鉴定人继续教育基地和培训机构进行。

第三章　继续教育

第十一条　继续教育是指司法鉴定人执业后，为进一步改善知识结构、提高执业能力而进行的学历教育和非学历教育。

第十二条　继续教育的目的是不断提高司法鉴定人的政治素质、业务素质和职业道德素质，实现可持续发展。继续教育的内容主要是司法鉴定的新理论、新知识、新技术、新方法。

第十三条　继续教育实行年度学时制度。司法鉴定人参加继续教育，每年不得少于40学时。

继续教育的每学时为50分钟。

第十四条　司法鉴定人参加下列活动的，计入学时：

（一）司法部或者省级司法行政机关组织或者委托举办的研讨、交流和培训；

（二）司法部或者省级司法行政机关认可的国内、国外的大专院校、科研机构开展的相关专业学历教育和进修；

（三）省级司法行政机关认可，由所在业务主管部门或者行业组织开展的专业对口的研讨、交流和培训；

（四）教育行政部门认可的对口专业教育；
（五）国际性司法鉴定研讨、交流和培训；
（六）司法部或者省级司法行政机关认可的其他教育培训。

第十五条　司法鉴定人参加国际性研讨、交流和培训的，计16学时；参加全国性研讨、交流和培训的，计12学时；参加省级研讨、交流和培训的，计8学时；参加其他教育培训活动计入学时的标准由司法部或省级司法行政机关另行确定。

第十六条　司法鉴定机构每年应当在规定的时间内，将本机构司法鉴定人参加继续教育活动的有关证明材料统一提交司法行政机关，由司法行政机关核计学时并记入档案。

第十七条　司法鉴定人有下列情形之一的，经省级司法行政机关批准后，可以免修年度继续教育学时：
（一）本年度内在境外工作六个月以上；
（二）本年度内病假、事假六个月以上；
（三）女性司法鉴定人在孕期、产假、哺乳期内；
（四）其他特殊情况。

第十八条　对于无正当理由，未达到规定的年度继续教育学时要求的，司法行政机关应当根据有关规定予以处理。

第四章　继续教育的组织管理

第十九条　司法部负责规划、指导和监督全国司法鉴定人继续教育工作，履行下列职责：
（一）制定全国司法鉴定人继续教育规划并指导实施；
（二）组织编写和推荐司法鉴定人继续教育教材；
（三）指导全国司法鉴定人继续教育评估工作；
（四）公布全国司法鉴定人继续教育基地名单。

第二十条　省级司法行政机关负责组织和管理本行政区域司法鉴定人继续教育工作，履行下列职责：
（一）制定本行政区域司法鉴定人继续教育计划并组织实施；
（二）确定本行政区域司法鉴定人继续教育基地；
（三）组织检查本行政区域司法鉴定人继续教育工作。

第二十一条　司法鉴定行业协会在司法行政机关指导下，组织实施继续教育活动。

第二十二条　司法鉴定机构应当为司法鉴定人参加继续教育提供便利条件。

鼓励司法鉴定机构建立教育培训基金,用于司法鉴定人的教育培训。

第五章 附 则

第二十三条 本规定第八条第二款所称"相同专业"是指鉴定人的专业学历、专业技术职称任职资格和执业资格与所拟从事的鉴定执业类别相一致。

本规定第八条第三款所称"相关专业"是指鉴定人的专业学历、专业技术职称任职资格和执业资格与所拟从事的鉴定执业类别相关联。

第二十四条 本规定自 2008 年 1 月 1 日起施行。

司法部关于开展法医临床司法鉴定人
转岗培训工作的通知

(2009年6月10日 司发通〔2009〕95号)

各省、自治区、直辖市司法厅(局):

根据全国人大常委会《关于司法鉴定管理问题的决定》和《司法鉴定教育培训规定》,为适应法医临床司法鉴定工作需要,保障法医临床司法鉴定人的执业资质,司法部决定于2009年—2012年在全国范围内开展法医临床司法鉴定人转岗培训工作(以下简称法医临床转岗培训)。现将有关事宜通知如下:

一、转岗培训的任务和目的

法医临床转岗培训的任务是按照《司法鉴定教育培训规定》的有关要求,在2012年以前,对法医临床司法鉴定人中符合转岗培训条件的人员普遍开展一次转岗培训,目的是为了保证法医临床司法鉴定人的执业资质。根据从事法医临床鉴定的需要,通过对相关专业学历、职称和工作(岗位)人员的转岗培训,使参加培训人员牢固树立社会主义法治理念,了解有关法律法规,比较系统地学习和掌握法医临床专业的基本理论、基本知识和基本技能,学习和掌握从事法医临床实务的职业技能和方法,达到法医临床鉴定执业的基本要求。

2012年后,具有相关专业本科以上学历但未接受过法医专业本科以上(含本科)学历教育或者未经过法医临床转岗培训的人员,都应当在执业前参加法医临床司法鉴定人的转岗培训。

二、转岗培训的部署和实施

法医临床转岗培训工作按照司法部的统一要求进行。部司法鉴定管理局负责转岗培训工作的指导、协调和监督、检查。各省、自治区、直辖市司法厅(局)根据司法部制定的《全国法医临床司法鉴定人转岗培训方案》(以下简称《培训方案》),结合本地实际情况,制定具体的实施计划,报部司法鉴定管理局备案后实施。

三、转岗培训的对象

法医临床鉴定转岗培训的对象,是不具有对口的法医专业本科以上(含本科)学历教育(或未取得法医专业高级职称,或未从事十年以上法医临床专业工作)的法医临床司法鉴定人。

对于接受过法医专业本科以上(含本科)学历教育(或取得法医专业高级职称,或已从事法医临床工作十年以上)的人员,应当接受岗前培训。

符合转岗培训条件的法医病理司法鉴定人可以同时参加本次法医临床转岗培训。

四、转岗培训工作要求

各省(区、市)司法厅(局)要从本地实际出发,充分发挥教育培训机构的作用,做好各项组织实施工作。

1. 要根据司法部的统一部署和《培训方案》,结合实际制定具体的实施计划,有组织有步骤地完成转岗培训任务。已经开展法医临床专业培训的省份,也要依据《培训方案》调整实施计划,同时,可以与年度法医临床鉴定继续教育和其他专项培训结合起来。

2. 要确保全员接受转岗培训。本次转岗培训的重点是相关专业已经执业的司法鉴定人,尚未执业的相关专业司法鉴定人的转岗培训可根据需要同步进行;已经参加过省内转岗培训的法医临床鉴定的司法鉴定人,应根据《培训方案》,需要补课的要进行补课。

3. 要保证转岗培训质量。在提高培训效率的前提下,提倡就近组织转岗培训。没有培训条件的省份,可以在司法部推荐的培训机构名单中就近选择。要根据《培训方案》和本地实际,在充分调研论证的基础上,与承担转岗培训任务的教育培训机构协商,保证培训时间相对集中,培训人员、地点相对合理,并做好服务工作。

在组织开展法医临床转岗培训期间,司法部将派出督查组,对培训情况进行抽查和评估。同时,各地要认真总结经验,遇有问题及时报部司法鉴定管理局。

附件:
1. 全国司法鉴定人法医临床鉴定转岗培训工作方案
2. 全国法医临床司法鉴定人转岗培训教育培训机构推荐名单
3. 全国法医临床转岗培训推荐教材目录

附件1

全国法医临床司法鉴定人转岗培训工作方案

根据全国人大常委会《关于司法鉴定管理问题的决定》和《司法鉴定人登记管理办法》、《司法鉴定教育培训规定》,为保障法医临床司法鉴定人的职业素养,不断提高执业能力和水平,司法部决定在全国范围内组织开展法医临床司法鉴定人转岗培训工作,并制定转岗培训方案。

一、目的和要求

通过法医临床基础课、专业课和鉴定实务培训,使未接受过法医专业本科以上(含本科)学历教育(或未取得法医专业高级职称,或未从事过十年以上法医专业工作)的司法鉴定人比较系统地学习和掌握法医临床的基本理论、基本知识和相关的法律规范、技术规范,熟悉和掌握从事法医临床鉴定的职业技能和技术方法,提高法医临床司法鉴定人的执业能力和水平。具体要求是:

1. 学习社会主义法治理念;
2. 学习司法鉴定体制与鉴定证据制度、诉讼制度等相关的法律知识;
3. 基本掌握法医临床学基本理论和基础知识;
4. 基本掌握法医临床鉴定的主要技术方法和案例分析方法;
5. 掌握法医临床鉴定的职业技能;
6. 熟悉司法鉴定活动相关的法律法规、规章和规范性文件;
7. 掌握法医临床鉴定的技术标准、技术规则和操作规范;
8. 了解证据规则和出庭作证的基本要求;
9. 了解司法鉴定质量控制体系和认证认可的基本要求。

二、培训对象

法医临床鉴定转岗培训的对象,是不具有法医专业本科以上(含本科)学历教育(或不具有法医专业高级职称,或未从事十年以上法医专业工作)的法医临床司法鉴定人。

未接受过法医专业本科以上(含本科)学历教育,但按照《决定》规定,申请领取法医临床司法鉴定人执业证书或者已经领取执业证书尚未执业的人员同步参加培训。

三、时间和形式

法医临床转岗培训工作自2009年6月开始,2012年底基本完成。每期培训时间为3个月,共计240课时。

转岗培训采取脱产集中授课与在岗自学相结合的学习形式。其中集中授课时间不得少于80课时。

四、培训内容

法医临床转岗培训分为集中讲授法医专业基本理论和基本知识、法医临床相关的技术标准和操作规范、相关法律知识；司法鉴定案例讨论和鉴定实务。基本内容如下：

（一）法医临床转岗培训课程安排

（二）相关法律法规、规章和规范性文件（选修）

1.《社会主义法治理念教育读本》

2.《中华人民共和国刑事诉讼法》

3.《中华人民共和国民事诉讼法》

4. 全国人大常委会《关于司法鉴定管理问题的决定》

5.《司法鉴定机构登记管理办法》

6.《司法鉴定人登记管理办法》

7.《司法鉴定程序通则》

8.《司法鉴定文书规范》

9.《医疗事故处理条例》

10. 最高人民法院关于民事诉讼、行政诉讼的证据规定

（三）相关技术标准、技术规则和操作规范（必修）

1. 人体损伤程度鉴定有关标准

2. 人体损伤致残程度有关鉴定标准

3.《职工工伤与职业病鉴定标准》

4.《道路交通事故受伤人员伤残评定》

（四）法医临床（法医病理）鉴定实务（必修）

（五）证据规则和出庭作证的基本要求（必修）

（六）司法鉴定质量控制体系和司法鉴定机构认证认可的基本要求（选修）

五、培训机构

承担法医临床转岗培训任务的教育培训机构主要是经司法部批准的国家司法鉴定人继续教育基地和具有法医学学士学位和硕士学位授予权并在国内法医学专业教学方面享有良好声誉的普通高等院校。

六、培训师资

担任转岗培训授课的专业课教师一般应具有副高以上专业技术职称或者对口专业博士毕业并具有三年以上法医临床鉴定实践经验；实务课教师可以由高等院校自行聘请或者由相关部门推荐。

七、培训教材

法医临床转岗培训应当使用司法部组织编写和推荐的教材。

八、考核和记录

全部培训科目完成后,由省级司法行政机关委托承担培训工作的机构组织考试或者考核,考试、考核可以采用书面答题与鉴定实务相结合的形式进行。成绩不合格的,可以由省级司法行政机关确定参加下一期培训人员的考核,或者在转岗培训结束前由培训机构统一补考。

法医临床司法鉴定人转岗培训考试(考核)成绩确定后,省级司法行政机关应当将结果记入司法鉴定人执业档案。

九、评价和结果

培训合格的由司法部统一颁发转岗培训合格证书。转岗培训成绩作为司法鉴定人和司法鉴定机构执业考核评价的内容。

对于符合培训条件,但没有参加此次专项转岗培训或者培训成绩不合格的法医临床司法鉴定人,省级司法行政机关应根据全国人大常委会《关于司法鉴定管理问题的决定》和《司法鉴定人登记管理办法》,在司法鉴定机构提出初步处理意见的基础上,视情况对不适合继续从事法医临床鉴定的人员采取注销、清退等措施。

附件2

全国法医临床司法鉴定人转岗培训教育培训机构推荐名单

一、全国司法鉴定人继续教育基地

司法部司法鉴定科学技术研究所

二、司法部确认和推荐的部分教育培训机构(外省、市略)

中南财经政法大学

华中科技大学同济医学院(法医系)

附件3

全国法医临床转岗培训推荐教材目录

1.《社会主义法治理念教育读本》中央政法委主编,中国长安出版社2006年出版;

2.《法医学》王保捷主编,人民出版社 2004 年出版;
3.《法医学》侯一平主编,高等教育出版社 2004 年出版;
4.《法医病理学》赵子琴主编,人民卫生出版社 2004 年出版;
5.《法医物证学》侯一平主编,人民卫生出版社 2004 年出版;
6.《法医临床学》秦启生主编,人民卫生出版社 2004 年出版;
7.《法医学概论》丁梅主编,人民卫生出版社 2004 年出版;
8.《法医毒理学》黄光照主编,人民卫生出版社 2004 年出版;
9.《法医毒物分析》贺浪冲主编,人民卫生出版社 2004 年出版;
10.《法医精神病学》刘协和主编,人民卫生出版社 2004 年出版;
11.《法医临床鉴定实务》朱广友主编,法律出版社 2009 年出版;
12.《法医病理鉴定实务》陈忆九主编,法律出版社 2009 年出版;
13.《司法鉴定程序通则导读》司法部司法鉴定管理局主编,法律出版社 2007 年出版;
14.《司法鉴定通论》司法部组织编写,法律出版社 2009 年出版;
15.《司法鉴定机构质量管理与认证认可指南》,沈敏主编,科学出版社 2009 年出版。

没有指定教材的,如司法鉴定典型案例和鉴定实务等,承担培训任务的教育培训机构经与省级司法行政机关协商后,可以采用自编或者自选教材。

司法部关于《司法鉴定机构登记管理办法》第十一条和《司法鉴定人登记管理办法》第十条规定适用问题的批复

(2009年9月29日 司复〔2009〕17号)

广东省司法厅：

你厅《关于委托(下放)部分司法鉴定行政管理权问题的请示》(粤司〔2009〕96号)收悉。经研究，就司法鉴定管理规章有关规定的适用问题批复如下：

《司法鉴定机构登记管理办法》第十条和《司法鉴定人登记管理办法》第九条规定的有关管理职责的行政主体是省级司法行政机关。按照《司法鉴定机构登记管理办法》第十一条和《司法鉴定人登记管理办法》第十条规定，省级司法行政机关可以在两个规章规定的管理事项范围内，根据需要和条件，将有关管理事务性、辅助性的工作委托下一级司法行政机关办理，但对司法鉴定机构和司法鉴定人的审核登记职能、行政处罚职能以及部颁规章明确规定应由省级司法行政机关直接行使的其他职能，不能委托或下放给下一级司法行政机关行使。

此复。

司法部关于印发《司法鉴定职业道德基本规范》的通知

(2009年12月23日 司发〔2009〕24号)

各省、自治区、直辖市司法厅(局),新疆生产建设兵团司法局:

《司法鉴定职业道德基本规范》已经2009年12月15日第33次部党组会议通过,现予印发,请认真贯彻执行。

司法鉴定职业道德基本规范

崇尚法治,尊重科学。

基本要求:树立法律意识,培养法治精神,遵守诉讼程序和法律规定;遵循科学原理、科学方法和技术规范。

服务大局,执业为民。

基本要求:坚持以人为本,牢固树立社会主义法治理念;保障司法,服务诉讼,化解矛盾纠纷,维护公民合法权益。

客观公正,探真求实。

基本要求:尊重规律,实事求是,依法独立执业,促进司法公正,维护公平公义;对法律负责,对科学负责,对案件事实负责,对执业行为负责。

严谨规范,讲求效率。

基本要求:认真负责,严格细致,一丝不苟,正确适用技术标准;运行有序,保证质量,及时有效,严格遵守实施程序和执业行为规则。

廉洁自律,诚信敬业。

基本要求:品行良好,行为规范,举止文明,恪守司法鉴定职业伦理;遵守保密规定,注重职业修养,注重社会效益,维护职业声誉。

相互尊重,持续发展。

基本要求:尊重同行,交流合作,公平竞争,维护司法鉴定执业秩序;更新观念,提高能力,继续教育,促进司法鉴定行业可持续发展。

司法部关于印发《司法鉴定许可证和司法鉴定人执业证管理办法》的通知

(2010年4月12日 司发通〔2010〕83号)

各省、自治区、直辖市司法厅(局),新疆生产建设兵团司法局、监狱管理局:

《司法鉴定许可证》和《司法鉴定人执业证》是经司法行政机关审核登记获准行政许可的司法鉴定机构和司法鉴定人从事司法鉴定执业活动的有效证件。为了贯彻执行《全国人民代表大会常务委员会关于司法鉴定管理问题的决定》,配合《司法鉴定机构登记管理办法》(司法部第95号令)、《司法鉴定人登记管理办法》(司法部第96号令)的实施,保障司法鉴定机构和司法鉴定人依法开展司法鉴定活动,规范司法鉴定行业秩序和执业环境,经司法部2010年第6次部长办公会议审议通过,现将《司法鉴定许可证和司法鉴定人执业证管理办法》印发你们,请遵照执行。

司法鉴定许可证和司法鉴定人执业证管理办法

第一条 为了规范司法鉴定许可证和司法鉴定人执业证管理工作,保障司法鉴定机构和司法鉴定人依法执业,根据《全国人民代表大会常务委员会关于司法鉴定管理问题的决定》和《司法鉴定机构登记管理办法》、《司法鉴定人登记管理办法》等有关法律、法规、规章,制定本办法。

第二条 经司法行政机关审核登记的司法鉴定机构的《司法鉴定许可证》和司法鉴定人的《司法鉴定人执业证》的颁发、使用和管理工作,适用本办法。

第三条 《司法鉴定许可证》和《司法鉴定人执业证》是司法鉴定机构和司法鉴定人获准行政许可依法开展司法鉴定执业活动的有效证件。

第四条 司法部指导、监督全国《司法鉴定许可证》和《司法鉴定人执业证》的管理工作。

省级司法行政机关负责本行政区域内《司法鉴定许可证》、《司法鉴定人执业证》颁发、使用等管理工作。根据需要可以委托下一级司法行政机关协助开展证书管理的有关工作。

第五条 《司法鉴定许可证》分为正本和副本。正本和副本具有同等法律效力。

《司法鉴定许可证》正本应当载明许可证号、机构名称、机构住所、法定代表人、机构负责人、业务范围、有效期限、颁证机关、颁证日期等。

《司法鉴定许可证》副本应当载明许可证号、机构名称、机构住所、法定代表人、机构负责人、资金数额、业务范围、颁证机关、颁证日期,以及司法鉴定机构登记事项变更记录等。

第六条 《司法鉴定人执业证》应当载明执业证号、鉴定人姓名、性别、身份证件号码、专业技术职称、行业执业资格、鉴定执业类别、所在鉴定机构、颁证机关、颁证日期,以及司法鉴定人登记事项变更记录等,同时贴附持证人2寸近期正面蓝底免冠彩色照片。

第七条 《司法鉴定许可证》和《司法鉴定人执业证》的证号是司法鉴定机构和司法鉴定人的执业代码,每证一号,不得重复,由省级司法行政机关按照经审核登记的先后顺序统一编号。

第八条 《司法鉴定许可证》的证号由九位数字构成,按以下规则排序:第一、二位为省、自治区、直辖市代码;第三、四位为省、自治区、直辖市所属市(地)代码;第五、六位为颁证年度的后两位数字;第七、八、九位为司法鉴定机构审核登记的先后顺序号码。

省、自治区、直辖市代码采用国家标准代码。

第九条 《司法鉴定人执业证》的证号由十二位数字构成,前六位数字的编制规则与《司法鉴定许可证》证号前六位数字的编制规则相同,第七、八、九位为持证人所在司法鉴定机构审核登记的顺序号码,第十、十一、十二位为持证人经审核登记的先后顺序号码。

第十条 《司法鉴定许可证》和《司法鉴定人执业证》由司法部监制。证书填写应当使用国家规范汉字和符合国家标准的数字、符号,字迹清晰、工整、规范。如有更正,应当在更正处加盖登记机关红印。

第十一条 《司法鉴定许可证》正本和副本"颁证机关"栏应当加盖登记机关红印。

《司法鉴定人执业证》"颁证机关"栏应当加盖登记机关红印,司法鉴定人照片右下角骑缝处应当加盖登记机关钢印。

第十二条 《司法鉴定许可证》和《司法鉴定人执业证》的使用有效期为五年,自颁发证书之日起计算。证书"有效期限"栏应当注明五年有效期限的起止时间。

证书填写的颁证日期为司法鉴定机构、司法鉴定人经登记机关审核登记的日期。

第十三条 《司法鉴定许可证》正本用于公开悬挂在司法鉴定机构执业场所的显著位置;副本用于接受查验。

《司法鉴定人执业证》由司法鉴定人本人在执业活动中使用,并用于接受查验。

司法鉴定机构、司法鉴定人应当妥善保管证书,不得变造、涂改、抵押、出租、转借或者故意损毁。

第十四条 司法鉴定机构、司法鉴定人的登记事项依法变更的,登记机关应当在《司法鉴定许可证》副本、《司法鉴定人执业证》的变更记录页中予以注明,并加盖登记机关红印。

司法鉴定机构变更名称或者鉴定执业类别,登记机关应当为其换发证书,并收回原证书。换发的新证书的证号、有效期限及载明的其他登记事项应当与原证书一致。司法鉴定人变更执业机构的,登记机关经审核登记后应当为其颁发新的证书,并收回、注销原证书。

第十五条 司法鉴定机构、司法鉴定人在证书使用有效期届满前按规定申请延续,经审核符合延续条件的,登记机关应当在证书有效期届满前为其换发证书,并收回原证书;因故延缓申请延续的,司法鉴定机构、司法鉴定人应当书面说明理由,待延缓情形消除后,登记机关可以为其换发证书。

换发的新证书的证号、颁证日期及载明的登记事项应当与原证书一致,在"有效期限"栏中应当注明新证书五年有效期限的起止时间。

第十六条 《司法鉴定许可证》、《司法鉴定人执业证》遗失或者损坏的,司法鉴定机构、司法鉴定人应当及时向登记机关书面说明情况并申请补发。证书遗失的,应当在省级以上报刊或者登记机关指定的网站上刊登遗失声明;证书损坏的,应当在申请补发时将损坏的证书上交登记机关。

登记机关收到补发申请后,应当核实情况,及时予以补发。补发的证书载明的内容应当与原证书一致。

第十七条 司法鉴定机构、司法鉴定人受到停止执业处罚的,由作出处罚决定的司法行政机关扣缴其《司法鉴定许可证》、《司法鉴定人执业证》。处罚期满后予以发还。

第十八条 司法鉴定机构、司法鉴定人被依法撤销登记的,由作出撤销登记决定的司法行政机关收缴其《司法鉴定许可证》、《司法鉴定人执业证》;不能收回的,由司法行政机关公告吊销。

第十九条 司法鉴定机构有《司法鉴定机构登记管理办法》第二十七条规定情形,司法鉴定人有《司法鉴定人登记管理办法》第二十条规定情形,被登记机关注销登记的,登记机关应当及时收回、注销其《司法鉴定许可证》、《司法鉴定人执业证》;不能收回的,由登记机关公告注销。

第二十条 登记机关对收回并作废的《司法鉴定许可证》和《司法鉴定人执

业证》,应当统一销毁。

第二十一条 司法鉴定机构、司法鉴定人在使用《司法鉴定许可证》、《司法鉴定人执业证》的过程中有违法违规行为的,由司法行政机关给予批评教育,并责令改正;情节严重的,依法给予相应处罚。

第二十二条 司法行政机关工作人员在发放、管理《司法鉴定许可证》和《司法鉴定人执业证》工作中,违法违规、滥用职权、玩忽职守的,应当依法给予行政处分;构成犯罪的,依法追究刑事责任。

第二十三条 本办法自发布之日起施行。

司法部办公厅关于印发《司法鉴定高级专业技术职务任职资格评审细则》的通知

(2010年6月4日 司办通〔2010〕51号)

各省、自治区、直辖市司法厅(局),新疆生产建设兵团司法局、司法部司法鉴定科学技术研究所:

为进一步加强司法鉴定高级专业技术职务任职资格评审工作,规范、完善司法鉴定人专业技术能力和水平的评价体系,更好地为司法鉴定工作服务,现将司法部职称改革领导小组办公室修订后的《司法鉴定高级专业技术职务任职资格评审细则》印发给你们,请认真贯彻执行。修订前的《司法鉴定高级专业技术职务任职资格评审细则》(司办通〔2009〕73号)同时废止。

特此通知。

司法鉴定高级专业技术职务任职资格评审细则

第一章 总 则

第一条 为了客观、公正、科学地评价司法鉴定人的专业技术能力和水平,建设、培育高素质的司法鉴定专业技术人才队伍,根据《全国人民代表大会常务委员会关于司法鉴定管理问题的决定》和《关于法医技术人员套用〈卫生技术人员职务试行条例〉的实施细则》等有关规定,结合司法鉴定工作实际,制定本细则。

第二条 司法部司法鉴定高级专业技术职务任职资格评审委员会负责司法鉴定高级专业技术职务任职资格的评审工作。

第三条 司法鉴定高级专业技术职务任职资格评审遵循公开、公平、公正的原则。

第四条 司法鉴定高级专业技术职务分为司法鉴定研究和司法鉴定应用两种类型。

司法鉴定研究类高级专业技术职务名称为:副研究员、研究员。

司法鉴定应用类高级专业技术职务名称为:副主任法医师、主任法医师;高级工程师、高级工程师(正高级)。

第五条 司法鉴定高级专业技术职务任职资格的评审对象：

（一）在司法鉴定科研机构或者教学机构中从事司法鉴定技术研究和教学工作的具有中级以上专业技术职务的人员。

（二）在司法鉴定机构中从事司法鉴定工作的具有中级以上司法鉴定专业技术职务的人员；或者在司法鉴定机构中从事司法鉴定工作的具有相关专业高级专业技术职务的人员。

第二章 申报条件

第六条 申报司法鉴定研究类和司法鉴定应用类高级专业技术职务任职资格的，应当具备下列条件：

（一）拥护中华人民共和国宪法，遵守法律、法规和社会公德；

（二）熟练掌握一门外语，并取得相应专业技术人员职称外语等级考试合格证书；

（三）取得相应专业技术人员计算机应用能力考试合格证书。

第七条 申报司法鉴定研究类副研究员任职资格的，应当具备下列条件：

（一）具有大学本科或硕士研究生学历，任助理研究员5年以上；或者具有博士学位，任助理研究员或从事司法鉴定技术研究工作2年以上；

（二）系统掌握本专业基础理论和专业知识，了解本专业国内外现状和发展趋势，具有独立承担科研工作的能力，能解决本专业领域的重要技术问题；

（三）任助理研究员期间作为第一责任人主持并完成1项以上省部级以上科研课题；或者作为主要研究人员（限课题承担者前二位）至少参与完成2项省部级以上科研课题；

（四）任助理研究员期间以第一作者身份在省部级以上专业刊物上发表3篇以上不少于4000字的本专业学术论文。

第八条 申报司法鉴定研究类研究员任职资格的，应当具备下列条件：

（一）具有研究生以上学历或者硕士学位，任副研究员5年以上；

（二）精通本专业基础理论知识和相关学科的专业知识，掌握本专业国内外发展趋势，能够根据国家需要和专业发展确定本专业工作和科学研究方向；具有独立承担重要科研项目或有主持和组织科研工作的能力，能解决本专业领域的关键性技术问题；

（三）任副研究员期间作为第一责任人主持并完成2项以上省部级科研课题或1项国家级科研课题；

（四）任副研究员期间以第一作者身份在省部级以上专业刊物上发表4篇以上不少于4000字的本专业学术论文，其中至少有1篇发表在科学引文索引

(SCI)收录的刊物上；

（五）任副研究员期间主编出版 1 部以上不少于 15 万字的本专业学术专著。

第九条 申报司法鉴定应用类副主任法医师任职资格的，应当具备下列条件：

（一）具有相关专业大学专科学历（含 1970 年至 1976 年高等院校普通班毕业），从事司法鉴定工作满 10 年，任主检法医师 7 年以上；或者具有大学本科或硕士研究生学历，任主检法医师 5 年以上；或者具有博士学位，任主检法医师或从事司法鉴定工作 2 年以上；

（二）系统掌握本专业基础理论和专业知识，了解本专业国内外现状和发展趋势，能够吸取最新科研成就应用于实际工作；具有较丰富的检案经验，能够完成疑难案件的鉴定；

（三）任主检法医师期间以第一作者身份在省部级以上专业刊物上发表 2 篇以上不少于 4 000 字的本专业学术论文。

第十条 申报司法鉴定应用类主任法医师任职资格的，应当具备下列条件：

（一）具有相关专业大学本科以上学历，任副主任法医师 5 年以上；

（二）精通本专业基础理论知识和相关学科专业知识，掌握本专业国内外发展趋势，能够吸取最新科研成就应用于实际工作；具有丰富的检案经验，能够独立完成复杂疑难重大案件的鉴定；

（三）任副主任法医师期间以第一作者身份在省部级以上专业刊物上发表 3 篇以上不少于 4 000 字的本专业学术论文；

（四）任副主任法医师期间主编 1 部以上不少于 15 万字的本专业学术专著，或者作为第一责任人主持并完成 1 项以上省部级以上科研课题。

第十一条 申报司法鉴定应用类高级工程师任职资格的，应当具备下列条件：

（一）具有相关专业大学专科学历（含 1970 年至 1976 年高等院校普通班毕业），任工程师 7 年以上；或者具有大学本科或硕士研究生学历，任工程师 5 年以上；或者具有博士学位，任工程师或从事司法鉴定工作 2 年以上；

（二）系统掌握本专业基础理论和专业知识，了解本专业国内外现状和发展趋势，能够吸取最新科研成就应用于实际工作；具有较丰富的检案经验，能够完成疑难案件的鉴定；

（三）任工程师期间以第一作者身份在省部级以上专业刊物上发表 2 篇以上不少于 4 000 字的本专业学术论文。

第十二条 申报司法鉴定应用类高级工程师（正高级）任职资格的，应当具备下列条件：

（一）具有相关专业大学本科以上学历，任高级工程师5年以上；

（二）精通本专业基础理论知识和相关学科专业知识，掌握本专业国内外发展趋势，能够吸取最新科研成就应用于实际工作；具有丰富的检案经验，能够独立完成复杂疑难重大案件的鉴定；

（三）任高级工程师期间以第一作者身份在省部级以上专业刊物上发表3篇以上不少于4000字的本专业学术论文；

（四）任高级工程师期间主编1部以上不少于15万字的本专业学术专著，或者作为第一责任人主持并完成1项以上省部级以上科研课题。

第十三条 破格申报司法鉴定高级专业技术职务任职资格的，应当具备下列条件：

（一）获自然科学奖、国家发明奖、国家科技进步奖科研课题的主要完成人（限获奖项目的前三位完成人）或者获省部级科技进步一等奖科研课题的第一完成人；

（二）作为第一责任人主持并完成1项以上国家级科研项目，并在SCI或者EI收录刊物上发表2篇以上本专业学术论文；

（三）其他具有特殊专业技能、取得重大专业成就的鉴定人员。

申报人员任现职期间符合上述条件之一的，可以适当放宽本细则第七至十二条规定的学历、资历条件的限制。

第十四条 申报转评司法鉴定应用类副高级专业技术职务任职资格的，应当具备下列条件：

（一）具有相关专业大学专科以上学历；

（二）取得3年以上相关专业副高级以上职务任职资格（转评副主任法医师任职资格的，应当取得3年以上卫生系列副主任医师以上职务任职资格，或者取得3年以上自然科学研究系列相关专业副高级以上职务任职资格，或者取得3年以上高等学校教师系列相关专业副高级以上职务任职资格）；

（三）取得《司法鉴定人执业证》，从事司法鉴定工作5年以上；

（四）具有承担本专业主要鉴定项目的鉴定能力，能够完成疑难案件的鉴定；

（五）作为第一鉴定人，完成200例以上案件的鉴定业务。

第十五条 申报转评司法鉴定应用类正高级专业技术职务任职资格的，应当具备下列条件：

（一）具有相关专业大学本科以上学历；

（二）取得3年以上自然科学研究系列相关专业正高级职务任职资格，或者取得3年以上高等学校教师系列相关专业正高级职务任职资格；

（三）取得《司法鉴定人执业证》，从事司法鉴定工作5年以上；

（四）具有承担本专业各鉴定项目的鉴定能力，能够独立完成复杂疑难重大案件的鉴定；

（五）作为第一鉴定人，完成200例以上案件的鉴定业务。

第十六条 从事法医临床或者法医病理专业工作的人员，申报司法鉴定高级专业技术职务任职资格的，应当具有医学专业学历。

第十七条 有下列情形之一的，不得申报司法鉴定高级专业技术职务任职资格：

（一）因故意犯罪或者职务过失犯罪受过刑事处罚的；

（二）受到行政处分或者行业处罚，处分或者处罚期未满的；

（三）被认定为重大技术事故的责任者且时间未满3年的；

（四）被认定为重大技术差错的责任者且时间未满1年的。

第十八条 申报人员已连续2年未通过司法鉴定高级专业技术职务任职资格评审的，应当暂停申报1年。

第三章　申报程序

第十九条 申报司法鉴定高级专业技术职务任职资格，应当由本人提出申请并提交相应材料，经所在单位审查同意，由省级人事（职改）部门或者其主管厅（局）审核后，向司法鉴定高级专业技术职务评审委员会（以下简称高评委）出具委托评审函。

第二十条 申报评审司法鉴定高级专业技术职务任职资格，应当提交下列材料：

（一）《专业技术职务任职资格评审表》一式3份；

（二）《推荐评审司法鉴定高级专业技术职务任职资格人员情况简表》一式2份；

（三）《司法鉴定高级专业技术职务任职资格申报人员信息简表》；

（四）《司法鉴定高级专业技术职务任职资格申报人员情况一览表》；

（五）申请人从事司法鉴定工作的时间（年限）、检案数量证明；

（六）反映申请人现职以来的专业技术水平、能力和业绩的业务自传一式2份；

（七）申请人任现职期间以第一鉴定人身份承担并出具的司法鉴定文书10份（复印件）；

（八）符合第七条至第十三条规定的评审相关高级专业技术职务任职资格条件的学术论文、著作等（复印件）；

（九）专业技术成果及奖励证书、承担科研项目的证明材料（复印件）；

（十）身份证、学历证书、专业技术职务任职资格证书、职业（执业）资格证书、

接受继续教育证书等证明材料(复印件);

(十一)有效期内的职称外语等级考试、计算机应用能力考试合格证书(复印件)。

上述申报材料中,第(六)项需要加盖申报人所在单位公章,第(七)—(十一)项需要加盖呈报单位公章。

申报人及所在单位、上级主管部门应当确保申报材料的真实、合法、有效。

第二十一条 破格申报司法鉴定高级专业技术职务任职资格的,须由所在单位和上级主管部门出具破格推荐评审申请材料一式3份,并由呈报单位审核、签署意见并加盖公章。

第二十二条 申报转评司法鉴定应用类高级专业技术职务任职资格的,除提交第二十条规定的相应材料外,还须提交反映鉴定业务范围和鉴定能力的以第一鉴定人身份承担并出具的司法鉴定文书20份(加盖呈报单位公章的复印件)。

第二十三条 司法鉴定高级专业技术职务任职资格评审工作于每年的下半年进行,具体申报材料时间另行通知。

第四章 评 审

第二十四条 高评委由具有较高学术水平和专业技能,公道正派,具有本专业高级专业技术职务的专家组成,每届评委不少于25人。高评委下设学科组和办事机构。

第二十五条 司法鉴定高级专业技术职务任职资格评审工作应当遵循以下程序:

(一)审核材料。高评委办事机构对接到的申报评审材料进行审核,对符合评审要求的申报材料进行分类整理,做好评审准备工作。

(二)学术评估。高评委各专业学科组组织同行专家对送审的论著和司法鉴定文书等评审材料进行量化分析和评价;组织对申报评审正高级专业技术职务任职资格和破格申报评审人员的答辩工作;对申报评审人员的专业技术水平和鉴定能力作出评估,向高评委提出初步评审意见;高评委办事机构将初步评审意见和相关材料分送各高评委成员查阅。

(三)评审。高评委召开评审会,参加年度评审的高评委委员不得少于总人数的三分之二。各学科组向评委报告对申报评审人员的初步评审意见和推荐意见,评委对申报人逐一进行评议后,采用无记名投票方式进行表决;经出席评审会三分之二以上评委同意的,为通过评审。

(四)审批。评审结果经司法部职称改革领导小组办公室审核批准。

（五）送达。高评委办事机构负责向各委托评审单位发送司法鉴定高级专业技术职务任职资格证书，并完成年度评审的相关工作。

第二十六条　司法鉴定高级专业技术职务任职资格取得时间自高评委评审会通过评审之日起计算。

第二十七条　评审过程中发现伪造、提供虚假证书、证明或者剽窃他人学术成果，情节严重的，取消其当年参评资格，或者取消其已经获得的专业技术职务任职资格。

第二十八条　在通过评审之后两年内，对评审结果不准确，群众反映意见较大的，由呈报单位提出，司法部职称改革领导小组办公室责成高评委学科组或者办事机构查证后，提交下次高评委评审会复审。

第五章　附　　则

第二十九条　本实施细则由司法部负责解释。

第三十条　本实施细则自发布之日起施行。

司法部关于印发《司法鉴定机构仪器设备配置标准》的通知

(2011年12月27日 司发通〔2011〕323号)

各省、自治区、直辖市司法厅(局),新疆生产建设兵团司法局:

为了适应诉讼活动和科技发展的需要,进一步提高司法鉴定机构的资质条件,结合司法鉴定行业的实际,我部对2006年颁布的《司法鉴定机构仪器设备基本配置标准(暂行)》(司发通〔2006〕57号)进行了修订。现将修订后的《司法鉴定机构仪器设备配置标准》(以下简称《配置标准》)印发给你们,自2012年3月1日起施行。

各地要严格按照《配置标准》开展司法鉴定机构登记管理工作。自本通知实施之日起,新申请设立司法鉴定机构的,应当达到《配置标准》要求。本通知实施前经司法行政机关审核登记的司法鉴定机构,应当在申请延续前,达到《配置标准》要求。

请各地将执行中遇到的问题及时报司法部司法鉴定管理局。

司法鉴定机构仪器设备配置标准

一、法医类

(一)法医病理鉴定

表 1.1

序号	事项	场所	仪器配置	单位	配置类型	备注
01 02 03 04 05	死亡原因鉴定 死亡方式鉴定 死亡时间鉴定 损伤时间鉴定 致伤物推断鉴定	尸体解剖室	尸体解剖台	台	必备	应有可使用的尸体解剖室
			解剖、测量器械	台	必备	
			照明及消毒系统	套	必备	
			进排水系统	套	必备	
			照相设备	台	必备	
			抽送风系统	套	选配	
			录像设备	台	必备	
		组织器官取材、储存室	取材台(含取材器械)	台	必备	须配置组织器官储存室
			进排水系统、照明及消毒系统	套	必配	
			组织器官固定存放桶	套	必备	
			器官标本存放装置	个	必备	
			抽送风系统	套	选配	
			录像设备	台	选配	
		病理切片制片室	切片设备	台	必备	应有可使用的病理切片制片室
			脱水设备	台	必备	
			包埋设备	台	必备	
			染色设备	台	必备	
		病理切片诊断室	生物显微镜(放大倍数:40×~400×)	台	必备	须配置病理切片诊断室
			多人共览显微镜	台	选配	
			图像采集/拍摄系统	台	选配	
			图像处理系统	台	选配	
			病理切片全息图像扫描仪	台	选配	
		切片、蜡块存放室(柜)	切片存放柜	个	必备	须配置切片、蜡块存放室(柜)
			蜡块存放柜	个	必备	
		运尸工具	运尸车(包括担架、尸体存放舱等)	台	选配	

(续表)

序号	事项	场所	仪器配置	单位	配置类型	备注
01 02 03 04 05	法医病理鉴定技术支持	毒物分析实验室	具备挥发性毒物（含乙醇）、气体类毒物（含CO）、毒品（阿片类、苯丙胺类、大麻类）、有毒药物、有毒植物、动物、杀虫剂、杀鼠药、除草剂、金属毒物和无机毒物检测仪器设备	间	必备	死因鉴定项目应有可使用的满足本配置标准要求的毒物分析实验室
		影像学检查室	X线机、螺旋CT	间	选配	
		DNA同一认定实验室	具备血痕、毛发、肌肉、精斑、甲醛固定后组织、组织蜡块、组织切片的DNA同一性比对设备	间	选配	

（二）法医临床鉴定

表 1.2

序号	事项	仪器配置	单位	配置要求	备注
01 02	损伤程度鉴定 伤残程度评定	临床检查基本工具（血压计、听诊器、叩诊锤、关节量角器、直尺或卷尺、国际标准视力表）	套	必备	适用于所有法医临床鉴定
		检查床	张	必备	
		身高体重仪	台	必备	
		阅片灯	个	必备	
		耳镜	个	必备	
		照相机（或摄像机）	台	必备	
		多功能电生理仪	台	选配	
03	视觉功能鉴定	视力表投影仪	台	必备	适用于视觉功能障碍鉴定
		裂隙灯	台	必备	
		眼底镜	个	必备	
		眼电生理仪	台	必备	
		验光仪（电脑自动验光仪或检影镜）	台	必备	
		检眼镜片箱	套	必备	
		眼底成像仪	台	选配	
		眼压测量仪	台	选配	
		视野计	台	选配	
		眼超声仪	台	选配	
		光学相干断层扫描仪（OCT）	台	选配	

(续表)

序号	事项	仪器配置	单位	配置要求	备注
04	听觉功能鉴定	纯音听力测试仪	台	必备	适用于听觉功能障碍鉴定
		中耳功能分析仪	台	必备	
		听觉脑干诱发电位仪	台	必备	
		鼓膜成像仪	台	选配	
		多频稳态诱发电位仪	台	选配	
		耳声发射仪	台	选配	
05	性功能鉴定	多功能神经诱发电位仪	台	必备	适用于男子性功能障碍鉴定
		视听性性刺激测试系统（AVSS）	台	必备	
		阴茎硬度测试仪（RigiScan）	台	必备	
		彩色超声仪	台	选配	
06	活体年龄鉴定	X线机	台	选配	适用于活体骨龄鉴定

（三）法医精神病鉴定

表 1.3

序号	事项	仪器配置	单位	配置要求	备注
01	精神状态鉴定	智力测验工具	套	必备	适用于司法精神病鉴定所有项目
02	法律能力评定（刑事责任能力、受审能力、服刑能力、性自我防卫能力、诉讼能力、民事行为能力、民事诉讼能力、作证能力等评定）	记忆测验工具	套	必备	
		人格测验工具	套	必备	
		精神症状评定量表（焦虑、抑郁、强迫、躁狂及简明精神病评定量表等）	套	必备	
		社会功能评定量表（日常生活能力量表（ADL）、社会功能缺陷筛选量表（SDSS）等）	套	必备	
03	精神损伤程度评定 精神伤残程度评定	脑电图或脑电地形图仪	台	必备（二选一）	
04	劳动能力评定 因果关系评定	摄像、录音设备	套	必备	
		监控系统	套	选配	
	精神疾病鉴定技术支持	具备乙醇、阿片类、苯丙胺类、大麻类等滥用药物检测的仪器设备		选配	应有可使用的满足本配置标准要求的实验室
		具备影像学检查的仪器设备		选配	

(四)法医物证鉴定

表 1.4

序号	事项	仪器配置	单位	配置要求	备注
00		功能实验室：			法医物证鉴定的各功能实验室必须分区设置，且满足单向流程要求 *从事个体识别的实验室必须配备预检室
		采样室	间	必备	
		样品储存室(柜)	间(柜)	必备	
		预检室	间	必备*	
		DNA 提取室(常规)	间	必备	
		DNA 提取室(微量)	间	选配*	
		PCR 扩增室	间	必备	
		PCR 产物分析室	间	必备	
		基本设备：			
		移液器	套	必备*	
		离心机(1 000~10 000rpm)	台	必备	
		离心机(10 000rpm 以上)	台	必备	
		纯水仪	台	必备	
		振荡器	台	必备	
		恒温器	台	必备	
		灭菌设备	台	必备	
		冰箱	台	必备	*不同区域必须分别配备移液器 **从事个体识别的实验室所必备
		紫外灯	台	必备	
		超净工作台	台	必备	
		分析天平(1mg)	台	必备	
		PCR 扩增仪	台	必备	
		遗传分析仪	台	必备	
		生物安全柜	台	选配**	
		骨、牙 DNA 提取工具	套	选配	
		冷冻研磨机	台	选配	
		生物显微镜	台	选配	
		烘箱	台	选配	
		实时定量 PCR 仪	台	选配	
		核酸蛋白测定仪	台	选配	

（续表）

序号	事项	仪器配置	单位	配置要求	备注
01	个体识别	人血（痕）预试验、确证试验、种属试验试剂	套	必备	
		人精斑（混合斑）预试验、确证试验、种属试验试剂	套	必备	
		常染色体 STR 检测试剂盒	套	必备	累积个体识别能力应大于 0.999999999 必须配置 2 家公司的常染色体 STR 检测试剂盒（出现可疑结果，排除试剂原因）
		Y 染色体 STR 检测试剂盒	套	选配	精斑（混合斑）检材为必备
		线粒体测序试剂盒	套	选配	骨检材为必备
		X 染色体 STR 检测试剂盒	套	选配	
		DNA 定量试剂盒	套	选配	
02	亲权鉴定（三联体）	常染色体 STR 检测试剂盒	套	必备	累积非父排除率应大于 0.9999 必须配置 2 家公司的常染色体 STR 检测试剂盒（出现可疑结果，排除试剂原因）
		Y 染色体 STR 检测试剂盒	套	选配	
		X 染色体 STR 检测试剂盒	套	选配	
		DNA 定量试剂盒	套	选配	
03	亲权鉴定（二联体）	常染色体 STR 检测试剂盒	套	必备	累积非父排除率应大于 0.9999 必须配置 2 家公司的常染色体 STR 检测试剂盒（出现可疑结果，排除试剂原因）
		Y 染色体 STR 检测试剂盒	套	必备	
		X 染色体 STR 检测试剂盒	套	必备	
		DNA 定量试剂盒	套	选配	

(五)法医毒物鉴定

表 1.5

序号	事项	仪器配置	单位	配置要求	备注
00		基本设备：			适用所有法医毒物鉴定项目
		分析天平(0.1mg)	台	必备	
		旋涡混合器	台	必备	
		离心机(4 000r)	台	必备	
		微量移液器	套	必备	
		玻璃器皿	套	必备	
		恒温水浴锅	台	必备	
		烘箱	台	必备	
		通风柜	个	必备	
		冰箱	台	必备	
		低温冰箱	台	选配	
		制纯水设备	台	选配	
		分析天平(0.01 mg)	台	选配	
01	气体毒物类检测	紫外/可见分光光度仪	台	必备(CO)	包括CO、液化石油气、硫化氢等参数
		气相色谱/质谱联用仪	台	必备	
		气相色谱仪或顶空气相色谱仪	台	选配	
		气体采样装置	个	选配	
02	乙醇检测	乙醇标准物质		必备	适用于单一乙醇分析
		气相色谱仪或顶空气相色谱仪	台	必备	
	挥发性毒物类检测	挥发性毒物标准物质或对照品		必备	包括其他醇类、氰化物、苯类衍生物等参数
		气相色谱仪或顶空气相色谱仪	台	必备	
		气相色谱/质谱联用仪	台	必备(非醇类检测)	

(续表)

序号	事项	仪器配置	单位	配置要求	备注
03	医用合成药类检测	有毒药物标准物质或对照品		必备	包括苯二氮卓类、吩噻嗪类、巴比妥类等安眠镇静药物和三环类抗抑郁药等参数
		气相色谱/质谱联用仪（可替代气相色谱仪）	台	必备（二选一）	
		液相色谱/质谱联用仪（可替代液相色谱仪）	台		
		气相色谱仪（NPD检测器、ECD检测器）	台	必备	
		高效液相色谱仪	台	选配	
04	毒品类检测	毒品标准物质或对照品	台	必备	包括阿片类、苯丙胺类、大麻类、可卡因等参数
		气相色谱/质谱联用仪（可替代气相色谱仪）	台	必备（二选一）	
		液相色谱/质谱联用仪（可替代液相色谱仪）	台		
		气相色谱仪（NPD检测器）	台	必备	
		高效液相色谱仪	台	选配	
05	杀虫剂检测	杀虫剂标准物质或对照品		必备	包括有机磷类、氨基甲酸酯类、拟除虫菊酯类等参数
		气相色谱/质谱联用仪（可替代气相色谱仪）	台	必备（二选一）	
		液相色谱/质谱联用仪（可替代液相色谱仪）	台		
		气相色谱仪（NPD检测器、ECD检测器、FPD检测器）	台	必备	
		高效液相色谱仪	台	选配	
06	杀鼠药检测	杀鼠药标准物质或对照品		必备	包括氟乙酰胺、毒鼠强、磷化锌、抗凝血类等参数
		气相色谱/质谱联用仪（可替代气相色谱仪）	台	必备（二选一）	
		液相色谱/质谱联用仪（可替代液相色谱仪）	台		
		气相色谱仪（NPD检测器）	台	必备	
		高效液相色谱仪	台	选配	

(续表)

序号	事项	仪器配置	单位	配置要求	备注
07	除草剂检测	除草剂标准物质或对照品		必备	包括百菌清、百草枯等参数
		气相色谱/质谱联用仪	台	必备	
		液相色谱/质谱联用仪	台	必备	
08	有毒植物类检测	有毒植物标准物质或对照品		必备	包括乌头、马钱子、莨菪生物碱、钩吻、夹竹桃等参数
		液相色谱/质谱联用仪（可替代液相色谱仪）	台	必备	
		气相色谱/质谱联用仪	台	选配	
		高效液相色谱仪	台	选配	
09	有毒动物类检测	有毒植动物标准物质或对照品		必备	包括河豚、斑蝥、蛇毒、蟾蜍、蜂毒等参数
		液相色谱/质谱联用仪（可替代液相色谱仪）	台	必备	
		气相色谱/质谱联用仪	台	选配	
		高效液相色谱仪	台	选配	
10	金属毒物检测	金属毒物标准物质		必备	包括砷、汞、钡、铊、铅、铬、镁等参数
		样品消解设备	台	必备	
		电感耦合等离子体光谱仪	台	必备（三选一）	
		电感耦合等离子体质谱仪	台		
		原子吸收分光光度计	台		
11	水溶性无机毒物检测	无机毒物标准物质或对照品		必备	包括亚硝酸盐、强酸、强碱等参数
		紫外/可见分光光度计	台	必备	
		离子色谱仪	台	选配	
		电感耦合等离子体光谱仪	台	选配	
		电感耦合等离子体质谱仪	台		
		原子吸收分光光度计	台		

二、物证类

(一)微量物证鉴定

表 2.1

序号	事项	仪器配置	单位	配置要求	备注
00		基本设备:			适用于所有微量物证鉴定项目
		分析天平(0.1mg)	台	必备	
		旋涡混合器	台	必备	
		离心机(4 000r)	台	必备	
		微量移液器	套	必备	
		玻璃器皿	套	必备	
		恒温水浴锅	台	必备	
		烘箱	台	必备	
		通风柜	个	必备	
		制纯水设备	台	选配	
		分析天平(0.01 mg)	台	选配	
		超声波清洗器	台	选配	
		现场勘验和物证提取、包装、分离器材	套	必备	
		体视显微镜	台	必备	
		放大镜	台	必备	
		测量工具	套	必备	
		照相器材	套	必备	
01	油漆分析	傅立叶变换红外光谱仪	台	必备	
		扫描电镜—能谱仪	台	必备(三选一)	
		电感耦合等离子体质谱仪	台		
		X射线荧光光谱仪	台		
		激光拉曼光谱仪	台	选配	
		裂解气相色谱仪	台	选配	
		显微分光光度计	台	选配	
02	纤维分析	显微镜	台	必备	可选配其他荧光检验仪器
		傅立叶变换红外光谱仪	台	必备	
		差示扫描量热分析仪	台	选配	
		激光拉曼光谱仪	台	选配	
		显微分光光度计	台	选配	

（续表）

序号	事项	仪器配置	单位	配置要求	备注
03	玻璃分析	扫描电镜—能谱仪	台	必备 （四选一）	
		X射线荧光光谱仪	台		
		电感耦合等离子体质谱仪	台		
		电感耦合等离子体光谱仪	台		
		激光拉曼光谱仪	台	选配	
		折射率测试仪	台	选配	
		偏振光显微镜	台	选配	
		干涉显微镜	台	选配	
		差示扫描量热分析仪	台	选配	
		样品制备设备	台	选配	
04	纸张分析	扫描电镜—能谱仪	台	必备 （四选一）	
		X射线荧光光谱仪	台		
		电感耦合等离子体质谱仪	台		
		电感耦合等离子体光谱仪	台		
		生物显微镜	台	必备 （二选一）	
		纤维分析仪	台		
		多波段视频光谱检验设备	台	必备	
		激光拉曼光谱仪	台	选配 （二选一）	
		傅立叶变换红外光谱仪	台		
		显微分光光度计	台	选配	
		纸张厚度仪	台	选配	
		纸张粗糙度测试仪	台		
		纸张透气度仪	台		
		纸张白度色度仪	台		
		纸张光泽度仪	台		
		样品制备设备	台	选配	
05	墨水分析	多波段视频光谱检验设备	台	必备	
		激光拉曼光谱仪	台	必备 （三选一）	
		显微分光光度计	台		
		傅立叶变换红外光谱仪	台		
		薄层色谱扫描仪	台	选配	
		气相色谱/质谱仪	台	选配	
		液相色谱/质谱仪	台	选配	

（续表）

序号	事项	仪器配置	单位	配置要求	备注
06	油墨分析	多波段视频光谱检验设备	台	必备	
		扫描电镜—能谱仪	台	必备 （四选一）	
		X射线荧光光谱仪	台		
		电感耦合等离子体质谱仪	台		
		电感耦合等离子体光谱仪	台		
		激光拉曼光谱仪	台	必备 （三选一）	
		显微分光光度计	台		
		傅立叶变换红外光谱仪	台		
		薄层色谱扫描仪	台	选配	
		气相色谱/质谱仪	台	选配	
		液相色谱/质谱仪	台	选配	
07	粘合剂分析	多波段视频光谱检验设备	台	必备	
		傅立叶变换红外光谱仪	台	必备	
		气相色谱/质谱仪	台	必备 （二选一）	
		裂解气相色谱仪	台		
		激光拉曼光谱仪	台	选配	
08	橡胶分析	扫描电镜—能谱仪	台	必备 （四选一）	
		X射线荧光光谱仪	台		
		电感耦合等离子体质谱仪	台		
		电感耦合等离子体光谱仪	台		
		裂解气相色谱/质谱仪	台	必备	
		傅立叶变换红外光谱仪	台	选配	
		样品制备设备	台	选配	
09	塑料分析	扫描电镜—能谱仪	台	必备 （四选一）	
		X射线荧光光谱仪	台		
		电感耦合等离子体质谱仪	台		
		电感耦合等离子体光谱仪	台		
		傅立叶变换红外光谱仪	台	必备	
		激光拉曼光谱仪	台	选配	
		差示扫描量热分析仪	台	选配	
		裂解—气相/质谱仪	台	选配	
		样品制备设备	台	选配	
10	金属分析	扫描电镜—能谱仪	台	必备 （四选一）	
		X射线荧光光谱仪	台		
		电感耦合等离子体质谱仪	台		
		电感耦合等离子体光谱仪	台		
		样品制备设备	台	选配	

(续表)

序号	事项	仪器配置	单位	配置要求	备注
11	火药、炸药及其爆炸残留物分析	扫描电镜—能谱仪	台	必备	
		气相色谱/质谱联用仪	台	必备	
		薄层色谱仪	台	选配	
		傅立叶变换红外光谱仪	台	选配	
		激光拉曼光谱仪	台	选配	
		液相色谱/质谱仪	台	选配	
		毛细管电泳仪	台	选配	
		X射线衍射光谱仪	台	选配	
		离子色谱仪	台	选配	
12	枪弹射击残留物分析	扫描电镜—能谱仪	台	必备	
13	油脂分析	气相色谱/质谱联用仪	台	必备	
		傅立叶变换红外光谱仪	台	选配	

(二)文书物证鉴定

表 2.2

序号	事项	仪器配置	单位	配置类型	备注
00		基本设备：			适用于文件鉴定所有项目
		放大镜(5倍以上)	1台/人	必备	
		测量工具或软件(距离、角度、厚度等测量,精度应达到毫米级)	套	必备	
		体视显微镜(45倍以上)	台	必备	
		高倍材料显微镜(200倍以上)	台	必备	
		图像比对系统(包括图像的输入、处理、比对、编排、打印输出等功能)	套	必备	
		文检仪(包括紫外、红外、可见及荧光检验功能)	台	必备	
		静电压痕仪	台	必备	
01 02 03	笔迹鉴定 印章印文鉴定 印刷文件鉴定	图文测量、分析系统	套	选配	涉及文件材料检测应满足表2.2"07文件制作时间鉴定"要求
		比较显微镜	台	选配	

四、司法部规范性文件 | (一)机构和人员管理

(续表)

序号	事项	仪器配置	单位	配置类型	备注
04	特种文件鉴定*	证照分析系统(证照防伪特征比对分析)	套	必备	至少应具备1种选配仪器 *特种文件是指"货币、证券、票据、证照"等文件
		显微分光光度仪	台	选配	
		激光拉曼光谱仪	台		
		显微红外光谱仪	台		
		X射线荧光光谱仪	台	选配	
		扫描电镜能谱仪	台		
05	朱墨时序鉴定	荧光显微镜	台	必备 (二选一)	
		激光共聚焦显微镜	台		
		扫描电镜	台		
		显微分光光度仪	台	必备 (四选一)	
		激光拉曼光谱仪	台		
		显微红外光谱仪	台		
		光谱成像分析系统	台		
06	污损文件鉴定	化学分析实验室	区域	必备	
		显微分光光度仪	台	必备 (四选一)	
		激光拉曼光谱仪	台		
		显微红外光谱仪	台		
		光谱成像分析系统	台		
		纸张检测系统(包括纸张的厚度、密度、光泽度、纤维等检测分析)	台	选配	
07	文件制作时间鉴定	化学分析实验室	区域	必备	需对文件材料(纸张、墨水、油墨、墨粉等)理化特性进行检测分析的,应满足微量物证鉴定中相应文件材料鉴定项目的仪器配置要求
		显微分光光度仪	台	必备 (四选一)	
		激光拉曼光谱仪	台		
		显微红外光谱仪	台		
		光谱成像分析系统	台		
		纸张检测系统(包括纸张的厚度、密度、光泽度、纤维等检测分析)	台	必备	
		薄层扫描仪	台	必备 (二选一)	
		热分析仪	台		
		X射线荧光光谱仪	台	必备 (二选一)	
		扫描电镜能谱仪	台		
		气相色谱仪	台	必备 (二选一)	
		高效液相色谱仪	台		
		气相色谱/质谱联用仪(可替代气相色谱仪)	台	必备 (二选一)	
		液相色谱/质谱联用仪(可替代液相色谱仪)	台		

(三)痕迹物证鉴定

表 2.3

序号	事项	仪器配置	单位	配置类型	备注
00		基本设备：			适用于所有鉴定项目
		放大镜(5倍以上)	1台/人	必备	
		测量工具或软件(距离、角度、厚度等测量,精度应达到毫米级)	套	必备	
		体视显微镜(50倍以上)	台	必备	
		比较显微镜	台	必备	
		照相系统(满足显微照相、现场拍摄、实验室翻拍的需求)	套	必备	
		图像比对系统(包括图像的输入、处理、比对、编排、打印输出等功能)	套	必备	
01 02	指印鉴定 足迹鉴定	指印/足迹提取设备	套	必备	
		指印显现试剂/设备	套/台	潜在指印显现必备	
		多波段/特殊光源(如紫外、多波段强光源、激光等)	台		
		静电压痕显现仪	台	选配	
		计算机指印分析/识别系统	台	选配	
03 04 05 06	工具痕迹鉴定 整体分离痕迹鉴定 枪弹痕迹鉴定 交通事故痕迹鉴定	大型物体痕迹检验/拍摄系统	套	选配	
		图文测量/分析系统	台/套	选配	
		枪弹痕迹自动比对和分析系统	台	选配	
		枪弹收集设备	套	选配	

三、声像资料鉴定

表 3.1

序号	事项	仪器配置	单位	配置要求	备注
01	录音资料鉴定	高保真话筒	1台	必备	录音分析、处理系统须配备防范计算机病毒等恶意代码及网络入侵的措施
		高保真录音机	2台	必备	
		高保真耳机	1台	必备	
		录音采集设备	1台	必备	
		语音分析工作站(可含录音采集设备)	1套	必备	
		降噪处理系统(可含录音采集设备)	1套	必备	
		照相机	1台	必备	
		文件属性或元数据查看工具	1套	必备	
		综合性音频编辑软件	1套	选配	
		音频格式转换工具	1套	选配	
		只读接口	1台	选配	
		校验码计算工具	1套	选配	
		数据克隆工具	1套	选配	
		电子数据恢复、搜索、分析工具	1套	选配	
		手机数据提取、恢复工具	1套	选配	
		存储介质修复工具	1套	选配	
02	图像资料鉴定	照相机	1台	必备	图像分析、处理系统须配备防范计算机病毒等恶意代码及网络入侵的措施
		高分辨率扫描仪	1台	必备	
		录像采集设备	1台	必备	
		录像处理和分析工作站(可含录像采集设备)	1套	必备	
		综合性图像(静态)编辑软件	1套	必备	
		图像打印设备	1台	必备	
		文件属性或元数据查看工具	1套	必备	
		长时录像机	1台	选配	
		图像格式转换工具	1套	选配	
		综合性图像(动态)编辑软件	1套	选配	
		只读接口	1套	选配	
		校验码计算工具	1套	选配	
		数据克隆工具	1套	选配	
		电子数据恢复、搜索、分析工具	1套	选配	
		手机数据提取、恢复工具	1套	选配	
		存储介质修复工具	1套	选配	

表 3.2

序号	事项	仪器配置	单位	配置要求	备注
01	电子数据鉴定	照相机	1台	必备	电子数据检验系统须配备防范计算机病毒等恶意代码及网络入侵的措施
		摄像机	1台	必备	
		只读接口	1套	必备	
		数据克隆工具	1套	必备	
		校验码计算工具	1套	必备	
		电子数据检验专用计算机	1台	必备	
		综合性电子数据恢复、搜索、分析软件	1套	必备	
		密码破解系统	1套	选配	
		专业数据恢复工具	1套	选配	
		磁盘阵列重组设备	1套	选配	
		海量数据存储系统	1套	选配	
		即时通信综合取证分析工具	1套	选配	
		病毒及恶意代码综合分析工具	1套	选配	
		专用电子文档与数据电文分析工具	1套	选配	
		数据比较工具	1套	选配	
		现场取证工具	1套	选配	
		在线取证工具	1套	选配	
		存储介质修复工具	1套	选配	
		手机数据提取、恢复、分析系统	1套	选配	
		MAC/LINUX 系统检验工具	1套	选配	
		网络数据采集、分析工具	1套	选配	
		其他必备工具(如读卡器、拆机工具等)	1套	必备	

注:根据鉴定项目的方法、内容,以上所列仪器也可由具有相同功能的设备替代。

司法部关于公布全国司法行政业务培训师资库名单的通知

（2013年1月14日 司发通〔2013〕9号）

各省、自治区、直辖市司法厅（局），新疆生产建设兵团司法局、监狱管理局：

为贯彻落实《2010—2020年干部教育培训改革纲要》和《2011—2015年司法行政系统教育培训规划》，促进优秀师资资源共享，建设一支高素质的司法行政干部教育培训师资队伍，司法部决定聘任应松年等240名同志为全国司法行政业务培训师资，现予公布。

各级司法行政机关要根据工作需要，组织引导入库师资积极参与司法行政干部教育培训，充分发挥优秀师资在干部教育培训工作中的作用，同时进一步加强师资队伍建设，建立健全符合司法行政干部教育培训特点的师资培养、使用和管理制度，为提高干部教育培训质量奠定坚实基础。入选师资库的同志要加强学习、认真履职，不断提高综合素质和业务能力，积极承担、高质量完成授课任务。司法行政业务培训师资库实行动态管理，我部将适时对入库师资进行增补和调整。

附件：全国司法行政业务培训师资库名单

全国司法行政业务培训师资库名单

司法行政学

应松年	中国政法大学法治政府研究院名誉院长、教授、博导
李　林	中国社会科学院法学研究所所长、研究员、博导
胡锦光	中国人民大学法学院副院长、教授、博导
查庆九	司法部办公厅副主任、预防犯罪研究所所长、研究员
陈俊生	司法部法制司司长
韩秀桃	司法部法制司副司长、研究员
周　勇	司法部办公厅综合处处长、研究员
罗厚如	司法部司法研究所所长
王公义	司法部司法研究所原所长、研究员

孙　建	司法部司法研究所研究二处处长、研究员
冯建仓	司法部预防犯罪研究所司法人权研究室主任、研究员
王恒勤	中央司法警官学院党委书记、院长、教授、研究员
陈九振	中央司法警官学院党委副书记、纪委书记、教授
蒋若薇	中央司法警官学院法学院教授
吴庆宝	北京市司法局副局长、教授、高级法官
都本有	辽宁省大连市司法局局长、高级法官
王　琼	上海市司法局法制处处长、教授
缪蒂生	江苏省司法厅厅长
吕新雪	福建省司法警察训练总队主任、副教授
李金祥	山东省临清市司法局局长
张文彪	广东司法警官职业学院党委书记、教授
冯自保	宁夏回族自治区司法厅政治部主任

监狱管理

韩玉胜	中国人民大学法学院教授、博导
邵　雷	司法部监狱管理局局长
李豫黔	司法部监狱管理局巡视员
陈全中	司法部燕城监狱监区长
米传勇	司法部预防犯罪研究所副研究员
王恒勤	中央司法警官学院党委书记、院长、教授、研究员
章恩友	中央司法警官学院副院长、教授
辛国恩	中央司法警官学院政治部主任、编审
宋胜尊	中央司法警官学院监狱学学院教授
何　航	中央司法警官学院教务处处长、教授
曹广健	北京市监狱心理矫治室主任
刘光辉	北京市监狱管理局清河分局前进监狱十一分监区指导员
王林平	天津市监狱管理局政策研究室主任
褚宝春	河北省保定监狱副监狱长
薄锡年	河北司法警官职业学院副院长、教授
边文颖	山西警官职业学院心理咨询中心副主任、副教授
阎圣波	辽宁省大连南关岭监狱教育改造科副科长
武泽云	吉林省女子监狱监狱长
解　强	黑龙江省新康监狱监狱长、主任医师

闫　立	上海政法学院副院长、教授、博导
阮　浩	上海市司法警官学校副调研员、高级讲师
郑天明	上海市监狱管理局调研员、高级政工师
于爱荣	江苏省司法厅副厅长、监狱管理局局长、研究员
倪龙兴	江苏省监狱管理局副局长、高级经济师
刘保民	江苏省监狱管理局副局长
吴　旭	江苏省监狱管理局计划财务处处长、副研究员
于荣中	江苏省监狱管理局狱内侦查总队总队长
嵇为俊	江苏省监狱管理局教育改造处处长
吕建根	江苏省监狱管理局宣传教育处处长
张　晶	江苏省司法警官高等职业学校校长、研究员
马卫国	浙江省监狱工作研究所所长
朱四宏	浙江省之江监狱政委、高级经济师
李陵军	福建省司法厅副厅长、监狱管理局局长
韩卫东	山东省鲁南监狱教育科科长、副研究员
吕辉峰	山东省监狱教育科主任科员、副研究员
陈好彬	河南省监狱管理局教育改造处处长
胡承浩	湖北省监狱管理局政治部主任、副研究员、高级会计师
万安中	广东司法警官职业学院副院长、教授
刘志诚	四川省监狱管理局局长
杨　立	陕西省监狱管理局刑罚执行处处长
李振国	宁夏回族自治区司法厅厅长、监狱管理局第一政委

劳教、戒毒管理

张　平	国际关系学院心理教育研究中心主任、教授
刘卫民	司法部劳动教养管理局(戒毒管理局)巡视员
顾元龙	司法部劳动教养管理局(戒毒管理局)研究室主任
苏　利	司法部预防犯罪研究所副研究员
王明泉	中央司法警官学院党委副书记、副院长、教授
高　莹	中央司法警官学院劳教系主任、教授
姜祖桢	中央司法警官学院劳教系教学副主任、教授
吴　春	中央司法警官学院科研处处长、教授
李　满	中央司法警官学院信息管理系教授
徐凯旋	北京市劳教局反邪教处处长

杨联菲	山西省劳教局管理处处长
唐恒国	江苏省劳教局副局长
王金泉	江苏省劳教局副局长
张云飞	江苏省太湖劳教所政委
丁加健	江苏省方强劳教所心理矫治科科长
林　春	浙江省戒毒劳教所三大队大队长
胡跃峰	浙江省十里坪劳教所七大队副大队长
黄世庚	福建省司法厅劳教（戒毒）局副局长
陈　彬	福建省司法厅劳教（戒毒）局所政管理科科长
付志远	江西省劳教局副局长
困　微	山东省第一女子劳教所副所长
刘宗浩	河南省第三劳教所所长
刘友江	湖北省劳教（戒毒）局副局长
夏　飞	湖南省劳教（戒毒）局局长
张　军	湖南省劳教（戒毒）局党委委员、主治医师、教授
梁志东	广东司法警官职业学院警察系高级讲师
邓　麟	广东省深圳市第一劳教所教育科科长
杨　远	广东省三水劳教（强戒）所政治处科员
张大立	四川司法警官职业学院副院长、副教授

社区矫正

吴宗宪	北京师范大学刑事法律科学研究院教授、博导
王　平	中国政法大学刑事司法学院副院长、教授、博导
姜爱东	司法部社区矫正管理局局长、研究员
郑先红	司法部司法研究所副所长
郭　健	司法部预防犯罪研究所副研究员
李亚学	中央司法警官学院劳教系教授
崔会如	中央司法警官学院监狱学学院教授
荣　容	北京市朝阳区司法局党组书记、经济师
王晓玲	天津社区矫正中心教育培训科科长
芦麦芳	山西警官职业学院监所系教学副主任、副教授
周振宇	辽宁省司法厅社区矫正管理处处长
韩卫新	吉林省司法厅社区矫正工作管理处处长
刘　强	上海政法学院司法研究所教授

姜金兵　　　江苏省司法厅副厅长
徐祖华　　　浙江省司法厅监狱劳教与社区矫正工作指导处副处长
陈久亮　　　山东省司法厅基层工作处副处长
许振奇　　　湖北省社区矫正办公室主任、副研究员

法制宣传教育

肖义舜　　　司法部法制宣传司司长
刘汉银　　　司法部法制宣传司地方和基层指导处处长
杨蔚莉　　　司法部法制宣传司行业和部门指导处处长
洪　英　　　司法部司法研究所研究员
雷晓路　　　法制日报社总编辑、高级编辑
侯江波　　　湖北省依法治省领导小组办公室副主任、高级经济师
马　燕　　　北京市司法局法制宣传处处长
李云虹　　　天津市司法局法制宣传处处长
贾燕来　　　吉林省司法厅法制宣传处处长
闫　立　　　上海政法学院副院长、教授、博导
姜金兵　　　江苏省司法厅副厅长
万筱泓　　　江西省司法厅普法教育处处长
冯　军　　　山东省司法厅副厅长、研究员
陈壮志　　　湖南省司法厅法制宣传处处长
赵　敏　　　四川省司法厅法制宣传处处长
薛党权　　　西藏自治区司法厅法制宣传处处长

律师管理

陈卫东　　　中国人民大学法学院诉讼法教研室主任、教授、博导
王进喜　　　中国政法大学证据科学研究院副院长、教授
顾永忠　　　中国政法大学诉讼法学研究院教授、博导
杜　春　　　司法部律师公证工作指导司司长
邓甲明　　　司法部律师公证工作指导司副司长（正司局长级）
王俊峰　　　中华全国律师协会会长、北京市金杜律师事务所管委会主席
周院生　　　中华全国律师协会秘书长兼司法部律师公证工作指导司副司长
　　　　　　（正司局长级）
于　宁　　　中华全国律师协会原会长
孟利民　　　中央司法警官学院法学院院长、教授

李公田	北京市司法局副局长、高级经济师
张学兵	北京市中伦律师事务所主任合伙人、北京市律师协会会长
王　隽	北京市大成律师事务所高级合伙人、中国政法大学兼职教授
田文昌	北京市京都律师事务所主任、副教授
李贵方	北京德恒律师事务所副主任、教授
吕红兵	国浩律师(上海)事务所首席执行合伙人、中华全国律师协会 副会长
蒋敏	安徽天禾律师事务所合伙人、中华全国律师协会副会长

公证管理

汤维建	中国人民大学法学院教授、博导
张卫平	清华大学法学院教授、博导
黄　祎	司法部律师公证工作指导司公证业务指导处处长
王　勇	司法部律师公证工作指导司公证执业管理处处长
王公义	司法部司法研究所原所长、研究员
周志扬	北京市长安公证处主任、一级公证员
左燕芹	北京市方圆公证处主任、一级公证员
薛　凡	上海市东方公证处业务指导委员会专职副主任、三级公证员
杜归真	浙江省司法厅公证管理处处长
陈　勇	安徽省司法厅公证管理处副处长
张红光	山东省青岛市市中公证处研究室主任、三级公证员
李邦喜	山东省司法厅公证管理处处长
刘　疆	山东省司法厅公证管理处调研员、一级公证员
秦世平	广东省深圳市深圳公证处主任、二级公证员
段　伟	云南省昆明市明信公证处主任、一级公证员

基层法律服务管理

王祖明	北京市司法局基层处副处长
李满胜	山西省司法厅副厅长、高级农艺师
华建青	江苏省基层法律服务工作者协会副会长、无锡市滨湖区华宇法律服务所主任
吴明义	山东省司法厅基层工作处处长
汪奇志	河南省司法厅基层处处长
何　雯	甘肃省司法厅律师公证工作管理处处长

法律援助

顾永忠	中国政法大学诉讼法学研究院教授、博导
熊秋红	中国社会科学院法学研究所诉讼法室主任、研究员、博导
孙剑英	司法部法律援助工作司司长
王军益	司法部法律援助工作司副司长
高　贞	司法部法律援助工作司副司长
郑自文	司法部法律援助中心副主任、讲师
郭　婕	司法部法律援助中心副调研员
贺春云	司法部法律援助中心副调研员
张　斌	北京市法律援助中心副主任
佟丽华	北京市青少年、农民工法律援助与研究中心主任，北京市致诚律师事务所主任
刘博辉	辽宁省司法厅法律援助中心专职律师
陈志忠	浙江省司法厅副厅长
刘趁华	山东省法律援助中心副调研员
周济生	河南省司法厅副厅长
王　林	湖北省黄石市司法局副局长、法律援助中心主任
彭莉红	广东省法律援助局副调研员

人民调解

范　愉	中国人民大学法学院教授、纠纷解决研究中心主任、博导
扈纪华	全国人大法工委民法室巡视员
陈佳林	全国人大法工委社会法室副主任
梁　刚	司法部基层工作指导司司长
李　兵	司法部基层工作指导司副巡视员
闫晋东	司法部基层工作指导司人民调解处处长
连　艳	北京市中闻律师事务所高级合伙人、北京市东城区物业管理纠纷人民调解委员会主任
禹治洪	吉林省司法厅副厅长
金中一	浙江省海宁市司法局局长
王世民	安徽警官职业学院政治理论部副教授
李中娟	山东省日照市五莲县司法局副主任科员、许孟司法所所长
袁少雄	湖南省郴州市司法局局长

马善祥	重庆市江北区观音桥街道调研员
丁晓钟	宁夏司法厅基层工作指导处副处长

安置帮教

田大忠	中央综治办一室巡视员
王学泽	司法部基层工作指导司副司长
范履冰	司法部基层工作指导司副司长、研究员
白　杰	司法部基层工作指导司安置帮教处处长
吴　玲	司法部司法研究所综合处处长、研究员
卢　琦	司法部预防犯罪研究所研究员
纪爱华	北京市石景山区司法局副局长
韩学书	河北省司法厅社区矫正处处长
李志明	河北司法警官职业学院教研室主任、副教授
刘晓春	吉林省司法厅安置帮教处处长
詹旭方	安徽省司法厅基层工作处副调研员
任德文	福建省司法厅社区矫正和安置帮教工作处调研员
李世敏	山东省司法厅基层工作处副处长
赵平岱	山东省泰安市泰山区司法局泰前司法所所长
孟晓燕	河南司法警官职业学院教授
李　冰	广东省湛江市司法局基层工作管理科科长
洛桑扎西	西藏自治区曲水监狱教育科副科长

国家司法考试

孙晓明	司法部国家司法考试司综合处处长
姜海涛	司法部国家司法考试司考试处处长
刘华春	司法部国家司法考试司考试监管处副处长
晏福增	司法部国家司法考试中心副主任、副研究员
夏　露	司法部国家司法考试中心考务处处长
黄朝岸	司法部国家司法考试中心信息技术处处长、工程师
时清霜	河北省司法厅副厅长
魏东魁	河北省司法厅国家司法考试处副处长
李清风	吉林省司法厅司法考试处处长
何祝辉	上海市司法局司法考试处处长
刘德溪	江苏省司法厅国家司法考试处处长

丁　勇	江苏省南京市司法局国家司法考试处处长
陈碧清	广西壮族自治区司法厅国家司法考试处处长
陈　健	重庆市司法局司法考试处调研员
王艳美	云南省司法厅国家司法考试处处长
罗　岚	新疆维吾尔自治区司法厅司法考试处主任科员

司法鉴定管理

杜志淳	华东政法大学党委书记、教授、博导
王敏远	中国社会科学院法学所研究员、博导
郭　华	中央财经大学法学院副教授
邹明理	西南政法大学教授
乔　东	国家认监委研究所所长、高级工程师
王　旭	中国政法大学证据科学研究院法大法庭科学技术鉴定研究所副所长、教授、主任法医师
程军伟	西北政法大学处长、教授
霍宪丹	司法部司法鉴定管理局局长、教授、研究员
李　禹	司法部司法鉴定管理局管理处处长
刘少文	司法部司法鉴定管理局综合处处长、工程师
沈　敏	司法部司法鉴定科学技术研究所所长、研究员、博导
郝晓琴	山西政法管理干部学院院长、教授
潘广俊	浙江省司法厅司法鉴定管理处处长
罗纪锋	广东省司法厅司法鉴定管理处副处长、省司法鉴定协会秘书长、主治医师
徐代化	广东南天司法鉴定所所长、副主任法医师

司法协助

黄　风	北京师范大学刑事法律科学研究院国际刑法研究所所长、教授、博导
郭建安	司法部司法协助与外事司司长、研究员、博导
张晓鸣	司法部司法协助与外事司民商事司法协助处处长
张　明	司法部司法协助与外事司刑事司法协助处处长
张　毅	司法部司法协助交流中心主任

司法部关于印发《司法鉴定机构内部管理规范》的通知

(2014年4月22日 司发通〔2014〕49号)

各省、自治区、直辖市司法厅(局),新疆生产建设兵团司法局:

《司法鉴定机构内部管理规范》已经2014年4月15日第8次部长办公会议审议通过,现予印发,请认真贯彻执行。

司法鉴定机构内部管理规范

第一条 为加强司法鉴定机构内部管理,促进司法鉴定机构规范化建设,根据《全国人大常委会关于司法鉴定管理问题的决定》和有关法律、行政法规以及司法部规章的规定,制定本规范。

第二条 本规范适用于经司法行政机关依法审核登记的司法鉴定机构。

第三条 司法鉴定机构内部管理是规范司法鉴定执业活动的重要基础。司法鉴定机构应当根据法律法规规章和本规范,建立完善机构内部管理制度,加强专业化、职业化、规范化和科学化建设,提高从业人员的政治素质、业务素质和职业道德素质。

司法鉴定机构应当接受司法行政机关和司法鉴定行业协会的管理、监督和指导。

第四条 具有法人资格的司法鉴定机构应当制定机构章程,包括下列内容:

(一)司法鉴定机构的名称、住所和注册资金;

(二)司法鉴定机构的宗旨和组织形式;

(三)司法鉴定机构的业务范围;

(四)司法鉴定机构负责人的产生、变更程序和职责;

(五)司法鉴定人及其相关从业人员的权利和义务;

(六)司法鉴定机构内相关职能部门的设置和职责;

(七)司法鉴定机构章程变更、修改;

(八)司法鉴定机构内部执业管理、质量管理形式;

(九)司法鉴定机构资产来源、财务管理和使用分配形式;

（十）司法鉴定机构注销或者撤销后的终止程序及其资产处理；

（十一）其他需要载明的事项。

司法鉴定机构章程自省、自治区、直辖市司法行政机关作出准予设立司法鉴定机构决定之日起生效。

第五条 不具有法人资格的司法鉴定机构应当有设立主体的授权书，内容包括机构负责人任免及职责、重大仪器设备购置或使用、财务管理、人员管理等。

设立主体应当按照授权书的规定对司法鉴定机构进行监督，并保障其独立开展司法鉴定活动。

第六条 司法鉴定机构法定代表人和机构负责人可以为同一人。机构负责人可以依章程产生，也可以由法定代表人授权或者申请设立主体任命。

司法鉴定机构负责人根据章程或者授权，对内负责管理鉴定机构内部事务和执业活动，对外代表鉴定机构，依法履行法定义务，承担管理责任。

第七条 司法鉴定机构应当秉承依法、科学、规范、诚信、合作的原则，根据鉴定业务需要依法聘用人员并保障其合法权益，保障司法鉴定人依法独立执业，维护鉴定人合法权益，规范鉴定人执业行为。

司法鉴定机构可以根据鉴定业务需要聘用司法鉴定人助理，辅助司法鉴定人开展司法鉴定业务活动，但不得在鉴定意见书上签名。司法鉴定人助理应当经省级司法行政机关备案。

第八条 司法鉴定机构在领取《司法鉴定许可证》后的六十日内，应当按照有关规定刻制印章、办理与机构执业活动有关的收费许可、税务登记、机构代码证件等依法执业手续，并将相关情况报送审核登记的司法行政机关备案。

第九条 司法鉴定机构的执业场所应当根据业务范围和执业类别要求，合理划分接待鉴定委托、保管鉴定材料、实施鉴定活动、存放鉴定档案等区域。

司法鉴定机构的仪器设备和标准物质应当按照鉴定业务所需的配置标准，及时购置、维护和更新。

第十条 司法鉴定机构应当在执业场所的显著位置公示下列信息：

（一）司法鉴定机构的业务范围和《司法鉴定许可证（正本）》证书；

（二）司法鉴定人姓名、职称、执业类别和执业证号；

（三）委托、受理和鉴定流程；

（四）司法鉴定收费项目和收费标准；

（五）职业道德和执业纪律；

（六）执业承诺和风险告知；

（七）投诉监督电话和联系人姓名；

（八）其他需要公示的内容。

第十一条 司法鉴定机构应当建立完善业务管理制度,统一受理鉴定委托、统一签订委托协议、统一指派鉴定人员、统一收取鉴定费用、统一建立鉴定材料审核、接收、保管、使用、退还和存档等工作制度。

第十二条 司法鉴定机构应当建立完善质量管理体系,明确质量组织、管理体系和内部运转程序,加强质量管理,提高鉴定质量。

第十三条 司法鉴定机构应当建立完善外部信息管理制度。外部信息的使用应当根据程序进行核查、验证;因专业技术问题需要外聘专家的,应当依照有关规定执行。

司法鉴定依据的外部信息、外聘专家意见及签名应当存入同一鉴定业务档案,存档备查。

第十四条 司法鉴定机构应当建立完善内部讨论和复核制度。对于重大疑难和特殊复杂问题的鉴定或者有争议案件的鉴定,应当组织鉴定人研究讨论,并做好书面记录。

第十五条 司法鉴定机构应当建立重大事项报告制度,受理具有重大社会影响案件委托后的 24 小时内,向所在地及省级司法行政机关报告相关信息。

第十六条 司法鉴定机构应当指定专人对鉴定文书的制作、校对、复核、签发、送达、时效等环节进行有效监管。

第十七条 司法鉴定机构应当根据本机构司法鉴定业务档案的制作、存储要求,配备档案管理人员,切实做好档案管理工作。

第十八条 司法鉴定机构应当规范管理司法鉴定人出庭作证有关事务,为鉴定人出庭作证提供必要条件和便利,监督鉴定人依法履行出庭作证的义务。

第十九条 司法鉴定机构应当建立完善司法鉴定风险告知、鉴定质量评估办法,建立执业风险基金。

第二十条 司法鉴定机构应当依法建立完善财务管理制度,单独建立账册。对外统一收取鉴定等费用,依法出具票据;对内按劳计酬,合理确定分配形式,逐步建立教育培训基金、执业责任保险基金和机构发展基金。

第二十一条 司法鉴定机构应当建立完善印章和证书管理制度。司法鉴定机构红印、司法鉴定专用章、财务专用章以及司法鉴定许可证等,除需要公示的,应当由机构指定专人统一管理并按规定使用。

第二十二条 司法鉴定机构应当加强执业活动的监督管理,指定专人负责接待投诉、核查立案、调查处理工作,回复司法行政机关或者司法鉴定行业协会转交的涉及本机构投诉事项的调查办理意见。对投诉中发现的问题,要采取有效方式及时加以解决。

第二十三条 司法鉴定机构受到暂停执业或者撤销登记处罚的,应当终止鉴定；已受理的鉴定委托尚未办结的，应当主动通知委托人办理清结手续。

司法鉴定人受到暂停执业或者撤销登记处罚的，鉴定机构应当监督鉴定人终止鉴定并清结尚未办结的鉴定委托；经委托人同意的，鉴定机构也可以指派其他鉴定人完成尚未办结的鉴定委托。

第二十四条 司法鉴定人拟变更执业机构的，司法鉴定机构应当责成其清结以往受理的鉴定委托，收回司法鉴定人执业证，并及时向司法行政机关办理相关注销手续。本机构相关从业人员自行解除聘用合同或者被辞退的，司法鉴定机构应当及时办理清退手续。

第二十五条 司法鉴定机构应当建立完善教育培训和业务考评制度，支持和保障本机构人员参加在岗培训、继续教育和学术交流与科研活动，定期组织本机构人员开展业务交流和专题讨论。

第二十六条 司法鉴定机构应当建立完善人事管理制度，负责办理本机构从业人员的执业证书、聘用合同、职称评聘、社会保障、执业保险等相关事务。合理规划人员的专业结构、技术职称和年龄结构。对本机构人员遵守职业道德、执业纪律等执业情况进行年度绩效评价、考核和奖惩。

第二十七条 各省、自治区、直辖市司法行政机关可以依据本规范，结合本地实际制定实施办法。

第二十八条 本规范自颁布之日起施行。

(二)国家级鉴定机构

司法部关于开展遴选国家级司法鉴定机构评审推荐工作的通知

(2009年9月28日 司发通〔2009〕167号)

各省、自治区、直辖市司法厅(局):

为贯彻落实中央政法委员会《关于进一步完善司法鉴定管理体制遴选国家级司法鉴定机构的意见》(以下简称中政委2号文件),确保国家级司法鉴定机构遴选工作保质保量、按时高效地顺利完成,现就在司法行政机关审核登记的司法鉴定机构中开展遴选国家级司法鉴定机构的有关工作通知如下:

一、充分认识开展国家级司法鉴定机构遴选工作的重要意义

开展国家级司法鉴定机构遴选工作是贯彻落实中政委2号文件精神和中央领导同志关于司法鉴定工作一系列重要批示的重要举措,对于推进我国司法鉴定事业的改革与发展,解决当前存在的突出问题,构建统一的司法鉴定体制具有重要的意义。

在公开、公平、公正的基础上遴选国家级司法鉴定机构,建设一批鉴定能力强、技术水平高、社会声誉好的司法鉴定"国家队",有利于解决多头重复鉴定、久鉴不决和鉴定意见争议等突出问题,有利于增强司法鉴定保障司法和服务诉讼的能力水平,有利于促进司法公正,提高司法效率,树立司法权威。

遴选国家级司法鉴定机构,进一步优化整合现有司法鉴定资源,通过持续建设,发展形成"技术领先、布局合理、功能齐全、资源共享"的司法鉴定"国家队",有利于充分发挥国家司法鉴定优质资源的作用,增强司法鉴定的公信力和权威性。

遴选国家级司法鉴定机构,确立行业发展的政策导向,将为我国司法鉴定行业整体水平的提高发挥积极的示范作用,有利于推动我国鉴定科技进步和自主创新,带动和促进我国司法鉴定科研能力建设和队伍建设,有利于我国司法鉴定的技术水平和鉴定质量的全面提升,实现司法鉴定行业的科学发展。

中政委2号文件出台后,各地抓住契机,狠抓鉴定机构质量管理和服务能力

建设,鉴定机构不断加大软硬件投入,踊跃参加认证认可和能力验证活动,规范化、正规化、规模化、专业化、精细化建设水平不断提升,鉴定资源整合进程加快,地区布局和专业结构趋于合理,发展势头良好。在经司法行政机关审核登记的司法鉴定机构中择优推荐和建设国家级司法鉴定机构的条件已经具备。

各地要充分认识国家级司法鉴定机构遴选和建设工作的重要意义,高度重视,精心组织,周密安排,严格审核条件,严肃推荐纪律,择优推荐本地区鉴定专业门类全、鉴定资质佳、鉴定业务精、鉴定力量强、鉴定质量高的司法鉴定机构参加遴选工作。同时,要以遴选工作为契机,进一步加强指导,鼓励鉴定机构做大做强,在强化质量控制、提升服务能力基础上,走专业化和高水平发展道路,不断推动司法鉴定事业健康顺利发展。

二、申评和推荐工作的范围、条件

从事法医病理鉴定、法医临床鉴定、法医精神病鉴定、法医物证鉴定、法医毒物鉴定、文书鉴定、痕迹鉴定、微量鉴定、声像资料鉴定等鉴定类别的司法鉴定机构纳入本次国家级司法鉴定机构遴选范围。

参加申评和推荐鉴定机构应当具备下列基本条件:

(一)依法经司法行政机关审核登记,编入名册并公告;

(二)所申报的鉴定类别及鉴定事项通过实验室认可或者检查机构认可;

(三)具备从事重大疑难和特殊复杂鉴定的能力,具有从事重新鉴定的丰富经验,具有研发和采用新方法、新技术的技术创新能力;

(四)具有高素质专家型的鉴定人队伍,人员结构合理,人数达到一定规模;

(五)鉴定质量管理体系完善,鉴定工作管理制度健全;

(六)具有先进的检测、检查设备和设施,工作场所、工作环境符合相关标准和规范的要求;

(七)具有满足鉴定工作需要的充足的运行费和设备更新费用;

(八)近10年内,机构及所属鉴定人没有因主观故意出具虚假鉴定意见等违法违纪行为,受到法律追究或纪律处分的情形。

三、工作要求

坚持严格依法办事、统筹规划、合理布局、突出重点、好中选优的原则,严格条件、严格程序、严肃纪律,确保评审标准客观、科学,评审过程公开、透明,评审工作扎实、高效,评审结果公正、权威。

鉴于遴选国家级司法鉴定机构工作系首次进行,在积极稳妥的前提下,申评和推荐工作应坚持高起点、高标准、高要求,切实做到宁缺毋滥、好中选优。

本次遴选工作主要在已有3个以上鉴定类别通过实验室认可或者检查机构

认可的司法鉴定机构中进行。

四、工作方式

申评和推荐工作采取鉴定机构申请,省级司法行政机关审核,专家考核评审,司法部确定推荐的方式进行。

司法部成立由全国司法鉴定领域知名、权威的鉴定人和专家组成的"司法部国家级司法鉴定机构专家评审工作组"。专家评审工作组受司法部委托,从鉴定专业和技术角度对申评机构是否符合推荐条件,是否满足评审标准作出独立评判,并向司法部提出评审意见和推荐建议。

专家考核评审环节包括书面评审和现场评审,评审工作所需经费由司法部承担。

五、工作步骤

申评和推荐工作自 2009 年 9 月下旬开始,2009 年 10 月底结束,分为组织部署、考核评审、确定推荐三个阶段。

(一)组织部署阶段(2009 年 9 月 29 日至 10 月 8 日)

各地按本通知要求,迅速部署开展本地的推荐工作。符合推荐条件的鉴定机构按本通知要求申请并提交申报材料(内容、样式及要求详见附件),所在省级司法行政机关审核后向司法部报送推荐名单。

(二)考核评审阶段(2009 年 10 月 10 日至 10 月 25 日)

专家评审工作组开展书面评审和现场评审工作,形成专家组评审报告。

(三)确定推荐阶段(2009 年 10 月 26 日至 10 月 30 日)

司法部审核申报材料和专家评审工作组评审报告,确定推荐名单,提交国家级司法鉴定机构遴选委员会研究。

本次申评和推荐工作时间紧、任务重,工作环节多。各地要严格掌握申评条件,严把推荐关,抓紧工作,按要求上报推荐材料,保证推荐和遴选工作顺利按时完成。工作中遇到的问题,请及时报部请示。

联系人:何勇

电话:010-65205637

传真:010-65205822 65206870

电子信箱:guojiajilinxuan@gmail.com

附件:(略)

最高人民法院、最高人民检察院、公安部、国家安全部、司法部关于印发《国家级司法鉴定机构遴选办法》和《国家级司法鉴定机构评审标准》的通知

(2009年12月24日 司发通〔2009〕207号)

各省、自治区、直辖市高级人民法院、人民检察院、公安厅(局)、国家安全厅(局)、司法厅(局),新疆维吾尔自治区高级人民法院生产建设兵团分院、新疆生产建设兵团人民检察院、公安局、司法局:

根据中央政法委员会《关于进一步完善司法鉴定管理体制 遴选国家级司法鉴定机构的意见》(政法〔2008〕2号)的要求,为做好国家级司法鉴定机构遴选工作,经中央政法委员会审定,现印发《国家级司法鉴定机构遴选办法》和《国家级司法鉴定机构评审标准》,请遵照执行。

附件:1.《国家级司法鉴定机构遴选办法》
    2.《国家级司法鉴定机构评审标准》

附件1

国家级司法鉴定机构遴选办法

第一条 为保障国家级司法鉴定机构遴选工作顺利进行,依据《全国人民代表大会常务委员会关于司法鉴定管理问题的决定》以及中央政法委员会《关于进一步完善司法鉴定管理体制遴选国家级司法鉴定机构的意见》,制定本办法。

第二条 为完善鉴定争议解决机制,促进司法公正,提高司法效率,树立司法权威,国家级司法鉴定机构依照诉讼法律规定,接受委托进行鉴定。

第三条 遴选工作的原则是:严格依法办事、立足现有资源、统筹规划设计、合理调整布局、突出工作重点。

第四条 遴选工作应当坚持高起点、高标准,做到国家级司法鉴定机构区域

布局合理、专业结构优化、鉴定功能齐全,保证诉讼机关依法履行职能,满足人民群众的诉讼需求。

第五条 国家级司法鉴定机构在从事法医类、物证类和声像资料类鉴定业务的司法鉴定机构中,按照法医病理鉴定、法医临床鉴定、法医精神病鉴定、法医物证鉴定、法医毒物鉴定、文书鉴定、痕迹鉴定、微量鉴定、声像资料鉴定等鉴定类别进行遴选。

第六条 在中央政法委员会领导下,由司法部牵头,会同最高人民法院、最高人民检察院、公安部、国家安全部和科技部等有关部门,组成国家级司法鉴定机构遴选委员会,履行遴选工作职责。遴选委员会办公室设在司法部司法鉴定管理局。

第七条 国家级司法鉴定机构应当符合下列基本条件:

(一)经司法行政机关审核登记或者备案登记;

(二)依法通过实验室认可或者检查机构认可;

(三)具备从事重大疑难和特殊复杂鉴定检案的能力,具有研发和采用新方法、新技术的技术创新能力;

(四)具有高素质专家型的鉴定人队伍,人员结构合理,人数达到一定规模;

(五)内部规章制度健全,鉴定质量管理体系完善,鉴定工作管理制度完备;

(六)具有先进、可靠的检测、检查设备和设施,工作场所、工作环境符合相关标准和规范的要求;

(七)具有满足鉴定工作需要的充足的运行费和设备更新费用;

(八)近10年内,司法鉴定机构及所属鉴定人没有因主观故意出具虚假鉴定意见等违法违纪行为,受到法律追究或者纪律处分的情形。

第八条 遴选国家级司法鉴定机构按以下程序进行:

(一)遴选委员会研究确定遴选数量、区域分布、专业类别等事宜,制定遴选工作方案,提出遴选工作要求;

(二)最高人民检察院、公安部、国家安全部、司法部分别对本系统设立或者登记管理的司法鉴定机构进行考核,组织专家进行评审,向遴选委员会提交推荐机构名单及相应材料;

(三)遴选委员会对各部门的推荐材料进行研究,听取专家评审组的意见,在一致认可的基础上,确定国家级司法鉴定机构名单及其鉴定类别和鉴定事项,经中央政法委审定后,向社会公布。

第九条 国家级司法鉴定机构应加强科学管理,加强科研和人才培养,不断提高鉴定水平,确保鉴定质量,发挥行业示范作用。

第十条 最高人民检察院、公安部、国家安全部和司法部每年对设在本系统或登记管理的国家级司法鉴定机构进行年度考核,并向遴选委员会提交考核报告。

第十一条 最高人民法院、最高人民检察院、公安部、国家安全部和司法部对于已不符合规定条件的国家级司法鉴定机构,及时向遴选委员会提出暂停或者撤销的建议。公民、法人或者其他组织发现国家级司法鉴定机构违反本办法规定的,可以向其推荐机关投诉。

第十二条 遴选委员会审议考核报告,对各有关部门的建议和投诉处理情况,应当及时组织调查,并根据调查结果做出处理。

第十三条 本办法自印发之日起施行。

附件2

国家级司法鉴定机构评审标准

第一条 为确保科学、公正、统一、规范地遴选国家级司法鉴定机构,结合司法鉴定行业实际,根据《国家级司法鉴定机构遴选办法》制定本标准。

第二条 本标准规定了国家级司法鉴定机构应当具备的条件和能力。国家级司法鉴定机构的考核、评审等应依据本标准进行。

第三条 国家级司法鉴定机构按照法医病理鉴定、法医临床鉴定、法医精神病鉴定、法医物证鉴定、法医毒物鉴定、文书鉴定、痕迹鉴定、微量鉴定、声像资料鉴定等鉴定类别进行遴选。

第四条 国家级司法鉴定机构应是经司法行政机关审核登记或者备案登记的司法鉴定机构。

第五条 国家级司法鉴定机构或其所在组织应是能够承担法律责任的实体。一般应当具有独立法人资格。非独立法人的需经法人授权,能够独立对外开展业务活动。

第六条 国家级司法鉴定机构应当依法通过实验室认可或者检查机构认可,具有健全的组织结构、完善的管理体系和质量控制制度,且所申报的鉴定类别及鉴定事项均列入认可的能力范围。

第七条 国家级司法鉴定机构应当建立并有效运行投诉处理制度。

第八条 国家级司法鉴定机构应当具有从事重大疑难和特殊复杂鉴定检案的能力,能够独立完成鉴定工作,不得分包,且每年完成一定数量该鉴定类别的检案。

第九条 国家级司法鉴定机构应当具有足够的固定资产,充足的运行费和设备更新费用。运行费和设备更新费至少达到每年1 000万元。

第十条 国家级司法鉴定机构及所属司法鉴定人在近10年内,没有因主观故意出具虚假鉴定意见等违法违纪行为,受到法律追究或者纪律处分的情形。

第十一条 国家级司法鉴定机构应当具有专家型高素质的司法鉴定人队伍、合理的人员结构和适宜的人员规模。

(一)应当配备必需的司法鉴定人、技术人员和管理人员。司法鉴定人应占全体人员的60%以上,并且80%以上的司法鉴定人为所在司法鉴定机构的在编在岗人员,或签订5年以上的聘用协议;司法鉴定人应在一个鉴定机构中执业;

(二)所从事的鉴定类别中,应当拥有该专业领域同行公认的学术、技术权威和鉴定专家;

(三)从事法医病理、法医临床、法医精神病、法医毒物或者法医物证鉴定等鉴定类别的,每个鉴定类别应当具有5名以上专职司法鉴定人,其中具有该专业领域高级专业技术职称的不少于2名;从事文书鉴定、痕迹鉴定、微量鉴定和声像资料鉴定等鉴定类别的,每个鉴定类别应当具有3名以上专职司法鉴定人,其中具有该专业领域高级专业技术职称的不少于2名;

(四)具有完善的人才交流与培训制度,每名司法鉴定人每年参加不少于40学时的专业培训。

第十二条 国家级司法鉴定机构应当具备固定的工作场所,适宜的工作环境。实验室、样品室(物证室)、接案室、办公室、档案室、资料室等功能区域划分科学、设置合理,符合工作要求。

第十三条 国家级司法鉴定机构应当配备进行疑难复杂鉴定所需要的仪器设备及设施。

(一)仪器设备能够基本满足所申报鉴定类别内疑难复杂鉴定案件的需要;

(二)承担主要鉴定工作的大型检测设备应当是稳定性好、可靠性强及业内公认的先进设备;

(三)设备设施能够独立调配使用;

(四)定期进行仪器设备更新和补充,所用仪器设备应与当代的科学技术水平相一致。

第十四条 国家级司法鉴定机构应当采用先进、成熟的技术方法。使用的非标准方法应当经过确认。

国家级司法鉴定机构运用先进技术方法的能力,应当通过现场评审、能力验证、技术见证等方式予以证实。

第十五条 国家级司法鉴定机构应每年参加国家认可委认可的能力验证,对存在的问题进行整改。

第十六条 国家级司法鉴定机构应当具有自主研发和采用新方法、新技术的技术创新能力。

最高人民法院、最高人民检察院、公安部、国家安全部、司法部关于国家级司法鉴定机构遴选结果的通知

(2010年9月30日　司发通〔2010〕179号)

各省、自治区、直辖市高级人民法院、人民检察院、公安厅(局)、国家安全厅(局)、司法厅(局),新疆维吾尔自治区高级人民法院生产建设兵团分院,新疆生产建设兵团人民检察院、公安局、司法局:

为了贯彻落实中央关于司法鉴定体制改革精神和全国人大常委会《关于司法鉴定管理问题的决定》,按照中央政法委员会《关于进一步完善司法鉴定管理体制遴选国家级司法鉴定机构的意见》(政法〔2008〕2号)的要求,由司法部牵头,会同最高人民法院、最高人民检察院、公安部、国家安全部、科技部等部门组成国家级司法鉴定机构遴选委员会,履行国家级司法鉴定机构的遴选职责。在中央政法委员会的领导下,国家级司法鉴定机构遴选委员会制定了《国家级司法鉴定机构遴选办法》、《国家级司法鉴定机构评审标准》和《国家级司法鉴定机构遴选工作方案》,并组织开展国家级司法鉴定机构遴选工作。经过各部门评审推荐、专家统一审核和遴选委员会研究确定并报中央政法委员会批准,确定以下10家机构为"国家级司法鉴定机构"(机构按部门顺序,排名不分先后;各机构通过国家级司法鉴定机构评审的鉴定类别和鉴定事项附后):

1. 最高人民检察院司法鉴定中心
2. 公安部物证鉴定中心
3. 北京市公安司法鉴定中心
4. 上海市公安司法鉴定中心
5. 广东省公安司法鉴定中心
6. 北京市国家安全局司法鉴定中心
7. 司法鉴定科学技术研究所司法鉴定中心
8. 法大法庭科学技术鉴定研究所
9. 中山大学法医鉴定中心
10. 西南政法大学司法鉴定中心

通过遴选,逐步建设、形成一批"技术领先、布局合理、功能齐全、资源共享"

的国家级司法鉴定机构,既是推进司法鉴定体制改革,完善司法鉴定管理体制的重要任务,也是保证政法机关依法正确履行诉讼职能,切实维护公民权益的重要举措;既有利于促进司法公正,提高司法效率,树立司法权威,及时解决多头重复鉴定、久鉴不决和鉴定意见"打架"等突出问题,又关系到维护人民群众切身利益、维护政法机关社会形象和维护社会公平正义的大局。

各级政法机关要充分认识遴选建设国家级司法鉴定机构工作的重要意义,依法发挥国家级司法鉴定机构解决重大疑难、特殊复杂鉴定问题的重要作用,增强司法鉴定保障司法、服务诉讼的能力水平,提高司法鉴定的科学性、权威性和社会公信力。国家级司法鉴定机构遴选工作是一项社会系统工程,各部门要进一步加强相互支持和相互配合,坚持以改革促发展,形成推动司法鉴定体制机制创新和完善的合力。

国家级司法鉴定机构的主管部门要以这次遴选工作为契机,坚持以评促建、重在提高的要求,进一步明确鉴定机构的建设目标和发展方向;进一步加大经费投入、人才引进、技术创新等方面的扶持力度;进一步加强管理、监督和评价检查,引导鉴定机构不断创新提高,推动科技进步,带动全行业能力建设、队伍建设和质量建设。

这次遴选出的国家级司法鉴定机构,要在新的起点上,进一步拓宽服务领域,强化质量控制,提高能力水平,切实成为依法执业、诚实守信、客观公正、廉洁自律的典范;要牢固树立大局意识、法律意识、责任意识、服务意识,抓住机遇,发挥优势,突出特色,持续改进,走专业化、职业化和高起点、高水平发展道路,努力实现科学发展。

附件:国家级司法鉴定机构鉴定类别和鉴定事项目录

附件：

国家级司法鉴定机构鉴定类别和鉴定事项目录

（机构按部门顺序，排名不分先后）

一、最高人民检察院司法鉴定中心

序号	鉴定类别/事项		鉴定项目		限制范围	备注
		序号	名称			
1	法医病理		1	死亡原因鉴定		
		2	死亡时间鉴定			
		3	死亡方式鉴定			
		4	致伤物推断鉴定			
2	法医临床		1	损伤程度鉴定		
		2	伤残程度鉴定			
3	法医毒物	毒品类	1	海洛因		
		2	甲基苯胺			
		3	亚甲基二氧甲基苯丙胺（MDMA）			
		4	氯胺酮			
	杀鼠剂类	1	毒鼠强			
4	文书		1	笔迹		
		2	印章印文及各类安全标记			
		3	污损文件			
		4	其他（变造文件）			
5	声像资料	录音资料	1	语言识别和分析		
		2	录音检验			
		3	噪音分析			
		4	降噪及提高语音信噪比			
	电子数据	1	电子数据的提取、固定与恢复			
		2	电子数据的分析与鉴定			
		3	信息系统分析与鉴定（软件相似性）			

二、公安部物证鉴定中心

序号	鉴定类别/事项		鉴定项目		限制范围	备注
		序号	名称			
1	法医病理		1	死亡原因鉴定		
		2	死亡时间鉴定			
		3	死亡方式鉴定			
		4	致伤物推断鉴定			
		5	其他(种属、性别、年龄、身高、颅像重合、容貌复原)			
2	法医物证	血液(斑)	1	人血红蛋白		
			2	STR 及性别		
			3	人类线粒体 DNA		
		精液(斑)	1	人前列腺特异抗原		
			2	STR 及性别		
			3	人类线粒体 DNA		
		软组织	1	STR 及性别		
			2	人类线粒体 DNA		
		毛发	1	STR 及性别		
			2	人类线粒体 DNA		
		唾液(斑)	1	STR 及性别		
			2	人类线粒体 DNA		
		骨骼	1	STR 及性别		
			2	人类线粒体 DNA		
		牙齿	1	STR 及性别		
			2	人类线粒体 DNA		
		粪便	1	STR 及性别		
			2	人类线粒体 DNA		
		尿液(斑)	1	STR 及性别		
			2	人类线粒体 DNA		
3	法医毒物	杀鼠剂类	1	毒鼠强		
			2	氟乙酸		
		医用合成药类	1	巴比妥		
			2	苯巴比妥		
			3	速可眠		

(续表)

序号	鉴定类别/事项		鉴定项目		限制范围	备注
			序号	名称		
3	法医毒物	医用合成药类	4	戊巴比妥		
			5	异戊巴比妥		
			6	硫喷妥		
			7	氯丙嗪		
			8	异丙嗪		
			9	奋乃静		
			10	利多卡因		
			11	普鲁卡因		
			12	丁卡因		
			13	布比卡因		
			14	苯唑卡因		
			15	氯喹		
			16	利眠宁		
			17	安定		
			18	阿米替林		
			19	多虑平		
			20	三甲丙咪嗪		
			21	氯丙咪嗪		
			22	丙咪嗪		
		杀虫剂类	1	二氯苯醚菊酯		
			2	氯氰菊酯		
			3	杀灭菊酯		
			4	溴氰菊酯		
			5	有机磷		
			6	灭多威		
		有毒动物	1	斑蝥素		
		天然药物类	1	士的宁		
			2	马钱子碱		
		挥发性毒物类	1	甲醇		
			2	乙醇		
			3	正丙醇		
			4	乙醛		
			5	丙酮		
			6	异丙醇		

(续表)

序号	鉴定类别/事项		鉴定项目		限制范围	备注
		序号	名称			
3	法医毒物	挥发性毒物类	7	正丁醇		
			8	异戊醇		
			9	苯		
			10	甲苯		
			11	乙苯		
			12	二甲苯		
			13	氰氢酸		
		气体毒物	1	磷化氢		
		毒品类	1	海洛因		
			2	吗啡		
			3	可待因		
			4	蒂巴因		
			5	罂粟碱		
			6	那可汀		
			7	4,5-亚甲基二氧基安非他明(MDA)		
			8	3,4-亚甲基二氧基甲基安非他明(MDMA)		
			9	苯丙胺		
			10	甲基苯丙胺		
			11	四氢大麻酚		
			12	大麻酚		
			13	大麻二酚		
			14	可卡因		
			15	哌替啶		
			16	氯胺酮		
4	文书		1	笔迹		
			2	印刷文件		
			3	印章印文及各类安全标记		
			4	货币票证		
			5	污损文件		
			6	文件制成时间		
			7	朱墨时序		
			8	模糊记载(模糊字迹的显现)		
			9	其他(言语的地域特征、年龄特征、文化程度特征、职业特征、病态特征的鉴别、变造文件)		

(续表)

序号	鉴定类别/事项	序号	鉴定项目 名称	限制范围	备注
5	痕迹		人体乳突纹线		
		1	指纹		
		2	掌纹		
	足迹	1	鞋印		
		2	袜印		
		3	赤脚印		
	线形痕迹				
	凹陷痕迹				
	钥匙及锁具				
	轮胎痕迹				
	金属号码	1	车辆号码		
		2	枪支号码		
	整体分离痕迹				
	射击弹头及弹壳痕迹				
	枪支及枪弹确定				
	弹着点及弹道痕迹				
	炸药爆炸力及炸药量				
	雷管、导火（爆）索及爆炸装置				
6	微量	1	石油产品及残留物（汽油、煤油、柴油及残留物、重质矿物油）		
		2	炸药残留物		
		3	枪弹射击残留物		
		4	油漆涂料		
		5	橡胶		
		6	塑料		
		7	纤维		
		8	染料与色素		
		9	玻璃		
		10	墨水		

(续表)

序号	鉴定类别/事项	鉴定项目		限制范围	备注
		序号	名称		
6	微量	11	纸张		
		12	油墨		
		13	粘合剂		
		14	金属类(焊锡)		
7	声像资料	录音资料	1	语言识别和分析		
			2	录音检验		
			3	噪音分析		
			4	降噪及提高语音信噪比		
		图像	1	图像处理		
		照相	1	可见光照相		
			2	红外照相		
			3	紫外照相		
			4	光致发光检验		
		电子数据	1	电子数据的提取、固定与恢复		
			2	电子数据的分析与鉴定		
			3	信息系统分析与鉴定(软件相似性、信息系统功能(包括软件))		

三、北京市公安司法鉴定中心

序号	鉴定类别/事项	鉴定项目		限制范围	备注
		序号	名称		
1	法医病理	1	死亡原因鉴定		
		2	死亡时间鉴定		
		3	死亡方式鉴定		
		4	致伤物推断鉴定		
		5	其他(种属、性别、年龄、身高、颅像重合、活体骨龄)		
2	法医临床	1	损伤程度鉴定		

(续表)

序号	鉴定类别/事项		鉴定项目		限制范围	备注
			序号	名称		
3	法医物证	血液(斑)	1	人血红蛋白		
			2	STR 及性别		
			3	人类线粒体 DNA		
		精液(斑)	1	人前列腺特异抗原		
			2	STR 及性别		
		软组织	1	STR 及性别		
			2	人类线粒体 DNA		
		毛发	1	STR 及性别		
			2	人类线粒体 DNA		
		骨骼	1	STR 及性别		
			2	人类线粒体 DNA		
		牙齿	1	STR 及性别		
			2	人类线粒体 DNA		
		指甲	1	STR 及性别		
			2	人类线粒体 DNA		
		脱落细胞	1	STR 及性别		
			2	人类线粒体 DNA		
4	法医毒物	医用合成药类	1	巴比妥		
			2	苯巴比妥		
			3	速可眠		
			4	戊巴比妥		
			5	异戊巴比妥		
			6	硫喷妥		
			7	氯丙嗪		
			8	异丙嗪		
			9	奋乃静		
			10	三氟拉嗪		
			11	太尔登		
			12	安定		
			13	去甲安定		
			14	利眠宁		
			15	三唑仑		
			16	阿普唑仑		
			17	硝基安定		
			18	羟基安定		

(续表)

序号	鉴定类别/事项	鉴定项目		限制范围	备注
		序号	名称		
4	医用合成药类	19	舒乐安定		
		20	氯硝安定		
		21	氟硝安定		
		22	劳拉安定		
		23	咪哒唑仑		
		24	苯妥英钠		
		25	水合氯醛		
		26	苯佐卡因		
		27	利多卡因		
		28	普鲁卡因		
		29	丁卡因		
		30	布比卡因		
	法医毒物	31	导眠能		
		32	芬那露		
		33	强痛定		
		34	氯氮平		
		35	扑尔敏		
		36	非那西汀		
		37	阿米替林		
		38	多虑平		
		39	三甲丙咪嗪		
		40	氯丙咪嗪		
		41	丙咪嗪		
		42	氨基比林		
		43	扑热息痛		
		44	心律平		
		45	安眠酮		
		46	卡马西平		
		47	西地那非		
	杀虫剂类	1	敌敌畏		
		2	甲拌磷		
		3	内吸磷		
		4	乐果		
		5	氧化乐果		
		6	甲基对流磷		

(续表)

序号	鉴定类别/事项		鉴定项目		限制范围	备注
			序号	名称		
4	法医毒物	杀虫剂类	7	乙基对流磷		
			8	杀螟松		
			9	二氯苯醚菊酯		
			10	胺菊酯		
			11	杀灭菊酯		
			12	溴氰菊酯		
			13	甲氰菊酯		
			14	氯氰菊酯		
			15	呋喃丹		
			16	叶蝉散		
			17	灭多威		
			18	西维因		
			19	速灭威		
		杀鼠剂类	1	敌鼠		
			2	溴敌隆		
			3	杀鼠迷		
			4	杀鼠灵		
			5	大隆		
			6	杀它仗		
			7	毒鼠强		
			8	氟乙酰胺		
			9	氟乙酸		
		水溶性无机毒类	1	亚硝酸盐		
			2	盐卤		
			3	盐酸		
			4	硫酸		
			5	硝酸		
			6	氢氧化钠		
			7	氢氧化钾		
		挥发性毒物类	1	甲醇		
			2	乙醇		
			3	正丙醇		
			4	氰化物		
			5	酚		
			6	来苏尔		

(续表)

序号	鉴定类别/事项	鉴定项目		限制范围	备注
		序号	名称		
4	法医毒物	金属毒物类			
		1	砷		
		2	汞		
		天然药物类			
		1	乌头生物碱		
		2	马钱子		
		3	士的宁		
		4	阿托品		
		毒品类			
		1	鸦片		
		2	吗啡		
		3	可待因		
		4	海洛因		
		5	O6（或O3）—单乙酰基吗啡		
		6	苯丙胺		
		7	甲基苯丙胺		
		8	3,4-亚甲基二氧甲基苯丙胺（MDMA）		
		9	4,5-亚甲基二氧苯丙胺（MDA）		
		10	亚甲基二氧乙基苯丙胺（MDEA）		
		11	三甲苯乙胺		
		12	大麻酚		
		13	四氢大麻酚		
		14	大麻二酚		
		15	LSD		
		16	可卡因		
		17	美沙酮		
		18	杜冷丁		
		19	丁丙诺非		
		20	曲马多		
		21	安啡拉酮		
		22	芬太尼		
		23	氯胺酮		
		24	二氢埃托啡		
		其他/易制毒			
		1	醋酸酐		
		2	氯化铵		
		3	三氯甲烷		
		4	丙酮		
		5	乙醚		
		6	硫酸		

(续表)

序号	鉴定类别/事项	鉴定项目		限制范围	备注
		序号	名称		
4	法医毒物				
	其他/易制毒	7	盐酸		
		8	麻黄碱		
		9	假麻黄碱		
		10	1-苯基-2-丙酮		
		11	氯化亚砜		
		12	甲苯		
		13	氯化钯		
		14	苯乙酸		
		15	硫酸钡		
		16	醋酸钠		
		17	黄樟脑		
		18	异黄樟脑		
		19	胡椒醛		
		20	3,4-亚甲基二氧苯基-2-丙酮		
		21	高锰酸钾		
		22	丁酮		
		23	邻氨基苯甲酸		
		24	N-乙酰邻氨基苯甲酸		
		25	麦角新碱		
		26	麦角胺		
		27	麦角酸		
		28	哌啶		
	气体毒物类	1	甲烷		
		2	乙烷		
		3	丙烷		
		4	丁烷		
		5	戊烷		
		6	丙烯		
		7	丁烯		
		8	硫化氢		
		9	一氧化碳		
5	文书	1	笔迹		
		2	印刷文件		
		3	印章印文及各类安全标记		

(续表)

序号	鉴定类别/事项	鉴定项目		限制范围	备注
		序号	名称		
6	痕迹				
	人体乳突纹线	1	指纹		
		2	掌纹		
	足迹	1	鞋印		
		2	袜印		
		3	赤脚印		
	线形痕迹				
	凹陷痕迹				
	金属号码	1	车辆号码		
	整体分离痕迹				
	射击弹头及弹壳痕迹				
	枪支及枪弹确定				
	雷管、导火(爆)索及爆炸装置				
7	微量	1	石油产品及残留物(汽油、煤油、柴油及残留物)		
		2	炸药残留物		
		3	枪弹射击残留物		
		4	油漆涂料		
		5	金属类		
		6	塑料		
		7	纤维		
		8	玻璃		
8	声像资料				
	照相	1	可见光照相		
		2	紫外照相		
	电子数据	1	电子数据的提取、固定与恢复		
		2	电子数据的分析与鉴定		

四、上海市公安司法鉴定中心

序号	鉴定类别/事项		鉴定项目		限制范围	备注
		序号	名称			
1	法医临床	1	伤残程度鉴定(交通事故)			
		2	损伤程度鉴定			
2	法医物证	血液(斑)	1	人血红蛋白		
			2	STR 及性别		
			3	人类线粒体 DNA		
		精液(斑)	1	人前列腺特异抗原		
			2	STR 及性别		
			3	人类线粒体 DNA		
		软组织	1	STR 及性别		
			2	人类线粒体 DNA		
		毛发	1	STR 及性别		
			2	人类线粒体 DNA		
		唾液(斑)	1	STR 及性别		
			2	人类线粒体 DNA		
		骨骼	1	STR 及性别		
			2	人类线粒体 DNA		
		牙齿	1	STR 及性别		
			2	人类线粒体 DNA		
		指甲	1	STR 及性别		
			2	人类线粒体 DNA		
		尿液(斑)	1	STR 及性别		
			2	人类线粒体 DNA		
3	法医毒物	医用合成药类	1	巴比妥	只做定性	
			2	苯巴比妥	只做定性	
			3	速可眠	只做定性	
			4	异戊巴比妥	只做定性	
			5	硫喷妥	只做定性	
			6	氯丙嗪	只做定性	
			7	异丙嗪	只做定性	
			8	安定	只做定性	
			9	利眠宁	只做定性	
			10	三唑仑		
			11	阿普唑仑	只做定性	
			12	硝基安定	只做定性	
			13	咪达唑仑	只做定性	

(续表)

序号	鉴定类别/事项		鉴定项目		限制范围	备注
		序号	名称			
3	法医毒物	医用合成药类	14	奥沙西泮	只做定性	
			15	舒乐安定	只做定性	
			16	氯硝安定	只做定性	
			17	氯氮平	只做定性	
			18	阿米替林	只做定性	
			19	多虑平	只做定性	
			20	安眠酮	只做定性	
			21	咖啡因	只做定性	
			22	扑热息痛	只做定性	
			23	非那西汀	只做定性	
		杀虫剂类	1	敌敌畏	只做定性	
			2	甲胺磷	只做定性	
			3	乙酰甲胺磷	只做定性	
			4	乐果	只做定性	
			5	氧化乐果	只做定性	
			6	乙基对流磷	只做定性	
			7	二氯苯醚菊酯	只做定性	
			8	胺菊酯	只做定性	
			9	杀灭菊酯	只做定性	
			10	溴氰菊酯	只做定性	
			11	甲氰菊酯	只做定性	
			12	氯氰菊酯	只做定性	
			13	呋喃丹	只做定性	
			14	灭多威	只做定性	
		杀鼠剂类	1	毒鼠强	只做定性	
		气体毒物类	1	乙醇		
			2	一氧化碳		
		毒品类	1	吗啡	只做定性	
			2	可待因	只做定性	
			3	海洛因		
			4	单乙酰吗啡	只做定性	
			5	乙酰可待因	只做定性	
			6	LSD		
			7	苯丙胺		
			8	甲基苯丙胺		
			9	亚甲基二氧甲基苯丙胺(MDMA)		

(续表)

序号	鉴定类别/事项		鉴定项目		限制范围	备注
			序号	名称		
3	法医毒物	毒品类	10	亚甲基二氧苯丙胺(MDA)		
			11	四氢大麻酚	只做定性	
			12	可卡因	只做定性	
			13	杜冷丁	只做定性	
			14	氯胺酮		
		挥发性毒物类	1	氯仿	只做定性	
			2	丙酮	只做定性	
			3	乙醚	只做定性	
			4	甲醇	只做定性	
			5	乙酸甲酯	只做定性	
			6	乙醇	只做定性	
			7	正己烷	只做定性	
			8	异丙醇	只做定性	
			9	甲苯	只做定性	
			10	乙酸乙酯	只做定性	
			11	二氯甲烷	只做定性	
			12	苯	只做定性	
			13	丁酮	只做定性	
		其他/易制毒	1	麻黄碱	只做定性	
			2	伪麻黄碱	只做定性	
			3	1-苯基-2-丙酮	只做定性	
			4	苯乙酸	只做定性	
			5	黄樟脑	只做定性	
			6	异黄樟脑	只做定性	
			7	胡椒醛	只做定性	
			8	3,4-亚甲基二氧苯基-2-丙酮	只做定性	
			9	邻氨基苯甲酸	只做定性	
			10	N-乙酰邻氨基苯甲酸	只做定性	
4	文书		1	笔迹		
			2	印章印文及各类安全标记		
			3	其他(变造文件)		
5	痕迹	人体乳突纹线	1	指纹		
		射击弹头及弹壳痕迹				

(续表)

序号	鉴定类别/事项	鉴定项目		限制范围	备注
		序号	名称		
6	微量	1	石油产品及残留物(汽油)		
		2	炸药残留物(TNT)		
		3	纤维		
		4	金属类		
		5	催泪化学品(辣椒素)		
		6	其他(硫酸根离子、硝酸根离子、氯离子)		
7	声像资料 照相	1	紫外照相		

五、广东省公安司法鉴定中心

序号	鉴定类别/事项		鉴定项目		限制范围	备注
			序号	名称		
1	法医病理		1	死亡原因鉴定		
			2	死亡时间鉴定		
			3	死亡方式鉴定		
			4	致伤物推断鉴定		
2	法医临床		1	损伤程度鉴定		
3	法医物证	血液(斑)	1	人血红蛋白		
			2	STR及性别		
		精液(斑)	1	人前列腺特异抗原		
			2	STR及性别		
		软组织	1	STR及性别		
		毛发	1	STR及性别		
		唾液(斑)	1	STR及性别		
		骨骼	1	STR及性别		
		牙齿	1	STR及性别		
		粪便	1	STR及性别		

(续表)

序号	鉴定类别/事项		鉴定项目		限制范围	备注
			序号	名称		
4	法医毒物	毒品类	1	海洛因		
			2	苯丙胺		
			3	甲基苯丙胺		
			4	亚甲二氧基苯丙胺		
			5	亚甲二氧基甲基苯丙胺		
			6	氯胺酮		
		杀鼠剂类	1	毒鼠强		
		挥发性毒物	1	乙醇		
5	文书		1	笔迹		
			2	印刷文件		
			3	印章印文及各类安全标记		
			4	货币票证		
			5	污损文件		
			6	朱墨时序		
			7	文件制成时间(印章印文)		
6	痕迹	人体乳突纹线	1	指纹		
			2	掌纹		
		足迹	1	鞋印		
			2	袜印		
			3	赤脚印		
		线形痕迹				
		凹陷痕迹				
		金属号码	1	车辆号码		
		整体分离痕迹				
		射击弹头及弹壳痕迹				
7	微量物证		1	枪弹射击残留物		
			2	油漆涂料		
			3	炸药残留物(TNT)		
8	声像资料	录音资料	1	语音识别和分析		
		图像	1	图像处理(去噪、增强、复原等)		
		照相	1	可见光照相		
			2	红外照相		
			3	紫外照相		
			4	光致发光检验		

六、北京市国家安全局司法鉴定中心

序号	鉴定类别/事项		鉴定项目		限制范围	备注
			序号	名称		
1	法医物证	血液(斑)	1	人血红蛋白		
			2	STR 及性别		
		毛发	1	STR 及性别		
		唾液(斑)	1	STR 及性别		
2	法医毒物	毒品	1	吗啡	只做定性	
			2	可待因	只做定性	
			3	O6-单乙酰基吗啡	只做定性	
			4	海洛因		
			5	苯丙胺	只做定性	
			6	甲基苯丙胺	只做定性	
			7	四氢大麻酚	只做定性	
			8	可卡因	只做定性	
		医用合成药类	1	苯巴比妥	只做定性	
			2	速可眠	只做定性	
			3	异戊巴比妥	只做定性	
			4	安定	只做定性	
			5	利眠宁	只做定性	
			6	三唑仑	只做定性	
		杀虫剂类	1	敌敌畏	只做定性	
			2	甲拌磷	只做定性	
			3	氯氰菊酯	只做定性	
			4	溴氰菊酯	只做定性	
		杀鼠剂类	1	毒鼠强	只做定性	
3	文书		1	笔迹		
4	痕迹	人体乳突纹线	1	指纹		
			2	掌纹		
5	微量物证		1	其他(隐性书写材料、电子级水类)	只做定性	
6	声像资料	照相	1	可见光照相		
			2	光致发光检验		
			3	紫外光照相		
		电子数据	1	电子数据的提取、固定与恢复		
			2	电子数据的分析与鉴定		
			3	信息系统分析与鉴定(软件相似性)		

七、司法鉴定科学技术研究所司法鉴定中心

序号	鉴定类别/事项	鉴定项目		限制范围	备注
		序号	名称		
1	法医病理	1	死亡原因鉴定		
		2	死亡时间鉴定		
		3	死亡方式鉴定		
		4	损伤时间的鉴定		
		5	致伤物推断鉴定		
2	法医临床	1	损伤程度鉴定		
		2	伤残程度鉴定		
		3	男子性功能评定		
		4	视觉功能评定		
		5	听觉功能评定		
		6	其他(骨龄鉴定、前庭功能评定)		
3	法医精神病	1	精神状态评定		
		2	行为能力评定		
		3	精神伤残评定		
		4	劳动能力评定		
4	法医物证 血液(斑)	1	人血红蛋白及 DNA 种属鉴定		
		2	STR 及性别		
		3	人类线粒体 DNA		
	精液(斑)	1	人前列腺特异抗原		
		2	STR 及性别		
	软组织	1	STR 及性别		
		2	人类线粒体 DNA		
	羊水	1	STR 及性别		
		2	人类线粒体 DNA		
	毛发	1	STR 及性别		
		2	人类线粒体 DNA		
	唾液(斑)	1	STR 及性别		
	骨骼	1	STR 及性别		
		2	人类线粒体 DNA		
	牙齿	1	STR 及性别		
		2	人类线粒体 DNA		
	指甲	1	人类线粒体 DNA		
	脱落细胞	1	STR 及性别		
	血液	1	ABO 血型		

(续表)

序号	鉴定类别/事项	鉴定项目		限制范围	备注
		序号	名称		
5	法医毒物				
	毒品	1	吗啡		
		2	单乙酰吗啡		
		3	海洛因		
		4	杜冷丁		
		5	苯丙胺		
		6	甲基苯丙胺		
		7	3,4-亚甲基二氧甲基苯丙胺(MDMA)		
		8	4,5-亚甲基二氧苯丙胺(MDA)		
		9	大麻酚		
		10	四氢大麻酚		
		11	大麻二酚		
		12	△9-四氢大麻酸		
		13	氯胺酮		
	医用合成药类	1	巴比妥		
		2	苯巴比妥		
		3	速可眠		
		4	异戊巴比妥		
		5	硫喷妥		
		6	地西泮		
		7	氯硝西泮		
		8	硝基安定		
		9	艾司唑仑		
		10	阿普唑仑		
		11	三唑仑		
		12	咪达唑仑		
		13	氯丙嗪		
		14	异丙嗪		
		15	阿米替林		
		16	多虑平		
		17	丙咪嗪		
		18	氯氮平		
		19	利多卡因		
		20	咖啡因		

(续表)

序号	鉴定类别/事项	鉴定项目 序号	鉴定项目 名称	限制范围	备注
5	法医毒物	天然药物类	1	尼古丁		
			2	阿托品		
			3	乌头碱		
			4	新乌头碱		
			5	次乌头碱		
		杀虫剂类	1	敌敌畏		
			2	甲胺磷		
			3	乙酰甲胺磷		
			4	马拉硫磷		
			5	乐果		
			6	甲基对硫磷		
			7	对硫磷		
			8	呋喃丹		
			9	速灭威		
			10	灭多威		
			11	氰戊菊酯		
			12	氯氰菊酯		
			13	溴氰菊酯		
			14	胺菊酯		
			15	二氯苯醚菊酯		
		杀鼠剂类	1	毒鼠强		
		挥发性毒物类	1	氰化物		
			2	甲醇		
			3	乙醇		
		气体毒物类	1	碳氧血红蛋白饱和度		
		天然药物类	1	乌头碱		
			2	新乌头碱		
			3	次乌头碱		
		金属毒物类	1	铬		
			2	镉		
			3	砷		
			4	铊		
			5	铅		

（续表）

序号	鉴定类别/事项	鉴定项目		限制范围	备注
		序号	名称		
6	文书	1	笔迹		
		2	印刷文件		
		3	印章印文及各类安全标记		
		4	污损文件		
		5	文件制成时间（印章印文）		
		6	朱墨时序		
		7	其他（变造文件）		
7	微量	1	纸张		
		2	墨水		
		3	油墨		
		4	粘合剂		
		5	油漆涂料		
		6	其他（墨粉）		
8	声像资料	录音资料	1	语言识别和分析		
			2	录音检验		
			3	噪音分析		
			4	降噪及提高语音信噪比		
		图像	1	图像处理（去噪、增强、复原等）		
			2	图像鉴定		
			3	其他		
			4	录像技术		

八、法大法庭科学技术鉴定研究所

序号	鉴定类别/事项	鉴定项目		限制范围
		序号	名称	
1	法医病理	1	死亡原因鉴定	
		2	死亡时间鉴定	
		3	死亡方式鉴定	
		4	致伤物推断鉴定	
2	法医临床	1	损伤程度鉴定	
		2	伤残程度鉴定	
		3	视觉	
		4	听觉	

(续表)

序号	鉴定类别/事项	鉴定项目		限制范围
		序号	名称	
3	文书	1	笔迹	
		2	印章印文及各类安全标记	
		3	印刷文件	
		4	其他(变造文件)	

九、中山大学法医鉴定中心

序号	鉴定类别/事项		鉴定项目		限制范围
			序号	名称	
1	法医病理		1	死亡原因鉴定	
			2	死亡时间鉴定	
			3	死亡方式鉴定	
			4	损伤时间鉴定	
			5	致伤物推断鉴定	
2	法医物证	血液(斑)	1	人血红蛋白	
			2	STR 及性别	
		精液(斑)	1	人前列腺特异抗原	
			2	STR 及性别	
		软组织	1	STR 及性别	
		毛发	1	STR 及性别	
		唾液(斑)	1	STR 及性别	
		羊水	1	STR 及性别	
		体液(斑)	1	STR 及性别	

十、西南政法大学司法鉴定中心

序号	鉴定类别/事项	鉴定项目		限制范围	备注
		序号	名称		
1	文书	1	笔迹		
		2	印章印文及各类安全标记		
		3	印刷文件		
		4	文件制成时间(印章印文)		
		5	其他(变造文件)		

司法部办公厅关于十家国家级司法鉴定机构通过资质审核的函

(2013年9月10日　司办函〔2013〕183号)

最高人民法院办公厅、最高人民检察院办公厅、公安部办公厅、国家安全部办公厅、科技部办公厅：

根据中央政法委《关于进一步完善司法鉴定管理体制,遴选国家级司法鉴定机构的意见》(政法〔2008〕2号)的相关要求,国家级司法鉴定机构遴选委员会对2010年遴选出的十家国家级司法鉴定机构进行了资质审核。资质审核分鉴定机构对照检查、主管部门审查和遴选委员会集中评议审核三个阶段进行。在十家机构对照检查和主管部门审查通过的基础上,国家级司法鉴定机构遴选委员会召开专门会议,对十家机构逐一进行了评议审核,一致认为十家机构的资质条件均符合《国家级司法鉴定机构评审标准》,决定继续授予最高人民检察院司法鉴定中心、公安部物证鉴定中心、北京市公安司法鉴定中心、上海市公安司法鉴定中心、广东省公安司法鉴定中心、北京市国家安全局司法鉴定中心、司法鉴定科学技术研究所司法鉴定中心、法大法庭科学技术鉴定研究所、中山大学法医鉴定中心和西南政法大学司法鉴定中心十家机构"国家级司法鉴定机构"的称号。

特此函告。

（三）名册管理

司法部关于统一开展编制和公告《国家司法鉴定人和司法鉴定机构名册》工作的通知

(2005 年 9 月 14 日　司发通〔2005〕72 号)

各省、自治区、直辖市司法厅(局)，新疆生产建设兵团司法局：

为了切实履行法律赋予司法行政机关的管理职能，确保《全国人民代表大会常务委员会关于司法鉴定管理问题的决定》(以下简称《决定》)的顺利实施，及时为司法机关、公民和组织提供全国统一的《国家司法鉴定人和司法鉴定机构名册》(以下简称《鉴定名册》)，满足诉讼活动的需要，维护公民、法人及其他组织合法权益，促进司法公正，根据全国司法鉴定管理工作会议精神和有关要求，司法部定于《决定》施行前，由各司法厅(局)统一组织开展本行政区域内司法鉴定人和司法鉴定机构的名册编制和公告工作，现就有关问题通知如下：

一、工作依据

编制《鉴定名册》的法律依据和有关政策规定是：

1.《行政许可法》；

2.《决定》；

3. 全国人大常委会法工委《关于司法鉴定管理问题的决定施行前可否对司法鉴定机构和司法鉴定人实施准入管理等问题的意见》(法工委发函〔2005〕52 号)；

4.《司法部关于学习贯彻〈全国人大常委会关于司法鉴定管理问题的决定〉的通知》(司发通〔2005〕30 号)。

二、工作范围和办法

1. 对于经司法行政机关审批、设立，取得司法行政机关颁发的《司法鉴定人执业证》、《司法鉴定许可证》的司法鉴定人和司法鉴定机构，根据《决定》规定，统一进行重新审核。根据审核结果，分别情况作出处理：符合条件的，编入《鉴定名册》；不符合条件的，限期整改，整改后符合条件的，编入《鉴定名册》；部分鉴定事项符合条件的,按其符合部分编入《鉴定名册》;基本不符合条件的,暂缓编入《鉴定名册》。

2. 对于未取得司法行政机关颁发的《司法鉴定人执业证》、《司法鉴定许可证》,但实际上已在从事司法鉴定活动的鉴定人和鉴定机构,依其申请,应按照新设机构的审核登记程序和条件,优先受理。经审核符合条件的,予以登记,编入《鉴定名册》。

3. 对于新申请设立鉴定机构的法人或其他组织,应根据司法部(司发通〔2005〕30号)文件的要求,按新设机构的规定条件和要求进行审核,符合《决定》规定条件的,予以登记,编入《鉴定名册》。

4. 对于违反法律、行政法规和地方性法规、规章的行为或被当事人投诉、举报,尚未处理的司法鉴定人和司法鉴定机构,应及时依法调查处理。对于经查证属实确有过错但尚未达到处罚标准的,应责令其限期整改,整改合格的,可编入《鉴定名册》;对在9月30日前尚未作出处理的,暂不编入《鉴定名册》。

5. 对于外国(境外)法人或其他组织、外商投资的法人或其他组织申请在中国(境内)设立司法鉴定机构的,在没有相关规定前,不予受理;对于未经司法厅(局)审批设立的司法鉴定机构分支机构及司法鉴定人申请登记的,不予受理;对于与人民法院和司法行政机关在人、财、物方面仍存在隶属关系的司法鉴定机构及司法鉴定人申请登记的,不予受理。

6. 对于原经司法部审批设立的司法鉴定人和司法鉴定机构的重新审核工作,由所在地省级司法行政机关负责,符合条件的,编入《鉴定名册》。

7. 对于上述司法鉴定人和司法鉴定机构,于9月30日前完成重新审核或新设登记的,统一编入2005年度《鉴定名册》,予以公告;10月1日后完成审核登记的,及时公告,适时编入下一年度《鉴定名册》。

三、工作步骤和时间

1. 第一阶段:司法部和各司法厅(局)向社会公布统一开展编制和公告《鉴定名册》工作的有关事宜。

2. 第二阶段:各司法厅(局)按本通知规定,严格依法审核,针对不同情况,分别作出处理。

3. 第三阶段:各司法厅(局)编制本行政区域的《鉴定名册》(见司发通〔2005〕65号《司法行政机关司法鉴定登记管理文本格式(试行)》),于9月30日前,在省、自治区、直辖市主要报刊及政府网站上公告,并将纸质版一式2份、电子版1份报司法部司法鉴定体制改革工作办公室备案。司法部适时在《法制日报》和《中国普法网》上向全国统一公告《鉴定名册》。

四、工作要求

1. 高度重视,加强领导。名册编制和统一公告工作是一项时间紧、任务重、情况复杂、政策性强的工作,直接关系到《决定》的顺利实施,关系到统一司法鉴定管理体制的建立,关系到当事人诉讼权利的实现和诉讼活动的顺利进行。各司法厅(局)要统一思想,提高认识,按照司法部的统一部署和要求,结合实际情况,制定切实可行的具体实施方案;精心组织司法鉴定管理人员、司法鉴定人及司法鉴定机构负责人,在全面准确地把握《决定》精神和有关规定的基础上,周密安排有关工作,确保名册编制和统一公告任务的顺利完成。

2. 严格管理,规范提高。要参照《决定》等有关规定,严肃查处、清理一批违法违规和不符合条件的鉴定机构和鉴定人,切实维护司法鉴定的权威和公信力;要加强司法鉴定机构规范化、标准化建设,进一步建立健全内部管理规章制度和工作规范;要鼓励、支持司法鉴定机构按照可持续发展的要求,进一步加大技术装备的投入和建设力度,规范技术管理工作,逐步达到检测实验室的标准要求,增强鉴定能力,提高鉴定水平,确保鉴定质量。

3. 及时请示、加强协调。各司法厅(局)要及时向当地政法委、人大常委会法制工作机构请示、汇报,争取支持;同时要主动与政法各部门及其他相关部门协调、沟通,建立良好的协商工作机制,切实发挥行政主管职能作用,为做好司法鉴定管理工作打下良好基础。各地对在实施过程中遇到的新情况、新问题,尤其是涉及管理体制调整等政策性较强的问题,应在充分调查研究的基础上,提出妥善处理意见,必要时应及时向上一级司法行政机关请示。

司鉴办联系人:孙业群 吴智文
联系电话:010-65206814 65205551
传真:010-65205551 E-mail:sfky@163.com

司法鉴定人和司法鉴定机构名册管理办法

(2010年4月12日 司发通〔2010〕84号)

第一条 为了规范司法鉴定人和司法鉴定机构名册编制和公告工作,方便司法机关、公民、法人和其他组织进行诉讼活动,根据《全国人民代表大会常务委员会关于司法鉴定管理问题的决定》和《司法鉴定机构登记管理办法》、《司法鉴定人登记管理办法》等有关法律、法规、规章,制定本办法。

第二条 经司法行政机关审核登记的司法鉴定人和司法鉴定机构的名册编制、公告和管理工作,适用本办法。

第三条 司法行政机关编制的司法鉴定人和司法鉴定机构名册的名称为《国家司法鉴定人和司法鉴定机构名册》。名册分为纸质版和电子版两种形式。

第四条 《国家司法鉴定人和司法鉴定机构名册》是司法鉴定人和司法鉴定机构接受委托从事司法鉴定活动的法定依据。

第五条 省级司法行政机关负责本行政区域《国家司法鉴定人和司法鉴定机构名册》的编制、公告和管理工作。

司法部负责指导、监督《国家司法鉴定人和司法鉴定机构名册》的编制、公告和管理工作,并按年度汇编、公布全国统一的《国家司法鉴定人和司法鉴定机构名册》。

第六条 省级司法行政机关根据上一年度截止到12月31日已登记的司法鉴定人和司法鉴定机构的情况,于每年3月底前完成本年度《国家司法鉴定人和司法鉴定机构名册》的编制工作。

各省级司法行政机关编制的纸质版《国家司法鉴定人和司法鉴定机构名册》封面应当注明本行政区域的名称和编制年份。

第七条 《国家司法鉴定人和司法鉴定机构名册》应当载明机构名称、许可证号、机构负责人、机构住所、邮政编码、电话、业务范围、执业司法鉴定人的姓名等。具有独立法人资格的司法鉴定机构应当注明法定代表人。同时载明省级司法行政机关司法鉴定管理机构的名称和查询、监督电话。

第八条 《国家司法鉴定人和司法鉴定机构名册》的印制格式和编排要求,包括开本、版式、使用标识、封面颜色、编辑体例、内容顺序、文字格式以及编制程序等,由司法部统一规定。司法鉴定机构的业务范围和司法鉴定人的执业类别的排列顺序,按照《全国人民代表大会常务委员会关于司法鉴定管理问题的决定》和司法部颁布的有关司法鉴定执业活动分类规范的顺序排列。

第九条 《国家司法鉴定人和司法鉴定机构名册》使用国家规范汉字和符合国家标准的数字、符号。

民族区域自治地方的省级司法行政部门,可以根据本地区实际情况,在编制的名册中同时使用本民族区域自治地方的民族文字。

第十条 省级司法行政机关编制完成本年度《国家司法鉴定人和司法鉴定机构名册》后,应当于每年4月15日前向司法部备案,并将纸质版名册分送本行政区域内司法机关和政府有关部门。

司法部按年度汇编全国统一的《国家司法鉴定人和司法鉴定机构名册》,并将纸质版名册分送中央、地方司法机关和政府有关部门。

第十一条 本年度《国家司法鉴定人和司法鉴定机构名册》编制完成后应当及时公告。公民、法人和其他组织可以通过公告或者政府网站查询《国家司法鉴定人和司法鉴定机构名册》。

第十二条 本年度《国家司法鉴定人和司法鉴定机构名册》编制完成后发生司法鉴定人或者司法鉴定机构新增、变更、撤销、注销等情形的,省级司法行政机关应当及时公告并更新电子版名册。

第十三条 在诉讼活动中,对《全国人民代表大会常务委员会关于司法鉴定管理问题的决定》第二条所规定的鉴定事项发生争议,需要鉴定的,应当委托列入《国家司法鉴定人和司法鉴定机构名册》的司法鉴定人和司法鉴定机构进行鉴定。

第十四条 司法行政机关编制、公告和管理《国家司法鉴定人和司法鉴定机构名册》所需费用向同级财政部门申请专项保障经费。

第十五条 未经省级以上司法行政机关批准或者委托,任何部门不得编制、公布和出版、印发《国家司法鉴定人和司法鉴定机构名册》或者类似名册。

第十六条 本办法自发布之日起施行。

(四)质量管理

司法部、国家认证认可监督管理委员会关于开展司法鉴定机构认证认可试点工作的通知

(2008年7月25日 司发通〔2008〕116号)

各省、自治区、直辖市司法厅(局),质量技术监督局:

根据《全国人民代表大会常务委员会关于司法鉴定管理问题的决定》(以下简称《决定》)和《中华人民共和国认证认可条例》等法律法规的规定,在深入调研论证的基础上,司法部、中国国家认证认可监督管理委员会(以下简称"国家认监委")决定,共同推进司法鉴定机构的资质认定和认可工作(以下简称"司法鉴定机构认证认可工作")。鉴于司法鉴定领域的认证认可在国内外均缺乏可以借鉴的成熟经验,需要逐步积累和总结经验,决定先期在部分省(市)开展试点。现将有关事项通知如下:

一、充分认识司法鉴定机构认证认可工作的重要意义

司法鉴定质量是司法鉴定工作的生命线,直接关系到诉讼中案件事实的认定,关系到司法公正的实现和人民群众合法权益的保护。《决定》实施以来,经过几年的努力,司法鉴定机构的技术条件逐步改善,技术能力不断增强,司法鉴定行业开始走上规范化、法制化和科学化的发展轨道。但从总体上看,司法鉴定的能力和水平与司法机关和人民群众的鉴定需求相比,还存在一定的差距,必须采取措施,切实提升司法鉴定质量,维护司法鉴定的公信力和权威性。

认证认可是质量管理和质量保证的重要手段。司法鉴定机构根据认证认可的要求,建立并运行质量管理体系,对影响鉴定质量的所有因素进行全过程、全方位的有效控制和管理,使所有鉴定活动有章可循、有据可查,全面提升司法鉴定机构的技术能力和管理水平,从而确保司法鉴定"行为公正、程序规范、方法科学、数据准确、结论可靠",为司法活动的顺利进行提供技术保障和专业化服务。

司法行政机关作为司法鉴定登记管理机关,国家认监委作为实验室和检查机构资质的管理机关,依法共同推进司法鉴定认证认可工作,不仅是履行法定职

责,依法行政的必然要求,也是促进司法鉴定行业健康顺利发展的必要途径;不仅是实现司法鉴定科学管理的有力举措,也是共同实施认证认可的有益探索。在部署和开展司法鉴定机构认证认可工作中,既要考虑司法鉴定行业发展的现状、各地区发展不平衡的实际,更要从规范鉴定活动,完善鉴定制度,保障鉴定质量的目的出发,切实加强质量管理,依法将认证认可的结果作为司法鉴定机构准入和执业过程中保持准入条件的重要依据,做到规范一批,做强一批,淘汰一批,有力推进司法鉴定的规范化、法制化和科学化建设,促进司法鉴定行业又好又快地发展。

二、试点工作的主要内容

(一)试点地区和时间。本次试点工作在北京、江苏、浙江、山东、四川、重庆等6个省(市)进行。自2008年10月1日起,试点期限为2年。鼓励其他有条件的省(区、市)按照试点要求同步进行。

(二)试点要求。试点期内,在试点地区已经从事或者拟申请从事法医类、物证类和声像资料类(以下简称"三大类")司法鉴定业务的法人和其他组织,应当参加并依法通过国家级或者省级资质认定,或者实验室认可、检查机构认可。经省级司法行政机关商省级质量技术监督机关同意,从事其他鉴定类别的司法鉴定机构也可以申请相应资质认定。

(三)认证认可机关

1. 国家认监委负责国家级实验室或者检查机构资质认定的受理和评定,中国合格评定国家认可委员会(以下简称"认可委"、CNAS)负责实验室认可或者检查机构认可的受理和评定。

2. 省级质量技术监督局负责省级实验室或者检查机构资质认定的受理和评定。司法鉴定机构认证认可的受理对象和条件、有关评审要求等具体事宜见《司法鉴定机构认证认可评审要求》(附件)。

三、试点工作的组织实施

(一)明确任务分工。司法部、国家认监委依据各自职责,统一部署、指导监督司法鉴定机构认证认可工作。省级司法行政机关积极配合国家认监委、认可委,推荐资质条件较好的司法鉴定机构申请国家级资质认定或者认可,并积极配合省级质量技术监督机关制定科学有效、切实可行的实施方案,开展本行政区域内的司法鉴定省级资质认定工作。认可委根据本通知要求,统一部署和组织实施有关认可工作和能力验证工作。省级质量技术监督机关具体负责本行政区域内的有关司法鉴定机构的资质认定工作。

(二)组织宣传动员。各级司法行政机关要大力宣传司法鉴定机构认证认可的重要意义,组织开展管理干部、司法鉴定机构负责人和业务骨干参加的认证认可知识培训,把认证认可知识作为司法鉴定人继续教育的重要内容,尽快使管理人员和鉴定人正确理解和基本掌握有关管理文件和技术文件,切实提高认识水平和实施能力。各级质量技术监督机关要积极配合,提供必要的政策、师资、教材等支持,与司法行政机关共同做好司法鉴定机构认证认可的宣传动员工作。

(三)开展能力验证。司法部、国家认监委、认可委在全国统一组织开展司法鉴定机构的能力验证工作。在认可委的统筹安排下,由司法部司法鉴定科学技术研究所负责制定并组织实施能力验证计划,加强行业技术指导,不断提升司法鉴定机构和司法鉴定人的技术能力。

申请国家级资质认定或者认可的司法鉴定机构,应当参加上述能力验证并取得满意结果。

在试点地区已经从事或者拟申请从事"三大类"司法鉴定业务的法人或者其他组织,应当参加业务范围内有关项目的能力验证并取得基本满意以上结果。

在试点地区内县级行政区域从事法医临床鉴定(伤情和残疾)的司法鉴定机构,试点期内确难通过资质认定的,应当参加相应的能力验证并取得基本满意以上结果。

(四)加强评审队伍建设。司法部、国家认监委、认可委联合举办司法鉴定机构资质认定评审员和认可评审员"二合一"培训班,尽快建立既熟悉司法鉴定工作、又掌握认证认可知识的资质认定评审员和认可评审员队伍,作为开展司法鉴定机构认证认可工作的核心力量,也是今后各省级质量技术监督机关培训司法鉴定领域的资质认定评审员的师资队伍。试点期内,对申请国家级资质认定或者认可的司法鉴定机构进行评审的人员,一般应当取得国家级资质认定评审员或者 CNAS 认可评审员资质。试点结束后,所有从事司法鉴定机构认证认可评审的人员,必须取得相应的评审员资质。

各司法鉴定机构应当培养一批熟悉认证认可所要求的质量体系建设和持续改进工作的内审员。试点期间,司法鉴定机构的内审员培训工作由司法部司法鉴定科学技术研究所负责。试点工作结束后,各省级司法行政机关可与省级质量技术监督机关根据本地区实际情况,共同组织开展司法鉴定机构内审员培训。

(五)建立完善相关制度。司法部进一步建立完善相关管理规范,尽快制定或者确认一批司法鉴定技术标准、技术规范和操作规程,建立非标准方法确认制度,制定司法鉴定能力验证规范;积极配合国家认监委、认可委制定相关认证认可准则以及在司法鉴定领域的应用说明、认证认可分领域目录等技术文件,共同推动建立法律规范、管理规范、技术规范相衔接、相配合的司法鉴定认证认可制度体系。

四、试点工作的有关要求

（一）推动开展司法鉴定机构认证认可工作要与遴选国家级和省级司法鉴定机构相结合。省级司法行政机关推荐国家级司法鉴定机构或者遴选省级司法鉴定机构，应当在获得国家级资质认定或者实验室认可、检查机构认可的司法鉴定机构中选择。

（二）推动开展司法鉴定机构认证认可工作要与登记管理工作相结合。试点期满后，试点地区省级司法行政机关应当审核司法鉴定机构的业务范围，使其与通过资质认定或者认可的能力范围相对应。对于不符合的业务范围应当限期整改，整改期间该业务范围暂缓编入国家司法鉴定人和司法鉴定机构名册。至司法鉴定许可证使用期满，对于仍达不到要求的业务范围，应当依法注销或者不予延续登记；对于仍不具备省级资质认定申请条件的，应当依法注销。在试点期内新设立的司法鉴定机构，应当在取得司法鉴定许可证后2年内通过资质认定或者认可，否则应当依法注销。

（三）推动开展司法鉴定机构认证认可工作要与监督管理工作相结合。各级司法行政机关应当把司法鉴定机构认证认可和能力验证结果作为司法鉴定机构资质管理和监督管理的重要依据。在日常监督工作中，把司法鉴定机构的质量体系建设和能力验证的情况纳入检查和考核内容。发现不符合要求的，及时提出整改意见。

上述试点工作要求在试点期限结束以后，在全国范围内推广实施。

各级司法行政机关和质量技术监督机关要高度重视司法鉴定机构认证认可工作。提高认识，统一思想，明确任务，将司法鉴定机构认证认可工作列入重要的议事日程。分管领导牵头，指定专门机构和专门人员负责，精心组织，周密安排，确保按照本通知的要求贯彻落实到位。非试点地区的省级司法行政机关和质量技术监督机关也要加强协调配合，开展调查研究和宣传贯彻活动，做好司法鉴定省级资质认定的准备工作，经协商一致，可以同步在全省或者部分地区开展试点。司法鉴定机构要充分认识通过认证认可的重要性和必要性，切实提高思想认识，明确任务要求，加大投入，创造条件，克服困难，积极参加司法鉴定机构认证认可活动。

附件：司法鉴定机构认证认可评审要求

附件

司法鉴定机构认证认可评审要求

为保证司法鉴定机构认证认可工作科学、有序地进行,保证司法鉴定机构认证认可试点工作的一致性,经司法部和国家认监委研究商定,制定本评审要求。

一、申请的类型、对象、条件和要求

(一)申请类型

根据《决定》、《认证认可条例》,按照《实验室和检查机构资质认定管理办法》和认可规则,结合司法鉴定专业特点,司法鉴定机构的认证认可,分为实验室或者检查机构国家级资质认定和省级资质认定、实验室认可或者检查机构认可。

(二)申请受理机关

1. 实验室、检查机构国家级资质认定申请由国家认监委受理;

2. 实验室认可、检查机构认可申请由国家认可委受理;

3. 实验室、检查机构省级资质认定申请由省级质量技术监督局受理。

(三)申请国家级资质认定或者实验室/检查机构认可的司法鉴定机构应当具备下列条件:

1. 一般具有独立法人资格,取得省级司法行政机关核发的司法鉴定许可证;

2. 经省级司法行政机关推荐;

3. 年度检案量达到 2 000 件以上,或者所申请业务领域(业务范围)的检案量在本省级行政区域司法鉴定机构中排在前三名(申请认可的个别情况除外);

4. 所申请的业务领域(业务范围)中,每个领域至少拥有 5 名以上鉴定人,其中至少拥有 1 名具有所在专业副高级以上专业技术职称的鉴定人;

5. 具有与其所申请资质认定或者认可范围相适应的注册资本、场地、设备;

6. 参加过一次以上司法部、国家认监委或者认可委组织实施的能力验证活动并取得满意结果。

(四)申请省级资质认定的司法鉴定机构应当取得省级司法行政机关核发的司法鉴定许可证,并拥有满足所申请资质认定范围必需的仪器设备或者其他工作条件。

(五)申请要求

1. 司法鉴定机构不得同时申请国家级资质认定和省级资质认定。

2. 鼓励符合(三)中所列条件的司法鉴定机构同时申请国家级资质认定和实验室认可或者检查机构认可"二合一"认证认可。

二、评审依据

（一）法医病理鉴定、法医临床鉴定、法医精神病鉴定、文书鉴定、痕迹鉴定等鉴定事项，主要是在专业判断的基础上，确定相对于通用要求的符合性。这类机构申请资质认定或者认可的，目前一般按照《检查机构能力认可准则》(CNAS-CI01:2006，等同采用 ISO/IEC17020:1998)及其在相关领域的应用说明进行检查机构资质认定或者认可评审。

（二）法医物证鉴定、法医毒物鉴定、微量鉴定、声像资料鉴定等鉴定事项，主要是在分析检测的基础上，出具具有证明作用的数据和结果。这类机构申请实验室资质认定的，原则上按照《实验室资质认定评审准则》(国认实函〔2006〕141号发布)进行评审。

申请实验室认可的，按照《检测和校准实验室能力认可准则》(CNAS-CL01:2006，等同采用 ISO/IEC17025:2005)及其在相关领域的应用说明进行认可评审。

同时申请实验室认可和资质认定的司法鉴定机构，其评审依据按照《检测和校准实验室能力认可准则》和《实验室资质认定评审准则》进行。

（三）同时从事（一）和（二）中鉴定事项的机构在试点期间分别按照（一）和（二）的评审依据评审。

（四）司法鉴定机构认证认可评审补充要求。

对司法鉴定机构资质进行资质认定或者认可评审，除按照上述有关评审准则评审外，还应当补充评审下列事项：

1. 法律地位。符合《司法鉴定机构登记管理办法》第十六条规定的司法鉴定机构，未登记机关法人、事业法人、企业法人或者社团法人的，列为其他法人；不具备法人资格的需经所属法人授权。

2. 设施和设备。应当符合《司法鉴定机构仪器设备基本配置标准（暂行）》(司发通〔2006〕57号)的要求。

3. 非标准方法的选择和确认。采用非标准方法的，应当优先选择司法部推荐的已通过认可的方法或者由司法部组织的专家组按照认证认可规则中的相关要求进行评价和确认的方法。必要时，司法部可以授权省级司法行政机关或者司法鉴定科学技术研究所实施。

4. 分包和外部信息。司法鉴定活动中需要运用医疗等机构出具的检测、检验结果的，司法鉴定机构应当在经省级司法行政机关确认的资质较高的医疗等机构中确定分包方，并签订分包协议。司法鉴定机构需要利用委托方提供的外部检测、检验结果信息并作为鉴定的主要依据的，应当对外部信息的完整性和可采用性进行核查或验证，并在鉴定文书中注明。申请国家级资质认定或者认可的，分包项目仅限于设备使用频次低、价值昂贵项目或者特殊项目。

5. 兼职鉴定人。兼职鉴定人指尚未办理退休手续,其人事、工资关系不在该鉴定机构及其母体组织的司法鉴定人。兼职鉴定人应当与申请机构签订聘用合同,该类人员同样纳入质量管理体系,并确保其参加必要的司法鉴定政策、法规和认证认可规则的培训。申请国家级资质认定或者认可的机构,其兼职鉴定人比例不得超过其总人员的20%。

三、工作程序及监督管理规定

(一)申请人对照上述条件,经省级司法行政机关推荐,向当地省级质量技术监督机关申请省级资质认定或者向国家认监委申请国家级资质认定,或者向认可委申请认可。

省级资质认定申请书可登录国家认监委网站(http://www.cnca.gov.cn)→表格下载→实验室资质认定和检查机构资质认定业务栏目中分别下载;

国家级资质认定和国家实验室/检查机构认可"二合一"认证认可申请资料、相关认可规范文件可登录认可委网站(http://www.cnas.org.cn)→下载专区→实验室认可、检查机构认可、计量认证/检查机构(验收)栏目中分别下载。

(二)资质认定机关或者认可委在规定时限内完成对申请人申请材料的审核,并做出受理或者不予受理申请的决定。

(三)对于同意受理的,资质认定机关或者认可委在规定时限内组织安排专家对申请人进行文件评审和现场评审。对于同时申请资质认定和认可的,资质认定受理机关将会同认可委联合组成评审组对申请机构进行评审。

(四)评审专家组在规定时间内完成评审材料并报资质认定发证机关或者认可委,资质认定发证机关或者认可委在规定时限内对评审材料进行评定(资质认定材料报领导批准),通过的,由资质认定发证机关或者认可委向申请人颁发资质认定证书或者认可证书。

(五)资质认定证书和认可证书有效期均为3年,获得资质认定或者认可的机构按照规定,在3年中应当接受1次监督评审,证书届满时,需要保持资质认定或者认可资质的,应当提前6个月向发证机关提出复查申请。

(六)申请人以虚假手段骗取资质认定或者认可的,一经发现,将吊销其资质认定或者认可资格。司法鉴定机构在获证后不能持续维持其质量体系或者发生重大质量事故的,发证机关将暂停或者撤销其资质认定或者认可资格。

拟申请从事司法鉴定业务的法人或者其他组织申请司法鉴定资质认定或者认可,按照上述有关规定执行。

本评审要求,自《司法部、中国国家认证认可监督管理委员会关于开展司法鉴定机构认证认可试点工作的通知》发布之日起施行。

司法部、国家认证认可监督管理委员会
关于全面推进司法鉴定机构认证认可工作的通知

(2012年4月12日 司发通〔2012〕114号)

各省、自治区、直辖市司法厅(局)、质量技术监督局,中国合格评定国家认可中心:

自2008年7月25日司法部、国家认证认可监督管理委员会下发《关于开展司法鉴定机构认证认可试点工作的通知》以来,北京、山东、江苏、浙江、四川、重庆等六个试点地区司法行政机关和质量技术监督部门相互支持、相互配合,共同推进司法鉴定机构认证认可试点工作,取得了明显成效。为进一步加强质量建设和质量管理,不断提高司法鉴定社会公信力,充分发挥司法鉴定制度的功能作用,在总结试点经验的基础上,现就全面推进司法鉴定机构认证认可工作的有关事项通知如下。

一、总体目标和要求

各地要按照统筹规划、分类指导、不断完善、注重实效的原则,全面推进司法鉴定机构参加并依法通过资质认定或认可(以下统称为认证认可),建立并有效运行质量管理体系,持续提高司法鉴定的科学性、权威性和可靠性,推动司法鉴定行业可持续发展。

(一)自本通知发布之日起,新设立从事法医、物证、声像资料类司法鉴定业务的司法鉴定机构应当建立并有效运行质量管理体系,在司法行政机关核准登记后2年内依法通过认证认可。

(二)本通知发布之前,经司法行政机关审核登记,从事法医、物证、声像资料类司法鉴定业务的司法鉴定机构应当按照所在区域司法厅(局)规定的期限内依法通过认证认可,建立并有效运行质量管理体系。司法行政机关在开展延续登记工作时,应当根据司法鉴定机构通过认证认可的情况重新审核其业务范围和鉴定事项。

(三)从事法医、物证、声像资料类之外其他司法鉴定业务的司法鉴定机构可参照本通知,依法通过认证认可。

(四)各省、自治区、直辖市司法厅(局)重点扶持建设的高资质、高水平司法

鉴定机构应当通过国家级资质认定或认可。

北京、山东、江苏、浙江、四川、重庆六个试点地区要按照本通知要求继续推进司法鉴定机构认证认可工作。

二、职责分工

司法部、国家认证认可监督管理委员会依照各自职责和工作分工，部署和监督指导司法鉴定认证认可工作。省级司法行政机关负责本行政区域内司法鉴定机构认证认可的组织、推荐和指导等相关工作。国家认证认可监督管理委员会负责司法鉴定机构国家级资质认定的受理、评审、审批和证后监管工作；省级质量技术监督部门负责本行政区域内司法鉴定机构省级资质认定的受理、评审、审批和证后监管等相关工作；中国合格评定国家认可中心负责司法鉴定机构认可的受理、评审、批准和证后监督工作。

三、组织实施

（一）高度重视。开展司法鉴定机构认证认可工作是贯彻落实《全国人民代表大会常务委员会关于司法鉴定管理问题的决定》精神，依法履行管理职责，加强司法鉴定管理的必然要求，也是认证认可服务领域的新实践。司法行政机关和质量技术监督部门要高度重视，相互配合，共同推进，切实把工作抓紧抓好。

（二）任务要求。司法行政机关要引导和督促司法鉴定机构积极参加认证认可。要把认证认可工作与司法鉴定执业实施体系建设、司法鉴定机构规范化建设和资质评估工作结合起来，把认证认可结果与司法鉴定机构准入、退出和淘汰机制结合起来，作为行业准入、执业监管和质量评价的重要依据和重要内容。质量技术监督部门要深入领会司法鉴定领域开展认证认可工作的重要意义，熟悉和了解司法鉴定领域认证认可的工作特点和工作要求，把握好司法鉴定和认证认可工作的结合点，有针对性地开展司法鉴定机构认证认可工作。

（三）制定实施方案。省级司法行政机关与质量技术监督部门要密切协作，积极稳妥开展工作。各地要成立工作领导小组，指定专门机构和专门人员负责，建立上下联动的工作协调机制。要立足本地司法鉴定行业发展实际，明确工作目标，确定工作思路、工作方法和工作措施，形成切实可行的实施方案。要分类指导，针对不同情况的鉴定机构，提出具体的任务要求、工作安排和相关措施。

（四）大力开展宣传培训。司法行政机关和质量技术监督部门要有针对性地组织开展认证认可、司法鉴定专题培训，提高管理干部、司法鉴定机构负责人和业务骨干的认识水平和业务能力，为司法鉴定机构认证认可工作提供支撑。要深入开展认证认可宣传，为司法鉴定机构认证认可工作营造良好的舆论氛围。

（五）加强基础建设。司法部和国家认证认可监督管理委员会将进一步加强国家级资质认定评审员的培训工作,重点培养一批熟悉司法鉴定的专家型评审员,同时为各地开展省级司法鉴定机构资质认定评审员培训提供师资。各地要挑选业务精、能力强的司法鉴定人和认证认可从业人员参加培训,逐步建立一支适应司法鉴定机构认证认可工作需要的省级资质认定评审员队伍。国家认证认可监督管理委员会认证认可技术研究所要根据司法鉴定领域开展认证认可工作的实际需要和行业特点,修改完善《司法鉴定机构资质认定评审准则》。中国合格评定国家认可中心要继续加大对司法鉴定领域认可评审员的培养,完善认可准则以适应司法鉴定机构认可工作的需要。

请各地将实施方案和工作中遇到的问题及时报司法部或国家认证认可监督管理委员会。

附件:司法鉴定机构申请认证认可的条件和工作程序

附件:

司法鉴定机构申请认证认可的条件和工作程序

一、申请

(一)申请类别

1. 司法鉴定机构的认证认可分为资质认定和认可。

2. 司法鉴定机构资质认定分为国家级资质认定和省级资质认定。国家级资质认定由国家认证认可监督管理委员会负责;省级资质认定由省级质量技术监督部门负责。

3. 司法鉴定机构认可,由中国合格评定国家认可中心负责。

司法鉴定机构应当根据自身条件和发展需要,按照自主选择和司法行政机关推荐相结合的原则,确定申请资质认定或认可。符合条件的鉴定机构可同时申请国家级资质认定和认可。

(二)申请国家级资质认定应当具备的条件

1. 取得省级司法行政机关颁发的《司法鉴定许可证》。

2. 依托中央国家机关直属单位设立,或属于各省级司法鉴定管理机关"十二五"期间确定的重点扶持建设的高资质、高水平的法医、物证、声像资料类司法鉴定机构。

3. 经省级司法行政机关推荐并经司法部司法鉴定管理局确认。

4. 所申请的司法鉴定执业类别(业务领域)中,每个类别至少拥有5名以上鉴定人,其中至少拥有1名具有副高以上专业技术职称的鉴定人。

5. 所申请的全部司法鉴定业务领域2年内参加过能力验证并取得满意结果（适用时）。

（三）申请认可应当具备的条件

1. 取得省级司法行政机关颁发的《司法鉴定许可证》。

2. 经省级司法行政机关推荐。

3. 所申请的司法鉴定执业类别（业务领域）中，至少拥有1名具有副高以上专业技术职称的鉴定人。

4. 符合认可规范和要求。

（四）申请省级资质认定应当具备的条件

1. 取得省级司法行政机关颁发的《司法鉴定许可证》。

2. 所申请的司法鉴定执业类别（业务领域）中，至少拥有1名具有中级以上专业技术职称的鉴定人。

3. 经省级司法行政机关同意。

二、工作程序

（一）前期准备

司法鉴定机构选择申请的认证认可种类，按照受理部门和评审准则的要求，认真做好配备仪器设备、确认技术方法、改善工作环境、建立内审员队伍、编制体系文件、运行管理体系、开展内部评审和管理评审、参加能力验证等相关前期准备工作。

（二）工作流程

司法鉴定机构从资质认定机关或中国合格评定国家认可中心网站分别下载申请材料→填写申请材料→报司法行政机关同意并出具推荐函→向资质认定机关或中国合格评定国家认可中心提出申请→受理→文件资料符合性审查→专家现场评审→整改→资质认定机关或中国合格评定国家认可中心组织对评审材料进行审核、评定→批准→发证。

（三）评审要求

1. 司法鉴定机构申请资质认定，按照国家认证认可监督管理委员会、司法部联合印发的《司法鉴定机构资质认定评审准则》的要求建立管理体系、接受评审。

2. 司法鉴定机构申请认可，按照《检测和校准实验室能力认可准则》、《检查机构能力认可准则》及其在相关领域的应用说明建立管理体系，接受中国合格评定国家认可中心的评审。

3. 司法鉴定机构同时申请国家级资质认定和认可，应按照《司法鉴定机构资质认定评审准则》、《检测和校准实验室能力认可准则》、《检查机构能力认可准则》及其在相关领域的应用说明建立管理体系，接受评审。为减轻司法鉴定机构负担,国家认证认可监督管理委员会委托中国合格评定国家认可中心将资质认定评审与认可评审同时进行。

(四)注意事项

1. 司法鉴定机构向国家认证认可监督管理委员会申请国家级资质认定的,应同时向中国合格评定国家认可中心申请认可。

2. 取得资质认定或认可证书的司法鉴定机构,应当在资质认定或认可证书有效期届满前 6 个月提出复查申请,逾期不提出申请,将注销其资质认定或认可证书并停止其使用资质认定或认可标识。

国家认证认可监督管理委员会、司法部关于印发《司法鉴定机构资质认定评审准则》的通知

(2012年9月14日 国认实联〔2012〕68号)

各省、自治区、直辖市质量技术监督局,各省司法厅(局):

为贯彻落实《全国人民代表大会常务委员会关于司法鉴定管理问题的决定》和《司法部 国家认证认可监督管理委员会关于全面推进司法鉴定机构认证认可工作的通知》(司发通〔2012〕114号)精神,国家认证认可监督管理委员会会同司法部组织专家对《司法鉴定机构资质认定评审准则(试行)》进行了补充修订,现予印发。

司法鉴定机构应当按照《司法鉴定机构资质认定评审准则》建立并运行管理体系。该准则自2013年1月1日起实施,试行版准则同时废止。

附件:司法鉴定机构资质认定评审准则

附件:

司法鉴定机构资质认定评审准则

1. 总则

1.1 为贯彻落实《全国人民代表大会常务委员会关于司法鉴定管理问题的决定》,规范司法鉴定执业活动,指导司法鉴定机构建立并保持管理体系,有效实施司法鉴定机构资质认定评审,制定本准则。

1.2 本准则依据司法部、国家认监委关于司法鉴定管理、资质认定等规定制定,同时符合实验室和检查机构资质认定的通用要求。

1.3 司法鉴定机构建立并保持管理体系应当符合本准则要求。司法鉴定机构资质认定评审应当遵守本准则。

1.4 司法鉴定机构资质认定评审,应当遵循客观公正、科学准确、统一规范和避免不必要重复的原则。

2. 参考文件

《实验室资质认定评审准则》

GB/T27025《检测和校准实验室能力的通用要求》(等同采用 ISO/IEC 17025)

GB/T18346《检查机构能力的通用要求》(等同采用 ISO/IEC17020)

3. 术语和定义

本准则使用《实验室和检查机构资质认定管理办法》、《检测和校准实验室能力的通用要求》(GB/T27025)、《检查机构能力的通用要求》(GB/18346)给出的相关术语和定义,以及司法鉴定通用术语。

司法鉴定:在诉讼活动中司法鉴定人运用科学技术或者专门知识对诉讼中涉及的专门性问题进行鉴别和判断,并提供鉴定意见的活动。

司法鉴定机构:经过司法行政机关审核登记并取得《司法鉴定许可证》,从事司法鉴定业务的法人或者其他组织。

司法鉴定人:经过司法行政机关审核登记并取得《司法鉴定人执业证》,从事司法鉴定业务的人员。

司法鉴定人员:直接参加司法鉴定活动的司法鉴定人和技术辅助人员。

授权签字人:由司法鉴定机构负责人指定,熟悉资质认定规定,经资质认定考核合格,负责授权范围内司法鉴定文书签发的司法鉴定人。

质量负责人:由司法鉴定机构负责人任命,负责管理体系的建立、实施和持续改进的人员。

技术管理者:由司法鉴定机构负责人任命的一人或者多人,负责机构的技术运作并提供相应资源。

鉴定材料:包括检材和鉴定资料。检材是指与鉴定事项有关的生物检材和非生物检材;鉴定资料是指存在于各种载体上与鉴定事项有关的记录。

分支机构:是指司法鉴定机构依法设立的分部,该分部应当具有独立的办公场所、资金、人员、设备并经省级司法行政机关审核登记,司法鉴定机构承担其分部执业活动的法律责任。

外部信息:指可能被司法鉴定机构作为鉴定依据的外部检测、检查或者其他与鉴定相关的信息。

4. 管理要求

4.1 组织

4.1.1 司法鉴定机构应当具有保证依法、客观、公正和独立地从事司法鉴定业务的法律地位,并持有省级司法行政机关颁发的《司法鉴定许可证》。

非独立设立的司法鉴定机构需要经所属法人授权,明确承担法律责任的主体,有独立账目或者独立核算。

4.1.2 司法鉴定机构应当有固定的工作场所,具有符合司法行政机关规定的场地和设备。

司法鉴定机构应当独立对外开展业务活动。

4.1.3 司法鉴定机构的管理体系应当覆盖其所有鉴定场所;分支机构应当单独进行资质认定。

4.1.4 司法鉴定机构应当有与其所从事鉴定活动相适应的司法鉴定人员。

司法鉴定人只能在一个司法鉴定机构中执业。

4.1.5 司法鉴定机构及其人员不得以鉴定活动及其出具的数据和结果谋取不正当利益,不得参与任何有损于鉴定独立性和诚信度的活动。

司法鉴定机构应当有措施确保其人员不受任何来自内外部的不正当的行政、商业、财务和其他方面的压力和影响,并防止商业贿赂。

司法鉴定机构所在组织从事司法鉴定以外的业务活动,应当明确司法鉴定与该组织其他业务的关系。

司法鉴定机构和司法鉴定人员应当依法进行回避。

4.1.6 司法鉴定机构及其人员对其在鉴定中所知悉的国家秘密、商业秘密、技术秘密及个人隐私负有保密义务。

4.1.7 司法鉴定机构应当明确其组织和管理结构,以及质量管理、技术运作和支持服务之间的关系,包括其与外部组织的关系。

4.1.8 司法鉴定机构负责人应当有其上级主管部门或者其设立组织的任命文件,司法鉴定机构法定代表人兼任机构负责人的除外。

司法鉴定机构的技术管理者、质量负责人及各部门主管应当有任命文件。机构负责人和技术管理者的变更需报资质认定发证机关备案。

4.1.9 司法鉴定机构应当规定对鉴定质量有影响的所有管理、操作和核查人员的职责、权力和相互关系,并指定机构负责人、技术管理者、质量负责人的代理人。

4.1.10 司法鉴定机构应当由熟悉鉴定方法、程序、目的和结果评价的人员对司法鉴定人员进行监督。

4.1.11 司法鉴定机构的技术运作由技术管理者全面负责。技术管理者应当具有司法鉴定机构运作方面相应的资格或者经历,是在编人员或者与司法鉴定机构签署聘用合同或者劳动合同的人员。

司法鉴定机构应当指定一名质量负责人,赋予其能够保证管理体系有效运行的职责和权力。

4.2 管理体系

司法鉴定机构应当按照本准则建立和保持与其鉴定活动相适应的管理体

系。管理体系应当形成文件,阐明与鉴定质量相关的政策,包括质量方针、目标和承诺,使所有相关人员理解并有效实施。

4.3 文件控制

司法鉴定机构应当建立并保持文件编制、审核、批准、标识、发放、保管、修订和废止等的控制程序,包括描述如何更改和控制保存在计算机系统中文件的,确保在所有相关场所,相关人员均可以得到所需文件的有效版本。

4.4 外部信息

4.4.1 司法鉴定机构应当独立完成司法鉴定协议书中要求的鉴定工作。

4.4.2 司法鉴定机构应当有对外部信息的完整性和采用程度进行核查或者验证的程序。

4.4.3 司法鉴定机构使用并作为鉴定依据的外部信息,应当由委托人提供或者同意。

4.4.4 采用的外部信息应当在司法鉴定文书中注明。

4.5 服务和供应品的采购

司法鉴定机构应当建立并保持对鉴定质量有影响的服务和供应品的选择、购买、验收和储存等的程序,以确保服务和供应品的质量。

4.6 鉴定委托和司法鉴定协议书评审

4.6.1 司法鉴定机构应当建立并保持评审鉴定委托和司法鉴定协议书的程序。

4.6.2 司法鉴定机构决定受理鉴定委托的,应当与委托人签订司法鉴定协议书,协议书内容除司法行政机关要求外,应当包括鉴定选用的方法、标准,鉴定时限,鉴定结束后需退还的鉴定材料及退还方式,以及鉴定过程中的风险告知等。

4.6.3 修改已签订的司法鉴定协议书,应当重新进行评审;修改内容需双方书面确认,并通知本机构相关人员。

4.7 投诉

司法鉴定机构应当建立完善的投诉处理程序,保存所有投诉及处理结果的记录。

4.8 纠正措施、预防措施及改进

司法鉴定机构应当通过实施纠正措施、预防措施等持续改进其管理体系。

司法鉴定机构对发现的不符合工作应当采取纠正措施,以防止类似不符合事项的再次发生;对潜在不符合事项应当采取预防措施,以减少不符合事项发生的可能性并改进。

4.9 记录

4.9.1 司法鉴定机构应当建立和保持记录控制程序。

4.9.2 司法鉴定人员在鉴定过程中应当进行实时记录并签字。记录的内容应当真实、客观、准确、完整、清晰，有足够的信息以保证其能够再现或者对鉴定活动进行正确评价。

4.9.3 司法鉴定机构的内部审核、管理评审、纠正措施、预防措施等质量记录，原始观测记录、导出数据、鉴定文书副本等技术记录应当归档并按规定期限保存。记录的文本或者音像载体、电子存储介质应当妥善保存，避免原始信息或者数据的丢失或者改动，并为委托人保密。

4.10 内部审核

司法鉴定机构应当根据计划和程序，定期对其质量活动进行内部审核，以验证其运作持续符合管理体系和本准则的要求。内部审核每12个月不少于1次。在12个月内，内部审核活动应当覆盖到管理体系的全部要素、所有场所和所有活动，包括现场目击。

内部审核人员应当经过培训并确认其资格，资源允许时，内部审核人员应当独立于被审核的鉴定活动。

4.11 管理评审

司法鉴定机构负责人应当根据预定的计划和程序，每12个月对管理体系和鉴定活动进行1次评审，以确保其持续适用和有效，并进行必要的改进。

管理评审应当考虑到：总体目标，政策和程序的适应性；管理和监督人员的报告；近期内部审核的结果；纠正措施和预防措施；由外部机构进行的评审；司法鉴定机构间比对和能力验证、测量审核的结果；工作量和工作类型的变化；投诉及委托人反馈；改进的建议；质量控制活动、资源以及人员培训情况等。

5. 技术要求

5.1 人员

5.1.1 司法鉴定人员应当是在编人员或者与司法鉴定机构签署聘用合同或者劳动合同的人员。每项鉴定业务应当有3名以上司法鉴定人。

司法鉴定人应当具备相应的资格、培训、经验，熟知所从事鉴定的规则和要求，并有做出专业判断和出具司法鉴定文书的能力。

司法鉴定机构应当确保司法鉴定人员按照管理体系要求工作并受到监督，监督范围应当覆盖鉴定活动的关键环节。

5.1.2 鉴定活动需要外部专家提供技术支持时，司法鉴定机构应有评估与选择外部专家的程序，以确保外部专家有能力提供必要的咨询意见。

5.1.3 司法鉴定机构应当按照司法鉴定教育培训的规定，建立并保持人员培训程序和计划，保证司法鉴定人员经过与其承担的任务相适应的教育、培训，具有相应的专业知识和经验。

司法鉴定机构可以为司法鉴定人员制定必要的阶段性教育培训计划。其中可以包括：

a）入门阶段；

b）在资深司法鉴定人指导下工作的阶段；

c）在整个聘用期间的教育培训，以便与技术发展保持同步。

5.1.4 司法鉴定机构应当保存司法鉴定人员的资格、培训、技能和经历等证明材料。

5.1.5 司法鉴定机构技术管理者、授权签字人应当具有司法鉴定人资格并同时具有副高级以上本专业领域的技术职称，或者取得司法鉴定人资格后在本专业领域从业5年以上。

5.2 设施和环境条件

5.2.1 司法鉴定机构的鉴定设施以及环境条件应当满足相关法律法规、技术规范或者标准的要求。

5.2.2 设施和环境条件对鉴定结果的质量有影响时，司法鉴定机构应当监测、控制和记录环境条件。在非固定场所进行检测时应当特别注意环境条件的影响。

5.2.3 司法鉴定机构应当建立并保持安全作业管理程序，确保化学危险品、毒品、有害生物、电离辐射、高温、高电压、撞击、以及水、气、火、电等危及安全的因素和环境得到有效控制，并有相应的应急处理措施。

5.2.4 司法鉴定机构应当建立并保持环境保护程序，具备相应的设施、设备，确保鉴定产生的废液、废物等的处理符合环境和健康的要求，并有相应的应急处理措施。

5.2.5 区域间的工作相互之间有不利影响时，应当采取有效的隔离措施。

5.2.6 对影响鉴定质量和涉及安全的区域和设施应当有效控制并正确标识。

5.3 鉴定方法

5.3.1 司法鉴定机构应当按照技术标准或者技术规范实施鉴定活动。

司法鉴定机构应当优先选择国家标准、行业标准、地方标准或者司法部批准使用的技术规范；无上述标准时应当优先选择经省级以上司法行政机关指定的组织确认的方法。

缺少作业指导书影响鉴定结果的，司法鉴定机构应当制定相应的作业指导书。

5.3.2 司法鉴定机构应当证实能否正确使用所选用的标准方法。标准方法发生变化应当重新进行证实。

5.3.3 司法鉴定机构自行制订的非标准方法,经省级以上司法行政机关指定的组织确认后,可以作为资质认定项目。

5.3.4 司法鉴定机构使用的标准应当现行有效,便于工作人员使用。

5.3.5 鉴定方法的偏离应当有文件规定,经技术判断,获得机构负责人批准和委托人确认。

5.3.6 司法鉴定机构利用计算机或者自动设备对鉴定数据进行采集、处理、记录、报告、存储、检索时,应当建立并实施数据保护的程序,包括数据输入、采集、存储、转移和处理的完整性和保密性。

5.4 仪器设备和标准物质

5.4.1 司法鉴定机构应当按照司法行政机关规定的仪器设备配置要求,配备鉴定所需仪器设备和标准物质,并对所有仪器设备进行维护。

依靠借用或者租用仪器设备进行的司法鉴定事项不予资质认定,司法行政机关另有规定的除外。

5.4.2 仪器设备有过载或者错误操作、或者显示的结果可疑、或者通过其他方式表明有缺陷时,应当立即停止使用,并加以标识;修复的仪器设备应当经检定、校准等方式证明其功能指标已经恢复后才能继续使用。司法鉴定机构应当检查这种缺陷对之前的鉴定活动所造成的影响。

5.4.3 司法鉴定机构在使用司法行政机关规定的必备仪器设备之外的外部仪器设备前,应当验证其符合本准则的要求,保存验证和使用的记录。

5.4.4 设备应当由经过授权的人员操作。设备使用和维护的技术资料应当便于相关人员取用。

5.4.5 司法鉴定机构应当保存对鉴定结果具有直接影响的仪器设备及其软件的档案,至少应当包括:

a) 仪器设备及其软件的名称,并对其进行唯一性标识;
b) 制造商名称、型式标识、系列号;
c) 对仪器设备符合规范的核查记录;
d) 当前的位置;
e) 制造商的说明书,或者指明说明书存放地点;
f) 检定、校准报告或者证书;
g) 仪器设备接收或者启用日期和验收记录;
h) 仪器设备使用和维护记录;
i) 仪器设备的任何损坏、故障、改装或者修理记录。

5.4.6 所有仪器设备和标准物质应当有表明其状态的标识。

5.4.7 仪器设备脱离司法鉴定机构直接控制,该机构应当确保仪器设备返回后,在使用前对其功能和校准状态进行核查并能显示满意结果。

5.4.8 当需要利用期间核查以保持鉴定设备校准状态的可信度时,应当按照规定的程序进行。

5.4.9 当校准产生了一组修正因子或者修正值时,司法鉴定机构应当确保其得到更新和备份。

5.5 量值溯源

5.5.1 司法鉴定机构的量值溯源应当符合《中华人民共和国计量法》的规定,确保量值能够溯源至国家计量基标准。司法鉴定机构应当制定和实施仪器设备的校准、检定、验证、确认的总体要求。

5.5.2 检测量值不能溯源到国家计量基标准的,司法鉴定机构应当溯源到有证标准物质或者提供能力验证结果满意的证据。

5.5.3 司法鉴定机构应当制定设备检定或者校准的计划。在使用对量值的准确性产生影响的检测设备之前,应当按照国家相关技术规范或者标准对其进行检定或者校准,以保证其准确性。对于规定应当强制检定的计量器具应当定期检定,对于会明显影响鉴定结果的仪器设备需定期进行检定或者校准。

5.5.4 适用时,司法鉴定机构应当有参考标准的检定或者校准计划。参考标准在任何调整之前和之后均应当校准。司法鉴定机构持有的测量参考标准应当仅用于校准而不用于其他目的,除非能证明其作为参考标准的性能不会失效。

5.5.5 适用时,司法鉴定机构应当使用有证标准物质(参考物质)。没有证标准物质(参考物质)时,应当确保量值的准确性。

5.5.6 适用时,司法鉴定机构应当根据规定的程序对参考标准和有证标准物质(参考物质)进行期间核查,以保持其校准状态的置信度。

5.5.7 适用时,司法鉴定机构应当有程序来安全处置、运输、存储和使用参考标准和有证标准物质(参考物质),以防止污染或者损坏,确保其完好性。

5.6 鉴定材料处置

5.6.1 司法鉴定机构应当制定鉴定材料的提取、运输、接收、处置、保护、储、保留、清理的程序,确保鉴定材料的完整性。

5.6.2 司法鉴定机构应当记录接收鉴定材料的状态和相关信息,包括与正常或者规定条件的偏离。因鉴定需要耗尽或者可能损坏鉴定材料的,应当告知委托人并征得书面同意。

5.6.3 司法鉴定机构应当具有鉴定材料的标识系统,避免鉴定材料或者其记录的混淆。

5.6.4 司法鉴定机构应当具有适当的设备设施贮存、处理鉴定材料。对贮存鉴定材料的状态和条件进行定期检查并记录。司法鉴定机构应当保持鉴定材料的流转记录。

5.7 结果质量控制

5.7.1 司法鉴定机构应当具有质量控制程序和质量控制计划以监控鉴定结果的有效性,可以采用下列方式:

a）定期使用有证标准物质（参考物质）进行监控或者使用次级标准物质（参考物质）开展内部质量控制；

b）参加司法鉴定机构间的比对或者能力验证；

c）使用相同或者不同方法进行鉴定；

d）对存留鉴定材料进行再次鉴定；

e）分析同一个鉴定材料不同特性结果的相关性。

5.7.2 司法鉴定机构应当分析质量控制的数据,当发现质量控制数据可能超出预先确定的判断依据时,应当采取有计划的措施来纠正出现的问题,并防止报告错误结果。

5.8 司法鉴定文书

5.8.1 司法鉴定机构和司法鉴定人应当按照司法行政机关规定的要求和程序,及时出具司法鉴定文书,并保证其准确、客观、真实。

5.8.2 司法鉴定文书至少包含以下信息:

a）标题；

b）司法鉴定机构名称及许可证号；

c）鉴定委托(鉴定要求与鉴定事项)；

d）唯一性编号；

e）委托人；

f）鉴定材料；

g）检验检测过程；

h）鉴定方法和依据；

i）检验检测结果和鉴定意见。适用时,形成对检验检测结果和鉴定意见的分析说明；

j）司法鉴定人执业证号。

5.8.3 司法鉴定文书的附件应当包括与鉴定意见、检验结果有关的关键图表、照片等,包括有关音像资料、参考文献的目录。

5.8.4 司法鉴定人应当在司法鉴定文书上签名；多人参加司法鉴定,对鉴定意见有不同意见的,应当注明。

司法鉴定文书应当经授权签字人签发,并加盖司法鉴定专用章。

司法部关于严格准入 严格监管提高司法鉴定质量和公信力的意见

(2017年11月22日 司发〔2017〕11号)

各省、自治区、直辖市司法厅(局),新疆生产建设兵团司法局:

党的十九大指出,全面依法治国是中国特色社会主义的本质要求和重要保障,要深化司法体制改革,努力让人民群众在每一个司法案件中感受到公平正义。为贯彻落实《中共中央办公厅、国务院办公厅印发〈关于健全统一司法鉴定管理体制的实施意见〉的通知》(厅字〔2017〕43号),切实加强司法鉴定管理和监督,提高司法鉴定质量和公信力,保障诉讼活动顺利进行,增强人民群众对公平正义的获得感,根据司法鉴定行业发展总体情况,现就司法鉴定严格准入、严格监管等有关工作,提出如下意见:

一、严格准入、严格监管的必要性

2005年《全国人民代表大会常务委员会关于司法鉴定管理问题的决定》(以下简称《决定》)颁布实施以来,各级司法行政机关认真履行司法鉴定登记管理工作职责,不断健全完善管理制度和标准体系,司法鉴定行业由小变大、由弱变强,司法鉴定工作逐步纳入规范化、法制化、科学化发展轨道,在保障司法公正、维护人民群众合法权益方面发挥了重要作用。但同时也要看到,司法鉴定管理工作中存在的问题不少,突出表现在"两不严",即"把关不严、监管不严"。"把关不严"导致鉴定机构总体布局不合理,不少鉴定机构规模小、能力差、仪器设备配置水平低,有的鉴定人法律素质、职业道德或者技术能力达不到应有要求。"监管不严"导致少数鉴定机构鉴定质量差,有的还存在"拉案源、给回扣、乱收费"现象,影响了司法公正和效率,损害了人民群众切身利益,在一定程度上对司法鉴定行业良好形象造成不利影响。

强化对鉴定机构和鉴定人的严格准入、严格监管,是健全统一司法鉴定管理体制改革的必然要求,是保障鉴定质量和维护司法鉴定行业公信力的必然要求。各级司法行政机关要从全面推进依法治国的高度,从维护党的执政地位和人民群众合法权益的高度,充分认识实施严格准入、严格监管的重要性和紧迫性,采取坚决有效措施,整顿司法鉴定执业不规范行为,在全行业形成从严治鉴、严格监管的态势,全面提升司法鉴定质量和公信力。

二、严格准入

(一)严格登记范围。根据《决定》规定,司法行政机关审核登记管理范围为从事法医类、物证类、声像资料,以及根据诉讼需要由国务院司法行政部门商最高人民法院、最高人民检察院确定的其他应当实行登记管理的鉴定事项(环境损害司法鉴定)的鉴定机构和鉴定人。对没有法律、法规依据的,一律不予准入登记。

(二)严格准入条件。司法部将针对不同执业类别(专业领域)的鉴定机构、鉴定人分别制定准入条件基本标准,对人员、场地、资金、仪器设备等作出明确规定。当前,各地要从严把握现行《司法鉴定机构登记管理办法》、《司法鉴定人登记管理办法》规定的各项条件。对鉴定机构准入登记,申请人必须自有必备的、符合使用要求的仪器、设备,自有开展司法鉴定业务必需的依法通过计量认证或者实验室认可的检测实验室;鼓励、引导综合性大型、中型鉴定机构的准入登记,对申请从事单项鉴定业务的鉴定机构,要特别从严把握,加强准入审核。

对鉴定人准入登记,申请人年龄超过60周岁的,要从严审核,核查体检记录,确保申请人身体健康,能够胜任鉴定活动和出庭作证工作任务。要严格审核申请人的行业执业资格、相关专业学历、相关工作经历。

根据《公务员法》规定,中国共产党机关、人大机关、行政机关、政协机关、审判机关、检察机关、民主党派机关的工作人员,因工作需要在鉴定机构兼职的,应当经有关机关批准,并不得领取兼职报酬。辞职的公务员或者公务员退休的,原系领导班子成员的公务员以及其他担任县处级以上职务的公务员辞去公职未满3年,其他公务员未满2年的,不得接受原任职务管辖地区和业务范围内的鉴定机构的聘任。

(三)严格准入程序。司法行政机关内部负责审核登记和负责鉴定管理的部门要加强沟通协调,审核登记部门的准入登记工作应当听取鉴定管理部门意见,防止准入和监管脱节。对鉴定机构准入和申请增加业务范围的,司法行政机关应当组织专家,对申请人专业人员、技术条件、仪器设备、业绩和管理水平等进行综合考核评审。对鉴定人准入,司法行政机关应当根据申请人资质能力水平,组织以法律相关专业知识和司法鉴定管理制度为主要内容的培训、考核,应当组织专家对其专业技能和执业能力等进行考核、评价。评审、考核、评价未达到要求的,不得准入。评审、考核、评价所需相关费用,应当列入财政预算,不得向申请人收取任何费用。

三、严格管理

(四)科学制定司法鉴定行业发展规划。省级司法行政机关要根据本地诉讼活动实际需要和人民群众对鉴定服务需求的特点,统筹规划司法鉴定机构布局,在鉴定服务需求大的城市引导设立规模较大的鉴定中心,在中小城市引导设立服务能力相适应的鉴定机构,或者推进鉴定机构进驻县(市、区)公共法律服务中心。既要防止一个地区鉴定资源不足,不能满足鉴定需要,又要避免鉴定机构过多,导致恶性竞争。

(五)鼓励制度健全、管理规范的大中型鉴定机构发展。争取财政、科技、税务等部门支持,鼓励高资质、高水平鉴定机构建设,推动鉴定机构规模化、规范化、专业化发展。支持依托大专院校、科研院所设立集教学、科研、鉴定于一体的鉴定机构的发展。支持大、中型鉴定机构加大投入、扩大规模、做大做强。引导小、微型鉴定机构兼并重组,发展专科特色,填补空白、做精做优,大幅度降低鉴定人数少于5人的鉴定机构数量。

(六)严格落实培训要求。司法部将进一步完善鉴定人培训制度,组织开展鉴定人规范化培训,加强培训基地建设,推进网络教学,统一教育培训内容、师资,制定年度培训计划。鉴定人按规定每年应参加不少于40学时的继续教育培训,司法行政机关要严格考核鉴定人参加继续教育培训情况,对于鉴定人无正当理由未达到规定的年度继续教育学时要求的,或者拒绝参加司法行政机关、司法鉴定协会组织的必修内容的培训,或者重要培训内容考核不合格,情节严重的,暂停执业资格,符合注销条件的,注销执业资格。

四、严格监督

(七)完善退出机制。加强司法鉴定事中事后监管,建立"双随机、一公开"监管机制。司法鉴定管理干部要采取明查暗访等形式,经常性地到鉴定机构开展实地检查,同时利用信息化手段,动态了解掌握鉴定机构的人员、场地、仪器、设备和内部管理、执业情况,发现鉴定机构、鉴定人不再符合申请条件或执业条件的,应当予以注销;设立鉴定机构的法人或者其他组织依法终止的,应当注销其司法鉴定许可。未经省级司法行政机关批准,鉴定机构、鉴定人不得擅自停业、歇业,对长期(如超过1年)无正当理由拒绝接受鉴定委托、不具体从事鉴定业务的鉴定机构、鉴定人,应当责令限期改正,限期改正后仍拒不执业的,符合注销登记条件的,依法予以注销;发现存在不符合其他有关规定,根据情节给予相应处理,符合注销登记条件的,依法予以注销。

(八)开展规范整改。根据司法鉴定行业发展阶段特征和需要,各地应于2018年底前,对不符合相关规定的鉴定机构和鉴定人进行整改,限期整改后仍不符合相关规定,符合注销登记条件的,依法予以注销。鉴定机构在业务范围内进行司法鉴定应当具备而不具备必要的仪器设备、依法通过计量认证或者实验室认可的检测实验室的,注销该执业类别。对执业鉴定人实际少于3人的鉴定机构,予以注销。经评价认为执业鉴定人因健康原因不能胜任鉴定活动和出庭作证要求的,予以注销。要对年龄超过65周岁、具有正高职称的执业鉴定人,以及其他年龄超过60周岁的执业鉴定人进行一次全面核查,对健康状况不能适应鉴定工作需要或者一年内未具体从事鉴定业务的,予以注销。

各地应于2017年12月底前,将司法鉴定整改工作方案报司法部,于2018年12月底前,将整改工作总结报司法部。

司法行政机关应当每年对年龄超过65周岁、具有正高职称的执业鉴定人,以及其他年龄超过60周岁的执业鉴定人的健康状况、执业状况进行核查,杜绝有的鉴定人只挂名,不具体从事鉴定业务工作的情况。

(九)开展能力评估。司法行政机关应当组织开展司法鉴定第三方评价工作,对鉴定机构和鉴定人进行能力评估,评估内容包括鉴定机构内部管理、鉴定人能力水平、执业场所、仪器设备、开展鉴定业务等方面。能力评估结果要以适当的方式公开、通报。对经评估不符合要求的鉴定机构和鉴定人限期整改,整改后仍不能满足基本能力要求的,予以注销。完善认证认可和能力验证工作规定,提高司法鉴定质量管理水平。

(十)开展文书质量评查。要定期组织专家对随机抽取的司法鉴定意见书进行评查。评查要覆盖到每一个鉴定机构和每一名鉴定人,每二年要对所有鉴定人随机抽取至少2份司法鉴定意见书进行评查。对投诉较多的鉴定机构和小型、微型鉴定机构加大文书评查工作力度。文书评查工作应当符合司法鉴定管理与使用衔接机制要求。文书评查结果要以适当的方式公开、通报。通过文书评查发现鉴定人能力水平存在严重不足,经专家评审认为不能胜任司法鉴定工作的,予以注销。

(十一)严惩违规执业行为。将司法鉴定监督管理权限合理下放至地(市)级司法行政机关,完善行业协会自律监督管理工作机制,提高监督管理总体效能。制定司法鉴定违法违规行为处罚规则,细化处罚情形、加大处罚力度,对关系鉴定、人情鉴定、金钱鉴定或者鉴定意见存在严重质量问题,严重损害司法鉴定行业形象和公信力的行为,要坚决追究责任,严肃处理。发现鉴定机构、鉴定人存在严重违法违规行为的,依法撤销登记。严格对鉴定机构、鉴定人执业活动的监督,对违反《司法鉴定程序通则》等有关规定的,依法给予处罚。加强司法鉴定社会信用体系建设,将鉴定机构、鉴定人的行政处罚信息,依托司法行政机关官方网站,向社会公开披露。

(十二)严查违规收费行为。各省(区、市)要认真贯彻落实新制定的司法鉴定收费标准和收费管理规定,对鉴定机构执行新标准情况进行重点检查。对高于收费标准收费、扩大收费范围、分解收费项目、重复收费、变相乱收费等违规收费行为,要会同价格主管部门依法调查核实、及时整顿、坚决纠正、严厉处罚。

五、加强组织领导,狠抓责任落实

各级司法行政机关要高度重视,把加强司法鉴定监督管理列入重要议事日程,落实责任,加强领导,健全基层司法行政机关司法鉴定管理机构,选派优秀干部从事司法鉴定管理工作,加强培训,提高管理能力水平。坚持属地原则,落实各级司法行政机关、司法鉴定协会的监管责任,注重沟通协调,加强协作配合,形成齐抓共管的局面。

要坚持问题导向,深入开展调查研究,了解实际情况,研究把握司法鉴定监管工作规律,从加强公共法律服务体系建设的总体要求出发,结合本地实际提出贯彻落实的方案和措施,解决存在的突出问题。

各地要严格执行《全国人民代表大会常务委员会关于司法鉴定管理问题的决定》、《中共中央办公厅、国务院办公厅印发〈关于健全统一司法鉴定管理体制的实施意见〉的通知》、《最高人民法院、司法部关于建立司法鉴定管理与使用衔接机制的意见》等有关规定,落实国务院"放管服"改革要求,明确责任、落实到人,严格司法鉴定监管。该管不管是失职,该报告不报告是渎职,要层层传导压力,对因监管不严导致出现问题的,严肃追究相关责任人责任。

司法部将对各地贯彻落实情况进行督导检查,对落实不力的,予以通报。

贯彻执行中遇到重要情况和问题,请及时报司法部。

（五）文书规范

司法部办公厅关于印发《司法行政机关司法鉴定登记管理文本格式（试行）》的通知

（2005年8月26日　司办通〔2005〕第65号）

各省、自治区、直辖市司法厅（局），新疆生产建设兵团司法局：

为依法规范司法行政机关司法鉴定登记管理工作，适应开展司法鉴定登记管理工作的需要，使司法鉴定登记管理工作所需文本格式统一、内容规范、要求明确，依据《中华人民共和国行政许可法》、《全国人民代表大会常务委员会关于司法鉴定管理问题的决定》和2005年8月重新修定的《司法鉴定机构管理办法》、《司法鉴定人管理办法》，我部重新修定或新制定了《司法行政机关司法鉴定登记管理文本格式（试行）》（以下简称《文本格式》），主要包括司法鉴定人和司法鉴定机构的申请登记、司法鉴定人和司法鉴定机构名册编制和《司法鉴定许可证》、《司法鉴定人执业证》制作等文本格式及制作说明，供各地在开展司法鉴定登记管理工作中统一采用。其他登记管理环节所需的行政许可文本格式仍适用于《司法部关于印发〈司法行政机关行政许可文书格式文本（试行）〉的通知》（司发通〔2004〕167号）的相关规定。

《文本格式》中附件1.1至1.5为各地自行印制并应同时在网站发布；附件1.6为2005年全国统一纸质的文本格式，由各地自行印制，并同时在网上发布电子名册；附件1.7至1.8为司法部统一印制，由司法鉴定登记管理机关颁发。

各地在使用相关司法鉴定文本格式的过程中有何问题，请及时报部司法鉴定体制改革工作办公室。

附件1.1：

拟设司法鉴定机构预核名称申请表

申请名称		
备选名称	1	
	2	
机构住所		
机构性质		
拟申请司法鉴定业务范围		
设立部门或出资人意见		
市司法局意见		
登记机关管理部门意见		
备注		

申请日期：　　　　　　　　申报人：　　　　　　电话：

附件1.2：

拟设司法鉴定机构预核名称通知书

机构名称预核字[　　]号

根据有关规定,预先核准拟设司法鉴定机构名称为:"(核准名称)"。

该名称用于开展司法鉴定机构筹备活动,不得转让。

该名称保留期限自　年　月　日至　年　月　日。

该名称预选核准时不审查登记条件,申请者不得以机构名称已核为由抗辩登记机关对登记条件的审查。登记机关也不得以机构名称已核为由不予审查就准予登记。

本通知书在保留期满后自行失效。如需要,应重新申请名称预先核准。

（印章）

年　月　日

司法鉴定机构预核名称的说明

一、申请设立司法鉴定机构,其名称应当由司法行政机关预先核准。经核准的,司法鉴定机构享有名称专用权。

二、独立设立的司法鉴定机构名称,由"所在行政区域＋字号＋司法鉴定所(司法鉴定中心)"组成;司法鉴定业务范围在五项以下的(含五项),称为"司法鉴定所";六项以下的,称为"司法鉴定中心"。

三、依托法人、其他组织成立的司法鉴定机构,其名称可以沿用法人、其他组织的名称或由"法人、其他组织的名称＋司法鉴定室(所或中心)"组成。

四、司法鉴定机构的名称应当使用汉字。民族自治地方的司法鉴定机构名称可以使用民族文字,但应注明汉字名称。根据工作需要使用外文名称的,其使用的外文名称应当与中文名称意思相同或者发音相同。

五、司法鉴定机构名称中不得含有下列内容和文字:

（一）有损于国家、社会公共利益的;

（二）外国国家(地区)名称、国际组织名称;

（三）政党名称、党政机关名称、群众组织名称、社会团体名称及部队番号;

（四）"中国"、"中华"、"全国"、"国际"等字样;

（五）可能对公众造成误解的名称。

六、司法鉴定机构名称相同，发生争议时，按照申请设立的先后顺序确定。

附件 1.3：

司法鉴定机构登记申请表

申请人：_____
填表时间：_____

中华人民共和国司法部监制

填表说明

一、申请从事司法鉴定业务，应按所列栏目认真填写，所填内容要真实、准确、完整。

二、本申请表应采用 A4 规格纸印制，可自行双面复印。

三、除签名需用蓝、黑墨水填写外，其他内容可打印。

四、表内数字一律用阿拉伯数字填写。

五、本表一式三份。同时报送电子版。

申请人						
住所	地址				电子邮箱	
	电话		传真		邮政编码	
法定代表人	姓名				性别	
	职务		职称		电话	
机构负责人	姓名				性别	
	职务		职称		电话	
资金数额						

(续表)

申请司法鉴定业务范围	
法定代表人或者机构负责人签名（签章）	所申报材料内容真实、准确、完整。

主要鉴定仪器设备目录			
名称及型号	购入时间	数量	购入价格

申请执业司法鉴定人名单							
姓名	性别	身份证号	学历	技术职称	行业执业资格	与鉴定业务相关工作时间	执业类别

注：申请兼职执业的司法鉴定人须在"执业类别"栏注明。

司法鉴定必需的检测实验室情况	
建立时间	
认证认可情况	
其他需要说明的情况	

以上由申请人如实填写。

地级以上市司法局核实意见	负责人签名： （公章） 年 月 日
登记机关管理部门意见	负责人签名： （公章） 年 月 日
登记机关负责人审批意见	负责人签名： （公章） 年 月 日
核定鉴定业务范围	
许可证号	

附件1.4：

司法鉴定人登记申请表

申请人：_____
拟执业机构：_____
填表时间：_____

中华人民共和国司法部监制

填表说明

一、申请从事司法鉴定业务，应按所列栏目认真填写，所填内容要真实、准确、完整。

二、本申请表应采用 A4 规格纸印制，可自行双面复印。

三、除签名需用蓝、黑墨水填写外，其他内容可打印。

四、表内数字一律用阿拉伯数字填写。

五、本表一式三份。同时报送电子版。

姓名		性别		民族		出生年月			
政治面貌		籍贯		参加工作时间			照片 （2寸免冠彩照）		
身份证号				现工作单位					
通讯地址							邮政编码		
移动电话					传真电话				
现任专业技术职务及任职时间					现从事何种专业技术工作				
专业技术职务任职资格取得时间及审批机关					现任(兼)行政职务及任职时间				

(续表)

参加何种学术团体、任何职务		懂何种外语、达到何种程度	
申请执业的司法鉴定类别			

主要学习经历			
起止时间	学 校	专业	学制	学位

主要工作经历(与鉴定相关)			
起止时间	工作单位	从事何种专业技术工作	专业技术职务资格

县处级以上人事部门(人才交流中心)审核意见	
	(签章) 年 月 日

(续表)

主要专业技术工作业绩情况			
起止时间	专业技术工作名称（项目、主题、成果等）	本人起何种作用（主持、参加、独立完成等）	完成情况及效果
近五年相关鉴定业务情况			
委托时间	委托人	鉴定内容	采信情况
申请人对申报材料的承诺	以上申报材料内容真实、准确、完整。 申请人签名：		
申请人备案签名（一式两份）			

（续表）

行业协会或人事部门意见	年　月　日
拟执业鉴定机构意见	负责人签名：　　　　　　　　　　（公章） 　　　　　　　　　　　　　　　　年　月　日
市司法局意见	负责人签名：　　　　　　　　　　年　月　日
登记管理机关管理部门意见	经办人意见：　　　　　　　　　　年　月　日 负责人签名：　　　　　　　　　　年　月　日
登记管理机关意见	（公章） 　　　　　　　　　　　　　　　　年　月　日
执业证号		发证时间	

附件1.5：

提交司法鉴定人和司法鉴定机构登记申请材料的说明

一、司法鉴定机构登记申请材料包括：

1. 司法鉴定机构登记申请表；
2. 证明申请者身份的相关文件（如工商营业执照、社团登记证等）；
3. 住所证明；
4. 资金证明；
5. 相关的行业资格、资质证明（如申请资产评估司法鉴定，需提供资产评估证书）；
6. 仪器、设备说明及所有权凭证（说明应包括仪器、设备名称、用途、购置日期和价格等）；
7. 检测实验室相关资料（未通过国家认证认可的应提交通过认证认可计划）；
8. 司法鉴定人申请执业的相关材料（见司法鉴定人登记申请材料说明）；
9. 相关的内部管理制度材料（司法鉴定程序制度等）；
10. 登记管理机关认为应当提交的其他材料。

二、申请设立具有独立法人资格的司法鉴定机构，除上述材料外，还应提交下列材料：

1. 拟设司法鉴定机构预核名称申请表；
2. 章程；

三、司法鉴定人登记申请材料包括：

1. 司法鉴定人登记申请表；
2. 身份证；
3. 专业技术职称、行业执业资格或者学历证书；
4. 符合特殊行业要求的相关的资格证书；
5. 从事相关专业工作经历证明；
6. 专业技术水平评价及业务成果证明材料；
7. 2寸近期免冠彩色照片1张；
8. 登记管理机关认为应当提交的其他材料。

四、如申请人兼职从事司法鉴定业务，除上述材料外，还应提供所在单位同意其兼职从事司法鉴定业务的书面意见。

五、各类申请材料均需提供原件及两份复印件,登记管理机关审核原件后退还,复印件存档。

六、《司法鉴定机构登记申请表》和《司法鉴定人登记申请表》可从相关网站下载,不能登录网络的可到登记管理机关领取。

附件1.6:

国家司法鉴定人和司法鉴定机构名册

××省
(华文中宋 小一号字)
(2005年度)
(楷体 三号字)
×××省司法厅印制
(印制时间)
(楷体 三号字)
机构名称(黑体四号字):×××司法鉴定中心(宋体四号字)
住所:××省××市×××路××号
法定代表人:×××
机构负责人:×××
电话:(×××)×××××××× 传真:(×××)××××××××
邮编:×××××× 电子邮箱:××××××
许可证号:××××××××××
业务范围:××类鉴定;××类鉴定;××××类鉴定
×××司法鉴定中心(所)执业司法鉴定人:××名

姓名	性别	技术职称	行业资格	执业类别	执业证号
×××	男	高级工程师	××	法医毒化	2201041976
×××	男	高级会计师	注册会计师	司法会计	2201051977
×××	女	副主任医师		法医临床	2201061978

(宋体五号字)

格式样本说明

一、《国家司法鉴定人和司法鉴定机构名册》(以下简称《鉴定名册》)由司法部监制,统一格式、字体、字号,自治区、直辖市自行印制。

二、《鉴定名册》文本应当包括封面、扉页、目录、正文和封底。采用大 16 开(889 mm × 1 194 mm)纸张印制。每年封面、封底使用同一种颜色,2005 年封面采用海蓝底色,250 克艺术纸、正文采用纯白底色,100 克普通纸。

三、《鉴定名册》应当编制目录,列在扉页后。

四、《鉴定名册》采用下列原则编列司法鉴定人和司法鉴定机构:

1. 司法鉴定人按照所在司法鉴定机构编制;
2. 司法鉴定机构按照业务范围排序,先专业性机构,后综合性机构;
3. 业务范围按照以下顺序排序:法医类、物证类、声像资料类、会计类、评估类、价格类、建筑类、产品质量类等。

附件 1.7:

司法鉴定许可证

《司法鉴定许可证》

(国徽)

司法鉴定许可证
(副本)

中华人民共和国司法部监制

本证是司法鉴定机构依法获准登记和执业的凭证,自办证之日起五年内有效。

司法鉴定机构登记事项

机构名称
机构住所
法定代表人

机构负责人
资金数额
鉴定业务范围
符合《司法鉴定机构登记管理办法》规定的条件,准予登记。
许可证号:
颁证机关:
颁证日期:　　　　　　　　　　　　　　　　　　　年　月　日

司法鉴定机构变更登记(一)

登记事项	变更	变更日期
机构名称		年　月　日
		年　月　日
		年　月　日
机构住所		年　月　日
		年　月　日
		年　月　日
法定代表人		年　月　日
		年　月　日
		年　月　日
机构负责人		年　月　日
		年　月　日
		年　月　日
资金数额		年　月　日
		年　月　日

登记事项		变更日期
鉴定业务范围	增加	年　月　日
		年　月　日
		年　月　日
		年　月　日
		年　月　日
	减少	年　月　日
		年　月　日
		年　月　日
		年　月　日

司法鉴定机构处罚记录

处罚事由

处罚种类

处罚日期

司法鉴定机构处罚记录

处罚事由

处罚种类

处罚日期

注意事项

一、《司法鉴定许可证》分正本和副本,正本和副本具有同等法律效力。司法鉴定机构应将正本置放于该所执业场所的醒目位置。

二、司法鉴定机构应在核准登记的鉴定业务范围内从事司法鉴定活动。

三、《司法鉴定许可证》不得伪造、涂改、转让和毁损。除司法行政机关外,其他任何单位不得扣留、收缴和吊销。

四、司法鉴定机构变更登记事项,应持本证到原颁证机关办理变更登记手续。本证如有遗失或意外毁损,应立即向颁证机关报告,并依照有关规定申请补发。

五、司法鉴定机构因停业、解散或其他原因终止执业的,应在办理注销登记时将《司法鉴定许可证》交回原颁证机关。

《司法鉴定许可证》制作说明

一、《司法鉴定许可证》由司法部统一制作,分为正本和副本,正本和副本具有同等法律效力。

二、《司法鉴定许可证》正本载明:机构名称、机构住所、法定代表人、机构负责人、鉴定业务范围、颁证机关、颁证日期及证号,使用期限。

正本的文本格式不变。

三、《司法鉴定许可证》副本载明:机构名称、机构住所、法定代表人、机构负责人、资金数额、鉴定业务范围、颁证机关、颁证日期、许可证号,司法鉴定机构登记变更记录,司法鉴定机构处罚记录。

四、《司法鉴定许可证》使用期限为 5 年,使用期限自颁证之日起计算。

五、《司法鉴定许可证》使用期满时由原颁证机关换发新证。

六、《司法鉴定许可证》证号为 9 位数,编制方法由司法部统一确定:

第 1、2 位为司法部或省、自治区、直辖市代码,代码按国家有关规定执行;

第 3、4 位为各省、自治区、直辖市所属地市地区代码,代码由各省、自治区、直辖市司法厅(局)确定;

第 5、6 位为当年年份代码(如 2005 年代码为 05);

第 7 至 9 位为司法鉴定机构代码。

七、《司法鉴定许可证》证号由颁证机关按审批时间顺序编制。

八、司法部将在适当时期修改《司法鉴定许可证管理规定》。

附:

省、自治区、直辖市及司法部代码

司法部	10
北京市	11
天津市	12
河北省	13
山西省	14
内蒙古自治区	15
辽宁省	21
吉林省	22
黑龙江省	23
上海市	31
江苏省	32
浙江省	33
安徽省	34
福建省	35
江西省	36
山东省	37
河南省	41
湖北省	42
湖南省	43
广东省	44
广西壮族自治区	45
海南省	46

重庆市	50
四川省	51
贵州省	52
云南省	53
西藏自治区	54
陕西省	61
甘肃省	62
青海省	63
宁夏回族自治区	64
新疆维吾尔自治区	65

附件1.8：

司法鉴定人执业证

（国徽）

本证为司法鉴定人获准从事司法鉴定业务的证件，自颁发之日起五年内有效。持证人从事司法鉴定活动时，请司法机关和有关单位、个人给予协助。

执业机构＿＿＿＿＿＿＿＿＿
＿＿＿＿＿＿＿＿＿

执业类别＿＿＿＿＿＿＿＿＿
＿＿＿＿＿＿＿＿＿

执业证号＿＿＿＿＿＿＿＿＿

颁证机关＿＿＿＿＿＿＿＿＿

颁证日期＿＿＿＿＿＿＿＿＿

司法鉴定人执业证

中华人民共和国司法部监制

二寸近期

免冠彩照

持证人姓名＿＿＿＿＿性别＿＿

身份证号码＿＿＿＿＿＿＿＿

技术职称＿＿＿＿＿＿＿＿＿

执业资格＿＿＿＿＿＿＿＿＿

司法部关于印发司法鉴定文书格式的通知

(2016 年 11 月 21 日　司发通〔2016〕112 号)

各省、自治区、直辖市司法厅(局),新疆生产建设兵团司法局:

为贯彻执行《全国人民代表大会常务委员会关于司法鉴定管理问题的决定》和修订后的《司法鉴定程序通则》(司法部令第 132 号),司法部制定了《司法鉴定委托书》等 7 种文书格式,现予印发,自 2017 年 3 月 1 日起执行。2007 年 11 月 1 日印发的《司法部关于印发〈司法鉴定文书规范〉和〈司法鉴定协议书(示范文本)〉的通知》(司发通〔2007〕71 号)同时废止。

附件:

司法鉴定文书格式

目录及样本
1. 司法鉴定委托书
2. 司法鉴定意见书
3. 延长鉴定时限告知书
4. 终止鉴定告知书
5. 司法鉴定复核意见
6. 司法鉴定意见补正书
7. 司法鉴定告知书

文书1

司法鉴定委托书

编号：

委托人		联系人 （电话）	
联系地址		承办人	
司法鉴定机构	名　　称： 地　　址：　　　　　　　　　　邮　　编： 联 系 人：　　　　　　　　　　联系电话：		
委托 鉴定事项			
是否属于 重新鉴定			
鉴定用途			
与鉴定有关 的基本案情			
鉴定材料			
预计费用及 收取方式	预计收费总金额：¥：＿＿＿，大写：＿＿＿＿＿＿＿＿＿。		
司法鉴定意见 书发送方式	□自取 □邮寄地址： □其他方式（说明）		

（续表）

约定事项： 1.（1）关于鉴定材料： 　　□所有鉴定材料无需退还。 　　□鉴定材料须完整、无损坏地退还委托人。 　　□因鉴定需要，鉴定材料可能会损坏、耗尽，导致无法完整退还。 　　□对保管和使用鉴定材料的特殊要求：＿＿＿＿＿＿＿＿＿＿。 　（2）关于剩余鉴定材料： 　　□委托人于＿＿＿周内自行取回。委托人未按时取回的，鉴定机构有权自行处理。 　　□鉴定机构自行处理。如需要发生处理费的，按有关收费标准或协商收取＿＿＿元处理费。 　　□其他方式： 2.鉴定时限： 　　□＿＿年＿＿月＿＿日之前完成鉴定，提交司法鉴定意见书。 　　□从该委托书生效之日起＿＿＿个工作日内完成鉴定，提交司法鉴定意见书。 　　注：鉴定过程中补充或者重新提取鉴定材料所需的时间，不计入鉴定时限。 3.需要回避的鉴定人：＿＿＿＿＿＿＿＿，回避事由：＿＿＿＿＿＿＿＿。 4.经双方协商一致，鉴定过程中可变更委托书内容。 5.其他约定事项：	
鉴定风险提示	1.鉴定意见属于专家的专业意见，是否被采信取决于办案机关的审查和判断，鉴定人和鉴定机构无权干涉； 2.由于受鉴定材料或者其他因素限制，并非所有的鉴定都能得出明确的鉴定意见； 3.鉴定活动遵循依法独立、客观、公正的原则，只对鉴定材料和案件事实负责，不会考虑是否有利于任何一方当事人。
其他需要说明的事项	
委托人 （承办人签名或者盖章） 　　　　　　　×年×月×日	司法鉴定机构 （签名、盖章） 　　　　　　　×年×月×日

注：
1."编号"由司法鉴定机构缩略名、年份、专业缩略语及序号组成。
2."委托鉴定事项"用于描述需要解决的专门性问题。

3. 在"鉴定材料"一项,应当记录鉴定材料的名称、种类、数量、性状、保存状况、收到时间等,如果鉴定材料较多,可另附《鉴定材料清单》。

4. 关于"预计费用及收取方式",应当列出费用计算方式;概算的鉴定费和其他费用,其中其他费用应尽量列明所有可能的费用,如现场提取鉴定材料时发生的差旅费等;费用收取方式、结算方式,如预收、后付或按照约定方式和时间支付费用;退还鉴定费的情形等。

5. 在"鉴定风险提示"一项,鉴定机构可增加其他的风险告知内容,有必要的,可另行签订风险告知书。

文书2

×××司法鉴定中心(所)
司法鉴定意见书

司法鉴定机构许可证号：＿＿＿＿＿＿＿

声明

1. 司法鉴定机构和司法鉴定人根据法律、法规和规章的规定,按照鉴定的科学规律和技术操作规范,依法独立、客观、公正进行鉴定并出具鉴定意见,不受任何个人或者组织的非法干预。

2. 司法鉴定意见书是否作为定案或者认定事实的根据,取决于办案机关的审查判断,司法鉴定机构和司法鉴定人无权干涉。

3. 使用司法鉴定意见书,应当保持其完整性和严肃性。

4. 鉴定意见属于鉴定人的专业意见。当事人对鉴定意见有异议,应当通过庭审质证或者申请重新鉴定、补充鉴定等方式解决。

地　　址：××省××市××路××号(邮政编码：000000)
联系电话：000－00000000

×××司法鉴定中心(所)
司法鉴定意见书

编号：(司法鉴定专用章)

一、基本情况
二、基本案情
三、资料摘要
四、鉴定过程
五、分析说明
六、鉴定意见

司法鉴定人签名(打印文本和亲笔签名)
及《司鉴定人执业证》证号(司法鉴定专用章)
×年× 月×日

注：

1. 本司法鉴定意见书文书格式包含了司法鉴定意见书的基本内容,各省级司法行政机关或司法鉴定协会可以根据不同专业的特点制定具体的格式,司法鉴定机构也可以根据实际情况作合理增减。

2. 关于"基本情况",应当简要说明委托人、委托事项、受理日期、鉴定材料等情况。

3. 关于"资料摘要",应当摘录与鉴定事项有关的鉴定资料,如法医鉴定的病史摘要等。

4. 关于"鉴定过程",应当客观、详实、有条理地描述鉴定活动发生的过程,包括人员、时间、地点、内容、方法,鉴定材料的选取、使用,采用的技术标准、技术规范或者技术方法,检查、检验、检测所使用的仪器设备、方法和主要结果等。

5. 关于"分析说明",应当详细阐明鉴定人根据有关科学理论知识,通过对鉴定材料,检查、检验、检测结果,鉴定标准,专家意见等进行鉴别、判断、综合分析、逻辑推理,得出鉴定意见的过程。要求有良好的科学性、逻辑性。

6. 司法鉴定意见书各页之间应当加盖司法鉴定专用章红印,作为骑缝章。司法鉴定专用章制作规格为：直径4厘米,中央刊五角星,五角星上方刊司法鉴定机构名称,自左向右呈环行；五角星下方刊司法鉴定专用章字样,自左向右横排。印文中的汉字应当使用国务院公布的简化字,字体为宋体。民族自治地区司法鉴定机构的司法鉴定专用章印文应当并列刊汉字和当地通用的少数民族文字。司法鉴定机构的司法鉴定专用章应当经登记管理机关备案后启用。

7. 司法鉴定意见书应使用A4纸,文内字体为4号仿宋,两端对齐,段首空两格,行间距一般为1.5倍。

文书3

×××司法鉴定中心(所)
延长鉴定时限告知书

(编号)_____

×××(委托人)：

  贵单位委托我中心(所)的____鉴定一案,我中心(所)已受理(编号:____)并开展了相关鉴定工作,现由于×××××××(原因)无法在规定的时限内完成该鉴定,根据《司法鉴定程序通则》第二十八条的规定,经我中心(所)负责人批准,需延长鉴定时限____日,至×年×月×日。

  联系人:×××;联系电话:×××。
  特此告知。

×××司法鉴定中心(所)(公章)
×年×月×日

文书4

×××司法鉴定中心(所)

终止鉴定告知书

(编号)＿＿＿＿＿＿

×××(委托人)：

贵单位委托我中心(所)的＿＿＿＿鉴定一案,(编号:＿＿＿＿),现因××××××××(原因)致使鉴定工作无法继续进行。

根据《司法鉴定程序通则》第二十九条第(×)款"……(引原文)"之规定,我鉴定中心(所)决定终止此次鉴定工作。

请于×年×月×日前到我鉴定中心(所)办理退费、退还鉴定材料等手续。

联系人:×××;联系电话:×××。

特此告知。

×××司法鉴定中心(所)(公章)

×年×月×日

文书5

××××司法鉴定中心(所)
司法鉴定复核意见

（编号）_____

一、基本情况：

（一）司法鉴定案件编号：
（二）司法鉴定人：
（三）司法鉴定意见：

二、复核意见：

（一）关于鉴定程序：
（二）关于鉴定意见：

复核人签名：
日期：×年×月×日

文书6

×××司法鉴定中心(所)
司法鉴定意见补正书

(编号)_____

×××(委托人):

　　根据贵单位委托,我中心(所)已完成_____鉴定并出具了司法鉴定意见书(编号:_____)。我中心(所)现发现该司法鉴定意见书存在以下不影响鉴定意见原意的瑕疵性问题,现予以补正:

　　1.(需补正的具体位置、补正理由及补正结果)
　　2.(需补正的具体位置、补正理由及补正结果)
　　3.(需补正的具体位置、补正理由及补正结果)
　　……
　　附件:(如补正后的图像、谱图、表格等)

司法鉴定人签名(打印文本和亲笔签名)
及《司鉴定人执业证》证号
×××司法鉴定中心(所)(司法鉴定专用章)
×年×月×日

文书7

司法鉴定告知书

一、委托人委托司法鉴定,应提供真实、完整、充分、符合鉴定要求的鉴定材料,并提供案件有关情况。因委托人或当事人提供虚假信息、隐瞒真实情况或提供不实材料产生的不良后果,司法鉴定机构和司法鉴定人概不负责。

二、司法鉴定机构和司法鉴定人按照客观、独立、公正、科学的原则进行鉴定,委托人、当事人不得要求或暗示司法鉴定机构或司法鉴定人按其意图或者特定目的提供鉴定意见。

三、由于受到鉴定材料的限制以及其他客观条件的制约,司法鉴定机构和司法鉴定人有时无法得出明确的鉴定意见。

四、因鉴定工作的需要,可能会耗尽鉴定材料或者造成不可逆的损坏。

五、如果存在涉及鉴定活动的民族习俗等有关禁忌,请在鉴定工作开始前告知司法鉴定人。

六、因鉴定工作的需要,有下列情形的,需要委托人或者当事人近亲属、监护人到场见证并签名。现场见证时,不得影响鉴定工作的独立性,不得干扰鉴定工作正常开展。未经司法鉴定机构和司法鉴定人同意,不得拍照、摄像或者录音。

1. 需要对无民事行为能力人或者限制民事行为能力人进行身体检查
2. 需要对被鉴定人进行法医精神病鉴定
3. 需要到现场提取鉴定材料
4. 需要进行尸体解剖

七、因鉴定工作的需要,委托人或者当事人获悉国家秘密、商业秘密或者个人隐私的,应当保密。

八、鉴定意见属于专业意见,是否成为定案根据,由办案机关经审查判断后作出决定,司法鉴定机构和司法鉴定人无权干涉。

九、当事人对鉴定意见有异议,应当通过庭审质证或者申请重新鉴定、补充鉴定等方式解决。

十、有下列情形的,司法鉴定机构可以终止鉴定工作:

(一)发现鉴定材料不真实、不完整、不充分或者取得方式不合法的;
(二)鉴定用途不合法或者违背社会公德的;
(三)鉴定要求不符合司法鉴定执业规则或者相关鉴定技术规范的;
(四)鉴定要求超出本机构技术条件或者鉴定能力的;

（五）委托人就同一鉴定事项同时委托其他司法鉴定机构进行鉴定的；

（六）鉴定材料发生耗损，委托人不能补充提供的；

（七）委托人拒不履行司法鉴定委托书规定的义务、被鉴定人拒不配合或者鉴定活动受到严重干扰，致使鉴定无法继续进行的；

（八）委托人主动撤销鉴定委托，或者委托人、诉讼当事人拒绝支付鉴定费用的；

（九）因不可抗力致使鉴定无法继续进行的；

（十）其他不符合法律、法规、规章规定，需要终止鉴定的情形。

被告知人签名：
日期：×年×月×日

（六）执业管理

司法部关于下发《司法鉴定执业分类规定（试行）》的通知

（2000年11月29日　司发通〔2000〕159号）

各省、自治区、直辖市司法厅(局)，新疆生产建设兵团司法局：

　　为加强对面向社会服务的司法鉴定工作的指导，促进司法鉴定执业活动的科学化、规范化，在广泛征求公、检、法、卫、教等部门及有关专家意见的基础上，我部制定了《司法鉴定执业分类规定(试行)》。现印发你们，先内部试行。望你们及时将执行中的经验和问题报告部法规教育司，待积累一定经验修改完善后再以部颁规章形式发布。

　　附件：司法鉴定执业分类规定(试行)

附件：

司法鉴定执业分类规定(试行)

第一章　总　则

　　第一条　为加强对面向社会服务的司法鉴定工作的管理，规范司法鉴定执业活动，根据面向社会服务的司法鉴定工作的实际需要，制定本执业分类规定。

　　第二条　本执业分类规定根据当前我国司法鉴定的专业设置情况、学科发展方向、技术手段、检验和鉴定内容，并参考国际惯例而制订。

　　第三条　本执业分类规定是确定面向社会服务的司法鉴定人职业(执业)资格和司法鉴定机构鉴定业务范围的依据。

第二章　分　则

　　第四条　法医病理鉴定：运用法医病理学的理论和技术，通过尸体外表检查、尸体解剖检验、组织切片观察、毒物分析和书证审查等，对涉及与法律有关的医学问题进行鉴定或推断。其主要内容包括：死亡原因鉴定、死亡方式鉴定、死亡时间推断、致伤(死)物认定、生前伤与死后伤鉴别、死后个体识别等。

第五条 法医临床鉴定:运用法医临床学的理论和技术,对涉及与法律有关的医学问题进行鉴定和评定。其主要内容包括:人身损伤程度鉴定、损伤与疾病关系评定、道路交通事故受伤人员伤残程度评定、职工工伤与职业病致残程度评定、劳动能力评定、活体年龄鉴定、性功能鉴定、医疗纠纷鉴定、诈病(伤)及造作病(伤)鉴定、致伤物和致伤方式推断等。

第六条 法医精神病鉴定:运用司法精神病学的理论和方法,对涉及与法律有关的精神状态、法定能力(如刑事责任能力、受审能力、服刑能力、民事行为能力、监护能力、被害人自我防卫能力、作证能力等)、精神损伤程度、智能障碍等问题进行鉴定。

第七条 法医物证鉴定:运用免疫学、生物学、生物化学、分子生物学等的理论和方法,利用遗传学标记系统的多态性对生物学检材的种类、种属及个体来源进行鉴定。其主要内容包括:个体识别、亲子鉴定、性别鉴定、种族和种属认定等。

第八条 法医毒物鉴定:运用法医毒物学的理论和方法,结合现代仪器分析技术,对体内外未知毒(药)物、毒品及代谢物进行定性、定量分析,并通过对毒物毒性、中毒机理、代谢功能的分析,结合中毒表现、尸检所见,综合作出毒(药)物中毒的鉴定。

第九条 司法会计鉴定:运用司法会计学的原理和方法,通过检查、计算、验证和鉴证对会计凭证、会计账簿、会计报表和其他会计资料等财务状况进行鉴定。

第十条 文书司法鉴定:运用文件检验学的原理和技术,对文书的笔迹、印章、印文、文书的制作及工具、文书形成时间等问题进行鉴定。

第十一条 痕迹司法鉴定:运用痕迹学的原理和技术,对有关人体、物体形成痕迹的同一性及分离痕迹与原整体相关性等问题进行鉴定。运用枪械学、弹药学、弹道学的理论和技术,对枪弹及射击后残留物、残留物形成的痕迹、自制枪支和弹药及杀伤力进行鉴定。

第十二条 微量物证鉴定:运用物理学、化学和仪器分析等方法,通过对有关物质材料的成份及其结构进行定性、定量分析,对检材的种类、检材和嫌疑样本的同类性和同一性进行鉴定。

第十三条 计算机司法鉴定:运用计算机理论和技术,对通过非法手段使计算机系统内数据的安全性、完整性或系统正常运行造成的危害行为及其程度等进行鉴定。

第十四条 建筑工程司法鉴定:运用建筑学理论和技术,对与建筑工程相关的问题进行鉴定。其主要内容包括：建筑工程质量评定、工程质量事故鉴定、工程造价纠纷鉴定等。

第十五条 声像资料司法鉴定：运用物理学和计算机学的原理和技术，对录音带、录像带、磁盘、光盘、图片等载体上记录的声音、图像信息的真实性、完整性及其所反映的情况过程进行鉴定；并对记录的声音、图像中的语言、人体、物体作出种类或同一认定。

第十六条 知识产权司法鉴定：根据技术专家对本领域公知技术及相关专业技术的了解，并运用必要的检测、化验、分析手段，对被侵权的技术和相关技术的特征是否相同或者等同进行认定；对技术转让合同标的是否成熟、实用，是否符合合同约定标准进行认定；对技术开发合同履行失败是否属于风险责任进行认定；对技术咨询、技术服务以及其他各种技术合同履行结果是否符合合同约定，或者有关法定标准进行认定；对技术秘密是否构成法定技术条件进行认定；对其他知道产权诉讼中的技术争议进行鉴定。

第三章 附 则

第十七条 本执业分类规定尚未确定具体类别称谓的司法鉴定由省级司法行政机关确定，报司法部备案。

第十八条 本执业分类规定由司法部负责解释。

第十九条 本执业分类规定自2000年1月1日起施行。

司法部关于法医精神病鉴定业务范围问题的复函

(2008年7月2日　司办函〔2008〕130号)

吉林省司法厅：

你厅《关于如何界定法医精神病鉴定范围的请示》(吉司请字〔2008〕18号)收悉。经研究，复函如下：

依据《全国人民代表大会常务委员会关于司法鉴定管理问题的决定》和司法部《司法鉴定执业分类规定(试行)》(司发通〔2000〕159号)的有关规定，法医精神病鉴定的业务范围包括精神损伤程度的鉴定。

取得法医精神病鉴定执业资质的司法鉴定机构和司法鉴定人，方能开展与法医精神病鉴定有关的精神损伤程度的鉴定。

司法部关于认真贯彻落实精神卫生法做好精神障碍医学鉴定工作的通知

(2013年6月6日 司发通〔2013〕104号)

各省、自治区、直辖市司法厅(局),新疆生产建设兵团司法局:

做好精神障碍医学鉴定工作,既是精神卫生法赋予司法行政机关的一项新的管理职能,也是对司法鉴定管理工作提出的新要求。为贯彻落实精神卫生法,维护精神障碍患者的合法权益,规范精神障碍医学鉴定工作,现就有关问题通知如下。

一、认真履行精神障碍医学鉴定的管理职能

1. 精神障碍医学鉴定以被鉴定人的精神健康为依据,属于医学判断的问题,是一项独立的鉴定类别。精神障碍医学鉴定的鉴定内容主要是被鉴定人是否患有严重精神障碍;被鉴定人是否需要住院治疗。

2. 从事精神障碍医学鉴定的鉴定机构,除应当具备《全国人大常委会关于司法鉴定管理问题的决定》、《司法鉴定机构登记管理办法》等法律法规和规章规定的条件外,还应当具有副高级以上专业技术职称的精神科执业医师作为鉴定人。从事精神障碍医学鉴定的鉴定人,应当具备《全国人民代表大会常务委员会关于司法鉴定管理问题的决定》、《司法鉴定人登记管理办法》等法律法规和规章规定的条件。未经省级司法行政机关登记并取得精神障碍医学鉴定执业资质的鉴定机构和鉴定人不得开展精神障碍医学鉴定活动。

3. 省级司法行政机关应当组织专家对现有法医精神病司法鉴定机构、鉴定人的执业资质进行审查,符合要求的予以核准,并分别在司法鉴定机构许可证和司法鉴定人执业证上增加"精神障碍医学鉴定"的业务范围。现有鉴定机构不能满足需要的,对于资质条件好的经卫生计生行政部门推荐的精神卫生医疗机构,省级司法行政机关可以按照《司法鉴定机构登记管理办法》对其进行审核登记,设立精神障碍医学鉴定机构。

4. 省级司法行政机关应当单独编制精神障碍医学鉴定机构名册,并于每年3月31日前将本地区开展精神障碍医学鉴定活动的机构名单和联系方式提供给本省(区、市)卫生计生行政部门,同时向社会公告并报司法部备案。

二、严格规范精神障碍医学鉴定的实施活动

精神卫生法关于由鉴定机构进行精神障碍医学鉴定的规定,目的是为了维护精神障碍患者的合法权益,防止非自愿住院治疗措施的滥用。精神障碍医学鉴定活动,应当参照《司法鉴定程序通则》执行,并遵守以下要求。

1. 对于精神障碍医学鉴定委托,应当由被鉴定人本人或者其监护人向精神障碍医学鉴定机构提出书面申请。鉴定机构根据需要,可以要求申请人提供病史和治疗资料、诊断结论、再次诊断结论等鉴定必需的材料。

2. 对于符合精神障碍医学鉴定受理条件的鉴定委托,鉴定机构应当接受委托并签订《精神障碍医学鉴定委托协议书》。对于申请人不能提供必要资料,导致鉴定无法进行的,鉴定机构可以不受理鉴定委托。

3. 对于鉴定机构、鉴定人或其近亲属与鉴定事项有利害关系的,或者鉴定机构、鉴定人曾参与被鉴定人住院治疗诊断或再次诊断的,以及其他可能影响其独立、客观、公正进行鉴定的情形,应当回避。

4. 接受委托的鉴定机构应当指定本机构二名以上鉴定人共同进行鉴定,包括具有副高级以上专业技术职称的精神科执业医师。对于疑难复杂的鉴定,应当指定三名或者三名以上鉴定人共同进行,包括具有正高级专业技术职称的精神科执业医师。鉴定人应当到收治被鉴定人的医疗机构面见、询问被鉴定人,医疗机构应当予以协助、配合。

5. 鉴定机构、鉴定人应当遵守有关法律、法规、规章的规定,尊重科学,恪守职业道德,依法独立进行鉴定。鉴定人应当对鉴定过程进行实时记录并签名。记录的内容应当真实、客观、准确、完整,记录的文本或者声像载体应当妥善保存。必要时,鉴定机构可以在有关部门配合下开展听证活动。

6. 精神障碍医学鉴定的技术标准适用于国家卫生计生行政部门组织制定的分类、诊断标准和诊疗规范。

7. 鉴定过程中,因医疗机构、被鉴定人或其近亲属的原因无法面见被鉴定人,或者被鉴定人拒绝配合,以及有其他导致无法继续鉴定行为的,鉴定机构可以中止鉴定。

8. 司法鉴定机构应当在与委托人签订协议书之日起十个工作日内完成委托事项的鉴定。复杂、疑难、特殊的技术问题或者检验过程需要较长时间的,完成鉴定的时间可以延长,延长时间一般不得超过二十个工作日(不含面见所需的旅途时间)。鉴定报告应当对被鉴定人是否患有严重精神障碍,被鉴定人是否需要住院治疗作出客观公正的判断。鉴定报告由鉴定人签名并加盖鉴定机构印章后,应统一按照本通知规定的文书格式出具(见附件)。鉴定报告一式三份,一份交委托人收执,一份交收治被鉴定人的医疗机构收执,一份存档。

9. 在精神障碍医学鉴定收费标准制定颁布前,可以参照司法鉴定相关业务的收费项目和收费标准执行,也可由当事双方协商确定。收费内容包括鉴定费和鉴定人面见被鉴定人所发生的交通、住宿、生活和出庭误工等相关费用。

三、切实做好组织工作

1. 加强管理监督。各地要抓住契机，对现有法医精神病司法鉴定机构进行摸底调查，掌握基本情况，加强监督管理，及时清理整顿严重违规或者不符合条件的鉴定机构和鉴定人。要大力推进法医精神病鉴定机构内部质量管理体系建设，提升法医精神病司法鉴定的整体质量水平。机构数量较多的地方，可以根据当地情况，组织引导现有机构通过重新整合资源配置，调整优化布局结构。

2. 加强协调合作。要加强与卫生计生行政部门的工作联系和合作，共同推动精神障碍医学鉴定工作的顺利进行，共同促进医学鉴定机构与精神卫生医疗机构的交流协作，为开展精神障碍医学鉴定活动创造有利条件。

3. 加强业务培训。各地司法行政机关应当与卫生计生行政部门联合举办专题培训班，对新取得执业资质的精神障碍医学鉴定人进行精神医学专业培训、法律培训，定期开展业务交流与合作，不断提高医学鉴定的能力水平。

各地接到本通知后，要结合本地区的实际情况，认真研究落实。请及时将执行中遇到的问题报我部。

附件：精神障碍医学鉴定报告文本格式

附件：

精神障碍医学鉴定报告

××鉴定中心〔20××〕精医鉴字××号

被鉴定人		性别		出生年月	
身份证号码					
委托人			委托日期		
送检材料					
收治情况					
再次诊断结论					
鉴定日期					
鉴定情况					
鉴定结论				鉴定人签名 日期　（机构章）	

注：本鉴定报告一式三份，委托人、收治机构、鉴定机构各执一份。

司法部关于认真做好贯彻落实《人体损伤程度鉴定标准》工作的通知

(2013年10月9日 司发通〔2013〕146号)

各省、自治区、直辖市司法厅(局),新疆生产建设兵团司法局:

《人体损伤程度鉴定标准》(以下简称《标准》)已经最高人民法院、最高人民检察院、公安部、国家安全部、司法部联合公告发布,现印发你们,请认真组织实施。

《标准》是法医临床司法鉴定最重要、最基本的技术标准,是司法机关准确认定案件事实的重要依据,直接影响到公正司法和人民群众合法权益的维护。各地要高度重视,切实抓好《标准》的贯彻落实,进一步严格规范法医临床执业活动,加强监督管理,有效遏制和减少重复鉴定,推动法医临床类司法鉴定规范化、制度化、科学化建设。现就有关工作通知如下。

一、认真组织开展全员培训。各地要分期分批对现有从事法医临床鉴定的司法鉴定人开展全员培训,并认真组织考核,确保每一个法医临床鉴定人都能熟悉掌握《标准》的基本内容、规范要求和具体尺度,切实提高司法鉴定人正确适用《标准》的执业能力和专业水平。对于考核不合格的,司法行政机关要暂停执业资格,对于经多次培训考核仍不合格的,要注销执业资格。今后各地要将《标准》作为法医临床类司法鉴定人继续教育的重点内容,常抓不懈,持续提高司法鉴定机构和司法鉴定人职业素养和执业能力,确保《标准》统一适用。

二、严格法医临床司法鉴定人的准入条件。自2014年1月1日起,省级司法行政机关在授予法医临床司法鉴定人执业资格时,要对申请人掌握和适用《标准》的能力进行专项考评,对于不具备能力的,不得授予执业资格。

三、切实加强法医临床司法鉴定的执业监督。各地要组织开展法医临床司法鉴定执业检查活动,及时发现和解决《标准》执行中存在的问题。要深入开展鉴定文书评查、能力验证等多种方式,督促司法鉴定机构和司法鉴定人正确适用

《标准》,不断提高鉴定能力和水平。要严明执业纪律,严格执业要求,严肃处理违规违纪行为。

请及时将《标准》执行中遇到的问题反馈我部。

附:《人体损伤程度鉴定标准》(略)

司法部司法鉴定管理局
关于适用《人体损伤程度鉴定标准》
有关问题的通知

(2014年1月6日 〔2014〕司鉴1号)

各省、自治区、直辖市司法厅(局)司法鉴定管理局(处):

经与最高人民法院等有关部门协商,现就适用《人体损伤程度鉴定标准》(以下简称《损伤标准》)的有关问题通知如下:

一、致人损伤的行为发生在2014年1月1日之前,尚未审判或者正在审判,需要进行损伤程度鉴定的,适用原鉴定标准。但按照《损伤标准》不构成损伤或者损伤程度较轻的,适用《损伤标准》。

二、致人损伤的行为发生2014年1月1日之后,需要进行损伤程度鉴定的,适用《损伤标准》。

三、对于2014年1月1日前已发生法律效力的判决、裁定,需要进行重新鉴定的,依照原鉴定标准进行。

请及时将本通知内容告知各司法鉴定机构。

特此通知。

司法部关于认真学习贯彻执行修订后《司法鉴定程序通则》的通知

(2016年3月22日 司发通〔2016〕27号)

各省、自治区、直辖市司法厅(局),新疆生产建设兵团司法局:

为深入推进司法鉴定管理体制改革,司法部于今年3月发布了修订后的《司法鉴定程序通则》(司法部令第132号),自2016年5月1日起正式实施。为做好修订后的《司法鉴定程序通则》(以下简称修订后《通则》)学习贯彻执行工作,现就有关要求通知如下:

一、充分认识修订《通则》的重要意义

现行的《司法鉴定程序通则》自2007年颁布实施以来,对规范司法鉴定执业活动、维护司法公正发挥了积极作用,得到社会广泛认可。但随着司法鉴定工作不断发展,司法鉴定执业活动中出现了重复鉴定较多、因鉴定程序问题提起投诉较多等新情况、新问题,现行的《司法鉴定程序通则》已不能完全适应新的要求。修订后《通则》以解决近年来司法鉴定执业活动中的突出问题为导向,按照党的十八届四中全会对司法鉴定工作的新部署,适应修改后的三大诉讼法对司法鉴定活动的新要求,对司法鉴定程序、防错纠错机制、文书规范、出庭作证等作了进一步完善,对于进一步规范司法鉴定执业活动,提高司法鉴定公信力具有重要意义。各级司法行政机关要站在推进健全统一司法鉴定管理体制改革的高度,紧密结合加强执业监管、提高鉴定质量,把学习贯彻执行修订后《通则》作为今年司法鉴定管理工作的一项重要任务,认真组织部署,切实抓好落实,确保修订后《通则》各项规定落到实处。

二、认真做好司法鉴定管理干部和司法鉴定人教育培训

各地要在今年年底前,组织司法鉴定管理干部系统学习修订后《通则》,正确理解修订后《通则》的新规定、新要求。要把《通则》学习培训作为今年司法鉴定人教育培训的重点内容,结合司法鉴定人执业特点,采取集中培训、网络教学和在岗自学相结合等方式开展培训,使广大司法鉴定人深入理解和熟练掌握修订后《通则》的规定和内容,提高贯彻修订后《通则》、依法实施鉴定的自觉性,努力为促进司法公正、维护社会正义服务。

三、切实抓好修订后《通则》的贯彻执行

要紧紧围绕修订后的《通则》在优化司法鉴定程序、健全司法鉴定防错纠错机制、完善司法鉴定文书规范、规范鉴定机构与诉讼当事人之间的关系以及鉴定人出庭作证等方面的新规定,针对当前司法鉴定活动中存在的突出问题进行督导,严格依法查处违反修订后《通则》及其他违法违纪行为,不护短、不手软,绝不允许少数违法违纪行为损害司法鉴定行业声誉,切实规范司法鉴定活动,保证诉讼活动顺利进行。要结合修订后《通则》的实施,抓紧做好本地司法鉴定收费标准制定工作,加快推动司法鉴定机构规范化建设,建立完善司法鉴定质量评查、检查机制,努力提高司法鉴定质量,促进司法鉴定工作水平不断提高。要采取多种方式大力宣传修订后《通则》,增加司法鉴定活动透明度,让全社会了解和关心司法鉴定工作,树立司法鉴定行业和司法鉴定队伍"客观公正、科学规范"的良好社会形象。

各地贯彻执行情况请及时报部。

司法部关于认真做好实施
《人体损伤致残程度分级》相关工作的通知

(2016年5月19日 司发通〔2016〕48号)

各省、自治区、直辖市司法厅(局),新疆生产建设兵团司法局:

《人体损伤致残程度分级》(以下简称《分级》)已于2016年4月18日发布,自2017年1月1日起施行。《分级》是开展法医临床司法鉴定,确定民事赔偿责任的重要标准。《分级》的发布施行,对于进一步严格规范司法鉴定执业活动、提高司法鉴定质量、有效遏制和减少重复鉴定、维护司法公正和人民群众合法权益具有重要意义。现就《分级》施行有关工作通知如下:

一、在2017年1月1日《分级》施行前,各地要按照统一师资、统一教材、分期分批的工作要求,完成对现有法医临床司法鉴定人的全员培训和考核。对于考核不合格的司法鉴定人,司法行政机关要暂停执业资格;对于经多次培训考核仍不合格的,要注销执业资格,确保法医临床司法鉴定人准确理解、正确适用《分级》。今后各地要将《分级》作为法医临床司法鉴定人继续教育的重点内容,持续提高鉴定人使用《分级》的能力和水平。

二、自2017年1月1日起,省级司法行政机关在授予法医临床司法鉴定人执业资格时,要对申请人掌握和适用《分级》的能力进行专项考评,对于不具备能力的,不得授予执业资格。

三、各地要通过开展专项检查、鉴定文书评查、能力验证等多种方式,加大监督力度,督促司法鉴定机构和司法鉴定人严格执行《分级》。

有关工作情况请及时报部。

附件:《人体损伤致残程度分级》(略)

司法部办公厅关于规范司法鉴定机构开展亲子鉴定业务有关工作的通知

(2016年6月21日 司办通〔2016〕40号)

各省、自治区、直辖市司法厅(局),新疆生产建设兵团司法局:

近年来,各地司法行政机关加强对司法鉴定机构开展亲子鉴定业务的监督管理,法医物证司法鉴定机构依法开展亲子鉴定业务,基本满足了诉讼活动的鉴定需要,为促进家庭和谐、维护社会稳定发挥了积极作用。为贯彻落实国务院办公厅《关于解决无户口人员登记户口问题的意见》(国办发〔2015〕96号),加强对司法鉴定机构开展亲子鉴定业务的规范管理,现将有关事项通知如下:

一、高度重视亲子鉴定工作

各地司法行政机关要充分认识亲子鉴定对户口登记、家庭和谐、公序良俗、社会稳定的重要作用,加强对司法鉴定机构开展亲子鉴定业务的检查、督导,教育引导司法鉴定机构和司法鉴定人增强社会责任感,依法、规范地开展亲子鉴定业务,保障诉讼活动顺利进行,促进家庭和谐、维护社会稳定。

二、严格规范亲子鉴定的委托与受理

(一)加强资质管理。开展亲子鉴定业务的司法鉴定机构和司法鉴定人应当取得法医物证司法鉴定业务许可,并编入《国家司法鉴定人和司法鉴定机构名册》。

(二)统一受理委托。司法鉴定机构应当统一受理亲子鉴定委托,司法鉴定人不得私自受理。司法鉴定机构不得委托其他司法鉴定机构或单位、个人代为受理亲子鉴定委托,不得利用中介组织或个人招揽业务。司法鉴定机构可以根据有关法律法规的规定跨地区接受委托开展亲子鉴定业务,但不得违规设立服务点、采血点、接案点等。

(三)规范受理范围。司法鉴定机构可以依法接受人民法院、人民检察院、公安机关、民政、卫生计生等有关部门的亲子鉴定委托。亲子鉴定的委托人为当事人的,司法鉴定机构应当对委托鉴定事项、鉴定材料等进行严格审查,发现鉴定用途不合法或者违背社会公德的,依据《司法鉴定程序通则》第十五条的规定,不得受理。司法鉴定机构不得接受当事人委托对孕妇开展产前亲子鉴定或者进行胎儿性别鉴定。

(四)规范宣传活动。司法鉴定机构依法开展鉴定业务,不得利用网络、报纸、广播、电视等媒体进行虚假宣传。

三、严格鉴定材料的提取、保管、使用

(一)核对当事人信息。司法鉴定机构开展亲子鉴定业务,应当认真核对当事人身份信息,复印有效身份证件,并对当事人进行拍照。

(二)严格提取鉴定材料。司法鉴定机构应当要求当事人本人到司法鉴定机构,在司法鉴定机构提取检材。当事人确有困难无法到司法鉴定机构的,司法鉴定机构可以指派至少二名工作人员到现场提取检材,其中至少一名应为该鉴定事项的鉴定人。严禁司法鉴定机构通过邮寄、快递、当事人自行送检等方式获取亲子鉴定的鉴定材料,严禁委托其他鉴定机构或其他单位、个人代为提取鉴定材料。

(三)严格保管和使用鉴定材料。司法鉴定机构和司法鉴定人应当严格依照有关技术规范保管和使用亲子鉴定材料,确保鉴定材料符合鉴定要求。

四、严格亲子鉴定的实施程序

(一)坚持鉴定人亲历性原则。司法鉴定机构开展亲子鉴定业务,必须由本机构的司法鉴定人利用本机构自有的仪器设备实施鉴定活动,不得委托其他机构或者单位、个人承担本机构的鉴定业务活动。

(二)规范诉讼外的鉴定活动。司法鉴定机构在诉讼活动以外开展亲子鉴定业务,要严格保护个人隐私,严格参照《司法鉴定程序通则》的规定实施鉴定活动,确保鉴定质量。

(三)规范文书出具。司法鉴定机构要按照统一规定的格式出具鉴定文书,不得以鉴定咨询的名义出具鉴定意见或咨询意见。

各地司法行政机关收到本通知后,要立即传达至各有关司法鉴定机构,加强指导、监督,通过组织开展亲子鉴定业务专项检查活动等形式,认真抓好贯彻落实,对违反本通知要求的,按照有关规定严格查处,促进司法鉴定机构和司法鉴定人依法规范执业。

司法部办公厅关于颁布《亲权鉴定技术规范》等8项司法鉴定技术规范（2016年修订版）的通知

（2016年9月22日　司办通〔2016〕58号）

各省、自治区、直辖市司法厅（局），新疆生产建设兵团司法局、监狱局：

为切实加强司法鉴定标准化工作，保证鉴定质量，适应司法鉴定工作需求和科学技术发展，司法部组织有关专家对2010~2011年颁布的《亲权鉴定技术规范》等8项司法鉴定技术规范进行了修订，现予印发，推荐适用。自印发之日起，该8项技术规范旧版废止，不再适用。

请登录司法部或司法部司法鉴定科学技术研究所网站（网址：www.moj.gov.cn/www.ssfjd.com）获取相关司法鉴定技术规范电子文本。技术咨询电话：021-52367112，联系电话：010-65153134。

附件：1. 司法鉴定技术规范（2016年修订版）目录
　　　2. 司法鉴定技术规范（2016年度Ⅰ）（略）
　　　3. 司法鉴定技术规范（2016年度Ⅱ）（略）

附件1

司法鉴定技术规范(2016年修订版)目录

序号	2016年修订版名称及编号	原版名称及编号
1	道路交通事故涉案者交通行为方式鉴定 SF/Z JD0101001 - 2016	道路交通事故涉案者交通行为方式鉴定 SF/Z JD0101001 - 2010
2	亲权鉴定技术规范 SF/Z JD0105001 - 2016	亲权鉴定技术规范 SF/Z JD0105001 - 2010
3	血液中乙醇的测定 顶空气相色谱法 SF/Z JD0107001 - 2016	血液中乙醇的测定 顶空气相色谱法 SF/Z JD0107001 - 2010
4	生物检材中苯丙胺类兴奋剂、哌替啶和氯胺酮的测定 SF/Z JD0107004 - 2016	生物检材中苯丙胺类兴奋剂、杜冷丁和氯胺酮的测定 SF/Z JD0107004 - 2010
5	血液、尿液中238种毒(药)物的检测 液相色谱 - 串联质谱法 SF/Z JD0107005 - 2016	血液、尿液中154种毒(药)物的检测 液相色谱 - 串联质谱法 SF/Z JD0107005 - 2010
6	视觉功能障碍法医学鉴定规范 SF/Z JD0103004 - 2016	视觉功能障碍法医鉴定指南 SF/Z JD0103004 - 2011
7	精神障碍者刑事责任能力评定指南 SF/Z JD0104002 - 2016	精神障碍者刑事责任能力评定指南 SF/Z JD0104002 - 2011
8	精神障碍者服刑能力评定指南 SF/Z JD0104003 - 2016	精神障碍者服刑能力评定指南 SF/Z JD0104003 - 2011

司法部办公厅关于统一换发新版《司法鉴定许可证》和《司法鉴定人执业证》的通知

（2016年12月5日　司办通〔2016〕74号）

各省、自治区、直辖市司法厅（局），新疆生产建设兵团司法局：

为深入推进健全统一司法鉴定管理体制改革，贯彻落实国务院关于社会信用体系建设和统一社会信用代码制度建设的有关要求，我部根据《司法鉴定许可证和司法鉴定人执业证管理办法》，结合实践工作经验，制作了新版《司法鉴定许可证》和《司法鉴定人执业证》，并决定于2017年统一换发新版证书，现将有关事项通知如下：

一、高度重视，认真组织实施

《司法鉴定许可证》和《司法鉴定人执业证》是司法鉴定机构和司法鉴定人获准行政许可，依法开展司法鉴定执业活动的有效证件。2005年《全国人大常委会关于司法鉴定管理问题的决定》颁布实施以来，各级司法行政机关依法颁发、管理《司法鉴定许可证》和《司法鉴定人执业证》，保障了司法鉴定审核登记管理工作的有效开展。

根据党中央关于司法鉴定管理体制改革的总体部署，按照《国务院关于印发社会信用体系建设规划纲要（2014－2020年）的通知》（国发〔2014〕21号）和《国务院关于批转发展改革委等部门法人和其他组织统一社会信用代码制度建设总体方案的通知》（国发〔2015〕33号）的有关要求，进一步完善《司法鉴定许可证》和《司法鉴定人执业证》证书内容，对于加强监督管理，维护司法鉴定鉴定机构和司法鉴定人的合法权益，保障鉴定活动的顺利开展，具有重要的现实意义。

统一换发新版《司法鉴定许可证》和《司法鉴定人执业证》工作的政策性强，涉及面广，各地司法行政机关要高度重视，按照司法部统一部署，结合本地实际情况，研究制定换证工作方案，明确工作方式、步骤和时间安排等，认真组织实施，确保换证工作有序开展。

二、换发新版证书的对象和时间安排

（一）换发对象。经司法行政机关审核登记、在册的所有司法鉴定机构应换发新版《司法鉴定许可证》（含正本、副本）；经司法行政机关审核登记、在册的所有司法鉴定人应换发新版《司法鉴定人执业证》。

（二）时间安排。换证工作从 2017 年 1 月 1 日开始，到 2017 年 12 月 31 日前完成。各地可以根据具体情况进行安排部署，但旧版证书的使用最迟不得超过 2017 年 12 月 31 日。

各地司法行政机关收到本通知后新审核登记的司法鉴定机构、司法鉴定人，一律颁发新版证书。

三、有关工作要求

（一）司法行政机关应当按照《司法鉴定许可证和司法鉴定人执业证管理办法》（司发通〔2010〕83 号）等有关规定，不断规范和加强司法鉴定证件的颁发、使用和管理工作。

（二）新版《司法鉴定许可证》要求登记司法鉴定机构的社会信用代码。各地司法行政机关要按照司法部的统一部署安排，认真做好司法鉴定机构统一社会信用代码赋码工作，赋码完成后将其登记于司法鉴定许可证。

（三）新版《司法鉴定人执业证》要求登记司法鉴定人诚信等级评估情况。司法部将研究制定司法鉴定人诚信等级评估办法，各地司法行政机关要根据《司法鉴定人登记管理办法》等有关规定，建立完善司法鉴定人诚信档案制度，对司法鉴定人按年度开展诚信等级评估，并将评估结果登记于司法鉴定人执业证。要按照社会信用体系建设的总体要求，将鉴定人诚信等级评估作为监督管理的重要手段，促进鉴定人依法、诚信、公正执业。

（四）新版《司法鉴定许可证》、《司法鉴定人执业证》要求登记司法鉴定机构和司法鉴定人的首次获准登记日期，以体现其执业年限。首次获准登记日期是指司法鉴定机构、司法鉴定人首次获得司法行政机关许可的日期（可追溯到 2005 年 10 月 1 日以前）。

（五）各地司法行政机关要以此次换发证件为契机开展专项检查，按照《最高人民法院、司法部关于建立司法鉴定管理与使用相衔接机制的意见》（司发通〔2016〕98 号）的要求，健全淘汰退出机制，清理不符合规定的鉴定机构和鉴定人。要进一步细化、明确司法鉴定机构和鉴定人的执业范围；对需要调整登记事项的，及时变更登记；对符合注销规定情形的，及时注销登记。

（六）各地要做好规划，逐步有序地换发新证书。省级司法行政机关要采取"见证换证"的方式，收回旧证书的同时，核发新证书。换发证书不能影响司法鉴定机构和司法鉴定人正常的执业活动。

回收的旧证书由省级司法行政机关负责统一销毁。

新版证书由司法部司法鉴定管理局委托制作单位设计、制作。各地在新版证书换发和使用过程中的情况及问题，请及时报司法部司法鉴定管理局。

(七)科技管理

司法部办公厅关于组织实施"十二五"国家科技支撑计划项目《司法鉴定关键技术研究》有关问题的通知

(2012年9月5日 司办通〔2012〕62号)

司法部司法鉴定科学技术研究所:

经科技部批准,"十二五"国家科技支撑计划项目《司法鉴定关键技术研究》已经正式立项。为保证项目按计划执行,实现预期目标,现就有关事项通知如下。

一、司法部为《司法鉴定关键技术研究》项目的组织单位。在司法部科技委的领导下,由司法部司法鉴定管理局按照《国家科技支撑计划管理办法》(国科发计〔2011〕430号)的要求,履行项目组织单位职责,具体工作委托项目牵头单位承办。

二、司法部司法鉴定科学技术研究所为《司法鉴定关键技术研究》项目的牵头单位,在项目组织单位的领导下,负责组织协调和督促各个课题的实施,定期组织课题进展交流,研究、解决各个课题执行过程中出现的问题,推动课题顺利进行。

三、项目牵头单位聘请相关领域资深专家为项目及各个课题的实施、验收、经费管理等重大事项提供咨询和技术指导,对课题进展情况和质量进行评估,协助开展监督检查工作。专家名单报部司法鉴定管理局备案。

四、各课题承担单位要对课题任务的完成及实施效果负责,严格执行批准的计划任务书和课题经费预算,按照项目牵头单位的安排和要求,组织协调并督促课题参与单位,认真完成课题预定的任务并接受科技部及项目组织单位的检查、评估。确需对课题内容、技术经济指标、工作进度、经费等进行调整或变更的,必须严格按照《国家科技支撑计划管理办法》和《国家科技支撑计划专项经费管理办法》(财教〔2006〕160)等的规定按程序报批。

五、《司法鉴定关键技术研究》项目实行年度报告制度。各课题承担单位应按要求编制年度计划执行情况报告和有关信息报表,于每年10月15日之前报项目牵头单位,由项目牵头单位统一汇总上报。各课题承担单位应当按照规定编制课题经费年度财务决算报告。年度财务决算报告由课题承担单位财务部门会同课题负责人编制。年度财务决算报告于次年3月20日前报项目牵头单位,由项目牵头单位统一审核汇总上报。

六、课题完成后,各课题承担单位应及时进行工作总结并按有关规定准备验收材料,于该项目执行期满三个月前向项目组织单位提出书面申请,由项目组织单位于项目执行期满前完成所有课题的验收,接受科技部组织的项目验收。

做好《司法鉴定关键技术研究》项目研究,对于促进司法鉴定行业可持续发展,提升司法鉴定行业科研能力具有重要意义。项目牵头单位、各课题承担单位和相关参与单位要高度重视,加强领导,切实保障,认真做好各项工作,确保项目按期按质顺利完成。

(八) 收费管理

司法部办公厅关于转发《国家发展改革委办公厅关于司法鉴定收费有关问题的复函》的通知

(2006年6月19日 司办通〔2006〕第35号)

各省、自治区、直辖市司法厅(局):

现将《国家发展改革委办公厅关于司法鉴定收费有关问题的复函》(发改办价格〔2006〕883号)转发你们。

为尽快规范各地司法鉴定收费行为,规范司法鉴定活动,从本通知下发之日起,凡是尚未与省级价格主管部门发布有关司法鉴定收费标准的省级司法行政机关,可参照发改办价格〔2006〕883号文精神,在调查研究的基础上,规范本区域内司法鉴定收费标准。待国家发展改革委与司法部联合制定全国统一的《司法鉴定收费管理办法》后,按国家统一规定执行。

附件:

国家发展改革委办公厅关于司法鉴定收费有关问题的复函

发改办价格〔2006〕883号

天津市物价局:

你局《关于司法鉴定收费问题的请示》(津价费〔2006〕88号)收悉。经研究,现就有关问题函复如下:

2005年8月,中央政法委办公室《关于对有关部门在司法体制和工作机制改革牵头单位汇报会上提出的建议的研究意见》(政法办函〔2005〕210号)明确规定,司法鉴定收费项目和收费标准由国家发展改革委牵头,会同司法部研究制定。

目前,我委(价格司)正在与司法部有关司就司法鉴定收费问题进行研究。为规范司法鉴定收费行为,你局可在调查研究的基础上制定司法鉴定临时收费标准,待国家出台全国统一的司法鉴定收费管理办法后,按国家统一规定执行。

特此函复。

国家发展和改革委员会、教育部、司法部、新闻出版广电总局关于下放教材及部分服务价格定价权限有关问题的通知

(2015年6月3日 发改价格〔2015〕1199号)

各省、自治区、直辖市发展改革委、物价局,教育厅(局),司法厅(局),新闻出版广电局,中央各部门(单位)有关出版单位:

为贯彻落实新修订的《义务教育法》、《公证法》和《全国人民代表大会常务委员会关于司法鉴定管理问题的决定》有关规定,按照国务院第69次常务会议部署,决定下放教材和部分服务价格定价权限。现将有关问题通知如下:

一、下放到省级管理的定价项目包括:教材价格,即列入中小学用书目录的教科书和列入评议公告目录的教辅材料印张基准价;公证服务收费;司法鉴定服务收费。

二、合理制定教材和有关服务价格

(一)列入中小学用书目录的教科书和列入评议公告目录的教辅材料印张基准价及零售价格,由省、自治区、直辖市人民政府价格主管部门会同同级出版行政部门按照微利原则确定。

(二)公证服务、司法鉴定服务收费,由省、自治区、直辖市人民政府价格主管部门会同同级司法行政部门按照有利于公证、司法鉴定事业可持续发展和兼顾社会承受能力的原则制定。

三、各地要按照本通知要求及时修订地方定价目录,清理、修改本地区出台的相关文件。

四、各收费单位要严格落实明码标价制度,在收费场所显著位置公示收费项目、收费标准、投诉举报电话等信息。

五、各级价格主管部门要加强价格监督检查,依法查处各类价格违法行为,切实维护市场良好价格秩序,保护消费者和经营者的合法权益。

六、各省、自治区、直辖市人民政府价格主管部门会同同级相关部门按照本通知规定,于2016年5月1日前制定出台本地区的教材价格及公证服务、司法鉴定服务收费标准,文件出台之日起同时废止下列文件及与本通知不符的相关规定。废止文件包括:《国家发展改革委、新闻出版总署关于进一步加强中小学教

材价格管理等有关事项的通知》(发改价格〔2006〕816号)、《国家发展改革委关于青海等地区中小学教材价格问题的通知》(发改价格〔2007〕803号)、《国家发展改革委办公厅关于内蒙古自治区中小学教材价格有关问题的复函》(发改办价格〔2009〕1560号)、《国家发展改革委、新闻出版总署、教育部关于中小学循环使用教材价格政策问题的通知》(发改价格〔2012〕658号)、《国家发展改革委、新闻出版总署、教育部关于加强中小学教辅材料价格监管的通知》(发改价格〔2012〕975号)。

司法部司法鉴定管理局关于制定司法鉴定服务收费标准有关问题的通知

(2015年7月23日 司鉴〔2015〕10号)

各省、自治区、直辖市司法厅(局)司法鉴定管理局(处):

今年6月,国家发改委、教育部、司法部、国家新闻出版广电总局印发了《关于下放教材及部分服务价格定价权限有关问题的通知》(发改价格〔2015〕1199号),决定将司法鉴定服务收费的定价权下放到省级管理,要求省、自治区、直辖市人民政府价格主管部门会同同级司法行政部门按照有利于司法鉴定事业可持续发展和兼顾社会承受能力的原则,于2016年5月1日前制定出台本地区的司法鉴定服务收费标准。为做好司法鉴定服务收费标准制定工作,现将有关问题通知如下:

一、在制定出台新的司法鉴定服务收费标准前,各地应继续执行《国家发改委、司法部关于印发〈司法鉴定收费管理办法〉的通知》(发改价格〔2009〕2264号)和本地司法鉴定服务收费的有关规定。

二、司法鉴定服务主要的收费项目仍由司法部、国家发改委共同确定。目前,我局正在与国家发改委价格司修订《司法鉴定服务收费管理办法》和司法鉴定服务主要的收费项目,在进一步征求意见后,拟于年内以国家发改委、司法部文件形式印发。

三、各地司法厅(局)司法鉴定管理部门要高度重视司法鉴定服务收费标准制定工作,认真学习贯彻发改价格〔2015〕1199号文件精神,及时向司法厅(局)有关领导同志汇报有关情况,积极争取重视、支持。

要深入开展调研、讨论,广泛征求意见,综合考虑当地经济发展水平、司法鉴定服务成本、人民群众可承受能力等因素,研究提出制定司法鉴定服务收费标准的思路、意见和具体的收费标准建议。

要积极主动加强与价格主管部门的协调配合,共同制定出台有利于司法鉴定事业可持续发展的、符合本地实际的司法鉴定服务收费标准。

附件:国家发改委、教育部、司法部、国家新闻出版广电总局《关于下放教材及部分服务价格定价权限有关问题的通知》(发改价格〔2015〕1199号)(略)

司法部办公厅关于做好司法鉴定
收费标准制定相关工作的通知

(2016年1月28日　司办通〔2016〕6号)

各省、自治区、直辖市司法厅(局),新疆生产建设兵团司法局:

全国人大常委会于2015年4月将《关于司法鉴定管理问题的决定》第十五条关于司法鉴定收费的规定修订为:司法鉴定的收费标准由省、自治区、直辖市人民政府价格主管部门会同同级司法行政部门制定。根据《国家发改委、教育部、司法部、国家新闻出版广电总局关于下放教材及部分服务价格定价权限有关问题的通知》(发改价格〔2015〕1199号)要求,为认真做好司法鉴定收费标准制定工作,现将有关事项通知如下:

一、高度重视,把握定位

合理制定司法鉴定收费标准,关系广大人民群众的切身利益,关系司法鉴定事业的可持续发展,对健全完善司法鉴定管理体制改革具有重要影响。各地司法行政机关要高度重视,加强领导,组织精干力量,加强与价格主管部门沟通协调,主动发挥作用,认真做好有关工作。司法行政机关要把握好作为诉讼当事人、委托方、鉴定机构的平衡者的角色定位,确保司法鉴定收费标准既符合当地经济社会发展实际和社会承受能力,又有利于推动司法鉴定事业可持续发展。

二、制定出台收费管理规定

各地司法行政机关应当与价格主管部门依据《中华人民共和国价格法》、《全国人大常委会关于司法鉴定管理问题的决定》以及司法鉴定地方法规等有关规定,按照《国家发改委价格司关于加强有关专业服务收费和教材价格管理的通知》(2016年1月5日印发)要求,结合本地工作实际,制定出台司法鉴定收费管理规定。

三、科学制定收费标准

在制定司法鉴定收费标准工作过程中,要加强调查研究,广泛征求人民群众、司法机关、鉴定机构等各方面的意见建议。要根据成本等各方面因素,结合不同类别鉴定活动的特点,合理确定收费形式、科学制定收费标准。

总结司法鉴定收费工作实践经验,以项目为基础、按项目收费是司法鉴定收费的主要形式之一。为便于各地参照统一的司法鉴定项目制定收费标准,我部司法鉴定管理局组织制定了《司法鉴定项目基本目录》(见附件),供各地在制定司法鉴定项目的收费标准时参考使用。

四、加强监督管理

部分鉴定项目鉴定费用高、收费不规范是近年来群众反映强烈的一个突出问题。各地要配合价格主管部门,加强对鉴定机构收费行为的监督管理,严肃查处乱收费、多收费等价格违法行为,确保鉴定机构依法、合理、诚信、公开收取鉴定费和其他相关费用。

附件:1.《司法鉴定项目基本目录》(略)
   2.《司法鉴定项目基本目录》使用说明(略)

国家发展和改革委员会关于废止教材价格和部分服务收费政策文件有关问题的通知

(2016年3月29日 发改价格〔2016〕703号)

教育部、司法部、财政部、国家新闻出版广电总局,各省、自治区、直辖市发展改革委、物价局:

为贯彻落实党的十八届三中全会精神,发挥市场在资源配置中的决定性作用,促进相关行业发展,近年来,国家发展改革委会同有关部门放开了律师服务(刑事案件辩护和部分民事诉讼、行政诉讼、国家赔偿案件代理除外)收费,将教材价格、公证服务收费、司法鉴定服务收费下放省级管理,由省级价格主管部门会同同级政府有关部门制定教材价格和相关服务收费标准。为此,经研究,并商有关部门同意,决定废止教材价格和部分服务收费政策文件。现就有关问题通知如下:

一、废止《国家物价局、财政部关于发布司法系统行政事业性收费项目和标准的通知》(〔1991〕价费字549号)等9个文件。具体见附件《废止教材价格和部分服务收费政策文件目录》。

二、各地价格主管部门应会同有关部门对依据本通知废止文件制定的价格和收费政策进行清理,及时废止本地区不符合国家规定的有关文件。

三、价格主管部门应加强对教材价格和有关服务收费的监管,对实行政府定价管理的教材价格和服务收费,应严格遵守相关的定价程序,科学核算成本,合理制定教材价格和服务收费标准;对实行市场调节价管理的教材价格和服务收费,应加强事中事后监管,规范收费行为,依法查处各类违规收费行为,切实保护服务对象的合法权益。

四、本通知自2016年5月1日起执行,其中《国家发展计划委员会、财政部、新闻出版总署关于中小学教材印张中准价等有关事项的通知》(计价格〔2001〕1775号)中关于出版发行少数民族文字教材亏损补贴政策,自2017年1月1日起废止。各省、自治区、直辖市人民政府价格主管部门会同同级相关部门于2016年5月1日前制定出台本地区的教材价格及公证服务、司法鉴定服务收费标准的,文件执行之日同时在本省范围内停止执行附件《废止教材价格和部分服务收费政策文件目录》中有关文件。

附件:废止教材价格和部分服务收费政策文件目录

附件:

废止教材价格和部分服务收费政策文件目录

1.《国家物价局、财政部关于发布司法系统行政事业性收费项目和标准的通知》(〔1991〕价费字549号)

2.《国家发展计划委员会、司法部关于调整公证服务收费标准的通知》(计价费〔1998〕814号)

3.《国家发展计划委员会、新闻出版署关于核定2001年秋季中小学教材价格有关问题的通知》(计价格〔2000〕2134号)

4.《国家计委、教育部、新闻出版总署关于印发中小学教材价格管理办法的通知》(计价格〔2001〕945号)

5.《国家发展计划委员会、财政部、新闻出版总署关于中小学教材印张中准价等有关事项的通知》(计价格〔2001〕1775号)

6.《国家发展改革委、新闻出版总署、教育部关于加强中小学实验教材价格管理的通知》(发改价格〔2003〕1705号)

7.《国家发展改革委、新闻出版总署关于中小学教材出版发行招标投标扩大试点有关价格政策的通知》(发改价格〔2005〕2721号)

8.《国家发展改革委、司法部关于印发〈司法鉴定收费管理办法〉的通知》(发改价格〔2009〕2264号)

9.《国家发展改革委、财政部关于降低部分行政事业性收费标准的通知》(发改价格〔2013〕1494号)中关于公证服务收费标准的有关规定

司法部办公厅关于进一步加强司法鉴定收费管理的通知

(2017年3月22日 司办通〔2017〕22号)

各省、自治区、直辖市司法厅(局):

司法鉴定管理体制改革是党的十八届四中全会部署的一项重要改革任务,加强司法鉴定收费管理是当前推进司法鉴定管理体制改革的一项重要内容。近期,"天价鉴定费"问题引起社会广泛关注。为加强司法鉴定收费管理,现将有关要求通知如下:

一、抓紧制定司法鉴定收费标准

按照《国家发展和改革委员会、教育部、司法部、国家新闻出版广电总局关于下放教材及部分服务价格定价权限有关问题的通知》(发改价格〔2015〕1199号)文件要求,各地应于2016年5月1日前制定出台本地司法鉴定收费标准。截至目前,仍有河北、内蒙古、江苏、浙江、江西、湖北、广东、广西、重庆、四川、云南、西藏、陕西、甘肃、青海、宁夏、新疆等17个省(区、市)尚未制定出台,请切实加强与当地价格主管部门的沟通协调,抓紧研究制定,务必于今年6月底前完成。

二、科学制定司法鉴定收费标准

制定收费标准时,要按照《司法部办公厅关于做好司法鉴定收费标准制定相关工作的通知》(司办通〔2016〕6号)要求,根据当地经济社会发展水平,综合考虑鉴定成本和难易程度等因素,科学合理制定司法鉴定收费标准。收费形式主要采取按项目收费的形式,对单个鉴定项目设置最高限额。研究规范设置收费标准"下浮浮动幅度",避免鉴定机构之间的压价恶性竞争,促进鉴定行业有序发展。

三、加强对司法鉴定收费行为的监督管理

要按照司法部司法鉴定管理局《关于加强司法鉴定收费专项管理工作的通知》(司鉴〔2017〕4号)要求,加强司法鉴定收费专项管理,严厉打击乱收费行为,加大处罚工作力度。

各省(区、市)司法厅(局)要高度重视,主要负责同志要亲自听取汇报,研究贯彻落实措施,作出安排部署。

各地贯彻落实情况请及时报司法部司法鉴定管理局。

司法部办公厅关于进一步加强司法鉴定收费行为监督管理工作的通知

(2017年7月7日　司办通〔2017〕74号)

各省、自治区、直辖市司法厅(局):

今年以来,在司法部党组领导下,在国家发改委等有关部门大力支持下,各地司法厅(局)积极与当地价格主管部门沟通协调,密切配合,截止6月底,全国31个省(区、市)全部制定出台新的司法鉴定收费标准,为诉讼活动顺利进行,维护鉴定机构和当事人合法权益提供了有力保障。为进一步加强对司法鉴定收费行为的监督管理,现将有关要求通知如下:

一、严格规范、统一执行收费标准

司法鉴定收费管理办法和收费标准是司法行政机关加强司法鉴定收费行为监管、司法鉴定机构从事司法鉴定收费的主要依据和根本遵循,必须不折不扣地执行和落实。当前,有些地方收费标准刚刚出台,在执行中会碰到这样那样的问题,如对上浮幅度、下限的把握还不够准确,对个别收费项目的理解还有偏差,等等。各地司法厅(局)要加强对新的司法鉴定收费标准执行情况的监测,及时了解掌握有关情况,发现存在的突出问题,不断完善、细化收费管理辨定,及时与当地价格主管部门沟通,调整不合理的收费项目和标准,确保收费标准严格规范:统一执行。

二、严肃查处乱收费行为

要紧密结合对司法鉴定机构的"双随机、一公开"监管,开展司法鉴定收费行为专项督察,采取随机抽查、定期检查、实时监测等方式,加大处罚工作力度,配合价格主管部门及时严厉惩处司法鉴定机构之间压价恶性竞争、收费不透明不规范、巧立名目乱收费、自定收费标准收费、分解收费项目收费、重复收费、扩大收费范围、超过浮动幅度收费等违法违规行为,切实规范司法鉴定收费秩序,维护人民群众合法权益。对于司法鉴定收费问题的举报和投诉,要配合价格主管部门认真调查,严肃查处,绝不姑息。

三、主动接受社会各界监督

各省(区、市)司法厅(局)要联合价格主管部门,及时将新制定的司法鉴定收费管理办法和收费标准向社会公开,并说明有关弹性收费项目的依据、条件和浮动范围等,及时回应社会对有关收费问题的质询和关切,主动接受社会各界监督。所有司法鉴定机构必须在办公场所显眼位置公示本机构业务范围内有关司法鉴定收费项目标准和数额,并在司法鉴定委托书中注明具体收费金额,主动接受委托人监督。

四、加大正面宣传力度

要及时通过电视、网络、微信、微博及报纸等传播平台,及时发布本地加强司法鉴定收费管理,治理司法鉴定乱收费行为等有关情况,大力宣传规范收费、诚信执业的司法鉴定机构,树立司法行政机关加强司法鉴定收费管理的权威和司法鉴定行业正面形象。

各地贯彻落实情况请及时报司法部司法鉴定管理局。

（九）投诉处理

司法部关于贯彻实施《司法鉴定执业活动投诉处理办法》进一步加强司法鉴定监督管理工作的通知

(2010年8月20日 司发通〔2010〕126号)

各省、自治区、直辖市司法厅(局)，新疆生产建设兵团司法局：

《司法鉴定执业活动投诉处理办法》(司法部第123号令，以下简称《投诉处理办法》)已于2010年6月1日实施。现就贯彻实施《投诉处理办法》，进一步加强司法鉴定监督管理工作的有关事宜通知如下：

一、统一思想，充分认识贯彻实施《投诉处理办法》的重要意义

司法鉴定制度是我国司法制度的重要组成部分。进一步规范司法鉴定执业行为，促进规范执业、廉洁执业、阳光执业和公正执业，提升司法鉴定社会公信力，维护司法鉴定秩序，充分发挥司法鉴定制度保障司法、服务诉讼、化解社会矛盾纠纷的职能作用，是新时期司法行政机关管理司法鉴定的重要任务。《投诉处理办法》明确了司法鉴定执业活动投诉工作管辖范围、职责分工、受理情形和调查处理等，完善了投诉处理程序，是各级司法鉴定管理部门依法及时开展司法鉴定执业活动投诉处理工作的依据。认真贯彻落实《投诉处理办法》，切实做好司法鉴定执业活动投诉处理工作，对于加强司法鉴定规范化、法制化、科学化建设，对于维护人民群众合法权益，促进司法公正，推动司法鉴定事业科学发展具有重要意义。各级司法行政机关要从深入贯彻落实科学发展观、深入推进社会矛盾化解、社会管理创新、公正廉洁执法三项重点工作，促进司法鉴定事业健康发展，维护司法公正和社会和谐稳定的高度，深刻认识做好司法鉴定执业活动投诉处理工作的必要性、重要性。

二、完善机制，建立健全投诉处理工作制度

针对司法鉴定投诉处理工作面临的形势和要求，采取有效措施规范司法鉴定执业活动，防范并化解司法鉴定执业风险，切实查处有效投诉，及时处理无效投诉，是各级司法行政机关面临的一项紧迫任务。各地要结合《投诉处理办法》

颁布实施的有利时机,积极探索和建立司法鉴定投诉处理的有效机制和工作制度。

(一)完善工作格局,明确投诉处理工作责任机制。各级司法行政机关要本着高度负责的精神,严格履行职责,从强化领导责任、明确职责分工、强化人员配备、提供经费保障、落实责任追究等方面切实加强投诉处理工作,逐步形成分级受理、统一协调、分工明确、制度配套的投诉处理工作格局和责任机制。

(二)公开投诉窗口,建立投诉处理工作承办机制。各级司法行政机关要本着方便群众、分级受理,发挥司法行政机关整体效能的原则,整合投诉举报、政策咨询等平台,建立投诉处理工作承办机制。要公开《投诉处理办法》和投诉处理程序,公布投诉受理机关的通信地址、电话、传真等相关事项,确保投诉受理渠道畅通;严格、公正、文明、理性地做好司法鉴定执业活动处理投诉工作,采取有效方式,引导投诉人以理性合法的方式表达诉求;做到作风文明、程序规范、处理公正,以优质服务与规范化管理,有效防范和化解司法鉴定执业活动中的各种矛盾纠纷。

(三)建立合作平台,健全投诉处理工作协调机制。一是在司法行政系统内部,要逐步建立部、省、市(地)、县(区)四级司法鉴定投诉处理工作的协调机制,加强协调配合,提高工作效率。上级机关要切实加强对下级机关的业务指导和监督,帮助解决投诉处理工作中遇到的困难和问题,加大投诉处理案件督查督办工作力度,推动各类投诉问题的妥善解决。下级机关要认真办理上级机关转办、交办、督办的投诉案件,并及时报告办理情况。二是在司法鉴定投诉处理工作中,司法行政机关要逐步建立与司法鉴定行业协会自律管理相衔接的工作平台,研究建立技术标准与技术方法争议解决机制。三是对于多发、累发投诉事项,司法行政机关要探索建立与相关部门相协调联动的工作平台。四是要逐步探索建立司法鉴定投诉处理工作与信访工作相协作的工作平台,及时解决群众诉求。

(四)建立报告制度,完善投诉处理工作应急机制。各级司法行政机关要牢固树立大局意识、政治意识、法治意识和责任意识,高度重视本行政区域内发生的重大突发公共事件和重大群体性敏感案件,研究制定司法鉴定应急处置工作预案,主动协助政府或相关部门处理和化解社会矛盾和纠纷。加强与司法鉴定行业协会协调,建立投诉处理工作联动机制,在参与解决重大社会问题中发挥职能作用。

(五)畅通信息渠道,健全投诉处理工作反馈机制。各级司法行政机关要不断提高司法鉴定投诉处理工作的信息化、科学化水平。要建立完善重大事项报告制度、处理结果通报制度和信息统计制度,研究投诉工作中的热点、难点、焦点问题,提高综合分析研判水平,不断增强工作的预见性和针对性。同时,要大力提倡树行业形象、倡行业新风,努力提高为民办事、为民服务的效率。

三、规范管理,不断提高司法鉴定执业监管能力和执法水平

(一)加强司法鉴定机构规范化建设。积极推动和引导司法鉴定机构建立健全科学、合理、规范的内部管理制度,不断提高规范化执业水平。要重点加强司法鉴定机构的规范化建设,自觉接受司法行政机关、行业协会及社会的管理监督,依法独立实施司法鉴定活动,规范司法鉴定文书,建立完善司法鉴定质量控制体系和执业监督机制,重点加强执业场所、仪器设备的持续改进和执业公开、公示制度的全面落实。

(二)加大行政处罚和行业惩戒力度。各地要严格执法、严格管理、严格监督,对于违法违规的,发现一起、查处一起;对于违反行业纪律和执业规则的,司法鉴定行业协会要依规依纪给予处分;对于触犯刑律的,依法移交司法机关追究刑事责任;对于需要给予行政处理而缺少法律规定的,要及时建议提请修改;对于不适宜从事司法鉴定活动的机构和人员,要探索有效的退出淘汰机制,畅通出口,及时清除。各地要不断总结执业监管工作的规律和特点,预防在前,教育为主,不断提高司法鉴定队伍的政治、业务素质和职业道德水平,共同维护司法鉴定行业的社会形象。

(三)适时开展司法鉴定专项执法检查和执业检查活动。各地根据司法鉴定管理工作的阶段性任务,针对本地区司法鉴定活动中存在的突出问题,适时开展专项执法、执业检查活动,也可以针对投诉中的热点、焦点问题,开展集中整改。通过办理投诉案件研究执法问题,提高执法水平,通过检查、评估、整改等措施,不断提升司法鉴定执业资质和鉴定能力,不断提高司法鉴定质量。

四、组织保障,明确工作职责和任务要求

(一)高度重视,加强领导。各级司法行政机关要高度重视和加强司法鉴定执业监管工作的组织领导。要把司法鉴定执业活动投诉处理工作摆在司法鉴定管理工作的重要位置,抓紧、抓好、抓出成效。对于执业监管工作中发现的重大问题,要及时请示和汇报,争取支持;对于执业环境中存在的突出问题,要发挥牵头作用,加强与侦查、审判、工商、税务、质检等部门的沟通、协调,共同为促进司法鉴定事业的健康发展创造良好的执业环境。

(二)明确职责分工,层层抓好落实。司法鉴定活动具有公共性、社会性、专业性、综合性强的行业特点,各地要落实司法鉴定管理机构组织建设的目标要求,建立完善三级管理体系和投诉处理工作协调配合机制,形成全国一盘棋,做到职责明晰、权责一致,把司法鉴定执业监管的各项工作任务真正落到实处。要通过完善制度建设,加强队伍管理,合理吸收具备法律专业和对口专业知识的人员充实管理队伍,提高队伍素质。要建设学习型管理团队,加大教育培训的针对性和时效性,不断提高社会管理能力和公共服务水平。

(三)推进行业协会建设,建立完善"两结合"管理机制。鼓励司法鉴定行业协会在教育培训、业务引导、技术规范、质量评查、违纪处分和司法鉴定人权益保障等方面发挥积极作用。司法鉴定行业协会要善于通过发布司法鉴定执业风险提示和业务指引等手段,推进司法鉴定机构依法执业,规范操作,客观公正地出具鉴定意见,最大限度地防范执业风险;通过通报处理情况、予以行业处分等办法,严肃行业纪律;通过探索业务工作规律、制发业务指导书、制定行为规则等途径规范执业行为;通过媒体宣传、主题实践、案例汇编、法律援助等形式,开展行风建设,树立行业形象。

(四)认真调查研究,建立形成执业监管规范体系。推进司法鉴定执业监管规范体系建设,是进一步继续贯彻落实全国人大常委会《关于司法鉴定管理问题的决定》,深化司法鉴定体制改革的重要任务之一。各地要依据有关法律法规和规章,结合本地实际,以规范司法鉴定执业行为为载体,以提高司法鉴定质量为核心,以保障司法活动顺利进行为目标,更新观念,创新思路,采取有效措施,建立形成行政监督、司法监督、社会监督和同行监督相结合的司法鉴定执业监管规范体系,持续推进司法鉴定规范化、法制化、科学化建设。

司法部关于进一步加强司法鉴定投诉处理工作的意见

(2013年8月27日 司发通〔2013〕126号)

各省、自治区、直辖市司法厅(局),新疆生产建设兵团司法局:

为进一步贯彻落实《司法鉴定执业活动投诉处理办法》(司法部令第123号,以下简称《投诉处理办法》),加强司法鉴定投诉处理工作,维护投诉人和被投诉人的合法权益,保障司法鉴定事业健康顺利发展,现提出以下意见。

一、多渠道开展投诉处理工作

1. 充分发挥地市级司法行政机关的主渠道作用。各地要以地市级(包括直辖市的区、县)司法行政机关为主,积极有效地开展司法鉴定投诉处理工作。省级司法行政机关接到投诉的,一般应当交由地市级司法行政机关处理,但对于重大、特殊、敏感或涉及严重违法违规行为的案件,也可以直接处理。县级司法行政机关应当协助地市级司法行政机关开展投诉处理工作;有条件的县级司法行政机关可以直接开展投诉处理工作。

2. 有效发挥司法鉴定行业协会的作用。司法鉴定行业协会负有协助司法行政机关开展行政管理和履行行业自律管理的重要职责,各地要有效发挥行业协会在投诉处理工作中的积极作用。司法行政机关根据需要可以委托司法鉴定行业协会协助开展投诉处理工作,如组织专家开展专项调查,提出处理建议和意见;组织专家对投诉涉及的相关专业技术问题进行论证;组织专家接待投诉人并提供技术咨询、解答有关鉴定技术问题;开展争议调解工作等。对于投诉反映出的技术标准、技术规范适用争议较大的,行业协会可以组织同行专家研究,对于形成共识的,可以通过发布执业指南的形式规范本地区司法鉴定执业活动。

3. 切实发挥司法鉴定机构的作用。各地要指导、督促司法鉴定机构加强和改进投诉接待工作。鉴定机构要指定专人负责接待,对于当事人的投诉要认真记录、耐心解答、及时核实,不得推诿、敷衍。对于确实存在问题的,要采取有效办法及时解决;对于仅对鉴定意见有异议的,要引导当事人通过法庭质证等法定程序解决。

司法鉴定机构应当认真配合司法行政机关和司法鉴定行业协会开展投诉案

件的调查处理工作,如实陈述事实,提供有关材料,落实处理决定。对接待当事人不认真或配合投诉调查处理工作不积极的鉴定机构,司法行政机关要及时约谈机构负责人,督促整改。

司法鉴定机构要积极参与投诉调解,加强与投诉人的沟通,积极化解争议纠纷。

司法鉴定机构应当建立健全内部执业责任追究机制,对于违反内部管理规定的鉴定人要追究相应的执业责任。

二、严格规范投诉处理程序

4. 严格规范投诉受理工作。司法行政机关要坚持以人为本、服务为民,公布投诉处理程序、投诉电话、通信地址等相关事项,方便群众依法投诉。要耐心听取诉求、认真解答问题,依法严格审查投诉事项和投诉材料,严格认定受理情形和不受理情形。对于投诉人除对鉴定意见有异议外,还反映违法违规执业问题并提出有关事实和理由的,应当受理;对于鉴定意见已被人民法院采信,但投诉人反映违法违规执业问题并提出有关事实和理由的,应当受理并对属于受理情形的违法违规执业问题进行调查;对于投诉故意做虚假鉴定问题并且能够提出证据线索或者合理理由的,应当受理。

对于不属于司法行政机关管辖范围或者属于不予受理情形的投诉,应当以书面形式告知投诉人不予受理,并说明理由,同时根据投诉问题的性质和具体情况,告知投诉人寻求救济的途径和办法。

对于通过信访渠道收到的司法鉴定投诉材料,除已按《投诉处理办法》的规定处理过的重复投诉外,司法行政机关应当按照《投诉处理办法》的相关规定处理。

5. 严格规范调查工作。要强化责任意识、程序意识、期限意识,加大调查取证力度,加强证据收集和证据固定工作,认真制作调查笔录,按时向投诉人送达投诉处理相关文书。对于需要延长投诉受理、处理期限的,应当书面告知投诉人延长期限的理由。要建立投诉处理档案,记录投诉案件的调查过程和处理结果。司法行政机关或者司法鉴定行业协会开展调查工作要依法保障被投诉人的合法权益,不得妨碍被投诉人执业活动的正常进行。

6. 严肃处理违法违规行为。对于调查发现的违法违规执业行为,要依法严肃处理。对于符合行政处罚条件的,地市级司法行政机关应当移送省级司法行政机关依法给予行政处罚;对于不符合行政处罚条件的,地市级或者县级司法行政机关应当根据《投诉处理办法》的规定给予批评教育、训诫、通报、责令限期整改等处理;对于有违反职业道德、执业纪律和行业规则问题的,由司法鉴定行业协会给予行业惩戒。要及时将司法鉴定机构和司法鉴定人受到行政处罚、行政处理和行业惩戒的情况向鉴定机构、鉴定人所在地的其他有关部门通报,同时记入执业诚信档案,作为诚信等级评定的重要依据。

7. 严格规范投诉处理答复。司法行政机关在案件调查完毕,作出相应处理决定后,应当及时向投诉人作出投诉处理答复。投诉处理答复应当以书面形式作出,书面答复应当依据合法、内容完整、回答充分,包括对投诉事项的回答、对违法违规执业行为的处理、投诉人寻求救济的途径和方法等。投诉处理答复的格式应当严谨、规范,要有司法行政机关的文头、规范的标题、统一的文号等,落款处要加盖司法行政机关的公章。投诉人对司法行政机关的投诉处理答复不服,根据相关法律法规向上一级司法行政机关寻求救济的,应当按行政复议程序办理。

三、切实加强投诉预防工作

8. 建立完善风险防范机制。要采取措施,引导司法鉴定机构提高风险防范意识,建立完善风险防范机制,预防和减少争议纠纷。鉴定机构对鉴定材料、委托鉴定事项和鉴定要求应当认真研究、严格审查,对于不属于司法鉴定事项的、超出本机构的业务范围、技术条件和鉴定能力的或者发现同一事项多头委托的,不予受理并说明理由。对于委托人拒绝签订委托协议的,可以中止受理或者终止鉴定;对于不符合重新鉴定条件的,不予受理并说明理由。对于重新鉴定意见与原鉴定意见不一致的,应当在鉴定意见书中充分说明理由和依据。鉴定机构要健全风险告知制度,在接受委托前发放风险告知书,提示鉴定风险,明确告知委托人或申请人,对鉴定意见有异议的应通过申请鉴定人和有专门知识的人出庭作证或者通过申请补充鉴定、重新鉴定等法定途径解决。

9. 切实加强日常监督。要建立完善司法鉴定执业活动年度检查制度和司法鉴定机构执业资质定期考核制度。司法行政机关和司法鉴定行业协会可以根据工作需要组织开展司法鉴定专项检查、资质考核和质量监督、评查活动,推进司法鉴定工作规范化、法制化和科学化建设,不断提高司法鉴定管理的规范化水平,减少违法违规执业行为的发生。

10. 及时报告重大事项。要建立完善司法鉴定重大事项报告制度,及时上报重要信息。司法鉴定机构对于涉及重大突发公共安全事件、重大群体性敏感案件和重大社会活动的鉴定委托,要及时向所在地的地市级以上司法行政机关报告。对于重大疑难、特殊复杂的鉴定以及当事人双方对鉴定意见争议较大的,鉴定机构要向所在的行业协会报告。司法行政机关要将辖区内司法鉴定重大事项及时报告上一级司法行政机关,特别重大、紧急的事项要及时上报司法部。

11. 依法通过法庭质证解决鉴定争议。鉴定人出庭作证是司法鉴定执业活动的重要阶段和关键环节。司法鉴定人经人民法院通知,应当出庭作证。司法行政机关要加强与审判机关的沟通协调,建立形成司法鉴定管理与使用相衔接的运行机制,共同监督、规范鉴定人出庭作证活动,并为鉴定人出庭作证提供必需的条件,维护鉴定人执业权利,保障鉴定人的人身安全。对于鉴定人无正当理由拒绝出庭作证的,要依法严肃处理。要积极引导当事人通过申请鉴定人出庭作证和聘请有专门知识的人协助质证的方式解决鉴定争议,切实发挥法庭质证程序在解决鉴定争议中的主渠道作用,共同维护好鉴定秩序。

四、切实加强组织领导

12. 高度重视投诉处理工作。司法鉴定投诉处理工作涉及群众利益、涉及社会稳定,各级司法行政机关要充分认识司法鉴定投诉处理工作的重要性、复杂性、敏感性,明确投诉处理工作的领导责任,切实把工作任务、工作要求和工作责任落实到人,有效防止司法鉴定投诉、信访案件成为社会热点问题。要建立健全工作机制,加强与有关部门的工作协调,为鉴定活动的顺利进行创造良好的执业环境。

13. 切实加强司法鉴定管理体系建设。各地在加强基层基础建设中,要健全完善司法鉴定管理体系。地市级司法行政机关要做到有管理职责、管理机构、管理干部、办公用房和业务经费。辖区内有司法鉴定机构的县级司法行政机关要做到有工作要求、有专人负责。要通过组织培训班,召开研讨会、经验交流会等形式,对负责司法鉴定投诉处理工作的有关人员进行培训,不断提高工作能力和水平,确保办案质量,有效化解矛盾纠纷和鉴定争议。

14. 加强投诉处理工作的协作配合。司法行政机关司法鉴定管理机构要主动加强与法制工作机构的协作配合,对于投诉处理工作中涉及的政策、法律问题,要与法制工作机构共同研究,确保处理程序规范、适用法律正确、处理结果公正。司法鉴定投诉处理答复要及时抄送法制工作机构。

15. 切实加强调查研究。各级司法行政机关要加强调查研究,及时总结投诉处理工作经验,研究解决出现的新情况、新问题,不断完善制度规范,从源头上预防和减少司法鉴定投诉、信访、行政复议、行政诉讼案件的发生。

司法部关于开展司法鉴定行风建设专项活动的通知

(2014年2月7日　司发通〔2014〕8号)

各省、自治区、直辖市司法厅(局),新疆生产建设兵团司法局:

为深入学习贯彻党的十八大和十八届三中全会精神,提高司法鉴定的服务质量,提升司法鉴定执业公信力,按照《司法部党的群众路线教育实践活动领导小组关于做好教育实践活动整改落实建章立制环节工作的通知》(司群组发〔2013〕7号)的部署和要求,决定在全国范围内组织开展以"诚信规范、执业为民"为主题的司法鉴定行风建设专项活动。现就有关事项通知如下。

一、充分认识开展司法鉴定行风建设专项活动的重要意义

司法鉴定制度是我国司法制度的重要组成部分,对于促进司法公正、维护人民群众合法权益和社会公平正义具有重要作用。司法鉴定行业直接面对和服务人民群众,司法鉴定行业风气如何直接影响服务质量和水平,关系到司法鉴定制度的功能作用能否有效发挥。近年来,各级司法行政机关高度重视司法鉴定行风建设工作,多措并举加强和改进行风建设,取得明显成效,绝大多数司法鉴定机构、司法鉴定人都能遵守职业道德、执业纪律,为司法机关和人民群众提供优质高效服务。但也要看到,与党的十八大、十八届三中全会和新时期贯彻党的群众路线提出的新任务、新要求相比,与人民群众的期待相比,司法鉴定行风建设方面还存在一些问题和不足,特别是个别不依法诚信执业和生冷硬推的行为,不仅人民群众反映强烈,而且严重影响到司法鉴定的执业公信力和社会形象。

开展司法鉴定行风建设专项活动既是开展党的群众路线教育实践活动的重要任务,也是司法鉴定行业加强和改进行风建设、提高群众满意度的必然要求。各级司法行政机关必须充分认识开展本次专项活动的重大现实意义,进一步加强和改进行风建设,持续提高司法鉴定行业服务人民群众的能力水平,充分发挥司法鉴定制度在促进平安中国、法治中国、和谐中国建设中的重要作用,让人民群众在每一个司法案件中都感受到公平正义。

二、司法鉴定行风建设专项活动的任务和安排

（一）主要任务

深入学习党的十八大和十八届三中全会精神，学习贯彻习近平总书记系列重要讲话精神，学习贯彻中央关于开展党的群众路线教育实践活动的决策部署，贯彻落实中央政法工作会议和全国司法厅（局）长会议精神，以自我教育、自我整改、自我提高为主，加强行风建设，维护执业秩序，健全制度规范，加强内部管理，提高服务人民群众的能力水平，进一步树立科学规范、客观公正的社会形象。要通过专项活动在司法鉴定行业集中开展思想政治、职业道德教育和文明窗口建设，切实纠正不依法诚信执业和生冷硬推行为，严肃查处违规违纪行为，进一步加强质量建设、能力建设、诚信建设和制度建设，建立"诚信规范、执业为民"的有效机制，养成良好的行业风气。

（二）工作安排

各地要与第二批党的群众路线教育实践活动相结合，分三个阶段开展活动。

1. 学习教育、自查自改（2014年3月—5月）。各地要组织本地区司法鉴定人采取多种形式集中学习贯彻党的十八大和十八届三中全会精神，学习贯彻习近平总书记系列重要讲话精神，学习贯彻中央关于开展党的群众路线教育实践活动的决策部署，学习贯彻中央政法工作会议和全国司法厅（局）长会议精神，使广大司法鉴定人充分认识到发挥好司法鉴定制度的功能作用对于促进司法公正、化解矛盾纠纷、维护公民合法权益和社会和谐稳定的重要意义，牢固树立责任意识、诚信意识、质量意识、服务意识和法治意识，并自觉遵守和践行职业道德、执业纪律和诚信为民的执业理念，严格执行司法鉴定实施程序和技术规范，持续改进服务态度，提高服务质量。

各地要组织司法鉴定机构对执业情况和机构管理情况进行自查，开展文明窗口建设工作。执业情况主要包括遵守司法鉴定管理规定、实施程序、文书规范、收费标准以及鉴定人依法出庭作证等内容。机构管理情况主要包括建立质量管理、内部执业责任追究和档案管理制度等内容。文明窗口建设主要包括落实执业信息"八公开"，建立健全鉴定咨询、受理审查、投诉处理等专门接待机制，建立执业承诺和风险告知制度，建立服务评价机制等内容。

司法鉴定机构要根据自查情况自行整改，并向所在地司法行政机关提交自查自改和文明窗口建设情况的书面报告。

2. 监督检查、整改落实（2014年6月—7月）。各地要监督、指导司法鉴定机构进行整改。要采用明察与暗访、互查与抽查相结合的方式，对辖区内司法鉴定机构开展自查自改和文明窗口建设的情况进行全面检查。对于发现的违规违纪执业行为，要严肃纪律、严格要求，发现一起、查处一起、整改一起。对于不能立

即整改的,要限期整改,整改期限届满仍不合格的,延缓登录下一年度的司法鉴定名册。对于执业活动规范、文明窗口建设成效突出、内部管理制度健全、有效投诉少、群众反映好的司法鉴定机构和司法鉴定人要予以表彰。

3. 建章立制、规范提高(2014年8月)。各地要对专项活动开展情况进行认真总结,特别是要针对存在的突出问题,深入分析问题成因,认真查摆制度缺陷和工作不足,严格制度规范、严格质量管理、严格执业管理,不断提高司法鉴定机构规范化管理水平,持续推进依法阳光执业、公正执业、规范执业、诚信执业、廉洁执业。

三、工作要求

(一)加强组织领导。各地要高度重视专项活动,切实加强组织领导,认真研究,周密部署。要与第二批党的群众路线教育实践活动相互结合,相互促进。要充分发挥市、县两级司法行政机关和司法鉴定行业协会的作用,推动专项活动全面、深入开展,确保完成既定任务,实现工作目标。

(二)务求取得实效。各地接到本通知后,要紧紧围绕本地群众反映强烈的突出问题和实际情况,按照规定内容与自选内容相结合的原则,制定行风建设专项活动实施方案,明确专项活动的任务、内容、步骤、措施、职责分工等,确保专项活动不走过场,不流于形式,出成果,见实效。

(三)建立长效机制。各地要以本次活动为新起点,建立完善司法鉴定行风建设长效机制。要加强执业监管,健全司法鉴定执业活动年度检查制度,推进执业检查、执业监督常态化、标准化。要全面推进司法鉴定机构认证认可工作,定期开展鉴定质量和鉴定文书评查活动。要加强与有关部门协调,切实改善执业环境,进一步保障司法鉴定人的执业权利和执业条件,维护良好的执业秩序。

请各省(区、市)司法厅(局)将开展本次专项活动的实施方案于2014年3月30日前报部,并将总结材料于2014年9月30日前报部。

联系电话:010-65153182

传真:010-65153132

电子邮箱:why.19870102@163.com

司法部关于进一步发挥司法鉴定
制度作用防止冤假错案的意见

(2014年2月13日 司发通〔2014〕10号)

各省、自治区、直辖市司法厅(局)、新疆生产建设兵团司法局：

为防止冤假错案，努力让人民群众在每一个司法案件中都感受到公平正义，按照《司法部党的群众路线教育实践活动领导小组关于做好教育实践活动整改落实建章立制环节工作的通知》(司群组发〔2013〕7号)的统一部署，现就健全完善统一权威的司法鉴定管理体制，不断提升司法鉴定的科学性、可靠性和社会公信力，进一步发挥司法鉴定制度在促进公正司法、防止冤假错案中的作用提出以下意见。

一、充分认识司法鉴定对于防止冤假错案的重要意义

1. 司法鉴定制度是我国司法制度的重要组成部分，是司法活动顺利进行的重要保障。司法鉴定作为科学技术手段，在司法证明活动中发挥着重要作用，这对于司法审判机关准确认定案件事实、防止冤假错案具有重要意义。各级司法行政机关和广大司法鉴定人要充分认识做好司法鉴定工作的重要意义，以高度的责任感和使命感，认真做好司法鉴定各项工作。

二、健全完善统一权威的司法鉴定管理体制

2. 健全完善管理与使用相衔接的运行机制。各地要认真贯彻落实中央政法工作会议提出的"完善统一、权威的司法鉴定管理体制"的工作要求，按照全国司法厅(局)长会议和全国司法鉴定管理工作会议的工作部署，围绕建立完善科学合理、统一规范、运行高效、监督有力的司法鉴定统一管理体制的工作目标，加强与司法机关的沟通协调，建立形成司法鉴定管理与使用相衔接的运行机制。及时将司法审判急需的环境污染损害、司法会计等鉴定事项纳入统一登记管理范围，进一步完善名册管理制度，切实解决当前名册管理工作中存在的突出问题。

3. 推进行业协会建设。要积极推进省级司法鉴定行业协会建设，基本实现省级行业协会全覆盖。完善行业协会的自身建设和工作规范，充分发挥协会开展行业自律、行业管理、行业指导的积极作用。

4. 调整优化布局结构。要坚持"统筹规划、合理布局、优化结构、满足需求、有序发展"的基本原则,进一步调整优化布局结构,严格控制司法鉴定机构的数量,避免低水平重复建设和外延式盲目发展。要严格审核准入,各地要组织专家对新申请机构从事业务所必需的仪器设备、执业场所、鉴定能力进行评审,对机构的内部质量管理体系进行评估。对于新申领执业证书的人员,要进行相应的专业知识考核或者鉴定能力测评。建立完善退出淘汰机制,及时淘汰不具备资质条件的机构,推动全行业在专业化、职业化、集约化建设中实现转型升级、持续发展。

5. 推进公共服务体系建设。要按照《司法部关于推进公共法律服务体系建设的意见》(司发〔2014〕5号)的统一部署,依托国有和社会优质资源,集中力量重点建设一批高资质、高水平公共鉴定机构。各地要研究确定建设名单,制定实施方案,及时将高资质高水平公共鉴定机构建设工作纳入到本地区公共服务体系建设规划中去,将公共鉴定服务经费纳入到财政预算中去,将公共鉴定事项纳入到政府购买公共服务的事项中去。

6. 推进科技兴鉴。要会同科技部门和科技团体,开展司法鉴定科技专家库建设工作,促进司法鉴定科技支撑项目的实施,为司法鉴定行业健康顺利发展提供智力支撑和技术保障。

三、持续提升司法鉴定质量

7. 坚持质量为本。各地要牢固树立鉴定质量是司法鉴定生命线的理念,坚持质量为本,把质量管理作为管理工作的重中之重,把管理成效落实到持续提高鉴定质量上去。每一次鉴定活动都要做到程序合法、方法科学、文书规范,每一个鉴定意见都要做到科学可靠、客观公正,经得起法律和科学的检验。

8. 推进标准化建设。要加快制定司法鉴定行业标准体系建设规划,建立完善行业标准、技术规范研制机制和工作流程,做到评审一批、研发一批、颁发一批,不断提高司法鉴定行业标准化水平。

9. 健全质量管理体系。要认真贯彻《关于全面推进司法鉴定机构认证认可工作的通知》,全面推进司法鉴定机构认证认可工作,在司法鉴定机构内部建立并有效运行质量管理体系。尚未制定工作方案的地方,要在今年底前出台。已制定方案的地方要大力推进,力争在规定期限内使所有符合条件的司法鉴定机构通过认证认可。司法行政机关在开展延续登记工作时,应当根据司法鉴定机构通过认证认可的情况重新审核其业务范围和执业类别。

10. 完善质量监督检查机制。要继续深入开展司法鉴定能力验证活动,确保司法鉴定机构的所有鉴定项目每三年至少参加一次能力验证。对于司法鉴定机构同一鉴定事项连续两次能力验证结果为不合格的,应当暂停该事项的执业资格。要建立健全司法鉴定文书质量评查制度,组织专家开展鉴定文书质量评查,对发现的问题和能力不足的要督导整改。要建立完善司法鉴定质量评价办法、鉴定质量责任追究机制和鉴定争议解决机制。

四、严格规范司法鉴定执业行为

11. 严格规范委托受理。要严格规范司法鉴定的委托受理,认真审查委托事项、鉴定要求和鉴定材料。对于不属于司法鉴定事项的、超出机构业务范围、技术条件和鉴定能力的或者发现同一事项多头委托的,不予受理并说明理由;对于委托人拒绝签订委托协议的,可以中止受理或者终止鉴定;对于不符合重新鉴定条件的,不予受理并说明理由;对于重新鉴定意见与原鉴定意见不一致的,应当在鉴定意见书中充分说明理由和依据。

12. 严格规范与当事人关系。司法鉴定机构接受委托后,除人身损伤、精神状况、听证等必须与当事人接触的鉴定活动外,严禁鉴定人与当事人及其代理人私下接触。

13. 完善执业监管。要认真贯彻《司法部关于进一步加强司法鉴定投诉处理工作的意见》,进一步健全完善投诉查处机制,畅通投诉渠道,及时受理群众投诉,规范投诉调查活动,严肃查处违规违纪行为。

14. 开展专项检查。要针对当地存在的突出问题,及时开展专项检查,严肃查处司法鉴定违规违纪执业行为。对于"金钱案""权力案""关系案",发现一起惩处一起,绝不姑息,坚决将"害群之马"清理出司法鉴定队伍。

五、不断加强司法鉴定队伍建设

15. 切实提高思想政治素质。要把思想政治建设放在首位,坚持用中国特色社会主义理论体系武装头脑,认真学习贯彻党的十八大和十八届三中全会精神,教育引导广大司法鉴定人牢固树立并自觉践行社会主义核心价值观,始终保持忠于党、忠于国家、忠于人民、忠于法律的思想本色。

16. 切实提高业务素质。要健全完善司法鉴定人教育培训制度,严格按照《司法鉴定教育培训规定》做好司法鉴定人岗位培训、在岗学习和继续教育,司法鉴定人参加继续教育必须达到每年不少于 40 学时的规定。组织开展新法律法规、新方法、新标准的培训,鼓励、促进业务交流与合作。

17. 切实提高职业道德素质。要大力开展职业道德和执业纪律教育,教育引导广大司法鉴定人严格遵守司法鉴定职业道德基本规范,自觉坚持崇尚法治、尊重科学,按照阳光执业、公正执业、规范执业、诚信执业、廉洁执业的要求,不断提高诚信规范执业和职业道德水平。

18. 切实提高出庭作证能力。要规范鉴定人出庭作证活动,不断提高出庭作证的执业能力。司法鉴定人要切实履行出庭作证的义务。通过回答法庭询问和接受对方质证,提高司法鉴定的执业公信力。对于无正当理由拒不出庭作证的要依法严格查处。同时,要加强与有关部门沟通协调,切实保障鉴定人人身安全,解决出庭费用收取困难等问题,为司法鉴定人提供必要执业条件,共同维护鉴定人执业权利,为鉴定人出庭作证创造良好的执业环境。

司法部关于河北等地司法行政机关严肃查处司法鉴定违法违规行为典型案件情况的通报

(2015年3月31日　司发通〔2015〕27号)

各省、自治区、直辖市司法厅(局),新疆生产建设兵团司法局:

党的十八届四中全会提出要健全统一司法鉴定管理体制,中办发〔2015〕6号文件进一步明确了今年司法鉴定管理体制改革的三项重点任务。今年1月召开的中央政法工作会议和全国司法厅(局)长会议明确要求要切实加强对司法鉴定机构和人员的监督管理。部党组针对近年来司法鉴定投诉多的问题,要求坚持问题导向,加强监督管理,加大对违法违规行为的处罚力度,规范执业行为,切实提高鉴定质量,提升司法鉴定公信力,从源头上减少投诉。

近年来,河北等地多措并举加强监督管理,对违法违规的鉴定机构和鉴定人给予严肃处罚,司法鉴定行风不断好转,取得良好社会效果。现将河北等地严肃查处司法鉴定违法违规行为的7件典型案件予以通报(见附件)。

各地要进一步提高思想认识,切实加强监督,充分利用各种处罚手段,规范司法鉴定执业行为,提高鉴定质量,促进司法公正,为健全统一司法鉴定管理体制奠定良好基础。

要及时将本通报精神传达到每一名司法鉴定人,认真组织专题学习和警示教育,确保广大司法鉴定人深刻认识司法鉴定工作的重要性、科学性和严肃性,对通报的问题引以为戒,举一反三。

要进一步加强司法鉴定人队伍建设,组织开展司法鉴定法律法规和职业道德、执业纪律专项培训,切实提高司法鉴定人队伍的法律意识、责任意识、服务意识和诚信意识,牢固树立"诚信规范、执业为民"的执业理念,严格遵守司法鉴定管理规定、技术操作规范和职业道德规范。

要对司法鉴定机构和人员依法严格监督、严格执法、敢于处罚,对司法鉴定违法违规行为发现一起、查处一起,绝不姑息迁就,对违法违规行为始终保持高压态势,让司法鉴定机构和人员始终绷紧依法诚信执业这根弦。

要加大对司法鉴定违法违规行为的曝光力度,将已查处的违法违规行为记入相关鉴定机构、鉴定人的诚信档案,并通过网络、报刊等多种方式予以公布,健全完善执业公示制度,将执业行为置于社会监督之下,让公开促进公正,维护人民群众合法权益。

各地传达学习和贯彻落实情况请及时报部。

附件:河北等地司法行政机关严肃查处司法鉴定违法违规行为的7件典型案件

附件

河北等地司法行政机关严肃查处司法鉴定违法违规行为的7件典型案件

1. 河北秦皇岛海港司法鉴定中心鉴定人违反回避规定和职业道德案

2014年初,河北省青龙满族自治县人民检察院向河北省司法厅反映秦皇岛海港司法鉴定中心鉴定人徐景东在鉴定活动中的违法违规行为。经河北省司法厅查明,徐景东在办理青龙满族自治县人民法院委托的某鉴定案件中,未经委托人同意擅自变更委托事项,私下会见被告人家属并教唆其上访闹事、炒作案件,导致原被告双方多次到法院上访、案件久拖不决的严重后果,干扰了司法秩序,造成了严重影响。徐景东的行为违反了《司法鉴定人登记管理办法》、《司法鉴定程序通则》的多项规定,背离了职业道德的要求,情节严重,影响恶劣。根据《司法鉴定人登记管理办法》第二十九条、第三十条的规定,河北省司法厅于2014年7月28日给予徐景东撤销司法鉴定人登记的行政处罚。

2. 河北承德市司法医学鉴定中心鉴定人无正当理由拒绝出庭作证案

2014年6月26日,承德市司法医学鉴定中心收到出庭通知书,要求鉴定人李志怀、翟栋在7月16日出庭作证,但两名鉴定人以有专家门诊和手术为由没有按时出庭。河北省司法厅经认真调查论证后认定,鉴定人收到出庭通知书的时间与出庭时间相距20日,医疗工作安排可以相应调整,两名鉴定人拒绝出庭的理由不能成立。根据《全国人民代表大会常务委员会关于司法鉴定管理问题的决定》(以下简称《决定》)第十三条第二款第(三)项的规定,河北省司法厅于2015年2月10日给予鉴定人李志怀、翟栋停止执业三个月的行政处罚。

3. 上海东方计算机司法鉴定所超出登记的司法鉴定业务范围开展司法鉴定活动案

2013年7月,上海东方计算机司法鉴定所受深圳市公安局南山分局委托,分别对"深圳某科技有限公司提供的某游戏软件1.0版源代码中TTC文件中的源代码是否为开源性"、"深圳某科技有限公司提供的某游戏软件1.0版源代码的技术秘密属性"等事项进行鉴定,并出具了 3 份鉴定意见。上海市司法局经调查认定,"深圳某科技有限公司提供的某游戏软件 1.0 版源代码的技术秘密属性"的鉴定事项属于知识产权司法鉴定的范围,不属于计算机司法鉴定的业务范围。根据《司法鉴定机构登记管理办法》第三十九条的规定,上海市司法局于 2014 年 1 月 17 日给予上海东方计算机司法鉴定所警告的行政处罚。

4. 浙江衢州光大司法鉴定所组织未取得《司法鉴定执业证》的人员从事司法鉴定业务案

2013 年 12 月,衢州市司法局经调查认定,衢州光大司法鉴定所在王桂松未取得《司法鉴定人执业证》的情况下,组织其从事司法鉴定活动,其行为已构成违法,依法建议浙江省司法厅进行行政处罚。根据《司法鉴定机构登记管理办法》第三十九条、第四十条和《浙江省司法鉴定管理条例》第四十五条的规定,浙江省司法厅于 2014 年 1 月 28 日给予衢州光大司法鉴定所停止从事司法鉴定业务六个月的行政处罚。

5. 山东大舜司法鉴定所鉴定人违反技术操作规范案

济南市司法局在调查相关投诉案件时,查明山东大舜司法鉴定所鉴定人王立胜、李克安在对某被鉴定人进行活体检查,测量踝关节活动度时,未依照《法医临床检验规范》(SF/ZJD0103003-2011)的规定采用量角器法,而是使用目测法。根据《决定》第十二条、第十三条的规定,山东省司法厅于 2013 年 7 月 29 日给予鉴定人王立胜、李克安警告的行政处罚。

6. 安徽全诚司法鉴定中心违反二名鉴定人共同鉴定规定案

合肥市司法局在调查相关投诉案件时,查明安徽全诚司法鉴定中心在某例伤残等级鉴定中,仅有鉴定人刘德友和助理何娟进行鉴定,鉴定意见书上的第二鉴定人实际未参与鉴定。在未经第二鉴定人同意的情况下,安徽全诚司法鉴定中心在鉴定意见书及审批表上自行加盖其印章、代签其签名。上述行为违反了《决定》第十条、第十二条和《司法鉴定程序通则》第十八条、第十九条的规定。根据《决定》第十三条的规定,安徽省司法厅于 2014 年 11 月 26 日分别给予安徽全诚司法鉴定中心和鉴定人刘德友警告的行政处罚。

7. 甘肃法医学会司法医学鉴定中心及其鉴定人违法违规鉴定案

甘肃省司法厅在调查相关投诉案件时,查明甘肃法医学会司法鉴定中心及其鉴定人刘华在进行某例亲子鉴定过程中存在多个严重违法违规行为。一是不具有法医物证鉴定资格的鉴定人刘华在未参与鉴定实施、未起草鉴定文书的情况下,对该鉴定中心提供的鉴定文书进行审核并加盖本人的司法鉴定人印章。二是在该鉴定的另一名鉴定人未参与鉴定实施、未起草鉴定文书、未同意加盖其司法鉴定人印章的情况下,该鉴定中心擅自加盖该鉴定人的司法鉴定人印章,并向法院出具了鉴定文书。三是在该鉴定中心收到法院要求鉴定人出庭作证的书面通知后,鉴定人没有出庭作证。根据《决定》第十二条、第十三条和《司法鉴定人登记管理办法》第二十九条、第三十条的规定,甘肃省司法厅于 2015 年 2 月 16 日给予甘肃法医学会司法鉴定中心停止从事司法鉴定业务 9 个月的行政处罚;给予鉴定人刘华停止执业 6 个月的行政处罚。

司法部关于司法鉴定
违法违规行为处罚情况的通报

(2016年5月11日 司发通〔2016〕47号)

各省、自治区、直辖市司法厅(局),新疆生产建设兵团司法局:

2015年以来,各级司法行政机关认真贯彻中央政法工作会议和全国司法厅(局)长会议精神,深入落实部领导关于加强司法鉴定监督管理、提高鉴定质量的重要指示批示精神,切实统一思想认识,坚持问题导向,坚持严字当头,全面加强司法鉴定监督管理工作,取得了显著成效,全年司法鉴定投诉量和行政复议量实现"双下降"。各地坚持严格监督、严格执法,雷厉风行、敢于处罚,严肃查处了一批性质恶劣、情节严重的司法鉴定违法违规行为,有力整顿执业秩序、规范执业活动,取得了良好效果。

从各地处罚情况看,个别鉴定机构和鉴定人不顾法律法规的规定和职业道德、执业纪律的约束,违法违规开展鉴定活动,严重影响司法鉴定行业形象,严重侵害人民群众合法权益,严重危害司法公正。现将湖南等地司法行政机关严肃处罚司法鉴定违法违规行为的6件典型案件予以通报(见附件),各地要高度重视,认真组织开展专题警示教育,进一步加大监督处罚力度,划出执业活动的"禁区"、"红线",教育、督促广大司法鉴定人深刻认识违法违规行为对司法公正、人民群众合法权益和司法鉴定行业声誉的严重危害,严守法律法规和职业道德、执业纪律,时刻绷紧依法诚信执业这根弦。

各地要进一步提高思想认识,认真贯彻落实2016年中央政法工作会议和全国司法厅(局)长会议精神,坚持不懈狠抓司法鉴定监督管理,持之以恒、久久为功,持续提高鉴定质量和公信力。要落实鉴定人负责制,严肃追究违法违规行为的执业责任,加大违法违规成本,倒逼鉴定人和鉴定机构规范行为、诚信执业。要持续加大对违法违规行为的曝光力度,畅通群众投诉渠道,切实加强社会监督、群众监督,让个别"害群之马"无所遁形。要针对投诉较多的重点对象、重点事项,加强案件质量评查,深入查摆突出问题,认真督促整改提高,堵塞制度漏洞,规范执业活动。

各地传达学习和贯彻落实情况请及时报部。

附件:湖南等地司法行政机关严肃处罚司法鉴定违法违规行为的6件典型案件

附件

湖南等地司法行政机关严肃处罚司法鉴定违法违规行为的6件典型案件

1. 湖南湘西州龙腾司法鉴定中心鉴定人姜麒麟、龙自正严重不负责任案

湖南省司法厅在调查相关投诉案件时查明,2013年10月,湘西州龙腾司法鉴定中心接受吉首市公安局委托,对被鉴定人杨某的损伤程度进行重新鉴定。该中心鉴定人姜麒麟、龙自正在鉴定活动中严重不负责任,明知本案中吉首市公安局所做首次鉴定存在争议,却未认真负责地审阅杨某的相关医学影像资料并对其伤情做进一步检查确认,于2013年11月8日作出了扬某伤情构成轻伤的鉴定意见。而且本案中,只有姜麒麟一名鉴定人对杨某进行法医临床检查和谈话,另一名鉴定人龙自正于事后违规在检查、谈话记录上补签签名。同时,鉴定人姜麒麟在对杨某做肩关节活动度检测时,没有使用角度尺测量而仅凭目测判断,不符合《法医临床检验规范》的相关要求。湖南省司法厅认为,鉴定人姜麒麟、龙自正的严重不负责任行为,对投诉人在2013年11月8日后仍然处于刑事羁押状态起到负面作用,损害了投诉人的合法权益。根据《全国人民代表大会常务委员会关于司法鉴定管理问题的决定》(以下简称《决定》)第十三条第二款第(一)项和《司法鉴定人登记管理办法》第三十条第(一)项的规定,湖南省司法厅于2015年5月25日给予鉴定人姜麒麟、龙自正停止执业三个月的行政处罚。

2. 上海裕隆医学检验所股份有限公司法医物证司法鉴定所鉴定人江斌同时在两个司法鉴定机构执业案

经上海市司法局查明,鉴定人江斌于2015年1月6日从上海博星法医物证司法鉴定所(以下简称博星所)正式离职,并于2015年1月12日被上海裕隆医学检验所股份有限公司法医物证司法鉴定所任命为机构负责人。2015年2月26日,鉴定人江斌仍以博星所名义接受当事人杨某某委托进行法医物证鉴定,并于2015年3月5日以博星所鉴定人的名义出具"上博司鉴所(2015)物鉴字第208号"《法医物证鉴定意见书》。整个鉴定过程还存在收费不出具合法票据、鉴定意见书仅有一名鉴定人签名、私自预留鉴定机构印章、私自在其他单位进行检测等违规行为。上述行为违反了《决定》第八条第二款、《司法鉴定程序通则》(司法

部令第 107 号)第十九条、《司法鉴定收费管理办法》(发改价格〔2009〕2264 号)第十六条的规定。根据《司法鉴定人登记管理办法》第二十九条第(一)项、第三十条第(二)项的规定,上海市司法局于 2015 年 7 月 14 日给予鉴定人江斌停止执业六个月的行政处罚。

3. 福建寻真司法鉴定所鉴定人林军兴违反回避规定案

漳州市司法局在调查相关投诉案件时查明,福建寻真司法鉴定所鉴定人林军兴先后参加了被鉴定人赵某某同一鉴定事项的两次鉴定,出具了两份不同的鉴定意见,造成了负面影响,违反了《司法鉴定人登记管理办法》第二十二条第(三)项、《司法鉴定程序通则》(司法部令第 107 号)第三十一条和《福建省司法鉴定管理条例》第二十六条第(二)项的规定。根据《司法鉴定人登记管理办法》第二十九条第(四)项、第三十条第(二)项和《福建省司法鉴定管理条例》第四十二条第(六)项的规定,漳州市司法局于 2015 年 9 月 9 日决定给予鉴定人林军兴停止执业三个月的行政处罚。

4. 山东威海科真司法鉴定所违规鉴定、违规收费案

山东省司法厅和威海市司法局在调查相关投诉案件时查明,威海科真司法鉴定所及有关人员在鉴定活动中存在违反鉴定程序、超标准收费、未出具正式发票等问题。2015 年 3 月 5 日,该所仅组织一名鉴定人刘德芳到昌邑市人民法院对 5 起鉴定案件的被鉴定人进行活体检查,违反了《司法鉴定程序通则》(司法部令第 107 号)和《山东省司法鉴定条例》关于鉴定应当由两名以上司法鉴定人共同进行的规定。鉴定人刘德芳在明知程序违规的情况下仍然进行活体检查,鉴定人林勇敢在未参与活体检查的情况下,在活体检查记录上签名,违反了《决定》第十条、第十二条的规定。该所在收取相关鉴定案件费用时将差旅费列入鉴定费一并收取,并以收费收据代替发票,违反了《司法鉴定收费管理办法》(发改价格〔2009〕2264 号)的有关规定。该所负责人王晨霖未充分履行负责人职责,对上述问题的产生负有直接责任。根据《决定》第十三条第一款、《司法鉴定机构登记管理办法》第三十九条第(七)项、《山东省司法鉴定条例》第五十一条、五十二条的规定,威海市司法局于 2015 年 7 月 30 日给予威海科真司法鉴定所警告的行政处罚,给予该所负责人王晨霖和鉴定人刘德芳、林勇敢警告的行政处罚。

5. 辽宁德恒物证司法鉴定所超出本机构技术条件鉴定案

辽宁省司法厅在调查相关投诉案件时查明,辽宁德恒物证司法鉴定所于 2013 年 4 月 10 日出具了"〔2012〕辽德司文检字第 325 号"《司法鉴定检验报告书》,该鉴定属于文件形成时间鉴定,需使用气相色谱仪进行检测。但该所不具备气相色谱仪,也没有与拥有气相色谱仪的单位签订任何租用或仪器设备共享协议,不具备开展文件形成时间鉴定的技术条件。该鉴定系鉴定人姜秀琴、张德

文根据该所负责人王欣委托广东省汕头市粤东刑事科学技术中心所作的检测结果(色谱图)作出。上述行为违反了《决定》第五条、第十条、第十二条和《司法鉴定程序通则》(司法部令第107号)第十六条第(五)项的规定。根据《决定》第十三条第一款的规定,辽宁省司法厅于2015年9月17日给予辽宁德恒物证司法鉴定所警告的行政处罚,给予该所鉴定人姜秀琴、张德文警告的行政处罚。

6. 江西景盛司法鉴定中心虚假宣传案

经江西省司法厅查明,江西景盛司法鉴定中心在未获得相关资质认定证书的情况下,在其网站(www.chinadna.org)中发布相关资质证书的虚假宣传图片,且宣传图片中的《司法鉴定许可证》和《资质认定计量认证证书》中的名称和内容均为变造;另在其还未通过CNAS认可的情况下,在其网站(www.sifadna.com)发布"中国合格评定国家认可委员会认可机构"的虚假宣传内容。根据《司法鉴定机构登记管理办法》第三十九条第(八)项的规定,江西省司法厅于2015年11月10日给予江西景盛司法鉴定中心警告的行政处罚。

司法部关于山西省司法厅严肃查处山西省灵石司法鉴定中心违法违规案件情况的通报

(2017年2月6日 司发通〔2017〕10号)

各省、自治区、直辖市司法厅(局),新疆生产建设兵团司法局:

根据群众举报,山西省司法厅成立调查组,对山西省灵石司法鉴定中心进行调查,并对该鉴定中心及其部分鉴定人的违法违规行为依法做出严肃处理。现通报如下:

经查,山西省灵石司法鉴定中心超出其登记的业务范围组织韩润旺等13名不具有法医病理鉴定人资格的鉴定人违法从事法医病理鉴定共计639件1247人次;超出山西省统一收费标准收取血液酒精含量检测鉴定费;向山西省高速交警四支队一大队民警、灵石县交警大队事故科民警支付回扣;组织未取得《司法鉴定人执业证》的人员从事血液酒精含量检测;设立账外账,使用普通收款收据收取鉴定服务费。

2016年6月27日,山西省司法厅对于上述违法违规行为依法做出处罚:(1)给予山西省灵石司法鉴定中心撤销登记的行政处罚;(2)鉴定人韩润旺、王龙、杨云涛、马向林超出登记的业务范围违法从事法医病理鉴定共992次,给予以上4人撤销登记的行政处罚,鉴定人孙瑞琴超出登记的业务范围违法从事法医病理鉴定1次,给予其警告的行政处罚;(3)鉴定人郝建平、郝莉敏、宋云志、张志红涉及违规从事血液酒精含量检测鉴定,给予以上4人警告的行政处罚。

2016年8月30日,山西省司法厅对山西省灵石司法鉴定中心被撤销登记的4名鉴定人外的其余43名鉴定人依法注销登记。

山西省灵石司法鉴定中心及其部分鉴定人的违法违规行为违反了《全国人民代表大会常务委员会关于司法鉴定管理问题的决定》、《司法鉴定程序通则》、《司法鉴定机构登记管理办法》和《司法鉴定人登记管理办法》,数量多,持续时间长,情节十分恶劣,严重损害司法鉴定行业形象,严重影响司法公正。山西省司法厅根据有关规定,对山西省灵石司法鉴定中心违法违规案件作出严肃处理,坚决将"害群之马"清理出司法鉴定队伍。

近年来,各级司法行政机关充分利用各种监督管理手段,加强打击惩罚力度,严肃查处司法鉴定违法违规行为,取得了明显成效,但仍有少数司法鉴定机构和鉴定人顶风作案。各地要坚持全面从严管理,加大事中事后监管力度,对于违法违规行为零容忍,让司法鉴定机构和鉴定人不敢违规、不能违规、不想违规,要持续规范执业活动,净化执业环境,不断提高司法鉴定质量和公信力。

各地传达学习和贯彻落实情况请及时报部。

司法部办公厅关于2017年前三季度司法鉴定管理类行政复议、行政应诉案件情况通报

（2017年12月1日　司办通〔2017〕128号）

各省、自治区、直辖市司法厅（局），新疆生产建设兵团司法局：

为贯彻落实2017年第35次司法部党组会议精神，进一步落实今年6月30日司法鉴定监督管理工作座谈会提出的工作要求，切实加强司法鉴定监督管理，做好司法鉴定投诉和相关行政复议、行政应诉案件处理工作，我们对今年前三季度司法部办理的司法鉴定管理类行政复议、行政应诉案件进行了总结分析，现将有关情况通报如下。

一、基本情况

（一）行政复议案件情况

2017年前三季度，司法部共办理行政复议案件135件，其中司法鉴定管理类行政复议案件79件，占58.5%，无论是数量还是比例，均比去年同期大幅增长（2016年全年为63件，占42.6%）。其中一季度20件，二季度29件，三季度30件，一直处于增长状态。

从司法鉴定管理类行政复议案件涉及的机关看，司法部作为被申请人（即原级行政复议）的5件，占6.3%；省级司法行政机关作为被申请人的74件，占93.7%，其中北京19件，占24.1%，上海10件，占12.7%，四川9件，占11.4%，湖南5件，占6.3%，其余案件分散在辽宁、江苏、湖北、陕西等14个省份。

从司法鉴定管理类行政复议案件涉及的事项看，投诉处理行为55件，占69.6%；政府信息公开9件，占11.4%；行政不作为9件，占11.4%；行政处罚、行政许可以及其他事项6件，占7.6%。

从司法鉴定管理类行政复议案件审理的结果看，不予受理7件，占8.9%；驳回复议请求6件，占7.6%；终止审理（包括撤回申请、达成和解等）6件，占7.6%；撤销、责令履责、确认违法14件，占17.7%；维持39件，占49.4%；其余7件案件正在审理之中。

（二）行政应诉案件情况

2017年前三季度，司法部共办理一审行政应诉案件53件，其中司法鉴定管

理类一审行政应诉案件27件,占50.9%,无论是数量还是比例,均比去年同期有所增长(2016年前三季度为25件,占32.1%)。其中一季度9件,二季度10件,三季度8件。

司法部办理的司法鉴定管理类一审行政应诉案件主要是当事人不服司法部行政复议处理结果引起的,属于司法鉴定管理类行政复议案件的延伸。在此类案件中,司法部作为单独被告的案件有8件,占29.6%;司法部和省级司法行政机关作为共同被告的案件有19件,占70.4%,其中北京8件,占29.6%,上海4件,占14.8%,其余案件分散于天津、江苏、安徽、江西、湖北、湖南6省(市)。

从司法鉴定管理类行政应诉案件的审理结果看,已经审结的案件均获胜诉。

二、存在的主要问题

(一)部分省份司法鉴定管理层级需要进一步优化

从前述情况看,司法部办理的司法鉴定管理类行政复议、行政应诉案件不仅数量多、比例高,而且相对集中于司法鉴定管理层级较高,由省级司法行政机关直接开展投诉处理工作的部分省份,特别是北京、上海、四川等省(市),当事人对这些省级司法行政机关的投诉处理行为不服,可直接向司法部申请行政复议。也正因如此,涉及投诉处理行为的案件在司法鉴定管理类行政复议、行政应诉案件中一直占据绝对多数。相比之下,在司法部办理的司法鉴定管理类行政复议、行政应诉案件中,很少涉及已将投诉处理等监督管理职权委托或者下放地市级司法行政机关行使的省份。

(二)部分司法鉴定业务领域需要进一步加强规范管理

2017年前三季度司法部立案受理的司法鉴定管理类行政复议案件涉及的司法鉴定业务领域相对集中,其中医疗损害鉴定16件,占22.2%,文书鉴定11件,占15.3%,司法会计鉴定、建筑工程鉴定、产品质量鉴定等"四类外"鉴定10件,占13.9%。从这些复议案件争议的问题看,主要集中在以下三个方面。

1. 关于鉴定资格的问题。在涉及"四类外"鉴定的复议案件中,争议相对集中于鉴定机构、鉴定人是否具备相应的专业资格或者是否超出登记的业务范围鉴定,反映出部分省(区、市)司法厅(局)对其审核登记的"四类外"鉴定机构、鉴定人管理较为粗放,对其应当具备的专业资格、可以从事的鉴定业务范围等缺乏细化要求,管理上存在模糊地带,容易引起争议。

2. 关于鉴定材料的问题。在涉及医疗损害鉴定、文书鉴定的复议案件中,争议相对集中于鉴定材料的真实性、完整性、充分性问题,如当事人主张鉴定依据的病历材料存在伪造或变造问题、委托人移交的鉴定材料中缺乏重要的病历材料、文书鉴定缺乏原始样本等。按照《司法鉴定程序通则》(司法部令第132号)第十四条、第十五条、第二十九条的规定,司法鉴定机构应当对鉴定材料进行审查,发现鉴定材料不真实、不完整、不充分或者取得方式不合法的,司法鉴定机构不得受理,已经受理的可以终止鉴定。但这些复议案件反映出一些司法鉴定机构没有严格落实上述规定,在当事人对鉴定材料的真实性、完整性、充分性提出异议时,没有要求委托人对有争议的鉴定材料作出说明或者补充相关的鉴定材料,在鉴定材料有争议的情况下出具司法鉴定意见,严重影响鉴定质量和公信力,进而引起当事人的投诉、复议。

3. 关于鉴定收费的问题。在这些复议案件中,鉴定收费问题也是引起争议的重要问题,反映出在司法鉴定收费管理方面仍存在一些不严格、不规范的问题。如医疗损害鉴定收费管理不够严格,鉴定机构往往以"疑难、复杂"为理由协议收费,类似案件在不同鉴定机构的收费甚至会相差上万元,需要进一步规范;个别鉴定机构通过超出上浮标准收费、擅自设立收费项目或者拆分收费项目等方式多收鉴定费,损害当事人的合法权益。

(三)部分省级司法行政机关依法行政的能力需要进一步提高

从 2017 年前三季度司法部撤销、责令履责、确认违法的 14 件司法鉴定管理类行政复议案件看,部分省级司法行政机关有关司法鉴定投诉处理、政府信息公开的行政行为存在以下不规范的问题:

1. 未依法履行司法鉴定投诉处理的法定职责。一是有的将内容包含对司法鉴定程序合法性提出质疑的投诉认定为仅对鉴定意见有异议而不予受理。二是有的将投诉人提出新的事实和证据的投诉视为重复投诉而不予受理。三是有的将应当由司法行政机关受理的反映违法违规问题的投诉转交给司法鉴定行业协会处理。

2. 适用依据错误。一是有的将应当依据《司法鉴定执业活动投诉处理办法》(司法部令第 123 号,以下简称《投诉处理办法》)处理的对司法鉴定机构和司法鉴定人执业活动的投诉,按照信访程序处理。二是有的将发生在 2016 年 5 月 1 日前,应当引用《司法鉴定程序通则》(司法部令第 107 号)相关条款进行判断的问题,错误地引用《司法鉴定程序通则》(司法部令第 132 号,以下简称《程序通则》)相关条款进行判断。

3. 程序违法。一是有的在收到投诉人提交的投诉材料后,未在《投诉处理办法》第十五条规定的时限内作出是否受理的决定。二是有的在受理投诉人的投诉后,未按照《投诉处理办法》第二十二条、第二十三条规定的时限,将投诉处理结果书面告知投诉人、被投诉人。三是有的对于当事人提出的相关政府信息公开申请,未按照《中华人民共和国政府信息公开条例》规定的时限予以答复。

4. 投诉处理答复内容不当。一是有的错误地将鉴定材料的完整性、充分性问题认定为对鉴定意见有异议的问题,或者片面认为只要鉴定机构对鉴定材料进行了审查,就不存在鉴定材料不完整、不充分的问题,投诉人如果对鉴定材料的完整性、充分性有异议,应当向委托人提出,而没有按照《程序通则》第十四条、第十五条、第二十九条的规定,对鉴定机构是否对鉴定材料完整性、充分性尽到实质审查义务作出判断。二是有的认为对于涉及多个鉴定事项的鉴定委托,鉴定机构只要指定二名以上鉴定人并且每个鉴定事项都有一名具备相应执业资格的鉴定人就不违反规定,而没有严格按照《程序通则》第十八条"司法鉴定机构受理鉴定委托后,应当指定本机构具有该鉴定事项执业资格的司法鉴定人进行鉴定"和第十九条"司法鉴定机构对同一鉴定事项,应当指定或者选择二名司法鉴定人进行鉴定"的规定进行认定。

5. 认定事实不清。一是有的在调查处理投诉案件时将投诉人的部分投诉事项遗漏或者不做回复。二是有的对作出行政处罚所依据的主要事实未作深入调查,证据不够确实充分。

三、整改要求

近年来,司法鉴定管理类行政复议、行政应诉案件多发易发,反映出司法鉴定监督管理、投诉处理等工作仍存在一些体制不健全、监管不严格、执法不规范的问题,需要引起高度重视。各级司法行政机关要以党的十九大精神和习近平新时代中国特色社会主义思想为指导,坚持问题导向、强化责任担当,切实完善体制机制,严格执业监督,依法规范相关行政行为,督促司法鉴定机构和司法鉴定人依法诚信、客观规范开展鉴定活动,不断提高司法鉴定质量和公信力,保障诉讼活动顺利进行,增强人民群众对公平正义的获得感。

(一)积极推进职权下放,健全司法鉴定行政管理体系

管理层级较高的省(区、市)司法厅(局)要立足加强司法鉴定监督管理,坚持属地原则,按照《司法鉴定机构登记管理办法》第十一条、《司法鉴定人登记管理办法》第十条、《投诉处理办法》第八条和《司法部关于严格准入 严格监管 提高司法鉴定质量和公信力的意见》(司发〔2017〕11号)、《司法部关于进一步加强司法鉴定投诉处理工作的意见》(司发通〔2013〕126号)的相关规定,积极推进将司法鉴定管理职权特别是投诉处理等监管职权下放或者委托地市级司法行政机关行使,充分发挥地市级司法行政机关司法鉴定投诉处理、争议化解的主渠道作用,努力使司法鉴定投诉以及由此引发的行政复议、行政应诉案件在基层得到妥善解决,避免矛盾上交。

(二)严格监督管理,进一步规范司法鉴定执业活动

1. 有关省(区、市)司法厅(局)要对已审核登记的"四类外"鉴定机构、鉴定人加强监督管理,对各类别鉴定机构、鉴定人应当具备的专业资格、可以从事的鉴定业务范围等提出具体要求,对于不具备相关专业资格的机构和人员要坚决

予以注销登记。

2. 各地要指导、监督司法鉴定机构严格按照《程序通则》第十四条、第十五条和第二十九条的规定,对鉴定材料进行认真审查,切实把好案件受理关。司法鉴定机构应当对鉴定材料的完整性、充分性进行实质审查,确保委托人提供的鉴定材料能够满足鉴定需要。对于在鉴定过程中被鉴定人、诉讼当事人提出鉴定材料不完整、不充分并能提供相关事实和理由的,司法鉴定机构要认真予以审查,如果确实对鉴定活动的客观性、科学性、准确性有明显影响,则应要求委托人补充相关鉴定材料,不得在鉴定材料的完整性、充分性存有争议的情况下出具司法鉴定意见。

3. 要加强对司法鉴定收费的监督管理,进一步规范医疗损害鉴定、文书鉴定等鉴定事项的收费,确保收费标准、收费方式合理、规范,严肃查处违规收费行为,切实维护当事人的合法权益。

(三)认真履行法定职责,进一步做好司法鉴定投诉处理工作

1. 根据《投诉处理办法》第二条的规定,投诉人对司法行政机关审核登记的司法鉴定机构和司法鉴定人执业活动进行投诉,以及司法行政机关开展投诉处理工作,适用该办法。因此,司法行政机关必须严格按照《投诉处理办法》的规定开展司法鉴定投诉处理工作,而不能适用《信访条例》。只有当投诉人对司法行政机关及其工作人员的投诉处理工作不服而依法提出信访事项时,才能按照《信访条例》进行处理。

2. 要认真履行法定职责,严格按照《投诉处理办法》第八条和第十二条的规定认定投诉受理情形和不予受理情形,不得随意扩大解释不予受理情形,特别是对于曾经投诉过的投诉人提出了新的投诉事项或者提出了新的事实和证据的,不能简单认定为《投诉处理办法》第十二条第(一)项规定的不予受理情形,而应作为新的投诉来审查是否符合受理条件。

3. 对于反映鉴定材料不完整、不充分问题的投诉事项,司法行政机关应当就被投诉鉴定机构、鉴定人是否对鉴定材料的完整性、充分性尽到实质审查义务进行调查、认定。对于涉嫌存在鉴定材料不完整、不充分问题的,司法行政机关可以组织行业专家或者委托司法鉴定行业协会进行专业论证,论证意见可以作为司法行政机关判断是否存在鉴定材料不完整、不充分问题的依据。

4. 司法行政机关开展司法鉴定投诉处理工作应当严格遵守《投诉处理办法》规定的各项时限要求,在受理、答复、送达各环节务必严格遵守程序规定;对于情况复杂,需要按照《投诉处理办法》第十五条、第二十二条的规定,延长受理审查或者投诉办理期限的,应及时向投诉人书面告知,并固定相应证据。同时,投诉处理答复的内容应当覆盖投诉人提出的所有投诉事项,做到全面回应,避免遗漏。

司法鉴定监督管理是司法鉴定管理工作的重要内容,特别是投诉处理及相关行政复议、行政应诉工作具有很强的专业性、法律性,各级司法行政机关要高度重视,切实加强领导,落实责任,选派懂专业、通法律的优秀干部从事此项工作,并加强相关业务培训,切实提高司法鉴定管理能力和依法行政水平,推动司法鉴定管理工作不断迈上新台阶。

(十)综合管理

司法部关于组建省级司法鉴定协调指导机构和规范面向社会服务的司法鉴定工作的通知

(1999年8月24日　司发通〔1999〕092号)

各省、自治区、直辖市司法厅(局),新疆生产建设兵团司法局:

司法鉴定制度是我国司法制度的重要组成部分,是健全司法制度、保障司法公正的基础性建设。这次国务院机构改革"三定"方案中赋予了司法部负责"指导面向社会服务的司法鉴定工作"的新职能。改革司法鉴定管理体制,加强司法鉴定法治建设,逐步建立起统一、科学、规范的司法鉴定新体制,实现司法鉴定的科学、高效与公正是司法鉴定工作的奋斗目标。司法行政机关作为面向社会服务的司法鉴定工作的业务主管机关,履行好国家赋予的职能是一个新的重要课题,各级司法行政机关要在"依法治国、建设社会主义法治国家"基本方略的指引下,认真研究当前面向社会服务的司法鉴定工作面临的突出问题,努力推进面向社会服务的司法鉴定事业的发展。

目前,一些省、自治区、直辖市已陆续成立了司法鉴定(工作)委员会,对地方司法鉴定工作开展协调、指导与监督。有的已通过地方人大制定了地方司法鉴定管理条例,将司法鉴定工作纳入法制化轨道。司法部拟组建国家司法鉴定工作管理委员会,并将通过有关司法鉴定宏观管理方面的部颁规章。各省级司法行政机关也应紧紧抓住今年地方机构改革的机遇,力争在今年年末和明年年初完成省级司法鉴定工作管理委员会的组建工作,在管理面向社会服务的司法鉴定工作上有所作为。

一、要加快组建省级司法鉴定工作管理委员会的步伐。今年上半年司法部已批转了三个省市建立司法鉴定管理机构的意见和规范,为各地提供了样板。各省、自治区、直辖市司法厅(局)应当根据本地司法鉴定工作的实际情况,学习先进省市的经验,加快建立司法鉴定协调指导机制,组建省级司法鉴定工作管理委员会。

省级司法鉴定工作管理委员会应由省级涉及司法鉴定业务的有关院、厅、局领导与教学、科研和政法部门的资深司法鉴定专家和法学专家共同组成。管委员会办公室应设在司法行政机关,已设在其他机关的,应在本通知下发后予以调整。各省、自治区、直辖市司法厅(局)可根据本地实际情况在省级司法鉴定工作管理委员会下设立若干专家(业)鉴定委员会。

省级司法鉴定工作管理委员会及其专家(业)鉴定委员会的职责是:根据国家司法制度改革与发展的需要,制定本地司法鉴定工作改革与发展的发展战略;根据本地司法实践的需要确定组建相关专家(业)鉴定委员会,并指导各专家(业)鉴定委员会各项工作的开展;指导、协调本地区各司法鉴定机构的鉴定工作;负责本地区重大、复杂、疑难、争议等案件鉴定的协调工作;受本地区司法行政机关的委托负责司法鉴定人员鉴定资格考核的初审工作;负责本地区司法鉴定的终局鉴定;完成司法部、国家司法鉴定工作管理委员会和本地区有关部门交办的其他与司法鉴定有关的任务。

省级司法鉴定工作管理委员会的组建要切实贯彻全局性、统一性、协作性要求,要通过管理委员会的组建为今后司法鉴定工作的改革与发展创造良好的条件,形成推进司法鉴定改革与发展的合力。

二、积极开展面向社会服务的司法鉴定的协调与指导工作。司法鉴定工作管理委员会及专家(业)委员会成立后,要积极开展工作,特别要抓住在本辖区内有影响的案件,集中力量,做好司法鉴定工作,从中总结经验,探索规律,编写案例,开展交流和培训,争取在较短的时间内使面向社会服务的司法鉴定工作步入法制轨道。在抓好典型案件鉴定工作的同时,对本辖区内传统司法鉴定领域的鉴定工作情况进行深入调查研究,掌握态势,科学分析,提出对策,规划总体布局,进行分类指导;对行业司法鉴定领域进行排查摸底,为今后规范行业司法鉴定工作奠定基础。

三、大力加强面向社会服务的司法鉴定工作的制度建设。加强面向社会服务的司法鉴定的制度建设是确保司法鉴定工作科学、高效与公正的前提和基础。在国家统一的司法鉴定法律出台之前,各省、自治区、直辖市司法行政机关要抓住有利时机,主动争取省、自治区、直辖市党委、政府领导和支持,紧紧依靠地方人大,大胆借鉴一些省份及国外司法鉴定工作的先进经验,充分发挥专家、学者的智慧,加快地方司法鉴定工作立法步伐,力争今明两年全国有一半左右省份通过司法鉴定工作(管理)条例,规范本地的司法鉴定工作。

各省、自治区、直辖市在司法鉴定工作的法治建设过程中,要注意把握当代司法鉴定工作的发展规律,根据全导性、前瞻性、科学性原则,统筹把握,突出重点,力争对现行司法鉴定体制逐步有所突破。

司法部关于学习贯彻《全国人大常委会关于司法鉴定管理问题的决定》的通知

(2005年4月28日　司发通〔2005〕30号)

各省、自治区、直辖市司法厅(局)、新疆生产建设兵团司法局：

十届全国人大常委会第14次会议审议通过的《全国人大常委会关于司法鉴定管理问题的决定》(以下简称《决定》)，将于2005年10月1日起施行。为了履行好《决定》赋予司法行政机关的重要职责，做好《决定》施行前的各项准备工作，完善配套制度建设，稳步推进司法鉴定管理体制改革，维护新旧管理体制过渡期间司法鉴定工作的正常秩序，保障诉讼活动的顺利进行，现就学习贯彻《决定》的有关事宜通知如下：

一、深入学习、提高认识，把思想统一到《决定》上来，为《决定》的顺利实施奠定坚实基础

《决定》是贯彻落实党的十六大精神，推进司法体制改革的一项重要举措。一方面，《决定》明确规定建立统一的司法鉴定管理体制，将司法鉴定管理工作纳入到法制化、规范化的发展轨道，符合司法鉴定工作规律，对于建立符合中国国情、适应诉讼活动需求的司法鉴定管理体制具有重要意义。另一方面，《决定》适应司法活动日益复杂化，科学技术迅猛发展和司法体制改革的新要求，有利于规范鉴定活动，实现鉴定资源的合理布局和优化配置，切实保证诉讼活动顺利进行，维护司法公正，提高司法效率，实现社会公平与正义。各级司法行政机关要认真学习，准确理解《决定》的立法精神和宗旨，正确把握《决定》的内容，全面了解《决定》确立的司法鉴定管理体制的基本制度，把思想统一到《决定》要求上来。要采取有效措施，加大力度，加强《决定》的学习、宣传和教育培训工作。要从国家法治建设的大局出发，认识切实担负起司法鉴定监管职能的重要性，做好过渡期司法鉴定管理工作。

二、采取稳妥措施，维护过渡期间司法鉴定工作的正常秩序

《决定》公布后至9月30日的过渡期内，各省(区、市)司法行政机关应根据《决定》精神和中央关于司法鉴定体制改革的总体要求，会同本地区司法机关，采取有效措施，维持现已审批设立和登记在册的各类司法鉴定机构，包括现已设立

但暂未纳入《决定》统一管理范围的各类司法鉴定机构工作的正常运行。

过渡期内,仍按照司法鉴定现有的工作程序、工作制度、技术标准、执业规则和收费办法执行。切实加强对司法鉴定活动的监督管理,维护过渡期间司法鉴定工作的正常秩序。

三、切实负起责任,统一做好现有司法鉴定机构和司法鉴定人重新审核以及统一登记、名册编制和公告工作

为确保《决定》的顺利施行,决定对现有的司法鉴定机构和司法鉴定人进行重新审核、统一登记、名册编制和公告工作。对现已登记,为司法审判提供司法鉴定服务的司法鉴定机构和司法鉴定人,原则上将统一审核,纳入统一名册并予以公告。鉴定管理松弛,条件、设备明显不符合要求,或者曾有过违法、违规行为,未予处理或者按要求进行整改,不能胜任司法鉴定工作的,可以给予一段时间的整改期。整改期结束后仍然达不到要求条件的,不予登记。

现已登记在册但暂未纳入《决定》统一管理范围的各类司法鉴定机构及其鉴定人员,由司法部根据诉讼需要,商最高人民法院、最高人民检察院,按确定的统一管理范围予以登记管理。为了做好这项工作,请各省司法厅(局)将本省(市、区)属于《决定》第二条第一款第(四)项规定的鉴定机构,按照《决定》规定须纳入统一管理范围的,商本省(区、市)高级人民法院、人民检察院取得一致意见后,于5月20日前报司法部司法鉴定体制改革工作办公室。

四、严格把关、严格规范,积极稳妥地做好新设司法鉴定机构和司法鉴定人的登记管理工作

根据《决定》规定,侦查机关设立的鉴定机构自10月1日后不再面向社会从事司法鉴定业务,人民法院和司法行政机关不再设立鉴定机构。为了确保符合条件的司法鉴定机构和鉴定人员在《决定》生效后能满足诉讼活动对司法鉴定的基本需要,过渡期间,确因现有机构、人员不能满足诉讼需求,按照总量控制,布局合理的原则,可以新设司法鉴定机构。需批准设立新的司法鉴定机构的,应按《决定》和修改后的《司法鉴定机构管理办法》、《司法鉴定人管理办法》执行,严格条件、严格程序,从严掌握。核准新设机构从事司法鉴定业务的范围,应为《决定》第二条第一款第(一)、(二)、(三)项规定的鉴定种类。

五、积极有序地推进司法鉴定管理体制改革,为依法充分行使管理职能创造必要的制度条件

根据《决定》确立的司法鉴定管理体制的要求,各地要在9月30日前完成对司法行政机关设立的各类司法鉴定机构管理体制调整工作。调整应当严格按

《决定》的规定执行,并注意掌握政策,做到稳妥、有序。同时,各地要依据《决定》和司法部陆续出台的配套规章,对本地区现有的司法鉴定管理的地方性法规、规章和规范性文件进行清理,有计划地开展废改立工作。

六、加强调查研究,加快相关配套制度的建设

为积极、稳妥做好《决定》的贯彻执行工作,司法部拟于六七月份召开全国司法鉴定管理工作会议。为有针对性地研究解决相关问题,制定政策,请各省(区、市)司法厅(局)协助做好相关调研工作。按调研提纲的要求认真组织开展调研、统计工作,并将调研、统计的情况及《决定》公布后的学习贯彻情况,本地区在《决定》贯彻中遇到的突出问题及对策建议及时报部司法鉴定体制改革工作办公室。

七、要切实加强领导,确保平稳过渡和各项改革的有序推进

各级司法行政机关要把贯彻实施《决定》、推进司法鉴定管理体制改革和制度建设作为今年司法行政工作的重要任务,切实加强领导,务必抓紧抓实。要按照本通知精神和陆续出台的各项规章制度,统筹规划,精心组织,积极有序地推进和落实各项工作。要严格执行中央统一部署和统一规定,服从大局,不得各自为政、各行其是。要加强有关信息交流工作,及时总结推广好的经验和做法,及时纠正工作中出现的偏差和问题,确保上下互动、步调一致。要积极争取当地党委、人大和政府的领导和支持,加强与其他政法机关及有关部门的配合协作,建立协调机制,为推进落实各项改革措施,确保《决定》顺利实施创造良好的条件。

联系人:李禹、孙业群

联系电话:65205862、65206814

传真:65205825

E-mail:heyoo@263.net/leyoo@sina.com

附件:一、司法鉴定管理有关问题的调研提纲
　　　二、司法鉴定机构人员业务情况统计(表一)(略)
　　　三、司法鉴定机构人员业务情况统计(表二)(略)

附件一　司法鉴定管理有关问题的调研提纲

一、司法鉴定工作概况

各省、区、市司法行政机关管理司法鉴定工作的总体情况,包括机构设置、队伍建设、业务开展、制度建设、管理体制和管事工作情况(请填报后附2004年度相关统计报表);目前存在的主要问题,特别是在贯彻落实《决定》、推进新的管理制度建设过程中,需解决的主要问题及对策性建议。

(请各省、区、市司法厅、局按要求形成综合材料并于5月20日前报部司法鉴定体制改革工作办公室)

二、贯彻实施《决定》需研究解决的问题

1. 根据《决定》，司法行政机关对司法鉴定工作管理的对象、内容、方式？管理体制如何设定，各管理层级的管理职权如何配置？各地现有司法鉴定工作领导协调机构还有无存在必要？

2. 根据《决定》，侦查机关的鉴定机构不再向社会提供司法鉴定服务，人民法院、司法行政机关不设鉴定机构，现有登记在册的司法鉴定机构（主要指《决定》明确规定的三类）在布局结构上能否满足诉讼需要？应采取哪些措施充实、加强？有何具体规划？

3.《决定》规定的可以申请从事司法鉴定业务的"法人或其他社会组织"的范围如何理解、界定？是否仅限于国有事业单位，是否包括企业？民营、合伙组织能否发起设立司法鉴定机构？

4. 司法行政机关在《决定》施行后，对司法鉴定机构的准入管理是依照规定条件实行开放式（即无数量控制的准入式）的登记管理，还是实行有数量、布局控制的审批式管理？若实行后者是否符合法律规定，具体如何操作？

5. 根据《决定》，按管办分离原则，对现有司法行政机关设立的各类直属司法鉴定机构如何调整？如脱钩，应划转哪些单位接收，按什么体制管理？

6.《决定》施行后，对司法鉴定机构及鉴定人员应否实行年检、注册制度，如不采取年检、注册，可用哪些监督检查措施予以替代？

7. 司法鉴定工作实行行政管理和行业管理相结合的模式的具体实现途径和形式；两者职能、权限应如何划分？

8. 针对多头鉴定、重复鉴定、结论不一、法院难以采信的问题，是否有必要保留或设立各鉴定类别的专家委员会对鉴定意见进行复核鉴定或重新鉴定、向法院提供咨询意见？如有必要，该委员会由谁设立？其职能、责任如何定位？

9. 在《决定》施行准备阶段，对司法部牵头推进司法鉴定体制改革工作需要重点解决的问题有何建议？

10. 上报现已登记在册属于《决定》第二条第一款第（四）项规定的司法鉴定机构的情况，以及省（市、区）司法行政机关商同级法院、检察院的情况。

（上述调研课题，请各地形成书面意见于5月20日前报部司法鉴定体制改革工作办公室）

司法部关于设立司法鉴定管理局的通知

（2006年10月9日　司发通〔2006〕65号）

各省、自治区、直辖市司法厅（局），新疆生产建设兵团司法局、监狱管理局，部机关各司局、直属各单位：

根据中央机构编制委员会办公室《关于司法部设立司法鉴定管理局的批复》（中央编办复字〔2006〕78号），司法部设立司法鉴定管理局。现将该局主要职责和机构编制设置通知如下：

一、主要职责

1. 研究提出司法鉴定工作发展规划和有关政策建议；
2. 负责起草司法鉴定法律、法规和规章；
3. 研究拟订司法鉴定管理制度和技术管理规范；
4. 指导和监督地方司法鉴定登记管理工作；
5. 组织实施有关司法鉴定的宣传、理论研究和技术交流合作；
6. 指导司法鉴定技术研发和司法鉴定人继续教育实施工作；
7. 承办指导司法鉴定协会的具体工作。

二、机构编制

司法鉴定管理局定编11人。司局领导职数2名。下设3个处：综合处、管理处、监督处，每处定编3人。

为认真做好司法鉴定管理的组织工作，请各省、自治区、直辖市司法厅（局）抓紧建立管理机构，配备专门人员，规范管理职责，做好有关工作。

司法部关于认真贯彻落实全国司法鉴定管理工作会议精神进一步加强司法鉴定管理工作的通知

(2012年7月16日 司发通〔2012〕172号)

各省、自治区、直辖市司法厅(局),新疆生产建设兵团司法局:

2012年4月23日至24日,司法部在杭州召开全国司法鉴定管理工作会议,全面总结了《全国人民代表大会常务委员会关于司法鉴定管理问题的决定》实施以来司法鉴定管理工作取得的显著成绩和基本经验,对当前和今后一个时期司法鉴定管理工作作出了全面部署。为了贯彻落实好会议精神,推动司法鉴定事业健康顺利发展,现就进一步加强司法鉴定管理工作的有关问题通知如下:

一、始终坚持正确的政治方向。各级司法行政机关要围绕党委、政府中心工作,从社会主义民主法治建设全局出发,坚持和完善中国特色社会主义司法鉴定制度,确保司法鉴定工作的正确政治方向。要认真贯彻落实中央关于司法鉴定工作的决策部署和各项要求,自觉把司法鉴定工作放在构建公正高效权威的社会主义司法制度的大局中去推进,放在发挥司法行政工作整体效能的全局中去谋划,把以人为本、执法执业为民的理念贯穿于司法鉴定工作的全过程,切实保障司法鉴定人依法独立执业,切实维护司法鉴定行业"科学规范、客观公正"的社会形象。

二、积极推进司法鉴定管理体制改革。各地要围绕建立完善科学合理、统一规范、运行高效、监督有力的司法鉴定统一管理体制的目标,切实履行牵头职责,及时研究解决改革过程中遇到的突出问题,认真落实统一管理的各项基本要求。要持续完善行政管理与行业管理相结合的管理机制,健全司法鉴定行政管理体系,加强地市司法行政机关司法鉴定管理机构的组织建设,明确规范其管理职责、主要任务和工作要求,切实做到有机构、有编制、有队伍、有经费、有场所,确保履责的需要。加强司法行政机关对司法鉴定行业协会的监督指导,稳步推进司法鉴定行业协会建设,健全省级行业协会,进一步发挥司法鉴定行业协会的积极作用。要切实加强与人民法院的沟通协调,建立完善鉴定委托、出庭作证、信息反馈等机制,形成司法鉴定管理、使用与监督相衔接的运行机制。及时将社会高度关注、人民群众反映强烈、司法审判工作急需的司法会计、知识产权、建设工程、机动车辆、医疗损害、产品质量、环境污染、食品药品等"其他类"鉴定事项纳入统一管理的范围,进一步完善司法鉴定名册管理制度。

三、切实加强司法鉴定活动的管理监督。各地要围绕不断提高司法鉴定行业的规范化、法制化、科学化水平,依法履行管理职能,切实加强司法鉴定活动的管理与监督。要加强准入管理,细化司法鉴定行业的执业资质,建立完善司法鉴定机构从业条件和司法鉴定人从业能力的专家评审机制,确保司法鉴定机构的资质条件和司法鉴定人的执业能力符合行业发展的需要。要加强执业管理,健全司法鉴定执业活动年度检查制度和司法鉴定机构执业资质定期考核制度,进一步落实执业活动"八公开"和重大事项报告制度。要加强监督管理,完善监督机制和相关程序规定,健全执业责任追究制度,定期开展专项检查活动,严肃查处违规违纪行为,有效维护执业秩序,进一步推进阳光执业、公正执业、规范执业、诚信执业、廉洁执业。

四、切实加强司法鉴定机构建设。各地要围绕健全布局合理、结构优化、有效运行、社会共享、持续发展的司法鉴定公共服务体系的总体要求,从实际出发,统筹规划,科学合理地制定司法鉴定机构发展规划。要在整合优质资源的基础上,集中力量建设高资质、高水平公共鉴定机构和证据科学技术重点实验室。要鼓励引导司法鉴定机构正确把握发展定位,突出专业优势,形成品牌特色,进一步推动鉴定机构专业化、规模化、规范化建设。要以能力建设为核心,组织开展司法鉴定机构资质等级评估,通过向社会和行业公开检查、评估结果等方式,促进司法鉴定行业公平竞争,建立起优胜劣汰、动态管理的运行机制,促进司法鉴定机构持续加强资质建设,规范内部管理,进一步推动司法鉴定行业整体能力和技术水平的持续提高。

五、切实加强司法鉴定队伍建设。各地要围绕造就一支政治可靠、业务精湛、严谨求是、诚信敬业的高素质司法鉴定队伍的建设目标,进一步加强政治建设、业务建设和职业道德建设。要稳步推进司法鉴定行业党的建设工作,充分发扬党组织的政治保障作用和党员的模范带头作用。要完善司法鉴定人岗前培训、转岗培训、在岗学习和终身化的继续教育制度,依托专业对口的高等院校、科研院所设立教育培训基地,不断提高鉴定人职业素养和执业技能。要切实加强高层次紧缺人才的引进、储备和后备人才培养工作,健全司法鉴定初、中、高级专业技术职务任职资格评审制度、司法鉴定助理人制度,优化司法鉴定队伍的年龄结构、专业结构、职称结构和主辅结构,进一步提高司法鉴定队伍专业化、职业化发展水平。

六、切实加强司法鉴定质量建设。各地要围绕建立并有效运行科学高效严密的质量管理体系,加强质量管理,推动质量建设,保障鉴定质量。要认真贯彻落实司法部、国家认监委《关于全面推进司法鉴定机构认证认可工作的通知》,制定实施方案,建立协调机制,加强工作指导,全面推进司法鉴定机构认证认可工作,建立完善质量监督检查制度和鉴定质量评价机制。要建立常态化的能力验证工作机制,提高能力验证工作的组织实施水平,推动司法鉴定机构不断增强发现、解决问题的能力和质量保障水平;把认证认可和能力验证结果作为行业准入、执业监管和质量评价的重要依据,进一步提高司法鉴定的科学性、可靠性和权威性。

七、切实加强司法鉴定行业科技建设。各地要围绕建立司法鉴定科技支撑体系,推动科技建设,加强科技研发。要坚持分类指导,促进司法鉴定机构围绕转型升级的发展目标,引进或采用先进成熟的技术方法,及时淘汰落后的技术设备,促进司法鉴定行业的科技进步和重大贵重精密仪器设备的开放共享。要依托高水平科研机构、高等院校和科技社团,建立科技专家库,为解决疑难复杂特殊问题、鉴定争议以及参与应对重大事件、重大案件、重大活动提供智力支撑。要鼓励有条件的司法鉴定机构与高校、科研部门加强合作,协同创新,共同开展科技攻关,增强科技成果吸收转化和应用推广能力,进一步提高司法鉴定行业的科技发展水平。

八、切实加强司法鉴定执业保障。各地要围绕改善执业条件、维护执业权利、创造良好的执业环境提供有力保障。要完善在党委政法委统一领导下、司法行政机关会同有关部门共同推进司法鉴定管理体制改革的工作格局,发挥各地司法鉴定工作委员会的积极作用,研究解决改革发展中遇到的突出问题。要加强地方立法,加快制度建设,进一步完善司法鉴定管理的各项制度规范,加大与发改委、财政、科技、卫生、教育、税务、质检等部门的沟通协调,逐步把高资质、高水平公共鉴定机构和重点实验室建设目标纳入到本地区公共服务体系建设渠道中去,把司法鉴定机构参与处置重大事件、重大案件、重大活动的办案经费列入政法经费保障体制中去,把符合法律援助标准的司法鉴定案件纳入到本地区法律援助的范围中去。在加强社会建设和创新社会管理的社会实践中,为进一步发挥司法鉴定制度的功能作用,推动司法鉴定行业实现科学发展提供有力的法制保障、政策保障和经费保障。

各地要认真制定贯彻落实会议精神的工作方案,明确任务,落实责任,确保各项任务落到实处。贯彻落实中遇到的重大情况,请及时报部。

五、相关部门文件

（一）全国人大

全国人民代表大会常务委员会法制工作委员会《关于司法鉴定管理问题的决定》施行前可否对司法鉴定机构和司法鉴定人实施准入管理等问题的意见

（2005年6月20日 法工委发函〔2005〕52号）

司法部：

你部2005年5月12日来函（司发函〔2005〕110号）收悉。经研究，答复如下：

一、《关于司法鉴定管理问题的决定》（以下简称《决定》）第十八条规定，《决定》自2005年10月1日起施行。为了保证《决定》的顺利实施，在《决定》生效前，可以依照《决定》精神和有关规定，开展相关工作。

二、《决定》第三条规定，省级人民政府司法行政部门负责对鉴定人和鉴定机构的登记、名册编制和公告。第六条规定，申请从事司法鉴定业务的个人、法人或者其他组织，由省级人民政府司法行政部门审核，对符合条件的予以登记。编入鉴定人和鉴定机构名册并公告。依照上述规定，对鉴定机构和鉴定人实行的是登记制而不是审批制，对于申请从事司法鉴定业务的个人、法人或者其他组织，符合《决定》规定条件的，司法行政部门应当予以登记。

三、《决定》第七条规定："侦查机关根据侦查工作的需要设立的鉴定机构，不得面向社会接受委托从事司法鉴定业务。人民法院和司法行政部门不得设立鉴定机构。"依照上述规定，鉴定机构如果由人民法院、司法行政部门设立的，或者其设立后在人、财、物方面与人民法院、司法行政部门存在隶属关系的，应当不予登记；由侦查机关设立，或者在人、财、物方面与侦查机关存在隶属关系的，不得面向社会接受委托从事司法鉴定业务。

四、根据《决定》第七条的规定，侦查机关设立的鉴定机构及其鉴定人不得面向社会接受委托从事司法鉴定业务。考虑到公安机关设立的鉴定机构在技术、设备、人员等方面有较好的实力和基础，长期以来也承担了大量的鉴定任务。因此,对公安机关设立的鉴定机构,在不面向社会提供鉴定服务的前提下,可以接受司法机关、监察、海关、工商等行政执法机关的委托从事非诉或在诉讼中没有争议的鉴定业务。根据《决定》第九条:"在诉讼中,对本《决定》第二条所规定的鉴定事项发生争议,需要鉴定的,应当委托列入鉴定人名册的鉴定人进行鉴定"的规定,如果公安机关有关鉴定机构及其鉴定人接受司法机关委托从事诉讼中有争议的鉴定事项则需经过省级司法行政部门登记,列入鉴定人名册。对于公安机关设立的鉴定机构及其鉴定人如何进行登记、编制名册,以及如何从事鉴定业务的问题,建议司法部与最高人民法院、最高人民检察院、公安部等有关部门共同协商确定。

全国人民代表大会常务委员会法制工作委员会关于对法医类鉴定与医疗事故技术鉴定关系问题的意见

(2005年9月22日 法工委复字〔2005〕29号)

卫生部：

你部2005年4月18日（卫政法函〔2005〕75号）来函收悉。经研究，交换意见如下：

关于司法鉴定管理问题的决定第二条规定，国家对从事法医类鉴定的鉴定人和鉴定机构实行登记管理制度。医疗事故技术鉴定的组织方式与一般的法医类鉴定有很大区别，医疗事故技术鉴定的内容也不都属于法医类鉴定。但医疗事故技术鉴定中涉及的有关问题，如尸检、伤残鉴定等，属于法医类鉴定范围。对此类鉴定事项，在进行医疗事故技术鉴定时，由已列入鉴定人名册的法医参加鉴定为宜。

全国人民代表大会常务委员会法制工作委员会对如何处理省高级人民法院制定的规范性文件的意见

(2008年10月6日 法工委复〔2008〕10号)

黑龙江省人大常委会：

你省人大常委会法制工作委员会2008年8月5日来函（黑人大法工委函〔2008〕24号）收悉。经研究，现答复如下：

《全国人大常委会关于司法鉴定管理问题的决定》第三条规定，国务院司法行政部门主管全国鉴定人和鉴定机构的登记管理工作。省级人民政府司法行政部门负责对鉴定人和鉴定机构的登记、名册编制和公告。第六条规定，申请从事司法鉴定业务的个人、法人或者其他组织，由省级人民政府司法行政部门审核，对符合条件的予以登记，编入鉴定人和鉴定机构名册并公告。第十六条规定，对鉴定人和鉴定机构进行登记、名册编制和公告的具体办法，由国务院司法行政部门制定，报国务院批准。黑龙江省高级人民法院发布公告，规定由省高级人民法院统一编制辖区内法院系统司法鉴定工作名册，与全国人大常委会上述决定的规定不符。同时，地方法院对属于司法鉴定行政管理工作的事项作出规定，也超出了地方法院的职权范围。对此，地方人大常委会可以通过听取专项工作报告的方式要求其纠正，或者向全国人大常委会反映，由全国人大常委会办事机构向最高人民法院提出，由最高人民法院予以纠正。

（二）最高人民法院

最高人民法院关于民事诉讼证据的若干规定（节录）

（2001年12月21日　法释〔2001〕33号）

为保证人民法院正确认定案件事实，公正、及时审理民事案件，保障和便利当事人依法行使诉讼权利，根据《中华人民共和国民事诉讼法》（以下简称《民事诉讼法》）等有关法律的规定，结合民事审判经验和实际情况，制定本规定。

二、人民法院调查收集证据

第二十四条　人民法院进行证据保全，可以根据具体情况，采取查封、扣押、拍照、录音、录像、复制、鉴定、勘验、制作笔录等方法。

人民法院进行证据保全，可以要求当事人或者诉讼代理人到场。

第二十五条　当事人申请鉴定，应当在举证期限内提出。符合本规定第二十七条规定的情形，当事人申请重新鉴定的除外。

对需要鉴定的事项负有举证责任的当事人，在人民法院指定的期限内无正当理由不提出鉴定申请或者不预交鉴定费用或者拒不提供相关材料，致使对案件争议的事实无法通过鉴定结论予以认定的，应当对该事实承担举证不能的法律后果。

第二十六条　当事人申请鉴定经人民法院同意后，由双方当事人协商确定有鉴定资格的鉴定机构、鉴定人员，协商不成的，由人民法院指定。

第二十七条　当事人对人民法院委托的鉴定部门作出的鉴定结论有异议申请重新鉴定，提出证据证明存在下列情形之一的，人民法院应予准许：

（一）鉴定机构或者鉴定人员不具备相关的鉴定资格的；

（二）鉴定程序严重违法的；

（三）鉴定结论明显依据不足的；

（四）经过质证认定不能作为证据使用的其他情形。

对有缺陷的鉴定结论，可以通过补充鉴定、重新质证或者补充质证等方法解决的，不予重新鉴定。

第二十八条　一方当事人自行委托有关部门作出的鉴定结论，另一方当事人有证据足以反驳并申请重新鉴定的,人民法院应予准许。

第二十九条 审判人员对鉴定人出具的鉴定书,应当审查是否具有下列内容:

(一)委托人姓名或者名称、委托鉴定的内容;

(二)委托鉴定的材料;

(三)鉴定的依据及使用的科学技术手段;

(四)对鉴定过程的说明;

(五)明确的鉴定结论;

(六)对鉴定人鉴定资格的说明;

(七)鉴定人员及鉴定机构签名盖章。

第三十条 人民法院勘验物证或者现场,应当制作笔录,记录勘验的时间、地点、勘验人、在场人、勘验的经过、结果,由勘验人、在场人签名或者盖章。对于绘制的现场图应当注明绘制的时间、方位、测绘人姓名、身份等内容。

四、质证

第五十三条 不能正确表达意志的人,不能作为证人。

待证事实与其年龄、智力状况或者精神健康状况相适应的无民事行为能力人和限制民事行为能力人,可以作为证人。

第五十四条 当事人申请证人出庭作证,应当在举证期限届满十日前提出,并经人民法院许可。

人民法院对当事人的申请予以准许的,应当在开庭审理前通知证人出庭作证,并告知其应当如实作证及作伪证的法律后果。

证人因出庭作证而支出的合理费用,由提供证人的一方当事人先行支付,由败诉一方当事人承担。

第五十五条 证人应当出庭作证,接受当事人的质询。

证人在人民法院组织双方当事人交换证据时出席陈述证言的,可视为出庭作证。

第五十六条 《民事诉讼法》第七十条规定的"证人确有困难不能出庭",是指有下列情形:

(一)年迈体弱或者行动不便无法出庭的;

(二)特殊岗位确实无法离开的;

(三)路途特别遥远,交通不便难以出庭的;

(四)因自然灾害等不可抗力的原因无法出庭的;

(五)其他无法出庭的特殊情况。

前款情形,经人民法院许可,证人可以提交书面证言或者视听资料或者通过双向视听传输技术手段作证。

第五十七条 出庭作证的证人应当客观陈述其亲身感知的事实。证人为聋哑人的,可以其他表达方式作证。

证人作证时,不得使用猜测、推断或者评论性的语言。

第五十八条 审判人员和当事人可以对证人进行询问。证人不得旁听法庭审理;询问证人时,其他证人不得在场。人民法院认为有必要的,可以让证人进行对质。

第五十九条 鉴定人应当出庭接受当事人质询。

鉴定人确因特殊原因无法出庭的,经人民法院准许,可以书面答复当事人的质询。

第六十条 经法庭许可,当事人可以向证人、鉴定人、勘验人发问。

询问证人、鉴定人、勘验人不得使用威胁、侮辱及不适当引导证人的言语和方式。

第六十一条 当事人可以向人民法院申请由一至二名具有专门知识的人员出庭就案件的专门性问题进行说明。人民法院准许其申请的,有关费用由提出申请的当事人负担。

审判人员和当事人可以对出庭的具有专门知识的人员进行询问。

经人民法院准许,可以由当事人各自申请的具有专门知识的人员就有关案件中的问题进行对质。

具有专门知识的人员可以对鉴定人进行询问。

第六十二条 法庭应当将当事人的质证情况记入笔录,并由当事人核对后签名或者盖章。

五、证据的审核认定

第六十三条 人民法院应当以证据能够证明的案件事实为依据依法作出裁判。

第六十四条 审判人员应当依照法定程序,全面、客观地审核证据,依据法律的规定,遵循法官职业道德,运用逻辑推理和日常生活经验,对证据有无证明力和证明力大小独立进行判断,并公开判断的理由和结果。

第六十五条 审判人员对单一证据可以从下列方面进行审核认定:

(一)证据是否原件、原物,复印件、复制品与原件、原物是否相符;

(二)证据与本案事实是否相关;

(三)证据的形式、来源是否符合法律规定;

(四)证据的内容是否真实;

(五)证人或者提供证据的人,与当事人有无利害关系。

第六十六条 审判人员对案件的全部证据,应当从各证据与案件事实的关联程度、各证据之间的联系等方面进行综合审查判断。

第六十七条 在诉讼中,当事人为达成调解协议或者和解的目的作出妥协所涉及的对案件事实的认可,不得在其后的诉讼中作为对其不利的证据。

第六十八条 以侵害他人合法权益或者违反法律禁止性规定的方法取得的证据,不能作为认定案件事实的依据。

第六十九条 下列证据不能单独作为认定案件事实的依据:

(一)未成年人所作的与其年龄和智力状况不相当的证言;

(二)与一方当事人或者其代理人有利害关系的证人出具的证言;

(三)存有疑点的视听资料;

(四)无法与原件、原物核对的复印件、复制品;

(五)无正当理由未出庭作证的证人证言。

第七十条 一方当事人提出的下列证据,对方当事人提出异议但没有足以反驳的相反证据的,人民法院应当确认其证明力:

(一)书证原件或者与书证原件核对无误的复印件、照片、副本、节录本;

(二)物证原物或者与物证原物核对无误的复制件、照片、录像资料等;

(三)有其他证据佐证并以合法手段取得的、无疑点的视听资料或者与视听资料核对无误的复制件;

(四)一方当事人申请人民法院依照法定程序制作的对物证或者现场的勘验笔录。

第七十一条 人民法院委托鉴定部门作出的鉴定结论,当事人没有足以反驳的相反证据和理由的,可以认定其证明力。

第七十二条 一方当事人提出的证据,另一方当事人认可或者提出的相反证据不足以反驳的,人民法院可以确认其证明力。

一方当事人提出的证据,另一方当事人有异议并提出反驳证据,对方当事人对反驳证据认可的,可以确认反驳证据的证明力。

第七十三条 双方当事人对同一事实分别举出相反的证据,但都没有足够的依据否定对方证据的,人民法院应当结合案件情况,判断一方提供证据的证明力是否明显大于另一方提供证据的证明力,并对证明力较大的证据予以确认。

因证据的证明力无法判断导致争议事实难以认定的,人民法院应当依据举证责任分配的规则作出裁判。

第七十四条 诉讼过程中,当事人在起诉状、答辩状、陈述及其委托代理人的代理词中承认的对己方不利的事实和认可的证据,人民法院应当予以确认,但当事人反悔并有相反证据足以推翻的除外。

第七十五条 有证据证明一方当事人持有证据无正当理由拒不提供,如果对方当事人主张该证据的内容不利于证据持有人，可以推定该主张成立。

第七十六条 当事人对自己的主张，只有本人陈述而不能提出其他相关证据的，其主张不予支持。但对方当事人认可的除外。

第七十七条 人民法院就数个证据对同一事实的证明力，可以依照下列原则认定：

（一）国家机关、社会团体依职权制作的公文书证的证明力一般大于其他书证；

（二）物证、档案、鉴定结论、勘验笔录或者经过公证、登记的书证，其证明力一般大于其他书证、视听资料和证人证言；

（三）原始证据的证明力一般大于传来证据；

（四）直接证据的证明力一般大于间接证据；

（五）证人提供的对与其有亲属或者其他密切关系的当事人有利的证言，其证明力一般小于其他证人证言。

第七十八条 人民法院认定证人证言，可以通过对证人的智力状况、品德、知识、经验、法律意识和专业技能等的综合分析作出判断。

第七十九条 人民法院应当在裁判文书中阐明证据是否采纳的理由。

对当事人无争议的证据，是否采纳的理由可以不在裁判文书中表述。

六、其他

第八十条 对证人、鉴定人、勘验人的合法权益依法予以保护。

当事人或者其他诉讼参与人伪造、毁灭证据，提供假证据，阻止证人作证，指使、贿买、胁迫他人作伪证，或者对证人、鉴定人、勘验人打击报复的，依照《民事诉讼法》第一百零二条的规定处理。

第八十一条 人民法院适用简易程序审理案件，不受本解释中第三十二条、第三十三条第三款和第七十九条规定的限制。

第八十二条 本院过去的司法解释，与本规定不一致的，以本规定为准。

第八十三条 本规定自 2002 年 4 月 1 日起施行。2002 年 4 月 1 日尚未审结的一审、二审和再审民事案件不适用本规定。

本规定施行前已经审理终结的民事案件，当事人以违反本规定为由申请再审的，人民法院不予支持。

本规定施行后受理的再审民事案件，人民法院依据《民事诉讼法》第一百八十六条的规定进行审理的，适用本规定。

人民法院对外委托司法鉴定管理规定

(2002年3月27日　法释〔2002〕8号)

第一条　为规范人民法院对外委托和组织司法鉴定工作,根据《人民法院司法鉴定工作暂行规定》,制定本办法。

第二条　人民法院司法鉴定机构负责统一对外委托和组织司法鉴定。未设司法鉴定机构的人民法院,可在司法行政管理部门配备专职司法鉴定人员,并由司法行政管理部门代行对外委托司法鉴定的职责。

第三条　人民法院司法鉴定机构建立社会鉴定机构和鉴定人(以下简称鉴定人)名册,根据鉴定对象对专业技术的要求,随机选择和委托鉴定人进行司法鉴定。

第四条　自愿接受人民法院委托从事司法鉴定,申请进入人民法院司法鉴定人名册的社会鉴定、检测、评估机构,应当向人民法院司法鉴定机构提交申请书和以下材料:

(一)企业或社团法人营业执照副本;
(二)专业资质证书;
(三)专业技术人员名单、执业资格和主要业绩;
(四)年检文书;
(五)其他必要的文件、资料。

第五条　以个人名义自愿接受人民法院委托从事司法鉴定,申请进入人民法院司法鉴定人名册的专业技术人员,应当向人民法院司法鉴定机构提交申请书和以下材料:

(一)单位介绍信;
(二)专业资格证书;
(三)主要业绩证明;
(四)其他必要的文件、资料等。

第六条　人民法院司法鉴定机构应当对提出申请的鉴定人进行全面审查,择优确定对外委托和组织司法鉴定的鉴定人候选名单。

第七条　申请进入地方人民法院鉴定人名册的单位和个人,其入册资格由有关人民法院司法鉴定机构审核,报上一级人民法院司法鉴定机构批准,并报最高人民法院司法鉴定机构备案。

第八条 经批准列入人民法院司法鉴定人名册的鉴定人,在《人民法院报》予以公告。

第九条 已列入名册的鉴定人应当接受有关人民法院司法鉴定机构的年度审核,并提交以下材料:

(一)年度业务工作报告书;

(二)专业技术人员变更情况;

(三)仪器设备更新情况;

(四)其他变更情况和要求提交的材料。

年度审核有变更事项的,有关司法鉴定机构应当逐级报最高人民法院司法鉴定机构备案。

第十条 人民法院司法鉴定机构依据尊重当事人选择和人民法院指定相结合的原则,组织诉讼双方当事人进行司法鉴定的对外委托。

诉讼双方当事人协商不一致的,由人民法院司法鉴定机构在列入名册的、符合鉴定要求的鉴定人中,选择受委托人鉴定。

第十一条 司法鉴定所涉及的专业未纳入名册时,人民法院司法鉴定机构可以从社会相关专业中,择优选定受委托单位或专业人员进行鉴定。如果被选定的单位或专业人员需要进入鉴定人名册的,仍应当呈报上一级人民法院司法鉴定机构批准。

第十二条 遇有鉴定人应当回避等情形时,有关人民法院司法鉴定机构应当重新选择鉴定人。

第十三条 人民法院司法鉴定机构对外委托鉴定的,应当指派专人负责协调,主动了解鉴定的有关情况,及时处理可能影响鉴定的问题。

第十四条 接受委托的鉴定人认为需要补充鉴定材料时,如果由申请鉴定的当事人提供确有困难的,可以向有关人民法院司法鉴定机构提出请求,由人民法院决定依据职权采集鉴定材料。

第十五条 鉴定人应当依法履行出庭接受质询的义务。人民法院司法鉴定机构应当协调鉴定人做好出庭工作。

第十六条 列入名册的鉴定人有不履行义务,违反司法鉴定有关规定的,由有关人民法院视情节取消入册资格,并在《人民法院报》公告。

最高人民法院关于行政诉讼证据若干问题的规定(节录)

(2002年7月24日 法释〔2002〕21号)

为准确认定案件事实,公正、及时地审理行政案件,根据《中华人民共和国行政诉讼法》(以下简称行诉讼法)等有关法律规定,结合行政审判实际,制定本规定。

二、提供证据的要求

第十四条 根据行政诉讼法第三十一条第一款第(六)项的规定,被告向人民法院提供的在行政程序中采用的鉴定结论,应当载明委托人和委托鉴定的事项、向鉴定部门提交的相关材料、鉴定的依据和使用的科学技术手段、鉴定部门和鉴定人鉴定资格的说明,并应有鉴定人的签名和鉴定部门的盖章。通过分析获得的鉴定结论,应当说明分析过程。

三、调取和保全证据

第二十八条 人民法院依照行政诉讼法第三十六条规定保全证据的,可以根据具体情况,采取查封、扣押、拍照、录音、录像、复制、鉴定、勘验、制作询问笔录等保全措施。

人民法院保全证据时,可以要求当事人或者其诉讼代理人到场。

第二十九条 原告或者第三人有证据或者有正当理由表明被告据以认定案件事实的鉴定结论可能有错误,在举证期限内书面申请重新鉴定的,人民法院应予准许。

第三十条 当事人对人民法院委托的鉴定部门作出的鉴定结论有异议申请重新鉴定,提出证据证明存在下列情形之一的,人民法院应予准许:

(一)鉴定部门或者鉴定人不具有相应的鉴定资格的;
(二)鉴定程序严重违法的;
(三)鉴定结论明显依据不足的;
(四)经过质证不能作为证据使用的其他情形。

对有缺陷的鉴定结论,可以通过补充鉴定、重新质证或者补充质证等方式解决。

第三十一条 对需要鉴定的事项负有举证责任的当事人,在举证期限内无正当理由不提出鉴定申请、不预交鉴定费用或者拒不提供相关材料,致使对案件争议的事实无法通过鉴定结论予以认定的,应当对该事实承担举证不能的法律后果。

第三十二条 人民法院对委托或者指定的鉴定部门出具的鉴定书,应当审查是否具有下列内容:

(一)鉴定的内容;

(二)鉴定时提交的相关材料;

(三)鉴定的依据和使用的科学技术手段;

(四)鉴定的过程;

(五)明确的鉴定结论;

(六)鉴定部门和鉴定人鉴定资格的说明;

(七)鉴定人及鉴定部门签名盖章。

前款内容欠缺或者鉴定结论不明确的,人民法院可以要求鉴定部门予以说明、补充鉴定或者重新鉴定。

四、证据的对质辨认和核实

第三十九条 当事人应当围绕证据的关联性、合法性和真实性,针对证据有无证明效力以及证明效力大小,进行质证。

经法庭准许,当事人及其代理人可以就证据问题相互发问,也可以向证人、鉴定人或者勘验人发问。

当事人及其代理人相互发问,或者向证人、鉴定人、勘验人发问时,发问的内容应当与案件事实有关联,不得采用引诱、威胁、侮辱等语言或者方式。

第四十二条 不能正确表达意志的人不能作证。

根据当事人申请,人民法院可以就证人能否正确表达意志进行审查或者交由有关部门鉴定。必要时,人民法院也可以依职权交由有关部门鉴定。

第四十七条 当事人要求鉴定人出庭接受询问的,鉴定人应当出庭。鉴定人因正当事由不能出庭的,经法庭准许,可以不出庭,由当事人对其书面鉴定结论进行质证。

鉴定人不能出庭的正当事由,参照本规定第四十一条的规定。

对于出庭接受询问的鉴定人,法庭应当核实其身份、与当事人及案件的关系,并告知鉴定人如实说明鉴定情况的法律义务和故意作虚假说明的法律责任。

第四十八条 对被诉具体行政行为涉及的专门性问题,当事人可以向法庭申请由专业人员出庭进行说明,法庭也可以通知专业人员出庭说明。必要时,法庭可以组织专业人员进行对质。

当事人对出庭的专业人员是否具备相应专业知识、学历、资历等专业资格等有异议的,可以进行询问。由法庭决定其是否可以作为专业人员出庭。

专业人员可以对鉴定人进行询问。

五、证据的审核认定

第六十二条 对被告在行政程序中采纳的鉴定结论,原告或者第三人提出证据证明有下列情形之一的,人民法院不予采纳:

(一)鉴定人不具备鉴定资格;

(二)鉴定程序严重违法;

(三)鉴定结论错误、不明确或者内容不完整。

第六十三条 证明同一事实的数个证据,其证明效力一般可以按照下列情形分别认定:

(一)国家机关以及其他职能部门依职权制作的公文文书优于其他书证;

(二)鉴定结论、现场笔录、勘验笔录、档案材料以及经过公证或者登记的书证优于其他书证、视听资料和证人证言;

(三)原件、原物优于复制件、复制品;

(四)法定鉴定部门的鉴定结论优于其他鉴定部门的鉴定结论;

(五)法庭主持勘验所制作的勘验笔录优于其他部门主持勘验所制作的勘验笔录;

(六)原始证据优于传来证据;

(七)其他证人证言优于与当事人有亲属关系或者其他密切关系的证人提供的对该当事人有利的证言;

(八)出庭作证的证人证言优于未出庭作证的证人证言;

(九)数个种类不同、内容一致的证据优于一个孤立的证据。

六、附则

第七十四条 证人、鉴定人及其近亲属的人身和财产安全受法律保护。

人民法院应当对证人、鉴定人的住址和联系方式予以保密。

第七十五条 证人、鉴定人因出庭作证或者接受询问而支出的合理费用,由提供证人、鉴定人的一方当事人先行支付,由败诉一方当事人承担。

第七十六条 证人、鉴定人作伪证的,依照行政诉讼法第四十九条第一款第(二)项的规定追究其法律责任。

第七十七条 诉讼参与人或者其他人有对审判人员或证人、鉴定人、勘验人及其近亲属实施威胁、侮辱、殴打、骚扰或者打击报复等妨碍行政诉讼行为的,依照行政诉讼法第四十九条第一款第(三)项、第(五)项或者第(六)项的规定追究其法律责任。

最高人民法院关于审理人身损害赔偿案件适用法律若干问题的解释

(2003年12月26日 法释〔2003〕20号)

为正确审理人身损害赔偿案件,依法保护当事人的合法权益,根据《中华人民共和国民法通则》以下简称民法通则、《中华人民共和国民事诉讼法》以下简称民事诉讼法等有关法律规定,结合审判实践,就有关适用法律的问题作如下解释:

第一条 因生命、健康、身体遭受侵害,赔偿权利人起诉请求赔偿义务人赔偿财产损失和精神损害的,人民法院应予受理。

本条所称"赔偿权利人",是指因侵权行为或者其他致害原因直接遭受人身损害的受害人、依法由受害人承担扶养义务的被扶养人以及死亡受害人的近亲属。

本条所称"赔偿义务人",是指因自己或者他人的侵权行为以及其他致害原因依法应当承担民事责任的自然人、法人或者其他组织。

第二条 受害人对同一损害的发生或者扩大有故意、过失的,依照民法通则第一百三十一条的规定,可以减轻或者免除赔偿义务人的赔偿责任。但侵权人因故意或者重大过失致人损害,受害人只有一般过失的,不减轻赔偿义务人的赔偿责任。

适用民法通则第一百零六条第三款规定确定赔偿义务人的赔偿责任时,受害人有重大过失的,可以减轻赔偿义务人的赔偿责任。

第三条 二人以上共同故意或者共同过失致人损害,或者虽无共同故意、共同过失,但其侵害行为直接结合发生同一损害后果的,构成共同侵权,应当依照民法通则第一百三十条规定承担连带责任。

二人以上没有共同故意或者共同过失,但其分别实施的数个行为间接结合发生同一损害后果的,应当根据过失大小或者原因力比例各自承担相应的赔偿责任。

第四条 二人以上共同实施危及他人人身安全的行为并造成损害后果,不能确定实际侵害行为人的,应当依照民法通则第一百三十条规定承担连带责任。共同危险行为人能够证明损害后果不是由其行为造成的,不承担赔偿责任。

第五条 赔偿权利人起诉部分共同侵权人的,人民法院应当追加其他共同侵权人作为共同被告。赔偿权利人在诉讼中放弃对部分共同侵权人的诉讼请求的,其他共同侵权人对被放弃诉讼请求的被告应当承担的赔偿份额不承担连带责任。责任范围难以确定的,推定各共同侵权人承担同等责任。

人民法院应当将放弃诉讼请求的法律后果告知赔偿权利人,并将放弃诉讼请求的情况在法律文书中叙明。

第六条 从事住宿、餐饮、娱乐等经营活动或者其他社会活动的自然人、法人、其他组织,未尽合理限度范围内的安全保障义务致使他人遭受人身损害,赔偿权利人请求其承担相应赔偿责任的,人民法院应予支持。

因第三人侵权导致损害结果发生的,由实施侵权行为的第三人承担赔偿责任。安全保障义务人有过错的,应当在其能够防止或者制止损害的范围内承担相应的补充赔偿责任。安全保障义务人承担责任后,可以向第三人追偿。赔偿权利人起诉安全保障义务人的,应当将第三人作为共同被告,但第三人不能确定的除外。

第七条 对未成年人依法负有教育、管理、保护义务的学校、幼儿园或者其他教育机构,未尽职责范围内的相关义务致使未成年人遭受人身损害,或者未成年人致他人人身损害的,应当承担与其过错相应的赔偿责任。

第三人侵权致未成年人遭受人身损害的,应当承担赔偿责任。学校、幼儿园等教育机构有过错的,应当承担相应的补充赔偿责任。

第八条 法人或者其他组织的法定代表人、负责人以及工作人员,在执行职务中致人损害的,依照民法通则第一百二十一条的规定,由该法人或者其他组织承担民事责任。上述人员实施与职务无关的行为致人损害的,应当由行为人承担赔偿责任。

属于《国家赔偿法》赔偿事由的,依照《国家赔偿法》的规定处理。

第九条 雇员在从事雇佣活动中致人损害的,雇主应当承担赔偿责任;雇员因故意或者重大过失致人损害的,应当与雇主承担连带赔偿责任。雇主承担连带赔偿责任的,可以向雇员追偿。

前款所称"从事雇佣活动",是指从事雇主授权或者指示范围内的生产经营活动或者其他劳务活动。雇员的行为超出授权范围,但其表现形式是履行职务或者与履行职务有内在联系的,应当认定为"从事雇佣活动"。

第十条 承揽人在完成工作过程中对第三人造成损害或者造成自身损害的,定作人不承担赔偿责任。但定作人对定作、指示或者选任有过失的,应当承担相应的赔偿责任。

第十一条 雇员在从事雇佣活动中遭受人身损害,雇主应当承担赔偿责任。

雇佣关系以外的第三人造成雇员人身损害的,赔偿权利人可以请求第三人承担赔偿责任,也可以请求雇主承担赔偿责任。雇主承担赔偿责任后,可以向第三人追偿。

雇员在从事雇佣活动中因安全生产事故遭受人身损害,发包人、分包人知道或者应当知道接受发包或者分包业务的雇主没有相应资质或者安全生产条件的,应当与雇主承担连带赔偿责任。

属于《工伤保险条例》调整的劳动关系和工伤保险范围的,不适用本条规定。

第十二条 依法应当参加工伤保险统筹的用人单位的劳动者,因工伤事故遭受人身损害,劳动者或者其近亲属向人民法院起诉请求用人单位承担民事赔偿责任的,告知其按《工伤保险条例》的规定处理。

因用人单位以外的第三人侵权造成劳动者人身损害,赔偿权利人请求第三人承担民事赔偿责任的,人民法院应予支持。

第十三条 为他人无偿提供劳务的帮工人,在从事帮工活动中致人损害的,被帮工人应当承担赔偿责任。被帮工人明确拒绝帮工的,不承担赔偿责任。帮工人存在故意或者重大过失,赔偿权利人请求帮工人和被帮工人承担连带责任的,人民法院应予支持。

第十四条 帮工人因帮工活动遭受人身损害的,被帮工人应当承担赔偿责任。被帮工人明确拒绝帮工的,不承担赔偿责任;但可以在受益范围内予以适当补偿。

帮工人因第三人侵权遭受人身损害的,由第三人承担赔偿责任。第三人不能确定或者没有赔偿能力的,可以由被帮工人予以适当补偿。

第十五条 为维护国家、集体或者他人的合法权益而使自己受到人身损害,因没有侵权人、不能确定侵权人或者侵权人没有赔偿能力,赔偿权利人请求受益人在受益范围内予以适当补偿的,人民法院应予支持。

第十六条 下列情形,适用民法通则第一百二十六条的规定,由所有人或者管理人承担赔偿责任,但能够证明自己没有过错的除外:

(一) 道路、桥梁、隧道等人工建造的构筑物因维护、管理瑕疵致人损害的;

(二) 堆放物品滚落、滑落或者堆放物倒塌致人损害的;

(三) 树木倾倒、折断或者果实坠落致人损害的。

前款第(一)项情形,因设计、施工缺陷造成损害的,由所有人、管理人与设计、施工者承担连带责任。

第十七条 受害人遭受人身损害,因就医治疗支出的各项费用以及因误工减少的收入,包括医疗费、误工费、护理费、交通费、住宿费、住院伙食补助费、必要的营养费,赔偿义务人应当予以赔偿。

受害人因伤致残的,其因增加生活上需要所支出的必要费用以及因丧失劳动能力导致的收入损失,包括残疾赔偿金、残疾辅助器具费、被扶养人生活费,以及因康复护理、继续治疗实际发生的必要的康复费、护理费、后续治疗费,赔偿义务人也应当予以赔偿。

受害人死亡的,赔偿义务人除应当根据抢救治疗情况赔偿本条第一款规定的相关费用外,还应当赔偿丧葬费、被扶养人生活费、死亡补偿费以及受害人亲属办理丧葬事宜支出的交通费、住宿费和误工损失等其他合理费用。

第十八条 受害人或者死者近亲属遭受精神损害,赔偿权利人向人民法院请求赔偿精神损害抚慰金的,适用《最高人民法院关于确定民事侵权精神损害赔偿责任若干问题的解释》予以确定。

精神损害抚慰金的请求权,不得让与或者继承。但赔偿义务人已经以书面方式承诺给予金钱赔偿,或者赔偿权利人已经向人民法院起诉的除外。

第十九条 医疗费根据医疗机构出具的医药费、住院费等收款凭证,结合病历和诊断证明等相关证据确定。赔偿义务人对治疗的必要性和合理性有异议的,应当承担相应的举证责任。

医疗费的赔偿数额,按照一审法庭辩论终结前实际发生的数额确定。器官功能恢复训练所必要的康复费、适当的整容费以及其他后续治疗费,赔偿权利人可以待实际发生后另行起诉。但根据医疗证明或者鉴定结论确定必然发生的费用,可以与已经发生的医疗费一并予以赔偿。

第二十条 误工费根据受害人的误工时间和收入状况确定。

误工时间根据受害人接受治疗的医疗机构出具的证明确定。受害人因伤致残持续误工的,误工时间可以计算至定残日前一天。

受害人有固定收入的,误工费按照实际减少的收入计算。受害人无固定收入的,按照其最近三年的平均收入计算;受害人不能举证证明其最近三年的平均收入状况的,可以参照受诉法院所在地相同或者相近行业上一年度职工的平均工资计算。

第二十一条 护理费根据护理人员的收入状况和护理人数、护理期限确定。

护理人员有收入的,参照误工费的规定计算;护理人员没有收入或者雇佣护工的,参照当地护工从事同等级别护理的劳务报酬标准计算。护理人员原则上为一人,但医疗机构或者鉴定机构有明确意见的,可以参照确定护理人员人数。

护理期限应计算至受害人恢复生活自理能力时止。受害人因残疾不能恢复生活自理能力的,可以根据其年龄、健康状况等因素确定合理的护理期限,但最长不超过二十年。

受害人定残后的护理,应当根据其护理依赖程度并结合配制残疾辅助器具的情况确定护理级别。

第二十二条 交通费根据受害人及其必要的陪护人员因就医或者转院治疗实际发生的费用计算。交通费应当以正式票据为凭;有关凭据应当与就医地点、时间、人数、次数相符合。

第二十三条 住院伙食补助费可以参照当地国家机关一般工作人员的出差伙食补助标准予以确定。

受害人确有必要到外地治疗,因客观原因不能住院,受害人本人及其陪护人员实际发生的住宿费和伙食费,其合理部分应予赔偿。

第二十四条 营养费根据受害人伤残情况参照医疗机构的意见确定。

第二十五条 残疾赔偿金根据受害人丧失劳动能力程度或者伤残等级,按照受诉法院所在地上一年度城镇居民人均可支配收入或者农村居民人均纯收入标准,自定残之日起按二十年计算。但六十周岁以上的,年龄每增加一岁减少一年;七十五周岁以上的,按五年计算。

受害人因伤致残但实际收入没有减少,或者伤残等级较轻但造成职业妨害严重影响其劳动就业的,可以对残疾赔偿金作相应调整。

第二十六条 残疾辅助器具费按照普通适用器具的合理费用标准计算。伤情有特殊需要的,可以参照辅助器具配制机构的意见确定相应的合理费用标准。

辅助器具的更换周期和赔偿期限参照配制机构的意见确定。

第二十七条 丧葬费按照受诉法院所在地上一年度职工月平均工资标准,以六个月总额计算。

第二十八条 被扶养人生活费根据扶养人丧失劳动能力程度,按照受诉法院所在地上一年度城镇居民人均消费性支出和农村居民人均年生活消费支出标准计算。被扶养人为未成年人的,计算至十八周岁;被扶养人无劳动能力又无其他生活来源的,计算二十年。但六十周岁以上的,年龄每增加一岁减少一年;七十五周岁以上的,按五年计算。

被扶养人是指受害人依法应当承担扶养义务的未成年人或者丧失劳动能力又无其他生活来源的成年近亲属。被扶养人还有其他扶养人的,赔偿义务人只赔偿受害人依法应当负担的部分。被扶养人有数人的,年赔偿总额累计不超过上一年度城镇居民人均消费性支出额或者农村居民人均年生活消费支出额。

第二十九条 死亡赔偿金按照受诉法院所在地上一年度城镇居民人均可支配收入或者农村居民人均纯收入标准,按二十年计算。但六十周岁以上的,年龄每增加一岁减少一年;七十五周岁以上的,按五年计算。

第三十条 赔偿权利人举证证明其住所地或者经常居住地城镇居民人均可支配收入或者农村居民人均纯收入高于受诉法院所在地标准的,残疾赔偿金或者死亡赔偿金可以按照其住所地或者经常居住地的相关标准计算。

被扶养人生活费的相关计算标准,依照前款原则确定。

第三十一条 人民法院应当按照民法通则第一百三十一条以及本解释第二条的规定,确定第十九条至第二十九条各项财产损失的实际赔偿金额。

前款确定的物质损害赔偿金与按照第十八条第一款规定确定的精神损害抚慰金,原则上应当一次性给付。

第三十二条 超过确定的护理期限、辅助器具费给付年限或者残疾赔偿金给付年限,赔偿权利人向人民法院起诉请求继续给付护理费、辅助器具费或者残疾赔偿金的,人民法院应予受理。赔偿权利人确需继续护理、配制辅助器具,或者没有劳动能力和生活来源的,人民法院应当判令赔偿义务人继续给付相关费用五至十年。

第三十三条 赔偿义务人请求以定期金方式给付残疾赔偿金、被扶养人生活费、残疾辅助器具费的,应当提供相应的担保。人民法院可以根据赔偿义务人的给付能力和提供担保的情况,确定以定期金方式给付相关费用。但一审法庭辩论终结前已经发生的费用、死亡赔偿金以及精神损害抚慰金,应当一次性给付。

第三十四条 人民法院应当在法律文书中明确定期金的给付时间、方式以及每期给付标准。执行期间有关统计数据发生变化的,给付金额应当适时进行相应调整。

定期金按照赔偿权利人的实际生存年限给付,不受本解释有关赔偿期限的限制。

第三十五条 本解释所称"城镇居民人均可支配收入"、"农村居民人均纯收入"、"城镇居民人均消费性支出"、"农村居民人均年生活消费支出"、"职工平均工资",按照政府统计部门公布的各省、自治区、直辖市以及经济特区和计划单列市上一年度相关统计数据确定。

"上一年度",是指一审法庭辩论终结时的上一统计年度。

第三十六条 本解释自 2004 年 5 月 1 日起施行。2004 年 5 月 1 日后新受理的一审人身损害赔偿案件,适用本解释的规定。已经作出生效裁判的人身损害赔偿案件依法再审的,不适用本解释的规定。

在本解释公布施行之前已经生效施行的司法解释,其内容与本解释不一致的,以本解释为准。

最高人民法院关于印发《人民法院司法鉴定人名册制度实施办法》的通知

(2004年2月9日 法发〔2004〕6号)

各省、自治区、直辖市高级人民法院,解放军军事法院,新疆维吾尔自治区高级人民法院生产建设兵团分院:

《人民法院司法鉴定人名册制度实施办法》系《人民法院对外委托司法鉴定管理规定》(法释〔2002〕8号)的配套文件,现印发给你们,请转发本辖区人民法院,并认真组织贯彻执行,进一步规范人民法院司法鉴定工作。

人民法院鉴定人名册制度实施办法

第一章 总 则

第一条 为充分利用社会鉴定资源,保障人民法院司法鉴定工作的顺利进行,规范人民法院鉴定人名册制度,提高对外委托和组织鉴定工作的质量和效率,依据有关法律法规和《人民法院对外委托司法鉴定管理规定》制定本办法。

第二条 人民法院鉴定人名册制度,指人民法院经事前审查、批准、公示程序,将自愿接受人民法院委托鉴定的社会鉴定人(含自然人、法人)列入本级法院的鉴定人名册。人民法院审理案件需要鉴定时,统一移送专门机构,负责对外委托或组织鉴定,以尊重当事人主张和在名册中随机选定相结合的办法确定鉴定人,并负责协调、监督鉴定工作。

第三条 人民法院鉴定人名册制度的建立和实施,遵循属地管理、自愿申请、择优选录、资源共享、公开、公平的原则。

第四条 人民法院司法鉴定机构负责鉴定人名册制度的建立和实施,并根据对外委托和组织鉴定的情况,对鉴定人名册实施动态管理。

未设司法鉴定机构或者不需要建立鉴定人名册的基层人民法院,应当指定专门机构,并配备专门人员,按照本办法使用上级人民法院的鉴定人名册,负责对外委托和组织鉴定工作。

第二章 鉴定人名册的建立

第五条 各高级人民法院可根据审判工作的需要,拟定本辖区建立几级鉴定人名册及各级鉴定人名册鉴定人数量的计划,报最高人民法院批准后实施。

第六条 凡自愿申请进入人民法院鉴定人名册的社会鉴定、检测、评估等单位,应当填写《人民法院对外委托司法鉴定机构名册入册申请书》,并提交以下材料:

(一)企业或社团法人、营业执照副本及复印件;
(二)专业资质证书及复印件;
(三)专业技术人员名单、执业资格和主要业绩;
(四)年检文书及复印件。
(五)其他必要的文件、资料。

第七条 以个人名义自愿申请进入人民法院鉴定人名册的专业技术人员,应当填写《人民法院司法鉴定专家名册入册申请书》,并提交以下材料:

(一)专业资格证书及复印件;
(二)主要业绩证明及复印件;
(三)其他必要的文件、资料。

第八条 人民法院司法鉴定机构应当对提出申请的鉴定人进行全面审查,重点审查其执业资格,行业信誉,工作业绩,有无违规违纪行为。

第九条 为避免重复登记,鉴定人应向属地人民法院提出入册申请。上级人民法院可在下级人民法院报批的名册中挑选鉴定人,但须征得该鉴定人的同意,经批准后列入上级人民法院的鉴定人名册。

第十条 人民法院的鉴定人名册由最高人民法院统一编排后在《人民法院报》公告。各高级人民法院协助办理公告的相关事宜。

按照本办法从鉴定人名册中删除或增补鉴定人的,应当逐级上报最高人民法院办理公告事宜。

第十一条 列入名册的鉴定人应当接受相关人民法院司法鉴定机构的年度审核,并提交以下材料:

(一)年度业务工作报告书及行业年检情况;
(二)专业技术人员变更情况;
(三)仪器设备更新情况;
(四)其他变更情况和要求提交的材料。

年度审核变更事项需公告的,相关人民法院司法鉴定机构应当逐级报最高人民法院。

第十二条　自愿退出名册的鉴定人,应向人民法院司法鉴定机构递交书面材料,经上级人民法院司法鉴定机构批准,从名册中除名。不参加年审,视为自动退出。

第三章　鉴定人名册的应用

第十三条　人民法院司法鉴定机构受理本院或下级法院移送的鉴定案件后,应当指派一至两名鉴定督办人,负责协调、监督鉴定工作,协助解决有关问题,但不得干涉鉴定人独立做出鉴定结论。

第十四条　鉴定督办人的主要职责:
(一)组织当事人协商或随机选定鉴定人;
(二)负责办理委托鉴定手续;
(三)按规定落实鉴定的回避事项;
(四)协调、配合鉴定人勘察现场、收集鉴定材料;
(五)协调、监督鉴定的进度;
(六)对鉴定文书进行审核,必要时组织相关人员听取意见;
(七)通知并督促鉴定人依法出庭。

第十五条　鉴定督办人主持当事人共同参与选定鉴定人。当事人在规定的时间无故缺席的,由鉴定督办人随机选定鉴定人。

法律对鉴定人有规定的,或者可能损害国家、集体或第三人利益的诉讼证据鉴定,不适用当事人协商选定鉴定人。

第十六条　随机选定鉴定人是指采用抽签、摇号等随机的方法,从鉴定人名册中同一鉴定类别的鉴定人中确定鉴定人。

第十七条　当事人协商一致选定的鉴定人未纳入鉴定人名册时,鉴定督办人应当对该鉴定人进行审查,发现重大问题的,应当主持当事人重新选定鉴定人。

第十八条　司法鉴定所涉及的专业未纳入鉴定人名册时,人民法院司法鉴定机构可以从社会相关专业中,择优选定受委托单位或专业人员进行鉴定。如果被选定的鉴定人需要进入鉴定人名册的,按本办法规定程序办理。

第十九条　对外委托鉴定须选用外地法院或者上级法院的名册时,应当与建立该名册的人民法院司法鉴定机构联系,移送鉴定案件,或者及时告知协调、监督鉴定过程中的相关情况,由其提供必要的协助。

第四章　相关责任

第二十条　列入人民法院鉴定人名册的鉴定人对鉴定结论承担责任。具有下列情形之一的,人民法院司法鉴定机构可视情形责令纠正、暂停委托、建议鉴定人行业主管给予处分、在《人民法院报》公告从名册中除名。

（一）未按本办法规定受理司法鉴定业务的；
（二）在鉴定过程中私自会见当事人的；
（三）违反鉴定程序、或者工作不负责任导致鉴定结论严重错误的；
（四）未履行保密义务的；
（五）无正当理由未按规定时限完成鉴定的；
（六）无特殊事由，未履行出庭等义务的；

第二十一条　鉴定人违反法律、法规和有关规定，或者因主观故意造成鉴定结论错误导致严重后果的，依法追究法律责任。

第二十二条　人民法院鉴定督办人在对外委托司法鉴定及协调、监督鉴定的过程中，违反规定造成后果的，参照《人民法院违法审判责任追究办法（试行）》和《人民法院审判纪律处分办法（试行）》追究责任。

第五章　附　则

第二十三条　本办法由最高人民法院负责解释。

第二十四条　本办法自颁布之日起施行。

最高人民法院关于地方各级人民法院设立司法技术辅助工作机构的通知

(2006年9月25日 法发〔2006〕182号)

各省、自治区、直辖市高级人民法院,解放军军事法院,新疆维吾尔自治区高级人民法院生产建设兵团分院:

根据中央关于司法体制和工作机制改革的部署和全国人大常委会《关于司法鉴定管理问题的决定》(以下简称《决定》)精神,为改革、完善司法鉴定管理制度,调整和加强人民法院司法技术辅助工作,保障审判工作和执行工作的顺利进行,最高人民法院近日在司法行政装备管理局增设司法辅助工作办公室,主要职责是:为最高人民法院审判工作提供技术咨询、审核服务;负责办理最高人民法院并监督指导下级法院对外委托、评估、审计、拍卖等工作;负责监督、指导全国法院注射执行死刑中的技术工作;负责监督、指导全国法院的司法技术辅助工作。

为加强地方各级人民法院司法技术辅助工作,便于上下级法院的协调与联系,高级人民法院与中级人民法院应根据实际工作需要设立独立建制的司法技术辅助工作机构,为审判工作和执行工作提供技术保障服务。有条件的基层人民法院,可以根据工作需要设立相应的机构。

地方各级人民法院司法技术辅助工作机构的职责是:

1. 为本院和下级人民法院审判工作提供技术咨询、技术审核服务。对法官提出的涉案技术问题进行解释或者答复,对送审案件中的鉴定文书及相关材料进行审查,提出审核意见等;

2. 负责统一办理对外委托鉴定、评估、审计、拍卖等工作,严格对外委托工作程序和制度规范;

3. 负责死刑执行中的技术监督、指导和确认死亡工作;

4. 负责司法技术辅助工作调研及技术培训工作;

5. 负责监督、指导下级人民法院的司法技术辅助工作。

各级人民法院要积极、稳妥、有序地做好司法鉴定机构改革和司法技术辅助工作职能调整。司法技术辅助工作机构要尽快开展工作,充分发挥技术人员的司法技术辅助保障作用,为审判工作和执行工作服务,维护司法公正与效率。

最高人民法院办公厅关于印发《技术咨询、技术审核工作管理规定》和《对外委托鉴定、评估、拍卖等工作管理规定》的通知

(2007年8月23日 法办发〔2007〕5号)

本院各单位：

现将《最高人民法院技术咨询、技术审核工作管理规定》和《最高人民法院对外委托鉴定、评估、拍卖等工作管理规定》印发给你们，自2007年9月1日开始施行。

附一：

最高人民法院技术咨询、技术审核工作管理规定

第一章 总 则

第一条 为规范最高人民法院司法技术辅助工作中的技术咨询和技术审核工作，根据《中华人民共和国刑事诉讼法》、《中华人民共和国民事诉讼法》、《中华人民共和国行政诉讼法》和《最高人民法院关于地方各级人民法院设立司法技术辅助工作机构的通知》的规定，结合技术咨询和技术审核工作的实际，制定本规定。

第二条 技术咨询是指司法技术人员运用专门知识或技能对法官提出的专业性问题进行解释或者答复的活动。

技术审核是指司法辅助工作部门应审判、执行部门的要求，对送审案件中的鉴定文书、检验报告、勘验检查笔录、医疗资料、会计资料等技术性证据材料进行审查，提出审核意见的活动。

第三条 最高人民法院司法辅助工作部门负责为最高人民法院和地方各级人民法院和专门人民法院的审判和执行工作提供技术咨询、技术审核服务。

第二章 技术咨询

第四条 审判、执行部门在审理案件时，需要通过咨询解决专业性问题的，

可以直接向司法辅助工作部门的司法技术人员提出。

咨询一般采用首问负责制,接受有关技术咨询的司法技术人员,应当认真、全面地解答问题,不得推诿或者做出不负责任的解答。

第五条 对于超出本专业范围的一般专业性问题,司法技术人员应报请司法辅助工作部门负责人指派其他司法技术人员。司法辅助工作部门的非司法技术人员不得接受技术咨询。

第六条 技术咨询一般采用面谈的方式进行,也可以通过电话、计算机网络、信函等方式进行。采用面谈方式进行的技术咨询,咨询法官制作的谈话笔录应由咨询法官和接受咨询的司法技术人员签名;采用电话、计算机网络及信函方式进行的咨询,电话记录、电子文稿和信函应留存。

第七条 对于超出司法辅助工作部门所有技术人员专业范围的问题,经司法辅助工作部门负责人批准和咨询方同意,可以向相关专家咨询后予以答复。

第八条 技术咨询一般在5个工作日内完成。法官要求出具书面咨询意见的,审判、执行部门应向司法辅助工作部门提交《技术咨询委托书》(格式表附后),由相同专业的二名以上技术人员参加,制作咨询意见书,经司法辅助工作部门负责人审核后签发,并加盖司法辅助工作部门技术咨询、审核专用章。

第九条 咨询意见书应包括以下内容:

(一)咨询者姓名、单位、咨询日期,咨询过程,被咨询人等;

(二)法官咨询的问题,司法技术人员解释或者答复的内容。

第十条 咨询意见书仅供法官、合议庭或审判委员会参考,不作为定案的依据,不对外公开。

第三章 技术审核

第十一条 技术审核主要解决具体案件中的鉴定方法、程序、结论、因果关系等问题,适用于以下情形:

(一)当事人提出重新鉴定申请,法官需要明确是否有必要再次启动鉴定程序及启动何种程序的;

(二)多个鉴定结论不同或有矛盾,法官需要明确如何从科学角度取舍或采信鉴定结论的;

(三)需明确鉴定结论对送审事项在科学上的证明意义的;

(四)其他需要技术审核的。

第十二条 技术审核的主要内容有:

(一)鉴定材料和鉴定对象是否符合鉴定要求,是否具备鉴定条件;

(二)鉴定手段、方法是否科学,鉴定过程是否规范;

（三）鉴定意见及其分析所依据的事实是否客观全面，特征的解释是否合理，适用的标准是否准确，分析说明是否符合逻辑，鉴定结论的推论是否符合科学规范；

（四）其他应当审核的内容。

第十三条　审判、执行部门向司法辅助工作部门提交的《技术审核委托书》，应当载明简要案情、审核内容及要求、相关案件卷宗、需审核的鉴定文书及相关鉴定材料等情况。委托书应有审判、执行部门负责人的签名。

地方各级人民法院和专门人民法院委托最高人民法院作技术审核的，应盖有委托法院的公章。

第十四条　技术审核工作的立案由司法辅助工作部门专门人员负责。专门人员接受《技术审核委托书》及技术审核材料，经查无误，对案件编号，报司法辅助工作部门负责人指定承办人。

第十五条　技术审核应由2名以上具有相关专业中级以上职称的技术人员承办，一名为主办人，其余为辅办人。

承办人应当分别独立工作，交叉阅卷、查看审核材料，独立提出审核意见。遇有不同意见并难以统一的，应增加技术人员进行充分讨论，形成一致意见。不能达成一致意见的，应当在审核意见书中如实记载每个人的观点。

第十六条　对重大、疑难、复杂的案件，经审判、执行部门同意和司法辅助工作部门负责人批准，应当组织专家论证。

第十七条　专家独立论证后，承办人要组织专家讨论，充分讨论后不能达成一致意见的，应在技术审核意见书上如实表述每个专家的观点。

第十八条　技术审核工作一般在10个工作日内完成。重大、疑难、复杂的案件经司法辅助工作部门负责人批准后可以延长15个工作日，并将延长的事由向审判、执行部门说明。

第十九条　技术审核一般采用书面审核的方式进行，承办人认为确有必要的，经审判、执行部门同意和司法辅助工作部门负责人批准，可以辅以下列审核方式：

（一）勘验现场、检查被鉴定人或查看原鉴定中与案情有关的物品；

（二）询问本案的当事人；

（三）与鉴定人座谈；

上述方式形成的材料，仅供司法技术人员作技术审核时使用，不作为认定案件事实的证据。

第二十条　主办人综合分析审核事项后，出具含有以下内容的审核意见书：

（一）鉴定对象和材料符合要求，鉴定方法科学，程序规范，依据准确，未见不当之处；

（二）鉴定中存在疑问，提出在质证中应当重点解决的问题，或建议补充鉴定；

（三）鉴定存在严重差错，鉴定意见不能成立，建议重新鉴定；

（四）其他应当出具的审核意见。

第二十一条　对于鉴定缺陷、差错的表述应当全面、具体；提出在质证中应当解决的问题，应有质证内容和方法的提示，并说明理由、目的，预测结果；建议补充鉴定或重新鉴定的，应说明补充鉴定或重新鉴定的理由、要求和目的。

第二十二条　审核意见书由主办人制作。审核意见书应载明受理日期、委托部门、送审材料、审核事项、审核过程、参与论证人员的专业、姓名、审核人的资质等。承办人应在审核意见书上签名。经司法辅助工作部门负责人审核，加盖司法辅助工作部门技术咨询、审核专用章。

第二十三条　审核意见书仅供法官、合议庭或审判委员会参考，不作为定案的依据，不对外公开。

第四章　回　避

第二十四条　担任技术咨询、技术审核工作的司法技术人员有下列情形之一的，应当主动回避：

（一）是本案的当事人或者当事人的近亲属；

（二）本人或其近亲属和本案有利害关系；

（三）本人或其近亲属担任过本案的证人、鉴定人、勘验人、辩护人、诉讼代理人；

（四）与本案当事人有其他关系，可能影响技术咨询、技术审核的结论。

第五章　附　则

第二十五条　本规定自2007年9月1日施行。

附二：
最高人民法院对外委托鉴定、评估、拍卖等工作管理规定

第一章 总 则

第一条 为规范最高人民法院对外委托鉴定、评估、拍卖等工作，保护当事人的合法权益，维护司法公正，根据《中华人民共和国刑事诉讼法》、《中华人民共和国民事诉讼法》、《中华人民共和国行政诉讼法》、《全国人大常委会关于司法鉴定管理问题的决定》和《最高人民法院关于地方各级人民法院设立司法技术辅助工作机构的通知》的规定，结合最高人民法院对外委托鉴定、评估、拍卖等工作实际，制定本规定。

第二条 对外委托鉴定、评估、拍卖等工作是指人民法院审判和执行工作中委托专门机构或专家进行鉴定、检验、评估、审计、拍卖、变卖和指定破产清算管理人等工作，并进行监督协调的司法活动。

第三条 最高人民法院司法辅助工作部门负责统一办理审判、执行工作中需要对外委托鉴定、检验、评估、审计、拍卖、变卖和指定破产清算管理人等工作。

第四条 涉及到举证时效、证据的质证与采信、评估基准日、拍卖保留价的确定，拍卖撤回、暂缓与中止等影响当事人相关权利义务的事项由审判、执行部门决定。

第五条 对外委托鉴定、评估、拍卖等工作按照公开、公平、择优的原则，实行对外委托名册制度，最高人民法院司法辅助工作部门负责《最高人民法院司法技术专业机构、专家名册》(以下简称《名册》)的编制和对入册专业机构、专家的工作情况进行监督和协调。

第二章 收 案

第六条 最高人民法院的审判、执行部门在工作中对需要进行对外委托鉴定、检验、评估、审计、拍卖、变卖和指定破产清算管理人等工作的，应当制作《对外委托工作交接表》(格式表附后)，同相关材料一起移送司法辅助工作部门。

地方各级人民法院和专门人民法院需要委托最高人民法院对外委托鉴定、评估、拍卖等工作的，应当层报最高人民法院。

第七条 对外委托鉴定、检验、评估、审计、变卖和指定破产清算管理人等工作时，应当移交以下材料：

(一)相关的卷宗材料；

（二）经法庭质证确认的当事人举证材料；

（三）法院依职权调查核实的材料；

（四）既往鉴定、检验、评估、审计、变卖和指定破产清算管理人报告文书；

（五）申请方当事人和对方当事人及其辩护人、代理人的通讯地址、联系方式，代理人的代理权限；

（六）与对外委托工作有关的其他材料。

第八条 对外委托拍卖的案件移送时应当移交以下材料：

（一）执行所依据的法律文书；

（二）拍卖财产的评估报告副本和当事人确认价格的书面材料；

（三）拍卖标的物的相关权属证明复印件；

（四）拍卖标的物的来源和瑕疵情况说明；

（五）拍卖财产现状调查表；

（六）当事人授权书复印件；

（七）当事人及其他相关权利人的基本情况及联系方式；

（八）被执行人履行债务的情况说明。

第九条 对外委托的收案工作由司法辅助工作部门的专门人员负责，按以下程序办理：

（一）审查移送手续是否齐全；

（二）审查、核对移送材料是否齐全，是否符合要求；

（三）制作案件移送单并签名，报司法辅助工作部门负责人签字并加盖部门公章。由司法辅助工作部门和审判、执行部门各存一份备查；

（四）进行收案登记。

第十条 司法辅助工作部门负责人指定对外委托案件的监督、协调员。监督、协调员分为主办人和协办人。

主办人负责接收案件，保管对外委托的卷宗等材料，按照委托要求与协办人办理对外委托工作；协办人应积极配合主办人完成工作。

第十一条 主办人接到案件后应在3个工作日内提出初审意见，对不具备委托条件的案件应制作《不予委托意见书》说明理由，报司法辅助工作部门负责人审批后，办理结案手续，并于3个工作日内将案件材料退回审判、执行部门。

第三章　选择专业机构与委托

第十二条 选择鉴定、检验、评估、审计专业机构，指定破产清算管理人实行协商选择与随机选择相结合的方式。选择拍卖专业机构实行随机选择的方式。

凡需要由人民法院依职权指定的案件由最高人民法院司法辅助工作部门按

照随机的方式,选择对外委托的专业机构,然后进行指定。

第十三条 司法辅助工作部门专门人员收案后,除第十一条第二款的情况外,应当在3个工作日内采取书面、电传等有效方式,通知当事人按指定的时间、地点选择专业机构或专家。

第十四条 当事人不按时到场,也未在规定期间内以书面形式表达意见的,视为放弃选择专业机构的权利。

第十五条 选择专业机构在司法辅助工作部门专门人员的主持下进行,选择结束后,当事人阅读选择专业机构笔录,并在笔录上签字。

第十六条 协商选择程序如下:

(一)专门人员告知当事人在选择程序中的权利、义务;

(二)专门人员向当事人介绍《名册》中相关专业的所有专业机构或专家的情况。当事人听取介绍后协商选择双方认可的专业机构或专家,并告知专门人员和监督、协调员;

(三)当事人协商一致选择名册以外的专业机构或专家的,司法辅助工作部门应对选择的专业机构进行资质、诚信、能力的程序性审查,并告知双方应承担的委托风险;

(四)审查中发现专业机构或专家没有资质或有违法违规行为的,应当要求双方当事人重新选择;

(五)发现双方当事人选择有可能损害国家利益、集体利益或第三方利益的,应当终止协商选择程序,采用随机选择方式;

(六)有下列情形之一的,采用随机选择方式:

1. 当事人都要求随机选择的;

2. 当事人双方协商不一致的;

3. 一方当事人表示放弃协商选择权利,或一方当事人无故缺席的。

第十七条 随机选择程序主要有两种:

(一)计算机随机法

1. 计算机随机法应当统一使用最高人民法院确定的随机软件;

2. 选择前,专门人员应当向当事人介绍随机软件原理、操作过程等基本情况,并进行操作演示;

3. 专门人员从计算机预先录入的《名册》中选择所有符合条件的专业机构或专家列入候选名单;

4. 启动随机软件,最终选定的候选者当选。

(二)抽签法

1. 专门人员向当事人说明抽签的方法及相关事项;

2. 专门人员根据移送案件的需要,从《名册》中选出全部符合要求的候选名单,并分别赋予序号;

3. 当事人全部到场的,首先确定做签者和抽签者,由专门人员采用抛硬币的方法确定一方的当事人为做签者,另外一方当事人为抽签者。做签者按候选者的序号做签,抽签者抽签后当场交给专门人员验签。专门人员验签后应当将余签向当事人公示;

4. 当事人一方不能到场的,由专门人员做签,到场的当事人抽签。当事人抽签后,专门人员当场验签确定,并将余签向当事人公示。

第十八条 名册中的专业机构仅有一家时,在不违反回避规定的前提下,即为本案的专业机构。

第十九条 专业机构或专家确定后,当事人应当签字确认。对没有到场的当事人应先通过电话、传真送达,再邮寄送达。

第二十条 采用指定方法选择的,司法辅助工作部门负责人到场监督,专门人员应向当事人出示《名册》中所有相关专业机构或专家的名单,由专门人员采用计算机随机法、抽签法中的一种方法选择专业机构或专家。

第二十一条 指定选择时,对委托要求超出《名册》范围的,专门人员应根据委托要求从具有相关专业资质的专业机构或专家中选取,并征求当事人意见。当事人也可以向本院提供相关专业机构或专家的信息,经专门人员审查认为符合委托条件的,应当听取其他当事人意见。

第二十二条 重大、疑难、复杂案件的委托事项,选择专业机构或专家时,应邀请院领导或纪检监察部门和审判、执行部门人员到场监督。

第二十三条 应当事人或合议庭的要求,对重大、疑难、复杂或涉及多学科的专门性问题,司法技术辅助工作部门可委托有资质的专业机构组织相关学科的专家进行鉴定。

组织鉴定由3名以上总数为单数的专家组组成。

第二十四条 专业机构确定后,监督、协调员应在3个工作日内通知专业机构审查材料,专业机构审查材料后同意接受委托的,办理委托手续,并由专业机构出具接受材料清单交监督、协调员存留。审查材料后不接受委托的,通知当事人在3个工作日内重新选择或者由司法辅助工作部门重新指定。

第二十五条 向非拍卖类专业机构出具委托书时,应当明确委托要求、委托期限、送检材料、违约责任,以及标的物的名称、规格、数量等情况。

向拍卖机构出具委托书时,应当明确拍卖标的物的来源、存在的瑕疵、拍卖保留价、保证金及价款的支付方式、期限,写明对标的物瑕疵不承担担保责任,并附有该案的民事判决书、执行裁定书、拍卖标的物清单及评估报告复印件等文书资料。

委托书应当统一加盖最高人民法院司法辅助工作部门对外委托专用章。

第二十六条 司法精神疾病鉴定在正式对外委托前,监督、协调员应当根据委托要求和专业机构鉴定所需的被鉴定人基本情况,做委托前的先期调查工作,将所调查的材料与其他委托材料一并交专业机构。监督、协调员应在调查材料上签名。

第二十七条 监督、协调员向专业机构办理移交手续后,应于3个工作日内通知双方当事人,按指定时间、地点在监督、协调员主持下与专业机构商谈委托费用。委托费用主要由当事人与专业机构协商,委托费用数额应结合案件实际情况,以参照行业标准为主,协商为辅的方式进行,监督、协调员不得干涉。报价悬殊较大时,监督、协调员可以调解。对故意乱要价的要制止。确定委托费用数额后,交费一方当事人于3个工作日内将委托费用交付委托方。

对于当事人无故逾期不缴纳委托费用的,可中止委托,并书面告知专业机构;当事人即时缴纳委托费用的,仍由原专业机构继续进行鉴定。

第二十八条 对于商谈后不能确定委托费用的,监督、协调员应告知双方当事人可重新启动选择专业机构程序,重新选择专业机构。

公诉案件的对外委托费用在人民法院的预算费用中支付。

第四章 监督协调

第二十九条 专业机构接受委托后,监督、协调员应当审查专业机构专家的专业、执业资格,对不具有相关资质的应当要求换人。专业机构坚持指派不具有资质的专家从事委托事项的,经司法辅助工作部门负责人批准后撤回对该机构的委托,重新选择专业机构。

第三十条 对外委托的案件需要勘验现场的,监督、协调员应提前3个工作日通知专业机构和当事人。任何一方当事人无故不到场的,不影响勘验工作的进行。勘验应制作勘验笔录。

第三十一条 需要补充材料的,应由监督、协调员通知审判或执行部门依照法律法规提供。补充的材料须经法庭质证确认或主办法官审核签字。当事人私自向专业机构或专家个人送交的材料不得作为鉴定的依据。

第三十二条 专业机构出具报告初稿,送交监督、协调员。需要听证的,监督、协调员应在3个工作日内通知专业机构及当事人进行听证,并做好记录。对报告初稿有异议的当事人,应在规定期限内提出证据和书面材料,期限由监督、协调员根据案情确定,最长不得超过10个工作日。

第三十三条 对当事人提出的异议及证据材料,专业机构应当认真审查,自主决定是否采纳,并说明理由。需要进行调查询问时,由监督、协调员与专业机构共同进行,专业机构不得单独对当事人进行调查询问。

第三十四条 专业机构一般应在接受委托后的30个工作日内完成工作,重大、疑难、复杂的案件在60个工作日内完成。因委托中止在规定期限内不能完成,需要延长期限的,专业机构应当提交书面申请,并按法院重新确定的时间完成受委托工作。

第三十五条 专业机构在规定时间内没有完成受委托的工作,经二次延长时间后仍不能完成的,应终止委托,收回委托材料及全部委托费用,并通知当事人重新选择专业机构。对不能按时完成委托工作的专业机构,一年内不再向其委托。

第三十六条 对外委托拍卖案件时,监督、协调员应当履行以下职责:

(一)审查拍卖师执业资格;

(二)监督拍卖展示是否符合法律规定;

(三)监督拍卖机构是否按照拍卖期限发布拍卖公告;并对拍卖公告的内容进行审核;

(四)检查拍卖人对竞买人的登记记录;

(五)审查拍卖人是否就拍卖标的物瑕疵向竞买人履行了告知义务;

(六)定向拍卖时审查竞买人的资格或者条件;

(七)审查优先购买权人的权利是否得到保障;

(八)拍卖多项财产时,其中部分财产卖得的价款足以清偿债务和支付相关费用的,审查对剩余财产的拍卖是否符合规定;对不可分或分别拍卖可能严重减损其价值的,监督拍卖机构是否采用了合并拍卖的方式;

(九)审查是否有暂缓、撤回、停止拍卖的情况出现;

(十)拍卖成交后,监督买受人是否在规定期限内交付价款;

(十一)审核拍卖报告的内容及所附材料是否全面妥当;

(十二)监督拍卖机构是否有其他违反法律法规的行为。

第五章 结 案

第三十七条 对外委托案件应当以出具鉴定报告、审计报告、评估报告、清算报告等报告形式结案,或者以拍卖成交、流拍、变卖、终止委托或不予委托的方式结案。

第三十八条 以出具报告形式结案的,监督、协调员应在收到正式报告后5个工作日内制作委托工作报告,载明委托部门或单位、委托内容及要求、选择专业机构的方式方法、专业机构的工作过程、对其监督情况等事项,报告书由监督、协调员署名;经司法辅助工作部门负责人签发后加盖司法辅助工作部门印章;填写案件移送清单,与委托材料、委托结论报告、委托工作报告等一并送负责收案的专门人员,由其移送委托方。

第三十九条 具有下列情形之一,影响对外委托工作期限的,应当中止委托:

(一)确因环境因素(如台风、高温)暂时不能进行鉴定工作的;

(二)暂时无法进行现场勘验的;

(三)暂时无法获取必要的资料的;

(四)其他情况导致对外委托工作暂时无法进行的。

第四十条 具有下列情形之一的,应当终结对外委托:

(一)无法获取必要材料的;

(二)申请人不配合的;

(三)当事人撤诉或调解结案的;

(四)其他情况致使委托事项无法进行的。

第四十一条 中止对外委托和终结对外委托的,都应向审判、执行部门出具正式的说明书。

第六章　编制与管理人民法院专业机构、专家名册

第四十二条 法医、物证、声像资料三类鉴定的专业机构名册从司法行政管理部门编制的名册中选录编制。其他类别的专业机构、专家名册由相关行业协会或主管部门推荐,按照公开、公平、择优的原则选录编制。

名册中同专业的专业机构应不少于3个,同专业的专业机构不足3个的除外。

第四十三条 司法辅助工作部门应对名册中的专业机构、专家履行义务的情况进行监督。对不履行法定义务或者违反相关规定的专业机构,司法辅助工作部门应当及时予以指正,视情节轻重,停止其一次至多次候选资格;对乱收鉴定费、故意出具错误鉴定结论、不依法履行出庭义务的,撤销其入册资格,通报给司法行政管理部门和行业协会或行业主管部门;对情节恶劣、造成严重后果的,应报有关部门追究其法律责任。

第七章　回　避

第四十四条 监督、协调员有下列情形之一的,应当主动申请回避,当事人也有权申请回避:

(一)是本案的当事人或者当事人的近亲属的;

(二)本人或其近亲属和本案有利害关系的;

（三）本人或其近亲属担任过本案的证人、鉴定人、勘验人、辩护人或诉讼代理人的；

（四）本人的近亲属在将要选择的相关类专业机构工作的；

（五）向本案的当事人推荐专业机构的；

（六）与本案当事人有其他关系，可能影响对案件进行公正处理的。

第四十五条 监督、协调员有第四十四条规定的回避情形的，应在1个工作日内主动提出回避申请，报司法辅助工作部门负责人审批。

第四十六条 发现专业机构有需要回避的情形时，监督、协调员应向司法辅助工作部门负责人提出重新选择专业机构的建议，由司法辅助工作部门负责人批准后重新选择专业机构。专业机构的承办人员有回避情形的，监督、协调员应当要求专业机构更换承办人员。

第八章 附 则

第四十七条 法院工作人员在对外委托司法辅助工作中有以下行为的，按照《人民法院违法审判责任追究办法（试行）》和《人民法院审判纪律处分办法（试行）》追究责任：

（一）泄露审判机密；

（二）要求当事人选择某一专业机构；

（三）与专业机构或当事人恶意串通损害他人合法权益；

（四）接受当事人或专业机构的吃请、钱物等不正当利益；

（五）违反工作程序或故意不作为；

（六）未经司法辅助工作部门擅自对外委托；

（七）其他违法违纪行为。

构成犯罪的，依法追究其刑事责任。

第四十八条 本规定自2007年9月1日施行。

最高人民法院关于人民法院委托评估、拍卖和变卖工作的若干规定

(2009年11月12日　法释〔2009〕16号)

为规范人民法院委托评估、拍卖和变卖工作,保障当事人的合法权益,维护司法公正,根据《中华人民共和国民事诉讼法》等有关法律的规定,结合人民法院委托评估、拍卖和变卖工作实际,制定本规定。

第一条　人民法院司法技术管理部门负责本院的委托评估、拍卖和流拍财产的变卖工作,依法对委托评估、拍卖机构的评估、拍卖活动进行监督。

第二条　根据工作需要,下级人民法院可将评估、拍卖和变卖工作报请上级人民法院办理。

第三条　人民法院需要对异地的财产进行评估或拍卖时,可以委托财产所在地人民法院办理。

第四条　人民法院按照公开、公平、择优的原则编制人民法院委托评估、拍卖机构名册。

人民法院编制委托评估、拍卖机构名册,应当先期公告,明确入册机构的条件和评审程序等事项。

第五条　人民法院在编制委托评估、拍卖机构名册时,由司法技术管理部门、审判部门、执行部门组成评审委员会,必要时可邀请评估、拍卖行业的专家参加评审。

第六条　评审委员会对申请加入人民法院委托评估、拍卖名册的机构,应当从资质等级、职业信誉、经营业绩、执业人员情况等方面进行审查、打分,按分数高低经过初审、公示、复审后确定进入名册的机构,并对名册进行动态管理。

第七条　人民法院选择评估、拍卖机构,应当在人民法院委托评估、拍卖机构名册内采取公开随机的方式选定。

第八条　人民法院选择评估、拍卖机构,应当通知审判、执行人员到场,视情况可邀请社会有关人员到场监督。

第九条　人民法院选择评估、拍卖机构,应当提前通知各方当事人到场;当事人不到场的,人民法院可将选择机构的情况,以书面形式送达当事人。

第十条　评估、拍卖机构选定后,人民法院应当向选定的机构出具委托书,

委托书中应当载明本次委托的要求和工作完成的期限等事项。

第十一条 评估、拍卖机构接受人民法院的委托后,在规定期限内无正当理由不能完成委托事项的,人民法院应当解除委托,重新选择机构,并对其暂停备选资格或从委托评估、拍卖机构名册内除名。

第十二条 评估机构在工作中需要对现场进行勘验的,人民法院应当提前通知审判、执行人员和当事人到场。当事人不到场的,不影响勘验的进行,但应当有见证人见证。评估机构勘验现场,应当制作现场勘验笔录。

勘验现场人员、当事人或见证人应当在勘验笔录上签字或盖章确认。

第十三条 拍卖财产经过评估的,评估价即为第一次拍卖的保留价;未作评估的,保留价由人民法院参照市价确定,并应当征询有关当事人的意见。

第十四条 审判、执行部门未经司法技术管理部门同意擅自委托评估、拍卖,或对流拍财产进行变卖的,按照有关纪律规定追究责任。

第十五条 人民法院司法技术管理部门,在组织评审委员会审查评估、拍卖入册机构,或选择评估、拍卖机构,或对流拍财产进行变卖时,应当通知本院纪检监察部门。纪检监察部门可视情况派员参加。

第十六条 施行前本院公布的司法解释与本规定不一致的,以本规定为准。

最高人民法院关于适用《中华人民共和国侵权责任法》若干问题的通知

(2010年6月30日　法发〔2010〕23号)

各省、自治区、直辖市高级人民法院,解放军军事法院,新疆维吾尔自治区高级人民法院生产建设兵团分院:

《中华人民共和国侵权责任法》(以下简称侵权责任法),自2010年7月1日起施行。为了正确适用侵权责任法,现就有关问题通知如下:

一、侵权责任法施行后发生的侵权行为引起的民事纠纷案件,适用侵权责任法的规定。侵权责任法施行前发生的侵权行为引起的民事纠纷案件,适用当时的法律规定。

二、侵权行为发生在侵权责任法施行前,但损害后果出现在侵权责任法施行后的民事纠纷案件,适用侵权责任法的规定。

三、人民法院适用侵权责任法审理民事纠纷案件,根据当事人的申请或者依职权决定进行医疗损害鉴定的,按照《全国人民代表大会常务委员会关于司法鉴定管理问题的决定》、《人民法院对外委托司法鉴定管理规定》及国家有关部门的规定组织鉴定。

四、人民法院适用侵权责任法审理民事纠纷案件,如受害人有被抚养人的,应当依据《最高人民法院关于审理人身损害赔偿案件适用法律若干问题的解释》第二十八条的规定,将被抚养人生活费计入残疾赔偿金或死亡赔偿金。

各级人民法院在适用侵权责任法过程中遇到的其他重大问题,请及时层报我院。

最高人民法院关于适用《中华人民共和国刑事诉讼法》的解释（节录）

（2012年12月20日　法释〔2012〕21号）

第二章　回　避

第二十三条　审判人员具有下列情形之一的,应当自行回避,当事人及其法定代理人有权申请其回避：

（一）是本案的当事人或者是当事人的近亲属的；
（二）本人或者其近亲属与本案有利害关系的；
（三）担任过本案的证人、鉴定人、辩护人、诉讼代理人、翻译人员的；
（四）与本案的辩护人、诉讼代理人有近亲属关系的；
（五）与本案当事人有其他利害关系,可能影响公正审判的。

第三十三条　书记员、翻译人员和鉴定人适用审判人员回避的有关规定,其回避问题由院长决定。

第四章　证　据

第二节　物证、书证的审查与认定

第六十九条　对物证、书证应当着重审查以下内容：

（一）物证、书证是否为原物、原件,是否经过辨认、鉴定；物证的照片、录像、复制品或者书证的副本、复制件是否与原物、原件相符,是否由二人以上制作,有无制作人关于制作过程以及原物、原件存放于何处的文字说明和签名；

（二）物证、书证的收集程序、方式是否符合法律、有关规定；经勘验、检查、搜查提取、扣押的物证、书证,是否附有相关笔录、清单,笔录、清单是否经侦查人员、物品持有人、见证人签名,没有物品持有人签名的,是否注明原因；物品的名称、特征、数量、质量等是否注明清楚；

（三）物证、书证在收集、保管、鉴定过程中是否受损或者改变；

（四）物证、书证与案件事实有无关联；对现场遗留与犯罪有关的具备鉴定条件的血迹、体液、毛发、指纹等生物样本、痕迹、物品,是否已作DNA鉴定、指纹鉴

定等,并与被告人或者被害人的相应生物检材、生物特征、物品等比对;

(五)与案件事实有关联的物证、书证是否全面收集。

第七十条 据以定案的物证应当是原物。原物不便搬运,不易保存,依法应当由有关部门保管、处理,或者依法应当返还的,可以拍摄、制作足以反映原物外形和特征的照片、录像、复制品。

物证的照片、录像、复制品,不能反映原物的外形和特征的,不得作为定案的根据。

物证的照片、录像、复制品,经与原物核对无误、经鉴定为真实或者以其他方式确认为真实的,可以作为定案的根据。

第七十一条 据以定案的书证应当是原件。取得原件确有困难的,可以使用副本、复制件。

书证有更改或者更改迹象不能作出合理解释,或者书证的副本、复制件不能反映原件及其内容的,不得作为定案的根据。

书证的副本、复制件,经与原件核对无误、经鉴定为真实或者以其他方式确认为真实的,可以作为定案的根据。

第七十二条 对与案件事实可能有关联的血迹、体液、毛发、人体组织、指纹、足迹、字迹等生物样本、痕迹和物品,应当提取而没有提取,应当检验而没有检验,导致案件事实存疑的,人民法院应当向人民检察院说明情况,由人民检察院依法补充收集、调取证据或者作出合理说明。

第五节 鉴定意见的审查与认定

第八十四条 对鉴定意见应当着重审查以下内容:

(一)鉴定机构和鉴定人是否具有法定资质;

(二)鉴定人是否存在应当回避的情形;

(三)检材的来源、取得、保管、送检是否符合法律、有关规定,与相关提取笔录、扣押物品清单等记载的内容是否相符,检材是否充足、可靠;

(四)鉴定意见的形式要件是否完备,是否注明提起鉴定的事由、鉴定委托人、鉴定机构、鉴定要求、鉴定过程、鉴定方法、鉴定日期等相关内容,是否由鉴定机构加盖司法鉴定专用章并由鉴定人签名、盖章;

(五)鉴定程序是否符合法律、有关规定;

(六)鉴定的过程和方法是否符合相关专业的规范要求;

(七)鉴定意见是否明确;

(八)鉴定意见与案件待证事实有无关联;

(九)鉴定意见与勘验、检查笔录及相关照片等其他证据是否矛盾;

（十）鉴定意见是否依法及时告知相关人员，当事人对鉴定意见有无异议。

第八十五条 鉴定意见具有下列情形之一的，不得作为定案的根据：

（一）鉴定机构不具备法定资质，或者鉴定事项超出该鉴定机构业务范围、技术条件的；

（二）鉴定人不具备法定资质，不具有相关专业技术或者职称，或者违反回避规定的；

（三）送检材料、样本来源不明，或者因污染不具备鉴定条件的；

（四）鉴定对象与送检材料、样本不一致的；

（五）鉴定程序违反规定的；

（六）鉴定过程和方法不符合相关专业的规范要求的；

（七）鉴定文书缺少签名、盖章的；

（八）鉴定意见与案件待证事实没有关联的；

（九）违反有关规定的其他情形。

第八十六条 经人民法院通知，鉴定人拒不出庭作证的，鉴定意见不得作为定案的根据。

鉴定人由于不能抗拒的原因或者有其他正当理由无法出庭的，人民法院可以根据情况决定延期审理或者重新鉴定。

对没有正当理由拒不出庭作证的鉴定人，人民法院应当通报司法行政机关或者有关部门。

第八十七条 对案件中的专门性问题需要鉴定，但没有法定司法鉴定机构，或者法律、司法解释规定可以进行检验的，可以指派、聘请有专门知识的人进行检验，检验报告可以作为定罪量刑的参考。

对检验报告的审查与认定，参照适用本节的有关规定。

经人民法院通知，检验人拒不出庭作证的，检验报告不得作为定罪量刑的参考。

第七节 视听资料、电子数据的审查与认定

第九十二条 对视听资料应当着重审查以下内容：

（一）是否附有提取过程的说明，来源是否合法；

（二）是否为原件，有无复制及复制份数；是复制件的，是否附有无法调取原件的原因、复制件制作过程和原件存放地点的说明，制作人、原视听资料持有人是否签名或者盖章；

（三）制作过程中是否存在威胁、引诱当事人等违反法律、有关规定的情形；

（四）是否写明制作人、持有人的身份，制作的时间、地点、条件和方法；

（五）内容和制作过程是否真实,有无剪辑、增加、删改等情形；

（六）内容与案件事实有无关联。

对视听资料有疑问的,应当进行鉴定。

第九十三条　对电子邮件、电子数据交换、网上聊天记录、博客、微博客、手机短信、电子签名、域名等电子数据,应当着重审查以下内容：

（一）是否随原始存储介质移送；在原始存储介质无法封存、不便移动或者依法应当由有关部门保管、处理、返还时,提取、复制电子数据是否由二人以上进行,是否足以保证电子数据的完整性,有无提取、复制过程及原始存储介质存放地点的文字说明和签名；

（二）收集程序、方式是否符合法律及有关技术规范；经勘验、检查、搜查等侦查活动收集的电子数据,是否附有笔录、清单,并经侦查人员、电子数据持有人、见证人签名；没有持有人签名的,是否注明原因；远程调取境外或者异地的电子数据的,是否注明相关情况；对电子数据的规格、类别、文件格式等注明是否清楚；

（三）电子数据内容是否真实,有无删除、修改、增加等情形；

（四）电子数据与案件事实有无关联；

（五）与案件事实有关联的电子数据是否全面收集。

对电子数据有疑问的,应当进行鉴定或者检验。

第九节　证据的综合审查与运用

第一百零四条　对证据的真实性,应当综合全案证据进行审查。

对证据的证明力,应当根据具体情况,从证据与待证事实的关联程度、证据之间的联系等方面进行审查判断。

证据之间具有内在联系,共同指向同一待证事实,不存在无法排除的矛盾和无法解释的疑问的,才能作为定案的根据。

第一百零五条　没有直接证据,但间接证据同时符合下列条件的,可以认定被告人有罪：

（一）证据已经查证属实；

（二）证据之间相互印证,不存在无法排除的矛盾和无法解释的疑问；

（三）全案证据已经形成完整的证明体系；

（四）根据证据认定案件事实足以排除合理怀疑,结论具有唯一性；

（五）运用证据进行的推理符合逻辑和经验。

第一百零六条　根据被告人的供述、指认提取到了隐蔽性很强的物证、书证,且被告人的供述与其他证明犯罪事实发生的证据相互印证,并排除串供、逼供、诱供等可能性的,可以认定被告人有罪。

第一百零七条 采取技术侦查措施收集的证据材料,经当庭出示、辨认、质证等法庭调查程序查证属实的,可以作为定案的根据。

使用前款规定的证据可能危及有关人员的人身安全,或者可能产生其他严重后果的,法庭应当采取不暴露有关人员身份、技术方法等保护措施,必要时,审判人员可以在庭外核实。

第一百零八条 对侦查机关出具的被告人到案经过、抓获经过等材料,应当审查是否有出具该说明材料的办案人、办案机关的签名、盖章。

对到案经过、抓获经过或者确定被告人有重大嫌疑的根据有疑问的,应当要求侦查机关补充说明。

第一百零九条 下列证据应当慎重使用,有其他证据印证的,可以采信:

(一)生理上、精神上有缺陷,对案件事实的认知和表达存在一定困难,但尚未丧失正确认知、表达能力的被害人、证人和被告人所作的陈述、证言和供述;

(二)与被告人有亲属关系或者其他密切关系的证人所作的有利被告人的证言,或者与被告人有利害冲突的证人所作的不利被告人的证言。

第六章 附带民事诉讼

第一百五十五条 对附带民事诉讼作出判决,应当根据犯罪行为造成的物质损失,结合案件具体情况,确定被告人应当赔偿的数额。

犯罪行为造成被害人人身损害的,应当赔偿医疗费、护理费、交通费等为治疗和康复支付的合理费用,以及因误工减少的收入。造成被害人残疾的,还应当赔偿残疾生活辅助具费等费用;造成被害人死亡的,还应当赔偿丧葬费等费用。

驾驶机动车致人伤亡或者造成公私财产重大损失,构成犯罪的,依照《中华人民共和国道路交通安全法》第七十六条的规定确定赔偿责任。

附带民事诉讼当事人就民事赔偿问题达成调解、和解协议的,赔偿范围、数额不受第二款、第三款规定的限制。

第七章 期间、送达、审理期限

第一百七十四条 审判期间,对被告人作精神病鉴定的时间不计入审理期限。

第九章 公诉案件第一审普通程序

第一节 审查受理与庭前准备

第一百八十条 对提起公诉的案件,人民法院应当在收到起诉书(一式八

份,每增加一名被告人,增加起诉书五份)和案卷、证据后,指定审判人员审查以下内容:

(一)是否属于本院管辖;

(二)起诉书是否写明被告人的身份,是否受过或者正在接受刑事处罚,被采取强制措施的种类、羁押地点、犯罪的时间、地点、手段、后果以及其他可能影响定罪量刑的情节;

(三)是否移送证明指控犯罪事实的证据材料,包括采取技术侦查措施的批准决定和所收集的证据材料;

(四)是否查封、扣押、冻结被告人的违法所得或者其他涉案财物,并附证明相关财物依法应当追缴的证据材料;

(五)是否列明被害人的姓名、住址、联系方式;是否附有证人、鉴定人名单;是否申请法庭通知证人、鉴定人、有专门知识的人出庭,并列明有关人员的姓名、性别、年龄、职业、住址、联系方式;是否附有需要保护的证人、鉴定人、被害人名单;

(六)当事人已委托辩护人、诉讼代理人,或者已接受法律援助的,是否列明辩护人、诉讼代理人的姓名、住址、联系方式;

(七)是否提起附带民事诉讼;提起附带民事诉讼的,是否列明附带民事诉讼当事人的姓名、住址、联系方式,是否附有相关证据材料;

(八)侦查、审查起诉程序的各种法律手续和诉讼文书是否齐全;

(九)有无刑事诉讼法第十五条第二项至第六项规定的不追究刑事责任的情形。

第一百八十二条 开庭审理前,人民法院应当进行下列工作:

(一)确定审判长及合议庭组成人员;

(二)开庭十日前将起诉书副本送达被告人、辩护人;

(三)通知当事人、法定代理人、辩护人、诉讼代理人在开庭五日前提供证人、鉴定人名单,以及拟当庭出示的证据;申请证人、鉴定人、有专门知识的人出庭的,应当列明有关人员的姓名、性别、年龄、职业、住址、联系方式;

(四)开庭三日前将开庭的时间、地点通知人民检察院;

(五)开庭三日前将传唤当事人的传票和通知辩护人、诉讼代理人、法定代理人、证人、鉴定人等出庭的通知书送达;通知有关人员出庭,也可以采取电话、短信、传真、电子邮件等能够确认对方收悉的方式;

(六)公开审理的案件,在开庭三日前公布案由、被告人姓名、开庭时间和地点。

上述工作情况应当记录在案。

第一百八十三条 案件具有下列情形之一的,审判人员可以召开庭前会议:
(一)当事人及其辩护人、诉讼代理人申请排除非法证据的;
(二)证据材料较多、案情重大复杂的;
(三)社会影响重大的;
(四)需要召开庭前会议的其他情形。
召开庭前会议,根据案件情况,可以通知被告人参加。

第一百八十四条 召开庭前会议,审判人员可以就下列问题向控辩双方了解情况,听取意见:
(一)是否对案件管辖有异议;
(二)是否申请有关人员回避;
(三)是否申请调取在侦查、审查起诉期间公安机关、人民检察院收集但未随案移送的证明被告人无罪或者罪轻的证据材料;
(四)是否提供新的证据;
(五)是否对出庭证人、鉴定人、有专门知识的人的名单有异议;
(六)是否申请排除非法证据;
(七)是否申请不公开审理;
(八)与审判相关的其他问题。
审判人员可以询问控辩双方对证据材料有无异议,对有异议的证据,应当在庭审时重点调查;无异议的,庭审时举证、质证可以简化。
被害人或者其法定代理人、近亲属提起附带民事诉讼的,可以调解。
庭前会议情况应当制作笔录。

第一百八十五条 开庭审理前,合议庭可以拟出法庭审理提纲,提纲一般包括下列内容:
(一)合议庭成员在庭审中的分工;
(二)起诉书指控的犯罪事实的重点和认定案件性质的要点;
(三)讯问被告人时需了解的案情要点;
(四)出庭的证人、鉴定人、有专门知识的人、侦查人员的名单;
(五)控辩双方申请当庭出示的证据的目录;
(六)庭审中可能出现的问题及应对措施。

第二节 宣布开庭与法庭调查

第一百九十二条 审判长宣布合议庭组成人员、书记员、公诉人名单及辩护人、鉴定人、翻译人员等诉讼参与人的名单。

第一百九十三条 审判长应当告知当事人及其法定代理人、辩护人、诉讼代理人在法庭审理过程中依法享有下列诉讼权利：

（一）可以申请合议庭组成人员、书记员、公诉人、鉴定人和翻译人员回避；

（二）可以提出证据，申请通知新的证人到庭、调取新的证据，申请重新鉴定或者勘验、检查；

（三）被告人可以自行辩护；

（四）被告人可以在法庭辩论终结后作最后陈述。

第二百零二条 公诉人可以提请审判长通知证人、鉴定人出庭作证，或者出示证据。被害人及其法定代理人、诉讼代理人，附带民事诉讼原告人及其诉讼代理人也可以提出申请。

在控诉一方举证后，被告人及其法定代理人、辩护人可以提请审判长通知证人、鉴定人出庭作证，或者出示证据。

第二百零三条 控辩双方申请证人出庭作证，出示证据，应当说明证据的名称、来源和拟证明的事实。法庭认为有必要的，应当准许；对方提出异议，认为有关证据与案件无关或者明显重复、不必要，法庭经审查异议成立的，可以不予准许。

第二百零五条 公诉人、当事人或者辩护人、诉讼代理人对证人证言有异议，且该证人证言对定罪量刑有重大影响，或者对鉴定意见有异议，申请法庭通知证人、鉴定人出庭作证，人民法院认为有必要的，应当通知证人、鉴定人出庭；无法通知或者证人、鉴定人拒绝出庭的，应当及时告知申请人。

第二百零六条 证人具有下列情形之一，无法出庭作证的，人民法院可以准许其不出庭：

（一）在庭审期间身患严重疾病或者行动极为不便的；

（二）居所远离开庭地点且交通极为不便的；

（三）身处国外短期无法回国的；

（四）有其他客观原因，确实无法出庭的。

具有前款规定情形的，可以通过视频等方式作证。

第二百零七条 证人出庭作证所支出的交通、住宿、就餐等费用，人民法院应当给予补助。

第二百零九条 审判危害国家安全犯罪、恐怖活动犯罪、黑社会性质的组织犯罪、毒品犯罪等案件，证人、鉴定人、被害人因出庭作证，本人或者其近亲属的人身安全面临危险的，人民法院应当采取不公开其真实姓名、住址和工作单位等个人信息，或者不暴露其外貌、真实声音等保护措施。审判期间，证人、鉴定人、被害人提出保护请求的，人民法院应当立即审查；认为确有保护必要的，应当及时决定采取相应保护措施。

第二百一十条 决定对出庭作证的证人、鉴定人、被害人采取不公开个人信息的保护措施的,审判人员应当在开庭前核实其身份,对证人、鉴定人如实作证的保证书不得公开,在判决书、裁定书等法律文书中可以使用化名等代替其个人信息。

第二百一十一条 证人、鉴定人到庭后,审判人员应当核实其身份、与当事人以及本案的关系,并告知其有关作证的权利义务和法律责任。

证人、鉴定人作证前,应当保证向法庭如实提供证言、说明鉴定意见,并在保证书上签名。

第二百一十二条 向证人、鉴定人发问,应当先由提请通知的一方进行;发问完毕后,经审判长准许,对方也可以发问。

第二百一十三条 向证人发问应当遵循以下规则:

(一)发问的内容应当与本案事实有关;

(二)不得以诱导方式发问;

(三)不得威胁证人;

(四)不得损害证人的人格尊严。

前款规定适用于对被告人、被害人、附带民事诉讼当事人、鉴定人、有专门知识的人的讯问、发问。

第二百一十四条 控辩双方的讯问、发问方式不当或者内容与本案无关的,对方可以提出异议,申请审判长制止,审判长应当判明情况予以支持或者驳回;对方未提出异议的,审判长也可以根据情况予以制止。

第二百一十五条 审判人员认为必要时,可以询问证人、鉴定人、有专门知识的人。

第二百一十六条 向证人、鉴定人、有专门知识的人发问应当分别进行。证人、鉴定人、有专门知识的人经控辩双方发问或者审判人员询问后,审判长应当告知其退庭。

证人、鉴定人、有专门知识的人不得旁听对本案的审理。

第二百一十七条 公诉人、当事人及其辩护人、诉讼代理人申请法庭通知有专门知识的人出庭,就鉴定意见提出意见的,应当说明理由。法庭认为有必要的,应当通知有专门知识的人出庭。

申请有专门知识的人出庭,不得超过二人。有多种类鉴定意见的,可以相应增加人数。

有专门知识的人出庭,适用鉴定人出庭的有关规定。

第二百一十八条 举证方当庭出示证据后,由对方进行辨认并发表意见。控辩双方可以互相质问、辩论。

第二百一十九条　当庭出示的证据,尚未移送人民法院的,应当在质证后移交法庭。

第二百二十条　法庭对证据有疑问的,可以告知公诉人、当事人及其法定代理人、辩护人、诉讼代理人补充证据或者作出说明;必要时,可以宣布休庭,对证据进行调查核实。

对公诉人、当事人及其法定代理人、辩护人、诉讼代理人补充的和法庭庭外调查核实取得的证据,应当经过当庭质证才能作为定案的根据。但是,经庭外征求意见,控辩双方没有异议的除外。

有关情况,应当记录在案。

第二百二十一条　公诉人申请出示开庭前未移送人民法院的证据,辩护方提出异议的,审判长应当要求公诉人说明理由;理由成立并确有出示必要的,应当准许。

辩护方提出需要对新的证据作辩护准备的,法庭可以宣布休庭,并确定准备辩护的时间。

辩护方申请出示开庭前未提交的证据,参照适用前两款的规定。

第二百二十二条　法庭审理过程中,当事人及其辩护人、诉讼代理人申请通知新的证人到庭,调取新的证据,申请重新鉴定或者勘验的,应当提供证人的姓名、证据的存放地点,说明拟证明的案件事实,要求重新鉴定或者勘验的理由。法庭认为有必要的,应当同意,并宣布延期审理;不同意的,应当说明理由并继续审理。

延期审理的案件,符合刑事诉讼法第二百零二条第一款规定的,可以报请上级人民法院批准延长审理期限。

人民法院同意重新鉴定申请的,应当及时委托鉴定,并将鉴定意见告知人民检察院、当事人及其辩护人、诉讼代理人。

第四节　评议案件与宣告判决

第二百三十九条　法庭笔录应当在庭审后交由当事人、法定代理人、辩护人、诉讼代理人阅读或者向其宣读。

法庭笔录中的出庭证人、鉴定人、有专门知识的人的证言、意见部分,应当在庭审后分别交由有关人员阅读或者向其宣读。

前两款所列人员认为记录有遗漏或者差错的,可以请求补充或者改正;确认无误后,应当签名;拒绝签名的,应当记录在案;要求改变庭审中陈述的,不予准许。

第十六章　查封、扣押、冻结财物及其处理

第三百五十九条　人民法院对查封、扣押、冻结的被告人财物及其孳息，应当妥善保管，并制作清单，附卷备查；对人民检察院随案移送的被告人财物及其孳息，应当根据清单核查后妥善保管。任何单位和个人不得挪用或者自行处理。

查封不动产、车辆、船舶、航空器等财物，应当扣押其权利证书，经拍照或者录像后原地封存，或者交持有人、被告人的近亲属保管，登记并写明财物的名称、型号、权属、地址等详细情况，并通知有关财物的登记、管理部门办理查封登记手续。

扣押物品，应当登记并写明物品名称、型号、规格、数量、重量、质量、成色、纯度、颜色、新旧程度、缺损特征和来源等。扣押货币、有价证券，应当登记并写明货币、有价证券的名称、数额、面额等，货币应当存入银行专门账户，并登记银行存款凭证的名称、内容。扣押文物、金银、珠宝、名贵字画等贵重物品以及违禁品，应当拍照，需要鉴定的，应当及时鉴定。对扣押的物品应当根据有关规定及时估价。

冻结存款、汇款、债券、股票、基金份额等财产，应当登记并写明编号、种类、面值、张数、金额等。

第三百六十条　对被害人的合法财产，权属明确的，应当依法及时返还，但须经拍照、鉴定、估价，并在案卷中注明返还的理由，将原物照片、清单和被害人的领取手续附卷备查；权属不明的，应当在人民法院判决、裁定生效后，按比例返还被害人，但已获退赔的部分应予扣除

第三百六十三条　对不宜移送的实物，应当根据情况，分别审查以下内容：

（一）大宗的、不便搬运的物品，查封、扣押机关是否随案移送查封、扣押清单，并附原物照片和封存手续，注明存放地点等；

（二）易腐烂、霉变和不易保管的物品，查封、扣押机关变卖处理后，是否随案移送原物照片、清单、变价处理的凭证（复印件）等；

（三）枪支弹药、剧毒物品、易燃易爆物品以及其他违禁品、危险物品，查封、扣押机关根据有关规定处理后，是否随案移送原物照片和清单等。

上述不宜移送的实物，应当依法鉴定、估价的，还应当审查是否附有鉴定、估价意见。

对查封、扣押的货币、有价证券等未移送的，应当审查是否附有原物照片、清单或者其他证明文件。

第十七章　审判监督程序

第三百七十六条　具有下列情形之一,可能改变原判决、裁定据以定罪量刑的事实的证据,应当认定为刑事诉讼法第二百四十二条第一项规定的"新的证据":

（一）原判决、裁定生效后新发现的证据;

（二）原判决、裁定生效前已经发现,但未予收集的证据;

（三）原判决、裁定生效前已经收集,但未经质证的证据;

（四）原判决、裁定所依据的鉴定意见,勘验、检查等笔录或者其他证据被改变或者否定的。

第二十三章　依法不负刑事责任的精神病人的强制医疗程序

第五百二十四条　实施暴力行为,危害公共安全或者严重危害公民人身安全,社会危害性已经达到犯罪程度,但经法定程序鉴定依法不负刑事责任的精神病人,有继续危害社会可能的,可以予以强制医疗。

第五百二十六条　对人民检察院提出的强制医疗申请,人民法院应当审查以下内容:

（一）是否属于本院管辖;

（二）是否写明被申请人的身份,实施暴力行为的时间、地点、手段、所造成的损害等情况,并附相关证据材料;

（三）是否附有法医精神病鉴定意见和其他证明被申请人属于依法不负刑事责任的精神病人的证据材料;

（四）是否列明被申请人的法定代理人的姓名、住址、联系方式;

（五）需要审查的其他事项。

第五百三十二条　第一审人民法院在审理案件过程中发现被告人可能符合强制医疗条件的,应当依照法定程序对被告人进行法医精神病鉴定。经鉴定,被告人属于依法不负刑事责任的精神病人的,应当适用强制医疗程序,对案件进行审理。

开庭审理前款规定的案件,应当先由合议庭组成人员宣读对被告人的法医精神病鉴定意见,说明被告人可能符合强制医疗的条件,后依次由公诉人和被告人的法定代理人、诉讼代理人发表意见。经审判长许可,公诉人和被告人的法定代理人、诉讼代理人可以进行辩论。

第五百四十一条　强制医疗机构提出解除强制医疗意见,或者被强制医疗的人及其近亲属申请解除强制医疗的,人民法院应当审查是否附有对被强制医疗的人的诊断评估报告。

强制医疗机构提出解除强制医疗意见,未附诊断评估报告的,人民法院应当要求其提供。

被强制医疗的人及其近亲属向人民法院申请解除强制医疗,强制医疗机构未提供诊断评估报告的,申请人可以申请人民法院调取。必要时,人民法院可以委托鉴定机构对被强制医疗的人进行鉴定。

最高人民法院关于审理环境民事公益诉讼案件适用法律若干问题的解释

(2015年1月6日 法释〔2015〕1号)

为正确审理环境民事公益诉讼案件,根据《中华人民共和国民事诉讼法》《中华人民共和国侵权责任法》《中华人民共和国环境保护法》等法律的规定,结合审判实践,制定本解释。

第一条 法律规定的机关和有关组织依据民事诉讼法第五十五条、环境保护法第五十八条等法律的规定,对已经损害社会公共利益或者具有损害社会公共利益重大风险的污染环境、破坏生态的行为提起诉讼,符合民事诉讼法第一百一十九条第二项、第三项、第四项规定的,人民法院应予受理。

第二条 依照法律、法规的规定,在设区的市级以上人民政府民政部门登记的社会团体、民办非企业单位以及基金会等,可以认定为环境保护法第五十八条规定的社会组织。

第三条 设区的市、自治州、盟、地区,不设区的地级市,直辖市的区以上人民政府民政部门,可以认定为环境保护法第五十八条规定的"设区的市级以上人民政府民政部门"。

第四条 社会组织章程确定的宗旨和主要业务范围是维护社会公共利益,且从事环境保护公益活动的,可以认定为环境保护法第五十八条规定的"专门从事环境保护公益活动"。

社会组织提起的诉讼所涉及的社会公共利益,应与其宗旨和业务范围具有关联性。

第五条 社会组织在提起诉讼前五年内未因从事业务活动违反法律、法规的规定受过行政、刑事处罚的,可以认定为环境保护法第五十八条规定的"无违法记录"。

第六条 第一审环境民事公益诉讼案件由污染环境、破坏生态行为发生地、损害结果地或者被告住所地的中级以上人民法院管辖。

中级人民法院认为确有必要的,可以在报请高级人民法院批准后,裁定将本院管辖的第一审环境民事公益诉讼案件交由基层人民法院审理。

同一原告或者不同原告对同一污染环境、破坏生态行为分别向两个以上有管辖权的人民法院提起环境民事公益诉讼的,由最先立案的人民法院管辖,必要时由共同上级人民法院指定管辖。

第七条 经最高人民法院批准,高级人民法院可以根据本辖区环境和生态保护的实际情况,在辖区内确定部分中级人民法院受理第一审环境民事公益诉讼案件。

中级人民法院管辖环境民事公益诉讼案件的区域由高级人民法院确定。

第八条 提起环境民事公益诉讼应当提交下列材料:

(一)符合民事诉讼法第一百二十一条规定的起诉状,并按照被告人数提出副本;

(二)被告的行为已经损害社会公共利益或者具有损害社会公共利益重大风险的初步证明材料;

(三)社会组织提起诉讼的,应当提交社会组织登记证书、章程、起诉前连续五年的年度工作报告书或者年检报告书,以及由其法定代表人或者负责人签字并加盖公章的无违法记录的声明。

第九条 人民法院认为原告提出的诉讼请求不足以保护社会公共利益的,可以向其释明变更或者增加停止侵害、恢复原状等诉讼请求。

第十条 人民法院受理环境民事公益诉讼后,应当在立案之日起五日内将起诉状副本发送被告,并公告案件受理情况。

有权提起诉讼的其他机关和社会组织在公告之日起三十日内申请参加诉讼,经审查符合法定条件的,人民法院应当将其列为共同原告;逾期申请的,不予准许。

公民、法人和其他组织以人身、财产受到损害为由申请参加诉讼的,告知其另行起诉。

第十一条 检察机关、负有环境保护监督管理职责的部门及其他机关、社会组织、企业事业单位依据民事诉讼法第十五条的规定,可以通过提供法律咨询、提交书面意见、协助调查取证等方式支持社会组织依法提起环境民事公益诉讼。

第十二条 人民法院受理环境民事公益诉讼后,应当在十日内告知对被告行为负有环境保护监督管理职责的部门。

第十三条 原告请求被告提供其排放的主要污染物名称、排放方式、排放浓度和总量、超标排放情况以及防治污染设施的建设和运行情况等环境信息,法律、法规、规章规定被告应当持有或者有证据证明被告持有而拒不提供,如果原告主张相关事实不利于被告的,人民法院可以推定该主张成立。

第十四条 对于审理环境民事公益诉讼案件需要的证据,人民法院认为必要的,应当调查收集。

对于应当由原告承担举证责任且为维护社会公共利益所必要的专门性问题,人民法院可以委托具备资格的鉴定人进行鉴定。

第十五条　当事人申请通知有专门知识的人出庭,就鉴定人作出的鉴定意见或者就因果关系、生态环境修复方式、生态环境修复费用以及生态环境受到损害至恢复原状期间服务功能的损失等专门性问题提出意见的,人民法院可以准许。

前款规定的专家意见经质证,可以作为认定事实的根据。

第十六条　原告在诉讼过程中承认的对己方不利的事实和认可的证据,人民法院认为损害社会公共利益的,应当不予确认。

第十七条　环境民事公益诉讼案件审理过程中,被告以反诉方式提出诉讼请求的,人民法院不予受理。

第十八条　对污染环境、破坏生态,已经损害社会公共利益或者具有损害社会公共利益重大风险的行为,原告可以请求被告承担停止侵害、排除妨碍、消除危险、恢复原状、赔偿损失、赔礼道歉等民事责任。

第十九条　原告为防止生态环境损害的发生和扩大,请求被告停止侵害、排除妨碍、消除危险的,人民法院可以依法予以支持。

原告为停止侵害、排除妨碍、消除危险采取合理预防、处置措施而发生的费用,请求被告承担的,人民法院可以依法予以支持。

第二十条　原告请求恢复原状的,人民法院可以依法判决被告将生态环境修复到损害发生之前的状态和功能。无法完全修复的,可以准许采用替代性修复方式。

人民法院可以在判决被告修复生态环境的同时,确定被告不履行修复义务时应承担的生态环境修复费用;也可以直接判决被告承担生态环境修复费用。

生态环境修复费用包括制定、实施修复方案的费用和监测、监管等费用。

第二十一条　原告请求被告赔偿生态环境受到损害至恢复原状期间服务功能损失的,人民法院可以依法予以支持。

第二十二条　原告请求被告承担检验、鉴定费用,合理的律师费以及为诉讼支出的其他合理费用的,人民法院可以依法予以支持。

第二十三条　生态环境修复费用难以确定或者确定具体数额所需鉴定费用明显过高的,人民法院可以结合污染环境、破坏生态的范围和程度、生态环境的稀缺性、生态环境恢复的难易程度、防治污染设备的运行成本、被告因侵害行为所获得的利益以及过错程度等因素,并可以参考负有环境保护监督管理职责的部门的意见、专家意见等,予以合理确定。

第二十四条　人民法院判决被告承担的生态环境修复费用、生态环境受到损害至恢复原状期间服务功能损失等款项,应当用于修复被损害的生态环境。

其他环境民事公益诉讼中败诉原告所需承担的调查取证、专家咨询、检验、鉴定等必要费用,可以酌情从上述款项中支付。

第二十五条　环境民事公益诉讼当事人达成调解协议或者自行达成和解协议后,人民法院应当将协议内容公告,公告期间不少于三十日。

公告期满后,人民法院审查认为调解协议或者和解协议的内容不损害社会公共利益的,应当出具调解书。当事人以达成和解协议为由申请撤诉的,不予准许。

调解书应当写明诉讼请求、案件的基本事实和协议内容,并应当公开。

第二十六条　负有环境保护监督管理职责的部门依法履行监管职责而使原告诉讼请求全部实现,原告申请撤诉的,人民法院应予准许。

第二十七条　法庭辩论终结后,原告申请撤诉的,人民法院不予准许,但本解释第二十六条规定的情形除外。

第二十八条　环境民事公益诉讼案件的裁判生效后,有权提起诉讼的其他机关和社会组织就同一污染环境、破坏生态行为另行起诉,有下列情形之一的,人民法院应予受理:

(一)前案原告的起诉被裁定驳回的;

(二)前案原告申请撤诉被裁定准许的,但本解释第二十六条规定的情形除外。

环境民事公益诉讼案件的裁判生效后,有证据证明存在前案审理时未发现的损害,有权提起诉讼的机关和社会组织另行起诉的,人民法院应予受理。

第二十九条　法律规定的机关和社会组织提起环境民事公益诉讼的,不影响因同一污染环境、破坏生态行为受到人身、财产损害的公民、法人和其他组织依据民事诉讼法第一百一十九条的规定提起诉讼。

第三十条　已为环境民事公益诉讼生效裁判认定的事实,因同一污染环境、破坏生态行为依据民事诉讼法第一百一十九条规定提起诉讼的原告、被告均无需举证证明,但原告对该事实有异议并有相反证据足以推翻的除外。

对于环境民事公益诉讼生效裁判就被告是否存在法律规定的不承担责任或者减轻责任的情形、行为与损害之间是否存在因果关系、被告承担责任的大小等所作的认定,因同一污染环境、破坏生态行为依据民事诉讼法第一百一十九条规定提起诉讼的原告主张适用的,人民法院应予支持,但被告有相反证据足以推翻的除外。被告主张直接适用对其有利的认定的,人民法院不予支持,被告仍应举证证明。

第三十一条　被告因污染环境、破坏生态在环境民事公益诉讼和其他民事诉讼中均承担责任,其财产不足以履行全部义务的,应当先履行其他民事诉讼生效裁判所确定的义务,但法律另有规定的除外。

第三十二条 发生法律效力的环境民事公益诉讼案件的裁判,需要采取强制执行措施的,应当移送执行。

第三十三条 原告交纳诉讼费用确有困难,依法申请缓交的,人民法院应予准许。

败诉或者部分败诉的原告申请减交或者免交诉讼费用的,人民法院应当依照《诉讼费用交纳办法》的规定,视原告的经济状况和案件的审理情况决定是否准许。

第三十四条 社会组织有通过诉讼违法收受财物等牟取经济利益行为的,人民法院可以根据情节轻重依法收缴其非法所得、予以罚款;涉嫌犯罪的,依法移送有关机关处理。

社会组织通过诉讼牟取经济利益的,人民法院应当向登记管理机关或者有关机关发送司法建议,由其依法处理。

第三十五条 本解释施行前最高人民法院发布的司法解释和规范性文件,与本解释不一致的,以本解释为准。

最高人民法院关于适用《中华人民共和国民事诉讼法》的解释（节录）

(2015 年 1 月 30 日　法释〔2015〕5 号)

二、回避

第四十三条　审判人员有下列情形之一的,应当自行回避,当事人有权申请其回避：
（一）是本案当事人或者当事人近亲属的；
（二）本人或者其近亲属与本案有利害关系的；
（三）担任过本案的证人、鉴定人、辩护人、诉讼代理人、翻译人员的；
（四）是本案诉讼代理人近亲属的；
（五）本人或者其近亲属持有本案非上市公司当事人的股份或者股权的；
（六）与本案当事人或诉讼代理人有其他利害关系,可能影响公正审理的。

四、证据

第一百一十八条　民事诉讼法第七十四条规定的证人因履行出庭作证义务而支出的交通、住宿、就餐等必要费用,按照机关事业单位工作人员差旅费用和补贴标准计算；误工损失按照国家上年度职工日平均工资标准计算。
人民法院准许证人出庭作证申请的,应当通知申请人预缴证人出庭作证费用。

第一百一十九条　人民法院在证人出庭作证前应当告知其如实作证的义务以及作伪证的法律后果,并责令其签署保证书,但无民事行为能力人和限制民事行为能力人除外。
证人签署保证书适用本解释关于当事人签署保证书的规定。

第一百二十条　证人拒绝签署保证书的,不得作证,并自行承担相关费用。

第一百二十一条　当事人申请鉴定,可以在举证期限届满前提出。申请鉴定的事项与待证事实无关联,或者对证明待证事实无意义的,人民法院不予准许。
人民法院准许当事人鉴定申请的,应当组织双方当事人协商确定具备相应资格的鉴定人。当事人协商不成的,由人民法院指定。

符合依职权调查收集证据条件的,人民法院应当依职权委托鉴定,在询问当事人的意见后,指定具备相应资格的鉴定人。

第一百二十二条　当事人可以依照民事诉讼法第七十九条的规定,在举证期限届满前申请一至二名具有专门知识的人出庭,代表当事人对鉴定意见进行质证,或者对案件事实所涉及的专业问题提出意见。

具有专门知识的人在法庭上就专业问题提出的意见,视为当事人的陈述。

人民法院准许当事人申请的,相关费用由提出申请的当事人负担。

第一百二十三条　人民法院可以对出庭的具有专门知识的人进行询问。经法庭准许,当事人可以对出庭的具有专门知识的人进行询问,当事人各自申请的具有专门知识的人可以就案件中的有关问题进行对质。

具有专门知识的人不得参与专业问题之外的法庭审理活动。

第一百二十四条　人民法院认为有必要的,可以根据当事人的申请或者依职权对物证或者现场进行勘验。勘验时应当保护他人的隐私和尊严。

人民法院可以要求鉴定人参与勘验。必要时,可以要求鉴定人在勘验中进行鉴定。

十、第一审普通程序

第二百二十五条　根据案件具体情况,庭前会议可以包括下列内容:

(一)明确原告的诉讼请求和被告的答辩意见;

(二)审查处理当事人增加、变更诉讼请求的申请和提出的反诉,以及第三人提出的与本案有关的诉讼请求;

(三)根据当事人的申请决定调查收集证据,委托鉴定,要求当事人提供证据,进行勘验,进行证据保全;

(四)组织交换证据;

(五)归纳争议焦点;

(六)进行调解。

第二百二十六条　人民法院应当根据当事人的诉讼请求、答辩意见以及证据交换的情况,归纳争议焦点,并就归纳的争议焦点征求当事人的意见。

第二百二十七条　人民法院适用普通程序审理案件,应当在开庭三日前用传票传唤当事人。对诉讼代理人、证人、鉴定人、勘验人、翻译人员应当用通知书通知其到庭。当事人或者其他诉讼参与人在外地的,应当留有必要的在途时间。

第二百二十八条　法庭审理应当围绕当事人争议的事实、证据和法律适用等焦点问题进行。

第二百四十三条　民事诉讼法第一百四十九条规定的审限,是指从立案之日起至裁判宣告、调解书送达之日止的期间,但公告期间、鉴定期间、双方当事人和解期间、审理当事人提出的管辖异议以及处理人民法院之间的管辖争议期间不应计算在内。

十二、简易程序中的小额诉讼

第二百七十五条　下列案件,不适用小额诉讼程序审理:
(一)人身关系、财产确权纠纷;
(二)涉外民事纠纷;
(三)知识产权纠纷;
(四)需要评估、鉴定或者对诉前评估、鉴定结果有异议的纠纷;
(五)其他不宜适用一审终审的纠纷。

十八、审判监督程序

第三百九十九条　审查再审申请期间,再审申请人申请人民法院委托鉴定、勘验的,人民法院不予准许。

最高人民法院关于审理环境侵权责任纠纷案件适用法律若干问题的解释

(2015年6月1日 法释〔2015〕12号)

为正确审理环境侵权责任纠纷案件,根据《中华人民共和国侵权责任法》、《中华人民共和国环境保护法》、《中华人民共和国民事诉讼法》等法律的规定,结合审判实践,制定本解释。

第一条 因污染环境造成损害,不论污染者有无过错,污染者应当承担侵权责任。污染者以排污符合国家或者地方污染物排放标准为由主张不承担责任的,人民法院不予支持。

污染者不承担责任或者减轻责任的情形,适用海洋环境保护法、水污染防治法、大气污染防治法等环境保护单行法的规定;相关环境保护单行法没有规定的,适用侵权责任法的规定。

第二条 两个以上污染者共同实施污染行为造成损害,被侵权人根据侵权责任法第八条规定请求污染者承担连带责任的,人民法院应予支持。

第三条 两个以上污染者分别实施污染行为造成同一损害,每一个污染者的污染行为都足以造成全部损害,被侵权人根据侵权责任法第十一条规定请求污染者承担连带责任的,人民法院应予支持。

两个以上污染者分别实施污染行为造成同一损害,每一个污染者的污染行为都不足以造成全部损害,被侵权人根据侵权责任法第十二条规定请求污染者承担责任的,人民法院应予支持。

两个以上污染者分别实施污染行为造成同一损害,部分污染者的污染行为足以造成全部损害,部分污染者的污染行为只造成部分损害,被侵权人根据侵权责任法第十一条规定请求足以造成全部损害的污染者与其他污染者就共同造成的损害部分承担连带责任,并对全部损害承担责任的,人民法院应予支持。

第四条 两个以上污染者污染环境,对污染者承担责任的大小,人民法院应当根据污染物的种类、排放量、危害性以及有无排污许可证、是否超过污染物排放标准、是否超过重点污染物排放总量控制指标等因素确定。

第五条 被侵权人根据侵权责任法第六十八条规定分别或者同时起诉污染者、第三人的,人民法院应予受理。

被侵权人请求第三人承担赔偿责任的,人民法院应当根据第三人的过错程度确定其相应赔偿责任。

污染者以第三人的过错污染环境造成损害为由主张不承担责任或者减轻责任的,人民法院不予支持。

第六条 被侵权人根据侵权责任法第六十五条规定请求赔偿的,应当提供证明以下事实的证据材料:

(一)污染者排放了污染物;

(二)被侵权人的损害;

(三)污染者排放的污染物或者其次生污染物与损害之间具有关联性。

第七条 污染者举证证明下列情形之一的,人民法院应当认定其污染行为与损害之间不存在因果关系:

(一)排放的污染物没有造成该损害可能的;

(二)排放的可造成该损害的污染物未到达该损害发生地的;

(三)该损害于排放污染物之前已发生的;

(四)其他可以认定污染行为与损害之间不存在因果关系的情形。

第八条 对查明环境污染案件事实的专门性问题,可以委托具备相关资格的司法鉴定机构出具鉴定意见或者由国务院环境保护主管部门推荐的机构出具检验报告、检测报告、评估报告或者监测数据。

第九条 当事人申请通知一至两名具有专门知识的人出庭,就鉴定意见或者污染物认定、损害结果、因果关系等专业问题提出意见的,人民法院可以准许。当事人未申请,人民法院认为有必要的,可以进行释明。

具有专门知识的人在法庭上提出的意见,经当事人质证,可以作为认定案件事实的根据。

第十条 负有环境保护监督管理职责的部门或者其委托的机构出具的环境污染事件调查报告、检验报告、检测报告、评估报告或者监测数据等,经当事人质证,可以作为认定案件事实的根据。

第十一条 对于突发性或者持续时间较短的环境污染行为,在证据可能灭失或者以后难以取得的情况下,当事人或者利害关系人根据民事诉讼法第八十一条规定申请证据保全的,人民法院应当准许。

第十二条 被申请人具有环境保护法第六十三条规定情形之一,当事人或者利害关系人根据民事诉讼法第一百条或者第一百零一条规定申请保全的,人民法院可以裁定责令被申请人立即停止侵害行为或者采取污染防治措施。

第十三条 人民法院应当根据被侵权人的诉讼请求以及具体案情,合理判定污染者承担停止侵害、排除妨碍、消除危险、恢复原状、赔礼道歉、赔偿损失等民事责任。

第十四条 被侵权人请求恢复原状的,人民法院可以依法裁判污染者承担环境修复责任,并同时确定被告不履行环境修复义务时应当承担的环境修复费用。

污染者在生效裁判确定的期限内未履行环境修复义务的,人民法院可以委托其他人进行环境修复,所需费用由污染者承担。

第十五条 被侵权人起诉请求污染者赔偿因污染造成的财产损失、人身损害以及为防止污染扩大、消除污染而采取必要措施所支出的合理费用的,人民法院应予支持。

第十六条 下列情形之一,应当认定为环境保护法第六十五条规定的弄虚作假:

(一)环境影响评价机构明知委托人提供的材料虚假而出具严重失实的评价文件的;

(二)环境监测机构或者从事环境监测设备维护、运营的机构故意隐瞒委托人超过污染物排放标准或者超过重点污染物排放总量控制指标的事实的;

(三)从事防治污染设施维护、运营的机构故意不运行或者不正常运行环境监测设备或者防治污染设施的;

(四)有关机构在环境服务活动中其他弄虚作假的情形。

第十七条 被侵权人提起诉讼,请求污染者停止侵害、排除妨碍、消除危险的,不受环境保护法第六十六条规定的时效期间的限制。

第十八条 本解释适用于审理因污染环境、破坏生态造成损害的民事案件,但法律和司法解释对环境民事公益诉讼案件另有规定的除外。

相邻污染侵害纠纷、劳动者在职业活动中因受污染损害发生的纠纷,不适用本解释。

第十九条 本解释施行后,人民法院尚未审结的一审、二审案件适用本解释规定。本解释施行前已经作出生效裁判的案件,本解释施行后依法再审的,不适用本解释。

本解释施行后,最高人民法院以前颁布的司法解释与本解释不一致的,不再适用。

中华人民共和国人民法院法庭规则（节录）

（2016年4月13日　法释〔2016〕7号）

第四条　刑事法庭可以配置同步视频作证室，供依法应当保护或其他确有保护必要的证人、鉴定人、被害人在庭审作证时使用。

第六条　进入法庭的人员应当出示有效身份证件，并接受人身及携带物品的安全检查。

持有效工作证件和出庭通知履行职务的检察人员、律师可以通过专门通道进入法庭。需要安全检查的，人民法院对检察人员和律师平等对待。

第九条　公开的庭审活动，公民可以旁听。

旁听席位不能满足需要时，人民法院可以根据申请的先后顺序或者通过抽签、摇号等方式发放旁听证，但应当优先安排当事人的近亲属或其他与案件有利害关系的人旁听。

下列人员不得旁听：

（一）证人、鉴定人以及准备出庭提出意见的有专门知识的人；

（二）未获得人民法院批准的未成年人；

（三）拒绝接受安全检查的人；

（四）醉酒的人、精神病人或其他精神状态异常的人；

（五）其他有可能危害法庭安全或妨害法庭秩序的人。

依法有可能封存犯罪记录的公开庭审活动，任何单位或个人不得组织人员旁听。

依法不公开的庭审活动，除法律另有规定外，任何人不得旁听。

最高人民法院关于防范和制裁虚假诉讼的指导意见

(2016年6月20日　法发〔2016〕13号)

当前,民事商事审判领域存在的虚假诉讼现象,不仅严重侵害案外人合法权益,破坏社会诚信,也扰乱了正常的诉讼秩序,损害司法权威和司法公信力,人民群众对此反映强烈。各级人民法院对此要高度重视,努力探索通过多种有效措施防范和制裁虚假诉讼行为。

1. 虚假诉讼一般包含以下要素:(1)以规避法律、法规或国家政策谋取非法利益为目的;(2)双方当事人存在恶意串通;(3)虚构事实;(4)借用合法的民事程序;(5)侵害国家利益、社会公共利益或者案外人的合法权益。

2. 实践中,要特别注意以下情形:(1)当事人为夫妻、朋友等亲近关系或者关联企业等共同利益关系;(2)原告诉请司法保护的标的额与其自身经济状况严重不符;(3)原告起诉所依据的事实和理由明显不符合常理;(4)当事人双方无实质性民事权益争议;(5)案件证据不足,但双方仍然主动迅速达成调解协议,并请求人民法院出具调解书。

3. 各级人民法院应当在立案窗口及法庭张贴警示宣传标识,同时在"人民法院民事诉讼风险提示书"中明确告知参与虚假诉讼应当承担的法律责任,引导当事人依法行使诉权,诚信诉讼。

4. 在民间借贷、离婚析产、以物抵债、劳动争议、公司分立(合并)、企业破产等虚假诉讼高发领域的案件审理中,要加大证据审查力度。对可能存在虚假诉讼的,要适当加大依职权调查取证力度。

5. 涉嫌虚假诉讼的,应当传唤当事人本人到庭,就有关案件事实接受询问。除法定事由外,应当要求证人出庭作证。要充分发挥民事诉讼法司法解释有关当事人和证人签署保证书规定的作用,探索当事人和证人宣誓制度。

6. 诉讼中,一方对另一方提出的于己不利的事实明确表示承认,且不符合常理的,要做进一步查明,慎重认定。查明的事实与自认的事实不符的,不予确认。

7. 要加强对调解协议的审查力度。对双方主动达成调解协议并申请人民法院出具调解书的,应当结合案件基础事实,注重审查调解协议是否损害国家利益、社会公共利益或者案外人的合法权益;对人民调解协议司法确认案件,要按照民事诉讼法司法解释要求,注重审查基础法律关系的真实性。

8. 在执行公证债权文书和仲裁裁决书、调解书等法律文书过程中,对可能存在双方恶意串通、虚构事实的,要加大实质审查力度,注重审查相关法律文书是否损害国家利益、社会公共利益或者案外人的合法权益。如果存在上述情形,应当裁定不予执行。必要时,可向仲裁机构或者公证机关发出司法建议。

9. 加大公开审判力度,增加案件审理的透明度。对与案件处理结果可能存在法律上利害关系的,可适当依职权通知其参加诉讼,避免其民事权益受到损害,防范虚假诉讼行为。

10. 在第三人撤销之诉、案外人执行异议之诉、案外人申请再审等案件审理中,发现已经生效的裁判涉及虚假诉讼的,要及时予以纠正,保护案外人诉权和实体权利;同时也要防范有关人员利用上述法律制度,制造虚假诉讼,损害原诉讼中合法权利人利益。

11. 经查明属于虚假诉讼,原告申请撤诉的,不予准许,并应当根据《民事诉讼法》第一百一十二条的规定,驳回其请求。

12. 对虚假诉讼参与人,要适度加大罚款、拘留等妨碍民事诉讼强制措施的法律适用力度;虚假诉讼侵害他人民事权益的,虚假诉讼参与人应当承担赔偿责任;虚假诉讼违法行为涉嫌虚假诉讼罪、诈骗罪、合同诈骗罪等刑事犯罪的,民事审判部门应当依法将相关线索和有关案件材料移送侦查机关。

13. 探索建立虚假诉讼失信人名单制度。将虚假诉讼参与人列入失信人名单,逐步开展与现有相关信息平台和社会信用体系接轨工作,加大制裁力度。

14. 人民法院工作人员参与虚假诉讼的,要依照法官法、法官职业道德基本准则和法官行为规范等规定,从严处理。

15. 诉讼代理人参与虚假诉讼的,要依法予以制裁,并应当向司法行政部门、律师协会或者行业协会发出司法建议。

16. 鉴定机构、鉴定人参与虚假诉讼的,可以根据情节轻重,给予鉴定机构、鉴定人训诫、责令退还鉴定费用、从法院委托鉴定专业机构备选名单中除名等制裁,并应当向司法行政部门或者行业协会发出司法建议。

17. 要积极主动与有关部门沟通协调,争取支持配合,探索建立多部门协调配合的综合治理机制。要通过向社会公开发布虚假诉讼典型案例等多种形式,震慑虚假诉讼违法行为。

18. 各级人民法院要及时组织干警学习了解中央和地方的各项经济社会政策,充分预判有可能在司法领域反映出来的虚假诉讼案件类型,也可以采取典型案例分析、审判业务交流、庭审观摩等多种形式,提高甄别虚假诉讼的司法能力。

最高人民法院关于行政诉讼应诉若干问题的通知

(2016年7月28日 法〔2016〕260号)

各省、自治区、直辖市高级人民法院,解放军军事法院,新疆维吾尔自治区高级人民法院生产建设兵团分院:

中央全面深化改革领导小组于2015年10月13日讨论通过了《关于加强和改进行政应诉工作的意见》(以下简称《意见》),明确提出行政机关要支持人民法院受理和审理行政案件,保障公民、法人和其他组织的起诉权利,认真做好答辩举证工作,依法履行出庭应诉职责,配合人民法院做好开庭审理工作。2016年6月27日,国务院办公厅以国办发〔2016〕54号文形式正式发布了《意见》。《意见》的出台,对于人民法院进一步做好行政案件的受理、审理和执行工作,全面发挥行政审判职能,有效监督行政机关依法行政,提高领导干部学法用法的能力,具有重大意义。根据行政诉讼法的相关规定,为进一步规范和促进行政应诉工作,现就有关问题通知如下:

一、充分认识规范行政诉讼应诉的重大意义

推动行政机关负责人出庭应诉,是贯彻落实修改后的行政诉讼法的重要举措;规范行政诉讼应诉,是保障行政诉讼法有效实施,全面推进依法行政,加快建设法治政府的重要举措。为贯彻落实《中共中央关于全面推进依法治国若干重大问题的决定》关于"健全行政机关依法出庭应诉、支持法院受理行政案件、尊重并执行法院生效裁判的制度"的要求,《意见》从"高度重视行政应诉工作""支持人民法院依法受理和审理行政案件""认真做好答辩举证工作""依法履行出庭应诉职责""积极履行人民法院生效裁判"等十个方面对加强和改进行政应诉工作提出明确要求,作出具体部署。《意见》是我国首个全面规范行政应诉工作的专门性文件,各级人民法院要结合行政诉讼法的规定精神,全面把握《意见》内容,深刻领会精神实质,充分认识《意见》出台的重大意义,确保《意见》在人民法院行政审判领域落地生根。要及时向当地党委、人大汇报《意见》贯彻落实情况,加强与政府的沟通联系,支持地方党委政府出台本地区的具体实施办法,细化完善相关工作制度,促进行政机关做好出庭应诉工作。

二、依法做好行政案件受理和审理工作

严格执行行政诉讼法和《最高人民法院关于人民法院登记立案若干问题的

规定》,进一步强化行政诉讼中的诉权保护,不得违法限缩受案范围、违法增设起诉条件,严禁以反复要求起诉人补正起诉材料的方式变相拖延、拒绝立案。对于不接收起诉状、接收起诉状后不出具书面凭证,以及不一次性告知当事人需要补正的起诉状内容的,要依照《人民法院审判人员违法审判责任追究办法(试行)》《人民法院工作人员处分条例》等相关规定,对直接负责的主管人员和其他直接责任人员依法依纪作出处理。坚决抵制干扰、阻碍人民法院依法受理和审理行政案件的各种违法行为,对领导干部或者行政机关以开协调会、发文件或者口头要求等任何形式明示或者暗示人民法院不受理案件、不判决行政机关败诉、不履行人民法院生效裁判的,要严格贯彻落实《领导干部干预司法活动、插手具体案件处理的记录、通报和责任追究规定》《司法机关内部人员过问案件的记录和责任追究规定》,全面、如实做好记录工作,做到全程留痕,有据可查。

三、依法推进行政机关负责人出庭应诉

准确理解行政诉讼法和相关司法解释的有关规定,正确把握行政机关负责人出庭应诉的基本要求,依法推进行政机关负责人出庭应诉工作。一是出庭应诉的行政机关负责人,既包括正职负责人,也包括副职负责人以及其他参与分管的负责人。二是行政机关负责人不能出庭的,应当委托行政机关相应的工作人员出庭,不得仅委托律师出庭。三是涉及重大公共利益、社会高度关注或者可能引发群体性事件等案件以及人民法院书面建议行政机关负责人出庭的案件,被诉行政机关负责人应当出庭。四是行政诉讼法第三条第三款规定的"行政机关相应的工作人员",包括该行政机关具有国家行政编制身份的工作人员以及其他依法履行公职的人员。被诉行政行为是人民政府作出的,人民政府所属法制工作机构的工作人员,以及被诉行政行为具体承办机关的工作人员,也可以视为被诉人民政府相应的工作人员。

行政机关负责人和行政机关相应的工作人员均不出庭,仅委托律师出庭的;或者人民法院书面建议行政机关负责人出庭应诉,行政机关负责人不出庭应诉的,人民法院应当记录在案并在裁判文书中载明,可以依照行政诉讼法第六十六条第二款的规定予以公告,建议任免机关、监察机关或者上一级行政机关对相关责任人员严肃处理。

四、为行政机关依法履行出庭应诉职责提供必要条件

各级人民法院要在坚持依法独立公正行使审判权、平等保护各方当事人诉讼权利的前提下,加强与政府法制部门和行政执法机关的联系,探索建立行政审判和行政应诉联络工作机制,及时沟通、协调行政机关负责人出庭建议书发送和庭审时间等具体事宜,切实贯彻行政诉讼法和《意见》规定的精神,稳步推进行政

机关出庭应诉工作。要为行政机关负责人、工作人员、政府法律顾问和公职律师依法履行出庭应诉职责提供必要的保障和相应的便利。要正确理解行政行为合法性审查原则,行政复议机关和作出原行政行为的行政机关为共同被告的,可以根据具体情况确定由一个机关实施举证行为,确保庭审的针对性,提高庭审效率。改革案件审理模式,推广繁简分流,实现简案快审、繁案精审,减轻当事人的诉讼负担。对符合《最高人民法院关于适用〈中华人民共和国行政诉讼法〉若干问题的解释》第三条第二款规定的案件,人民法院认为不需要开庭审理的,可以迳行裁定驳回起诉。要及时就行政机关出庭应诉和行政执法工作中的问题和不足提出司法建议,及时向政府法制部门通报司法建议落实和反馈情况,从源头上预防和化解争议。要积极参与行政应诉教育培训工作,提高行政机关负责人、行政执法人员等相关人员的行政应诉能力。

五、支持行政机关建立健全依法行政考核体系

人民法院要支持当地党委政府建立和完善依法行政考核体系,结合行政审判工作实际提出加强和改进行政应诉工作的意见和建议。对本地区行政机关出庭应诉工作和依法行政考核指标的实施情况、运行成效等,人民法院可以通过司法建议、白皮书等适当形式,及时向行政机关作出反馈、评价,并可以适当方式将本地区行政机关出庭应诉情况向社会公布,促进发挥考核指标的倒逼作用。

地方各级人民法院要及时总结本通知贯彻实施过程中形成的好经验好做法;对贯彻实施中遇到的困难和问题,要及时层报最高人民法院。

（三）最高人民检察院

最高人民检察院关于贯彻《全国人民代表大会常务委员会关于司法鉴定管理问题的决定》有关工作的通知

(2005年9月21日 高检发办字〔2005〕11号)

各省、自治区、直辖市人民检察院，军事检察院，新疆生产建设兵团人民检察院：

2005年2月28日，十届全国人大常委会第十四次会议通过了《全国人民代表大会常务委员会关于司法鉴定管理问题的决定》（以下简称《决定》），将从今年10月1日起施行。

司法鉴定体制改革是司法体制改革的重要内容。全国人大常委会专门就司法鉴定管理问题作出决定，是推进司法鉴定体制改革的重要举措，对于完善我国司法鉴定法律制度，规范司法鉴定管理活动，解决当前司法鉴定管理工作中存在的问题，促进公正执法，具有十分重要的意义。检察机关作为国家法律监督机关，在维护法律的统一正确实施、保障在全社会实现公平和正义方面承担着重要职责。检察机关设立鉴定机构，开展必要的鉴定工作，是履行法律监督职能的客观需要，不仅可以为职务犯罪侦查工作提供有力的技术支持，也可以为批捕、公诉工作中正确审查判断证据提供科学的依据。《决定》明确了检察机关鉴定机构的设置、职能和工作范围，是检察机关开展鉴定工作的重要法律依据。各级人民检察院要认真贯彻《决定》，严格规范检察机关的鉴定工作，依法开展司法鉴定活动。

根据中央关于司法鉴定管理体制改革的精神，结合"两院三部"关于做好《全国人民代表大会常务委员会关于司法鉴定管理问题的决定》实施前有关工作的通知中关于侦查机关要在各系统的统一部署下，积极稳妥地推进现有鉴定机构及其职能的调整，健全管理体制的要求，检察机关将依据《决定》，对鉴定工作实行统一管理。各级人民检察院要在最高人民检察院的统一领导下，按照《决定》和中央关于司法鉴定体制改革的部署，稳步推进司法鉴定体制改革。

一、根据《决定》的规定，自10月1日起，各级检察机关的鉴定机构不得面向社会接受委托从事鉴定业务，鉴定人员不得参与面向社会服务的司法鉴定机构组织的司法鉴定活动。

二、根据《决定》的有关规定，检察机关的鉴定机构和鉴定人员不得在司法行政机关登记注册从事面向社会的鉴定业务。已经登记注册的事业性质鉴定机构，如继续面向社会从事司法鉴定业务，要在10月1日前与人民检察院在人、财、物上脱钩，否则应办理注销登记。

三、检察机关鉴定机构可以受理下列鉴定案件：

1. 检察机关业务工作所需的鉴定；
2. 有关部门交办的鉴定；
3. 其他司法机关委托的鉴定。

四、各级检察技术部门要围绕"强化法律监督，维护公平正义"的检察工作主题，着眼于提高检察机关法律监督能力，加大对批捕、公诉工作中技术性证据的审查力度，积极开展文证审查工作，为检察机关履行法律监督职能提供技术保障。

五、检察机关内部委托的鉴定，仍实行逐级委托制度。其他司法机关委托的鉴定，实行同级委托制度，即进行鉴定前，需有同级司法机关的委托或介绍。

六、为贯彻落实《决定》，最高人民检察院将制定《人民检察院鉴定工作规则》、《人民检察院鉴定机构管理办法》、《人民检察院鉴定人管理办法》、《人民检察院文证审查工作规定》和各专业门类的工作细则等，进一步加强和规范人民检察院的鉴定工作。各级人民检察院要根据《决定》要求和精神，结合中央政法委关于开展"规范执法行为，促进执法公正"专项整改活动的要求，加强检察机关鉴定工作管理，规范工作程序，保证鉴定质量。

最高人民检察院关于印发《人民检察院鉴定机构登记管理办法》、《人民检察院鉴定人登记管理办法》和《人民检察院鉴定规则（试行）》的通知

（2006年11月30日 高检发办字〔2006〕33号）

各省、自治区、直辖市人民检察院，军事检察院，新疆生产建设兵团人民检察院：

《人民检察院鉴定机构登记管理办法》、《人民检察院鉴定人登记管理办法》和《人民检察院鉴定规则（试行）》已经2006年11月1日最高人民检察院第十届检察委员会第六十二次会议通过，现予印发，于2007年1月1日起实施。实施中有何问题和意见及建议，请及时报最高人民检察院。

人民检察院鉴定机构登记管理办法

第一章 总 则

第一条 为规范人民检察院鉴定机构登记管理工作，根据《全国人民代表大会常务委员会关于司法鉴定管理问题的决定》和其他有关规定，结合检察工作实际，制定本办法。

第二条 本办法所称鉴定机构，是指在人民检察院设立的，取得鉴定机构资格并开展鉴定工作的部门。

第三条 鉴定机构登记管理工作，应当遵循依法、严格、公正、及时的原则，保证登记管理工作规范、有序、高效开展。

第二章 登记管理部门

第四条 人民检察院鉴定机构登记管理实行两级管理制度。

最高人民检察院负责本院和省级人民检察院鉴定机构的登记管理工作。

省级人民检察院负责所辖地市级、县区级人民检察院鉴定机构的登记管理工作。

第五条 最高人民检察院检察技术部门和各省级人民检察院检察技术部门是人民检察院鉴定机构的登记管理部门，具体负责鉴定机构资格的登记、审核、

延续、变更、注销、复议、名册编制与公告、监督及处罚等。

第六条 登记管理部门不得收取任何登记管理费用。

登记管理的有关业务经费分别列入最高人民检察院和省级人民检察院的年度经费预算。

第三章 资格登记

第七条 鉴定机构经登记管理部门核准登记,取得《人民检察院鉴定机构资格证书》,方可进行鉴定工作。

第八条 鉴定机构登记的事项包括,名称、地址、负责人、所属单位、鉴定业务范围、鉴定人名册、鉴定仪器设备等。

第九条 申请鉴定机构资格,应当具备下列条件:

(一)具有检察技术部门单位建制;

(二)具有适合鉴定工作的办公和业务用房;

(三)具有明确的鉴定业务范围;

(四)具有在业务范围内进行鉴定必需的仪器、设备;

(五)具有在业务范围内进行鉴定必需的依法通过计量认证或者实验室认可的检测实验室;

(六)具有三名以上开展该鉴定业务的鉴定人;

(七)具有完备的鉴定工作管理制度。

第十条 申请鉴定机构资格,应当向登记管理部门提交下列材料:

(一)《人民检察院鉴定机构资格登记申请表》;

(二)所属鉴定人所持《人民检察院鉴定人资格证书》的复印件;

(三)办公和业务用房平面比例图;

(四)鉴定采用的技术标准目录;

(五)鉴定机构内部管理工作制度;

(六)登记管理部门要求提交的其他材料。

第十一条 鉴定机构可以申请登记下列鉴定业务:

(一)法医类鉴定;

(二)物证类鉴定;

(三)声像资料鉴定;

(四)司法会计鉴定;

(五)心理测试。

根据检察业务工作需要,最高人民检察院可以增加其他需要登记管理的鉴定业务。

第十二条 登记管理部门收到登记申请材料后,应当及时进行审查,并在二十日以内作出决定。对准予登记的,经检察长批准,颁发《人民检察院鉴定机构资格证书》。对不予登记的,书面通知申请单位。

提交材料不全的,登记审核期限从材料补齐之日起计算。

第十三条 《人民检察院鉴定机构资格证书》由最高人民检察院统一制发。

《人民检察院鉴定机构资格证书》分为正本和副本,正本和副本具有同等的效力。正本悬挂于鉴定机构住所内醒目位置,副本主要供外出办理鉴定有关业务时使用。

《人民检察院鉴定机构资格证书》有效期限为六年,自颁发之日起计算。

第四章 资格审核与延续

第十四条 登记管理部门每两年进行一次鉴定机构资格的审核工作。鉴定机构报请审核时,应当提交下列材料:

(一)《人民检察院鉴定机构资格审核申请表》;

(二)《人民检察院鉴定机构资格证书》;

(三)资格审核申请报告。主要内容包括:仪器设备的配置、维护和使用情况,鉴定文书档案和证物保管情况,所属鉴定人及其履行职务情况,鉴定人技能培训情况等;

(四)需要提交的其他材料。

第十五条 鉴定机构具有下列情形之一的,审核为不合格:

(一)鉴定质量检查不合格的;

(二)违反程序受理鉴定业务的;

(三)仪器设备、业务用房不符合鉴定要求的;

(四)鉴定文书档案和证物保管不符合规定的;

(五)管理不善,无法保证鉴定质量的,

(六)未按规定办理变更登记手续的;

(七)擅自增加鉴定业务或者扩大受理鉴定业务范围的。

第十六条 登记管理部门对审核合格的鉴定机构,应当在其《人民检察院鉴定机构资格证书》上加盖"鉴定资格审核合格章",并及时返还鉴定机构。对审核不合格的,暂扣《人民检察院鉴定机构资格证书》,并书面通知被审核鉴定机构所在人民检察院,限期改正。

第十七条 《人民检察院鉴定机构资格证书》有效期限届满需要延续的,鉴定机构应当在申请审核的同时提交《人民检察院鉴定机构资格延续申请表》。

登记管理部门对审核合格并准予延续登记的,自准予延续登记之日起,重新计算《人民检察院鉴定机构资格证书》的有效期。

第五章　资格变更与注销

第十八条　鉴定机构改变住所、负责人的,可以申请变更登记。鉴定机构改变名称、鉴定业务范围的,应当申请变更登记。申请变更登记的,应当向登记管理部门提交下列材料:
(一)《人民检察院鉴定机构变更登记申请表》;
(二)《人民检察院鉴定机构资格证书》;
(三)变更业务范围所涉及人员的《人民检察院鉴定人资格证书》复印件;
(四)登记管理部门要求提交的其他材料。

第十九条　登记管理部门收到变更登记申请材料后,应当在二十日内作出决定。对准予变更登记的,重新颁发《人民检察院鉴定机构资格证书》。对不予变更登记的,书面通知申请单位。

提交材料不全的,审核期限从材料补齐之日起计算。

第二十条　鉴定机构具有下列情形之一的,登记管理部门应当注销其鉴定资格:
(一)鉴定机构提出注销申请的;
(二)鉴定人数不符合设立条件的;
(三)无正当理由,逾期三个月不提交审核申请的;
(四)其他应当注销的情形。

第二十一条　鉴定机构资格被注销的,登记管理部门应当书面通知鉴定机构所在的人民检察院,收回《人民检察院鉴定机构资格证书》。

第六章　复议程序

第二十二条　对登记管理部门作出不予登记、审核不合格、不予变更登记、注销鉴定资格的决定以及其他处理决定有异议的,鉴定机构可以在相关通知书送达之日起三十日以内,向登记管理部门提交复议申请书和相关证明材料。

第二十三条　登记管理部门在收到复议申请后,应当以集体研究的方式进行复议,并在二十日以内做出复议决定,书面通知提出复议申请的单位。

第七章　名册编制与公告

第二十四条　省级人民检察院登记管理部门应当及时将所辖鉴定机构资格的登记、变更、注销情况报最高人民检察院登记管理部门备案。

第二十五条　最高人民检察院统一编制《人民检察院鉴定机构名册》。

第二十六条 《人民检察院鉴定机构名册》以及鉴定机构资格的变更、注销情况应当及时在人民检察院专线网及机关内部刊物上予以公告,并同时抄送最高人民法院、公安部和国家安全部。

第八章 监督与处罚

第二十七条 登记管理部门应当对所辖范围内的鉴定机构进行不定期检查。

第二十八条 登记管理部门对举报、投诉鉴定机构的,应当及时进行调查处理。涉及违法违纪的,移送有关部门处理。

第二十九条 鉴定机构出具错误鉴定意见或者发生重大责任事故的,应当在发现鉴定意见错误或者发生重大责任事故三日以内,向登记管理部门书面报告。

省级人民检察院登记管理部门应当及时将鉴定意见错误或者发生重大责任事故的情况上报最高人民检察院登记管理部门。

第三十条 鉴定机构资格审核不合格的,登记管理部门应当暂停其部分鉴定业务或者全部鉴定业务。

鉴定机构对被暂停的鉴定业务不得出具鉴定意见。

第三十一条 鉴定机构具有下列情形之一的,登记管理部门应当予以警告、通报批评。必要时,注销其鉴定资格;情节严重的,应当取消其鉴定资格:

(一)违反程序受理鉴定业务的;

(二)擅自增加鉴定业务或者扩大受理鉴定业务范围的;

(三)登记管理部门责令改正,逾期不改的;

(四)提供虚假申报材料骗取登记的;

(五)发现鉴定意见错误或者发生重大责任事故不及时报告的。

鉴定资格被取消之日起一年以内,不得重新申请鉴定资格。

第三十二条 鉴定机构具有下列情形之一的,登记管理部门应当移送并建议有关部门给予相关责任人相应的行政处分;构成犯罪的,依法追究其刑事责任:

(一)弄虚作假,徇私舞弊造成严重后果的;

(二)强行要求鉴定人进行鉴定,造成人身伤害、财产损失、环境污染等重大责任事故的;

(三)法律、法规规定的其他情形。

第九章 附 则

第三十三条 鉴定机构登记管理工作文书由最高人民检察院制定。

第三十四条 本办法自2007年1月1日起实施,最高人民检察院此前有关规定与本办法不一致的,以本办法为准。

第三十五条 本办法由最高人民检察院负责解释。

人民检察院鉴定人登记管理办法

第一章 总 则

第一条 为规范人民检察院鉴定人登记管理工作,根据《全国人民代表大会常务委员会关于司法鉴定管理问题的决定》和其他有关规定,结合检察工作实际,制定本办法。

第二条 本办法所称鉴定人,是指依法取得鉴定人资格,在人民检察院鉴定机构中从事法医类、物证类、声像资料、司法会计鉴定以及心理测试等工作的专业技术人员。

第三条 鉴定人的登记管理工作,应当遵循依法、严格、公正、及时的原则,保证登记管理工作规范、有序、高效开展。

第二章 登记管理部门

第四条 人民检察院鉴定人登记管理实行两级管理制度。

最高人民检察院负责本院和省级人民检察院鉴定人的登记管理工作。

省级人民检察院负责所辖地市级、县区级人民检察院鉴定人的登记管理工作。

第五条 最高人民检察院检察技术部门和各省级人民检察院检察技术部门是人民检察院鉴定人的登记管理部门,具体负责鉴定人资格的登记、审核、延续、变更、注销、复议、名册编制与公告、监督及处罚等。

第六条 登记管理部门不得收取任何登记管理费用。

登记管理的有关业务经费分别列入最高人民检察院和省级人民检察院的年度经费预算。

第三章 资格登记

第七条 鉴定人经登记管理部门核准登记,取得《人民检察院鉴定人资格证书》,方可进行鉴定工作。

第八条 遵守国家法律、法规和检察人员职业道德,身体状况良好,适应鉴定工作需要的检察技术人员具备下列条件之一的,可以申请鉴定人资格:

(一)具有与所申请从事的鉴定业务相关的高级专业技术职称;

（二）具有与所申请从事的鉴定业务相关的专业执业资格或者高等院校相关专业本科以上学历，从事相关工作五年以上；

（三）具有与所申请从事的鉴定业务相关工作十年以上经历和较强的专业技能。

第九条 申请鉴定人资格，由所在鉴定机构向登记管理部门提交下列材料：

（一）《人民检察院鉴定人资格登记申请表》；

（二）学历证书、专业技术培训证明材料的复印件；

（三）申请人的《专业技术职务任职资格证书》、相关专业执业资格证明材料的复印件；

（四）登记管理部门要求提交的其他材料。

第十条 登记管理部门收到登记申请材料后，应当及时进行审查，并在二十日以内作出决定。对准予登记的，经检察长批准，颁发《人民检察院鉴定人资格证书》。对不予登记的，书面通知申请单位。

提交材料不全的，核准登记期限从材料补齐之日起计算。

第十一条 《人民检察院鉴定人资格证书》由最高人民检察院统一制发。

《人民检察院鉴定人资格证书》有效期为六年，自颁发之日起计算。

第四章 资格审核与延续

第十二条 登记管理部门每两年进行一次鉴定人资格的审核工作。接受审核的鉴定人应当提交下列材料，由所在鉴定机构向登记管理部门集中报送：

（一）《人民检察院鉴定人资格审核申请表》；

（二）《人民检察院鉴定人资格证书》；

（三）审核期内本人鉴定工作总结；

（四）需要提交的其他材料。

第十三条 鉴定人具有下列情形之一的，审核为不合格：

（一）未从事相关专业工作的；

（二）无正当理由不接受专业技能培训或者培训不合格的；

（三）在社会鉴定机构兼职的；

（四）未经所在鉴定机构同意擅自受理委托鉴定的；

（五）违反鉴定程序或者技术操作规程出具错误鉴定意见的；

（六）被投诉两次以上，查证属实的。

第十四条 登记管理部门对审核合格的鉴定人，应当在其《人民检察院鉴定人资格证书》上加盖"鉴定资格审核合格章"，并及时返还送审的鉴定机构。对审核不合格的，暂扣其《人民检察院鉴定人资格证书》，并书面通知被审核人所在鉴定机构,同时抄送鉴定人所在单位,限期改正。

第十五条 《人民检察院鉴定人资格证书》有效期限届满需要延续的,鉴定人应当在申请审核的同时提交《人民检察院鉴定人资格延续申请表》。

登记管理部门对审核合格并准予延续登记的,自准予延续登记之日起,重新计算《人民检察院鉴定人资格证书》的有效期。

第五章 资格变更与注销

第十六条 鉴定人变更鉴定业务、鉴定机构的应当申请变更登记,由所在鉴定机构向登记管理部门提交下列材料:

(一)《人民检察院鉴定人变更登记申请表》;

(二)《人民检察院鉴定人资格证书》;

(三)变更鉴定业务所需的学历证书、专业技术培训证明材料的复印件;

(四)变更鉴定业务所需的《专业技术职务任职资格证书》、相关专业执业资格证明材料的复印件;

(五)登记管理部门要求提交的其他材料。

第十七条 鉴定人在本省、自治区、直辖市检察系统内跨鉴定机构调动工作的,由调出鉴定机构将鉴定人申请变更的相关材料交登记管理部门。

鉴定人跨省、自治区、直辖市检察系统调动工作的,由调出鉴定机构将鉴定人申请变更的相关材料交原登记管理部门,原登记管理部门负责将相关材料转交调入地登记管理部门。

第十八条 登记管理部门收到变更登记申请材料后,应当在二十日以内作出决定。对准予变更登记的,重新颁发《人民检察院鉴定人资格证书》。对不予变更登记的,书面通知申请单位。

提交材料不全的,审核期限从材料补齐之日起计算。

第十九条 鉴定人具有下列情形之一的,所在鉴定机构应当向登记管理部门申请注销其鉴定资格,登记管理部门也可以直接注销其鉴定资格:

(一)调离专业技术工作岗位的;

(二)无正当理由,逾期三个月不提交审核申请的;

(三)因身体健康等原因,无法正常履职的;

(四)其他应当注销的情形。

第二十条 鉴定人资格被注销的,登记管理部门应当书面通知鉴定人所在鉴定机构,同时抄送鉴定人所在单位,收回《人民检察院鉴定人资格证书》。

第六章 复议程序

第二十一条 对登记管理部门作出的不予登记、审核不合格、不予变更登记、注销鉴定资格的决定及其他处理决定有异议的,鉴定人可以在相关通知书送达之日起三十日以内,通过其所在鉴定机构向登记管理部门提交复议申请书以及相关证明材料。

第二十二条 登记管理部门在接到复议申请后,应当以集体研究的方式进行复议,并在二十日以内做出复议决定,书面通知复议申请人所在鉴定机构,同时抄送鉴定人所在单位。

第七章 名册编制与公告

第二十三条 省级人民检察院登记管理部门应当将所辖鉴定人资格的登记、变更、注销情况报最高人民检察院登记管理部门备案。

第二十四条 最高人民检察院统一编制《人民检察院鉴定人名册》。

第二十五条 《人民检察院鉴定人名册》以及鉴定人资格的变更、注销情况应当及时在人民检察院专线网以及机关内部刊物上予以公告,并同时抄送最高人民法院、公安部和国家安全部。

第八章 监督与处罚

第二十六条 人民检察院鉴定人应当在登记管理部门核准登记的鉴定业务范围内从事鉴定工作。

未取得《人民检察院鉴定人资格证书》、未通过鉴定资格审核,以及鉴定资格被注销的人员,不得从事鉴定工作。

第二十七条 登记管理部门对举报、投诉鉴定人的,应当及时进行调查处理,涉及违法违纪的移送有关部门处理。

第二十八条 鉴定人具有下列情形之一的,登记管理部门应当给予警告、通报批评。必要时,注销其鉴定资格;情节严重的,取消其鉴定资格:

(一)提供虚假证明材料或者以其他手段骗取资格登记的;

(二)在社会鉴定机构兼职的;

(三)未经所在鉴定机构同意擅自受理委托鉴定的;

(四)违反鉴定程序或者技术操作规程出具错误鉴定意见的;

(五)无正当理由,拒绝鉴定的;

(六)经人民法院通知,无正当理由拒绝出庭的;

(七)登记管理部门责令改正,逾期不改的。

鉴定资格被取消之日起一年以内,不得重新申请鉴定资格。

第二十九条 鉴定人具有下列情形之一的,登记管理部门应当移送并建议有关部门给予相应的行政处分,构成犯罪的,依法追究刑事责任,并终身不授予鉴定资格：

（一）故意出具虚假鉴定意见的；
（二）严重违反规定，出具错误鉴定意见，造成严重后果的；
（三）违反法律、法规的其他情形。

第九章　附　则

第三十条　鉴定人登记管理工作文书由最高人民检察院制定。

第三十一条　本办法自 2007 年 1 月 1 日起实施，最高人民检察院此前有关规定与本办法不一致的，以本办法为准。

第三十二条　本办法由最高人民检察院负责解释。

人民检察院鉴定规则（试行）

第一章　总　则

第一条　为规范人民检察院鉴定工作，根据《中华人民共和国刑事诉讼法》和《全国人民代表大会常务委员会关于司法鉴定管理问题的决定》等有关规定，结合检察工作实际，制定本规则。

第二条　本规则所称鉴定，是指人民检察院鉴定机构及其鉴定人运用科学技术或者专门知识，就案件中某些专门性问题进行鉴别和判断并出具鉴定意见的活动。

第三条　鉴定工作应当遵循依法、科学、客观、公正、独立的原则。

第二章　鉴定机构、鉴定人

第四条　本规则所称鉴定机构，是指在人民检察院设立的，取得鉴定机构资格并开展鉴定工作的部门。

第五条　本规则所称鉴定人，是指取得鉴定人资格，在人民检察院鉴定机构中从事法医类、物证类、声像资料、司法会计鉴定以及心理测试等工作的专业技术人员。

第六条　鉴定人享有下列权利：

（一）了解与鉴定有关的案件情况，要求委托单位提供鉴定所需的材料；
（二）进行必要的勘验、检查；
（三）查阅与鉴定有关的案件材料，询问与鉴定事项有关的人员；
（四）对违反法律规定委托的案件、不具备鉴定条件或者提供虚假鉴定材料的案件，有权拒绝鉴定；

（五）对与鉴定无关问题的询问，有权拒绝回答；
（六）与其他鉴定人意见不一致时，有权保留意见；
（七）法律、法规规定的其他权利。

第七条 鉴定人应当履行下列义务：
（一）严格遵守法律、法规和鉴定工作规章制度；
（二）保守案件秘密；
（三）妥善保管送检的检材、样本和资料；
（四）接受委托单位与鉴定有关问题的咨询；
（五）出庭接受质证；
（六）法律、法规规定的其他义务。

第八条 鉴定人有下列情形之一的，应当自行回避，委托单位也有权要求鉴定人回避：
（一）是本案的当事人或者是当事人的近亲属的；
（二）本人或其近亲属和本案有利害关系的；
（三）担任过本案的证人或者诉讼代理人的；
（四）重新鉴定时，是本案原鉴定人的；
（五）其他可能影响鉴定客观、公正的情形。

鉴定人自行提出回避的，应当说明理由，由所在鉴定机构负责人决定是否回避。

委托单位要求鉴定人回避的，应当提出书面申请，由检察长决定是否回避。

第三章　委托与受理

第九条 鉴定机构可以受理人民检察院、人民法院和公安机关以及其他侦查机关委托的鉴定。

第十条 人民检察院内部委托的鉴定实行逐级受理制度，对其他机关委托的鉴定实行同级受理制度。

第十一条 人民检察院各业务部门向上级人民检察院或者对外委托鉴定时，应当通过本院或者上级人民检察院检察技术部门统一协助办理。

第十二条 委托鉴定应当以书面委托为依据，客观反映案件基本情况、送检材料和鉴定要求等内容。鉴定机构受理鉴定时，应当制作委托受理登记表。

第十三条 鉴定机构对不符合法律规定、办案程序和不具备鉴定条件的委托，应当拒绝受理。

第四章　鉴　定

第十四条 鉴定机构接受鉴定委托后，应当指派两名以上鉴定人共同进行鉴定。根据鉴定需要可以聘请其他鉴定机构的鉴定人参与鉴定。

第十五条 具备鉴定条件的,一般应当在受理后十五个工作日以内完成鉴定;特殊情况不能完成的,经检察长批准,可以适当延长,并告知委托单位。

第十六条 鉴定应当严格执行技术标准和操作规程。需要进行实验的,应当记录实验时间、条件、方法、过程、结果等,并由实验人签名,存档备查。

第十七条 具有下列情形之一的,鉴定机构可以接受案件承办单位的委托,进行重新鉴定:

(一)鉴定意见与案件中其他证据相矛盾的;
(二)有证据证明鉴定意见确有错误的;
(三)送检材料不真实的;
(四)鉴定程序不符合法律规定的;
(五)鉴定人应当回避而未回避的;
(六)鉴定人或者鉴定机构不具备鉴定资格的;
(七)其他可能影响鉴定客观、公正情形的。

重新鉴定时,应当另行指派或者聘请鉴定人。

第十八条 鉴定事项有遗漏或者发现新的相关重要鉴定材料的,鉴定机构可以接受委托,进行补充鉴定。

第十九条 通有重大、疑难、复杂的专门性问题时,经检察长批准,鉴定机构可以组织会检鉴定。

会检鉴定人可以由本鉴定机构的鉴定人与聘请的其他鉴定机构的鉴定人共同组成;也可以全部由聘请的其他鉴定机构的鉴定人组成。

会检鉴定人应当不少于三名,采取鉴定人分别独立检验,集体讨论的方式进行。

会检鉴定应当出具鉴定意见。鉴定人意见有分歧的,应当在鉴定意见中写明分歧的内容和理由,并分别签名或者盖章。

第五章 鉴定文书

第二十条 鉴定完成后,应当制作鉴定文书。鉴定文书包括鉴定书、检验报告等。

第二十一条 鉴定文书应当语言规范,内容完整,描述准确,论证严谨,结论科学。

鉴定文书应当由鉴定人签名,有专业技术职称的,应当注明,并加盖鉴定专用章。

第二十二条 鉴定文书包括正本和副本,正本交委托单位,副本由鉴定机构存档备查。

第二十三条 鉴定文书的归档管理,依照人民检察院立卷归档管理的相关规定执行。

第六章 出 庭

第二十四条 鉴定人接到人民法院的出庭通知后,应当出庭。因特殊情况不能出庭的,应当向法庭说明原因。

第二十五条 鉴定人在出庭前,应当准备出庭需要的相关材料。

鉴定人出庭时,应当遵守法庭规则,依法接受法庭质证,回答与鉴定有关的询问。

第七章 附 则

第二十六条 本规则自2007年1月1日起实施,最高人民检察院此前有关规定与本规则不一致的,以本规则为准。

第二十七条 本规则由最高人民检察院负责解释。

人民检察院刑事诉讼规则(试行)(节录)

(2012年11月22日 高检发释字〔2012〕2号)

第三章 回 避

第三十三条 本规则关于回避的规定,适用于书记员、司法警察和人民检察院聘请或者指派的翻译人员、鉴定人。

书记员、司法警察和人民检察院聘请或者指派的翻译人员、鉴定人的回避由检察长决定。

辩护人、诉讼代理人可以依照刑事诉讼法及本规则关于回避的规定要求回避、申请复议。

第五章 证 据

第六十四条 行政机关在行政执法和查办案件过程中收集的物证、书证、视听资料、电子数据证据材料,应当以该机关的名义移送,经人民检察院审查符合法定要求的,可以作为证据使用。

行政机关在行政执法和查办案件过程中收集的鉴定意见、勘验、检查笔录,经人民检察院审查符合法定要求的,可以作为证据使用。

人民检察院办理直接受理立案侦查的案件,对于有关机关在行政执法和查办案件过程中收集的涉案人员供述或者相关人员的证言、陈述,应当重新收集;确有证据证实涉案人员或者相关人员因路途遥远、死亡、失踪或者丧失作证能力,无法重新收集,但供述、证言或者陈述的来源、收集程序合法,并有其他证据相印证,经人民检察院审查符合法定要求的,可以作为证据使用。

根据法律、法规赋予的职责查处行政违法、违纪案件的组织属于本条规定的行政机关。

第七十条 人民检察院可以采取以下方式对非法取证行为进行调查核实:

(一)讯问犯罪嫌疑人;
(二)询问办案人员;
(三)询问在场人员及证人;
(四)听取辩护律师意见;

（五）调取讯问笔录、讯问录音、录像；
（六）调取、查询犯罪嫌疑人出入看守所的身体检查记录及相关材料；
（七）进行伤情、病情检查或者鉴定；
（八）其他调查核实方式。

第七十六条 对于危害国家安全犯罪、恐怖活动犯罪、黑社会性质的组织犯罪、毒品犯罪等案件，人民检察院在办理案件过程中，证人、鉴定人、被害人因在诉讼中作证，本人或者其近亲属人身安全面临危险，向人民检察院请求保护的，人民检察院应当受理并及时进行审查，对于确实存在人身安全危险的，应当立即采取必要的保护措施。人民检察院发现存在上述情形的，可以主动采取保护措施。

人民检察院可以采取以下一项或者多项保护措施：
（一）不公开真实姓名、住址和工作单位等个人信息；
（二）建议法庭采取不暴露外貌、真实声音等出庭作证措施；
（三）禁止特定的人员接触证人、鉴定人、被害人及其近亲属；
（四）对人身和住宅采取专门性保护措施；
（五）其他必要的保护措施。

人民检察院依法决定不公开证人、鉴定人、被害人的真实姓名、住址和工作单位等个人信息的，可以在起诉书、询问笔录等法律文书、证据材料中使用化名代替证人、鉴定人、被害人的个人信息。但是应当另行书面说明使用化名的情况并标明密级。

人民检察院依法采取保护措施，可以要求有关单位和个人予以配合。

对证人及其近亲属进行威胁、侮辱、殴打或者打击报复，构成犯罪或者应当给予治安管理处罚的，人民检察院应当移送公安机关处理；情节轻微的，予以批评教育、训诫。

第七十七条 证人在人民检察院侦查、审查起诉阶段因履行作证义务而支出的交通、住宿、就餐等费用，人民检察院应当给予补助。

第八章 初查和立案

第一节 初 查

第一百七十三条 在初查过程中，可以采取询问、查询、勘验、检查、鉴定、调取证据材料等不限制初查对象人身、财产权利的措施。不得对初查对象采取强制措施，不得查封、扣押、冻结初查对象的财产，不得采取技术侦查措施。

第九章 侦 查

第三节 询问证人、被害人

第二百零三条 人民检察院在侦查过程中,应当及时询问证人,并且告知证人履行作证的权利和义务。

人民检察院应当保证一切与案件有关或者了解案情的公民,有客观充分地提供证据的条件,并为他们保守秘密。除特殊情况外,人民检察院可以吸收证人协助调查。

第二百零四条 询问证人,应当由检察人员进行。询问的时候,检察人员不得少于二人。

第二百零五条 询问证人,可以在现场进行,也可以到证人所在单位、住处或者证人提出的地点进行。必要时,也可以通知证人到人民检察院提供证言。到证人提出的地点进行询问的,应当在笔录中记明。

询问证人应当个别进行。

在现场询问证人,应当出示工作证件。到证人所在单位、住处或者证人提出的地点询问证人,应当出示人民检察院的证明文件。

第二百零六条 询问证人,应当问明证人的基本情况以及与当事人的关系,并且告知证人应当如实提供证据、证言和故意作伪证或者隐匿罪证应当承担的法律责任,但是不得向证人泄露案情,不得采用羁押、暴力、威胁、引诱、欺骗以及其他非法方法获取证言。

第二百零七条 本规则第一百九十八条、第一百九十九条的规定,适用于询问证人。

第二百零八条 询问被害人,适用询问证人的规定。

第四节 勘验、检查

第二百零九条 检察人员对于与犯罪有关的场所、物品、人身、尸体应当进行勘验或者检查。在必要的时候,可以指派检察技术人员或者聘请其他具有专门知识的人,在检察人员的主持下进行勘验、检查。

第二百一十二条 人民检察院解剖死因不明的尸体,应当通知死者家属到场,并让其在解剖通知书上签名或者盖章。

死者家属无正当理由拒不到场或者拒绝签名、盖章的,不影响解剖的进行,但是应当在解剖通知书上记明。对于身份不明的尸体,无法通知死者家属的,应当记明笔录。

第二百一十三条 为了确定被害人、犯罪嫌疑人的某些特征、伤害情况或者生理状态,人民检察院可以对人身进行检查,可以提取指纹信息,采集血液、尿液等生物样本。

必要时,可以指派、聘请法医或者医师进行人身检查。采集血液等生物样本应当由医师进行。

犯罪嫌疑人如果拒绝检查,检察人员认为必要的时候,可以强制检查。

检查妇女的身体,应当由女工作人员或者医师进行。

第二百一十六条 为了查明案情,在必要的时候,经检察长批准,可以进行侦查实验。

侦查实验,禁止一切足以造成危险、侮辱人格或者有伤风化的行为。

第二百一十七条 侦查实验,在必要的时候可以聘请有关专业人员参加,也可以要求犯罪嫌疑人、被害人、证人参加。

第二百一十八条 侦查实验,应当制作笔录,记明侦查实验的条件、经过和结果,由参加侦查实验的人员签名。必要时可以对侦查实验录音、录像。

第六节 调取、查封、扣押物证、书证和视听资料、电子数据

第二百三十六条 对于查封、扣押的财物和文件,检察人员应当会同在场见证人和被查封、扣押物品持有人查点清楚,当场开列查封、扣押清单一式四份,注明查封、扣押物品的名称、型号、规格、数量、质量、颜色、新旧程度、包装等主要特征,由检察人员、见证人和持有人签名或者盖章,一份交给文件、资料和其他物品持有人,一份交被查封、扣押文件、资料和其他物品保管人,一份附卷,一份保存。持有人拒绝签名、盖章或者不在场的,应当在清单上记明。

查封、扣押外币、金银珠宝、文物、名贵字画以及其他不易辨别真伪的贵重物品,应当在拍照或者录像后当场密封,由检察人员、见证人和被扣押物品持有人在密封材料上签名或者盖章,根据办案需要及时委托具有资质的部门出具鉴定报告。启封时应当有见证人或者持有人在场并且签名或者盖章。

查封、扣押存折、信用卡、有价证券等支付凭证和具有一定特征能够证明案情的现金,应当注明特征、编号、种类、面值、张数、金额等,由检察人员、见证人和被扣押物品持有人在密封材料上签名或者盖章。启封时应当有见证人或者持有人在场并签名或者盖章。

查封、扣押易损毁、灭失、变质以及其他不宜长期保存的物品,应当用笔录、绘图、拍照、录像等方法加以保全后进行封存,或者经检察长批准后委托有关部门变卖、拍卖。变卖、拍卖的价款暂予保存,待诉讼终结后一并处理。

第八节 鉴 定

第二百四十七条 人民检察院为了查明案情,解决案件中某些专门性的问

题,可以进行鉴定。

第二百四十八条 鉴定由检察长批准,由人民检察院技术部门有鉴定资格的人员进行。必要的时候,也可以聘请其他有鉴定资格的人员进行,但是应当征得鉴定人所在单位的同意。

具有刑事诉讼法第二十八条、第二十九条规定的应当回避的情形的,不能担任鉴定人。

第二百四十九条 人民检察院应当为鉴定人进行鉴定提供必要条件,及时向鉴定人送交有关检材和对比样本等原始材料,介绍与鉴定有关的情况,并明确提出要求鉴定解决的问题,但是不得暗示或者强迫鉴定人作出某种鉴定意见。

第二百五十条 鉴定人进行鉴定后,应当出具鉴定意见、检验报告,同时附上鉴定机构和鉴定人的资质证明,并且签名或者盖章。

多个鉴定人的鉴定意见不一致的,应当在鉴定意见上写明分歧的内容和理由,并且分别签名或者盖章。

第二百五十一条 鉴定人故意作虚假鉴定的,应当承担法律责任。

第二百五十二条 对于鉴定意见,检察人员应当进行审查,必要的时候,可以提出补充鉴定或者重新鉴定的意见,报检察长批准后进行补充鉴定或者重新鉴定。检察长也可以直接决定进行补充鉴定或者重新鉴定。

第二百五十三条 用作证据的鉴定意见,人民检察院办案部门应当告知犯罪嫌疑人、被害人;被害人死亡或者没有诉讼行为能力的,应当告知其法定代理人、近亲属或诉讼代理人。

犯罪嫌疑人、被害人或被害人的法定代理人、近亲属、诉讼代理人提出申请,经检察长批准,可以补充鉴定或者重新鉴定,鉴定费用由请求方承担,但原鉴定违反法定程序的,由人民检察院承担。

犯罪嫌疑人的辩护人或者近亲属以犯罪嫌疑人有患精神病可能而申请对犯罪嫌疑人进行鉴定的,鉴定费用由请求方承担。

第二百五十四条 人民检察院决定重新鉴定的,应当另行指派或者聘请鉴定人。

第二百五十五条 对犯罪嫌疑人作精神病鉴定的期间不计入羁押期限和办案期限。

第二百五十六条 对于因鉴定时间较长、办案期限届满仍不能终结的案件,自期限届满之日起,应当依法释放被羁押的犯罪嫌疑人或者变更强制措施。

第十章　审查逮捕

第一节　一般规定

第三百零八条　侦查监督部门办理审查逮捕案件,必要时,可以询问证人、被害人、鉴定人等诉讼参与人,并制作笔录附卷。

第十一章　审查起诉

第一节　审　查

第三百六十六条　人民检察院认为需要对案件中某些专门性问题进行鉴定而侦查机关没有鉴定的,应当要求侦查机关进行鉴定;必要时也可以由人民检察院进行鉴定或者由人民检察院送交有鉴定资格的人进行。

人民检察院自行进行鉴定的,可以商请侦查机关派员参加,必要时可以聘请有鉴定资格的人参加。

第三百六十七条　在审查起诉中,发现犯罪嫌疑人可能患有精神病的,人民检察院应当依照本规则的有关规定对犯罪嫌疑人进行鉴定。

犯罪嫌疑人的辩护人或者近亲属以犯罪嫌疑人可能患有精神病而申请对犯罪嫌疑人进行鉴定的,人民检察院也可以依照本规则的有关规定对犯罪嫌疑人进行鉴定,鉴定费用由申请方承担。

第三百六十八条　人民检察院对鉴定意见有疑问的,可以询问鉴定人并制作笔录附卷,也可以指派检察技术人员或者聘请有鉴定资格的人对案件中的某些专门性问题进行补充鉴定或者重新鉴定。

公诉部门对审查起诉案件中涉及专门技术问题的证据材料需要进行审查的,可以送交检察技术人员或者其他有专门知识的人审查,审查后应当出具审查意见。

第三百六十九条　人民检察院审查案件的时候,对公安机关的勘验、检查,认为需要复验、复查的,应当要求公安机关复验、复查,人民检察院可以派员参加;也可以自行复验、复查,商请公安机关派员参加,必要时也可以聘请专门技术人员参加。

第三百七十条　人民检察院对物证、书证、视听资料、电子数据及勘验、检查、辨认、侦查实验等笔录存在疑问的,可以要求侦查人员提供获取、制作的有关情况。必要时也可以询问提供物证、书证、视听资料、电子数据及勘验、检查、辨认、侦查实验等笔录的人员和见证人并制作笔录附卷,对物证、书证、视听资料、电子数据进行技术鉴定。

第三百七十二条　讯问犯罪嫌疑人或者询问被害人、证人、鉴定人时,应当分别告知其在审查起诉阶段所享有的诉讼权利。

第三百七十三条 讯问犯罪嫌疑人、询问被害人、证人、鉴定人,听取辩护人、被害人及其诉讼代理人的意见,应当由二名以上办案人员进行。

讯问犯罪嫌疑人、询问证人、鉴定人、被害人,应当个别进行。

询问证人、被害人的地点按照刑事诉讼法第一百二十二条的规定执行。

第二节 起 诉

第三百九十三条 人民检察院决定起诉的,应当制作起诉书。

起诉书的主要内容包括:

(一)被告人的基本情况,包括姓名、性别、出生年月日、出生地和户籍地、身份证号码、民族、文化程度、职业、工作单位及职务、住址,是否受过刑事处分及处分的种类和时间,采取强制措施的情况等;如果是单位犯罪,应当写明犯罪单位的名称和组织机构代码、所在地址、联系方式,法定代表人和诉讼代表人的姓名、职务、联系方式;如果还有应当负刑事责任的直接负责的主管人员或其他直接责任人员,应当按上述被告人基本情况的内容叙写。

(二)案由和案件来源。

(三)案件事实,包括犯罪的时间、地点、经过、手段、动机、目的、危害后果等与定罪量刑有关的事实要素。起诉书叙述的指控犯罪事实的必备要素应当明晰、准确。被告人被控有多项犯罪事实的,应当逐一列举,对于犯罪手段相同的同一犯罪可以概括叙写。

(四)起诉的根据和理由,包括被告人触犯的刑法条款、犯罪的性质及认定的罪名、处罚条款、法定从轻、减轻或者从重处罚的情节,共同犯罪各被告人应负的罪责等。

被告人真实姓名、住址无法查清的,应当按其绰号或者自报的姓名、住址制作起诉书,并在起诉书中注明。被告人自报的姓名可能造成损害他人名誉、败坏道德风俗等不良影响的,可以对被告人编号并按编号制作起诉书,并附具被告人的照片,记明足以确定被告人面貌、体格、指纹以及其他反映被告人特征的事项。

起诉书应当附有被告人现在处所,证人、鉴定人、需要出庭的有专门知识的人的名单,需要保护的被害人、证人、鉴定人的名单,涉案款物情况,附带民事诉讼情况以及其他需要附注的情况。

证人、鉴定人、有专门知识的人的名单应当列明姓名、性别、年龄、职业、住址、联系方式,并注明证人、鉴定人是否出庭。

第三百九十四条 人民检察院提起公诉的案件,应当向人民法院移送起诉书、案卷材料和证据。

起诉书应当一式八份,每增加一名被告人增加起诉书五份。

关于被害人姓名、住址、联系方式、被告人被采取强制措施的种类、是否在案及羁押处所等问题,人民检察院应当在起诉书中列明,不再单独移送材料;对于涉及被害人隐私或者为保护证人、鉴定人、被害人人身安全,而不宜公开证人、鉴定人、被害人姓名、住址、工作单位和联系方式等个人信息,可以在起诉书中使用化名替代证人、鉴定人、被害人的个人信息,但是应当另行书面说明使用化名等情况,并标明密级。

第十二章 出席法庭

第一节 出席第一审法庭

第四百二十八条 公诉人在人民法院决定开庭审判后,应当做好如下准备工作:

(一)进一步熟悉案情,掌握证据情况;

(二)深入研究与本案有关的法律政策问题;

(三)充实审判中可能涉及的专业知识;

(四)拟定讯问被告人、询问证人、鉴定人、有专门知识的人和宣读、出示、播放证据的计划并制定质证方案;

(五)对可能出现证据合法性争议的,拟定证明证据合法性的提纲并准备相关材料;

(六)拟定公诉意见,准备辩论提纲;

(七)需要对出庭证人等的保护向人民法院提出建议或者配合做好工作的,做好相关准备。

第四百三十一条 在庭前会议中,公诉人可以对案件管辖、回避、出庭证人、鉴定人、有专门知识的人的名单、辩护人提供的无罪证据、非法证据排除、不公开审理、延期审理、适用简易程序、庭审方案等与审判相关的问题提出和交换意见,了解辩护人收集的证据等情况。

对辩护人收集的证据有异议的,应当提出。

公诉人通过参加庭前会议,了解案件事实、证据和法律适用的争议和不同意见,解决有关程序问题,为参加法庭审理做好准备。

第四百三十四条 公诉人在法庭上应当依法进行下列活动:

(一)宣读起诉书,代表国家指控犯罪,提请人民法院对被告人依法审判;

(二)讯问被告人;

(三)询问证人、被害人、鉴定人;

(四)申请法庭出示物证,宣读书证、未到庭证人的证言笔录、鉴定人的鉴定

意见、勘验、检查、辨认、侦查实验等笔录和其他作为证据的文书,播放作为证据的视听资料、电子数据等;

(五)对证据采信、法律适用和案件情况发表意见,提出量刑建议及理由,针对被告人、辩护人的辩护意见进行答辩,全面阐述公诉意见;

(六)维护诉讼参与人的合法权利;

(七)对法庭审理案件有无违反法律规定的诉讼程序的情况记明笔录;

(八)依法从事其他诉讼活动。

第四百三十五条 在法庭审理中,公诉人应当客观、全面、公正地向法庭出示与定罪、量刑有关的证明被告人有罪、罪重或者罪轻的证据。

定罪证据与量刑证据需要分开的,应当分别出示。

第四百三十六条 公诉人讯问被告人,询问证人、被害人、鉴定人,出示物证,宣读书证、未出庭证人的证言笔录等应当围绕下列事实进行:

(一)被告人的身份;

(二)指控的犯罪事实是否存在,是否为被告人所实施;

(三)实施犯罪行为的时间、地点、方法、手段、结果,被告人犯罪后的表现等;

(四)犯罪集团或者其他共同犯罪案件中参与犯罪人员的各自地位和应负的责任;

(五)被告人有无刑事责任能力,有无故意或者过失,行为的动机、目的;

(六)有无依法不应当追究刑事责任的情况,有无法定的从重或者从轻、减轻以及免除处罚的情节;

(七)犯罪对象、作案工具的主要特征,与犯罪有关的财物的来源、数量以及去向;

(八)被告人全部或者部分否认起诉书指控的犯罪事实的,否认的根据和理由能否成立;

(九)与定罪、量刑有关的其他事实。

第四百三十七条 在法庭审理中,下列事实不必提出证据进行证明:

(一)为一般人共同知晓的常识性事实;

(二)人民法院生效裁判所确认的并且未依审判监督程序重新审理的事实;

(三)法律、法规的内容以及适用等属于审判人员履行职务所应当知晓的事实;

(四)在法庭审理中不存在异议的程序事实;

(五)法律规定的推定事实;

(六)自然规律或者定律。

第四百四十条 公诉人对证人证言有异议,且该证人证言对案件定罪量刑有重大影响的,可以申请人民法院通知证人出庭作证。

人民警察就其执行职务时目击的犯罪情况作为证人出庭作证,适用前款规定。

公诉人对鉴定意见有异议的,可以申请人民法院通知鉴定人出庭作证。经人民法院通知,鉴定人拒不出庭作证的,公诉人可以建议法庭不得采纳该鉴定意见作为定案的根据,也可以申请法庭重新通知鉴定人出庭作证或者申请重新鉴定。

必要时公诉人可以申请法庭通知有专门知识的人出庭,就鉴定人作出的鉴定意见提出意见。

当事人或者辩护人、诉讼代理人对证人证言、鉴定意见有异议的,公诉人认为必要时,可以申请人民法院通知证人、鉴定人出庭作证。

第四百四十二条　证人在法庭上提供证言,公诉人应当按照审判长确定的顺序向证人发问。公诉人可以要求证人就其所了解的与案件有关的事实进行陈述,也可以直接发问。

证人不能连贯陈述的,公诉人也可以直接发问。

对证人发问,应当针对证言中有遗漏、矛盾、模糊不清和有争议的内容,并着重围绕与定罪量刑紧密相关的事实进行。

发问应当采取一问一答形式,提问应当简洁、清楚。

证人进行虚假陈述的,应当通过发问澄清事实,必要时还应当宣读证人在侦查、审查起诉阶段提供的证言笔录或者出示、宣读其他证据对证人进行询问。

当事人和辩护人、诉讼代理人对证人发问后,公诉人可以根据证人回答的情况,经审判长许可,再次对证人发问。

询问鉴定人、有专门知识的人参照上述规定进行。

第四百四十三条　必要时公诉人可以建议法庭采取不暴露证人、鉴定人、被害人外貌、真实声音等出庭作证措施,或者建议法庭根据刑事诉讼法第一百五十二条的规定在庭外对证据进行核实。

第四百四十四条　对于鉴定意见、勘验、检查、辨认、侦查实验等笔录和其他作为证据的文书以及经法院通知未到庭的被害人的陈述笔录,公诉人应当当庭宣读。

第四百四十五条　公诉人向法庭出示物证,应当对该物证所要证明的内容、获取情况作概括的说明,并向当事人、证人等问明物证的主要特征,让其辨认。

宣读书证应当对书证所要证明的内容、获取情况作概括的说明,向当事人、证人问明书证的主要特征,并让其辨认。对该书证进行鉴定的,应当宣读鉴定意见。

第四百五十一条 在法庭审理过程中,合议庭对证据有疑问并在休庭后进行勘验、检查、查封、扣押、鉴定和查询、冻结的,人民检察院应当依法进行监督,发现上述活动有违法情况的,应当提出纠正意见。

第四百五十五条 法庭审判过程中遇有下列情形之一的,公诉人可以建议法庭延期审理:

(一)发现事实不清、证据不足,或者遗漏罪行、遗漏同案犯罪嫌疑人,需要补充侦查或者补充提供证据的;

(二)被告人揭发他人犯罪行为或者提供重要线索,需要补充侦查进行查证的;

(三)发现遗漏罪行或者遗漏同案犯罪嫌疑人,虽不需要补充侦查和补充提供证据,但需要补充、追加或者变更起诉的;

(四)申请人民法院通知证人、鉴定人出庭作证或者有专门知识的人出庭提出意见的;

(五)需要调取新的证据,重新鉴定或者勘验的;

(六)公诉人出示、宣读开庭前移送人民法院的证据以外的证据,或者补充、变更起诉,需要给予被告人、辩护人必要时间进行辩护准备的;

(七)被告人、辩护人向法庭出示公诉人不掌握的与定罪量刑有关的证据,需要调查核实的;

(八)公诉人对证据收集的合法性进行证明,需要调查核实的。

在人民法院开庭审理前发现具有上述情形之一的,人民检察院可以建议人民法院延期审理。

第二节 简易程序

第四百六十九条 公诉人出席简易程序法庭时,应当主要围绕量刑以及其他有争议的问题进行法庭调查和法庭辩论。在确认被告人庭前收到起诉书并对起诉书指控的犯罪事实没有异议后,可以简化宣读起诉书,根据案件情况决定是否讯问被告人,是否询问证人、鉴定人,是否需要出示证据。

根据案件情况,公诉人可以建议法庭简化法庭调查和法庭辩论程序。

第三节 出席第二审法庭

第四百七十六条 检察人员在审查第一审案卷材料时,应当复核主要证据,可以讯问原审被告人,必要时可以补充收集证据、重新鉴定或者补充鉴定。需要原侦查机关补充收集证据的,可以要求原侦查机关补充收集。被告人、辩护人提出被告人自首、立功等可能影响定罪量刑的材料和线索的,人民检察院可以依照管辖规定交侦查机关调查核实,也可以自行调查核实。发现遗漏罪行或者同案犯罪嫌疑人的,应当建议侦查机关侦查。

对于下列原审被告人,应当进行讯问:

(一)提出上诉的;

(二)人民检察院提出抗诉的;

(三)被判处无期徒刑以上刑罚的。

第四百七十七条 人民检察院办理死刑上诉、抗诉案件,应当进行下列工作:

(一)讯问原审被告人,听取原审被告人的上诉理由或者辩解;

(二)必要时听取辩护人的意见;

(三)复核主要证据,必要时询问证人;

(四)必要时补充收集证据;

(五)对鉴定意见有疑问的,可以重新鉴定或者补充鉴定;

(六)根据案件情况,可以听取被害人的意见。

第四百七十八条 检察人员出席第二审法庭前,应当制作讯问被告人、询问被害人、证人、鉴定人和出示、宣读、播放证据计划,拟写答辩提纲,并制作出庭意见。

第四百七十九条 在法庭审理中,检察人员应当针对原审判决或者裁定认定事实或适用法律、量刑等方面的问题,围绕抗诉或者上诉理由以及辩护人的辩护意见,讯问被告人,询问被害人、证人、鉴定人,出示和宣读证据,并提出意见和进行辩论。

第十三章 特别程序

第四节 依法不负刑事责任的精神病人的强制医疗程序

第五百三十九条 对于实施暴力行为,危害公共安全或者严重危害公民人身安全,已经达到犯罪程度,经法定程序鉴定依法不负刑事责任的精神病人,有继续危害社会可能的,人民检察院应当向人民法院提出强制医疗的申请。

第五百四十二条 人民检察院向人民法院提出强制医疗的申请,应当制作强制医疗申请书。强制医疗申请书的主要内容包括:

(一)涉案精神病人的基本情况,包括姓名、性别、出生年月日、出生地、户籍地、身份证号码、民族、文化程度、职业、工作单位及职务、住址,采取临时保护性约束措施的情况及处所等;

(二)涉案精神病人的法定代理人的基本情况,包括姓名、住址、联系方式等;

(三)案由及案件来源;

（四）涉案精神病人实施危害公共安全或者严重危害公民人身安全的暴力行为的事实，包括实施暴力行为的时间、地点、手段、后果等及相关证据情况；

（五）涉案精神病人不负刑事责任的依据，包括有关鉴定意见和其他证据材料；

（六）涉案精神病人继续危害社会的可能；

（七）提出强制医疗申请的理由和法律依据。

第五百四十三条 人民检察院审查公安机关移送的强制医疗意见书，应当查明：

（一）是否属于本院管辖；

（二）涉案精神病人身份状况是否清楚，包括姓名、性别、国籍、出生年月日、职业和单位等；

（三）涉案精神病人实施危害公共安全或者严重危害公民人身安全的暴力行为的事实；

（四）公安机关对涉案精神病人进行鉴定的程序是否合法，涉案精神病人是否依法不负刑事责任；

（五）涉案精神病人是否有继续危害社会的可能；

（六）证据材料是否随案移送，不宜移送的证据的清单、复制件、照片或者其他证明文件是否随案移送；

（七）证据是否确实、充分；

（八）采取的临时保护性约束措施是否适当。

第五百四十六条 人民检察院发现公安机关对涉案精神病人进行鉴定的程序违反法律或者采取临时保护性约束措施不当的，应当提出纠正意见。

公安机关应当采取临时保护性约束措施而尚未采取的，人民检察院应当建议公安机关采取临时保护性约束措施。

第五百四十八条 在审查起诉中，犯罪嫌疑人经鉴定系依法不负刑事责任的精神病人的，人民检察院应当作出不起诉决定。认为符合刑事诉讼法第二百八十四条规定条件的，应当向人民法院提出强制医疗的申请。

第十四章 刑事诉讼法律监督

第六节 羁押和办案期限监督

第六百二十二条 人民检察院侦查部门、侦查监督部门、公诉部门在办理案件过程中，犯罪嫌疑人、被告人被羁押的，具有下列情形之一的，应当在作出决定或者收到决定书、裁定书后十日以内通知负有监督职责的人民检察院监所检察部门或者案件管理部门以及看守所：

（一）批准或者决定延长侦查羁押期限的；

（二）对于人民检察院直接受理立案侦查的案件，决定重新计算侦查羁押期限、变更或者解除强制措施的；

（三）对犯罪嫌疑人、被告人进行精神病鉴定的；

（四）审查起诉期间改变管辖、延长审查起诉期限的；

（五）案件退回补充侦查，或者补充侦查完毕移送审查起诉后重新计算审查起诉期限的；

（六）人民法院决定适用简易程序审理第一审案件，或者将案件由简易程序转为普通程序重新审理的；

（七）人民法院改变管辖，决定延期审理、中止审理，或者同意人民检察院撤回起诉的。

第六百二十四条 人民检察院发现公安机关的侦查羁押期限执行情况有下列情形之一的，应当依法提出纠正意见：

（一）未按规定办理换押手续的；

（二）决定重新计算侦查羁押期限、经批准延长侦查羁押期限，未书面通知人民检察院和看守所的；

（三）对犯罪嫌疑人进行精神病鉴定，没有书面通知人民检察院和看守所的；

（四）其他违法情形。

第六百二十五条 人民检察院发现人民法院的审理期限执行情况有下列情形之一的，应当依法提出纠正意见：

（一）在一审、二审和死刑复核阶段未按规定办理换押手续的；

（二）违反刑事诉讼法的规定重新计算审理期限、批准延长审理期限、改变管辖、延期审理、中止审理或者发回重审的；

（三）决定重新计算审理期限、批准延长审理期限、改变管辖、延期审理、中止审理、对被告人进行精神病鉴定，没有书面通知人民检察院和看守所的；

（四）其他违法情形。

（四）公安部

公安机关办理刑事案件程序规定
（节录）

（2012年12月13日　公安部令第127号）

第三章　回　避

第三十条　公安机关负责人、侦查人员有下列情形之一的,应当自行提出回避申请,没有自行提出回避申请的,应当责令其回避,当事人及其法定代理人也有权要求他们回避：

（一）是本案的当事人或者是当事人的近亲属的；

（二）本人或者他的近亲属和本案有利害关系的；

（三）担任过本案的证人、鉴定人、辩护人、诉讼代理人的；

（四）与本案当事人有其他关系,可能影响公正处理案件的。

第三十八条　本章关于回避的规定适用于记录人、翻译人员和鉴定人。

记录人、翻译人员和鉴定人需要回避的,由县级以上公安机关负责人决定。

第五章　证　据

第五十六条　可以用于证明案件事实的材料,都是证据。

证据包括：

（一）物证；

（二）书证；

（三）证人证言；

（四）被害人陈述；

（五）犯罪嫌疑人供述和辩解；

（六）鉴定意见；

（七）勘验、检查、侦查实验、搜查、查封、扣押、提取、辨认等笔录；

（八）视听资料、电子数据。

证据必须经过查证属实,才能作为认定案件事实的根据。

第六十条　公安机关接受或者依法调取的行政机关在行政执法和查办案件过程中收集的物证、书证、视听资料、电子数据、检验报告、鉴定意见、勘验笔录、检查笔录等证据材料，可以作为证据使用。

第六十一条　收集、调取的物证应当是原物。只有在原物不便搬运、不易保存或者依法应当由有关部门保管、处理或者依法应当返还时，才可以拍摄或者制作足以反映原物外形或者内容的照片、录像或者复制品。

物证的照片、录像或者复制品经与原物核实无误或者经鉴定证明为真实的，或者以其他方式确能证明其真实的，可以作为证据使用。原物的照片、录像或者复制品，不能反映原物的外形和特征的，不能作为证据使用。

第六十二条　收集、调取的书证应当是原件。只有在取得原件确有困难时，才可以使用副本或者复制件。

书证的副本、复制件，经与原件核实无误或者经鉴定证明为真实的，或者以其他方式确能证明其真实的，可以作为证据使用。书证有更改或者更改迹象不能作出合理解释的，或者书证的副本、复制件不能反映书证原件及其内容的，不能作为证据使用。

第七十一条　对危害国家安全犯罪、恐怖活动犯罪、黑社会性质的组织犯罪、毒品犯罪等案件，证人、鉴定人、被害人因在侦查过程中作证，本人或者其近亲属的人身安全面临危险的，公安机关应当采取以下一项或者多项保护措施：

（一）不公开真实姓名、住址和工作单位等个人信息；

（二）禁止特定的人员接触证人、鉴定人、被害人及其近亲属；

（三）对人身和住宅采取专门性保护措施；

（四）其他必要的保护措施。

证人、鉴定人、被害人认为因在侦查过程中作证，本人或者其近亲属的人身安全面临危险，向公安机关请求予以保护，公安机关经审查认为符合前款规定的条件，确有必要采取保护措施的，应当采取上述一项或者多项保护措施。

公安机关依法采取保护措施，可以要求有关单位和个人配合。

案件移送审查起诉时，应当将采取保护措施的相关情况一并移交人民检察院。

第七十二条　公安机关依法决定不公开证人、鉴定人、被害人的真实姓名、住址和工作单位等个人信息的，可以在起诉意见书、询问笔录等法律文书、证据材料中使用化名等代替证人、鉴定人、被害人的个人信息。但是，应当另行书面说明使用化名的情况并标明密级，单独成卷。

第七十三条　证人保护工作所必需的人员、经费、装备等，应当予以保障。

证人因履行作证义务而支出的交通、住宿、就餐等费用，应当给予补助。证人作证的补助列入公安机关业务经费。

第七章 立案、撤案

第一节 受 案

第一百七十一条 对接受的案件,或者发现的犯罪线索,公安机关应当迅速进行审查。

对于在审查中发现案件事实或者线索不明的,必要时,经办案部门负责人批准,可以进行初查。

初查过程中,公安机关可以依照有关法律和规定采取询问、查询、勘验、鉴定和调取证据材料等不限制被调查对象人身、财产权利的措施。

第八章 侦 查

第四节 勘验、检查

第二百零八条 侦查人员对于与犯罪有关的场所、物品、人身、尸体应当进行勘验或者检查,及时提取、采集与案件有关的痕迹、物证、生物样本等。在必要的时候,可以指派或者聘请具有专门知识的人,在侦查人员的主持下进行勘验、检查。

第二百一十二条 为了确定被害人、犯罪嫌疑人的某些特征、伤害情况或者生理状态,可以对人身进行检查,提取指纹信息,采集血液、尿液等生物样本。被害人死亡的,应当通过被害人近亲属辨认、提取生物样本鉴定等方式确定被害人身份。

犯罪嫌疑人如果拒绝检查、提取、采集的,侦查人员认为必要的时候,经办案部门负责人批准,可以强制检查、提取、采集。

检查妇女的身体,应当由女工作人员或者医师进行。

检查的情况应当制作笔录,由参加检查的侦查人员、检查人员、被检查人员和见证人签名。被检查人员拒绝签名的,侦查人员应当在笔录中注明。

第二百一十三条 为了确定死因,经县级以上公安机关负责人批准,可以解剖尸体,并且通知死者家属到场,让其在解剖尸体通知书上签名。

死者家属无正当理由拒不到场或者拒绝签名的,侦查人员应当在解剖尸体通知书上注明。对身份不明的尸体,无法通知死者家属的,应当在笔录中注明。

第六节 查封、扣押

第二百二十五条 对查封、扣押的财物和文件,应当会同在场见证人和被查封、扣押财物、文件的持有人查点清楚,当场开列查封、扣押清单一式三份,写明财物或者文件的名称、编号、数量、特征及其来源等,由侦查人员、持有人和见证人签名,一份交给持有人,一份交给公安机关保管人员,一份附卷备查。

对于无法确定持有人的财物、文件或者持有人拒绝签名的,侦查人员应当在清单中注明。

依法扣押文物、金银、珠宝、名贵字画等贵重财物的,应当拍照或者录像,并及时鉴定、估价。

第八节　鉴　定

第二百三十九条　为了查明案情,解决案件中某些专门性问题,应当指派、聘请有专门知识的人进行鉴定。

需要聘请有专门知识的人进行鉴定,应当经县级以上公安机关负责人批准后,制作鉴定聘请书。

第二百四十条　公安机关应当为鉴定人进行鉴定提供必要的条件,及时向鉴定人送交有关检材和对比样本等原始材料,介绍与鉴定有关的情况,并且明确提出要求鉴定解决的问题。

禁止暗示或者强迫鉴定人作出某种鉴定意见。

第二百四十一条　侦查人员应当做好检材的保管和送检工作,并注明检材送检环节的责任人,确保检材在流转环节中的同一性和不被污染。

第二百四十二条　鉴定人应当按照鉴定规则,运用科学方法独立进行鉴定。鉴定后,应当出具鉴定意见,并在鉴定意见书上签名,同时附上鉴定机构和鉴定人的资质证明或者其他证明文件。

多人参加鉴定,鉴定人有不同意见的,应当注明。

第二百四十三条　对鉴定意见,侦查人员应当进行审查。

对经审查作为证据使用的鉴定意见,公安机关应当及时告知犯罪嫌疑人、被害人或者其法定代理人。

第二百四十四条　犯罪嫌疑人、被害人对鉴定意见有异议提出申请,以及办案部门或者侦查人员对鉴定意见有疑义的,可以将鉴定意见送交其他有专门知识的人员提出意见。必要时,询问鉴定人并制作笔录附卷。

第二百四十五条　经审查,发现有下列情形之一的,经县级以上公安机关负责人批准,应当补充鉴定:

(一)鉴定内容有明显遗漏的;

(二)发现新的有鉴定意义的证物的;

(三)对鉴定证物有新的鉴定要求的;

（四）鉴定意见不完整，委托事项无法确定的；

（五）其他需要补充鉴定的情形。

经审查，不符合上述情形的，经县级以上公安机关负责人批准，作出不准予补充鉴定的决定，并在作出决定后三日以内书面通知申请人。

第二百四十六条　经审查，发现有下列情形之一的，经县级以上公安机关负责人批准，应当重新鉴定：

（一）鉴定程序违法或者违反相关专业技术要求的；

（二）鉴定机构、鉴定人不具备鉴定资质和条件的；

（三）鉴定人故意作虚假鉴定或者违反回避规定的；

（四）鉴定意见依据明显不足的；

（五）检材虚假或者被损坏的；

（六）其他应当重新鉴定的情形。

重新鉴定，应当另行指派或者聘请鉴定人。

经审查，不符合上述情形的，经县级以上公安机关负责人批准，作出不准予重新鉴定的决定，并在作出决定后三日以内书面通知申请人。

第二百四十七条　公诉人、当事人或者辩护人、诉讼代理人对鉴定意见有异议，经人民法院依法通知的，公安机关鉴定人应当出庭作证。

鉴定人故意作虚假鉴定的，应当依法追究其法律责任。

第二百四十八条　对犯罪嫌疑人作精神病鉴定的时间不计入办案期限，其他鉴定时间都应当计入办案期限。

第十章　特别程序

第四节　依法不负刑事责任的精神病人的强制医疗程序

第三百三十一条　公安机关发现实施暴力行为，危害公共安全或者严重危害公民人身安全的犯罪嫌疑人，可能属于依法不负刑事责任的精神病人的，应当对其进行精神病鉴定。

第三百三十二条　对经法定程序鉴定依法不负刑事责任的精神病人，有继续危害社会可能，符合强制医疗条件的，公安机关应当在七日以内写出强制医疗意见书，经县级以上公安机关负责人批准，连同相关证据材料和鉴定意见一并移送同级人民检察院。

公安机关办理行政案件程序规定(节录)

(2012年12月19日 公安部令第125号)

第七章 调查取证

第五节 鉴 定

第七十二条 为了查明案情,需要对专门性技术问题进行鉴定的,应当指派或者聘请具有专门知识的人员进行。

需要聘请本公安机关以外的人进行鉴定的,应当经公安机关办案部门负责人批准后,制作鉴定聘请书。

第七十三条 公安机关应当为鉴定提供必要的条件,及时送交有关检材和比对样本等原始材料,介绍与鉴定有关的情况,并且明确提出要求鉴定解决的问题。

办案人民警察应当做好检材的保管和送检工作,并注明检材送检环节的责任人,确保检材在流转环节中的同一性和不被污染。

禁止强迫或者暗示鉴定人作出某种鉴定意见。

第七十四条 对人身伤害的鉴定由法医进行。

卫生行政主管部门许可的医疗机构具有执业资格的医生出具的诊断证明,可以作为公安机关认定人身伤害程度的依据,但具有本规定第七十五条规定情形的除外。

对精神病的鉴定,由有精神病鉴定资格的鉴定机构进行。

第七十五条 人身伤害案件具有下列情形之一的,公安机关应当进行伤情鉴定:

(一)受伤程度较重,可能构成轻伤以上伤害程度的;
(二)被侵害人要求作伤情鉴定的;
(三)违法嫌疑人、被侵害人对伤害程度有争议的。

第七十六条 对需要进行伤情鉴定的案件,被侵害人拒绝提供诊断证明或者拒绝进行伤情鉴定的,公安机关应当将有关情况记录在案,并可以根据已认定的事实作出处理决定。

经公安机关通知,被侵害人无正当理由未在公安机关确定的时间内作伤情鉴定的,视为拒绝鉴定。

第七十七条 涉案物品价值不明或者难以确定的,公安机关应当委托价格鉴证机构估价。

根据当事人提供的购买发票等票据能够认定价值的涉案物品,或者价值明显不够刑事立案标准的涉案物品,公安机关可以不进行价格鉴证。

第七十八条 对涉嫌吸毒的人员,应当进行吸毒检测,被检测人员应当配合;对拒绝接受检测的,经县级以上公安机关或者其派出机构负责人批准,可以强制检测。采集女性被检测人检测样本,应当由女性工作人员进行。

对涉嫌服用国家管制的精神药品、麻醉药品驾驶机动车的人员,可以对其进行体内国家管制的精神药品、麻醉药品含量检验。

第七十九条 对有酒后驾驶机动车嫌疑的人,应当对其进行呼气酒精测试,对具有下列情形之一的,应当立即提取血样,检验血液酒精含量:

(一)当事人对呼气酒精测试结果有异议的;

(二)当事人拒绝配合呼气酒精测试的;

(三)涉嫌醉酒驾驶机动车的;

(四)涉嫌饮酒后驾驶机动车发生交通事故的。

当事人对呼气酒精测试结果无异议的,应当签字确认。事后提出异议的,不予采纳。

第八十条 鉴定人鉴定后,应当出具鉴定意见。鉴定意见应当载明委托人、委托鉴定的事项、提交鉴定的相关材料、鉴定的时间、依据和结论性意见等内容,并由鉴定人签名或者盖章。通过分析得出鉴定意见的,应当有分析过程的说明。鉴定意见应当附有鉴定机构和鉴定人的资质证明或者其他证明文件。

鉴定人对鉴定意见负责,不受任何机关、团体、企业、事业单位和个人的干涉。多人参加鉴定,对鉴定意见有不同意见的,应当注明。

鉴定人故意作虚假鉴定的,应当承担法律责任。

第八十一条 办案人民警察应当对鉴定意见进行审查。

对经审查作为证据使用的鉴定意见,公安机关应当在收到鉴定意见之日起五日内将鉴定意见复印件送达违法嫌疑人和被侵害人。

医疗机构出具的诊断证明作为公安机关认定人身伤害程度的依据的,应当将诊断证明结论书面告知违法嫌疑人和被侵害人。

违法嫌疑人或者被侵害人对鉴定意见有异议的,可以在收到鉴定意见复印件之日起三日内提出重新鉴定的申请,经县级以上公安机关批准后,进行重新鉴定。同一行政案件的同一事项重新鉴定以一次为限。

当事人是否申请重新鉴定,不影响案件的正常办理。

公安机关认为必要时,也可以直接决定重新鉴定。

第八十二条 具有下列情形之一的,应当进行重新鉴定:

(一)鉴定程序违法或者违反相关专业技术要求,可能影响鉴定意见正确性的;

(二)鉴定机构、鉴定人不具备鉴定资质和条件的;

(三)鉴定意见明显依据不足的;

(四)鉴定人故意作虚假鉴定的;

(五)鉴定人应当回避而没有回避的;

(六)检材虚假或者被损坏的;

(七)其他应当重新鉴定的。

不符合前款规定情形的,经县级以上公安机关负责人批准,作出不准予重新鉴定的决定,并在作出决定之日起的三日以内书面通知申请人。

第八十三条 重新鉴定,公安机关应当另行指派或者聘请鉴定人。

第八十四条 鉴定费用由公安机关承担,但当事人自行鉴定的除外。

第七节 证据保全

第九十一条 对下列物品,经公安机关负责人批准,可以依法扣押或者扣留:

(一)与治安案件、违反出境入境管理的案件有关的需要作为证据的物品;

(二)道路交通安全法律、法规规定适用扣留的车辆、机动车驾驶证;

(三)其他法律、法规规定适用扣押或者扣留的物品。

对下列物品,不得扣押或者扣留:

(一)与案件无关的物品;

(二)公民个人及其所扶养家属的生活必需品;

(三)被侵害人或者善意第三人合法占有的财产。

对具有本条第二款第二项、第三项情形的,应当予以登记,写明登记财物的名称、规格、数量、特征,并由占有人签名或者捺指印。必要时,可以进行拍照。但是,与案件有关必须鉴定的,可以依法扣押,结束后应当立即解除。

第九十六条 扣押、扣留、查封期限为三十日,情况复杂的,经县级以上公安机关负责人批准,可以延长三十日;法律、行政法规另有规定的除外。延长扣押、扣留、查封期限的,应当及时书面告知当事人,并说明理由。

对物品需要进行鉴定的,鉴定期间不计入扣押、扣留、查封期间,但应当将鉴定的期间书面告知当事人。

第八章 听证程序

第二节 听证人和听证参加人

第一百零五条 听证参加人包括：
（一）当事人及其代理人；
（二）本案办案人民警察；
（三）证人、鉴定人、翻译人员；
（四）其他有关人员。

第四节 听证的举行

第一百一十九条 办案人民警察提出证据时，应当向听证会出示。对证人证言、鉴定意见、勘验笔录和其他作为证据的文书，应当当场宣读。

第一百二十一条 听证过程中，当事人及其代理人有权申请通知新的证人到会作证，调取新的证据。对上述申请，听证主持人应当当场作出是否同意的决定；申请重新鉴定的，按照本规定第七章第五节有关规定办理。

第一百二十四条 听证过程中，遇有下列情形之一，听证主持人可以中止听证：
（一）需要通知新的证人到会、调取新的证据或者需要重新鉴定或者勘验的；
（二）因回避致使听证不能继续进行的；
（三）其他需要中止听证的。
中止听证的情形取消后，听证主持人应当及时恢复听证。

第九章 行政处理决定

第二节 行政处理的决定

第一百四十一条 公安机关办理治安案件的期限，自受理之日起不得超过三十日；案情重大、复杂的，经上一级公安机关批准，可以延长三十日。办理其他行政案件，有法定办案期限的，按照相关法律规定办理。

为了查明案情进行鉴定的期间，不计入办案期限。

对因违反治安管理行为人逃跑等客观原因造成案件在法定期限内无法作出行政处理决定的，公安机关应当继续进行调查取证，并向被侵害人说明情况，及时依法作出处理决定。

第十一章　涉案财物的管理和处理

第一百六十五条　办案人民警察应当在依法提取涉案财物后的二十四小时内将财物移交涉案财物管理人员,并办理移交手续。对查封、先行登记保存的涉案财物,应当在采取措施后的二十四小时内,将法律文书复印件及涉案财物的情况送交涉案财物管理人员予以登记。

在异地或者在偏远、交通不便地区提取涉案财物的,办案人民警察应当在返回单位后的二十四小时内移交。

对情况紧急,需要在提取涉案财物后的二十四小时内进行鉴定、辨认的,经办案部门负责人批准,可以在完成鉴定、辨认后的二十四小时内移交。

在提取涉案财物后的二十四小时内已将涉案财物处理完毕的,不再移交。

因询问、鉴定、辨认、检验等办案需要,经办案部门负责人批准,办案人民警察可以调用涉案财物,并及时归还。

公安机关鉴定规则

(2017年2月16日　公通字〔2017〕6号)

第一章　总　则

第一条　为规范公安机关鉴定工作,保证鉴定质量,维护司法公正,根据《中华人民共和国刑事诉讼法》、《中华人民共和国民事诉讼法》、《中华人民共和国行政诉讼法》、《全国人民代表大会常务委员会关于司法鉴定管理问题的决定》和有关法律法规,结合公安机关工作实际,制定本规则。

第二条　本规则所称的鉴定,是指为解决案(事)件调查和诉讼活动中某些专门性问题,公安机关鉴定机构的鉴定人运用自然科学和社会科学的理论成果与技术方法,对人身、尸体、生物检材、痕迹、文件、视听资料、电子数据及其它相关物品、物质等进行检验、鉴别、分析、判断,并出具鉴定意见或检验结果的科学实证活动。

第三条　本规则所称的鉴定机构,是指根据《公安机关鉴定机构登记管理办法》,经公安机关登记管理部门核准登记,取得鉴定机构资格证书并开展鉴定工作的机构。

第四条　本规则所称的鉴定人,是指根据《公安机关鉴定人登记管理办法》,经公安机关登记管理部门核准登记,取得鉴定人资格证书并从事鉴定工作的专业技术人员。

第五条　公安机关的鉴定工作,是国家司法鉴定工作的重要组成部分。公安机关鉴定机构及其鉴定人依法出具的鉴定文书,可以在刑事司法和行政执法活动,以及事件、事故、自然灾害等调查处置中应用。

第六条　公安机关鉴定机构及其鉴定人应当遵循合法、科学、公正、独立、及时、安全的工作原则。

第七条　公安机关应当保障所属鉴定机构开展鉴定工作所必需的人员编制、基础设施、仪器设备和有关经费等。

第二章　鉴定人的权利与义务

第八条　鉴定人享有下列权利:

（一）了解与鉴定有关的案（事）件情况，开展与鉴定有关的调查、实验等；

（二）要求委托鉴定单位提供鉴定所需的检材、样本和其他材料；

（三）在鉴定业务范围内表达本人的意见；

（四）与其他鉴定人的鉴定意见不一致时，可以保留意见；

（五）对提供虚假鉴定材料或者不具备鉴定条件的，可以向所在鉴定机构提出拒绝鉴定；

（六）发现违反鉴定程序，检材、样本和其他材料虚假或者鉴定意见错误的，可以向所在鉴定机构申请撤销鉴定意见；

（七）法律、法规规定的其他权利。

第九条 鉴定人应当履行下列义务：

（一）遵守国家有关法律、法规；

（二）遵守职业道德和职业纪律；

（三）遵守鉴定工作原则和鉴定技术规程；

（四）按规定妥善接收、保管、移交与鉴定有关的检材、样本和其他材料；

（五）依法出庭作证；

（六）保守鉴定涉及的国家秘密、商业秘密和个人隐私；

（七）法律、法规规定的其他义务。

第三章　鉴定人的回避

第十条 具有下列情形之一的，鉴定人应当自行提出回避申请；没有自行提出回避申请的，有关公安机关负责人应当责令其回避；当事人及其法定代理人也有权要求其回避：

（一）是本案当事人或者当事人的近亲属的；

（二）本人或者其近亲属与本案有利害关系的；

（三）担任过本案证人、辩护人、诉讼代理人的；

（四）担任过本案侦查人员的；

（五）是重新鉴定事项的原鉴定人的；

（六）担任过本案专家证人，提供过咨询意见的；

（七）其他可能影响公正鉴定的情形。

第十一条 鉴定人自行提出回避申请的，应当说明回避的理由；口头提出申请的，公安机关应当记录在案。

当事人及其法定代理人要求鉴定人回避的，应当提出申请，并说明理由；口头提出申请的，公安机关应当记录在案。

第十二条 鉴定人的回避，由县级以上公安机关负责人决定。

第十三条　当事人及其法定代理人对鉴定人提出回避申请的,公安机关应当在收到回避申请后二日以内作出决定并通知申请人;情况复杂的,经县级以上公安机关负责人批准,可以在收到回避申请后五日以内作出决定。

第十四条　当事人或者其法定代理人对驳回申请回避的决定不服的,可以在收到驳回申请回避决定书后五日以内向作出决定的公安机关申请复议。

公安机关应当在收到复议申请后五日以内作出复议决定并书面通知申请人。

第十五条　在作出回避决定前,申请或者被申请回避的鉴定人不得停止与申请回避鉴定事项有关的检验鉴定工作。在作出回避决定后,申请或者被申请回避的鉴定人不得再参与申请回避鉴定事项相关的检验鉴定工作。

第四章　鉴定的委托

第十六条　公安机关办案部门对与案(事)件有关需要检验鉴定的人身、尸体、生物检材、痕迹、文件、视听资料、电子数据及其它相关物品、物质等,应当及时委托鉴定。

第十七条　本级公安机关鉴定机构有鉴定能力的,应当委托该机构;超出本级公安机关鉴定机构鉴定项目或者鉴定能力范围的,应当向上级公安机关鉴定机构逐级委托;特别重大案(事)件的鉴定或者疑难鉴定,可以向有鉴定能力的公安机关鉴定机构委托。

第十八条　因技术能力等原因,需要委托公安机关以外的鉴定机构进行鉴定的,应当严格管理。各省级公安机关应当制定对外委托鉴定管理办法以及对外委托鉴定机构和鉴定人名册。

第十九条　委托鉴定单位应当向鉴定机构提交:

(一)鉴定委托书;

(二)证明送检人身份的有效证件;

(三)委托鉴定的检材;

(四)鉴定所需的比对样本;

(五)鉴定所需的其他材料。

委托鉴定单位应当指派熟悉案(事)件情况的两名办案人员送检。

第二十条　委托鉴定单位提供的检材,应当是原物、原件。

无法提供原物、原件的,应当提供符合本专业鉴定要求的复印件、复制件。所提供的复印件、复制件应当有复印、复制无误的文字说明,并加盖委托鉴定单位公章。

送检的检材、样本应当使用规范包装,标识清楚。

第二十一条　委托鉴定单位及其送检人向鉴定机构介绍的情况、提供的检材和样本应当客观真实,来源清楚可靠。委托鉴定单位应当保证鉴定材料的真实性、合法性。

对受到污染、可能受到污染或者已经使用过的原始检材、样本,应当作出文字说明。

对具有爆炸性、毒害性、放射性、传染性等危险的检材、样本,应当作出文字说明和明显标识,并在排除危险后送检;因鉴定工作需要不能排除危险的,应当采取相应防护措施。不能排除危险或者无法有效防护,可能危及鉴定人员和机构安全的,不得送检。

第二十二条　委托鉴定单位及其送检人不得暗示或者强迫鉴定机构及其鉴定人作出某种鉴定意见。

第二十三条　具有下列情形之一的,公安机关办案部门不得委托该鉴定机构进行鉴定:

（一）未取得合法鉴定资格证书的;

（二）超出鉴定项目或者鉴定能力范围的;

（三）法律、法规规定的其他情形。

第五章　鉴定的受理

第二十四条　鉴定机构可以受理下列委托鉴定:

（一）公安系统内部委托的鉴定;

（二）人民法院、人民检察院、国家安全机关、司法行政机关、军队保卫部门,以及监察、海关、工商、税务、审计、卫生计生等其他行政执法机关委托的鉴定;

（三）金融机构保卫部门委托的鉴定;

（四）其他党委、政府职能部门委托的鉴定。

第二十五条　鉴定机构应当在公安机关登记管理部门核准的鉴定项目范围内受理鉴定事项。

第二十六条　鉴定机构可以内设专门部门或者专门人员负责受理委托鉴定工作。

第二十七条　鉴定机构受理鉴定时,按照下列程序办理:

（一）查验委托主体和委托文件是否符合要求;

（二）听取与鉴定有关的案（事）件情况介绍;

（三）查验可能具有爆炸性、毒害性、放射性、传染性等危险的检材或者样本,对确有危险的,应当采取措施排除或者控制危险。

（四）核对检材和样本的名称、数量和状态,了解检材和样本的来源、采集和包装方法等;

（五）确认是否需要补送检材和样本;

（六）核准鉴定的具体要求；

（七）鉴定机构受理人与委托鉴定单位送检人共同填写鉴定事项确认书，一式两份，鉴定机构和委托鉴定单位各持一份。

第二十八条 鉴定事项确认书应当包括下列内容：

（一）鉴定事项确认书编号；

（二）鉴定机构全称和受理人姓名；

（三）委托鉴定单位全称和委托书编号；

（四）送检人姓名、职务、证件名称及号码和联系电话；

（五）鉴定有关案(事)件名称、案件编号；

（六）案(事)件情况摘要；

（七）收到的检材和样本的名称、数量、性状、包装，检材的提取部位和提取方法等情况；

（八）鉴定要求；

（九）鉴定方法和技术规范；

（十）鉴定机构与委托鉴定单位对鉴定时间以及送检检材和样本等使用、保管、取回事项进行约定，并由送检人和受理人分别签字。

第二十九条 鉴定机构对检验鉴定可能造成检材、样本损坏或者无法留存的，应当事先征得委托鉴定单位同意，并在鉴定事项确认书中注明。

第三十条 具有下列情形之一的，鉴定机构不予受理：

（一）超出本规则规定的受理范围的；

（二）违反鉴定委托程序的；

（三）委托其他鉴定机构正在进行相同内容鉴定的；

（四）超出本鉴定机构鉴定项目范围或者鉴定能力的；

（五）检材、样本不具备鉴定条件的或危险性未排除的；

（六）法律、法规规定的其他情形。

鉴定机构对委托鉴定不受理的，应当经鉴定机构负责人批准，并向委托鉴定单位出具《不予受理鉴定告知书》。

第六章 鉴定的实施

第三十一条 鉴定工作实行鉴定人负责制度。鉴定人应当独立进行鉴定。

鉴定的实施，应当由两名以上具有本专业鉴定资格的鉴定人负责。

第三十二条 必要时，鉴定机构可以聘请本机构以外的具有专门知识的人员参与，为鉴定提供专家意见。

第三十三条 鉴定机构应当在受理鉴定委托之日起十五个工作日内作出鉴

定意见,出具鉴定文书。

法律法规、技术规程另有规定,或者侦查破案、诉讼活动有特别需要,或者鉴定内容复杂、疑难及检材数量较大的,鉴定机构可以与委托鉴定单位另行约定鉴定时限。

需要补充检材、样本的,鉴定时限从检材、样本补充齐全之日起计算。

第三十四条　实施鉴定前,鉴定人应当查看鉴定事项确认书,核对受理鉴定的检材和样本,明确鉴定任务和鉴定方法,做好鉴定的各项准备工作。

第三十五条　鉴定人应当按照本专业的技术规范和方法实施鉴定,并全面、客观、准确地记录鉴定的过程、方法和结果。

多人参加鉴定,鉴定人有不同意见的,应当注明。

第三十六条　具有下列情形之一的,鉴定机构及其鉴定人应当中止鉴定:

(一)因存在技术障碍无法继续进行鉴定的;

(二)需补充鉴定材料无法补充的;

(三)委托鉴定单位书面要求中止鉴定的;

(四)因不可抗力致使鉴定无法继续进行的;

(五)委托鉴定单位拒不履行鉴定委托书规定的义务,被鉴定人拒不配合或者鉴定活动受到严重干扰,致使鉴定无法继续进行的。

中止鉴定原因消除后,应当继续进行鉴定。鉴定时限从批准继续鉴定之日起重新计算。

中止鉴定或者继续鉴定,由鉴定机构负责人批准。

第三十七条　中止鉴定原因确实无法消除的,鉴定机构应当终止鉴定,将有关检材和样本等及时退还委托鉴定单位,并出具书面说明。

终止鉴定,由鉴定机构负责人批准。

第三十八条　根据鉴定工作需要,省级以上公安机关可以依托所属鉴定机构按鉴定专业设立鉴定专家委员会。

鉴定专家委员会应当根据本规则规定,按照鉴定机构的指派对辖区有争议和疑难鉴定事项提供专家意见。

第三十九条　鉴定专家委员会的成员应当具有高级专业技术资格或者职称。

鉴定专家委员会可以聘请公安机关外的技术专家。

鉴定专家委员会组织实施鉴定时,相同专业的鉴定专家人数应当是奇数且不得少于三人。

第四十条　对鉴定意见,办案人员应当进行审查。

对经审查作为证据使用的鉴定意见,公安机关应当及时告知犯罪嫌疑人、被害人或者其法定代理人。

第四十一条 犯罪嫌疑人、被害人对鉴定意见有异议提出申请,以及办案部门或者办案人员对鉴定意见有疑义的,公安机关可以将鉴定意见送交其他有专门知识的人员提出意见。必要时,询问鉴定人并制作笔录附卷。

第七章　补充鉴定、重新鉴定

第四十二条 对有关人员提出的补充鉴定申请,经审查,发现有下列情形之一的,经县级以上公安机关负责人批准,应当补充鉴定:

（一）鉴定内容有明显遗漏的;
（二）发现新的有鉴定意义的证物的;
（三）对鉴定证物有新的鉴定要求的;
（四）鉴定意见不完整,委托事项无法确定的;
（五）其他需要补充鉴定的情形。

经审查,不存在上述情形的,经县级以上公安机关负责人批准,作出不准予补充鉴定的决定,并在作出决定后三日以内书面通知申请人。

第四十三条 对有关人员提出的重新鉴定申请,经审查,发现有下列情形之一的,经县级以上公安机关负责人批准,应当重新鉴定:

（一）鉴定程序违法或者违反相关专业技术要求的;
（二）鉴定机构、鉴定人不具备鉴定资质和条件的;
（三）鉴定人故意作出虚假鉴定或者违反回避规定的;
（四）鉴定意见依据明显不足的;
（五）检材虚假或者被损坏的;
（六）其他应当重新鉴定的情形。

重新鉴定,应当另行指派或者聘请鉴定人。

经审查,不存在上述情形的,经县级以上公安机关负责人批准,作出不准予重新鉴定的决定,并在作出决定后三日以内书面通知申请人。

第四十四条 进行重新鉴定,可以另行委托其他鉴定机构进行鉴定。鉴定机构应当从列入鉴定人名册的鉴定人中,选择与原鉴定人专业技术资格或者职称同等以上的鉴定人实施。

第八章　鉴定文书

第四十五条 鉴定文书分为《鉴定书》和《检验报告》两种格式。

客观反映鉴定的由来、鉴定过程,经过检验、论证得出鉴定意见的,出具《鉴定书》。

客观反映鉴定的由来、鉴定过程,经过检验直接得出检验结果的,出具《检验报告》。

鉴定后,鉴定机构应当出具鉴定文书,并由鉴定人及授权签字人在鉴定文书上签名,同时附上鉴定机构和鉴定人的资质证明或者其他证明文件。

第四十六条　鉴定文书应当包括:

(一)标题;

(二)鉴定文书的唯一性编号和每一页的标识;

(三)委托鉴定单位名称、送检人姓名;

(四)鉴定机构受理鉴定委托的日期;

(五)案件名称或者与鉴定有关的案(事)件情况摘要;

(六)检材和样本的描述;

(七)鉴定要求;

(八)鉴定开始日期和实施鉴定的地点;

(九)鉴定使用的方法;

(十)鉴定过程;

(十一)《鉴定书》中应当写明必要的论证和鉴定意见,《检验报告》中应当写明检验结果;

(十二)鉴定人的姓名、专业技术资格或者职称、签名;

(十二)完成鉴定文书的日期;

(十四)鉴定文书必要的附件;

(十五)鉴定机构必要的声明。

第四十七条　鉴定文书的制作应当符合以下要求:

(一)鉴定文书格式规范、文字简练、图片清晰、资料齐全、卷面整洁、论证充分、表述准确;使用规范的文字和计量单位。

(二)鉴定文书正文使用打印文稿,并在首页唯一性编号和末页成文日期上加盖鉴定专用章。鉴定文书内页纸张两页以上的,应当在内页纸张正面右侧边缘中部骑缝加盖鉴定专用章。

(二)鉴定文书制作正本、副本各一份。正本交委托鉴定单位,副本由鉴定机构存档。

(四)鉴定文书存档文件包括:鉴定文书副本、审批稿、检材和样本照片或者检材和样本复制件、检验记录、检验图表、实验记录、鉴定委托、鉴定事项确认书、鉴定文书审批表等资料。

(五)补充鉴定或者重新鉴定的,应当单独制作鉴定文书。

第四十八条　鉴定机构应当指定授权签字人、实验室负责人审核鉴定文书。

审批签发鉴定文书,应当逐一审验下列内容:
（一）鉴定主体是否合法;
（二）鉴定程序是否规范;
（三）鉴定方法是否科学;
（四）鉴定意见是否准确;
（五）文书制作是否合格;
（六）鉴定资料是否完备。

第四十九条 鉴定文书制作完成后,鉴定机构应当及时通知委托鉴定单位领取,或者按约定的方式送达委托鉴定单位。

委托鉴定单位应当在约定时间内领取鉴定文书。

鉴定文书和相关检材、样本的领取情况,由领取人和鉴定机构经办人分别签字。

第五十条 委托鉴定单位有要求的,鉴定机构应当向其解释本鉴定意见的具体含义和使用注意事项。

第九章 鉴定资料和检材样本的管理

第五十一条 鉴定机构和委托鉴定单位应当在职责范围内妥善管理鉴定资料和相应检材、样本。

第五十二条 具有下列情形之一的,鉴定完成后应当永久保存鉴定资料:
（一）涉及国家秘密没有解密的;
（二）未破获的刑事案件;
（三）可能或者实际被判处有期徒刑十年以上、无期徒刑、死刑的案件;
（四）特别重大的火灾、交通事故、责任事故和自然灾害;
（五）办案部门或者鉴定机构认为有永久保存必要的;
（六）法律、法规规定的其他情形。

其他案（事）件的鉴定资料保存三十年。

第十章 出庭作证

第五十三条 公诉人、当事人或者辩护人、诉讼代理人对鉴定意见有异议,经人民法院依法通知的,公安机关鉴定人应当出庭作证。

第五十四条 鉴定人出庭作证时,应当依法接受法庭质证,回答与鉴定有关的询问。

第五十五条 公安机关应当对鉴定人出庭作证予以保障,并保证鉴定人的安全。

第十一章　鉴定工作纪律与责任

第五十六条　鉴定人应当遵守下列工作纪律：
（一）不得擅自受理任何机关、团体和个人委托的鉴定；
（二）不得擅自参加任何机关、团体和个人组织的鉴定活动；
（三）不得违反规定会见当事人及其代理人；
（四）不得接受当事人及其代理人的宴请或者礼物；
（五）不得擅自向当事人及其代理人或者其他无关人员泄露鉴定事项的工作情况；
（六）不得违反检验鉴定技术规程要求；
（七）不得以任何形式泄露委托鉴定涉及的国家秘密、商业秘密和个人隐私；
（八）不得在其他面向社会提供有偿鉴定服务的组织中兼职。

第五十七条　鉴定机构及其鉴定人违反本规则有关规定，情节轻微的，按照《公安机关鉴定机构登记管理办法》《公安机关鉴定人登记管理办法》有关规定处理。

第五十八条　鉴定人在鉴定工作中玩忽职守、以权谋私、收受贿赂，或者故意损毁检材、泄露鉴定意见情节、后果严重的，或者故意作虚假鉴定、泄露国家秘密的，依据有关法律、法规进行处理；构成犯罪的，依法追究刑事责任。

第五十九条　送检人具有以下行为的，依照有关规定追究相应责任：
（一）暗示、强迫鉴定机构、鉴定人作出某种鉴定意见，导致冤假错案或者其他严重后果的；
（二）故意污染、损毁、调换检材的；
（三）因严重过失致使检材污染、减损、灭失，导致无法鉴定或者作出错误鉴定的；
（四）未按照规定对检材排除风险或者作出说明，危及鉴定人、鉴定机构安全的。

第十二章　附　则

第六十条　本规则自发布之日起施行。此前有关规定与本规则不一致的，以本规则为准。

附件：1.《鉴定文书》封面样式（略）
　　　2.《鉴定书》通用式样（略）
　　　3.《检验报告》通用式样（略）
　　　4.《不予受理鉴定告知书》式样（略）
　　　5.《中止鉴定告知书》式样（略）

（五）其他部门

卫生部关于做好《侵权责任法》贯彻实施工作的通知（节录）

(2010年6月28日　卫医管发〔2010〕61号)

四、完善制度，继续做好医疗事故技术鉴定等工作

(一)各级医学会要继续依法履行医疗事故技术鉴定等法定鉴定职责，进一步加强专家队伍建设和规章制度建设。

(二)对于司法机关或医患双方共同委托的医疗损害责任技术鉴定，医学会应当受理，并可参照《医疗事故技术鉴定暂行办法》等有关规定，依法组织鉴定。医疗损害责任技术鉴定分级参照《医疗事故分级标准(试行)》执行。

全国组织机构代码管理中心关于司法鉴定机构办理组织机构代码证书有关问题的通知

(2011年3月24日 组代管中发〔2011〕10号)

各省、自治区、直辖市、计划单列市及副省级市组织机构代码管理机构：

为进一步规范司法鉴定机构申领组织机构代码工作，依据《组织机构代码管理办法》及《全国人大常委会关于司法鉴定管理问题的决定》、《司法鉴定机构登记管理办法》，现就司法行政机关审核登记的司法鉴定机构申办组织机构代码证有关问题通知如下：

一、经过司法行政机关核准登记，独立设立并取得《司法鉴定许可证》的司法鉴定机构，应当赋予其组织机构代码并颁发代码证书。

二、司法鉴定机构申办代码证书，原则上应到其核准登记的司法行政机关同级的组织机构代码管理部门申请。省级司法行政机关委托地(市)级司法行政机关开展司法鉴定管理工作的地区，司法鉴定机构可持《司法鉴定许可证》到其登记住所地的地(市)级组织机构代码管理部门申办组织机构代码证书。

三、司法鉴定机构申办代码证书需要提交的材料包括：

（一）司法行政机关颁发的《司法鉴定许可证》(副本)原件及复印件;.

（二）省级司法行政机关出具的鉴定机构独立设立的证明材料原件；

（三）司法鉴定机构负责人身份证件原件及复印件；

（四）经办人身份证件原件及复印件。

四、司法鉴定机构申办组织机构代码证的机构类型为"其他"。

五、各级组织机构代码管理机构应按《组织机构代码管理办法》的相关规定为独立设立的司法鉴定机构办理变更、换证、补证、年检、注销等相关手续。

非独立设立的司法鉴定机构申办组织机构代码事宜，由全国组织机构代码管理中心与司法部司法鉴定管理局协商后另行规定。

六、各级组织机构代码管理机构务必认真、高效的做好司法鉴定机构的赋码办证工作，如遇特殊问题，应及时上报全国组织机构代码管理中心事业管理部。

检验检测机构资质认定管理办法

(2015年4月9日 国家质量监督检验检疫总局令第163号)

第一章 总 则

第一条 为了规范检验检测机构资质认定工作,加强对检验检测机构的监督管理,根据《中华人民共和国计量法》及其实施细则、《中华人民共和国认证认可条例》等法律、行政法规的规定,制定本办法。

第二条 本办法所称检验检测机构,是指依法成立,依据相关标准或者技术规范,利用仪器设备、环境设施等技术条件和专业技能,对产品或者法律法规规定的特定对象进行检验检测的专业技术组织。

本办法所称资质认定,是指省级以上质量技术监督部门依据有关法律法规和标准、技术规范的规定,对检验检测机构的基本条件和技术能力是否符合法定要求实施的评价许可。

资质认定包括检验检测机构计量认证。

第三条 检验检测机构从事下列活动,应当取得资质认定:

(一)为司法机关作出的裁决出具具有证明作用的数据、结果的;
(二)为行政机关作出的行政决定出具具有证明作用的数据、结果的;
(三)为仲裁机构作出的仲裁决定出具具有证明作用的数据、结果的;
(四)为社会经济、公益活动出具具有证明作用的数据、结果的;
(五)其他法律法规规定应当取得资质认定的。

第四条 在中华人民共和国境内从事向社会出具具有证明作用的数据、结果的检验检测活动以及对检验检测机构实施资质认定和监督管理,应当遵守本办法。

法律、行政法规另有规定的,依照其规定。

第五条 国家质量监督检验检疫总局主管全国检验检测机构资质认定工作。

国家认证认可监督管理委员会(以下简称国家认监委)负责检验检测机构资质认定的统一管理、组织实施、综合协调工作。

各省、自治区、直辖市人民政府质量技术监督部门(以下简称省级资质认定

部门)负责所辖区域内检验检测机构的资质认定工作;

县级以上人民政府质量技术监督部门负责所辖区域内检验检测机构的监督管理工作。

第六条 国家认监委依据国家有关法律法规和标准、技术规范的规定,制定检验检测机构资质认定基本规范、评审准则以及资质认定证书和标志的式样,并予以公布。

第七条 检验检测机构资质认定工作应当遵循统一规范、客观公正、科学准确、公平公开的原则。

第二章 资质认定条件和程序

第八条 国务院有关部门以及相关行业主管部门依法成立的检验检测机构,其资质认定由国家认监委负责组织实施;其他检验检测机构的资质认定,由其所在行政区域的省级资质认定部门负责组织实施。

第九条 申请资质认定的检验检测机构应当符合以下条件:

(一)依法成立并能够承担相应法律责任的法人或者其他组织;

(二)具有与其从事检验检测活动相适应的检验检测技术人员和管理人员;

(三)具有固定的工作场所,工作环境满足检验检测要求;

(四)具备从事检验检测活动所必需的检验检测设备设施;

(五)具有并有效运行保证其检验检测活动独立、公正、科学、诚信的管理体系;

(六)符合有关法律法规或者标准、技术规范规定的特殊要求。

第十条 检验检测机构资质认定程序:

(一)申请资质认定的检验检测机构(以下简称申请人),应当向国家认监委或者省级资质认定部门(以下统称资质认定部门)提交书面申请和相关材料,并对其真实性负责;

(二)资质认定部门应当对申请人提交的书面申请和相关材料进行初审,自收到之日起5个工作日内作出受理或者不予受理的决定,并书面告知申请人;

(三)资质认定部门应当自受理申请之日起45个工作日内,依据检验检测机构资质认定基本规范、评审准则的要求,完成对申请人的技术评审。技术评审包括书面审查和现场评审。技术评审时间不计算在资质认定期限内,资质认定部门应当将技术评审时间书面告知申请人。由于申请人整改或者其它自身原因导致无法在规定时间内完成的情况除外;

(四)资质认定部门应当自收到技术评审结论之日起20个工作日内,作出是否准予许可的书面决定。准予许可的,自作出决定之日起10个工作日内,向申请人颁发资质认定证书。不予许可的,应当书面通知申请人,并说明理由。

第十一条 资质认定证书有效期为 6 年。

需要延续资质认定证书有效期的,应当在其有效期届满 3 个月前提出申请。

资质认定部门根据检验检测机构的申请事项、自我声明和分类监管情况,采取书面审查或者现场评审的方式,作出是否准予延续的决定。

第十二条 有下列情形之一的,检验检测机构应当向资质认定部门申请办理变更手续:

(一)机构名称、地址、法人性质发生变更的;

(二)法定代表人、最高管理者、技术负责人、检验检测报告授权签字人发生变更的;

(三)资质认定检验检测项目取消的;

(四)检验检测标准或者检验检测方法发生变更的;

(五)依法需要办理变更的其他事项。

检验检测机构申请增加资质认定检验检测项目或者发生变更的事项影响其符合资质认定条件和要求的,依照本办法第十条规定的程序实施。

第十三条 资质认定证书内容包括:发证机关、获证机构名称和地址、检验检测能力范围、有效期限、证书编号、资质认定标志。

检验检测机构资质认定标志,由 China Inspection Body and Laboratory Mandatory Approval 的英文缩写 CMA 形成的图案和资质认定证书编号组成。式样如下:(略)

第十四条 外方投资者在中国境内依法成立的检验检测机构,申请资质认定时,除应当符合本办法第九条规定的资质认定条件外,还应当符合我国外商投资法律法规的有关规定。

第十五条 检验检测机构依法设立的从事检验检测活动的分支机构,应当符合本办法第九条规定的条件,取得资质认定后,方可从事相关检验检测活动。

资质认定部门可以根据具体情况简化技术评审程序、缩短技术评审时间。

第三章 技术评审管理

第十六条 资质认定部门根据技术评审需要和专业要求,可以自行或者委托专业技术评价机构组织实施技术评审。

资质认定部门或者其委托的专业技术评价机构组织现场技术评审时,应当指派两名以上与技术评审内容相适应的评审员组成评审组,并确定评审组组长。必要时,可以聘请相关技术专家参加技术评审。

第十七条 评审组应当严格按照资质认定基本规范、评审准则开展技术评审活动,在规定时间内出具技术评审结论。

专业技术评价机构、评审组应当对其承担的技术评审活动和技术评审结论的真实性、符合性负责,并承担相应法律责任。

第十八条　评审组在技术评审中发现有不符合要求的,应当书面通知申请人限期整改,整改期限不得超过30个工作日。逾期未完成整改或者整改后仍不符合要求的,相应评审项目应当判定为不合格。

评审组在技术评审中发现申请人存在违法行为的,应当及时向资质认定部门报告。

第十九条　资质认定部门应当建立并完善评审员专业技能培训、考核、使用和监督制度。

第二十条　资质认定部门应当对技术评审活动进行监督,建立责任追究机制。

资质认定部门委托专业技术评价机构组织开展技术评审的,应当对专业技术评价机构及其组织的技术评审活动进行监督。

第二十一条　专业技术评价机构、评审员在评审活动中有下列情形之一的,资质认定部门可以根据情节轻重,作出告诫、暂停或者取消其从事技术评审活动的处理:

(一)未按照资质认定基本规范、评审准则规定的要求和时间实施技术评审的;

(二)对同一检验检测机构既从事咨询又从事技术评审的;

(三)与所评审的检验检测机构有利害关系或者其评审可能对公正性产生影响,未进行回避的;

(四)透露工作中所知悉的国家秘密、商业秘密或者技术秘密的;

(五)向所评审的检验检测机构谋取不正当利益的;

(六)出具虚假或者不实的技术评审结论的。

第四章　检验检测机构从业规范

第二十二条　检验检测机构及其人员从事检验检测活动,应当遵守国家相关法律法规的规定,遵循客观独立、公平公正、诚实信用原则,恪守职业道德,承担社会责任。

第二十三条　检验检测机构及其人员应当独立于其出具的检验检测数据、结果所涉及的利益相关各方,不受任何可能干扰其技术判断因素的影响,确保检验检测数据、结果的真实、客观、准确。

第二十四条　检验检测机构应当定期审查和完善管理体系,保证其基本条件和技术能力能够持续符合资质认定条件和要求,并确保管理体系有效运行。

第二十五条 检验检测机构应当在资质认定证书规定的检验检测能力范围内,依据相关标准或者技术规范规定的程序和要求,出具检验检测数据、结果。

检验检测机构出具检验检测数据、结果时,应当注明检验检测依据,并使用符合资质认定基本规范、评审准则规定的用语进行表述。

检验检测机构对其出具的检验检测数据、结果负责,并承担相应法律责任。

第二十六条 从事检验检测活动的人员,不得同时在两个以上检验检测机构从业。

检验检测机构授权签字人应当符合资质认定评审准则规定的能力要求。非授权签字人不得签发检验检测报告。

第二十七条 检验检测机构不得转让、出租、出借资质认定证书和标志;不得伪造、变造、冒用、租借资质认定证书和标志;不得使用已失效、撤销、注销的资质认定证书和标志。

第二十八条 检验检测机构向社会出具具有证明作用的检验检测数据、结果的,应当在其检验检测报告上加盖检验检测专用章,并标注资质认定标志。

第二十九条 检验检测机构应当按照相关标准、技术规范以及资质认定评审准则规定的要求,对其检验检测的样品进行管理。

检验检测机构接受委托送检的,其检验检测数据、结果仅证明样品所检验检测项目的符合性情况。

第三十条 检验检测机构应当对检验检测原始记录和报告归档留存,保证其具有可追溯性。

原始记录和报告的保存期限不少于6年。

第三十一条 检验检测机构需要分包检验检测项目时,应当按照资质认定评审准则的规定,分包给依法取得资质认定并有能力完成分包项目的检验检测机构,并在检验检测报告中标注分包情况。

具体分包的检验检测项目应当事先取得委托人书面同意。

第三十二条 检验检测机构及其人员应当对其在检验检测活动中所知悉的国家秘密、商业秘密和技术秘密负有保密义务,并制定实施相应的保密措施。

第五章 监督管理

第三十三条 国家认监委组织对检验检测机构实施监督管理,对省级资质认定部门的资质认定工作进行监督和指导。

省级资质认定部门自行或者组织地(市)、县级质量技术监督部门对所辖区域内的检验检测机构进行监督检查,依法查处违法行为;定期向国家认监委报送年度资质认定工作情况、监督检查结果、统计数据等相关信息。

地(市)、县级质量技术监督部门对所辖区域内的检验检测机构进行监督检查,依法查处违法行为,并将查处结果上报省级资质认定部门。涉及国家认监委或者其他省级资质认定部门的,由其省级资质认定部门负责上报或者通报。

第三十四条 资质认定部门根据检验检测专业领域风险程度、检验检测机构自我声明、认可机构认可以及监督检查、举报投诉等情况,建立检验检测机构诚信档案,实施分类监管。

第三十五条 检验检测机构应当按照资质认定部门的要求,参加其组织开展的能力验证或者比对,以保证持续符合资质认定条件和要求。

鼓励检验检测机构参加有关政府部门、国际组织、专业技术评价机构组织开展的检验检测机构能力验证或者比对。

第三十六条 资质认定部门应当在其官方网站上公布取得资质认定的检验检测机构信息,并注明资质认定证书状态。

国家认监委应当建立全国检验检测机构资质认定信息查询平台,以便社会查询和监督。

第三十七条 检验检测机构应当定期向资质认定部门上报包括持续符合资质认定条件和要求、遵守从业规范、开展检验检测活动等内容的年度报告,以及统计数据等相关信息。

检验检测机构应当在其官方网站或者以其他公开方式,公布其遵守法律法规、独立公正从业、履行社会责任等情况的自我声明,并对声明的真实性负责。

第三十八条 资质认定部门可以根据监督管理需要,就有关事项询问检验检测机构负责人和相关人员,发现存在问题的,应当给予告诫。

第三十九条 检验检测机构有下列情形之一的,资质认定部门应当依法办理注销手续:

(一)资质认定证书有效期届满,未申请延续或者依法不予延续批准的;
(二)检验检测机构依法终止的;
(三)检验检测机构申请注销资质认定证书的;
(四)法律法规规定应当注销的其他情形。

第四十条 对检验检测机构、专业技术评价机构或者资质认定部门及相关人员的违法违规行为,任何单位和个人有权举报。相关部门应当依据各自职责及时处理,并为举报人保密。

第六章 法律责任

第四十一条 检验检测机构未依法取得资质认定,擅自向社会出具具有证明作用数据、结果的,由县级以上质量技术监督部门责令改正,处3万元以下罚款。

第四十二条 检验检测机构有下列情形之一的,由县级以上质量技术监督部门责令其1个月内改正;逾期未改正或者改正后仍不符合要求的,处1万元以下罚款:

(一)违反本办法第二十五条、第二十八条规定出具检验检测数据、结果的;

(二)未按照本办法规定对检验检测人员实施有效管理,影响检验检测独立、公正、诚信的;

(三)未按照本办法规定对原始记录和报告进行管理、保存的;

(四)违反本办法和评审准则规定分包检验检测项目的;

(五)未按照本办法规定办理变更手续的;

(六)未按照资质认定部门要求参加能力验证或者比对的;

(七)未按照本办法规定上报年度报告、统计数据等相关信息或自我声明内容虚假的;

(八)无正当理由拒不接受、不配合监督检查的。

第四十三条 检验检测机构有下列情形之一的,由县级以上质量技术监督部门责令整改,处3万元以下罚款:

(一)基本条件和技术能力不能持续符合资质认定条件和要求,擅自向社会出具具有证明作用数据、结果的;

(二)超出资质认定证书规定的检验检测能力范围,擅自向社会出具具有证明作用数据、结果的;

(三)出具的检验检测数据、结果失实的;

(四)接受影响检验检测公正性的资助或者存在影响检验检测公正性行为的;

(五)非授权签字人签发检验检测报告的。

前款规定的整改期限不超过3个月。整改期间,检验检测机构不得向社会出具具有证明作用的检验检测数据、结果。

第四十四条 检验检测机构违反本办法第二十七条规定的,由县级以上质量技术监督部门责令改正,处3万元以下罚款。

第四十五条 检验检测机构有下列情形之一的,资质认定部门应当撤销其资质认定证书:

(一)未经检验检测或者以篡改数据、结果等方式,出具虚假检验检测数据、结果的;

(二)违反本办法第四十三条规定,整改期间擅自对外出具检验检测数据、结

果,或者逾期未改正、改正后仍不符合要求的;

(三)以欺骗、贿赂等不正当手段取得资质认定的;

(四)依法应当撤销资质认定证书的其他情形。

被撤销资质认定证书的检验检测机构,三年内不得再次申请资质认定。

第四十六条 检验检测机构申请资质认定时提供虚假材料或者隐瞒有关情况的,资质认定部门不予受理或者不予许可。检验检测机构在一年内不得再次申请资质认定。

第四十七条 从事资质认定和监督管理的人员,在工作中滥用职权、玩忽职守、徇私舞弊的,依法予以处理;构成犯罪的,依法追究刑事责任。

第七章 附 则

第四十八条 资质认定收费,依据国家有关规定执行。

第四十九条 本办法由国家质量监督检验检疫总局负责解释。

第五十条 本办法自2015年8月1日起施行。国家质量监督检验检疫总局于2006年2月21日发布的《实验室和检查机构资质认定管理办法》同时废止。

（六）多部门联合发文

最高人民法院、最高人民检察院、公安部、司法部、卫生部关于颁发《精神疾病司法鉴定暂行规定》的通知

(1989年7月11日 卫医字〔89〕第17号)

各省、自治区、直辖市高级人民法院、人民检察院、公安厅(局)、司法厅(局)、卫生厅(局)：

现将《精神疾病司法鉴定暂行规定》发给你们，请结合当地实际情况参照执行。执行中遇到的问题请及时向我们反映。

附件：

精神疾病司法鉴定暂行规定

第一章 总　则

第一条 根据《中华人民共和国刑法》、《中华人民共和国刑事诉讼法》、《中华人民共和国民法通则》、《中华人民共和国民事诉讼法(试行)》、《中华人民共和国治安管理处罚条例》及其他有关法规，为司法机关依法正确处理案件，保护精神疾病患者的合法权益，特制定本规定。

第二条 精神疾病的司法鉴定，根据案件事实和被鉴定人的精神状态，作出鉴定结论，为委托鉴定机关提供有关法定能力的科学证据。

第二章 司法鉴定机构

第三条 为开展精神疾病的司法鉴定工作，各省、自治区、直辖市、地区、地级市，应当成立精神疾病司法鉴定委员会，负责审查、批准鉴定人，组织技术鉴定组，协调、开展鉴定工作。

第四条 鉴定委员会由人民法院、人民检察院和公安、司法、卫生机关的有

关负责干部和专家若干人组成,人选由上述机关协商确定。

第五条 鉴定委员会根据需要,可以设置若干个技术鉴定组,承担具体鉴定工作,其成员由鉴定委员会聘请、指派。技术鉴定组不得少于两名成员参加鉴定。

第六条 对疑难案件,在省、自治区、直辖市内难以鉴定的,可以由委托鉴定机关重新委托其他省、自治区、直辖市鉴定委员会进行鉴定。

第三章 鉴定内容

第七条 对可能患有精神疾病的下列人员应当进行鉴定:
(一)刑事案件的被告人、被害人;
(二)民事案件的当事人;
(三)行政案件的原告人(自然人);
(四)违反治安管理应当受拘留处罚的人员;
(五)劳动改造的罪犯;
(六)劳动教养人员;
(七)收容审查人员;
(八)与案件有关需要鉴定的其他人员。

第八条 鉴定委员会根据情况可以接受被鉴定人补充鉴定、重新鉴定、复核鉴定的要求。

第九条 刑事案件中,精神疾病司法鉴定包括:
(一)确定被鉴定人是否患有精神疾病,患何种精神疾病,实施危害行为时的精神状态,精神疾病和所实施的危害行为之间的关系,以及有无刑事责任能力。
(二)确定被鉴定人在诉讼过程中的精神状态以及有无诉讼能力。
(三)确定被鉴定人在服刑期间的精神状态以及对应当采取的法律措施的建议。

第十条 民事案件中精神疾病司法鉴定任务如下:
(一)确定被鉴定人是否患有精神疾病,患何种精神疾病,在进行民事活动时的精神状态,精神疾病对其意思表达能力的影响,以及有无民事行为能力。
(二)确定被鉴定人在调解或审理阶段期间的精神状态,以及有无诉讼能力。

第十一条 确定各类案件的被害人等,在其人身、财产等合法权益遭受侵害时的精神状态,以及对侵犯行为有无辨认能力或者自我防卫、保护能力。

第十二条 确定案件中有关证人的精神状态,以及有无作证能力。

第四章 鉴定人

第十三条 具有下列资格之一的,可以担任鉴定人:

（一）具有 5 年以上精神科临床经验并具有司法精神病学知识的主治医师以上人员。

（二）具有司法精神病学知识、经验和工作能力的主检法医师以上人员。

第十四条 鉴定人权利

（一）被鉴定人案件材料不充分时，可以要求委托鉴定机关提供所需要的案件材料。

（二）鉴定人有权通过委托鉴定机关，向被鉴定人的工作单位和亲属以及有关证人了解情况。

（三）鉴定人根据需要有权要求委托鉴定机关将被鉴定人移送至收治精神病人的医院住院检查和鉴定。

（四）鉴定机构可以向委托鉴定机关了解鉴定后的处理情况。

第十五条 鉴定人义务

（一）进行鉴定时，应当履行职责，正确、及时地作出鉴定结论。

（二）解答委托鉴定机关提出的与鉴定结论有关的问题。

（三）保守案件秘密。

（四）遵守有关回避的法律规定。

第十六条 鉴定人在鉴定过程中徇私舞弊、故意作虚假鉴定的，应当追究法律责任。

第五章 委托鉴定和鉴定书

第十七条 司法机关委托鉴定时，需有《委托鉴定书》，说明鉴定的要求和目的，并应当提供下列材料：

（一）被鉴定人及其家庭情况；

（二）案件的有关材料；

（三）工作单位提供的有关材料；

（四）知情人对被鉴定人精神状态的有关证言；

（五）医疗记录和其他有关检查结果。

第十八条 鉴定结束后，应当制作《鉴定书》。

《鉴定书》包括以下内容：

（一）委托鉴定机关的名称；

（二）案由、案号、鉴定书号；

（三）鉴定的目的和要求；

（四）鉴定的日期、场所、在场人；

（五）案情摘要；

（六）被鉴定人的一般情况；

（七）被鉴定人发案时和发案前后各阶段的精神状态；

（八）被鉴定人精神状态检查和其他检查所见；

（九）分析说明；

（十）鉴定结论；

（十一）鉴定人员签名，并加盖鉴定专用章；

（十二）有关医疗或监护的建议。

第六章　责任能力和行为能力的评定

第十九条　刑事案件被鉴定人责任能力的评定：

被鉴定人实施危害行为时，经鉴定患有精神疾病，由于严重的精神活动障碍，致使不能辨认或者不能控制自己行为的，为无刑事责任能力。

被鉴定人实施危害行为时，经鉴定属于下列情况之一的，为具有责任能力：

1. 具有精神疾病的既往史，但实施危害行为时并无精神异常；
2. 精神疾病的间歇期，精神症状已经完全消失。

第二十条　民事案件被鉴定人行为能力的评定：

（一）被鉴定人在进行民事活动时，经鉴定患有精神疾病，由于严重的精神活动障碍致使不能辨认或者不能保护自己合法权益的，为无民事行为能力。

（二）被鉴定人在进行民事活动时，经鉴定患有精神疾病，由于精神活动障碍，致使不能完全辨认、不能控制或者不能完全保护自己合法权益的，为限制民事行为能力。

（三）被鉴定人在进行民事活动时，经鉴定属于下列情况之一的，为具有民事行为能力：

1. 具有精神疾病既往史，但在民事活动时并无精神异常；
2. 精神疾病的间歇期，精神症状已经消失；
3. 虽患有精神疾病，但其病理性精神活动具有明显局限性，并对他所进行的民事活动具有辨认能力和能保护自己合法权益的；
4. 智能低下，但对自己的合法权益仍具有辨认能力和保护能力的。

第二十一条　诉讼过程中有关法定能力的评定

（一）被鉴定人为刑事案件的被告人，在诉讼过程中，经鉴定患有精神疾病，致使不能行使诉讼权利的，为无诉讼能力。

（二）被鉴定人为民事案件的当事人或者是刑事案件的自诉人，在诉讼过程中经鉴定患有精神疾病，致使不能行使诉讼权利的，为无诉讼能力。

（三）控告人、检举人、证人等提供不符合事实的证言，经鉴定患有精神疾病，致使缺乏对客观事实的理解力或判断力的,为无作证能力。

第二十二条 其他有关法定能力的评定

(一)被鉴定人是女性,经鉴定患有精神疾病,在她的性不可侵犯权遭到侵害时,对自身所受的侵害或严重后果缺乏实质性理解能力的,为无自我防卫能力。

(二)被鉴定人在服刑、劳动教养或者被裁决受治安处罚中,经鉴定患有精神疾病,由于严重的精神活动障碍,致使其无辨认能力或控制能力,为无服刑、受劳动教养能力或者无受处罚能力。

第七章 附 则

第二十三条 本规定自一九八九年八月一日起施行。

最高人民法院、最高人民检察院、公安部、司法部、新闻出版署关于公安部光盘生产源鉴定中心行使行政、司法鉴定权有关问题的通知

(2000年3月9日 公通字[2000]21号)

各省、自治区、直辖市高级人民法院,人民检察院,公安厅、局,司法厅、局,新闻出版局及有关音像行政管理部门;解放军军事法院、军事检察院,新疆生产建设兵团公安局:

为适应"扫黄""打非"、保护知识产权工作的需要,解决目前各地办案过程中遇到的光盘生产源无法识别的问题,经中央机构编制委员会办公室批准,公安部组建了光盘生产源鉴定中心(设在广东省深圳市,以下简称鉴定中心)。目前,鉴定中心的各项筹备工作已完毕,所开发研制的光盘生产源识别方法已通过了由最高人民法院、最高人民检察院、公安部、司法部和国家新闻出版署派员组成的专家委员会的评审鉴定,具备了行政、司法鉴定能力。现将有关问题通知如下:

一、鉴定范围和内容

鉴定中心负责对各地人民法院、人民检察院、公安机关、司法行政机关、新闻出版行政机关、音像行政管理部门和其他行政执法机关在办理制黄贩黄、侵权盗版案件中所查获的光盘及母盘进行鉴定,确定送检光盘及母盘的生产企业。

企事业单位因业务工作需要,提出鉴定申请的,鉴定中心也可以进行上述鉴定。

二、鉴定程序

办案单位认为需要进行行政、司法鉴定的,应持有本单位所在地县级以上人民法院、人民检察院、公安机关、司法行政机关或其他行政执法机关出具的公函;新闻出版行政机关、音像行政管理部门办案需要鉴定的,由当地省级以上新闻出版机关、音像行政管理部门出具委托鉴定公函。

企事业单位需要鉴定的,由本单位向鉴定中心出具委托鉴定公函。鉴定中心在接受鉴定委托后,应立即组织2名以上专业技术人员进行鉴定,在30天以内出具《中华人民共和国公安部光盘生产源鉴定书》(见附件),并报公安部治安管理局备案。

委托鉴定可通过寄递方式提出。

三、鉴定费用

鉴定中心接受人民法院、人民检察院、公安机关、司法行政机关、新闻出版行政机关、音像行政管理部门或其他行政执法机关委托鉴定的,不收取鉴定费用。

鉴定中心接受企事业单位委托鉴定的,按照国家有关规定收取鉴定费用。

四、鉴定的法律效力

鉴定中心出具的鉴定书可以作为定案依据。

本通知自发布之日起执行。

附件:

中华人民共和国公安部光盘生产源鉴定书

公光盘鉴定〔 〕号

一、送检单位:

二、送检人:

三、送检时间:

四、简要案情:

五、送检物证材料:

六、鉴定要求:

七、检验记录:

八、鉴定结论:

鉴定人: 　　年　月　日

国家发展和改革委员会、司法部
关于涉案财物价格鉴定工作有关问题的通知

(2005年7月19日 发改价格〔2005〕1318号)

各省、自治区、直辖市发展改革委、物价局、司法厅(局):

鉴于《全国人民代表大会常务委员会关于司法鉴定管理问题的决定》(以下简称《决定》)将于今年10月1日起实施,根据建立统一司法鉴定管理体制的目标要求和《决定》的有关规定,以及涉案财物价格鉴定工作的性质和现状,经研究,现就有关问题通知如下:

一、为推动统一司法鉴定管理体制改革的发展,规范司法鉴定活动,促进司法公正,保障诉讼当事人的合法权益,在相关规定尚未出台前,涉案财物价格鉴定工作仍按国务院清理整顿经济鉴证类社会中介机构领导小组《关于印发〈关于规范价格鉴证机构管理意见〉的通知》(国清〔2000〕3号)和原国家计委、最高人民法院、最高人民检察院、公安部《关于印发〈扣押、追缴、没收物品估价管理办法〉的通知》(计办〔1997〕808号)以及国家发展改革委有关涉案财物价格鉴定的规定执行。

二、国家发展改革委将根据《决定》的有关规定,并参照司法部修订后的《司法鉴定机构管理办法》和《司法鉴定人管理办法》等有关司法鉴定的管理规定,进一步规范涉案财物价格鉴定机构和鉴定人员的管理。

三、根据诉讼需要,司法部将就涉案财物价格鉴定纳入司法鉴定登记管理事项商最高人民法院、最高人民检察院,并以此为契机,推动司法鉴定领域对涉案财物价格鉴定实行行政管理和行业管理相结合制度的建立。

特此通知。

最高人民法院、最高人民检察院、公安部、国家安全部、司法部关于做好《全国人民代表大会常务委员会关于司法鉴定管理问题的决定》施行前有关工作的通知

(2005年7月27日 司发通〔2005〕62号)

各省、自治区、直辖市高级人民法院、人民检察院、公安厅(局)、国家安全厅(局)、司法厅(局),新疆维吾尔自治区高级人民法院生产建设兵团分院,新疆生产建设兵团人民检察院、公安局、司法局:

《全国人民代表大会常务委员会关于司法鉴定管理问题的决定》(以下简称《决定》)已于2月28日十届全国人大常委会第十四次会议通过并发布,自10月1日起施行。《决定》是推动司法鉴定体制改革,规范和加强司法鉴定管理工作的重要法律依据,各级人民法院、人民检察院、公安机关、国家安全机关、司法行政机关要认真学习,统一认识,加强沟通,密切协作,在中央统一部署下积极稳妥地做好《决定》实施的各项准备工作。在《决定》发布至施行前的过渡期间,针对新的司法鉴定管理体制需要逐步建立健全的实际,要合理发挥现有司法鉴定资源的作用,既防止不顾需要滥设司法鉴定机构,造成无序发展,又防止为社会提供司法鉴定服务的能力锐减,甚至形成空白。必须树立全局观念,维持司法鉴定工作的正常秩序,满足司法机关和公民、组织的需求,保障诉讼活动的顺利进行,为《决定》的顺利施行创造有利条件。为此,特通知如下:

一、公安机关、检察机关、国家安全机关要严格根据《决定》的要求,在各系统的统一部署下,积极稳妥地推进现有鉴定机构及其职能的调整,健全管理机制,规范鉴定活动。

二、人民法院、司法行政机关已经设立的司法鉴定机构应当于9月30日前按照《决定》要求及新的管理体制完成调整工作。具体措施、进度安排,分别由最高人民法院、司法部研究制定,部署实施。调整措施部署实施前,现有鉴定机构可以继续从事司法鉴定业务。

三、过渡期间,司法部将根据《决定》尽快修改制定面向社会服务的司法鉴定

机构和司法鉴定人登记管理办法。各地要根据新修订的两个规章的规定,于9月30日前完成对现有经司法行政机关登记和人民法院名册中的法医类、物证类、声像资料司法鉴定机构及其鉴定人员的审核,符合条件的由省级司法行政机关分别情况予以登记、编制统一的面向社会服务的司法鉴定机构、司法鉴定人名册,并予公告。对现有暂未纳入统一管理范围的各类鉴定机构,可以继续开展相关司法鉴定服务。对根据诉讼需要,需纳入统一管理范围的司法鉴定业务和鉴定机构,由司法部与最高人民法院、最高人民检察院依据《决定》规定协商确定。

四、过渡期间,省级司法行政机关确因现有规模、布局、类别难以满足社会对司法鉴定需求而需要新核准司法鉴定机构、补充鉴定人员的,其核准从事的鉴定业务范围,必须属于《决定》已经明确规定的法医类、物证类、声像资料鉴定,其准入条件按照《决定》和修改后的面向社会服务的司法鉴定机构和司法鉴定人登记管理办法执行。

五、过渡期间,各地要采取有效措施,确保司法鉴定工作的有序进行。各项鉴定业务活动,必须严格执行现行司法鉴定工作程序、工作制度、技术标准、执业准则,依法规范开展鉴定服务,确保鉴定质量。司法鉴定服务的收费,继续执行各地现行的做法和标准,但应停止向有关部门申报新的鉴定收费项目和标准。各有关部门应根据中央关于司法体制改革的精神和《决定》的要求,加强协调与合作,共同维护好过渡期间司法鉴定工作的正常秩序。

六、各有关部门对《决定》实施的准备工作要高度重视,加强领导,顾全大局,密切协作,积极稳妥地推进和落实各项工作。中央有关部门将在充分调研、协调一致的基础上,陆续制定出台实施《决定》的配套法规和制度,各地、各有关部门要步调一致,严格执行统一部署及相关规定,不得各自为政。

七、过渡期间,各地、各有关部门要建立贯彻执行《决定》的信息反馈制度,将贯彻落实《决定》精神和执行本通知过程中遇到的有关问题,及时向上级机关报告,以便统一研究,协调解决,在中央的统一部署和指导下,确保实施《决定》的各项准备工作顺利进行。

国家发展和改革委员会、最高人民法院、最高人民检察院、公安部、财政部关于扣押追缴没收及收缴财物价格鉴定管理的补充通知

(2008年6月4日 发改厅〔2008〕1392号)

各省、自治区、直辖市发展改革委、物价局、高级人民法院、人民检察院、公安厅（局）、财政厅（局），解放军军事法院、军事检察院，新疆自治区高级人民法院生产建设兵团分院、新疆生产建设兵团发展改革委、人民检察院：

为了进一步规范扣押、追缴、没收及收缴财物价格鉴定管理工作，现就相关事项补充通知如下：

一、各级政府价格部门设立的价格鉴证机构为国家机关指定的涉案财物价格鉴定的机构，名称统一为"价格认证中心"。原国家计委、最高人民法院、最高人民检察院、公安部制定的《扣押、追缴、没收物品估价管理办法》（计办〔1997〕808号）中涉及的"价格事务所"相应更改为"价格认证中心"。

二、各司法、行政执法机关在办理各自管辖刑事案件中，涉及价格不明或者价格有争议，需要对涉案财物或标的进行价格鉴定的，办案机关应委托同级政府价格部门设立的价格鉴定机构进行价格鉴定。

政府价格部门设立的价格鉴定机构可以接受办案机关的委托，对非刑事案件中涉案财物或标的进行价格鉴定。

三、各级政府价格主管部门设立的价格鉴证机构从事国家机关委托的刑事案件涉案财物价格鉴定不收费，该项鉴定费用由同级财政部门根据价格认证中心业务量大小，核定专项经费拨款或补贴。

特此通知。

最高人民法院、最高人民检察院、公安部、国家安全部、司法部关于做好司法鉴定机构和司法鉴定人备案登记工作的通知

(2008年11月20日 司发通〔2008〕165号)

各省、自治区、直辖市高级人民法院、人民检察院、公安厅(局)、国家安全厅(局)、司法厅(局),新疆生产建设兵团高级人民法院、人民检察院、公安局、国家安全局、司法局:

根据中共中央关于司法鉴定体制改革精神和全国人民代表大会常务委员会《关于司法鉴定管理问题的决定》(以下简称《决定》),按照中央政法委员会《关于进一步完善司法鉴定管理体制 遴选国家级司法鉴定机构的意见》(政法〔2008〕2号)的要求,为进一步完善司法鉴定体制,现就检察机关、公安机关、国家安全机关所属司法鉴定机构和司法鉴定人(以下简称鉴定机构、鉴定人)备案登记工作的有关事宜通知如下:

一、检察机关、公安机关、国家安全机关所属鉴定机构和鉴定人实行所属部门直接管理和司法行政机关备案登记相结合的管理模式。检察机关、公安机关、国家安全机关管理本系统所属鉴定机构和鉴定人,履行对本系统所属鉴定机构和鉴定人的资格审查、年度审验、资格延续与变更注销、颁发鉴定资格证书、系统内部名册编制、技术考核、业务指导管理、队伍建设和监督检查等职责;司法行政机关对经检察机关、公安机关、国家安全机关审查合格的所属鉴定机构和鉴定人进行备案登记,编制和更新国家鉴定机构、鉴定人的名册并公告。

国家安全机关所属鉴定机构、鉴定人的备案登记、名册编制和公告工作,按照国家安全部、司法部《关于印发〈国家安全机关司法鉴定人和司法鉴定机构名册管理办法〉的通知》(国安发〔2008〕20号)中的有关规定执行。

二、备案登记工作的程序和要求。参加备案登记的鉴定机构、鉴定人经检察机关、公安机关按照职能分工,统一组织、依法审查合格后,由司法行政机关备案登记、编制名册并公告。

(一)最高人民检察院、公安部和省级检察机关、公安机关分别向同级司法行政机关送交备案登记材料。最高人民检察院、公安部直接管理、审查合格的鉴定机构和鉴定人的相关材料统一送交司法部,由司法部分送鉴定机构、鉴定人执业所在区域的省级司法行政机关进行备案登记;省级检察机关、公安机关直接管理、审查

合格的鉴定机构和鉴定人的相关材料送交同级司法行政机关进行备案登记。

(二)检察机关、公安机关送交以下备案登记材料:(1)检察机关、公安机关所属鉴定机构、鉴定人备案登记的公函。(2)鉴定机构备案登记表一份,包括机构名称、所在省(地市、县)、鉴定机构资格证编号、机构主管机关名称、住所、邮编、电话、机构负责人,司法鉴定业务范围(鉴定事项),鉴定机构所属鉴定人姓名、性别、技术职务或者技术职称、执业类别,以及主管部门颁发的鉴定人资格证编号(详见附件1、2,同时送电子文档)。(3)检察机关、公安机关所属各级鉴定机构主管部门的联系方式、联系人,以及投诉监督电话。

(三)司法行政机关应当及时进行备案登记、编制名册和公告工作。(1)省级司法行政机关收到检察机关、公安机关送交的备案登记材料后,应当在一个月内完成备案登记工作,并出具同意备案登记的公函。(2)备案登记后的鉴定机构和鉴定人按系统单独编制名册,并依照有关法律规定进行公告,公告的内容要与备案登记的内容一致。(3)司法部负责按系统分别汇编和公布《国家司法鉴定人和司法鉴定机构名册》(检察机关卷、公安机关卷)。鉴于检察机关、公安机关的工作性质,备案登记的鉴定机构向社会公告,备案登记的鉴定人向人民法院、人民检察院、公安机关、国家安全机关、司法行政机关通报。

(四)检察机关、公安机关所属鉴定机构经司法行政机关备案登记、编制名册和公告后,可以加挂"某某司法鉴定中心"的牌子,依法开展司法鉴定有关工作。

(五)检察机关、公安机关所属的鉴定机构、鉴定人经司法行政机关备案登记后发生新增、变更、注销、撤销等情形的,经主管的检察机关、公安机关审核后,按照备案登记的程序,办理相关备案登记、编制名册和公告等手续。

(六)检察机关、公安机关负责备案登记后所属鉴定机构、鉴定人的投诉查处工作。

(七)备案登记的有效期为五年。期限届满前三个月,司法部会同最高人民检察院、公安部统一组织进行重新备案登记。

(八)备案登记、名册编制和公告所需的费用,由司法行政机关向当地财政部门申请。

三、备案登记工作的时间安排。首次备案登记工作从2008年12月开始至2009年元月底结束。检察机关、公安机关应当于2008年12月底前完成向司法行政机关送交备案登记材料的工作,省级司法行政机关应当于2009年元月底前完成备案登记工作。司法部根据备案登记情况,于2009年2月底前完成检察机关、公安机关按系统《国家司法鉴定人和司法鉴定机构名册》的编制和公告工作。

各级检察机关、公安机关和司法行政机关要高度重视,加强沟通协调,共同研究制定实施方案,明确分工,落实责任,相互配合,共同确保按时完成备案登记工作。备案登记工作中遇到的问题,及时反馈各系统主管部门。

附件1:

检察机关司法鉴定机构备案登记表

鉴定机构名称	
所在省(地市、县)	
鉴定机构资格证编号	
机构主管机关(签章)	

填表说明
一、应按所列栏目认真填写,所填内容要真实、准确、完整。
二、本登记表应采用 A4 规格纸印制,可自行双面复印。
三、除签名需用蓝、黑墨水填写外,其他内容可打印。
四、表内数字一律用阿拉伯数字填写。
五、报备表格一份,同时附电子版。

备案登记司法鉴定机构 名 称						
住所	地址				邮编	
	电话		传真			
机构负责人	姓名				性别	
	职务		职称		电话	
司法鉴定业务范围(鉴定事项)						
机构负责人签名或者签章					年 月 日	
本鉴定机构所属鉴定人名单						
序号	姓名	性别	鉴定人资格证编号	技术职务或者技术职称	执业类别	备注

附件2：

公安机关司法鉴定机构备案登记表

鉴定机构名称	
所在省（地市、县）	
鉴定机构资格证编号	
机构主管机关（签章）	

填表说明
一、应按所列栏目认真填写，所填内容要真实、准确、完整。
二、本登记表应采用 A4 规格纸印制，可自行双面复印。
三、除签名需用蓝、黑墨水填写外，其他内容可打印。
四、表内数字一律用阿拉伯数字填写。
五、报备表格一份，同时附电子版。

备案登记司法鉴定机构名称							
住所	地址					邮编	
	电话			传真			
机构负责人	姓名					性别	
	职务			职称		电话	
司法鉴定业务范围（鉴定事项）							
机构负责人签名或者签章						年 月 日	
本鉴定机构所属鉴定人名单							
序号	姓名	性别	鉴定人资格证编号	技术职务或者技术职称	执业类别	备注	

最高人民法院、最高人民检察院、公安部、国家安全部、司法部关于办理死刑案件审查判断证据若干问题的规定

（2010年6月30日　法发〔2010〕20号）

为依法、公正、准确、慎重地办理死刑案件，惩罚犯罪，保障人权，根据《中华人民共和国刑事诉讼法》等有关法律规定，结合司法实际，制定本规定。

一、一般规定

第一条 办理死刑案件，必须严格执行刑法和刑事诉讼法，切实做到事实清楚，证据确实、充分，程序合法，适用法律正确，确保案件质量。

第二条 认定案件事实，必须以证据为根据。

第三条 侦查人员、检察人员、审判人员应当严格遵守法定程序，全面、客观地收集、审查、核实和认定证据。

第四条 经过当庭出示、辨认、质证等法庭调查程序查证属实的证据，才能作为定罪量刑的根据。

第五条 办理死刑案件，对被告人犯罪事实的认定，必须达到证据确实、充分。

证据确实、充分是指：

（一）定罪量刑的事实都有证据证明；

（二）每一个定案的证据均已经法定程序查证属实；

（三）证据与证据之间、证据与案件事实之间不存在矛盾或者矛盾得以合理排除；

（四）共同犯罪案件中，被告人的地位、作用均已查清；

（五）根据证据认定案件事实的过程符合逻辑和经验规则，由证据得出的结论为唯一结论。

办理死刑案件，对于以下事实的证明必须达到证据确实、充分：

（一）被指控的犯罪事实的发生；

（二）被告人实施了犯罪行为与被告人实施犯罪行为的时间、地点、手段、后果以及其他情节；

（三）影响被告人定罪的身份情况；
（四）被告人有刑事责任能力；
（五）被告人的罪过；
（六）是否共同犯罪及被告人在共同犯罪中的地位、作用；
（七）对被告人从重处罚的事实。

二、证据的分类审查与认定

1. 物证、书证

第六条 对物证、书证应当着重审查以下内容：

（一）物证、书证是否为原物、原件，物证的照片、录像或者复制品及书证的副本、复制件与原物、原件是否相符；物证、书证是否经过辨认、鉴定；物证的照片、录像或者复制品和书证的副本、复制件是否由二人以上制作，有无制作人关于制作过程及原件、原物存放于何处的文字说明及签名。

（二）物证、书证的收集程序、方式是否符合法律及有关规定；经勘验、检查、搜查提取、扣押的物证、书证，是否附有相关笔录或者清单；笔录或者清单是否有侦查人员、物品持有人、见证人签名，没有物品持有人签名的，是否注明原因；对物品的特征、数量、质量、名称等注明是否清楚。

（三）物证、书证在收集、保管及鉴定过程中是否受到破坏或者改变。

（四）物证、书证与案件事实有无关联。对现场遗留与犯罪有关的具备检验鉴定条件的血迹、指纹、毛发、体液等生物物证、痕迹、物品，是否通过DNA鉴定、指纹鉴定等鉴定方式与被告人或者被害人的相应生物检材、生物特征、物品等作同一认定。

（五）与案件事实有关联的物证、书证是否全面收集。

第七条 对在勘验、检查、搜查中发现与案件事实可能有关联的血迹、指纹、足迹、字迹、毛发、体液、人体组织等痕迹和物品应当提取而没有提取，应当检验而没有检验，导致案件事实存疑的，人民法院应当向人民检察院说明情况，人民检察院依法可以补充收集、调取证据，作出合理的说明或者退回侦查机关补充侦查，调取有关证据。

第八条 据以定案的物证应当是原物。只有在原物不便搬运、不易保存或者依法应当由有关部门保管、处理或者依法应当返还时，才可以拍摄或者制作足以反映原物外形或者内容的照片、录像或者复制品。物证的照片、录像或者复制品，经与原物核实无误或者经鉴定证明为真实的，或者以其他方式确能证明其真实的，可以作为定案的根据。原物的照片、录像或者复制品，不能反映原物的外形和特征的，不能作为定案的根据。

据以定案的书证应当是原件。只有在取得原件确有困难时，才可以使用副本或者复制件。书证的副本、复制件,经与原件核实无误或者经鉴定证明为真实的,或者以其他方式能确证明其真实的,可以作为定案的根据。书证有更改或者更改迹象不能作出合理解释的,书证的副本、复制件不能反映书证原件及其内容的,不能作为定案的根据。

第九条 经勘验、检查、搜查提取、扣押的物证、书证,未附有勘验、检查笔录、搜查笔录、提取笔录、扣押清单,不能证明物证、书证来源的,不能作为定案的根据。

物证、书证的收集程序、方式存在下列瑕疵,通过有关办案人员的补正或者作出合理解释的,可以采用:

(一)收集调取的物证、书证,在勘验、检查笔录、搜查笔录、提取笔录、扣押清单上没有侦查人员、物品持有人、见证人签名或者物品特征、数量、质量、名称等注明不详的;

(二)收集调取物证照片、录像或者复制品,书证的副本、复制件未注明与原件核对无异,无复制时间,无被收集、调取人(单位)签名(盖章)的;

(三)物证照片、录像或者复制品,书证的副本、复制件没有制作人关于制作过程及原物、原件存放于何处的说明或者说明中无签名的;

(四)物证、书证的收集程序、方式存在其他瑕疵的。

对物证、书证的来源及收集过程有疑问,不能作出合理解释的,该物证、书证不能作为定案的根据。

第十条 具备辨认条件的物证、书证应当交由当事人或者证人进行辨认,必要时应当进行鉴定。

2. 证人证言

第十一条 对证人证言应当着重审查以下内容:

(一)证言的内容是否为证人直接感知。

(二)证人作证时的年龄、认知水平、记忆能力和表达能力,生理上和精神上的状态是否影响作证。

(三)证人与案件当事人、案件处理结果有无利害关系。

(四)证言的取得程序、方式是否符合法律及有关规定:有无使用暴力、威胁、引诱、欺骗以及其他非法手段取证的情形;有无违反询问证人应当个别进行的规定;笔录是否经证人核对确认并签名(盖章)、捺指印;询问未成年证人,是否通知了其法定代理人到场,其法定代理人是否在场等。

(五)证人证言之间以及与其他证据之间能否相互印证,有无矛盾。

第十二条 以暴力、威胁等非法手段取得的证人证言,不能作为定案的根据。

处于明显醉酒、麻醉品中毒或者精神药物麻醉状态,以致不能正确表达的证人所提供的证言,不能作为定案的根据。

证人的猜测性、评论性、推断性的证言,不能作为证据使用,但根据一般生活经验判断符合事实的除外。

第十三条 具有下列情形之一的证人证言,不能作为定案的根据:

(一)询问证人没有个别进行而取得的证言;

(二)没有经证人核对确认并签名(盖章)、捺指印的书面证言;

(三)询问聋哑人或者不通晓当地通用语言、文字的少数民族人员、外国人,应当提供翻译而未提供的。

第十四条 证人证言的收集程序和方式有下列瑕疵,通过有关办案人员的补正或者作出合理解释的,可以采用:

(一)没有填写询问人、记录人、法定代理人姓名或者询问的起止时间、地点的;

(二)询问证人的地点不符合规定的;

(三)询问笔录没有记录告知证人应当如实提供证言和有意作伪证或者隐匿罪证要负法律责任内容的;

(四)询问笔录反映出在同一时间段内,同一询问人员询问不同证人的。

第十五条 具有下列情形的证人,人民法院应当通知出庭作证;经依法通知不出庭作证证人的书面证言经质证无法确认的,不能作为定案的根据:

(一)人民检察院、被告人及其辩护人对证人证言有异议,该证人证言对定罪量刑有重大影响的;

(二)人民法院认为其他应当出庭作证的。

证人在法庭上的证言与其庭前证言相互矛盾,如果证人当庭能够对其翻证作出合理解释,并有相关证据印证的,应当采信庭审证言。

对未出庭作证证人的书面证言,应当听取出庭检察人员、被告人及其辩护人的意见,并结合其他证据综合判断。未出庭作证的书面证言出现矛盾,不能排除矛盾且无证据印证的,不能作为定案的根据。

第十六条 证人作证,涉及国家秘密或者个人隐私的,应当保守秘密。

证人出庭作证,必要时,人民法院可以采取限制公开证人信息、限制询问、遮蔽容貌、改变声音等保护性措施。

3. 被害人陈述

第十七条 对被害人陈述的审查与认定适用前述关于证人证言的有关规定。

4. 被告人供述和辩解

第十八条 对被告人供述和辩解应当着重审查以下内容：

（一）讯问的时间、地点、讯问人的身份等是否符合法律及有关规定，讯问被告人的侦查人员是否不少于二人，讯问被告人是否个别进行等。

（二）讯问笔录的制作、修改是否符合法律及有关规定，讯问笔录是否注明讯问的起止时间和讯问地点，首次讯问时是否告知被告人申请回避、聘请律师等诉讼权利，被告人是否核对确认并签名(盖章)、捺指印，是否有不少于二人的讯问人签名等。

（三）讯问聋哑人、少数民族人员、外国人时是否提供了通晓聋、哑手势的人员或者翻译人员，讯问未成年同案犯时，是否通知了其法定代理人到场，其法定代理人是否在场。

（四）被告人的供述有无以刑讯逼供等非法手段获取的情形，必要时可以调取被告人进出看守所的健康检查记录、笔录。

（五）被告人的供述是否前后一致，有无反复以及出现反复的原因；被告人的所有供述和辩解是否均已收集入卷；应当入卷的供述和辩解没有入卷的，是否出具了相关说明。

（六）被告人的辩解内容是否符合案情和常理，有无矛盾。

（七）被告人的供述和辩解与同案犯的供述和辩解以及其他证据能否相互印证，有无矛盾。

对于上述内容，侦查机关随案移送有录音录像资料的，应当结合相关录音录像资料进行审查。

第十九条 采用刑讯逼供等非法手段取得的被告人供述，不能作为定案的根据。

第二十条 具有下列情形之一的被告人供述，不能作为定案的根据：

（一）讯问笔录没有经被告人核对确认并签名(盖章)、捺指印的；

（二）讯问聋哑人、不通晓当地通用语言、文字的人员时，应当提供通晓聋、哑手势的人员或者翻译人员而未提供的。

第二十一条 讯问笔录有下列瑕疵，通过有关办案人员的补正或者作出合理解释的，可以采用：

（一）笔录填写的讯问时间、讯问人、记录人、法定代理人等有误或者存在矛盾的；

（二）讯问人没有签名的；

（三）首次讯问笔录没有记录告知被讯问人诉讼权利内容的。

第二十二条 对被告人供述和辩解的审查，应当结合控辩双方提供的所有证据以及被告人本人的全部供述和辩解进行。

被告人庭前供述一致,庭审中翻供,但被告人不能合理说明翻供理由或者其辩解与全案证据相矛盾,而庭前供述与其他证据能够相互印证的,可以采信被告人庭前供述。

被告人庭前供述和辩解出现反复,但庭审中供认的,且庭审中的供述与其他证据能够印证的,可以采信庭审中的供述;被告人庭前供述和辩解出现反复,庭审中不供认的,且无其他证据与庭前供述印证的,不能采信庭前供述。

5. 鉴定意见

第二十三条 对鉴定意见应当着重审查以下内容:

(一)鉴定人是否存在应当回避而未回避的情形。

(二)鉴定机构和鉴定人是否具有合法的资质。

(三)鉴定程序是否符合法律及有关规定。

(四)检材的来源、取得、保管、送检是否符合法律及有关规定,与相关提取笔录、扣押物品清单等记载的内容是否相符,检材是否充足、可靠。

(五)鉴定的程序、方法、分析过程是否符合本专业的检验鉴定规程和技术方法要求。

(六)鉴定意见的形式要件是否完备,是否注明提起鉴定的事由、鉴定委托人、鉴定机构、鉴定要求、鉴定过程、检验方法、鉴定文书的日期等相关内容,是否由鉴定机构加盖鉴定专用章并由鉴定人签名盖章。

(七)鉴定意见是否明确。

(八)鉴定意见与案件待证事实有无关联。

(九)鉴定意见与其他证据之间是否有矛盾,鉴定意见与检验笔录及相关照片是否有矛盾。

(十)鉴定意见是否依法及时告知相关人员,当事人对鉴定意见是否有异议。

第二十四条 鉴定意见具有下列情形之一的,不能作为定案的根据:

(一)鉴定机构不具备法定的资格和条件,或者鉴定事项超出本鉴定机构项目范围或者鉴定能力的;

(二)鉴定人不具备法定的资格和条件、鉴定人不具有相关专业技术或者职称、鉴定人违反回避规定的;

(三)鉴定程序、方法有错误的;

(四)鉴定意见与证明对象没有关联的;

(五)鉴定对象与送检材料、样本不一致的;

(六)送检材料、样本来源不明或者确实被污染且不具备鉴定条件的;

（七）违反有关鉴定特定标准的；

（八）鉴定文书缺少签名、盖章的；

（九）其他违反有关规定的情形。

对鉴定意见有疑问的，人民法院应当依法通知鉴定人出庭作证或者由其出具相关说明，也可以依法补充鉴定或者重新鉴定。

6. 勘验、检查笔录

第二十五条 对勘验、检查笔录应当着重审查以下内容：

（一）勘验、检查是否依法进行，笔录的制作是否符合法律及有关规定的要求，勘验、检查人员和见证人是否签名或者盖章等。

（二）勘验、检查笔录的内容是否全面、详细、准确、规范；是否准确记录了提起勘验、检查的事由，勘验、检查的时间、地点，在场人员、现场方位、周围环境等情况；是否准确记载了现场、物品、人身、尸体等的位置、特征等详细情况以及勘验、检查、搜查的过程；文字记载与实物或者绘图、录像、照片是否相符；固定证据的形式、方法是否科学、规范；现场、物品、痕迹等是否被破坏或者伪造，是否是原始现场；人身特征、伤害情况、生理状况有无伪装或者变化等。

（三）补充进行勘验、检查的，前后勘验、检查的情况是否有矛盾，是否说明了再次勘验、检查的缘由。

（四）勘验、检查笔录中记载的情况与被告人供述、被害人陈述、鉴定意见等其他证据能否印证，有无矛盾。

第二十六条 勘验、检查笔录存在明显不符合法律及有关规定的情形，并且不能作出合理解释或者说明的，不能作为证据使用。

勘验、检查笔录存在勘验、检查没有见证人的，勘验、检查人员和见证人没有签名、盖章的，勘验、检查人员违反回避规定的等情形，应当结合案件其他证据，审查其真实性和关联性。

7. 视听资料

第二十七条 对视听资料应当着重审查以下内容：

（一）视听资料的来源是否合法，制作过程中当事人有无受到威胁、引诱等违反法律及有关规定的情形；

（二）是否载明制作人或者持有人的身份，制作的时间、地点和条件以及制作方法；

（三）是否为原件，有无复制及复制份数；调取的视听资料是复制件的，是否附有无法调取原件的原因、制作过程和原件存放地点的说明，是否有制作人和原视听资料持有人签名或者盖章；

（四）内容和制作过程是否真实，有无经过剪辑、增加、删改、编辑等伪造、变造情形；

（五）内容与案件事实有无关联性。

对视听资料有疑问的，应当进行鉴定。

对视听资料，应当结合案件其他证据，审查其真实性和关联性。

第二十八条 具有下列情形之一的视听资料，不能作为定案的根据：

（一）视听资料经审查或者鉴定无法确定真伪的；

（二）对视听资料的制作和取得的时间、地点、方式等有异议，不能作出合理解释或者提供必要证明的。

8. 其他规定

第二十九条 对于电子邮件、电子数据交换、网上聊天记录、网络博客、手机短信、电子签名、域名等电子证据，应当主要审查以下内容：

（一）该电子证据存储磁盘、存储光盘等可移动存储介质是否与打印件一并提交；

（二）是否载明该电子证据形成的时间、地点、对象、制作人、制作过程及设备情况等；

（三）制作、储存、传递、获得、收集、出示等程序和环节是否合法，取证人、制作人、持有人、见证人等是否签名或者盖章；

（四）内容是否真实，有无剪裁、拼凑、篡改、添加等伪造、变造情形；

（五）该电子证据与案件事实有无关联性。

对电子证据有疑问的，应当进行鉴定。

对电子证据，应当结合案件其他证据，审查其真实性和关联性。

第三十条 侦查机关组织的辨认，存在下列情形之一的，应当严格审查，不能确定其真实性的，辨认结果不能作为定案的根据：

（一）辨认不是在侦查人员主持下进行的；

（二）辨认前使辨认人见到辨认对象的；

（三）辨认人的辨认活动没有个别进行的；

（四）辨认对象没有混杂在具有类似特征的其他对象中，或者供辨认的对象数量不符合规定的；尸体、场所等特定辨认对象除外。

（五）辨认中给辨认人明显暗示或者明显有指认嫌疑的。

有下列情形之一的，通过有关办案人员的补正或者作出合理解释的，辨认结果可以作为证据使用：

（一）主持辨认的侦查人员少于二人的；

（二）没有向辨认人详细询问辨认对象的具体特征的；

（三）对辨认经过和结果没有制作专门的规范的辨认笔录，或者辨认笔录没有侦查人员、辨认人、见证人的签名或者盖章的；

（四）辨认记录过于简单，只有结果没有过程的；

（五）案卷中只有辨认笔录，没有被辨认对象的照片、录像等资料，无法获悉辨认的真实情况的。

第三十一条 对侦查机关出具的破案经过等材料，应当审查是否有出具该说明材料的办案人、办案机关的签字或者盖章。

对破案经过有疑问，或者对确定被告人有重大嫌疑的根据有疑问的，应当要求侦查机关补充说明。

三、证据的综合审查和运用

第三十二条 对证据的证明力，应当结合案件的具体情况，从各证据与待证事实的关联程度、各证据之间的联系等方面进行审查判断。

证据之间具有内在的联系，共同指向同一待证事实，且能合理排除矛盾的，才能作为定案的根据。

第三十三条 没有直接证据证明犯罪行为系被告人实施，但同时符合下列条件的可以认定被告人有罪：

（一）据以定案的间接证据已经查证属实；

（二）据以定案的间接证据之间相互印证，不存在无法排除的矛盾和无法解释的疑问；

（三）据以定案的间接证据已经形成完整的证明体系；

（四）依据间接证据认定的案件事实，结论是唯一的，足以排除一切合理怀疑；

（五）运用间接证据进行的推理符合逻辑和经验判断。

根据间接证据定案的，判处死刑应当特别慎重。

第三十四条 根据被告人的供述、指认提取到了隐蔽性很强的物证、书证，且与其他证明犯罪事实发生的证据互相印证，并排除串供、逼供、诱供等可能性的，可以认定有罪。

第三十五条 侦查机关依照有关规定采用特殊侦查措施所收集的物证、书证及其他证据材料，经法庭查证属实，可以作为定案的根据。

法庭依法不公开特殊侦查措施的过程及方法。

第三十六条 在对被告人作出有罪认定后，人民法院认定被告人的量刑事实，除审查法定情节外，还应审查以下影响量刑的情节：

（一）案件起因；

（二）被害人有无过错及过错程度，是否对矛盾激化负有责任及责任大小；

（三）被告人的近亲属是否协助抓获被告人；

（四）被告人平时表现及有无悔罪态度；

（五）被害人附带民事诉讼赔偿情况，被告人是否取得被害人或者被害人近亲属谅解；

（六）其他影响量刑的情节。

既有从轻、减轻处罚等情节，又有从重处罚等情节的，应当依法综合相关情节予以考虑。

不能排除被告人具有从轻、减轻处罚等量刑情节的，判处死刑应当特别慎重。

第三十七条 对于有下列情形的证据应当慎重使用，有其他证据印证的，可以采信：

（一）生理上、精神上有缺陷的被害人、证人和被告人，在对案件事实的认知和表达上存在一定困难，但尚未丧失正确认知、正确表达能力而作的陈述、证言和供述；

（二）与被告人有亲属关系或者其他密切关系的证人所作的对该被告人有利的证言，或者与被告人有利害冲突的证人所作的对该被告人不利的证言。

第三十八条 法庭对证据有疑问的，可以告知出庭检察人员、被告人及其辩护人补充证据或者作出说明；确有核实必要的，可以宣布休庭，对证据进行调查核实。法庭进行庭外调查时，必要时，可以通知出庭检察人员、辩护人到场。出庭检察人员、辩护人一方或者双方不到场的，法庭记录在案。

人民检察院、辩护人补充的和法庭庭外调查核实取得的证据，法庭可以庭外征求出庭检察人员、辩护人的意见。双方意见不一致，有一方要求人民法院开庭进行调查的，人民法院应当开庭。

第三十九条 被告人及其辩护人提出有自首的事实及理由，有关机关未予认定的，应当要求有关机关提供证明材料或者要求相关人员作证，并结合其他证据判断自首是否成立。

被告人是否协助或者如何协助抓获同案犯的证明材料不全，导致无法认定被告人构成立功的，应当要求有关机关提供证明材料或者要求相关人员作证，并结合其他证据判断立功是否成立。

被告人有检举揭发他人犯罪情形的，应当审查是否已经查证属实；尚未查证的，应当及时查证。

被告人累犯的证明材料不全，应当要求有关机关提供证明材料。

第四十条 审查被告人实施犯罪时是否已满十八周岁，一般应当以户籍证明为依据；对户籍证明有异议，并有经查证属实的出生证明文件、无利害关系人的证言等证据证明被告人不满十八周岁的，应认定被告人不满十八周岁；没有户籍证明以及出生证明文件的,应当根据人口普查登记、无利害关系人的证言等证据综合进行判断,必要时,可以进行骨龄鉴定,并将结果作为判断被告人年龄的参考。

未排除证据之间的矛盾,无充分证据证明被告人实施被指控的犯罪时已满十八周岁且确实无法查明的,不能认定其已满十八周岁。

第四十一条 本规定自二〇一〇年七月一日起施行。

最高人民法院、最高人民检察院、公安部、国家安全部、司法部、全国人民代表大会常务委员会法制工作委员会关于实施刑事诉讼法若干问题的规定

(2012年12月26日)

一、管辖

1. 公安机关侦查刑事案件涉及人民检察院管辖的贪污贿赂案件时,应当将贪污贿赂案件移送人民检察院;人民检察院侦查贪污贿赂案件涉及公安机关管辖的刑事案件,应当将属于公安机关管辖的刑事案件移送公安机关。在上述情况中,如果涉嫌主罪属于公安机关管辖,由公安机关为主侦查,人民检察院予以配合;如果涉嫌主罪属于人民检察院管辖,由人民检察院为主侦查,公安机关予以配合。

2. 刑事诉讼法第二十四条中规定:"刑事案件由犯罪地的人民法院管辖。"刑事诉讼法规定的"犯罪地",包括犯罪的行为发生地和结果发生地。

3. 具有下列情形之一的,人民法院、人民检察院、公安机关可以在其职责范围内并案处理:

(一)一人犯数罪的;

(二)共同犯罪的;

(三)共同犯罪的犯罪嫌疑人、被告人还实施其他犯罪的;

(四)多个犯罪嫌疑人、被告人实施的犯罪存在关联,并案处理有利于查明案件事实的。

二、辩护与代理

4. 人民法院、人民检察院、公安机关、国家安全机关、监狱的现职人员,人民陪审员,外国人或者无国籍人,以及与本案有利害关系的人,不得担任辩护人。但是,上述人员系犯罪嫌疑人、被告人的监护人或者近亲属,犯罪嫌疑人、被告人委托其担任辩护人的,可以准许。无行为能力或者限制行为能力的人,不得担任辩护人。

一名辩护人不得为两名以上的同案犯罪嫌疑人、被告人辩护,不得为两名以上的未同案处理但实施的犯罪存在关联的犯罪嫌疑人、被告人辩护。

5. 刑事诉讼法第三十四条、第二百六十七条、第二百八十六条对法律援助作了规定。对于人民法院、人民检察院、公安机关根据上述规定,通知法律援助机构

指派律师提供辩护或者法律帮助的,法律援助机构应当在接到通知后三日以内指派律师,并将律师的姓名、单位、联系方式书面通知人民法院、人民检察院、公安机关。

6. 刑事诉讼法第三十六条规定:"辩护律师在侦查期间可以为犯罪嫌疑人提供法律帮助;代理申诉、控告;申请变更强制措施;向侦查机关了解犯罪嫌疑人涉嫌的罪名和案件有关情况,提出意见。"根据上述规定,辩护律师在侦查期间可以向侦查机关了解犯罪嫌疑人涉嫌的罪名及当时已查明的该罪的主要事实,犯罪嫌疑人被采取、变更、解除强制措施的情况,侦查机关延长侦查羁押期限等情况。

7. 刑事诉讼法第三十七条第二款规定:"辩护律师持律师执业证书、律师事务所证明和委托书或者法律援助公函要求会见在押的犯罪嫌疑人、被告人的,看守所应当及时安排会见,至迟不得超过四十八小时。"根据上述规定,辩护律师要求会见在押的犯罪嫌疑人、被告人的,看守所应当及时安排会见,保证辩护律师在四十八小时以内见到在押的犯罪嫌疑人、被告人。

8. 刑事诉讼法第四十一条第一款规定:"辩护律师经证人或者其他有关单位和个人同意,可以向他们收集与本案有关的材料,也可以申请人民检察院、人民法院收集、调取证据,或者申请人民法院通知证人出庭作证。"对于辩护律师申请人民检察院、人民法院收集、调取证据,人民检察院、人民法院认为需要调查取证的,应当由人民检察院、人民法院收集、调取证据,不得向律师签发准许调查决定书,让律师收集、调取证据。

9. 刑事诉讼法第四十二条第二款中规定:"违反前款规定的,应当依法追究法律责任,辩护人涉嫌犯罪的,应当由办理辩护人所承办案件的侦查机关以外的侦查机关办理。"根据上述规定,公安机关、人民检察院发现辩护人涉嫌犯罪,或者接受报案、控告、举报、有关机关的移送,依照侦查管辖分工进行审查后认为符合立案条件的,应当按照规定报请办理辩护人所承办案件的侦查机关的上一级侦查机关指定其他侦查机关立案侦查,或者由上一级侦查机关立案侦查。不得指定办理辩护人所承办案件的侦查机关的下级侦查机关立案侦查。

10. 刑事诉讼法第四十七条规定:"辩护人、诉讼代理人认为公安机关、人民检察院、人民法院及其工作人员阻碍其依法行使诉讼权利的,有权向同级或者上一级人民检察院申诉或者控告。人民检察院对申诉或者控告应当及时进行审查,情况属实的,通知有关机关予以纠正。"人民检察院受理辩护人、诉讼代理人的申诉或者控告后,应当在十日以内将处理情况书面答复提出申诉或者控告的辩护人、诉讼代理人。

三、证据

11. 刑事诉讼法第五十六条第一款规定:"法庭审理过程中,审判人员认为可能存在本法第五十四条规定的以非法方法收集证据情形的,应当对证据收集的合法性进行法庭调查。"法庭经对当事人及其辩护人、诉讼代理人提供的相关线索或者材料进行审查后,认为可能存在刑事诉讼法第五十四条规定的以非法方法收集证据情形的,应当对证据收集的合法性进行法庭调查。法庭调查的顺序由法庭根据案件审理情况确定。

12. 刑事诉讼法第六十二条规定,对证人、鉴定人、被害人可以采取"不公开真实姓名、住址和工作单位等个人信息"的保护措施。人民法院、人民检察院和公安机关依法决定不公开证人、鉴定人、被害人的真实姓名、住址和工作单位等个人信息的,可以在判决书、裁定书、起诉书、询问笔录等法律文书、证据材料中使用化名等代替证人、鉴定人、被害人的个人信息。但是,应当书面说明使用化名的情况并标明密级,单独成卷。辩护律师经法庭许可,查阅对证人、鉴定人、被害人使用化名情况的,应当签署保密承诺书。

四、强制措施

13. 被取保候审、监视居住的犯罪嫌疑人、被告人无正当理由不得离开所居住的市、县或者执行监视居住的处所,有正当理由需要离开所居住的市、县或者执行监视居住的处所,应当经执行机关批准。如果取保候审、监视居住是由人民检察院、人民法院决定的,执行机关在批准犯罪嫌疑人、被告人离开所居住的市、县或者执行监视居住的处所前,应当征得决定机关同意。

14. 对取保候审保证人是否履行了保证义务,由公安机关认定,对保证人的罚款决定,也由公安机关作出。

15. 指定居所监视居住的,不得要求被监视居住人支付费用。

16. 刑事诉讼法规定,拘留由公安机关执行。对于人民检察院直接受理的案件,人民检察院作出的拘留决定,应当送达公安机关执行,公安机关应当立即执行,人民检察院可以协助公安机关执行。

17. 对于人民检察院批准逮捕的决定,公安机关应当立即执行,并将执行回执及时送达批准逮捕的人民检察院。如果未能执行,也应当将回执送达人民检察院,并写明未能执行的原因。对于人民检察院决定不批准逮捕的,公安机关在收到不批准逮捕决定书后,应当立即释放在押的犯罪嫌疑人或者变更强制措施,并将执行回执在收到不批准逮捕决定书后的三日内送达作出不批准逮捕决定的人民检察院。

五、立案

18. 刑事诉讼法第一百一十一条规定:"人民检察院认为公安机关对应当立案侦查的案件而不立案侦查的,或者被害人认为公安机关对应当立案侦查的案件而不立案侦查,向人民检察院提出的,人民检察院应当要求公安机关说明不立案的理由。人民检察院认为公安机关不立案理由不能成立的,应当通知公安机关立案,公安机关接到通知后应当立案。"根据上述规定,公安机关收到人民检察院要求说明不立案理由通知书后,应当在七日内将说明情况书面答复人民检察院。人民检察院认为公安机关不立案理由不能成立,发出通知立案书时,应当将有关证明应当立案的材料同时移送公安机关。公安机关收到通知立案书后,应当在十五日内决定立案,并将立案决定书送达人民检察院。

六、侦查

19. 刑事诉讼法第一百二十一条第一款规定:"侦查人员在讯问犯罪嫌疑人的时候,可以对讯问过程进行录音或者录像;对于可能判处无期徒刑、死刑的案件或者其他重大犯罪案件,应当对讯问过程进行录音或者录像。"侦查人员对讯问过程进行录音或者录像的,应当在讯问笔录中注明。人民检察院、人民法院可以根据需要调取讯问犯罪嫌疑人的录音或者录像,有关机关应当及时提供。

20. 刑事诉讼法第一百四十九条中规定:"批准决定应当根据侦查犯罪的需要,确定采取技术侦查措施的种类和适用对象。"采取技术侦查措施收集的材料作为证据使用的,批准采取技术侦查措施的法律文书应当附卷,辩护律师可以依法查阅、摘抄、复制,在审判过程中可以向法庭出示。

21. 公安机关对案件提请延长羁押期限的,应当在羁押期限届满七日前提出,并书面呈报延长羁押期限案件的主要案情和延长羁押期限的具体理由,人民检察院应当在羁押期限届满前作出决定。

22. 刑事诉讼法第一百五十八条第一款规定:"在侦查期间,发现犯罪嫌疑人另有重要罪行的,自发现之日起依照本法第一百五十四条的规定重新计算侦查羁押期限。"公安机关依照上述规定重新计算侦查羁押期限的,不需要经人民检察院批准,但应当报人民检察院备案,人民检察院可以进行监督。

七、提起公诉

23. 上级公安机关指定下级公安机关立案侦查的案件,需要逮捕犯罪嫌疑人的,由侦查该案件的公安机关提请同级人民检察院审查批准;需要提起公诉的,由侦查该案件的公安机关移送同级人民检察院审查起诉。

人民检察院对于审查起诉的案件,按照刑事诉讼法的管辖规定,认为应当由上级人民检察院或者同级其他人民检察院起诉的,应当将案件移送有管辖权的人民检察院。人民检察院认为需要依照刑事诉讼法的规定指定审判管辖的,应当协商同级人民法院办理指定管辖有关事宜。

24. 人民检察院向人民法院提起公诉时,应当将案卷材料和全部证据移送人民法院,包括犯罪嫌疑人、被告人翻供的材料,证人改变证言的材料,以及对犯罪嫌疑人、被告人有利的其他证据材料。

八、审判

25. 刑事诉讼法第一百八十一条规定:"人民法院对提起公诉的案件进行审查后,对于起诉书中有明确的指控犯罪事实的,应当决定开庭审判。"对于人民检察院提起公诉的案件,人民法院都应当受理。人民法院对提起公诉的案件进行审查后,对于起诉书中有明确的指控犯罪事实并且附有案卷材料、证据的,应当决定开庭审判,不得以上述材料不充足为由而不开庭审判。如果人民检察院移送的材料中缺少上述材料的,人民法院可以通知人民检察院补充材料,人民检察院应当自收到通知之日起三日内补送。

人民法院对提起公诉的案件进行审查的期限计入人民法院的审理期限。

26. 人民法院开庭审理公诉案件时,出庭的检察人员和辩护人需要出示、宣读、播放已移交人民法院的证据的,可以申请法庭出示、宣读、播放。

27. 刑事诉讼法第三十九条规定:"辩护人认为在侦查、审查起诉期间公安机关、人民检察院收集的证明犯罪嫌疑人、被告人无罪或者罪轻的证据材料未提交的,有权申请人民检察院、人民法院调取。"第一百九十一条第一款规定:"法庭审理过程中,合议庭对证据有疑问的,可以宣布休庭,对证据进行调查核实。"第一百九十二条第一款规定:"法庭审理过程中,当事人和辩护人、诉讼代理人有权申请通知新的证人到庭,调取新的物证,申请重新鉴定或者勘验。"根据上述规定,自案件移送审查起诉之日起,人民检察院可以根据辩护人的申请,向公安机关调取未提交的证明犯罪嫌疑人、被告人无罪或者罪轻的证据材料。在法庭审理过程中,人民法院可以根据辩护人的申请,向人民检察院调取未提交的证明被告人无罪或者罪轻的证据材料,也可以向人民检察院调取需要调查核实的证据材料。公安机关、人民检察院应当自收到要求调取证据材料决定书后三日内移交。

28. 人民法院依法通知证人、鉴定人出庭作证的,应当同时将证人、鉴定人出庭通知书送交控辩双方,控辩双方应当予以配合。

29. 刑事诉讼法第一百八十七条第三款规定:"公诉人、当事人或者辩护人、诉讼代理人对鉴定意见有异议,人民法院认为鉴定人有必要出庭的,鉴定人应当出庭作证。经人民法院通知,鉴定人拒不出庭作证的,鉴定意见不得作为定案的根据。"根据上述规定,依法应当出庭的鉴定人经人民法院通知未出庭作证的,鉴定意见不得作为定案的根据。鉴定人由于不能抗拒的原因或者有其他正当理由无法出庭的,人民法院可以根据案件审理情况决定延期审理。

30. 人民法院审理公诉案件,发现有新的事实,可能影响定罪的,人民检察院可以要求补充起诉或者变更起诉,人民法院可以建议人民检察院补充起诉或者变更起诉。人民法院建议人民检察院补充起诉或者变更起诉的,人民检察院应当在七日以内回复意见。

31. 法庭审理过程中,被告人揭发他人犯罪行为或者提供重要线索,人民检察院认为需要进行查证的,可以建议补充侦查。

32. 刑事诉讼法第二百零三条规定:"人民检察院发现人民法院审理案件违反法律规定的诉讼程序,有权向人民法院提出纠正意见。"人民检察院对违反法定程序的庭审活动提出纠正意见,应当由人民检察院在庭审后提出。

九、执行

33. 刑事诉讼法第二百五十四条第五款中规定:"在交付执行前,暂予监外执行由交付执行的人民法院决定"。对于被告人可能被判处拘役、有期徒刑、无期徒刑,符合暂予监外执行条件的,被告人及其辩护人有权向人民法院提出暂予监外执行的申请,看守所可以将有关情况通报人民法院。人民法院应当进行审查,并在交付执行前作出是否暂予监外执行的决定。

34. 刑事诉讼法第二百五十七条第三款规定:"不符合暂予监外执行条件的罪犯通过贿赂等非法手段被暂予监外执行的,在监外执行的期间不计入执行刑期。罪犯在暂予监外执行期间脱逃的,脱逃的期间不计入执行刑期。"对于人民法院决定暂予监外执行的罪犯具有上述情形的,人民法院在决定予以收监的同时,应当确定不计入刑期的期间。对于监狱管理机关或者公安机关决定暂予监外执行的罪犯具有上述情形的,罪犯被收监后,所在监狱或者看守所应当及时向所在地的中级人民法院提出不计入执行刑期的建议书,由人民法院审核裁定。

35. 被决定收监执行的社区矫正人员在逃的,社区矫正机构应当立即通知公安机关,由公安机关负责追捕。

十、涉案财产的处理

36. 对于依照刑法规定应当追缴的违法所得及其他涉案财产,除依法返还被害人的财物以及依法销毁的违禁品外,必须一律上缴国库。查封、扣押的涉案财产,依法不移送的,待人民法院作出生效判决、裁定后,由人民法院通知查封、扣押机关上缴国库,查封、扣押机关应当向人民法院送交执行回单;冻结在金融机构的违法所得及其他涉案财产,待人民法院作出生效判决、裁定后,由人民法院通知有关金融机构上缴国库,有关金融机构应当向人民法院送交执行回单。

对于被扣押、冻结的债券、股票、基金份额等财产,在扣押、冻结期间权利人申请出售,经扣押、冻结机关审查,不损害国家利益、被害人利益、不影响诉讼正常进行的,以及扣押、冻结的汇票、本票、支票的有效期即将届满的,可以在判决生效前依法出售或者变现,所得价款由扣押、冻结机关保管,并及时告知当事人或者其近亲属。

37. 刑事诉讼法第一百四十二条第一款中规定："人民检察院、公安机关根据侦查犯罪的需要,可以依照规定查询、冻结犯罪嫌疑人的存款、汇款、债券、股票、基金份额等财产。"根据上述规定,人民检察院、公安机关不能扣划存款、汇款、债券、股票、基金份额等财产。对于犯罪嫌疑人、被告人死亡,依照刑法规定应当追缴其违法所得及其他涉案财产的,适用刑事诉讼法第五编第三章规定的程序,由人民检察院向人民法院提出没收违法所得的申请。

38. 犯罪嫌疑人、被告人死亡,现有证据证明存在违法所得及其他涉案财产应当予以没收的,公安机关、人民检察院可以进行调查。公安机关、人民检察院进行调查,可以依法进行查封、扣押、查询、冻结。

人民法院在审理案件过程中,被告人死亡的,应当裁定终止审理;被告人脱逃的,应当裁定中止审理。人民检察院可以依法另行向人民法院提出没收违法所得的申请。

39. 对于人民法院依法作出的没收违法所得的裁定,犯罪嫌疑人、被告人的近亲属和其他利害关系人或者人民检察院可以在五日内提出上诉、抗诉。

十一、其他

40. 刑事诉讼法第一百四十七条规定："对犯罪嫌疑人作精神病鉴定的期间不计入办案期限。"根据上述规定,犯罪嫌疑人、被告人在押的案件,除对犯罪嫌疑人、被告人的精神病鉴定期间不计入办案期限外,其他鉴定期间都应当计入办案期限。对于因鉴定时间较长,办案期限届满仍不能终结的案件,自期限届满之日起,应当对被羁押的犯罪嫌疑人、被告人变更强制措施,改为取保候审或者监视居住。

国家安全机关依照法律规定,办理危害国家安全的刑事案件,适用本规定中有关公安机关的规定。

本规定自 2013 年 1 月 1 日起施行。1998 年 1 月 19 日发布的《最高人民法院、最高人民检察院、公安部、国家安全部、司法部、全国人大常委会法制工作委员会关于刑事诉讼法实施中若干问题的规定》同时废止。

最高人民法院、最高人民检察院、司法部
关于将环境损害司法鉴定纳入
统一登记管理范围的通知

(2015年12月21日 司发通〔2015〕117号)

各省、自治区、直辖市高级人民法院、人民检察院、司法厅（局），新疆维吾尔自治区高级人民法院生产建设兵团分院，新疆生产建设兵团人民检察院、司法局：

为满足环境损害诉讼需要，加强环境发展、环境保护和环境修复工作，推进生态文明建设，根据《全国人民代表大会常务委员会关于司法鉴定管理问题的决定》和《最高人民法院、最高人民检察院关于办理环境污染刑事案件适用法律若干问题的解释》等有关规定，经研究，决定将环境损害司法鉴定纳入统一登记管理范围。

环境损害司法鉴定管理的具体办法由司法部会同环境保护部制定。

特此通知。

司法部、环境保护部关于规范环境损害
司法鉴定管理工作的通知

(2015年12月21日 司发通〔2015〕118号)

各省、自治区、直辖市司法厅(局)、环境保护厅(局):

为贯彻党的十八大和十八届三中、四中、五中全会精神,落实健全生态环境保护责任追究制度和环境损害赔偿制度的要求,促进生态文明建设,适应环境损害诉讼需要,加强对环境损害司法鉴定机构和鉴定人的管理,根据《全国人民代表大会常务委员会关于司法鉴定管理问题的决定》和《最高人民法院、最高人民检察院、司法部关于将环境损害司法鉴定纳入统一登记管理范围的通知》(司发通〔2015〕117号),以及有关法律、法规、规章的规定,现就规范环境损害司法鉴定管理工作有关事项通知如下:

一、鉴定机构设置发展规划

环境损害司法鉴定机构的发展应当遵循统筹规划、合理布局、总量控制、有序发展的原则,根据诉讼活动的实际需求和发展趋势研究制定发展规划。环境损害司法鉴定机构的设立应当严格标准、严格程序、确保质量,特别是在审核登记工作初始阶段要严格限制鉴定机构数量,确保高资质高水平。

二、鉴定事项

环境损害司法鉴定是指在诉讼活动中鉴定人运用环境科学的技术或者专门知识,采用监测、检测、现场勘察、实验模拟或者综合分析等技术方法,对环境污染或者生态破坏讼诉涉及的专门性问题进行鉴别和判断并提供鉴定意见的活动。环境诉讼中需要解决的专门性问题包括:确定污染物的性质;确定生态环境遭受损害的性质、范围和程度;评定因果关系;评定污染治理与运行成本以及防止损害扩大、修复生态环境的措施或方案等。

环境损害司法鉴定的主要领域包括:(1)污染物性质鉴定,主要包括危险废物鉴定、有毒物质鉴定,以及污染物其他物理、化学等性质的鉴定;(2)地表水和沉积物环境损害鉴定,主要包括因环境污染或生态破坏造成河流、湖泊、水库等地表水资源和沉积物生态环境损害的鉴定。(3)空气污染环境损害鉴定,主要包括因污染物质排放或泄露造成环境空气或室内空气环境损害的鉴定。(4)土壤与地下水环境损害鉴定,主要包括因环境污染或生态破坏造成农田、矿区、居住和工矿企业用地等土壤与地下水资源及生态环境损害的鉴定。(5)近海海洋与海岸带环境损害鉴定,主要包括因近海海域环境污染或生态破坏造成的海岸、潮间带、水下岸坡等近海海洋环境资源及生态环境损害的鉴定。(6)生态系统环境损害鉴定,主要对动物、植物等生物资源和森林、草原、湿地等生态系统,以及因生态破坏而造成的生物资源与生态系统功能损害的鉴定。(7)其他环境损害鉴定,主要包括由于噪声、振动、光、热、电磁辐射、核辐射等污染造成的环境损害鉴定。

三、审核登记

司法部会同环境保护部制定评审办法,对环境损害鉴定机构和鉴定人资质条件、评审专家、评审程序等作出规定。环境保护部会同司法部建立环境损害司法鉴定评审专家库,各省级环境保护部门应当会同司法行政机关商有关部门,研究提出本地的推荐专家人选名单。

省级司法行政机关应当按照《司法鉴定机构登记管理办法》、《司法鉴定人登记管理办法》规定的条件和程序对申请从事环境损害司法鉴定业务的机构和个人进行审核,并会同同级环境保护部门组织专家进行专业技术评审。

对本通知下发前已审核登记从事环境损害司法鉴定业务的鉴定机构,应当进行重新审核登记。已登记从事环境损害鉴定业务的司法鉴定机构最迟应于2017年6月前提出重新登记申请。逾期未提出重新登记申请或经审核不符合条件的,撤销登记。重新审核登记期间,已审核登记的环境损害司法鉴定机构可以继续从事环境损害司法鉴定业务。

司法行政机关要把好入口关,防止审核登记的机构过多,导致恶性竞争和鉴定质量下降。要鼓励和支持依托优质资源设立高资质高水平鉴定机构,注重保障司法鉴定机构的中立第三方地位。

四、监督管理

要指导鉴定机构加强规范化建设,健全司法鉴定工作制度,加强内部管理。加强对鉴定人的培训,确保出具的鉴定意见满足诉讼要求。对环境损害司法鉴定机构和鉴定人实行动态管理,完善退出机制。妥善处理信访投诉,加强执业监督,依法查处违法违规执业行为,依法淘汰不合格的鉴定机构和鉴定人。建立与司法机关的衔接配合机制,定期开展交流沟通,及时通报有关情况。司法行政机关和环境保护部门要加强协调配合,定期会商,共同研究解决工作中遇到的各种问题。

各地要切实提高认识,高度重视,结合本地实际,认真做好环境损害司法鉴定登记管理等有关工作。工作中遇有重大问题,请及时报司法部司法鉴定管理局和环境保护部政策法规司。

最高人民法院、最高人民检察院、公安部印发《关于办理刑事案件收集提取和审查判断电子数据若干问题的规定》的通知

(2016年9月9日 法发〔2016〕22号)

各省、自治区、直辖市高级人民法院、人民检察院、公安厅(局),解放军军事法院、军事检察院,新疆维吾尔自治区高级人民法院生产建设兵团分院、新疆生产建设兵团人民检察院、公安局:

为规范电子数据的收集提取和审查判断,提高刑事案件办理质量,最高人民法院、最高人民检察院、公安部制定了《关于办理刑事案件收集提取和审查判断电子数据若干问题的规定》。现印发给你们,请认真贯彻执行。执行中遇到的问题,请及时分别层报最高人民法院、最高人民检察院、公安部。

最高人民法院、最高人民检察院、公安部关于办理刑事案件收集提取和审查判断电子数据若干问题的规定

为规范电子数据的收集提取和审查判断,提高刑事案件办理质量,根据《中华人民共和国刑事诉讼法》等有关法律规定,结合司法实际,制定本规定。

一、一般规定

第一条 电子数据是案件发生过程中形成的,以数字化形式存储、处理、传输的,能够证明案件事实的数据。

电子数据包括但不限于下列信息、电子文件:

(一)网页、博客、微博客、朋友圈、贴吧、网盘等网络平台发布的信息;

(二)手机短信、电子邮件、即时通信、通讯群组等网络应用服务的通信信息;

(三)用户注册信息、身份认证信息、电子交易记录、通信记录、登录日志等信息;

(四)文档、图片、音视频、数字证书、计算机程序等电子文件。

以数字化形式记载的证人证言、被害人陈述以及犯罪嫌疑人、被告人供述和辩解等证据,不属于电子数据。确有必要的,对相关证据的收集、提取、移送、审

查,可以参照适用本规定。

第二条 侦查机关应当遵守法定程序,遵循有关技术标准,全面、客观、及时地收集、提取电子数据;人民检察院、人民法院应当围绕真实性、合法性、关联性审查判断电子数据。

第三条 人民法院、人民检察院和公安机关有权依法向有关单位和个人收集、调取电子数据。有关单位和个人应当如实提供。

第四条 电子数据涉及国家秘密、商业秘密、个人隐私的,应当保密。

第五条 对作为证据使用的电子数据,应当采取以下一种或者几种方法保护电子数据的完整性:

(一)扣押、封存电子数据原始存储介质;

(二)计算电子数据完整性校验值;

(三)制作、封存电子数据备份;

(四)冻结电子数据;

(五)对收集、提取电子数据的相关活动进行录像;

(六)其他保护电子数据完整性的方法。

第六条 初查过程中收集、提取的电子数据,以及通过网络在线提取的电子数据,可以作为证据使用。

二、电子数据的收集与提取

第七条 收集、提取电子数据,应当由二名以上侦查人员进行。取证方法应当符合相关技术标准。

第八条 收集、提取电子数据,能够扣押电子数据原始存储介质的,应当扣押、封存原始存储介质,并制作笔录,记录原始存储介质的封存状态。

封存电子数据原始存储介质,应当保证在不解除封存状态的情况下,无法增加、删除、修改电子数据。封存前后应当拍摄被封存原始存储介质的照片,清晰反映封口或者张贴封条处的状况。

封存手机等具有无线通信功能的存储介质,应当采取信号屏蔽、信号阻断或者切断电源等措施。

第九条 具有下列情形之一,无法扣押原始存储介质的,可以提取电子数据,但应当在笔录中注明不能扣押原始存储介质的原因、原始存储介质的存放地点或者电子数据的来源等情况,并计算电子数据的完整性校验值:

(一)原始存储介质不便封存的;

(二)提取计算机内存数据、网络传输数据等不是存储在存储介质上的电子数据的;

(三)原始存储介质位于境外的;

(四)其他无法扣押原始存储介质的情形。

对于原始存储介质位于境外或者远程计算机信息系统上的电子数据,可以通过网络在线提取。

为进一步查明有关情况,必要时,可以对远程计算机信息系统进行网络远程勘验。进行网络远程勘验,需要采取技术侦查措施的,应当依法经过严格的批准手续。

第十条 由于客观原因无法或者不宜依据第八条、第九条的规定收集、提取电子数据的,可以采取打印、拍照或者录像等方式固定相关证据,并在笔录中说明原因。

第十一条 具有下列情形之一的,经县级以上公安机关负责人或者检察长批准,可以对电子数据进行冻结:

(一)数据量大,无法或者不便提取的;

(二)提取时间长,可能造成电子数据被篡改或者灭失的;

(三)通过网络应用可以更为直观地展示电子数据的;

(四)其他需要冻结的情形。

第十二条 冻结电子数据,应当制作协助冻结通知书,注明冻结电子数据的网络应用账号等信息,送交电子数据持有人、网络服务提供者或者有关部门协助办理。解除冻结的,应当在三日内制作协助解除冻结通知书,送交电子数据持有人、网络服务提供者或者有关部门协助办理。

冻结电子数据,应当采取以下一种或者几种方法:

(一)计算电子数据的完整性校验值;

(二)锁定网络应用账号;

(三)其他防止增加、删除、修改电子数据的措施。

第十三条 调取电子数据,应当制作调取证据通知书,注明需要调取电子数据的相关信息,通知电子数据持有人、网络服务提供者或者有关部门执行。

第十四条 收集、提取电子数据,应当制作笔录,记录案由、对象、内容、收集、提取电子数据的时间、地点、方法、过程,并附电子数据清单,注明类别、文件格式、完整性校验值等,由侦查人员、电子数据持有人(提供人)签名或者盖章;电子数据持有人(提供人)无法签名或者拒绝签名的,应当在笔录中注明,由见证人签名或者盖章。有条件的,应当对相关活动进行录像。

第十五条 收集、提取电子数据,应当根据刑事诉讼法的规定,由符合条件的人员担任见证人。由于客观原因无法由符合条件的人员担任见证人的,应当在笔录中注明情况,并对相关活动进行录像。

针对同一现场多个计算机信息系统收集、提取电子数据的,可以由一名见证人见证。

第十六条 对扣押的原始存储介质或者提取的电子数据,可以通过恢复、破解、统计、关联、比对等方式进行检查。必要时,可以进行侦查实验。

电子数据检查,应当对电子数据存储介质拆封过程进行录像,并将电子数据存储介质通过写保护设备接入到检查设备进行检查;有条件的,应当制作电子数据备份,对备份进行检查;无法使用写保护设备且无法制作备份的,应当注明原因,并对相关活动进行录像。

电子数据检查应当制作笔录,注明检查方法、过程和结果,由有关人员签名或者盖章。进行侦查实验的,应当制作侦查实验笔录,注明侦查实验的条件、经过和结果,由参加实验的人员签名或者盖章。

第十七条 对电子数据涉及的专门性问题难以确定的,由司法鉴定机构出具鉴定意见,或者由公安部指定的机构出具报告。对于人民检察院直接受理的案件,也可以由最高人民检察院指定的机构出具报告。

具体办法由公安部、最高人民检察院分别制定。

三、电子数据的移送与展示

第十八条 收集、提取的原始存储介质或者电子数据,应当以封存状态随案移送,并制作电子数据的备份一并移送。

对网页、文档、图片等可以直接展示的电子数据,可以不随案移送打印件;人民法院、人民检察院因设备等条件限制无法直接展示电子数据的,侦查机关应当随案移送打印件,或者附展示工具和展示方法说明。

对冻结的电子数据,应当移送被冻结电子数据的清单,注明类别、文件格式、冻结主体、证据要点、相关网络应用账号,并附查看工具和方法的说明。

第十九条 对侵入、非法控制计算机信息系统的程序、工具以及计算机病毒等无法直接展示的电子数据,应当附电子数据属性、功能等情况的说明。

对数据统计量、数据同一性等问题,侦查机关应当出具说明。

第二十条 公安机关报请人民检察院审查批准逮捕犯罪嫌疑人,或者对侦查终结的案件移送人民检察院审查起诉的,应当将电子数据等证据一并移送人民检察院。人民检察院在审查批准逮捕和审查起诉过程中发现应当移送的电子数据没有移送或者移送的电子数据不符合相关要求的,应当通知公安机关补充移送或者进行补正。

对于提起公诉的案件,人民法院发现应当移送的电子数据没有移送或者移送的电子数据不符合相关要求的,应当通知人民检察院。

公安机关、人民检察院应当自收到通知后三日内移送电子数据或者补充有关材料。

第二十一条 控辩双方向法庭提交的电子数据需要展示的,可以根据电子数据的具体类型,借助多媒体设备出示、播放或者演示。必要时,可以聘请具有专门知识的人进行操作,并就相关技术问题作出说明。

四、电子数据的审查与判断

第二十二条 对电子数据是否真实,应当着重审查以下内容:

(一)是否移送原始存储介质;在原始存储介质无法封存、不便移动时,有无说明原因,并注明收集、提取过程及原始存储介质的存放地点或者电子数据的来源等情况;

(二)电子数据是否具有数字签名、数字证书等特殊标识;

(三)电子数据的收集、提取过程是否可以重现;

(四)电子数据如有增加、删除、修改等情形的,是否附有说明;

(五)电子数据的完整性是否可以保证。

第二十三条 对电子数据是否完整,应当根据保护电子数据完整性的相应方法进行验证:

(一)审查原始存储介质的扣押、封存状态;

(二)审查电子数据的收集、提取过程,查看录像;

(三)比对电子数据完整性校验值;

(四)与备份的电子数据进行比较;

(五)审查冻结后的访问操作日志;

(六)其他方法。

第二十四条 对收集、提取电子数据是否合法,应当着重审查以下内容:

(一)收集、提取电子数据是否由二名以上侦查人员进行,取证方法是否符合相关技术标准;

(二)收集、提取电子数据,是否附有笔录、清单,并经侦查人员、电子数据持有人(提供人)、见证人签名或者盖章;没有持有人(提供人)签名或者盖章的,是否注明原因;对电子数据的类别、文件格式等是否注明清楚;

(三)是否依照有关规定由符合条件的人员担任见证人,是否对相关活动进行录像;

(四)电子数据检查是否将电子数据存储介质通过写保护设备接入到检查设备;有条件的,是否制作电子数据备份,并对备份进行检查;无法制作备份且无法使用写保护设备的,是否附有录像。

第二十五条 认定犯罪嫌疑人、被告人的网络身份与现实身份的同一性,可以通过核查相关IP地址、网络活动记录、上网终端归属、相关证人证言以及犯罪嫌疑人、被告人供述和辩解等进行综合判断。

认定犯罪嫌疑人、被告人与存储介质的关联性,可以通过核查相关证人证言以及犯罪嫌疑人、被告人供述和辩解等进行综合判断。

第二十六条　公诉人、当事人或者辩护人、诉讼代理人对电子数据鉴定意见有异议,可以申请人民法院通知鉴定人出庭作证。人民法院认为鉴定人有必要出庭的,鉴定人应当出庭作证。

经人民法院通知,鉴定人拒不出庭作证的,鉴定意见不得作为定案的根据。对没有正当理由拒不出庭作证的鉴定人,人民法院应当通报司法行政机关或者有关部门。

公诉人、当事人或者辩护人、诉讼代理人可以申请法庭通知有专门知识的人出庭,就鉴定意见提出意见。

对电子数据涉及的专门性问题的报告,参照适用前三款规定。

第二十七条　电子数据的收集、提取程序有下列瑕疵,经补正或者作出合理解释的,可以采用;不能补正或者作出合理解释的,不得作为定案的根据:

(一)未以封存状态移送的;

(二)笔录或者清单上没有侦查人员、电子数据持有人(提供人)、见证人签名或者盖章的;

(三)对电子数据的名称、类别、格式等注明不清的;

(四)有其他瑕疵的。

第二十八条　电子数据具有下列情形之一的,不得作为定案的根据:

(一)电子数据系篡改、伪造或者无法确定真伪的;

(二)电子数据有增加、删除、修改等情形,影响电子数据真实性的;

(三)其他无法保证电子数据真实性的情形。

五、附则

第二十九条　本规定中下列用语的含义:

(一)存储介质,是指具备数据信息存储功能的电子设备、硬盘、光盘、优盘、记忆棒、存储卡、存储芯片等载体。

(二)完整性校验值,是指为防止电子数据被篡改或者破坏,使用散列算法等特定算法对电子数据进行计算,得出的用于校验数据完整性的数据值。

(三)网络远程勘验,是指通过网络对远程计算机信息系统实施勘验,发现、提取与犯罪有关的电子数据,记录计算机信息系统状态,判断案件性质,分析犯罪过程,确定侦查方向和范围,为侦查破案、刑事诉讼提供线索和证据的侦查活动。

(四)数字签名,是指利用特定算法对电子数据进行计算,得出的用于验证电子数据来源和完整性的数据值。

(五)数字证书,是指包含数字签名并对电子数据来源、完整性进行认证的电子文件。

(六)访问操作日志,是指为审查电子数据是否被增加、删除或者修改,由计算机信息系统自动生成的对电子数据访问、操作情况的详细记录。

第三十条 本规定自 2016 年 10 月 1 日起施行。之前发布的规范性文件与本规定不一致的,以本规定为准。

最高人民法院、司法部关于建立司法鉴定管理与使用衔接机制的意见

(2016年10月9日　司发通〔2016〕98号)

各省、自治区、直辖市高级人民法院、司法厅(局),解放军军事法院,新疆维吾尔自治区高级人民法院生产建设兵团分院,新疆生产建设兵团司法局:

为贯彻落实党的十八届四中、五中全会精神,充分发挥司法鉴定在审判活动中的积极作用,最高人民法院、司法部根据《全国人民代表大会常务委员会关于司法鉴定管理问题的决定》(以下简称《决定》),就建立司法鉴定管理与使用衔接机制提出以下意见。

一、加强沟通协调,促进司法鉴定管理与使用良性互动

建立司法鉴定管理与使用衔接机制,规范司法鉴定工作,提高司法鉴定质量,是发挥司法鉴定作用,适应以审判为中心的诉讼制度改革的重要举措。人民法院和司法行政机关要充分认识司法鉴定管理与使用衔接机制对于促进司法公正、提高审判质量与效率的重要意义,立足各自职能定位,加强沟通协调,共同推动司法鉴定工作健康发展,确保审判活动的顺利进行。

司法行政机关要严格按照《决定》规定履行登记管理职能,切实加强对法医类、物证类、声像资料、环境损害司法鉴定以及根据诉讼需要由司法部商最高人民法院、最高人民检察院确定的其他应当实行登记管理的鉴定事项的管理,严格把握鉴定机构和鉴定人准入标准,加强对鉴定能力和质量的管理,规范鉴定行为,强化执业监管,健全淘汰退出机制,清理不符合规定的鉴定机构和鉴定人,推动司法鉴定工作依法有序进行。

人民法院要根据审判工作需要,规范鉴定委托,完善鉴定材料的移交程序,规范技术性证据审查工作,规范庭审质证程序,指导和保障鉴定人出庭作证,加强审查判断鉴定意见的能力,确保司法公正。

人民法院和司法行政机关要以问题为导向,进一步理顺司法活动与行政管理的关系,建立常态化的沟通协调机制,开展定期和不定期沟通会商,协调解决司法鉴定委托与受理、鉴定人出庭作证等实践中的突出问题,不断健全完善相关制度。

人民法院和司法行政机关要积极推动信息化建设,建立信息交流机制,开展有关司法鉴定程序规范、名册编制、公告等政务信息和相关资料的交流传阅,加强鉴定机构和鉴定人执业资格、能力评估、奖惩记录、鉴定人出庭作证等信息共享,推动司法鉴定管理与使用相互促进。

二、完善工作程序,规范司法鉴定委托与受理

委托与受理是司法鉴定的关键环节,是保障鉴定活动顺利实施的重要条件。省级司法行政机关要适应人民法院委托鉴定需要,依法科学、合理编制鉴定机构和鉴定人名册,充分反映鉴定机构和鉴定人的执业能力和水平,在向社会公告的同时,提供多种获取途径和检索服务,方便人民法院委托鉴定。

人民法院要加强对委托鉴定事项特别是重新鉴定事项的必要性和可行性的审查,择优选择与案件审理要求相适应的鉴定机构和鉴定人。

司法行政机关要严格规范鉴定受理程序和条件,明确鉴定机构不得违规接受委托;无正当理由不得拒绝接受人民法院的鉴定委托;接受人民法院委托鉴定后,不得私自接收当事人提交而未经人民法院确认的鉴定材料;鉴定机构应规范鉴定材料的接收和保存,实现鉴定过程和检验材料流转的全程记录和有效控制;鉴定过程中需要调取或者补充鉴定材料的,由鉴定机构或者当事人向委托法院提出申请。

三、加强保障监督,确保鉴定人履行出庭作证义务

鉴定人出庭作证对于法庭通过质证解决鉴定意见争议具有重要作用。人民法院要加强对鉴定意见的审查,通过强化法庭质证解决鉴定意见争议,完善鉴定人出庭作证的审查、启动和告知程序,在开庭前合理期限以书面形式告知鉴定人出庭作证的相关事项。人民法院要为鉴定人出庭提供席位、通道等,依法保障鉴定人出庭作证时的人身安全及其他合法权益。经人民法院同意,鉴定人可以使用视听传输技术或者同步视频作证室等作证。刑事法庭可以配置同步视频作证室,供依法应当保护或其他确有保护必要的鉴定人作证时使用,并可采取不暴露鉴定人外貌、真实声音等保护措施。

鉴定人在人民法院指定日期出庭发生的交通费、住宿费、生活费和误工补贴,按照国家有关规定应当由当事人承担的,由人民法院代为收取。

司法行政机关要监督、指导鉴定人依法履行出庭作证义务。对于无正当理由拒不出庭作证的,要依法严格查处,追究鉴定人和鉴定机构及机构代表人的责任。

四、严处违法违规行为,维持良好司法鉴定秩序

司法鉴定事关案件当事人切身利益,对于司法鉴定违法违规行为必须及时

处置,严肃查处。司法行政机关要加强司法鉴定监督,完善处罚规则,加大处罚力度,促进鉴定人和鉴定机构规范执业。监督信息应当向社会公开。鉴定人和鉴定机构对处罚决定有异议的,可依法申请行政复议或者提起行政诉讼。人民法院在委托鉴定和审判工作中发现鉴定机构或鉴定人存在违规受理、无正当理由不按照规定或约定时限完成鉴定、经人民法院通知无正当理由拒不出庭作证等违法违规情形的,可暂停委托其从事人民法院司法鉴定业务,并告知司法行政机关或发出司法建议书。司法行政机关按照规定的时限调查处理,并将处理结果反馈人民法院。鉴定人或者鉴定机构经依法认定有故意作虚假鉴定等严重违法行为的,由省级人民政府司法行政部门给予停止从事司法鉴定业务三个月至一年的处罚;情节严重的,撤销登记;构成犯罪的,依法追究刑事责任;人民法院可视情节不再委托其从事人民法院司法鉴定业务;在执业活动中因故意或者重大过失给当事人造成损失的,依法承担民事责任。

人民法院和司法行政机关要根据本地实际情况,切实加强沟通协作,根据本意见建立灵活务实的司法鉴定管理与使用衔接机制,发挥司法鉴定在促进司法公正、提高司法公信力、维护公民合法权益和社会公平正义中的重要作用。

司法部、环境保护部
关于印发《环境损害司法鉴定机构登记评审办法》、《环境损害司法鉴定机构登记评审专家库管理办法》的通知

(2016年10月12日 司发通〔2016〕101号)

各省、自治区、直辖市司法厅(局)、环境保护厅(局):

为贯彻落实《最高人民法院、最高人民检察院、司法部关于将环境损害司法鉴定纳入统一登记管理范围的通知》(司发通〔2015〕117号)、《司法部、环境保护部关于规范环境损害司法鉴定管理工作的通知》(司发通〔2015〕118号),司法部、环境保护部共同研究制定了《环境损害司法鉴定机构登记评审办法》《环境损害司法鉴定机构登记评审专家库管理办法》,现印发给你们,请结合实际认真贯彻执行。

附件:1.《环境损害司法鉴定机构审核登记评审办法》
   2.《环境损害司法鉴定机构审核登记评审专家库管理办法》

附件1

环境损害司法鉴定机构登记评审办法

第一条 为规范司法行政机关登记环境损害司法鉴定机构的专家评审工作,根据《司法鉴定机构登记管理办法》(司法部令第95号)、《司法部、环境保护部关于规范环境损害司法鉴定管理工作的通知》(司发通〔2015〕118号)等有关规定,结合环境损害司法鉴定工作实际,制定本办法。

第二条 司法行政机关应当加强与人民法院、人民检察院、公安机关和环境保护、国土资源、水利、农业、林业、海洋、地质等有关部门的沟通协调,根据环境损害司法鉴定的实际需求、发展趋势和鉴定资源等情况,合理规划环境损害司法鉴定机构的布局、类别、规模、数量等,适应诉讼活动对环境损害司法鉴定的需要。

第三条 环境保护部会同司法部建立全国环境损害司法鉴定机构登记评审

专家库,制定管理办法。

省、自治区、直辖市环境保护主管部门会同同级司法行政机关建立本省(区、市)环境损害司法鉴定机构登记评审专家库。

第四条 申请从事环境损害司法鉴定业务的法人或者其他组织(以下简称"申请人"),应当符合《司法鉴定机构登记管理办法》规定的条件,同时还应当具备以下条件:

(一)每项鉴定业务至少有2名具有相关专业高级专业技术职称的鉴定人;

(二)有不少于一百万元人民币的资金。

第五条 申请人申请从事环境损害司法鉴定业务,应当向省(区、市)司法行政机关提交申请材料。司法行政机关决定受理的,应当按照法定的时限和程序进行审核并依照本办法及有关规定组织专家进行评审。

评审时间不计入审核时限。

第六条 省(区、市)司法行政机关应当根据申请人的申请执业范围,针对每个鉴定事项成立专家评审组。评审组专家应当从环境损害司法鉴定机构登记评审专家库中选取,人数不少于3人,其中国家库中专家不少于1人;必要时,可以从其他省(区、市)地方库中选取评审专家。

评审专家与申请人有利害关系的,应当回避。

评审专家不能履行评审工作职责的,司法行政机关应当更换专家。

第七条 专家评审组应当按照司法行政机关的统一安排,独立、客观地组织开展评审工作。

第八条 专家评审应当坚持科学严谨、客观公正、实事求是的原则,遵守有关法律、法规。

第九条 专家评审组开展评审前应当制定评审工作方案,明确评审的实施程序、主要内容、专家分工等事项。

评审的内容包括申请人的场地,仪器、设备等技术条件和专业人员的专业技术能力等。

评审的形式主要包括查阅有关申请材料,实地查看工作场所和环境,现场勘验和评估,听取申请人汇报、答辩,对专业人员的专业技术能力进行考核等。

第十条 专家评审组应当提交由评审专家签名的专家评审意见书,专家评审意见书应当包括评审基本情况、评审结论和主要依据等内容。

评审意见书应当明确申请人是否具备相应的技术条件、是否具有相应的专业技术能力、拟同意申请人的执业范围描述等。评审结论应当经专家组三分之二以上专家同意。

第十一条　评审专家和工作人员不得向申请人或者其他人员泄露专家个人意见或者评审意见。

第十二条　多个申请人在同一时间段提出申请的,司法行政机关可以针对同一类鉴定事项组织集中评审,开展集中评审的专家评审组人数不得少于5人。

第十三条　司法行政机关应当按照《司法鉴定机构登记管理办法》及有关规定,结合专家评审意见,作出是否准予登记的决定。

第十四条　本办法发布前已经审核登记从事环境损害类司法鉴定业务的司法鉴定机构,应当按照《司法部、环境保护部关于规范环境损害司法鉴定管理工作的通知》(司发通〔2015〕118号)的规定申请重新登记。

第十五条　环境损害司法鉴定机构申请变更业务范围的,司法行政机关应当组织专家评审;申请延续的,由司法行政机关根据实际需要决定是否组织专家评审。

第十六条　开展专家评审工作所需的交通、食宿、劳务等费用应当按照《行政许可法》第五十八条规定,列入本行政机关的预算,由本级财政予以保障,不得向申请人收取任何费用。

第十七条　本办法自2016年12月1日起施行。

附件2

环境损害司法鉴定机构登记评审专家库管理办法

第一条　为充分发挥专家在环境损害司法鉴定机构登记评审工作中的作用,依据《司法部、环境保护部关于规范环境损害司法鉴定管理工作的通知》(司发通〔2015〕118号)的相关规定,制定本办法。

第二条　环境损害司法鉴定机构评审专家库由国家库和地方库组成。环境保护部会同司法部建立全国环境损害司法鉴定机构登记评审专家库。各省、自治区、直辖市环境保护主管部门会同同级司法行政机关建立本省(区、市)环境损害司法鉴定机构登记评审专家库。

第三条　国家库下设污染物性质鉴别、地表水和沉积物、环境大气、土壤与地下水、近岸海洋和海岸带、生态系统、环境经济、其他类(主要包括噪声、振动、光、热、电磁辐射、核辐射、环境法等)等8个领域的专家库。

各省(区、市)环境保护主管部门会同同级司法行政机关根据当地实际设立管理地方库。

第四条　入选专家库的专家应具备以下条件:

（一）具有高级专业技术职称或者从事审判、检察、公安等工作并熟悉相关鉴定业务；

（二）从事或参与相关专业工作十年以上；

（三）了解环境保护工作的有关法律、法规和政策，熟悉国家和地方环境损害鉴定评估相关制度与技术规范；

（四）具有良好的科学道德和职业操守；

（五）健康状况良好，可以参加有关评审、评估和培训等活动。

第五条 专家申请进入专家库应当提交申请表和相关证明材料。

环境保护主管部门会同司法行政机关组织开展入库专家遴选工作。

第六条 入库专家的工作内容包括：

（一）为环境损害司法鉴定机构的评审提供专家意见；

（二）参加相关技术培训；

（三）承担环境保护主管部门、司法行政机关委托的其他工作。

第七条 环境保护主管部门会同司法行政机关对专家库实行动态管理。

专家人数不能满足工作需要的，适时启动遴选工作，增补专家数额。

对不能履行职责的专家，及时调整出库。

第八条 环境保护部会同司法部建设环境损害司法鉴定专家库信息平台，统一提供国家库、地方库专家名单查询。

第九条 本办法自2016年12月1日起施行。

最高人民法院、最高人民检察院
关于办理环境污染刑事案件适用法律若干问题的解释

(2016年12月23日 法释〔2016〕29号)

为依法惩治有关环境污染犯罪,根据《中华人民共和国刑法》、《中华人民共和国刑事诉讼法》的有关规定,现就办理此类刑事案件适用法律的若干问题解释如下:

第一条 实施刑法第三百三十八条规定的行为,具有下列情形之一的,应当认定为"严重污染环境":

(一)在饮用水水源一级保护区、自然保护区核心区排放、倾倒、处置有放射性的废物、含传染病病原体的废物、有毒物质的;

(二)非法排放、倾倒、处置危险废物三吨以上的;

(三)排放、倾倒、处置含铅、汞、镉、铬、砷、铊、锑的污染物,超过国家或者地方污染物排放标准三倍以上的;

(四)排放、倾倒、处置含镍、铜、锌、银、钒、锰、钴的污染物,超过国家或者地方污染物排放标准十倍以上的;

(五)通过暗管、渗井、渗坑、裂隙、溶洞、灌注等逃避监管的方式排放、倾倒、处置有放射性的废物、含传染病病原体的废物、有毒物质的;

(六)二年内曾因违反国家规定,排放、倾倒、处置有放射性的废物、含传染病病原体的废物、有毒物质受过两次以上行政处罚,又实施前列行为的;

(七)重点排污单位篡改、伪造自动监测数据或者干扰自动监测设施,排放化学需氧量、氨氮、二氧化硫、氮氧化物等污染物的;

(八)违法减少防治污染设施运行支出一百万元以上的;

(九)违法所得或者致使公私财产损失三十万元以上的;

(十)造成生态环境严重损害的;

(十一)致使乡镇以上集中式饮用水水源取水中断十二小时以上的;

(十二)致使基本农田、防护林地、特种用途林地五亩以上,其他农用地十亩以上,其他土地二十亩以上基本功能丧失或者遭受永久性破坏的;

(十三)致使森林或者其他林木死亡五十立方米以上,或者幼树死亡二千五百株以上的;

（十四）致使疏散、转移群众五千人以上的；

（十五）致使三十人以上中毒的；

（十六）致使三人以上轻伤、轻度残疾或者器官组织损伤导致一般功能障碍的；

（十七）致使一人以上重伤、中度残疾或者器官组织损伤导致严重功能障碍的；

（十八）其他严重污染环境的情形。

第二条 实施刑法第三百三十九条、第四百零八条规定的行为，致使公私财产损失三十万元以上，或者具有本解释第一条第十项至第十七项规定情形之一的，应当认定为"致使公私财产遭受重大损失或者严重危害人体健康"或者"致使公私财产遭受重大损失或者造成人身伤亡的严重后果"。

第三条 实施刑法第三百三十八条、第三百三十九条规定的行为，具有下列情形之一的，应当认定为"后果特别严重"：

（一）致使县级以上城区集中式饮用水水源取水中断十二小时以上的；

（二）非法排放、倾倒、处置危险废物一百吨以上的；

（三）致使基本农田、防护林地、特种用途林地十五亩以上，其他农用地三十亩以上，其他土地六十亩以上基本功能丧失或者遭受永久性破坏的；

（四）致使森林或者其他林木死亡一百五十立方米以上，或者幼树死亡七千五百株以上的；

（五）致使公私财产损失一百万元以上的；

（六）造成生态环境特别严重损害的；

（七）致使疏散、转移群众一万五千人以上的；

（八）致使一百人以上中毒的；

（九）致使十人以上轻伤、轻度残疾或者器官组织损伤导致一般功能障碍的；

（十）致使三人以上重伤、中度残疾或者器官组织损伤导致严重功能障碍的；

（十一）致使一人以上重伤、中度残疾或者器官组织损伤导致严重功能障碍，并致使五人以上轻伤、轻度残疾或者器官组织损伤导致一般功能障碍的；

（十二）致使一人以上死亡或者重度残疾的；

（十三）其他后果特别严重的情形。

第四条 实施刑法第三百三十八条、第三百三十九条规定的犯罪行为，具有下列情形之一的，应当从重处罚：

（一）阻挠环境监督检查或者突发环境事件调查，尚不构成妨害公务等犯罪的；

（二）在医院、学校、居民区等人口集中地区及其附近，违反国家规定排放、倾倒、处置有放射性的废物、含传染病病原体的废物、有毒物质或者其他有害物质的；

（三）在重污染天气预警期间、突发环境事件处置期间或者被责令限期整改期间，违反国家规定排放、倾倒、处置有放射性的废物、含传染病病原体的废物、有毒物质或者其他有害物质的；

（四）具有危险废物经营许可证的企业违反国家规定排放、倾倒、处置有放射性的废物、含传染病病原体的废物、有毒物质或者其他有害物质的。

第五条 实施刑法第三百三十八条、第三百三十九条规定的行为，刚达到应当追究刑事责任的标准，但行为人及时采取措施，防止损失扩大、消除污染，全部赔偿损失，积极修复生态环境，且系初犯，确有悔罪表现的，可以认定为情节轻微，不起诉或者免予刑事处罚；确有必要判处刑罚的，应当从宽处罚。

第六条 无危险废物经营许可证从事收集、贮存、利用、处置危险废物经营活动，严重污染环境的，按照污染环境罪定罪处罚；同时构成非法经营罪的，依照处罚较重的规定定罪处罚。

实施前款规定的行为，不具有超标排放污染物、非法倾倒污染物或者其他违法造成环境污染的情形的，可以认定为非法经营情节显著轻微危害不大，不认为是犯罪；构成生产、销售伪劣产品等其他犯罪的，以其他犯罪论处。

第七条 明知他人无危险废物经营许可证，向其提供或者委托其收集、贮存、利用、处置危险废物，严重污染环境的，以共同犯罪论处。

第八条 违反国家规定，排放、倾倒、处置含有毒害性、放射性、传染病病原体等物质的污染物，同时构成污染环境罪、非法处置进口的固体废物罪、投放危险物质罪等犯罪的，依照处罚较重的规定定罪处罚。

第九条 环境影响评价机构或其人员，故意提供虚假环境影响评价文件，情节严重的，或者严重不负责任，出具的环境影响评价文件存在重大失实，造成严重后果的，应当依照刑法第二百二十九条、第二百三十一条的规定，以提供虚假证明文件罪或者出具证明文件重大失实罪定罪处罚。

第十条 违反国家规定，针对环境质量监测系统实施下列行为，或者强令、指使、授意他人实施下列行为的，应当依照刑法第二百八十六条的规定，以破坏计算机信息系统罪论处：

（一）修改参数或者监测数据的；

（二）干扰采样，致使监测数据严重失真的；

（三）其他破坏环境质量监测系统的行为。

重点排污单位篡改、伪造自动监测数据或者干扰自动监测设施，排放化学需氧量、氨氮、二氧化硫、氮氧化物等污染物，同时构成污染环境罪和破坏计算机信息系统罪的,依照处罚较重的规定定罪处罚。

从事环境监测设施维护、运营的人员实施或者参与实施篡改、伪造自动监测数据、干扰自动监测设施、破坏环境质量监测系统等行为的,应当从重处罚。

第十一条 单位实施本解释规定的犯罪的,依照本解释规定的定罪量刑标准,对直接负责的主管人员和其他直接责任人员定罪处罚,并对单位判处罚金。

第十二条 环境保护主管部门及其所属监测机构在行政执法过程中收集的监测数据,在刑事诉讼中可以作为证据使用。

公安机关单独或者会同环境保护主管部门,提取污染物样品进行检测获取的数据,在刑事诉讼中可以作为证据使用。

第十三条 对国家危险废物名录所列的废物,可以依据涉案物质的来源、产生过程、被告人供述、证人证言以及经批准或者备案的环境影响评价文件等证据,结合环境保护主管部门、公安机关等出具的书面意见作出认定。

对于危险废物的数量,可以综合被告人供述、涉案企业的生产工艺、物耗、能耗情况,以及经批准或者备案的环境影响评价文件等证据作出认定。

第十四条 对案件所涉的环境污染专门性问题难以确定的,依据司法鉴定机构出具的鉴定意见,或者国务院环境保护主管部门、公安部门指定的机构出具的报告,结合其他证据作出认定。

第十五条 下列物质应当认定为刑法第三百三十八条规定的"有毒物质":

(一)危险废物,是指列入国家危险废物名录,或者根据国家规定的危险废物鉴别标准和鉴别方法认定的,具有危险特性的废物;

(二)《关于持久性有机污染物的斯德哥尔摩公约》附件所列物质;

(三)含重金属的污染物;

(四)其他具有毒性,可能污染环境的物质。

第十六条 无危险废物经营许可证,以营利为目的,从危险废物中提取物质作为原材料或者燃料,并具有超标排放污染物、非法倾倒污染物或者其他违法造成环境污染的情形的行为,应当认定为"非法处置危险废物"。

第十七条 本解释所称"二年内",以第一次违法行为受到行政处罚的生效之日与又实施相应行为之日的时间间隔计算确定。

本解释所称"重点排污单位",是指设区的市级以上人民政府环境保护主管部门依法确定的应当安装、使用污染物排放自动监测设备的重点监控企业及其他单位。

本解释所称"违法所得",是指实施刑法第三百三十八条、第三百三十九条规定的行为所得和可得的全部违法收入。

本解释所称"公私财产损失",包括实施刑法第三百三十八条、第三百三十九条规定的行为直接造成财产损毁、减少的实际价值,为防止污染扩大、消除污染而采取必要合理措施所产生的费用,以及处置突发环境事件的应急监测费用。

本解释所称"生态环境损害",包括生态环境修复费用,生态环境修复期间服务功能的损失和生态环境功能永久性损害造成的损失,以及其他必要合理费用。

本解释所称"无危险废物经营许可证",是指未取得危险废物经营许可证,或者超出危险废物经营许可证的经营范围。

第十八条 本解释自2017年1月1日起施行。本解释施行后,《最高人民法院、最高人民检察院关于办理环境污染刑事案件适用法律若干问题的解释》(法释〔2013〕15号)同时废止;之前发布的司法解释与本解释不一致的,以本解释为准。

环境保护部、司法部公告

(2017 年 4 月 24 日　第 17 号)

根据《司法部环境保护部关于印发〈环境损害司法鉴定机构登记评审办法〉、〈环境损害司法鉴定机构登记评审专家库管理办法〉的通知》(司发通〔2016〕101号),环境保护部、司法部组织开展了全国环境损害司法鉴定机构登记评审专家库(国家库)专家遴选工作。沈敏等 298 名专家通过遴选,纳入国家库(具体名单见附件)。

自公告之日起,环境损害司法鉴定机构登记评审专家库信息平台(网址:http://experts.cerda.org.cn)同时上线启用。环境保护部、司法部委托环境保护部环境规划院负责信息平台维护工作。

特此公告。

附件:全国环境损害司法鉴定机构登记评审专家库(国家库)专家名单

全国环境损害司法鉴定机构登记评审专家库(国家库)专家名单

序号	姓　名	单　位	专业领域
1	沈　敏	司法部司法鉴定科学技术研究所	污染物性质鉴别
2	王子健	中国科学院生态环境研究中心	污染物性质鉴别　地表水和沉积物
3	王　琪	中国环境科学研究院	污染物性质鉴别
4	石利利	环境保护部南京环境科学研究所	污染物性质鉴别
5	吕怡兵	中国环境监测总站	污染物性质鉴别
6	林玉锁	环境保护部南京环境科学研究所	污染物性质鉴别　土壤与地下水
7	周连碧	北京矿冶研究总院	污染物性质鉴别　土壤与地下水
8	许纲熙	江苏省科技咨询中心	污染物性质鉴别

(续表)

序号	姓名	单位	专业领域
9	李森林	北京军区疾病预防控制中心	污染物性质鉴别
10	商照聪	上海化工研究院	污染物性质鉴别 土壤与地下水
11	邹莲花	江西省环境保护科学研究院	污染物性质鉴别 地表水和沉积物
12	马安德	南方医科大学公共卫生学院	污染物性质鉴别
13	张后虎	环境保护部南京环境科学研究所	污染物性质鉴别
14	孔德洋	环境保护部南京环境科学研究所	污染物性质鉴别
15	赵慧敏	大连理工大学化工与环境生命学部环境学院	污染物性质鉴别
16	宋永会	中国环境科学研究院	污染物性质鉴别 地表水和沉积物
17	姚玉君	北京市环境保护科学研究院	污染物性质鉴别 土壤与地下水
18	李涌涛	吉林中正司法鉴定所	污染物性质鉴别 地表水和沉积物
19	王红	吉林省中实环保工程开发有限公司	污染物性质鉴别 地表水和沉积物
20	周兵	吉林省中实检测有限公司	污染物性质鉴别 地表水和沉积物
21	黄启飞	中国环境科学研究院	污染物性质鉴别
22	李丽	中国环境科学研究院	污染物性质鉴别
23	黄泽春	中国环境科学研究院	污染物性质鉴别
24	杨玉飞	中国环境科学研究院	污染物性质鉴别
25	张志强	辽宁北方环境检测技术有限公司	污染物性质鉴别
26	许振成	环境保护部华南环境科学研究所	污染物性质鉴别 地表水和沉积物

(续表)

序号	姓名	单位	专业领域
27	檀笑	环境保护部华南环境科学研究所	污染物性质鉴别
28	彭晓武	环境保护部华南环境科学研究所	污染物性质鉴别 环境大气
29	海景	环境保护部华南环境科学研究所	污染物性质鉴别
30	吕梦华	昆明市环境污染损害司法鉴定中心	污染物性质鉴别
31	李宗逊	昆明市环境污染损害司法鉴定中心	污染物性质鉴别 土壤与地下水
32	马侠	浙江省环境保护科学设计研究院	污染物性质鉴别
33	李平	安徽省马鞍山市环境监测中心站	污染物性质鉴别 地表水和沉积物
34	梁榕源	厦门市环境监测中心站	污染物性质鉴别
35	袁懋	中国环境监测总站	污染物性质鉴别 地表水和沉积物
36	杨明珍	沈阳蓝碧环境科技有限公司	污染物性质鉴别 地表水和沉积物
37	沈浩松	山东省环境保护科学研究设计院	污染物性质鉴别 地表水和沉积物
38	杨淑英	山东省环境保护科学研究设计院	污染物性质鉴别 环境大气
39	孙培艳	国家海洋局北海环境监测中心	污染物性质鉴别 近岸海洋和海岸带
40	张保华	中国海洋石油总公司节能减排监测中心	污染物性质鉴别
41	曹大勇	山东省环境保护科学研究设计院	污染物性质鉴别
42	马栋	司法部司法鉴定科学技术研究所法医毒物分析研究室	污染物性质鉴别

(续表)

序号	姓名	单位	专业领域
43	牟德海	中国广州分析测试中心	污染物性质鉴别　其他类（核辐射）
44	苏流坤	中国广州分析测试中心	污染物性质鉴别
45	马名扬	中国广州分析测试中心	污染物性质鉴别
46	沈根祥	上海市环境科学研究院	污染物性质鉴别　生态系统
47	徐期勇	北京大学深圳研究生院	污染物性质鉴别
48	吴伟	江苏环保产业技术研究院股份公司	污染物性质鉴别
49	葛峰	环境保护部南京环境科学研究所	污染物性质鉴别
50	刘岚昕	辽宁省环境科学研究院	污染物性质鉴别
51	张丽华	辽宁省环境科学研究院	污染物性质鉴别
52	汪德生	辽宁省环境科学研究院	污染物性质鉴别
53	杨晓松	北京矿冶研究总院环境工程研究设计所	污染物性质鉴别
54	侯立安	火箭军后勤科学技术研究所	地表水和沉积物　环境大气
55	陈玖斌	中国科学院地球化学研究所	地表水和沉积物　环境大气
56	韩静磊	环境保护部华南环境科学研究所	地表水和沉积物　环境大气
57	吴丰昌	中国环境科学研究院	地表水和沉积物
58	刘新会	北京师范大学环境学院	地表水和沉积物
59	杜强	中国水利水电科学研究院	地表水和沉积物
60	李喜青	北京大学城市与环境学院	地表水和沉积物　土壤与地下水
61	杨柳燕	南京大学环境学院	地表水和沉积物　生态系统
62	张晓健	清华大学环境学院	地表水和沉积物　土壤与地下水
63	单保庆	中国科学院生态环境研究中心	地表水和沉积物　生态系统
64	喻元秀	重庆市环境工程评估中心	地表水和沉积物
65	陈宏文	江西省环境保护科学研究院	地表水和沉积物

(续表)

序号	姓名	单位	专业领域
66	刘志刚	江西省环境保护科学研究院	地表水和沉积物
67	金若菲	大连理工大学	地表水和沉积物
68	章一丹	浙江省环境保护科学设计研究院	地表水和沉积物
69	罗隽	环境保护部华南环境科学研究所	地表水和沉积物
70	曾凡棠	环境保护部华南环境科学研究所	地表水和沉积物
71	魏东洋	环境保护部华南环境科学研究所	地表水和沉积物
72	杨大勇	环境保护部华南环境科学研究所	地表水和沉积物　生态系统
73	林奎	环境保护部华南环境科学研究所	地表水和沉积物
74	虢清伟	环境保护部华南环境科学研究所	地表水和沉积物
75	郑一新	昆明市环境污染损害司法鉴定中心	地表水和沉积物
76	黄岁樑	南开大学环境科学与工程学院	地表水和沉积物
77	田智勇	城市水环境科技创新基地污水再生与循环研究室	地表水和沉积物
78	袁鹏	中国环境科学研究院	地表水和沉积物
79	张卫东	北京化工大学	地表水和沉积物
80	简新立	湖南英怀特环保科技有限公司	地表水和沉积物
81	陈玉成	西南大学资源环境学院环境科学与工程系	地表水和沉积物
82	刘廷良	中国环境监测总站	地表水和沉积物
83	付强	中国环境监测总站	地表水和沉积物　环境大气
84	白志辉	中国科学院生态环境研究中心	地表水和沉积物　土壤与地下水
85	张洪勋	中国科学院大学	地表水和沉积物
86	舒俭民	中国环境科学研究院	地表水和沉积物　生态系统
87	白俊跃	浙江省环境保护科学设计研究院	地表水和沉积物
88	徐灏龙	浙江省环境保护科学设计研究院	地表水和沉积物

(续表)

序号	姓　名	单　位	专业领域
89	胡　成	沈阳蓝碧环境科技有限公司	地表水和沉积物
90	刘录三	中国环境科学研究院	地表水和沉积物
91	孙　娟	山东省环境保护科学研究设计院	地表水和沉积物
92	赵淑霞	北京市环境保护科学研究院	地表水和沉积物
93	柯景诗	高科环保工程集团有限公司	地表水和沉积物
94	刘伟京	江苏省生态环境评估中心	地表水和沉积物　环境经济
95	刘　操	北京市永科学技术研究院水环境研究所	地表水和沉积物
96	李安定	中日友好环境保护中心	地表水利沉积物
97	宋正光	山西省环境污染损害司法鉴定中心	地表水和沉积物
98	黄波涛	上海市环境科学研究院	地表水和沉积物　土壤与地下水
99	卢士强	上海市环境科学研究院	地表水和沉积物
100	曾四和	四川省核工业地质调查院地环中心	地表水和沉积物
101	翁建中	江苏康达检测技术股份有限公司	地表水和沉积物
102	吴海锁	江苏环保产业技术研究院股份公司	地表水和沉积物
103	李　冰	江苏环保产业技术研究院股份公司	地表水和沉积物
104	田爱军	江苏环保产业技术研究院股份公司	地表水和沉积物
105	张毅敏	环境保护部南京环境科学研究所	地表水和沉积物
106	唐晓燕	环境保护部南京环境科学研究所	地表水和沉积物　生态系统
107	王　卓	辽宁北方环境保护有限公司	地表水和沉积物
108	王　阳	辽宁北方环境保护有限公司	地表水和沉积物
109	宋有涛	辽宁大学环境学院	地表水和沉积物　生态系统
110	林星杰	北京矿冶研究总院环境工程研究设计所	地表水和沉积物

(续表)

序号	姓名	单位	专业领域
111	王惠中	江苏省环境应急与事故调查中心	地表水和沉积物　生态系统
112	贺克斌	清华大学环境学院	环境大气
113	王书肖	清华大学环境学院	环境大气
114	王自发	中国科学院大气物理研究所	环境大气
115	毛洪钧	南开大学环境科学与工程学院	环境大气
116	杨志敏	西南大学资源环境学院	环境大气
117	阚海东	复旦大学公共卫生学院	环境大气
118	徐建京	中海油天津化工研究设计院	环境大气　污染物性质鉴别
119	袭著革	中国人民解放军军事医学科学院	环境大气
120	彭应登	北京市环境保护科学研究院	环境大气
121	陈冠益	天津大学环境科学与工程学院	环境大气
122	王淑兰	中国环境科学研究院	环境大气
123	张颖	中国环境监测总站	环境大气
124	汪太明	中国环境监测总站	环境大气
125	张元勋	中国科学院大学	环境大气
126	陈义珍	中国环境科学研究院	环境大气
127	李正强	中国科学院遥感与数字地球研究所	环境大气
128	钱生亿	山东省公安厅食品药品与环境犯罪侦查总队一支队	环境大气
129	李振华	山西省环境污染损害司法鉴定中心	环境大气
130	张怀德	山西省环境污染损害司法鉴定中心	环境大气
131	栾胜基	北京大学深圳研究生院	环境大气
132	吴爱华	北京大学深圳研究生院	环境大气
133	萨如拉	深圳市环境监测中心站	环境大气　地表水和沉积物
134	于广河	深港产学研基地深圳市环境模拟与污染控制重点实验室	环境大气

(续表)

序号	姓名	单位	专业领域
135	汪国刚	辽宁北方环境保护有限公司	环境大气
136	李发生	中国环境科学研究院	土壤与地下水
137	李广贺	清华大学环境学院	土壤与地下水
138	孙继朝	中国地质科学院	土壤与地下水
139	陈同斌	中国科学院地理科学与资源研究所	土壤与地下水
140	郑春苗	南方科技大学环境科学与工程学院	土壤与地下水
141	胡　清	南方科技大学工程技术创新中心（北京）	土壤与地下水　环境经济
142	姜　林	北京市环境保护科学研究院	土壤与地下水
143	骆永明	中国科学院烟台海岸带研究所	土壤与地下水　近岸海洋和海岸带
144	谢　辉	环境保护部环境规划院	土壤与地下水
145	王金生	北京师范大学水科学研究院	土壤与地下水
146	单艳红	环境保护南京环境科学研究所	土壤与地下水
147	张胜田	环境保护部南京环境科学研究所	土壤与地下水
148	王渭明	山东大学土建与水利学院	土壤与地下水
149	甄胜利	北京高能时代环境技术股份有限公司	土壤与地下水
150	魏　丽	北京高能时代环境技术股份有限公司	土壤与地下水
151	吕正勇	北京高能时代环境技术股份有限公司	土壤与地下水
152	齐剑英	环境保护部华南环境科学研究所	土壤与地下水

（续表）

序号	姓名	单位	专业领域
153	刘涉江	天津大学环境科学与工程学院	土壤与地下水
154	邹胜章	中国地质科学院岩溶研究所环境室	土壤与地下水
155	朱远峰	北京中地泓科环境科技有限公司	土壤与地下水
156	陈鸿汉	中国地质大学（北京）水资源与环境学院	土壤与地下水
157	张焕祯	中国地质大学（北京）水资源与环境学院	土壤与地下水
158	廖晓勇	中国科学院地理科学与资源研究所	土壤与地下水
159	阎秀兰	中国科学院地理科学与资源研究所	土壤与地下水
160	赵晓军	中国环境监测总站	土壤与地下水
161	杜晓明	中国环境科学研究院	土壤与地下水
162	申建梅	中国地质科学院水文地质环境地质研究所	土壤与地下水
163	刘景涛	中国地质科学院水文地质环境地质研究所	土壤与地下水
164	黄冠星	中国地质科学院水文地质环境地质研究所	土壤与地下水
165	宋建民	山西省环境污染损害司法鉴定中心	土壤与地下水
166	付融冰	上海市环境科学研究院	土壤与地下水　地表水和沉积物
167	朱江	上海市环境科学研究院	土壤与地下水
168	李小平	上田环境修复股份有限公司	土壤与地下水

(续表)

序号	姓名	单位	专业领域
169	龙涛	环境保护部南京环境科学研究所	土壤与地下水
170	吴运金	环境保护部南京环境科学研究所	土壤与地下水
171	张军方	贵州省环境科学研究设计院	土壤与地下水
172	徐磊	贵州省环境科学研究设计院	土壤与地下水
173	陆军	环境保护部环境规划院	土壤与地下水
174	孙宁	环境保护部环境规划院环境工程部	土壤与地下水
175	王夏晖	环境保护部环境规划院生态部（土壤环境保护中心）	土壤与地下水　生态系统
176	许强	成都理工大学地质灾害防治与地质环境保护国家重点实验室	生态系统　土壤与地下水
177	王保栋	国家海洋局第一海洋研究所	生态系统　近岸海洋和海岸带
178	张远	中国环境科学研究院	生态系统　地表水和沉积物
179	李俊生	中国环境科学研究院	生态系统　环境经济
180	任景明	环境保护部环境工程评估中心	生态系统　环境经济
181	宋延龄	中国科学院动物研究所	生态系统
182	郑元润	中国科学院植物研究所	生态系统
183	唐小平	国家林业局调查规划设计院	生态系统
184	黄艺	北京大学环境科学与工程学院	生态系统
185	雷光春	北京林业大学自然保护区学院	生态系统
186	谢高地	中国科学院地理科学与资源研究所	生态系统　环境经济
187	朱京海	中国医科大学	生态系统　环境经济
188	张玉环	环境保护部华南环境科学研究所	生态系统
189	董家华	环境保护部华南环境科学研究所	生态系统

(续表)

序号	姓名	单位	专业领域
190	李英文	重庆师范大学	生态系统
191	于宁楼	国家林业局林产工业规划设计院	生态系统
192	王艳芬	中国科学院大学	生态系统
193	孟晓杰	中国环境科学研究院	生态系统 环境大气
194	傅尧	中国环境科学研究院	生态系统
195	张林波	中国环境科学研究院生态环境研究所	生态系统
196	吴婧	南开大学环境科学与工程学院	生态系统
197	车秀珍	深圳市环境科学研究院	生态系统 环境经济
198	邹长新	环境保护部南京环境科学研究所	生态系统
199	付保荣	辽宁大学环境学院	生态系统
200	王金南	环境保护部环境规划院	环境经济
201	张世秋	北京大学环境科学与工程学院	环境经济
202	於方	环境保护部环境规划院	环境经济
203	李京梅	中国海洋大学经济学院	环境经济
204	李巍	北京师范大学环境学院	环境经济
205	徐国华	浙江省环境保护科学设计研究院	环境经济
206	王宏伟	国家林业局调查规划院	环境经济
207	成钢	山西省环境污染损害司法鉴定中心	环境经济
208	吴云波	江苏环保产业技术研究院股份公司	环境经济
209	马国霞	环境保护部环境规划院环境风险与损害鉴定评估中心	环境经济
210	蒋洪强	环境保护部环境规划院国家环境规划与政策模拟重点实验室	环境经济

(续表)

序号	姓名	单位	专业领域
211	葛察忠	环境保护部环境规划院环境政策部	环境经济
212	刘桂环	环境保护部环境规划院生态与农村环境规划部	环境经济
213	高树婷	环境保护部环境规划院环境经济部	环境经济
214	孟　伟	中国工程院	近岸海洋和海岸带　地表水和沉积物
215	沈新强	中国水产科学研究院东海水产研究所	近岸海洋和海岸带　生态系统
216	丁平兴	华东师范大学河口海岸学国家重点实验室	近岸海洋和海岸带
217	刘东艳	中国科学院烟台海岸带研究所	近岸海洋和海岸带
218	陈全振	国家海洋局第二海洋研究所	近岸海洋和海岸带
219	周　青	国家海洋局北海环境监测中心	近岸海洋和海岸带
220	张洪亮	国家海洋局北海环境监测中心	近岸海洋和海岸带
221	张继民	国家洋局北海环境监测中心	近岸海洋和海岸带
222	宋文鹏	国家海洋局北海环境监测中心	近岸海洋和海岸带
223	蓝方勇	环境保护部华南环境科学研究所	近岸海洋和海岸带
224	高振会	国家海洋局第一海洋研究所	近岸海洋和海岸带
225	王志霞	交通运输部水运科学研究院	近岸海洋和海岸带
226	乔　冰	交通运输部水运科学研究院	近岸海洋和海岸带　生态系统
227	曲克明	中国水产科学研究院黄海水产研究所	近岸海洋和海岸带
228	马绍赛	中国水产科学研究院黄海水产研究所	近岸海洋和海岸带　生态系统

(续表)

序号	姓名	单位	专业领域
229	陈碧鹏	中国水产科学研究院黄海水产研究所	近岸海洋和海岸带
230	马启敏	中国海洋大学山东海事司法鉴定中心	近岸海洋和海岸带
231	汝少国	中国海洋大学海洋生命学院	近岸海洋和海岸带 生态系统
232	徐子钧	国家海洋局北海环境监测中心	近岸海洋和海岸带
233	安伟	中海油能源发展股份有限公司安全环保分公司研究院	近岸海洋和海岸带
234	魏文普	中海油能源发展股份有限公司安全环保分公司研究院	近岸海洋和海岸带
235	贺心然	连云港市环境监测中心站	近岸海洋和海岸带
236	刘芳	中国环境监测总站	近岸海洋和海岸带
237	陈尚	国家海洋局第一海洋研究所	近岸海洋和海岸带
238	陈聚法	中国水产科学研究院黄海水产研究所	近岸海洋和海岸带
239	赵俊	中国水产科学研究院黄海水产研究所	近岸海洋和海岸带
240	王振义	大连海事法院	近岸海洋和海岸带
241	丛斌	中国工程院	其他类(环境健康)
242	王灿发	中国政法大学	其他类(环境法)
243	孙佑海	天津大学法学院	其他类(环境法)
244	周宜开	华中科技大学同济公共卫生学院	其他类(环境健康)
245	李孝宽	北京市劳动保护科学研究所	其他类(噪声、振动)
246	汪劲	北京大学法学院	其他类(环境法)
247	王明远	清华大学法学院	其他类(环境法)

(续表)

序号	姓名	单位	专业领域
248	李艳芳	中国人民大学法学院	其他类（环境法）
249	张梓太	复旦大学法学院	其他类（环境法）
250	杨朝飞	中国工业环保促进会	其他类（环境法） 环境经济
251	郭 华	中央财经大学法学院	其他类（环境法）
252	秦大宝	武汉大学法学院	其他类（环境法）
253	竺 效	中国人民大学法学院	其他类（环境法）
254	王小钢	吉林大学法学院	其他类（环境法）
255	韩德强	最高人民法院环境资源司法研究中心	其他类（环境法）
256	张建伟	天津大学中国绿色发展研究院	其他类（环境法）
257	李传轩	复旦大学法学院	其他类（环境法）
258	陶 蕾	复旦大学法学院	其他类（环境法）
259	胡向阳	中南财经政法大学	其他类（环境法）
260	钭晓东	宁波大学人文社科处	其他类（环境法）
261	侯安山	北京民生物证科学司法鉴定所	其他类（环境健康）
262	张继宗	中国法医学会法医临床学专业委员会	其他类（环境健康）
263	张 璟	济宁医学院司法鉴定中心	其他类（环境健康）
264	王文军	济宁医学院公共卫生学院	其他类（环境健康）
265	张春芝	济宁医学院公共卫生学院	其他类（噪声、振动）
266	聂继池	济宁医学院公共卫生学院	其他类（噪声、振动、电磁辐射）
267	左芷津	广东华生司法鉴定中心	其他类（环境健康）
268	丁岩林	西北政法大学经济法学院	其他类（环境法）
269	王慧君	南方医科大学法医学院	其他类（环境健康）
270	朱 岩	农业部环境保护科研监测所	其他类（环境健康）

(续表)

序号	姓名	单位	专业领域
271	米同清	河北省衡水市环境监测站	其他类（噪声）
272	郭杏林	大连理工大学工程力学系	其他类（噪声、振动）
273	武权	中国医学科学院放射医学研究所辐射检测与评价中心	其他类（核辐射）
274	冯宇	河南省环境保护厅辐射环境安全技术中心	其他类（电磁辐射、核辐射）
275	张音波	环境保护部华南环境科学研究所	其他类（噪声）
276	于云江	环境保护部华南环境科学研究所	其他类（环境健康）
277	刘宏伟	辽宁省公安厅大伙房水源地保护区公安局	其他类（环境法）
278	李永华	中国科学院地理科学与资源研究所	其他类（环境健康）
279	刘庆芬	中国医学科学院放射医学研究所质管办/产业处	其他类（核辐射）
280	鲍矛	北京市射线应用研究中心	其他类（核辐射）
281	杨林生	中国科学院地理科学与资源研究所	其他类（环境健康）
282	徐国杰	沧州科技事务司法鉴定中心	其他类（环境法）
283	温香彩	中国环境监测总站	其他类（振动、光）
284	赵淑莉	中国环境监测总站	其他类（环境健康）
285	张志敏	环境保护部环境应急与事故调查中心（退休）	其他类（环境法） 环境经济
286	李绪金	山东省淄博市公安局	其他类（环境法）
287	韦国华	山东省淄博市公安局	其他类（环境法）
288	胡德胜	西安交通大学法学院	其他类（环境法）
289	王华堂	山西省环境污染损害司法鉴定中心	其他类（环境法）

(续表)

序号	姓 名	单 位	专业领域
290	谢满廷	山西省环境污染损害司法鉴定中心	其他类(电磁辐射、核辐射)
291	何泽勇	山西省环境污染损害司法鉴定中心	其他类(噪声、振动、电磁辐射)
292	远丽辉	新疆司法鉴定科学技术研究所司法鉴定中心	其他类(噪声、振动)
293	朱四养	四川省核工业地质调查院成都分院	其他类(核辐射)
294	许 群	中国医学科学院基础医学研究所	其他类(环境健康)
295	张希舟	厦门海事法院	其他类(环境法)
296	张金智	山东省环境保护厅政策法规处	其他类(环境法)
297	李旭东	青岛海事法院	其他类(环境法)
298	杨占山	辽宁省公安厅环境安全保卫总队环境安全保卫支队	其他类(环境法)

六、地方性法规

河南省司法鉴定管理条例

(2001年11月29日河南省第九届人民代表大会常务委员会第二十五次会议通过)

第一章 总 则

第一条 为规范司法鉴定工作,维护当事人的合法权益,保障司法公正,根据《中华人民共和国刑事诉讼法》、《中华人民共和国民事诉讼法》、《中华人民共和国行政诉讼法》、《中华人民共和国立法法》以及其他有关法律、法规的规定,结合本省实际,制定本条例。

第二条 本条例所称司法鉴定,是指鉴定机构和鉴定人依法对诉讼案件所涉及的专门性问题进行分析、研究、鉴别并作出结论的活动。

第三条 司法鉴定应遵循科学、客观、公正、合法的原则。

第四条 司法鉴定依法独立进行,不受任何单位和个人的干涉。

第五条 司法鉴定实行回避、保密、时限和错鉴责任追究制度。

第六条 有关单位和个人应当支持、协助司法鉴定工作。

第二章 司法鉴定管理

第七条 省、省辖市设司法鉴定工作委员会。

司法鉴定工作委员会由同级人民政府负责组建,其办事机构设在同级司法行政部门。

第八条 司法鉴定工作委员会履行下列职责:

(一)指导本行政区域内的司法鉴定工作;

(二)协调本行政区域内重大、复杂、疑难、争议等司法鉴定事项;

(三)对本行政区域内的司法鉴定活动进行监督。

第九条 司法机关负责管理其内设司法鉴定机构的鉴定工作。

第十条 司法行政部门负责管理面向社会服务的司法鉴定工作。

面向社会服务的司法鉴定是指接受司法机关或当事人的委托,有偿提供司法鉴定服务的活动。

第十一条 省司法行政部门负责审核登记面向社会服务的司法鉴定机构,

颁发司法鉴定许可证;负责颁发司法鉴定人职业资格证书和执业证书;负责司法鉴定许可证和司法鉴定人执业证书的年检注册。

第三章 司法鉴定机构

第十二条 本条例所称司法鉴定机构包括司法机关内设的鉴定机构和依法设立的面向社会服务的司法鉴定机构。

第十三条 司法机关内设的鉴定机构依照法律、法规的规定,从事各自职责范围内的鉴定活动。

司法机关内设的鉴定机构不得面向社会从事有偿鉴定活动。

第十四条 法律、法规已明确规定可以从事司法鉴定工作的鉴定机构面向社会服务的,应当向省司法行政部门备案,按照法律、法规或国家有关规定从事司法鉴定活动。

依照法律、法规或国家有关规定设立的行业鉴定机构面向社会服务的,由行业主管部门推荐,经省司法行政部门登记,颁发司法鉴定许可证,可以从事相关的司法鉴定活动。

其他鉴定机构从事面向社会服务司法鉴定活动的,应当向所在地司法行政部门提出申请,经省司法行政部门核准,取得司法鉴定许可证,方可从事相应的司法鉴定活动。

第十五条 面向社会服务的司法鉴定机构的设立、变更、注销、年检和公告等按照有关法律、法规、规章的规定执行。

第十六条 省司法鉴定工作委员会可以聘请有关专家组建若干司法鉴定专家委员会。

专家委员会成员必须具有司法鉴定人执业证书和相应专业的高级技术职称。

司法鉴定专家委员会只从事本省行政区域内的终局鉴定。

第十七条 司法鉴定机构从事司法鉴定活动必须遵守纪律、法规以及部门规章、行业技术规范。

司法鉴定机构应当在核定的业务范围内开展司法鉴定业务。

第四章 司法鉴定人

第十八条 司法机关内设鉴定机构中的司法鉴定人的资格,由司法机关按照国家和省有关规定确认。

在本条例第十四条第二款规定的行业鉴定机构中从事司法鉴定工作的专业技术人员,必须符合行业主管部门和国务院司法行政部门规定的条件,经省司法行政部门登记,按照规定取得司法鉴定人职业资格。

在其他鉴定机构中从事司法鉴定工作的人员,按照国务院司法行政部门的有关规定,经考试或考核合格,取得司法鉴定人职业资格。

第十九条　具备司法鉴定人职业资格的人员,经省司法行政部门审核登记,取得司法鉴定人执业证书,方可在核定的业务范围内执业。

司法鉴定人只能在一个司法鉴定机构中执业,但可以接受其他司法鉴定机构的聘请,从事特定事项的司法鉴定活动。

第二十条　司法鉴定人执业享有以下权利:
(一)了解与鉴定有关的案情,询问与鉴定有关的当事人、证人等;
(二)要求鉴定委托人无偿提供鉴定所需检材;
(三)应邀参与、协助勘验、检查和模拟实验;
(四)拒绝接受不合法、不具备鉴定条件或者超出核定业务范围的鉴定委托;
(五)与其他鉴定人意见不一致时保留意见;
(六)获得执业报酬;
(七)法律、法规规定的其他权利。

第二十一条　司法鉴定人执业履行以下义务:
(一)遵守职业道德、执业纪律和行业技术规范;
(二)按规定或约定时限作出鉴定结论或鉴定意见,出具鉴定文书;
(三)依法主动回避;
(四)妥善保管送鉴的检材、样本和资料;
(五)保守在执业活动中知悉的国家秘密、商业秘密和个人隐私;
(六)依法出庭参与诉讼;
(七)依法应当履行的其他义务。

第二十二条　司法鉴定人有下列情形之一的,应当自行回避或由所在的司法鉴定机构决定其回避:
(一)是本案当事人或者当事人近亲属的;
(二)本人或其近亲属与本案有利害关系的;
(三)担任过本案的侦查、检察、审判人员或者证人、辩护人、诉讼代理人的;
(四)与本案有其他关系,可能影响鉴定公正的。

第五章　司法鉴定程序

第二十三条　法律、法规对申请、委托、决定进行司法鉴定有明确规定的,从其规定;未作规定的,公民、法人和其他组织可以委托司法鉴定机构进行鉴定。

第二十四条　司法鉴定机构受理鉴定委托按以下程序办理:

（一）接收司法鉴定委托书；
（二）了解有关案情；
（三）核对检材与样本；
（四）决定受理的，签订司法鉴定协议书。

第二十五条 有下列情形之一的鉴定委托，司法鉴定机构不予受理：
（一）鉴定委托主体不合法的；
（二）送鉴材料不具备鉴定条件或与鉴定要求不相符的；
（三）委托鉴定的项目超出鉴定机构的鉴定范围的；
（四）委托鉴定的项目属于法律、法规、国家有关规定所禁止或限制的。
不予受理的，应在七日内告知委托人。

第二十六条 有下列情形之一的，司法鉴定机构可以终止鉴定：
（一）在鉴定过程中发现自身难以解决的技术性问题；
（二）确需补充鉴定材料而无法补充的；
（三）委托人要求终止鉴定的。
司法鉴定机构决定终止鉴定的，应当向鉴定委托人书面说明理由。

第二十七条 有下列情形之一的，可以进行补充鉴定：
（一）发现新的相关鉴定材料；
（二）原鉴定项目有遗漏；
（三）其他需要补充鉴定的情况。

第二十八条 有下列情形之一的，应当重新鉴定：
（一）鉴定机构、鉴定人不具备司法鉴定资格或超出核定业务范围鉴定的；
（二）送鉴材料失实或者虚假的；
（三）鉴定人故意作虚假鉴定的；
（四）鉴定人应当回避而未回避的；
（五）鉴定结论与实际情况不符的；
（六）鉴定使用的仪器和方法不当，可能导致鉴定结论不正确的；
（七）其他因素可能导致鉴定结论不正确的。
重新鉴定不得由原鉴定人进行。

第二十九条 重新鉴定可以进行两次。第一次重新鉴定后，司法机关对鉴定结论有异议的，应当委托司法鉴定专家委员会鉴定；当事人有异议的，经司法机关决定，可以委托司法鉴定专家委员会鉴定。
司法鉴定专家委员会的鉴定结论，为本省鉴定机构作出的终局鉴定。
对人身伤害的医学鉴定有争议需要重新鉴定或者对精神病的医学鉴定，依据《中华人民共和国刑事诉讼法》第一百二十条规定，由省人民政府指定的医院进行。

第三十条　司法鉴定机构应在受理鉴定委托之日起三十日内作出鉴定结论，复杂疑难的应在六十日内作出鉴定结论。因特殊情况不能在上述时限内完成的，可以与委托人协商，约定完成期限。法律、法规另有规定的除外。

第三十一条　司法鉴定机构和司法鉴定人完成鉴定后，应当出具鉴定结论或鉴定意见，制作鉴定文书。

鉴定文书应当写明绪言、鉴定要求、检验情况、鉴定的综合评析、鉴定结论或鉴定意见。

司法鉴定机构和司法鉴定人应当在鉴定文书上加盖公章和签名。

第三十二条　对司法鉴定中所涉及的各类鉴定资料、鉴定记录以及鉴定文书，司法鉴定机构应当按照有关规定，建立相关的鉴定档案。

第三十三条　面向社会服务的司法鉴定，可以收取鉴定费用。

鉴定费收取办法和标准，由省财政、物价部门另行规定。

第六章　法律责任

第三十四条　违反本条例的行为，法律、法规对处罚机关、处罚种类、处罚幅度有规定的，从其规定。未作规定的，按照本条例执行。

第三十五条　未取得司法鉴定许可证擅自设立司法鉴定机构的，由省、省辖市司法行政部门予以取缔，有违法所得的，没收违法所得，并处以违法所得一倍以上三倍以下的罚款；构成犯罪的，依法追究刑事责任。

未取得司法鉴定许可证或司法鉴定人执业证书，擅自面向社会开展司法鉴定活动的，由省、省辖市司法行政部门给予警告，并责令改正；有违法所得的，没收违法所得，并处以违法所得一倍以上三倍以下的罚款；构成犯罪的，依法追究刑事责任。

第三十六条　对于提交虚假证明文件或采取其他欺诈手段骗取设立登记的，由省司法行政部门予以注销；有违法所得的，没收违法所得，并处违法所得一倍以上三倍以下的罚款；构成犯罪的，依法追究刑事责任。

第三十七条　司法鉴定机构有下列情形之一的，由省司法行政部门给予警告；有违法所得的，没收违法所得，并处违法所得一倍以上三倍以下的罚款：

（一）年检中隐瞒真实情况、弄虚作假的；

（二）未按规定办理变更登记的；

（三）超出核定业务范围进行司法鉴定的。

第三十八条　司法鉴定人有下列行为之一的，由县级以上司法行政部门给予警告，情节严重的，给予停止执业三个月以上一年以下的处罚；有违法所得的，没收违法所得，可并处违法所得一至三倍罚款；构成犯罪的，依法追究刑事责任：

（一）私自接受委托进行鉴定的；
（二）应当回避而未回避的；
（三）泄露当事人商业秘密和个人隐私的；
（四）丢失、损毁检材，致使司法鉴定无法进行的；
（五）非法收受案件当事人财物的。

第三十九条 司法鉴定人有下列行为之一的，由省司法行政部门吊销司法鉴定人执业证书；有违法所得的，没收违法所得，并处违法所得一至三倍的罚款；构成犯罪的，依法追究刑事责任：

（一）泄露国家秘密的；
（二）因过失导致鉴定错误，造成严重后果的；
（三）故意出具虚假鉴定结论的。

第四十条 司法鉴定机构有本条例第三十八条、第三十九条规定的违法行为的，由省司法行政部门责令改正，没收违法所得；情节严重的，责令停业整顿或者吊销司法鉴定许可证。

第四十一条 司法鉴定机构和司法鉴定人违反本条例规定，给当事人造成损害的，应当承担赔偿责任。

第四十二条 司法行政部门有下列情形之一的，对直接负责的主管人员和其他直接责任人员给予警告，责令改正；情节严重的，给予行政处分；构成犯罪的，依法追究刑事责任：

（一）利用职权或工作之便，在司法鉴定的登记、年检注册中滥用职权、徇私舞弊、收受贿赂的；
（二）无正当理由，拒绝给符合条件的司法鉴定机构和司法鉴定人发放证书的；
（三）违反本条例的规定，给不具备条件的司法鉴定机构和司法鉴定人发放证书的；
（四）向司法鉴定机构和司法鉴定人非法收取费用的；
（五）玩忽职守造成严重后果的。

第七章 附 则

第四十三条 本条例自 2002 年 1 月 1 日起施行。

湖北省司法鉴定管理条例

（2002年3月28日湖北省第九届人民代表大会常务委员会第三十二次会议通过 2014年9月25日湖北省第十二届人民代表大会常务委员会第十一次会议第一次修正 2015年9月23日湖北省第十二届人民代表大会常务委员会第十七次会议第二次修正 2016年12月1日湖北省第十二届人民代表大会常务委员会第二十五次会议第三次修正）

第一条 为了规范司法鉴定工作，保障司法公正，维护当事人的合法权益，根据有关法律、法规，结合本省实际，制定本条例。

第二条 本条例所称司法鉴定是指司法鉴定机构、司法鉴定人依照法定的条件和程序，对有关诉讼活动所涉及的专门性问题进行鉴别和判定的活动。

司法鉴定的具体范围依照国家有关规定执行。

第三条 司法鉴定应当遵循科学、客观、公正、合法的原则，实行执业许可、回避、保密、时限和错鉴责任追究制度。

司法鉴定机构、司法鉴定人依法独立进行司法鉴定，不受任何组织和个人的干涉。

第四条 县级以上人民政府司法行政部门负责管理本行政区域内面向社会服务的司法鉴定活动。

第五条 省、市、州设立的司法鉴定委员会，负责指导、监督本行政区域内的司法鉴定工作，协调重大、疑难司法鉴定事项，组建司法鉴定专家委员会，建立司法鉴定专家库。

司法鉴定委员会由人民政府、人民法院、人民检察院以及人民政府有关职能部门的人员组成，其办事机构设在司法行政部门。

司法鉴定专家委员会由专家库中相关领域的专家组成。

第六条 司法鉴定机构、司法鉴定人应当符合国家规定的条件，经省司法行政部门审核登记，取得《司法鉴定许可证》《司法鉴定人执业证》后，方可在登记的业务范围、执业类别内，从事面向社会服务的司法鉴定活动。

第七条 省人民政府依法指定的对人身伤害医学鉴定有争议的重新鉴定或者精神病医学鉴定的鉴定机构，省司法行政部门应当备案。

省人民政府有关部门依照法律、法规设立的行业鉴定机构，经省司法行政部门审查批准,颁发司法鉴定许可证,可以从事相关的司法鉴定活动。

第八条 司法鉴定人享有下列权利：

(一)查阅与鉴定有关的材料,询问与鉴定事项有关的当事人、证人；

(二)参与委托人进行的勘验、检查和模拟实验；

(三)要求委托人补充鉴定材料；

(四)委托人提供虚假情况或者拒不提供鉴定所需材料的,有权拒绝鉴定；

(五)拒绝解决、回答与鉴定无关的问题；

(六)与其他司法鉴定人意见不一致时,有权保留意见；

(七)法律、法规规定的其他权利。

第九条 司法鉴定人应当履行下列义务：

(一)依照规定的鉴定程序、操作规程和时限完成鉴定任务；

(二)依法自行回避；

(三)保守在执业活动中知悉的国家秘密、商业秘密和个人隐私；

(四)依法按时出庭,回答法庭提出的与司法鉴定有关的问题；

(五)法律、法规规定的其他义务。

第十条 司法鉴定人有下列情形之一的,应当回避；当事人、辩护人、诉讼代理人也有权要求其回避：

(一)是本案当事人,或者是当事人近亲属的；

(二)本人或者近亲属与本案有利害关系的；

(三)担任过本案的证人、辩护人、诉讼代理人的；

(四)与本案当事人有其他关系可能影响公正鉴定的。

第十一条 司法鉴定由当事人或者其辩护人、诉讼代理人申请,司法机关决定并委托司法鉴定机构鉴定；各方当事人一致明确选择司法鉴定机构的,司法机关应当尊重当事人的选择。负有举证责任的当事人可以直接委托司法鉴定机构鉴定。

侦查机关根据案件性质需要,可以依法直接决定并委托司法鉴定机构鉴定。侦查机关委托社会司法鉴定机构鉴定的,应当由其内设的鉴定机构委托。

司法鉴定的申请、决定、委托应当采用书面形式。

第十二条 司法鉴定从受理之日起一般应当在 15 日内出具司法鉴定文书；需要延长的,经征得委托人同意,可延长至 30 日；复杂、疑难案件的鉴定时间确需再延长的,经司法鉴定机构负责人批准,并征得委托人同意,可再适当延长。延长期不超过 60 日。

精神病医学鉴定以及司法会计鉴定的时限,一般应当在受理之日起 60 日内完成。鉴定过程中因补充鉴定材料所需时间,不计入鉴定时限。

法律、法规另有规定的,从其规定。

第十三条　当事人或者其辩护人、诉讼代理人对司法机关委托鉴定的鉴定结论有异议的,可以依法提出补充鉴定或者重新鉴定的申请,由司法机关决定。司法机关决定不予补充鉴定或者重新鉴定的,应当以书面形式向申请人说明理由。

当事人或者其辩护人、诉讼代理人对自行委托鉴定的鉴定结论有异议的,可以向作出鉴定结论的鉴定机构申请补充鉴定或者重新鉴定。鉴定机构决定不予受理的,应当以书面形式向申请人说明理由。

第十四条　有下列情形之一的,应当进行补充鉴定:
(一)发现新的相关鉴定材料;
(二)原鉴定项目有遗漏;
(三)其他需要补充鉴定的情况。

补充鉴定可以由原鉴定人进行,也可以另行指派或者聘请其他鉴定人进行。

第十五条　有下列情形之一的,应当进行重新鉴定:
(一)鉴定机构、鉴定人不具备司法鉴定执业资格或者超出鉴定范围的;
(二)送鉴材料失实或者虚假的;
(三)鉴定人作虚假鉴定的;
(四)鉴定人应当回避而没有回避的;
(五)其他因素可能导致鉴定结论不正确的。

重新鉴定可以由原鉴定机构进行,也可以由其他鉴定机构进行,但不得由原鉴定人进行。

重新鉴定不得超过二次。

第十六条　在鉴定过程中,出现下列情形之一的,司法鉴定机构应当终止鉴定,退回有关鉴定材料,并以书面形式向委托人说明理由:
(一)发现自身难以解决的技术问题的;
(二)确需补充鉴定材料而无法补充的;
(三)委托人要求终止鉴定的。

第十七条　司法鉴定结束后,应当制作鉴定文书。

司法鉴定文书应当载明受理日期、委托人、委托事由、送鉴材料情况、鉴定要求、鉴定方法、鉴定结论、鉴定人、附件以及其他应当包括的内容。

司法鉴定文书由鉴定人签名或者盖章,并由鉴定人所在机构加盖司法鉴定专用章。

第十八条　司法鉴定的收费标准由省价格主管部门会同省司法行政部门制定。

司法鉴定机构对符合法律援助、司法救助条件的司法鉴定的收费,应当依照规定给予减免。

侦查机关直接决定由其内设鉴定机构进行鉴定的,不得向当事人收取鉴定费。

第十九条 违反本条例规定,擅自开展司法鉴定活动的,以及社会司法鉴定机构超越业务范围进行鉴定的,其鉴定结论无效,所收鉴定费用应当予以返还,并由市(州)司法行政部门处以鉴定费用一至三倍的罚款;情节严重的,由省司法行政部门吊销其司法鉴定许可证。

第二十条 司法鉴定人违反本条例第九条规定,不履行义务的,由其所在单位给予处分;情节严重的,由省司法行政部门吊销其司法鉴定人执业证书。

第二十一条 司法鉴定人作虚假鉴定的,由省司法行政部门给予停止从事司法鉴定业务三个月以上一年以下的处罚;情节严重的,吊销其司法鉴定人执业证书;构成犯罪的,依法追究刑事责任。

第二十二条 司法行政部门或者其他有关部门工作人员在司法鉴定管理工作中,玩忽职守、滥用职权、徇私舞弊的,由其所在单位或者上级主管部门追究行政责任;构成犯罪的,依法追究刑事责任。

第二十三条 本条例自 2002 年 6 月 1 日起施行。

江西省司法鉴定条例

(2002年6月1日江西省第九届人民代表大会常务委员会第三十次会议通过)

第一章 总 则

第一条 为了规范司法鉴定工作,保障司法鉴定客观、科学、公正,根据《中华人民共和国刑事诉讼法》、《中华人民共和国民事诉讼法》、《中华人民共和国行政诉讼法》及其他法律、法规的有关规定,结合本省实际,制定本条例。

第二条 本条例所称司法鉴定,是指司法鉴定人依法运用专门知识和技能,对涉及诉讼活动的专门性问题进行科学鉴别和判定的活动。

司法鉴定的范围包括:司法医学鉴定、司法精神病学鉴定、物证技术鉴定、司法会计鉴定,涉及诉讼的事故、资产、价格、产品质量、建筑工程质量、知识产权等鉴定以及诉讼过程中依法应当进行的其他鉴定。

第三条 司法鉴定应当以事实为依据,遵循客观、科学、公正、合法的原则独立进行,实行回避、保密、时限和错鉴责任追究制度。

第四条 省、设区的市设立的司法鉴定工作管理委员会负责指导、协调本辖区内的司法鉴定工作,履行下列职责:

(一)制定本辖区司法鉴定工作改革与发展规划、工作计划,总结经验、推广典型,检查、督促解决司法鉴定中存在的问题;

(二)依法组织制定有关司法鉴定工作的规范性文件;

(三)负责本辖区重大、疑难和有争议案件鉴定的协调工作。

第五条 省、设区的市、县(市、区)司法行政机关负责管理和监督本辖区内面向社会服务的司法鉴定机构及其鉴定活动。

司法机关内设的司法鉴定机构及其鉴定活动,分别由省级司法机关负责监督管理。

第二章 司法鉴定机构

第六条 本条例所称司法鉴定机构包括司法鉴定专家委员会,司法机关内设的鉴定机构和依法设立的、为社会提供有偿服务的司法鉴定机构(简称面向社会服务的司法鉴定机构)。

第七条 司法机关内设的鉴定机构依照法律、法规的规定,从事各自职权范围内的鉴定活动,不得面向社会从事有偿服务的司法鉴定活动。

第八条 法律、法规或者国家有关规定已明确规定可以从事司法鉴定工作的鉴定机构面向社会服务的,应当向省司法行政机关登记,按照法律、法规或者国家有关规定从事司法鉴定活动。

依照法律、法规或者国家有关规定设立的行业鉴定机构面向社会服务的,由省级行业主管部门推荐,经省司法行政机关登记,颁发司法鉴定许可证,可以从事相关的司法鉴定活动。

其他鉴定机构从事面向社会服务司法鉴定活动的,应当向所在地司法行政机关提出申请,经省司法行政机关核准,取得司法鉴定许可证,方可从事相关的司法鉴定活动。

第九条 设立面向社会服务的司法鉴定机构,应当具备以下条件:

(一)有自己的名称、场所和章程;
(二)有与其所开展的司法鉴定业务相适应的仪器设备和条件;
(三)有相应的注册资金及承担民事责任的能力;
(四)有与独立开展司法鉴定业务相适应的人员。

设立的具体要求和标准,由省司法行政机关会同各行业省级主管部门根据实际情况制定。法律、法规另有规定的,从其规定。

第十条 省司法鉴定工作管理委员会根据工作需要可以设立若干司法鉴定专家委员会,审定和聘任专家委员会成员,并指导、监督其工作。

省司法鉴定专家委员会进行下列司法鉴定:

(一)经过两次重新鉴定,对鉴定结论仍有争议的;
(二)省内有影响的重、特大案件或者疑难复杂案件的鉴定,需要由省司法鉴定专家委员会直接受理的;
(三)对有争议的保外就医医学证明,需要审查复核的。

第十一条 下列司法鉴定由省人民政府依法指定的医院进行:

(一)对人身伤害的医学鉴定有争议需要重新鉴定的;
(二)对精神疾病的医学鉴定;
(三)为罪犯保外就医出具的医学证明。

第十二条 司法鉴定机构应当依法在各自的职责范围内进行司法鉴定,不得超范围鉴定,不得从事与其自身技术能力不相称的司法鉴定活动。

司法鉴定机构不得接受司法机关办案人个人的委托。

司法鉴定机构接受司法鉴定委托后不得转委托。

第十三条 面向社会服务的司法鉴定机构和司法鉴定专家委员会进行的司

法鉴定,可以按规定收取鉴定费用。

具体收费标准和办法由省人民政府制定。

第三章 司法鉴定人

第十四条 本条例所称司法鉴定人,是指依法取得司法鉴定人执业证书,在司法鉴定机构中执业并运用专门知识和技能,对诉讼活动中涉及的专门性技术问题进行科学鉴别和判定的专业技术人员。

第十五条 司法机关内设的鉴定机构从事司法鉴定工作的人员,根据国家有关规定,分别由省级司法机关考核确认其司法鉴定人资格。

第十六条 在本条例第八条第二款、第三款规定的鉴定机构中从事司法鉴定工作的专业技术人员、在省人民政府依法指定的医院中从事司法鉴定的人员,具有所从事行业执业资格或者具有相关专业本科以上学历,经所在部门推荐、省级行业主管部门审核,由省司法行政机关核准登记,在核准范围内从事司法鉴定工作。法律、法规另有规定的,从其规定。

第十七条 司法鉴定人享有下列权利:

(一)了解与鉴定有关的案卷材料,询问与鉴定事项有关的当事人、证人等;

(二)应邀参与、协助委托人勘验、检查和模拟试验;

(三)要求委托人补充送鉴材料;

(四)委托人提供虚假情况或者拒不提供鉴定所需材料的,有权辞去委托;

(五)拒绝解决、回答与鉴定无关的问题;

(六)与其他司法鉴定人意见不一致时,有权保留意见;

(七)因履行职务人身安全和自由受到威胁或者伤害时,有权请求司法保护;

(八)法律、法规规定的其他权利。

第十八条 司法鉴定人履行下列义务:

(一)依法接受和完成委托事项,不私自接受委托和收费;

(二)依照本条例第十九条规定回避;

(三)保守在执业活动中知悉的国家秘密、商业秘密和个人隐私;

(四)依法按时出庭,回答与鉴定有关的询问;

(五)遵守执业道德和执业纪律;

(六)法律、法规规定的其他义务。

第十九条 有下列情形之一的,司法鉴定人应当自行回避,或者经当事人申请,依法由司法机关或者鉴定机构决定其回避:

(一)是案件的当事人或者是当事人的近亲属的;

(二)与案件当事人或者案件的处理结果有直接利害关系的;

（三）担任过本案的侦查人员、公诉人、审判人员以及证人、辩护人、诉讼代理人的；

（四）其他可能影响鉴定公正的。

第四章　司法鉴定程序

第二十条　司法鉴定机构可以接受司法机关的司法鉴定委托，也可以依法接受当事人或者其委托的诉讼代理人的司法鉴定委托。

第二十一条　司法鉴定由司法鉴定机构受理，并按以下程序进行：

（一）查验鉴定委托书；

（二）听取委托人介绍与鉴定有关的情况和鉴定要求；

（三）审查、核对送鉴材料（检材、样本和资料）；

（四）决定受理的，填写司法鉴定受案登记表。

法律、法规另有规定的，从其规定。

第二十二条　有以下情形之一的，司法鉴定机构应当拒绝受理鉴定：

（一）委托人不符合法定条件的；

（二）送鉴材料不具备鉴定条件或者与鉴定要求不符的；

（三）委托鉴定的项目超出鉴定机构的鉴定范围或者鉴定能力的。

不予受理的，应在7日内告知委托人。

第二十三条　司法鉴定机构进行鉴定活动必须符合下列要求：

（一）遵循与鉴定有关的技术规范和鉴定操作规程；

（二）进行司法鉴定时，应当有2名以上鉴定人参加；对女性进行身体检查时，应当有女性工作人员在场；

（三）需要毁损检材的，应当征得委托人书面同意；

（四）需要补充有关检材的，应当向委托人提出；

（五）对鉴定活动过程作出详细记录，出具书面鉴定结论。

第二十四条　在司法鉴定过程中，有下列情形之一的，司法鉴定机构可以终止鉴定：

（一）在鉴定中发现有自身不能解决的技术问题的；

（二）需要补充送鉴材料而无法补充的；

（三）被鉴定人不配合的；

（四）委托人要求终止鉴定的；

（五）出现不可抗力致使鉴定无法继续进行的。

第二十五条　有下列情形之一的，可以补充鉴定：

（一）获得新的相关鉴定材料的；

(二)原鉴定项目有遗漏的;

(三)鉴定结论有缺陷的。

补充鉴定一般由原鉴定人进行,也可以委托其他鉴定人进行。

第二十六条 有下列情形之一的,可以重新鉴定:

(一)鉴定机构、鉴定人不具备司法鉴定资格或者超出核定范围进行鉴定的;

(二)送鉴材料失实或者虚假的;

(三)鉴定人应当回避而未回避的;

(四)鉴定人故意作虚假鉴定的;

(五)鉴定结论同其他证据有明显矛盾的;

(六)鉴定使用的仪器或者方法不当,可能导致鉴定结论不正确的;

(七)其他因素可能导致鉴定结论不正确的。

重新鉴定不得由原鉴定人进行。

第二十七条 经两次重新鉴定后,对鉴定结论仍有异议的,由有关司法机关委托省司法鉴定专家委员会鉴定。

经省司法鉴定专家委员会鉴定之后,不得在省内再次鉴定。

法律、法规另有规定的,从其规定。

第二十八条 司法鉴定从受理之日起一般应当在 15 日内出具司法鉴定文书。如确需延长,经向委托人说明理由,可延长至 30 日。复杂、疑难案件的鉴定时限确需延长的,经司法鉴定机构负责人批准,并征得委托人同意,可再适当延长;延长期不得超过 60 日。

补充鉴定应当在 7 日内完成,复杂、疑难的应当在 15 日内完成。补充鉴定如需延长的,经司法鉴定机构负责人批准,并征得委托人同意,可适当延长;延长期不得超过 30 日。

第二十九条 司法鉴定机构和司法鉴定人完成鉴定后,应当出具书面鉴定书。由于客观原因不能作出结论的,可形成分析意见书。

司法鉴定文书正文应当标明鉴定受理日期、鉴定委托人、鉴定事由、送鉴材料情况、鉴定要求、检验或者检查过程、鉴定结论或者鉴定意见、鉴定人、复核鉴定人、附件以及其他应当包括的内容。司法鉴定人员有分歧意见的,应当记录在案卷材料中。

鉴定人、复核鉴定人在鉴定文书正文之后签名盖章,有技术职称的注明技术职称,同时加盖鉴定机构司法鉴定专用章。

第五章 法律责任

第三十条 未取得司法鉴定许可证,擅自设立司法鉴定机构或者擅自面向社会开展司法鉴定的,由司法行政机关责令停止违法鉴定活动,没收违法所得,并处1万元以上3万元以下的罚款。

第三十一条 对提交虚假证明文件或者采取其他欺诈手段骗取设立登记的,由省司法行政机关予以注销,有违法所得的,没收违法所得,并处1万元以上3万元以下的罚款。

第三十二条 司法鉴定机构有下列情形之一的,由司法行政机关给予警告,有违法所得的,没收违法所得,并处违法所得1倍以上3倍以下的罚款;情节严重的,由省司法行政机关吊销其许可证。

(一)接受司法机关办案人个人委托进行司法鉴定的;

(二)超越核准登记的范围进行鉴定或者接受委托后转委托的;

(三)其他违反法律、法规的行为。

第三十三条 司法鉴定人有下列情形之一的,由司法行政机关给予警告,有违法所得的,没收违法所得,并处违法所得1倍以上2倍以下的罚款;情节严重的,给予停止执业3个月以上1年以下的处罚:

(一)同时在两个以上司法鉴定机构执业的;

(二)私自接受委托、私自收费的;

(三)接受委托后,无正当理由拒绝鉴定的;

(四)应当回避而未回避的;

(五)超过鉴定期限未作出鉴定结论的;

(六)泄露当事人商业秘密和个人隐私的;

(七)无正当理由不按时出庭的;

(八)收受案件当事人财物或者接受当事人吃请的。

第三十四条 司法鉴定人有下列行为之一的,由省司法行政机关吊销其司法鉴定人执业证书:

(一)泄露国家秘密的;

(二)因过失导致鉴定错误,造成严重后果的;

(三)故意出具虚假鉴定结论的;

(四)对送鉴材料管理不善,导致毁损、灭失,无法进行鉴定的。

第三十五条 司法鉴定人在鉴定活动中违反法律规定构成犯罪的,依法追究刑事责任。

第三十六条 司法鉴定机构和司法鉴定人违反本条例规定,给当事人造成损失的,应当依法给予赔偿。

第三十七条 司法行政机关或者其他有关管理机关的工作人员在司法鉴定管理工作中玩忽职守、滥用职权、徇私舞弊的,由其所在单位或者上级主管机关依法给予行政处分;构成犯罪的,依法追究刑事责任。

第六章 附 则

第三十八条 本条例所称司法机关是指依法行使侦查权、检察权、审判权的各级公安机关、国家安全机关、监狱管理机关、人民检察院、人民法院。

第三十九条 本条例自2002年8月1日起施行。

四川省司法鉴定管理条例

(2002年7月20日四川省第九届人民代表大会常务委员会第三十次会议通过)

第一章 总 则

第一条 为了规范和加强四川省的司法鉴定管理工作,为公正司法提供客观准确的鉴定依据,维护公民、法人和其他组织的合法权益,根据国家有关法律、法规的规定,结合实际,制定本条例。

第二条 本条例所称司法鉴定,是指司法鉴定机构接受司法机关和公民、法人或其他组织的委托,指派司法鉴定人对与诉讼活动有关的专门性问题进行科学检验、判定并作出结论的活动。

第三条 司法鉴定的范围包括:法医病理鉴定、法医临床鉴定、法医精神病鉴定、法医物证鉴定、法医毒物鉴定、司法会计鉴定和文书、痕迹、计算机、建筑工程、声像资料、知识产权、保险赔偿、产品质量、责任事故等的司法鉴定以及因诉讼活动需要进行的其他鉴定。

法律、法规另有规定的,从其规定。

第四条 司法鉴定遵循客观公正、科学准确、合法规范、独立高效的原则,依照规定的条件、程序和方法进行,不受任何单位和个人的干涉。

司法鉴定实行执业许可、年检注册、名册公布和回避、保密、时限及错鉴责任追究制度。

司法鉴定机构和司法鉴定人的合法权益受法律保护。

第五条 县级以上司法行政部门主管本行政区域内的司法鉴定工作。

第六条 司法鉴定有偿服务的收费标准,由省物价部门另行制定。

第二章 司法鉴定机构及司法鉴定人

第七条 本条例所称司法鉴定机构是指省司法鉴定专家委员会和经省司法行政部门核准的面向社会提供司法鉴定有偿服务的鉴定机构。

第八条 省司法鉴定专家委员会由省司法行政部门组织设立,由具有高级专业技术职称或同等专业水平的司法鉴定人组成,负责对全省司法鉴定的复核鉴定。

第九条 面向社会提供司法鉴定有偿服务的鉴定机构应具备下列条件:

（一）有自己的名称、住所和章程；

（二）有符合计量认证标准、经法定部门检测合格的技术设施与设备；

（三）有不低于人民币 50 万元的资金，能独立承担民事责任；

（四）有 10 名以上取得司法鉴定人资格的人员，其中，高级专业技术人员不少于二分之一，专职鉴定人员不少于三分之二。

第十条 司法鉴定机构开展司法鉴定活动，应当在核定的业务范围内进行，统一接受委托和收费，不得转委托鉴定。

第十一条 司法鉴定人从事司法鉴定活动，应当具备职业资格和执业证书。司法鉴定人职业资格和执业证书的取得，依照国家有关规定执行。

司法鉴定人除受聘在司法鉴定专家委员会工作的外，只能在一个司法鉴定机构内执业。

第十二条 司法鉴定人在执业活动中享有下列权利：

（一）要求委托人提供全面、真实的鉴定材料，查阅与鉴定有关的案卷资料，询问与鉴定有关的当事人、证人、勘验人；

（二）应邀参与和协助有关司法机关的勘验、检查和模拟实验；

（三）保留鉴定活动中与其他鉴定人不一致的意见；

（四）拒绝解释、回答与鉴定无关的问题；

（五）依法获得服务报酬；

（六）法律、法规规定的其他权利。

第十三条 司法鉴定人在执业活动中履行下列义务：

（一）在规定时限内按程序规范和相关标准与要求完成鉴定；

（二）保守在执业活动中知悉的国家秘密、商业秘密和个人隐私；

（三）作出客观、公正、合法的鉴定结论；

（四）接受司法鉴定机构指派参加鉴定活动；

（五）依法出庭，参加庭审质证；

（六）遵守职业道德、执业规则和执业纪律；

（七）法律、法规规定的其他义务。

第三章　司法鉴定程序

第十四条 司法机关、公民、法人和其他组织委托司法鉴定，应当采取书面形式，并提供全面、真实的鉴定材料。委托书应同时载明委托人、委托日期、委托事项、鉴定要求和简要案情及所送鉴定材料情况等。

公诉案件的鉴定和由司法鉴定专家委员会进行的复核鉴定，应由有关司法机关直接委托。

第十五条 司法鉴定机构不得受理有下列情形之一的司法鉴定业务:
(一)与本鉴定机构有利害关系的;
(二)超出自身鉴定能力或核定业务范围的;
(三)委托人不能及时、全面提供鉴定材料或鉴定材料不具备鉴定条件的;
(四)法律、法规或国家有关规定明确禁止或限制鉴定的;
(五)有其他可能影响鉴定公正的情形的。

第十六条 经省司法鉴定专家委员会复核鉴定的案件,省内其他司法鉴定机构不得再受理。

第十七条 有下列情形之一的,司法鉴定人应当回避:
(一)本人是鉴定业务的当事人或当事人的近亲属;
(二)本人或其近亲属与鉴定业务有其他利害关系;
(三)本人担任过或正在担任与鉴定业务有关的侦查、检察、审判人员或者证人、辩护人、诉讼代理人;
(四)有其他可能影响鉴定公正的情形。

第十八条 开展司法鉴定,应当严格操作规程,执行统一的技术标准与技术规范。

第十九条 开展司法鉴定应当有两名以上的司法鉴定人参加,实行第一鉴定人主要负责制。

第二十条 司法鉴定自受理之日起15日内完成。情况复杂、疑难的鉴定,不得超过30日,同时鉴定机构应当向委托人书面说明理由。
司法会计鉴定和对建筑工程的司法鉴定,自受理之日起60日内完成。
司法精神病的鉴定不适用前两款的规定。

第二十一条 司法鉴定中的妇科检查,应当由女性司法鉴定人进行或有女性工作人员在场;对未成年人的检查,应当有其近亲属或监护人在场。

第二十二条 司法鉴定中的现场勘验、尸体解剖,应当通知委托人到场,并在勘验、解剖记录上签名。

第二十三条 司法鉴定的过程、方法、复杂疑难问题或鉴定人之间的重大分歧意见和专家意见,应当如实记录在案。

第二十四条 开展司法鉴定中有下列情形之一的,应当终止鉴定:
(一)委托人要求终止鉴定的;
(二)因不可抗力致使鉴定无法继续进行的;
(三)确需补充鉴定材料而无法补充的;
(四)发现自身难以解决的技术难题的。
终止司法鉴定,应当及时退回有关鉴定材料和相关费用,并向委托人书面说明理由。

第二十五条 开展司法鉴定中有下列情形之一的,应当补充鉴定:

(一)委托人补充了新的相关鉴定材料;

(二)委托人提出并增加了新的鉴定项目;

(三)原鉴定结论的依据发生了变化或不够充分。

补充鉴定由原鉴定人进行,也可由其他鉴定人进行。

补充鉴定只能在原委托的鉴定已作出结论,但尚未进入庭审质证的情况下进行。

第二十六条 开展司法鉴定中有下列情形之一的,应当重新鉴定:

(一)鉴定机构和鉴定人不具备法定资格的;

(二)委托人提供的鉴定材料失实的;

(三)鉴定机构违规受理或鉴定人应当回避而未回避的;

(四)鉴定人故意或因过错造成鉴定结论错误的;

(五)其他因素可能造成鉴定结论不正确的。

重新鉴定不得由原司法鉴定机构和鉴定人进行。

第二十七条 对初次鉴定、重新鉴定有异议的,可以委托省司法鉴定专家委员会进行复核鉴定。

复核鉴定应当对原鉴定结论、鉴定过程、鉴定文书进行综合审核、评定。

初次鉴定、重新鉴定人不得担任复核鉴定人。复核鉴定人的专业技术职务任职资格应不低于原鉴定人。

第二十八条 司法鉴定机构和司法鉴定人完成鉴定后,应当出具司法鉴定书。司法鉴定书应当作出明确结论,并由司法鉴定人签名和司法鉴定机构盖章。

司法鉴定书的语言文字、计量单位和图表应当符合国家标准,不得涉及国家秘密和不宜公开的侦查手段,不得载有案件性质和确定当事人法律责任的内容。

第四章 法律责任

第二十九条 未经核准或年检注册面向社会开展有偿司法鉴定服务的,由司法行政部门予以取缔;有违法所得的,没收违法所得,并处违法所得 2 倍以上 3 倍以下的罚款。

第三十条 司法鉴定机构超越核定业务范围开展鉴定业务的,或进行转委托鉴定的,以及违反本条例第十五条规定受理鉴定业务的,由司法行政部门给予警告、责令改正或者处以停止执业 3 个月以上 6 个月以下的处罚;有违法所得的,没收违法所得,并处违法所得 2 倍以上 3 倍以下的罚款。

第三十一条 司法鉴定人泄露国家秘密、商业秘密和个人隐私的,或出具虚假鉴定结论的,以及因过错导致鉴定结论错误并造成严重后果的,由省司法行政部门对鉴定人执业的司法鉴定机构处以停业整顿或者吊销司法鉴定许可证,对鉴定人处以停止执业3个月以上12个月以下的处罚或者吊销其执业证书;有违法所得的,没收违法所得,并处违法所得2倍以上3倍以下的罚款。

第三十二条 未取得执业证书从事司法鉴定活动的,或在两个以上司法鉴定机构执业的司法鉴定人,由司法行政部门责令其停止非法执业;有违法所得的,没收违法所得,并处违法所得1倍以上3倍以下的罚款。

第三十三条 司法鉴定人私自接受委托和收费的,或应当回避而未回避的,以及丢失、损毁鉴定材料致使鉴定无法进行的,由司法行政部门予以警告、责令改正或者处以停止执业3个月以上9个月以下的处罚;有违法所得的,并处没收违法所得和违法所得1倍以上3倍以下的罚款。

第三十四条 司法鉴定机构和鉴定人在执业活动中违反有关规定,给委托人和相对人造成经济损失的,依法承担民事责任;构成犯罪的,依法追究刑事责任。

第三十五条 司法鉴定管理工作人员玩忽职守、徇私舞弊、贪污受贿、滥用职权的,由有关机关给予行政处分;构成犯罪的,依法追究刑事责任。

第五章 附 则

第三十六条 仲裁活动中的鉴定,参照本条例执行。

第三十七条 本条例自2002年9月1日起施行。

河北省司法鉴定管理条例

(2002年11月25日河北省第九届人民代表大会常务委员会第三十次会议通过 2015年7月24日河北省第十二届人民代表大会常务委员会第十六次会议修正)

第一章 总 则

第一条 为加强司法鉴定管理,规范司法鉴定活动,维护当事人的合法权益,根据《中华人民共和国刑事诉讼法》、《中华人民共和国民事诉讼法》、《中华人民共和国行政诉讼法》和其他法律、法规的有关规定,结合本省实际,制定本条例。

第二条 本条例所称司法鉴定,是指司法鉴定机构和鉴定人运用专门知识或技能,对诉讼活动涉及的专门性问题进行科学检验、鉴别、分析和判断的活动。

司法鉴定,包括司法医学鉴定、司法精神病鉴定、物证技术鉴定以及其他学科或专业技术领域为诉讼活动需要所作的鉴定。

法律、法规已经规定由法定鉴定机构进行鉴定的从其规定。

第三条 司法鉴定必须以事实为依据,遵循合法、科学、客观、独立、公正的原则。

第四条 省人民政府司法行政部门负责监督、管理司法鉴定工作。

县级以上人民政府司法行政部门负责监督和管理本行政区域的司法鉴定机构及其鉴定活动。

依法设立的司法鉴定机构实行行业自律。

公安、安全、司法机关内设的鉴定机构及其鉴定活动,由公安、安全、司法机关负责监督和管理,但不得从事面向社会的司法鉴定活动。

第二章 司法鉴定机构

第五条 本条例所称司法鉴定机构是指符合本条例设立条件,经省人民政府司法行政部门核准、登记并公告,为诉讼活动服务的社会中介组织。

第六条 省人民政府司法行政部门应当按照学科和专业分类,建立并公布司法鉴定机构名册。

第七条 高等院校、科研机构、社会团体和其他组织具备以下条件的,可以

申请设立司法鉴定机构:

(一)具有鉴定人资格的专业技术人员中,中级以上职称者不得少于六人,其中高级职称者不得少于三人;

(二)具有与其鉴定范围相适应的场所、技术设备和资金。

第八条 设立司法鉴定机构,应当向所在设区的市人民政府司法行政部门提出申请,经初审合格后,报省人民政府司法行政部门复审,复审合格后准予设立,并颁发《司法鉴定许可证》。对于不符合条件的,作出不予登记的决定,并书面通知申请人。

人民政府司法行政部门对设立司法鉴定机构申请的初审和复审,应当分别自收到申请材料之日起30日内审查完毕。

第九条 省人民政府司法行政部门按行业分设若干专家鉴定委员会。省专家鉴定委员会受理省内重大疑难司法鉴定,承担省内复核性司法鉴定。

第十条 省人民政府指定的医院,负责对有争议的人身伤害医学鉴定进行重新鉴定或者对精神病进行医学鉴定,以及为保外就医者开具医学证明。

省人民政府对其指定的医院应当定期进行审查,并可根据审查结果和实际需要进行调整。

第十一条 司法鉴定机构不得超出其职责范围从事司法鉴定,不得从事与其技术能力不相称的司法鉴定。

第三章 司法鉴定人

第十二条 本条例所称司法鉴定人是指取得执业证书,在司法鉴定机构中执业的专业技术人员。

省人民政府司法行政部门按照学科和专业分类,建立并公布司法鉴定人员名册。

第十三条 司法鉴定人具备下列条件之一,并经培训、考试、考核合格的,由省人民政府司法行政部门确认其司法鉴定资格,并颁发司法鉴定执业证书:

(一)具有所从事专业执业资格并具有中级以上专业技术职称;

(二)具有相关专业大学本科以上学历,从事本专业工作五年以上。

第十四条 司法鉴定人享有下列权利:

(一)要求鉴定委托人提供鉴定所需的有关资料;

(二)查验现场、查阅鉴定必需的案卷,询问与鉴定相关的当事人、证人、勘验人;

(三)对不合法、不具备鉴定条件或者超出其职责范围、技术能力的鉴定不予受理;

（四）司法鉴定人对鉴定结果有异议的,可以保留不同意见；
（五）对侵犯鉴定人独立鉴定权的行为提出控告；
（六）按规定获取鉴定报酬；
（七）依法享有的其他权利。

第十五条 司法鉴定人履行下列义务：
（一）依法进行鉴定,并及时作出鉴定结论；
（二）对鉴定结论负责；
（三）依法出庭作证；
（四）对涉及的国家秘密、商业秘密、工作秘密、个人隐私予以保密；
（五）妥善保管鉴定的检材、样本和资料；
（六）遵守法律法规、职业道德和执业纪律；
（七）依法应当履行的其他义务。

第十六条 有下列情形之一的,司法鉴定人应当自行回避：
（一）是本案当事人或者是当事人近亲属的；
（二）与案件当事人或者案件的处理结果有利害关系的；
（三）担任过本案的证人、辩护人、诉讼代理人的；
（四）与本案当事人有其他关系可能影响公正鉴定的。

鉴定人应当回避而不回避的,委托人、当事人及其法定代理人有权要求其回避。

第四章 鉴定程序

第十七条 公安、安全、司法机关决定委托鉴定的,由公安、安全、司法机关从省人民政府司法行政部门建立的分类司法鉴定机构和鉴定人员名册中抽选,并向被选中的司法鉴定机构或鉴定人出具委托书。

当分类司法鉴定机构和鉴定人员名册中,没有鉴定专门技术性问题的相应机构或者人员时,公安、安全、司法机关可以根据诉讼需要,委托相关单位和专业技术人员进行鉴定。

受委托的单位和专业技术人员,应当依照本学科、专业的鉴定程序和技术标准进行鉴定,并依照本条例规定享有鉴定机构和鉴定人员的权利,承担鉴定机构和鉴定人员的义务。

第十八条 公安、安全、司法机关委托司法鉴定机构进行鉴定的,司法鉴定机构应当在3日内决定是否受理。

当事人或其代理人可以委托司法鉴定机构进行鉴定,司法鉴定机构应当在3日内决定是否受理。

申请鉴定、委托鉴定应当采取书面形式。

第十九条 受理司法鉴定,按照下列程序进行:

(一)查验鉴定委托书;

(二)听取委托人介绍与鉴定有关的情况和鉴定要求;

(三)审查核对提供鉴定的检材、样本和资料;

(四)填写司法鉴定受案登记表,制作《司法鉴定受理决定书》。

第二十条 司法鉴定机构进行鉴定时,需要损毁或者用尽检材的,应当征得委托人同意并签字认可。

第二十一条 司法鉴定应当采用现代科学技术和仪器设备,严格遵循鉴定程序和方法。凡实行标准化管理的检验技术,应按标准化检验技术进行鉴定。

第二十二条 司法鉴定机构进行鉴定时,应当根据实际需要确定鉴定人人数,但不得少于三人。

受检人、鉴定人互为异性的,进行活体检验时,应当有女工作人员在场。

第二十三条 司法鉴定人在鉴定中遇有下列情形之一的,经所在鉴定机构负责人批准,可以终止鉴定:

(一)发现属于自身不能解决的技术问题;

(二)确需补充鉴定资料而无法补充的;

(三)被鉴定人不予配合使鉴定无法进行的;

(四)鉴定委托人要求终止鉴定的。

终止鉴定的,应当返还检材、样本、资料和剩余的鉴定费用。

第二十四条 司法鉴定中有下列情形之一的,应当进行补充鉴定:

(一)提供新的重要相关鉴定资料的;

(二)原鉴定项目有遗漏的;

(三)其他原因确需补充鉴定的。

第二十五条 司法鉴定中有下列情形之一的,应当进行重新鉴定:

(一)鉴定机构、鉴定人不具备司法鉴定资格的;

(二)提供鉴定资料失实或者虚假的;

(三)鉴定人故意作虚假鉴定的;

(四)鉴定人应当回避而未回避的;

(五)鉴定程序不合法的;

(六)原鉴定方法有缺陷的;

(七)其他因素可能导致鉴定结论错误的。

重新鉴定不得由原鉴定机构和原鉴定人进行。

第二十六条 对初次鉴定有异议的,可以申请或者委托重新鉴定。重新鉴定应当依照有关法律、法规的规定执行。

第二十七条 对重新鉴定有异议的,可以委托省专家鉴定委员会进行复核鉴定。经省专家鉴定委员会复核鉴定后,仍有异议的,可以委托省外司法鉴定机构进行鉴定,省内其他司法鉴定机构不得再受理。

第二十八条 司法鉴定人应当及时作出鉴定结论,制作鉴定文书。

鉴定文书应当符合行业规定的鉴定文书标准。

鉴定文书应当文字简练,表述准确,论证充分,结论明确,必要时应附图片和说明。

鉴定文书应由鉴定人签名并加盖司法鉴定专用印章。

第二十九条 鉴定机构应当按照档案管理规定,将鉴定文书和鉴定资料整理归档,妥善保管。

第三十条 司法鉴定的收费标准由省人民政府价格主管部门会同同级司法行政部门制定。

第五章 法律责任

第三十一条 违反本条例规定,未取得《司法鉴定许可证》进行司法鉴定的,由省人民政府司法行政部门予以取缔,没收其非法所得,并可处以五千元以上二万元以下罚款;构成犯罪的,依法追究刑事责任。

第三十二条 司法鉴定机构违反本条例第十一条规定,由县级以上人民政府司法行政部门责令其撤销司法鉴定结论,返还鉴定费用,并可处以鉴定费用一至三倍的罚款;拒不执行的,责令其停业整顿;情节严重的,由省人民政府司法行政部门吊销其《司法鉴定许可证》,取消有关责任人的司法鉴定资格。

第三十三条 鉴定人违反本条例规定,按照下列规定予以处罚,并返还鉴定费用:

(一)鉴定人违反鉴定程序,或者因过失导致司法鉴定结论明显错误的,由其所在单位给予行政处分;后果严重的,由省人民政府司法行政部门取消其鉴定资格。

(二)鉴定人故意作虚假鉴定的,由省人民政府司法行政部门取消其鉴定资格;构成犯罪的,依法追究刑事责任。

鉴定人因故意或过失造成错误鉴定或者泄露鉴定秘密,给当事人造成损失的,应当由其所在的司法鉴定机构依法承担赔偿责任。司法鉴定机构赔偿后,可以向有关司法鉴定人予以追偿。

第三十四条 鉴定人不履行保密义务,或者应当回避而未回避的,或者对提供鉴定的检材、样本和资料保管不善,以致损毁、丢失使鉴定无法进行的,由其所在单位给予行政处分;情节严重的,由省人民政府司法行政部门取消其鉴定资格;构成犯罪的,依法追究刑事责任。

第三十五条 县级以上人民政府司法行政部门及有关工作人员在司法鉴定监督、管理工作中滥用职权,玩忽职守,徇私舞弊,构成犯罪的,依法追究刑事责任;尚不构成犯罪的,给予行政处分。

第六章 附 则

第三十六条 仲裁活动和其他非诉讼争议活动中的鉴定,参照本条例执行。

第三十七条 本条例具体应用中的问题,由省人民政府司法行政部门负责解释。

第三十八条 本条例自 2003 年 1 月 1 日起施行。

山西省司法鉴定条例

(2002年12月2日山西省第九届人民代表大会常务委员会第三十二次会议通过)

第一章 总 则

第一条 为规范司法鉴定活动,促进司法公正、维护当事人的合法权益,根据有关法律的规定,结合本省实际,制定本条例。

第二条 本条例所称司法鉴定,是指司法鉴定机构和司法鉴定人按照法定程序,对诉讼活动涉及的专门性问题进行科学检验、鉴别和判定的活动。

第三条 本条例所称司法鉴定机构,是指经省司法行政机关核准设立以及侦查、检察、审判机关设立的从事司法鉴定的组织。

本条例所称司法鉴定人,是指取得司法鉴定人执业证书,在司法鉴定机构执业,运用专门知识和技能对诉讼活动涉及的专门性问题进行科学检验、鉴别和判定的人员。

第四条 司法行政机关主管本行政区域内的司法鉴定工作。

第五条 司法鉴定遵循科学、客观、公正的原则,实行回避、保密制度。

第六条 省司法行政机关建立全省统一的司法鉴定机构和司法鉴定人名册。

第七条 司法鉴定机构和司法鉴定人依法独立鉴定,任何组织和个人不得干涉。

第二章 司法鉴定机构

第八条 司法鉴定机构应当具备下列条件:
(一)有特定的行业资质;
(二)有名称、场所和章程;
(三)有与开展的司法鉴定业务相适应的技术设备;
(四)有不少于30万元人民币的注册资金,能够独立承担民事责任;
(五)有10名以上取得司法鉴定人资格或者符合相应条件的人员,其中具有高级专业技术职务的不少于3名。

第九条 司法鉴定机构实行统一规划,合理布局。

申请设立司法鉴定机构,应当向所在地的市(地)司法行政机关提出书面申请;所在地的市(地)司法行政机关应当自收到书面申请之日起15个工作日内进行初审并将初审意见报省司法行政机关。省属单位申请设立司法鉴定机构,可以向省司法行政机关提出书面申请。

省司法行政机关应当自收到初审意见或者书面申请之日起30个工作日内予以审核,符合条件的,颁发司法鉴定许可证;不符合条件的,书面通知申请人。

侦查、检察、审判机关设立司法鉴定机构,依照法律的规定执行;法律没有规定的,应当具备本条例规定的条件,并在设立后纳入全省统一的名册。

第十条 省司法行政机关对核准设立的司法鉴定机构每两年实施一次检验。

第十一条 侦查、检察、审判机关设立的司法鉴定机构从事司法鉴定活动,应当按照本条例的规定执行,但不得接受当事人的委托从事有偿司法鉴定活动。其他组织未经省司法行政机关核准,不得从事司法鉴定活动。

禁止司法鉴定机构超越核准的业务范围从事司法鉴定活动。

第十二条 司法鉴定机构应当按照国家和省物价部门核定的标准收取司法鉴定费用。

第三章 司法鉴定人

第十三条 司法鉴定人应当具备下列条件:
(一)遵守宪法、法律、法规和职业道德;
(二)具有司法鉴定相关专业本科以上学历;
(三)具有司法鉴定相关专业中级以上专业技术职务;
(四)从事相关工作5年以上。

第十四条 符合第十三条规定条件申请执业的,由拟执业机构申报,经省司法行政机关核准后取得司法鉴定人执业证书。

司法鉴定人执业证书每两年注册一次;未经注册的,不得继续执业。

第十五条 未取得司法鉴定人执业证书的,不得从事司法鉴定活动。

未取得司法鉴定人执业证书但特定事项的司法鉴定活动又确实需要的,征得所在的市(地)以上司法行政机关书面同意,司法鉴定机构可以聘请其参与该事项的司法鉴定活动。

第十六条 司法鉴定人应当在一个司法鉴定机构执业。

经所在司法鉴定机构同意,司法鉴定人可以接受其他司法鉴定机构的聘请,从事特定事项的司法鉴定活动。

未经所在司法鉴定机构同意,司法鉴定人不得接受司法鉴定委托。

第十七条 司法鉴定人享有下列权利：
（一）查阅与鉴定事项有关的案卷和其他材料，询问有关当事人、证人等；
（二）应邀参与勘验、检查和模拟实验；
（三）要求委托人补充鉴定材料；
（四）在委托人提供虚假情况或者拒不提供鉴定所需材料时拒绝鉴定；
（五）拒绝回答、解决与鉴定无关的问题；
（六）在与其他司法鉴定人意见不一致时保留意见；
（七）获得报酬；
（八）法律、法规规定的其他权利。
与鉴定有关的单位和个人，应当支持、协助司法鉴定人开展工作。

第十八条 司法鉴定人应当履行下列义务：
（一）客观、公正地进行鉴定；
（二）按照规定或者约定的时限完成鉴定；
（三）依法回避；
（四）保守国家秘密、商业秘密和个人隐私；
（五）依法按时出庭；
（六）遵守职业道德和执业纪律；
（七）法律、法规规定的其他义务。

第十九条 司法鉴定人有下列情形之一的，应当自行回避，委托人和利害关系人也有权要求其回避：
（一）是本案当事人或者其近亲属的；
（二）本人或者其近亲属与本案有利害关系的；
（三）担任过本案证人、诉讼代理人、辩护人的；
（四）与本案当事人有其他关系可能影响公正鉴定的。

第四章 司法鉴定程序

第二十条 司法鉴定机构可以接受侦查、检察、审判机关等的司法鉴定委托，也可以接受当事人或者其诉讼代理人的司法鉴定委托。委托应当采取书面形式。

第二十一条 司法鉴定机构接受委托按照下列程序办理：
（一）接收司法鉴定委托书；
（二）了解有关案情；
（三）核对鉴定材料；
（四）决定是否接受委托；

（五）签订司法鉴定协议书。

第二十二条 有下列情形之一的,司法鉴定机构不得接受委托:
（一）委托要求超出本鉴定机构业务范围或者鉴定能力的;
（二）提供的鉴定材料不具备鉴定条件,或者与鉴定要求不符合的;
（三）不符合法律、法规规定的其他情形。

委托人未能及时、真实、详细提供鉴定材料的,司法鉴定机构可以不接受其委托。

第二十三条 司法鉴定需要耗尽检材或者毁损原物的,应当征得委托人书面同意。

第二十四条 同一司法鉴定事项应当由两名以上司法鉴定人鉴定。

第二十五条 发现新的鉴定材料或者遗漏鉴定项目的,司法鉴定机构应当补充鉴定。

第二十六条 有下列情形之一的,司法鉴定机构可以接受委托,进行重新鉴定:
（一）司法鉴定机构、司法鉴定人超越核准的业务范围进行鉴定的;
（二）原鉴定使用的标准、方法或者设备不当,导致原鉴定结论不科学、不准确的;
（三）原鉴定结论与其他证据有矛盾的;
（四）原司法鉴定人应当回避而没有回避的。

重新鉴定时提供的鉴定材料必须与原鉴定材料相同。

属于本条第一款第一项规定情形的,不得由原司法鉴定机构重新鉴定。

重新鉴定不得由原司法鉴定人进行。

第二十七条 有下列情形之一的,司法鉴定机构可以终止鉴定:
（一）出现自身不能解决的技术问题;
（二）确需补充鉴定材料而无法补充的;
（三）委托人要求终止鉴定的。

终止鉴定时,司法鉴定机构应当退回鉴定材料,并向委托人说明理由。

第二十八条 司法鉴定机构在鉴定完成后,对能够作出结论的,应当作出鉴定结论;无法作出结论的,应当出具鉴定意见。

第五章 司法鉴定文书

第二十九条 司法鉴定完成后,司法鉴定机构应当制作司法鉴定文书。

第三十条 司法鉴定文书应当包括下列内容:
（一）委托人的姓名或者名称、委托鉴定的事项;

(二)委托鉴定的材料;

(三)鉴定的依据和使用的科学技术手段;

(四)鉴定过程的说明;

(五)明确的鉴定结论或者鉴定意见;

(六)鉴定人鉴定资格的说明;

(七)鉴定人和鉴定机构签名、盖章。

第三十一条 司法鉴定文书应当做到语言规范、描述准确、理由充分、结论或者意见明确,必要时还应当附图片、照片及其说明。

第三十二条 司法鉴定文书不得涉及国家秘密,不得涉及鉴定的专门性问题以外的内容。

第六章 法律责任

第三十三条 擅自设立司法鉴定机构的,由市(地)以上司法行政机关予以取缔,并处1万元以上3万元以下罚款。

未取得司法鉴定许可证或者司法鉴定人执业证书,从事司法鉴定活动的,由市(地)以上司法行政机关给予警告,可以并处5 000元以上2万元以下罚款;有违法所得的,没收违法所得,并处违法所得1倍以上3倍以下罚款。

第三十四条 司法鉴定机构有下列情形之一的,由市(地)以上司法行政机关给予警告,可以并处3 000元以上1万元以下罚款:

(一)未按照第十条规定检验的;

(二)检验未通过继续从事司法鉴定活动的;

(三)超越核准的业务范围从事司法鉴定活动的;

(四)侦查、检察、审判机关设立的司法鉴定机构接受当事人委托从事有偿司法鉴定活动的。

第三十五条 司法鉴定人有下列情形之一的,由市(地)以上司法行政机关给予警告,可以并处3 000元以上1万元以下罚款;有违法所得的,没收违法所得,并处违法所得1倍以上3倍以下罚款;情节严重的,责令停止执业3个月以上1年以下,或者由省司法行政机关吊销执业证书:

(一)未经注册继续执业的;

(二)同时在两个以上司法鉴定机构执业的;

(三)未经所在司法鉴定机构同意,接受其他司法鉴定机构聘请从事司法鉴定活动的;

(四)无正当理由不出庭的;

(五)违反职业道德或者执业纪律的其他情形。

第三十六条 司法鉴定人有下列情形之一的,由市(地)以上司法行政机关责令停止执业3个月以上1年以下;情节严重的,由省司法行政机关吊销执业证书:

(一)依法应当回避而没有回避的;

(二)对鉴定材料管理不善,致使其毁损、灭失无法鉴定的;

(三)不履行保密义务,致使委托人和有关当事人受到损失的。

第三十七条 司法鉴定人作虚假鉴定的,由市(地)以上司法行政机关处5 000元以上2万元以下罚款,并由省司法行政机关吊销执业证书,对所在司法鉴定机构处5 000元以上3万元以下罚款,有违法所得的,没收违法所得;构成犯罪的,依法追究刑事责任。

第三十八条 司法鉴定人因故意犯罪受到刑事处罚的,由省司法行政机关吊销执业证书。

第三十九条 出租、出借、转让司法鉴定许可证的,由省司法行政机关责令改正,没收违法所得,并处违法所得1倍以上3倍以下罚款;情节严重的,吊销司法鉴定许可证。

第四十条 司法鉴定人因过错给委托人造成损失的,由所在司法鉴定机构承担赔偿责任。司法鉴定机构赔偿后,可以向有故意或者重大过失行为的司法鉴定人追偿。

第七章 附 则

第四十一条 本条例自2003年1月1日起施行。

宁夏回族自治区司法鉴定管理条例

（2004年3月24日宁夏回族自治区第九届人民代表大会常务委员会第九次会议通过）

第一章　总　则

第一条　为了加强对司法鉴定机构和司法鉴定人的管理，规范司法鉴定活动，维护司法公正和当事人的合法权益，根据法律、行政法规的有关规定，结合自治区实际，制定本条例。

第二条　本条例所称的司法鉴定是指司法鉴定机构和鉴定人运用科学技术或专门知识对涉及诉讼的专门性问题进行检验、鉴别和判断并提供鉴定结论的活动。

法律、行政法规规定有鉴定职能的组织接受委托从事司法鉴定的，从其规定。

第三条　司法鉴定必须以事实为依据，遵循科学、客观、准确、公正、合法的原则。实行回避、保密和错鉴责任追究制度。

第四条　自治区人民政府司法行政部门负责对自治区司法鉴定机构和司法鉴定人的管理和监督工作。

设区的市人民政府司法行政部门负责监督和管理本行政区域内的司法鉴定机构及其活动。

侦查、检察、审判机关和其他有法定鉴定职能的部门内设的鉴定机构及其鉴定活动，分别由公安、国家安全、检察、法院机关和自治区行业主管部门负责监督和管理。

第五条　自治区人民政府司法行政部门对司法鉴定机构和司法鉴定人实行登记管理制度。按照学科和专业分类编制并公告司法鉴定机构和司法鉴定人名册。

第六条　自治区人民政府司法行政部门可以按行业分设若干专家鉴定委员会。专家鉴定委员会受理自治区内重大疑难司法鉴定，承担自治区内复核性司法鉴定。

第二章 司法鉴定机构

第七条 本条例所称的司法鉴定机构是指接受司法机关、仲裁机构和其他组织或者当事人的委托，为诉讼活动有偿提供司法鉴定服务的组织。

第八条 司法鉴定机构应当具备下列条件：
（一）有明确的业务范围；
（二）有名称、场所和章程；
（三）有在业务范围内进行司法鉴定所必需的仪器、设备；
（四）有不少于人民币三十万元的注册资产，能够独立承担民事责任；
（五）有四名以上列入司法鉴定人名册的鉴定人。

第九条 申请设立司法鉴定机构，实行初审和复审登记制度。

申请从事司法鉴定业务的法人组织，应当向所在地的设区的市司法行政部门提出书面申请，所在地的设区的市司法行政部门应当自收到书面申请二十个工作日内初审完毕，报自治区司法行政部门复审。

自治区司法行政部门应当自收到申请材料和初审意见之日起二十个工作日内审查完毕，复审合格后准予设立并颁发司法鉴定许可证，编入司法鉴定机构名册并公告；对于不符合条件的，作出不予登记的决定，并书面通知申请人。

第十条 侦查机关所属的鉴定机构对外承担司法鉴定业务的，应由自治区公安、国家安全机关批准后，经自治区司法行政部门登记，编入司法鉴定机构名册并公告。

第十一条 自治区司法行政部门对核准设立的司法鉴定机构实施年度检验。

第十二条 司法鉴定机构不得超出其核准的鉴定业务范围从事司法鉴定活动。

第十三条 司法鉴定机构应当按照国家和自治区价格管理部门核定的标准收取司法鉴定费用。

第三章 司法鉴定人

第十四条 本条例所称的司法鉴定人，是指取得司法鉴定人职业资格证书和执业证书，在司法鉴定机构中执业，运用专门知识或者技能对诉讼活动涉及的专门性问题进行科学检验、鉴别和判定的专业技术人员。

第十五条 司法鉴定人应当具备下列条件：
（一）遵守宪法、法律、法规和社会公德、职业道德、执业纪律；
（二）具有高等院校大学本科以上学历并经司法鉴定专业培训，或者具有高等院校司法鉴定相关专业专科以上学历,从事相关工作两年以上,或者具有高级相关专业技术职称。

第十六条 有下列情形之一的,不得授予司法鉴定人职业资格:

(一)因犯罪受到刑事处罚的;

(二)无民事行为能力或者限制行为能力的。

第十七条 符合本条例第十五条规定条件申请执业的,应当由拟执业机构申报,由自治区司法行政部门审核并颁发司法鉴定人执业证书。

未取得司法鉴定人执业证书的,不得从事司法鉴定活动。

司法鉴定人执业证书实施年度注册;未经注册的,不得继续执业。

第十八条 司法鉴定人应当在一个司法鉴定机构执业。

经所在司法鉴定机构同意,司法鉴定人可以接受其他司法鉴定机构的聘请,从事特定事项的司法鉴定活动。

未经所在司法鉴定机构同意,司法鉴定人不得接受司法鉴定委托。

第十九条 侦查机关所属的鉴定人不得在其他鉴定机构中兼职从事司法鉴定业务。

第二十条 司法鉴定人享有下列权利:

(一)要求鉴定委托人提供鉴定所需的有关资料,查阅与鉴定事项有关的案卷和其他材料,询问有关当事人、证人等;

(二)应邀参与勘验、检查和模拟实验;

(三)要求委托人补充鉴定材料;

(四)在委托人提供虚假情况或者拒不提供鉴定所需材料时拒绝鉴定;

(五)在与其他司法鉴定人意见不一致时保留意见;

(六)按规定获取鉴定报酬;

(七)因履行职务人身安全和自由受到威胁或者伤害时,有权请求司法保护;

(八)法律、法规规定的其他权利。

与鉴定有关的单位和个人,应当支持、协助司法鉴定人开展工作。

第二十一条 司法鉴定人应当履行下列义务:

(一)依法客观、公正、科学地进行鉴定,对鉴定结论负责;

(二)按照规定或者约定的时限完成鉴定;

(三)妥善保管鉴定材料;

(四)依法主动回避;

(五)保守国家秘密、商业秘密和个人隐私;

(六)依法按时出庭,回答与鉴定有关的询问;

(七)遵守社会公德、职业道德和执业纪律;

（八）法律、法规规定的其他义务。

第二十二条 司法鉴定人有下列情形之一的,应当自行回避,委托人和利害关系人也有权要求其回避：

（一）是本案当事人或者其近亲属的；

（二）本人或者其近亲属与本案有利害关系的；

（三）担任过本案证人、诉讼代理人、辩护人的；

（四）与本案当事人有其他关系可能影响公正鉴定的。

第四章 司法鉴定程序

第二十三条 司法鉴定机构可以接受侦查、检察、审判机关和其他机构、组织的司法鉴定委托,也可以接受当事人或者其诉讼代理人的司法鉴定委托。委托应当采取书面形式。

第二十四条 司法鉴定机构受理委托按照下列程序办理：

（一）接收司法鉴定委托书；

（二）了解有关案情；

（三）核对鉴定材料；

（四）决定是否接受委托；

（五）签订司法鉴定协议书。

第二十五条 有下列情形之一的,司法鉴定机构不得接受委托：

（一）委托要求超出本鉴定机构业务范围或者鉴定能力的；

（二）提供的鉴定材料不具备鉴定条件,或者与鉴定要求不符合的；

（三）不符合法律、法规规定的其他情形。

委托人未能及时、真实、详细提供鉴定材料的,司法鉴定机构可以不接受其委托。

第二十六条 司法鉴定需要耗尽鉴定材料或者毁损原物的,应当征得委托人书面同意。

第二十七条 同一司法鉴定事项应当由两名以上司法鉴定人鉴定。

第二十八条 发现新的鉴定材料或者遗漏鉴定项目的,司法鉴定机构应当补充鉴定。

第二十九条 有下列情形之一的,司法鉴定机构可以接受委托,进行重新鉴定：

（一）原司法鉴定机构、司法鉴定人超越核准的业务范围进行鉴定的；

（二）原鉴定使用的标准、方法或者设备不当,导致原鉴定结论不科学、不准确的；

（三）原鉴定结论与其他证据有矛盾的；

（四）提供的鉴定材料虚假或失实的；

(五)原司法鉴定人应当回避而没有回避的。

(六)其他需要重新鉴定的。

重新鉴定时提供的鉴定材料必须与原鉴定材料相同。

属于本条第一款第一项规定情形的,不得由原司法鉴定机构重新鉴定。

重新鉴定不得由原鉴定人进行。

第三十条 对重新鉴定结论有异议的,可以委托自治区专家鉴定委员会进行复核鉴定。

第三十一条 有下列情形之一的,司法鉴定机构可以终止鉴定:

(一)出现自身不能解决的技术问题;

(二)确需补充鉴定材料而无法补充的;

(三)委托人要求终止鉴定的。

终止鉴定时,司法鉴定机构应当退回鉴定材料和剩余的鉴定费用,并向委托人说明理由。

第三十二条 司法鉴定实行鉴定人负责制度。鉴定人应当对鉴定结论负责并在鉴定书上签名。多人参加的鉴定,对鉴定结论有不同意见的,应当注明。

第五章 司法鉴定文书

第三十三条 司法鉴定机构和司法鉴定人应当在法定或者约定的期限内完成司法鉴定,并及时制作司法鉴定文书。

第三十四条 司法鉴定文书应当按照行业规定的格式规范制作,做到文字简练、语言规范、表述准确、论证充分、结论明确,必要时应附图片和说明。

司法鉴定文书应当由鉴定人签名并加盖司法鉴定机构司法鉴定专用印章。

第三十五条 司法鉴定文书不得涉及国家秘密,不得涉及鉴定的专门性问题以外的内容。

第三十六条 鉴定机构应当按照档案管理规定,将鉴定文书和鉴定资料整理归档,长期妥善保管。

第六章 法律责任

第三十七条 违反本条例规定,未取得司法鉴定许可证,擅自设立司法鉴定机构的,由自治区司法行政部门予以取缔,并处一万元以上三万元以下罚款。

未取得司法鉴定人执业证书,从事司法鉴定活动的,由设区的市以上司法行政部门给予警告,责令改正;有违法所得的,没收违法所得,并处违法所得一倍以上三倍以下罚款。

第三十八条 司法鉴定机构有下列情形之一的,由设区的市以上司法行政部门给予警告，没收违法所得，并处违法所得一倍以上三倍以下罚款：

（一）未按照第十二条规定进行年度检验的；

（二）年度检验未通过继续从事司法鉴定活动的；

（三）超越核准的业务范围从事司法鉴定活动的。

第三十九条 司法鉴定人有下列情形之一的，由设区的市以上司法行政部门给予警告，没收违法所得，并处违法所得一倍以上三倍以下罚款；情节严重的，责令停止执业三个月以上一年以下，或者由自治区司法行政部门吊销执业证书：

（一）未经注册继续执业的；

（二）同时在两个以上司法鉴定机构执业的；

（三）未经所在司法鉴定机构同意，接受其他司法鉴定机构聘请从事司法鉴定活动的。

第四十条 司法鉴定人有下列情形之一的，由设区的市以上司法行政部门责令停止执业三个月以上一年以下；情节严重的，由自治区司法行政部门吊销执业证书：

（一）依法应当回避而没有回避的；

（二）对鉴定材料管理不善，致使其毁损、灭失无法鉴定的；

（三）不履行保密义务，致使委托人和有关当事人受到损失的。

第四十一条 司法鉴定人作虚假鉴定的，由设区的市以上司法行政部门处五千元以上三万元以下罚款，并由自治区司法行政部门吊销执业证书，对所在司法鉴定机构处五千元以上三万元以下罚款，有违法所得的，没收违法所得；构成犯罪的，依法追究刑事责任。

第四十二条 司法鉴定人因故意犯罪受到刑事处罚的，由自治区司法行政部门吊销执业证书。

第四十三条 出租、出借、转让司法鉴定许可证或者执业证书的，由自治区司法行政部门吊销其司法鉴定许可证或者执业证书。

第四十四条 司法鉴定人因过错给委托人造成损失的，由所在司法鉴定机构承担赔偿责任。司法鉴定机构赔偿后，可以向有故意或者重大过失行为的司法鉴定人追偿。

第四十五条 司法行政部门或者其他管理部门及有关工作人员在司法鉴定管理、监督工作中玩忽职守、滥用职权、徇私舞弊，尚不构成犯罪的，给予行政处分；构成犯罪的，依法追究刑事责任。

第七章 附 则

第四十六条 本条例自2004年5月1日起施行。

贵州省司法鉴定条例

（2005年11月25日贵州省第十届人民代表大会常务委员会第十八次会议通过　2011年11月23日贵州省第十一届人民代表大会常务委员会第二十五次会议第一次修正　2012年9月27日贵州省第十一届人民代表大会常务委员会第三十次会议第二次修正）

第一条　为规范司法鉴定活动，维护当事人的合法权益，保障诉讼活动的顺利进行，根据《全国人民代表大会常务委员会关于司法鉴定管理问题的决定》和有关法律、法规的规定，结合本省实际，制定本条例。

第二条　本省行政区域内司法鉴定机构、司法鉴定人及其司法鉴定活动的监督管理，适用本条例。

第三条　本条例所称司法鉴定，是指在诉讼活动中鉴定人运用科学技术或者专门知识对诉讼涉及的专门性问题进行鉴别和判断并提供鉴定意见的活动。

本条例所称司法鉴定机构和司法鉴定人是指经省人民政府司法行政部门审核登记或者备案登记，从事司法鉴定业务的机构和人员。

第四条　省人民政府司法行政部门负责全省司法鉴定管理工作。

省人民政府司法行政部门可以委托市、州和县级司法行政部门负责该行政区域内的司法鉴定管理工作。

第五条　省和市、州两级司法鉴定工作管理委员会负责协调本行政区域内的司法鉴定管理工作。

第六条　省和市、州可以设立司法鉴定行业协会，司法鉴定行业协会可以组建专业委员会。

对有异议的司法鉴定，专业委员会可以接受司法机关委托，提供意见。

第七条　司法鉴定遵循科学、公正、合法的原则，依法独立进行，实行鉴定人负责制。

第八条　省人民政府司法行政部门应当建立司法鉴定机构资质等级评估、司法鉴定质量管理体系及司法鉴定机构、司法鉴定人诚信评估制度。

第九条　公民、法人或者其他组织申请从事司法鉴定业务的，应当具备法定条件并向所在地的市、州人民政府司法行政部门提出书面申请，按照规定只需报省人民政府司法行政部门备案登记的除外。

市、州人民政府司法行政部门应当自收到申请材料之日起10日内,报省人民政府司法行政部门审核;省人民政府司法行政部门应当自收到申请材料之日起20日内,对符合法定条件的,予以登记,颁发司法鉴定人执业证或者司法鉴定许可证,编入鉴定人和鉴定机构名册并公告;对不符合法定条件的,作出不予行政许可的书面决定并说明理由。

第十条 司法鉴定人应当按照核定的业务范围,在一个司法鉴定机构中执业。

第十一条 司法鉴定人执业享有以下权利:

(一)了解、查阅与鉴定事项有关的情况和资料,询问与鉴定事项有关的当事人、证人等;

(二)要求委托人无偿提供鉴定所需鉴材、样本;

(三)进行鉴定所必需的检验、检查和模拟实验;

(四)拒绝接受不合法、不具备鉴定条件或者超出核定业务范围的鉴定委托;

(五)与其他鉴定人意见不一致时,可以保留不同意见;

(六)获得合法报酬;

(七)法律、法规规定的其他权利。

第十二条 司法鉴定人执业履行以下义务:

(一)遵守职业道德、执业纪律和行业技术规范;

(二)按照规定或者约定时限作出鉴定意见,制作鉴定文书;

(三)妥善保管送鉴的鉴材、样本和资料;

(四)保守在执业活动中知悉的秘密和个人隐私;

(五)依法出庭作证,回答与鉴定有关的问题;

(六)法律、法规规定的其他义务。

第十三条 司法鉴定人有下列情形之一的,经鉴定人或者当事人申请,由所在司法鉴定机构决定其回避:

(一)是本案当事人或者当事人近亲属的;

(二)本人或其近亲属与本案有利害关系的;

(三)与本案有其他关系,可能影响公正鉴定的。

第十四条 司法鉴定利害关系人认为司法鉴定机构、司法鉴定人在执业活动中有违法违规行为的,可以向司法行政部门或者有关部门投诉。

第十五条 司法鉴定机构不得有以下行为:

(一)拒绝接受司法行政部门监督、检查或者提供虚假材料;

(二)经司法行政部门检查不合格,继续从事司法鉴定业务;

(三)组织未取得司法鉴定人执业证的人员从事司法鉴定业务；
(四)超出核定业务范围,从事司法鉴定业务；
(五)接受委托后转委托；
(六)接受司法机关办案人个人委托,进行司法鉴定；
(七)以不正当竞争方式承揽司法鉴定业务的；
(八)其他违反法律、法规的行为。

第十六条 司法鉴定机构决定接受鉴定委托,应当与委托人签订司法鉴定协议书。

第十七条 有下列情形之一的鉴定委托,司法鉴定机构不予受理,并在7日内作出不予受理的决定书面告知委托人:
(一)鉴定委托不合法的；
(二)送鉴材料不具备鉴定条件或者与鉴定要求不相符的；
(三)委托鉴定事项超出鉴定机构的鉴定范围或者鉴定能力的；
(四)委托鉴定事项属于法律、法规或者国家有关规定所禁止或者限制的。

第十八条 有下列情形之一的,司法鉴定机构应当中止鉴定,并书面告知委托人:
(一)受鉴人或者受鉴物处于不稳定状态的；
(二)受鉴人不能在规定的时间、地点接受检验的；
(三)因特殊检验需预约时间或者等待检验结果的；
(四)须补充鉴定材料的。
前款规定情形消失后,应当及时恢复鉴定。

第十九条 有下列情形之一的,司法鉴定机构应当在7日内作出终止鉴定的决定,并书面告知委托人:
(一)在鉴定过程中发现自身难以解决的技术性问题的；
(二)确需补充鉴定材料而无法补充的；
(三)委托人要求终止鉴定并符合委托协议书约定条件的；
(四)因不可抗力致使鉴定无法继续的。

第二十条 有下列情形之一的,应当进行重新鉴定:
(一)鉴定机构、鉴定人不具备司法鉴定资格的；
(二)鉴定机构、鉴定人超出登记范围或者执业类别鉴定的；
(三)鉴定人作虚假鉴定的；
(四)鉴定人应当回避而未回避的；
(五)鉴定材料失实或者虚假的；
(六)鉴定意见依据明显不足或者与案件其他证据存在重大矛盾的；

（七）鉴定使用的仪器不符合要求或者方法不当的；

（八）采用的技术规范和技术标准不当，可能导致鉴定意见不正确的；

（九）其他因素可能导致鉴定意见不正确的。

第二十一条 对初次鉴定有争议的重大疑难鉴定事项，或者经两次鉴定后仍有争议的鉴定事项，司法机关在决定进行再次鉴定前，可以委托省司法鉴定专业委员会出具专家咨询意见。

第二十二条 司法鉴定机构应当在受理鉴定委托之日起30日内作出鉴定意见；复杂疑难的应当在60日内作出鉴定意见；因特殊情况不能在上述时限内完成的，可以与委托人协商，约定完成期限，但最长不得超过6个月。

第二十三条 司法鉴定机构完成鉴定后，应当提出鉴定意见，制作鉴定文书。

鉴定文书应当写明受理日期、委托人、送鉴材料情况、鉴定要求、分析意见、鉴定意见以及其他应当包括的内容。

鉴定文书上应当有司法鉴定人签名，并加盖鉴定专用章；多人参加的鉴定，对鉴定意见有不同意见的，应当注明。

第二十四条 司法鉴定机构应当按照有关规定，对司法鉴定中所涉及的各类鉴定资料、形成的鉴定记录以及鉴定文书等，立卷归档。

第二十五条 司法鉴定中对女性的身体进行检查，应当有女性工作人员在场；对未成年人的检查，应当通知其监护人到场。

第二十六条 司法鉴定收费标准，国家有规定的，从其规定；没有国家收费标准的，按照价格主管部门核准的行业收费标准执行；没有国家和行业收费标准的，由省人民政府司法行政部门商同级财政、价格主管部门确定。

对符合法律援助条件的当事人，实行法律援助。

第二十七条 省人民政府司法行政部门应当与省级有关国家机关建立司法鉴定管理工作协调会议制度，相互及时通报司法鉴定名册使用情况，研究改进司法鉴定管理工作。

备案登记的司法鉴定机构、司法鉴定人调整，或者备案登记情况发生变化的，主管机关应当及时书面告知省人民政府司法行政部门。

第二十八条 司法行政部门及其工作人员，在司法鉴定管理工作中，违反本条例规定，有下列情形之一，尚不构成犯罪的，对直接负责的主管人员和其他直接责任人员依法给予行政处分：

（一）利用职权或者工作之便收受贿赂的；

（二）无正当理由拒绝向符合条件的司法鉴定人或者司法鉴定机构发放司法鉴定人执业证或者司法鉴定许可证的；

(三)向不具备条件的司法鉴定人或者司法鉴定机构发放司法鉴定人执业证或者司法鉴定许可证的;

(四)违法向司法鉴定人或者司法鉴定机构收取费用的;

(五)其他滥用职权、徇私舞弊的。

第二十九条 违反本条例规定,未取得司法鉴定人执业证或者司法鉴定许可证,从事司法鉴定业务的,由省人民政府司法行政部门责令其停止司法鉴定活动,对个人处以5000元罚款,对法人或者其他组织处以2万元罚款;有违法所得的,没收违法所得。

第三十条 违反本条例规定,提交虚假证明文件或者采取其他欺诈手段骗取司法鉴定人、司法鉴定机构登记的,由省人民政府司法行政部门撤销登记。

第三十一条 司法鉴定机构违反本条例第十三条规定,由省人民政府司法行政部门给予警告,并责令改正;情节严重的,由省人民政府司法行政部门给予停止从事司法鉴定业务3个月以上1年以下的处罚直至撤销登记;有违法所得的,没收违法所得。

第三十二条 司法鉴定人违反本条例规定有下列情形之一,尚不构成犯罪的,由省人民政府司法行政部门给予警告,并责令改正;情节严重的,由省人民政府司法行政部门给予停止执业3个月以上1年以下的处罚直至撤销登记;有违法所得的,没收违法所得:

(一)在两个以上司法鉴定机构执业的;

(二)超出登记的业务范围执业的;

(三)经司法行政部门检查不合格,继续执业的;

(四)不执行行业技术规范的;

(五)不按规定或者约定时限作出鉴定意见,并制作鉴定文书的;

(六)未妥善保管送鉴的鉴材、样本和资料的;

(七)泄露在执业活动中知悉的秘密或者个人隐私的;

(八)违反回避规定的;

(九)私自接受委托的;

(十)违规收费的;

(十一)作虚假鉴定的;

(十二)经人民法院依法通知,非法定事由拒绝出庭作证的。

第三十三条 报省人民政府司法行政部门备案登记的司法鉴定机构和司法鉴定人违反本条例规定的,由省人民政府司法行政部门提出处理建议,有关主管部门依法予以处罚。

第三十四条 司法鉴定人或者司法鉴定机构,因故意或者重大过失作出的鉴定意见,给当事人造成经济损失的,应当承担相应的法律责任。

第三十五条 委托人或者当事人送鉴材料失实或者虚假,造成鉴定错误的,由委托人或者当事人承担相应的法律责任。

第三十六条 本条例自 2006 年 1 月 1 日施行。

重庆市司法鉴定条例

(2007年11月23日重庆市第二届人民代表大会常务委员会第三十四次会议通过)

第一章 总 则

第一条 为规范司法鉴定活动,维护司法公正,保护当事人的合法权益,保障诉讼顺利进行,根据《全国人民代表大会常务委员会关于司法鉴定管理问题的决定》和有关法律、行政法规,结合本市实际,制定本条例。

第二条 本条例所称司法鉴定是指鉴定机构和鉴定人运用科学技术或者专门知识对诉讼涉及的专门性问题进行鉴别和判断并提供鉴定意见的活动。

本条例所称司法鉴定包括法医类鉴定、物证类鉴定、声像资料鉴定以及诉讼需要进行的会计、事故、资产、价格、产品质量、建设工程、知识产权等鉴定。

本条例所称鉴定机构和鉴定人是指符合本条例规定的条件,经向市司法行政部门申请并获得登记,有资格从事司法鉴定业务的机构和人员。

第三条 市司法行政部门负责全市从事司法鉴定业务的机构和人员的登记管理和司法鉴定活动的监督管理工作。

人民法院和司法行政部门不得设立鉴定机构。

侦查机关因侦查工作需要设立的鉴定机构及其鉴定人,不得面向社会接受委托从事司法鉴定业务,其监督管理由侦查机关自行负责,但其设立情况应向市司法行政部门备案。

第四条 市人民政府设立市司法鉴定专家委员会,为全市司法机关的鉴定技术顾问,对司法鉴定中的重大疑难技术问题和鉴定争议提供咨询意见。

市司法鉴定专家委员会由从事司法鉴定工作经验丰富、具有高级技术职称的专家组成。

市司法鉴定专家委员会的管理、运行规则等,由市司法行政部门制定,报市人民政府批准。

第五条 鉴定机构和鉴定人从事司法鉴定业务,应当遵守法律、法规,遵守职业道德和职业纪律,尊重科学,遵守技术操作规范。

第六条 司法鉴定实行鉴定人负责制度。

鉴定机构和鉴定人依法开展司法鉴定活动受法律保护,不受任何机关、社会团体和个人的干预。

第七条 司法鉴定活动实行回避、时限、责任追究制度。

第八条 任何单位和个人有义务提供所持司法鉴定资料。

与司法鉴定有关的单位和个人应当支持、协助司法鉴定工作。

第九条 对法律援助案件的受援人,实行司法鉴定援助。

法律援助案件的受援人需要司法鉴定援助的,由市司法行政部门参照《重庆市法律援助条例》的有关规定办理。

第二章 鉴定管理

第十条 市司法行政部门负责对全市司法鉴定机构和鉴定人的登记、备案、名册编制和公告工作,负责对登记的鉴定机构和鉴定人开展业务指导、监督检查、资质和诚信评估、教育培训等项管理工作。

前款规定的有关工作,市司法行政部门可以委托区县(自治县)司法行政部门办理。

第十一条 司法行政部门对公民、法人或其他组织就鉴定机构或鉴定人的投诉举报,应当进行调查处理,并将调查处理结果告知举报人。

第十二条 司法鉴定实行行政管理与行业管理相结合的管理体制。

市司法行政部门监督、指导市司法鉴定行业协会依法开展活动。

第十三条 市司法行政部门会同市物价部门根据国家关于司法鉴定的收费规定制订实施办法和具体标准。

第三章 鉴定机构和鉴定人

第十四条 法人或者其他组织申请设立鉴定机构,或者本条例第三条第三款规定以外的鉴定组织申请从事司法鉴定业务的,应当具备下列条件:

(一)有符合规范的名称和鉴定场所;

(二)有人民币二十万元以上的资金;

(三)有明确的司法鉴定业务范围;

(四)有在业务范围内进行司法鉴定必需的仪器、设备;

(五)有在业务范围内进行司法鉴定必需的依法通过计量认证或者实验室认可的检测实验室;

(六)每项司法鉴定业务有三名以上鉴定人。

鉴定机构申请设立分支机构的,应当符合前款规定的条件。

第十五条 具备下列条件之一的人员,可以申请登记从事司法鉴定业务:

(一)具有与所申请从事的司法鉴定业务相关的高级专业技术职称;

(二)具有与所申请从事的司法鉴定业务相关的专业执业资格或者高等院校相关专业本科以上学历,从事相关工作五年以上;

(三)具有与所申请从事的司法鉴定业务相关工作十年以上经历和较强的专业技能。

第十六条 有下列情形之一的人员,不得申请从事司法鉴定业务:

(一)因故意犯罪或者职务过失犯罪受过刑事处罚;

(二)受过开除公职处分;

(三)被司法行政部门撤销司法鉴定人登记;

(四)无民事行为能力或者限制行为能力;

(五)法律、法规规定的其他情形。

第十七条 经审核符合条件的,市司法行政部门应当在收到书面申请三十日内作出准予登记的决定,颁发《司法鉴定许可证》、《司法鉴定人执业证》;不符合条件的,在收到书面申请三十日内作出不予登记的决定,书面通知申请人并说明理由;如需延期登记的,书面通知申请人并说明理由。

第十八条 《司法鉴定许可证》、《司法鉴定人执业证》使用期限为五年,自颁发之日起计算。

《司法鉴定许可证》、《司法鉴定人执业证》使用期限届满后,需要继续执业的,鉴定机构和鉴定人应当在使用期限届满三十日前,向市司法行政机关提出延续申请,延续申请的条件按照本条例第十四条、第十五条、第十六条的规定执行。

不申请延续的鉴定机构和鉴定人,其《司法鉴定许可证》、《司法鉴定人执业证》使用期限届满后,由市司法行政机关办理注销登记手续。

第十九条 鉴定机构和鉴定人要求变更有关登记事项的,应当及时向市司法行政部门提交变更登记申请书和相关材料,经审核符合规定的,市司法行政部门应当在收到变更申请十五日内依法办理变更登记手续。

第二十条 鉴定机构和鉴定人有下列情形之一的,市司法行政部门应当依法办理注销登记手续:

(一)依法申请终止司法鉴定活动;

(二)《司法鉴定许可证》、《司法鉴定人执业证》使用期限届满未申请延续;

(三)自愿解散或者停业;

(四)鉴定人所在鉴定机构注销或者被撤销;

(五)鉴定机构、鉴定人丧失本条例规定的从事司法鉴定条件;

(六)法律、法规规定的其他情形。

第二十一条 鉴定机构及其鉴定人不得从事超出登记业务范围和与其技术能力不相称的司法鉴定活动。

鉴定人不得同时在两个以上鉴定机构中执业。

第二十二条 鉴定机构享有下列权利：

（一）在登记的业务范围内接受司法鉴定委托；

（二）决定鉴定人回避；

（三）选择、指派鉴定人并组织实施司法鉴定；

（四）监督、检查鉴定人执业活动；

（五）按照规定收取鉴定费；

（六）对违反职业道德、执业纪律和有关规定的鉴定人依法进行教育、处分；

（七）法律、法规规定的其他权利。

第二十三条 鉴定机构应当履行下列义务：

（一）遵守国家法律、法规和司法鉴定主管部门的规定，依法对鉴定人的执业活动进行管理；

（二）按规定或约定的时限完成鉴定工作；

（三）为鉴定人执业活动提供必要的条件和物质保障；

（四）负责本机构鉴定人的培训和监督管理；

（五）接受司法鉴定主管部门的监督检查，如实提供有关材料；

（六）协助、配合司法鉴定主管部门调查、处理涉及本机构的举报、投诉；

（七）法律、法规规定的其他义务。

第二十四条 鉴定人享有下列权利：

（一）了解与鉴定事项有关的情况和查阅有关资料，询问与鉴定事项有关的当事人、证人等；

（二）要求鉴定委托人提供和补充鉴定所需要的鉴定材料；

（三）进行鉴定所必需的检验、检查，参与委托人依法组织的勘查和模拟实验；

（四）拒绝接受不合法、不具备鉴定条件或者超出执业类别的鉴定；

（五）拒绝回答与鉴定无关的问题；

（六）获得合法报酬；

（七）法律、法规规定的其他权利。

第二十五条 鉴定人应当履行下列义务：

（一）按照规定或约定时限完成鉴定工作，出具鉴定意见；

（二）对鉴定意见负责；

（三）依法回避；

（四）妥善保管鉴定材料；

（五）保守在执业活动中知悉的国家秘密、商业秘密、技术秘密和个人隐私；

（六）依法出庭作证,回答与鉴定有关的询问；

（七）接受司法行政部门、行业组织和所在的鉴定机构的管理；

（八）按规定办理鉴定援助；

（九）法律、法规规定的其他义务。

第四章　鉴 定 程 序

第一节　鉴定的决定与受理

第二十六条　鉴定可由司法机关依职权决定进行,也可由诉讼当事人及其代理人或辩护人申请,司法机关决定,委托鉴定机构进行。

鉴定申请和委托应采取书面形式。

第二十七条　刑事公诉案件中的鉴定,在侦查阶段由依法行使侦查权的机关决定,在起诉阶段由人民检察院决定,在审判阶段由人民法院决定。

民事、行政、刑事自诉案件中的鉴定由人民法院决定。

抗诉和再审案件的鉴定,由人民检察院或人民法院决定。

第二十八条　人民法院、人民检察院或侦查机关决定不予鉴定的,应向鉴定申请人说明理由。申请人不服的,可在五日内向作出原决定的机关申请复议。复议机关收到复议申请后,应在三日内作出维持或撤销原决定的决定。

第二十九条　尚未立案的刑事自诉案件,人民法院尚未受理的民事、行政案件,当事人及其代理人、当事人的近亲属为解决举证中的专门性问题,可以委托鉴定机构鉴定,鉴定机构可以受理。

第三十条　鉴定委托由鉴定机构统一受理,鉴定人不得私自接受委托。

第三十一条　鉴定的受理,按以下程序办理：

（一）查验鉴定委托书；

（二）听取鉴定委托人介绍案件情况和司法鉴定事项,查阅案件材料；

（三）审查、核对鉴定材料的种类、数量、性状、保存情况以及来源；

（四）商定是否需要修正鉴定事项,决定是否补充鉴定材料；

（五）决定受理的,办理受理手续。

不能当场作出是否受理的决定或者函件委托鉴定的,鉴定机构应在收到委托书或函件之日起七日内作出是否受理的答复。

第三十二条　司法鉴定的委托人应当向司法鉴定机构提供真实、合法和完整的鉴定材料,并不得暗示或强迫鉴定机构、鉴定人作出某种特定鉴定结论。

第三十三条　有以下情形之一的,不予受理,退回鉴定材料,并说明理由：

（一）委托主体不符合规定；

（二）鉴定材料不具备鉴定条件或与鉴定事项不符；

（三）委托鉴定的事项超出鉴定机构的鉴定范围或鉴定能力；

（四）鉴定事项的用途不合法或者违背社会公德。

第三十四条 鉴定机构受理鉴定，按照规定向委托人收取鉴定费用。

侦查机关的鉴定机构所做的鉴定和司法机关依职权自行决定的鉴定，不向当事人收取鉴定费。

第二节　鉴定的实施

第三十五条 鉴定机构受理鉴定后，应及时指派或由委托人随机抽选鉴定人进行鉴定。

参与同一鉴定事项的鉴定人应当二人以上。

第三十六条 有下列情形之一的，鉴定人应当回避：

（一）鉴定人是案件当事人或当事人的近亲属；

（二）鉴定人或其近亲属与案件有利害关系；

（三）鉴定人担任过本案的侦查、检察、审判人员或证人、诉讼代理人、辩护人；

（四）鉴定人参加过本案同一事项鉴定。

第三十七条 当事人及其诉讼代理人、辩护人可以依法向鉴定机构核实送鉴材料、了解鉴定事项、申请鉴定人回避、发表与鉴定有关的意见。

第三十八条 鉴定应采用现代科学技术和仪器设备，严格遵守鉴定程序和技术规范。实行标准化管理的检验技术，应按标准化检验技术进行鉴定。

第三十九条 鉴定需损耗鉴定材料或损坏原物的，应征得委托人书面同意。只损耗部分鉴定材料的应留存部分备用。

第四十条 司法鉴定应在三十日内完成。鉴定事项涉及复杂、疑难、特殊的技术问题或者检验过程需要较长时间的，经鉴定机构负责人批准，完成鉴定的时间可以延长，但延长时间不得超过三十日。

鉴定机构与委托人约定鉴定时限的，从其约定。

鉴定过程中，补充或者重新提取鉴定材料所需的时间，不计入鉴定时限。

第四十一条 有下列情形之一的，鉴定机构应终止鉴定，退回材料并说明理由：

（一）在鉴定过程中发现难以解决的问题；

（二）鉴定材料不真实或取得方式不合法或确需补充鉴定材料而未补充；

（三）鉴定委托人要求终止鉴定；

（四）被鉴定人、委托人不予协助致使鉴定无法进行；

（五）委托人拒绝支付鉴定费；

（六）因不可抗力致使鉴定不能进行。

第四十二条 鉴定机构应当建立鉴定业务档案。鉴定业务档案包括鉴定委托书、鉴定材料复制品、鉴定记录、鉴定文书副本以及需要留档备查的其他资料。

第三节 补充鉴定、重新鉴定

第四十三条 有下列情形之一的，经司法机关决定，可以进行补充鉴定：

（一）对部分鉴定结论有争议；

（二）发现新的相关鉴定材料；

（三）原鉴定项目有遗漏；

（四）需要增加鉴定事项；

（五）原鉴定结论论证不够充分、准确。

第四十四条 有下列情形之一的，司法机关应当同意或决定进行重新鉴定：

（一）鉴定机构、鉴定人不具备司法鉴定资格；

（二）鉴定机构、鉴定人超出登记范围或执业类别鉴定；

（三）鉴定材料失实或虚假；

（四）鉴定人故意作虚假鉴定；

（五）鉴定意见依据明显不足或者与案件其他证据存在重大矛盾；

（六）采用的技术规范和技术标准不当，可能导致鉴定意见不正确；

（七）鉴定人应当回避而未回避，或者其他严重违反鉴定程序；

（八）其他因素可能导致鉴定意见不正确。

第四十五条 对初次鉴定有争议的重大疑难鉴定事项，或者两次鉴定后仍有争议的鉴定事项，司法机关在决定进行再次鉴定前，可以委托市司法鉴定专家委员会出具专家咨询意见。

第四十六条 重新鉴定不得由原鉴定机构和原鉴定人进行。

第四十七条 补充鉴定、重新鉴定的时限从本条例第四十条之规定。

第五章 鉴定文书

第四十八条 司法鉴定能够作出明确结论的，鉴定书应写明鉴定结论；因鉴定条件不足或其他原因无法作出明确结论的，鉴定书应载明鉴定意见。

第四十九条 鉴定文书应当表明鉴定委托人、委托日期、受理日期、委托事项、鉴定材料、案情摘要、检验（查）情况、分析说明、鉴定结论或鉴定意见、鉴定人、鉴定日期、附件等内容。相关行业规范对鉴定文书格式另有规定的，从其规定。

鉴定人应在鉴定文书上签名，注明技术职称或执业资格情况。多人参加的鉴定，有不同鉴定意见的，应当注明。

鉴定文书应加盖鉴定机构司法鉴定专用章;各页之间应加盖骑缝章;需更正的,应在更正处加盖更正章。

第五十条 有下列情形之一的,鉴定文书无效:
(一)机构和人员不具备司法鉴定主体资格;
(二)超出登记业务范围鉴定;
(三)违反鉴定技术规范;
(四)鉴定人应当回避而未回避,或者其他严重违反鉴定程序;
(五)鉴定人故意作虚假鉴定;
(六)鉴定人未签名,或未加盖鉴定机构司法鉴定专用章。
因前款第六项原因无效的鉴定文书,可要求原鉴定机构重新制作。

第六章 法律责任

第五十一条 未经登记的机构或人员从事司法鉴定业务的,由市司法行政部门责令其停止鉴定活动,没收违法所得并处以违法所得一至三倍的罚款,但罚款总额最高不得超过三万元。

采取贿赂、欺诈等不正当手段取得鉴定机构或鉴定人登记的,撤销登记,并按前款规定给予处罚。

第五十二条 鉴定机构有下列情形之一的,由市司法行政部门给予警告,并责令其改正:
(一)超出登记的鉴定业务范围执业;
(二)未依法办理变更登记;
(三)出借、出租或转让《司法鉴定许可证》;
(四)组织未取得《司法鉴定人执业证》的人员从事司法鉴定业务或组织的鉴定人超出执业类别;
(五)违法拒绝司法鉴定委托或不按规定承担司法鉴定援助;
(六)违反鉴定收费办法和标准;
(七)支付回扣、介绍费,进行虚假宣传等不正当行为;
(八)拒绝接受司法行政部门监督、检查或者提供虚假材料;
(九)违反法律、法规的其他情形。

违反前款第六项规定情节严重的,除责令其改正并退还多收取的费用之外,由市物价部门按物价管理的有关规定处罚。

第五十三条 鉴定人有下列情形之一的,由市司法行政部门给予警告,并责令其改正:
(一)超出登记的执业类别执业;

(二)同时在两个以上鉴定机构执业；

(三)私自接受鉴定委托；

(四)因重大过失出具错误的鉴定意见；

(五)不按规定承担鉴定援助；

(六)拒绝接受司法行政部门监督、检查或者提供虚假材料；

(七)泄露国家秘密、商业秘密、技术秘密和个人隐私；

(八)违反回避规定或不按规定或约定的时限完成鉴定工作或者其他严重违反鉴定程序；

(九)违反法律、法规、规章和职业道德、执业纪律的其他情形。

第五十四条　鉴定机构或鉴定人有下列情形之一的，由市司法行政部门给予停止从事司法鉴定业务执业三个月以上一年以下的处罚；造成严重后果的，撤销登记。

(一)因严重不负责任给当事人合法权益造成重大损失；

(二)经人民法院依法通知，拒绝出庭作证；

(三)法律、行政法规规定的其他情形。

鉴定人故意作虚假鉴定，构成犯罪的，依法追究刑事责任；尚不构成犯罪的，依照前款规定处罚。

第五十五条　侦查机关因侦查工作的需要设立的鉴定机构及其鉴定人违反本条例规定面向社会从事司法鉴定活动的，由侦查机关根据管理权限处理。

第五十六条　鉴定人在执业活动中，因故意或者重大过失行为给当事人造成损失的，其所在的鉴定机构依法承担赔偿责任，但可以向有过错行为的鉴定人追偿。

第五十七条　鉴定机构和鉴定人对司法行政部门的行政处罚有异议的，可以依法申请行政复议或向人民法院提起诉讼。

第五十八条　司法行政机关工作人员在管理工作中滥用职权、玩忽职守造成严重后果的，依法追究相应的法律责任。

第七章　附　则

第五十九条　鉴定机构接受仲裁机构、行政执法机关等委托进行的鉴定，参照本条例有关规定执行。

公民、法人或其他组织基于举证的需要委托鉴定的，鉴定机构可以参照本条例的有关规定执行。

第六十条　本条例自 2008 年 1 月 1 日起施行。

浙江省司法鉴定管理条例

(2009年6月3日浙江省第十一届人民代表大会常务委员会第十一次会议通过)

第一章 总 则

第一条 为规范司法鉴定工作,维护当事人合法权益,促进司法公正,根据《全国人民代表大会常务委员会关于司法鉴定管理问题的决定》和有关法律、行政法规,结合本省实际,制定本条例。

第二条 本省行政区域内司法鉴定机构、司法鉴定人及其司法鉴定活动的监督管理,适用本条例。

人民检察院、公安机关、国家安全机关设立的鉴定机构、鉴定人及其司法鉴定活动的监督管理,按照国家有关规定执行。

国家对鉴定机构、鉴定人及其司法鉴定活动的监督管理另有规定的,从其规定。

第三条 本条例所称司法鉴定,是指司法鉴定人运用科学技术或者专门知识,对诉讼涉及的专门性问题进行鉴别和判断并提供鉴定意见的活动,包括法医类鉴定、物证类鉴定和声像资料鉴定,以及其他类鉴定。

本条例所称司法鉴定机构和司法鉴定人,是指符合本条例规定的条件,经省司法行政部门审核登记,取得《司法鉴定许可证》、《司法鉴定人执业证》,从事司法鉴定业务的机构和人员。

第四条 省司法行政部门负责全省司法鉴定机构、司法鉴定人的审核登记、名册编制和公告,以及司法鉴定活动的监督管理工作。

设区的市司法行政部门依照本条例有关规定,做好司法鉴定监督管理工作。

第五条 省、设区的市人民政府及其司法行政部门应当鼓励、扶持司法鉴定机构加强技术装备建设,提高鉴定能力,适应诉讼和社会需要。

司法鉴定机构应当统筹规划、合理布局、优化结构、有序发展。

第六条 司法鉴定活动应当遵循客观、公正、科学的原则,依法独立进行,实行鉴定人负责制度。

第七条 司法鉴定机构、司法鉴定人可以依法组建或者参加司法鉴定行业协会。

司法鉴定行业协会应当依照协会章程开展活动,对会员加强职业道德、行为规范以及执业技能等自律管理,依法保护会员的合法权益,维护有序竞争。

第八条 司法鉴定机构和司法鉴定人应当遵守法律、法规,遵守职业道德、职业纪律和鉴定技术规范。

司法鉴定机构和司法鉴定人的合法权益受法律保护。

第二章 司法鉴定机构和司法鉴定人管理

第九条 法人或者其他组织申请设立司法鉴定机构的,应当具备下列条件:

(一)符合规范的名称和符合司法鉴定要求的执业场所;

(二)明确的业务范围;

(三)人民币五十万元以上的资金;

(四)在业务范围内进行鉴定所必需的仪器、设备;

(五)在业务范围内进行鉴定所必需的依法通过计量认证或者实验室认可的检测实验室;

(六)每项鉴定业务有三名以上司法鉴定人。

第十条 个人申请从事司法鉴定业务的,应当拥护宪法,品行良好,并具备下列条件之一:

(一)具有与所申请从事的司法鉴定业务相关的高级专业技术职称;

(二)具有与所申请从事的司法鉴定业务相关的专业执业资格或者高等院校相关专业本科以上学历,从事相关工作五年以上;

(三)具有与所申请从事的司法鉴定业务相关工作十年以上经历和较强的专业技能。

第十一条 法人或者其他组织申请设立司法鉴定机构的,应当向所在地设区的市司法行政部门提交书面材料,由设区的市司法行政部门报省司法行政部门审核。省司法行政部门应当自收到申请材料之日起二十个工作日内作出决定,对符合条件的,予以登记,颁发《司法鉴定许可证》;对不符合条件的,作出不予登记的书面决定并说明理由。

司法鉴定机构申请设立分支机构的,分支机构应当符合本条例第九条规定的条件,并按本条前款规定的程序报省司法行政部门审核。

第十二条 个人申请从事司法鉴定业务的,应当通过拟执业的司法鉴定机构,向所在地设区的市司法行政部门提交书面材料,由设区的市司法行政部门报省司法行政部门审核。省司法行政部门应当自收到申请材料之日起二十个工作日内作出决定,对符合条件的,予以登记,颁发《司法鉴定人执业证》;对不符合条件的,作出不予登记的书面决定并说明理由。

第十三条 司法鉴定机构变更原登记事项的,应当向司法行政部门申请变更登记。

司法鉴定人变更有关登记事项的,应当通过其执业的司法鉴定机构向司法行政部门申请变更登记。

第十四条 《司法鉴定许可证》、《司法鉴定人执业证》的有效期为五年,自颁发之日起计算。

《司法鉴定许可证》有效期届满后需要延续的,司法鉴定机构应当在有效期届满三十日前,向司法行政部门提出延续申请。

《司法鉴定人执业证》有效期届满后,需要继续执业的,司法鉴定人应当在有效期届满三十日前,通过其执业的司法鉴定机构向司法行政部门提出延续申请。

第十五条 司法鉴定机构和司法鉴定人有下列情形之一的,省司法行政部门应当予以注销登记:

(一)依法申请终止司法鉴定活动的;
(二)自愿解散或者停止执业的;
(三)《司法鉴定许可证》、《司法鉴定人执业证》有效期届满未申请延续的;
(四)司法鉴定人执业的司法鉴定机构注销或者被撤销的;
(五)登记事项发生变化,不符合设立条件的;
(六)法律、法规规定的其他情形。

第十六条 司法鉴定机构和司法鉴定人申请变更、延续、注销登记的具体程序,依照本条例第十一条、第十二条规定的程序办理。

第十七条 司法鉴定机构可以根据省有关规定,聘任专职司法鉴定人助理,从事司法鉴定辅助业务。

省、设区的市司法行政部门应当对司法鉴定机构聘任司法鉴定人助理行为进行指导、监督。

第十八条 司法鉴定机构和司法鉴定人应当按照登记的业务范围从事司法鉴定活动。

司法鉴定人应当在一个司法鉴定机构从事司法鉴定业务。

特殊情况下,经省司法行政部门批准,司法鉴定机构可以就某一特定问题聘请其他鉴定机构的鉴定人员,进行司法鉴定活动。

第十九条 司法鉴定机构从事司法鉴定业务的收费项目和收费标准,应当严格执行国家和省的有关规定。

第二十条 司法鉴定机构应当建立执业、收费、财务、公示、投诉处理等管理制度,规范司法鉴定人执业活动。

第二十一条 司法鉴定机构应当建立司法鉴定业务档案。

省、设区的市司法行政部门应当对司法鉴定机构档案管理情况进行监督、检查。

第二十二条　司法鉴定机构应当按照国家和省有关规定,组织本机构的司法鉴定人参加教育培训。

第二十三条　省人力资源和社会保障部门会同省司法行政部门开展司法鉴定专业技术资格评价工作。

第二十四条　省司法行政部门负责组织司法鉴定机构资质管理和司法鉴定质量管理评估工作。

评估结果应当向社会公开。

第二十五条　司法鉴定机构应当于每年年底前对本机构司法鉴定人进行年度执业考核,并向设区的市司法行政部门提交司法鉴定人执业考核结果和本机构年度执业情况报告。

设区的市司法行政部门应当及时将司法鉴定人执业考核结果和司法鉴定机构年度执业情况报告报省司法行政部门。

第二十六条　省、设区的市司法行政部门应当就下列事项,对司法鉴定机构和司法鉴定人进行监督、检查:

(一)遵守法律、法规和规章的情况;

(二)遵守司法鉴定程序、技术标准和技术操作规范的情况;

(三)遵守执业规则、职业道德和职业纪律的情况;

(四)法律、法规和规章规定的其他事项。

第二十七条　省、设区的市司法行政部门应当就公民、法人或者其他组织对司法鉴定机构、司法鉴定人的投诉进行调查处理,并将结果告知投诉人。

第三章　司法鉴定活动管理

第二十八条　尚未进入诉讼程序的案件,当事人为解决举证中的专门性问题需要鉴定的,可以自行委托司法鉴定机构鉴定。

第二十九条　进入诉讼程序的案件,当事人要求司法鉴定的,应当向办理案件的机关提出申请;经办理案件的机关同意后,委托司法鉴定机构进行鉴定。办理案件的机关同意鉴定的,应当告知案件对方当事人;办理案件的机关不同意鉴定的,应当向申请人说明理由。

第三十条　人民法院、人民检察院、公安机关在履行法定职责过程中需要进行司法鉴定的,可以委托司法鉴定机构进行。

第三十一条　司法鉴定的委托由司法鉴定机构统一受理,统一收费。

司法鉴定人不得私自接受鉴定委托。

第三十二条　司法鉴定机构受理鉴定委托,应当与委托人签订书面委托协议。

鉴定过程中可能损耗送鉴材料的,应当在委托协议中说明。

第三十三条　有下列情形之一的,司法鉴定机构不得受理鉴定委托:

(一)委托事项超出本机构业务范围的;

(二)鉴定材料不真实、不完整、不充分或者取得方式不合法的;

(三)鉴定事项的用途不合法或者违背社会公德的;

(四)鉴定要求不符合鉴定执业规则或者相关技术规范的;

(五)鉴定要求超出本机构技术条件和鉴定能力的;

(六)其他不符合法律、法规规定情形的。

对不予受理的鉴定委托,司法鉴定机构应当在七日内书面告知委托人,说明理由并退还鉴定材料。

第三十四条　司法鉴定人本人或者其近亲属与委托人、委托的鉴定事项或者鉴定事项涉及的案件有利害关系,可能影响其独立、客观、公正鉴定的,应当回避。

第三十五条　司法鉴定机构应当在与委托人签订司法鉴定协议书之日起三十日内完成委托事项的鉴定。

鉴定事项涉及复杂、疑难、特殊技术问题或者检验过程需要较长时间的,经本司法鉴定机构负责人批准,可以延长鉴定时间;延长时间一般不得超过三十日。

司法鉴定机构与委托人对完成鉴定的时限另有约定的,从其约定。

在鉴定过程中补充或者重新提取鉴定材料所需时间,不计入鉴定时限。

第三十六条　有下列情形之一的,司法鉴定机构可以终止鉴定:

(一)发现委托鉴定事项的用途不合法或者违背社会公德的;

(二)委托人提供的鉴定材料不真实或者取得方式不合法的;

(三)因鉴定材料不完整、不充分或者因鉴定材料耗尽、损坏,委托人不能或者拒绝补充提供符合要求的鉴定材料的;

(四)委托人的鉴定要求或者完成鉴定所需的技术要求超出本机构技术条件和鉴定能力的;

(五)委托人不履行司法鉴定协议书规定的义务或者被鉴定人不予配合,致使鉴定无法继续进行的;

(六)委托人撤销鉴定委托或者主动要求终止鉴定的;

(七)委托人拒绝支付鉴定费用的;

(八)因不可抗力致使鉴定无法继续进行的;

(九)司法鉴定协议书约定的其他终止鉴定的情形。

终止鉴定的,司法鉴定机构应当书面告知委托人,说明理由,退还鉴定材料并酌情退还鉴定费用。

第三十七条 有下列情形之一的,司法鉴定机构可以根据委托人的请求进行补充鉴定:

(一)委托人增加新的鉴定要求的;

(二)委托人发现委托的鉴定事项有遗漏的;

(三)委托人在鉴定过程中补充提供新的鉴定材料的;

(四)其他需要补充鉴定的情形。

补充鉴定是原委托鉴定的组成部分。

第三十八条 进入诉讼程序的案件,当事人要求重新鉴定的,应当经办理案件的机关同意。

重新鉴定应当委托原司法鉴定机构以外的其他司法鉴定机构进行;当事人协商一致的,也可以委托原司法鉴定机构,由原司法鉴定人以外的司法鉴定人进行。

受委托进行重新鉴定的司法鉴定机构的资质条件,一般不低于原司法鉴定机构。

第三十九条 司法鉴定机构和司法鉴定人完成司法鉴定后,应当按司法鉴定文书规范要求向委托人出具司法鉴定文书。

第四十条 诉讼过程中,经人民法院依法通知,司法鉴定人应当出庭作证,回答与鉴定事项有关的问题。人民法院应当保障司法鉴定人的人身安全等合法权益。

第四十一条 省、设区的市司法行政部门应当将司法鉴定机构和司法鉴定人变更、处罚等情况及时向同级人民法院通报。省高级人民法院和市中级人民法院应当将鉴定意见的采信情况和司法鉴定人的出庭情况、违规违纪行为及时向同级司法行政部门通报。

司法行政部门应当将人民法院的通报情况作为对司法鉴定机构资质评估、司法鉴定人诚信评估的重要依据。

第四十二条 司法鉴定机构和司法鉴定人应当保守在执业活动中知悉的国家秘密、商业秘密,不得泄露个人隐私。

第四章 法律责任

第四十三条 未经依法登记的机构和人员非法从事司法鉴定业务的,由省、设区的市司法行政部门责令其停止违法活动;有违法所得的,没收违法所得,并处违法所得一倍以上三倍以下的罚款。

第四十四条 司法鉴定机构有下列情形之一的,由省、设区的市司法行政部

门给予警告,并责令改正:

(一)未按规定履行对司法鉴定人助理的管理职责,造成后果的;

(二)无正当理由,未按规定组织本机构司法鉴定人参加教育培训的;

(三)无正当理由,未按规定提交司法鉴定年度执业情况报告的。

第四十五条 司法鉴定机构有下列情形之一的,由省、设区的市司法行政部门给予警告,并责令改正;有违法所得的,没收违法所得,并处违法所得一倍以上三倍以下的罚款:

(一)未经登记擅自设立分支机构或者超出登记业务范围从事司法鉴定业务的;

(二)未依法办理变更登记手续的;

(三)违反司法鉴定业务档案管理规定,导致司法鉴定档案损毁、丢失或者造成其他后果的;

(四)组织未取得《司法鉴定人执业证》的人员从事司法鉴定业务的;

(五)以不正当手段招揽鉴定业务的;

(六)违反司法鉴定程序规定,造成后果的;

(七)拒绝接受司法行政部门监督、检查或者提供虚假材料的;

(八)法律、法规规定的其他情形。

违反前款规定,情节严重的,由省司法行政部门给予停止从事司法鉴定业务三个月以上一年以下的处罚。

第四十六条 司法鉴定机构违反司法鉴定服务收费标准收取鉴定费用的,由价格主管部门依法给予处罚。

第四十七条 司法鉴定人有下列情形之一的,由省、设区的市司法行政部门给予警告,并责令改正;有违法所得的,没收违法所得,并处违法所得一倍以上三倍以下的罚款:

(一)超出登记的执业类别从事司法鉴定业务的;

(二)未依法办理变更登记手续的;

(三)私自接受鉴定委托、收取鉴定费用的;

(四)不履行保密、回避义务的;

(五)违反司法鉴定程序规定和技术规范,造成后果的;

(六)无正当理由不参加教育培训的;

(七)拒绝接受司法行政部门监督、检查或者提供虚假材料的;

(八)收受与鉴定有关的单位或者人员财物的;

(九)法律、法规规定的其他情形。

违反前款规定,情节严重的,由省司法行政部门给予停止从事司法鉴定业务三个月以上一年以下的处罚。

第四十八条 司法鉴定机构或者司法鉴定人有下列情形之一的,由省司法行政部门给予停止从事司法鉴定业务三个月以上一年以下的处罚;情节严重的,撤销登记:

(一)因严重不负责任造成当事人合法权益重大损失的;

(二)提供虚假证明文件或者采取其他欺诈手段,骗取登记的;

(三)经人民法院依法通知,拒绝出庭作证的;

(四)法律、行政法规规定的其他情形。

司法鉴定人故意作虚假鉴定,尚不构成犯罪的,依照前款规定处罚;构成犯罪的,依法追究刑事责任。

第四十九条 司法鉴定人在执业活动中,因故意或者重大过失给当事人造成损失的,其所在的司法鉴定机构应当承担法律责任。

鉴定委托人或者当事人送鉴材料失实或者虚假,造成鉴定错误的,应当承担法律责任。

第五十条 司法行政部门工作人员在司法鉴定管理工作中滥用职权、玩忽职守,尚不构成犯罪的,依法给予行政处分;构成犯罪的,依法追究刑事责任。

第五章　附　则

第五十一条 公民、法人或者其他组织因涉及仲裁、调解或者行政救济等需要委托鉴定的,参照本条例执行。

第五十二条 本条例自 2009 年 10 月 1 日起施行。

陕西省司法鉴定管理条例

(2010年9月29日陕西省第十一届人民代表大会常务委员会第十八次会议通过)

第一章 总 则

第一条 为了加强对司法鉴定机构和司法鉴定人的管理,规范司法鉴定活动,促进司法公正,根据《全国人民代表大会常务委员会关于司法鉴定管理问题的决定》和有关法律、行政法规,结合本省实际,制定本条例。

第二条 本条例适用于本省行政区域内司法鉴定机构、司法鉴定人及其司法鉴定活动的监督管理工作。

第三条 本条例所称司法鉴定,是指在诉讼活动中鉴定人运用科学技术或者专门知识对诉讼涉及的专门性问题进行鉴别和判断并提供鉴定意见的活动,包括法医类鉴定、物证类鉴定、声像资料类鉴定以及其他类鉴定。

本条例所称司法鉴定机构和司法鉴定人是指依法经省司法行政部门登记或者备案,从事司法鉴定业务的机构和人员。

第四条 司法鉴定遵循科学、公正、客观、独立的原则,实行鉴定人负责制度。

第五条 省、设区的市人民政府应当加强司法鉴定管理工作领导和协调,推进司法鉴定统一管理体制的建立和完善,鼓励、扶持司法鉴定公益事业发展。

第六条 省司法行政部门主管本省司法鉴定工作,统筹规划司法鉴定事业发展,负责司法鉴定机构和司法鉴定人的登记、备案、名册编制和公告,以及司法鉴定监督管理工作。

设区的市司法行政部门依照法律、行政法规和本条例规定,负责本行政区域内的司法鉴定监督管理工作。

第七条 司法鉴定实行统一管理体制。各类司法鉴定机构和司法鉴定人纳入统一管理范围,实现司法鉴定资源的充分利用和共享,保证司法鉴定适应诉讼活动的需要。

第八条 司法行政部门应当与有关国家机关相互配合,按照各自的职责加强对司法鉴定机构、司法鉴定人的监督管理,建立和完善司法鉴定监管措施和淘汰机制,为诉讼需要提供科学准确的司法鉴定服务,保证司法鉴定的权威性和公信力。

第九条 司法鉴定机构和司法鉴定人应当遵守法律、法规,遵守职业道德、执业纪律和鉴定技术操作规范。

第十条 司法鉴定机构和司法鉴定人依法开展司法鉴定活动,不受其他单位和个人的干涉。

单位和个人应当依法支持、配合做好司法鉴定工作。

第二章　司法鉴定机构和司法鉴定人

第十一条 社会司法鉴定机构和司法鉴定人实行登记制度。

国家机关所属的不面向社会接受委托的司法鉴定机构和司法鉴定人实行备案制度。

第十二条 法人或者其他组织申请设立司法鉴定机构,应当向省司法行政部门申请登记,并提交相关材料。

申请司法鉴定执业的人员,应当通过司法鉴定机构向省司法行政部门申请,并提交相关材料。

第十三条 申请登记设立司法鉴定机构应当具备下列条件:

(一)有明确的司法鉴定业务范围;

(二)有业务范围内所必需的场所、仪器、设备;

(三)有业务范围内所必需的通过计量认证或者实验室认可的检测实验室;

(四)每项司法鉴定业务有三名以上司法鉴定人;

(五)有进行司法鉴定业务一定的资金保障;

(六)法律、法规和规章规定的其他条件。

法医类司法鉴定机构应当在医学、法医科研教学单位和三级甲等医院中遴选。

第十四条 申请司法鉴定执业的人员,应当具备下列条件之一:

(一)具有与所申请从事的司法鉴定业务相关的高级专业技术职称;

(二)具有与所申请从事的司法鉴定业务相关的专业执业资格或者高等院校相关专业本科以上学历,从事相关工作五年以上;

(三)具有与所申请从事的司法鉴定业务相关工作十年以上经历,具有较强的专业技能。

因故意犯罪或者职务过失犯罪受过刑事处罚的,受过开除公职处分的,以及被撤销司法鉴定人资格的人员,不得从事司法鉴定业务。

第十五条 省司法行政部门收到设立司法鉴定机构申请或者执业申请后,经对相关材料初步审核或者委托设区的市司法行政部门初步审核后,根据司法鉴定的实际需要,再决定是否受理。

省司法行政部门决定受理申请的,应当在二十个工作日内完成审核,符合条件的,予以登记,颁发《司法鉴定许可证》或者《司法鉴定人执业证》;不符合条件的,作出不予登记的书面决定并说明理由。

第十六条 《司法鉴定许可证》、《司法鉴定人执业证》有效期为五年,自颁发之日起计算。有效期满后需要延续的,应当在有效期满三十日前,向省司法行政部门提出延续申请。

《司法鉴定许可证》、《司法鉴定人执业证》不得出借、出租、涂改、转让。

第十七条 司法鉴定机构变更原登记事项的,应当向省司法行政部门申请变更登记。

司法鉴定人变更有关登记事项的,应当通过其执业的司法鉴定机构向省司法行政部门申请变更登记。

变更登记应当予以公告。

第十八条 司法鉴定机构有下列情形之一的,省司法行政部门应当注销登记并予公告:

(一)申请终止司法鉴定业务活动的;

(二)无正当理由停业六个月以上或者自愿解散、被撤销的;

(三)《司法鉴定许可证》有效期满未申请延续的;

(四)登记事项发生变化,不符合设立条件的;

(五)法律、法规和规章规定的其他情形。

第十九条 司法鉴定人有下列情形之一的,省司法行政部门应当注销登记并予公告:

(一)申请终止司法鉴定执业活动的;

(二)《司法鉴定人执业证》有效期满未申请延续的;

(三)所在司法鉴定机构被注销或者撤销,个人未通过其他司法鉴定机构申请执业的;

(四)个人专业资格被有关行政主管部门撤销的;

(五)法律、法规和规章规定的其他情形。

第二十条 国家机关所属的不面向社会接受委托的司法鉴定机构和司法鉴定人,由其主管机关直接管理,审核合格后,统一向省司法行政部门备案,由省司法行政部门编制名册并予公告。

人民法院、司法行政部门不得设立司法鉴定机构。

第二十一条 司法鉴定机构履行下列职责:

(一)建立健全执业、收费、公示、鉴定材料、业务档案、财务、投诉处理等管理制度;

(二)在登记的业务范围内接受司法鉴定委托,指派司法鉴定人并组织实施司法鉴定,按照规定或者约定的时限完成司法鉴定;

(三)有权拒绝不合法、不具备司法鉴定条件或者超出登记执业范围的司法鉴定委托;

(四)管理本机构人员,监督司法鉴定人执业活动;

(五)为司法鉴定人执业活动提供必要的条件和物质保障;

(六)组织本机构人员的业务培训;

(七)接受司法行政部门的监督检查,按要求提供有关材料;

(八)协助、配合司法行政部门和有关部门调查、处理涉及本机构的举报、投诉;

(九)法律、法规和规章规定的其他职责。

第二十二条　司法鉴定人执业享有以下权利:

(一)查阅与司法鉴定事项有关的资料,询问有关当事人、证人等;

(二)要求司法鉴定委托人无偿提供司法鉴定所需的鉴定材料、样本;

(三)进行司法鉴定所必需的检验、检查和模拟实验;

(四)有权拒绝承担所在机构指派的不合法、不具备司法鉴定条件或者超出登记执业范围的司法鉴定事项;

(五)拒绝解决、回答与司法鉴定无关的问题;

(六)司法鉴定意见不一致时,有权保留不同意见;

(七)参加司法鉴定业务培训和继续教育;

(八)获得合法报酬;

(九)法律、法规规定的其他权利。

第二十三条　司法鉴定人执业应当履行以下义务:

(一)受所在司法鉴定机构指派,按时完成司法鉴定事项,出具司法鉴定意见,并签名或者盖章;

(二)依法回避;

(三)妥善保管送鉴的鉴定材料;

(四)保守在执业活动中知悉的国家秘密、商业秘密和个人隐私;

(五)依法出庭作证,回答与司法鉴定有关的询问;

(六)接受司法行政部门和所在机构的监督管理;

(七)按照规定承办司法鉴定援助;

(八)法律、法规规定的其他义务。

第二十四条　司法鉴定机构之间没有隶属关系,司法鉴定机构接受委托从事司法鉴定业务不受地域范围的限制。

司法鉴定人不得同时在两个以上司法鉴定机构从事司法鉴定业务。特殊情况下,经省司法行政部门批准,司法鉴定人可以应其他司法鉴定机构的临时聘请进行司法鉴定。

第三章　司法鉴定的委托、受理与实施

第二十五条　诉讼活动中需要进行司法鉴定的,办案机关应当委托省司法行政部门编入名册的司法鉴定机构进行鉴定。

尚未进入诉讼程序的案件,当事人为举证需要进行司法鉴定的,可以自行委托省司法行政部门编入名册的司法鉴定机构鉴定。

法律、法规对办案机关委托司法鉴定另有规定的,从其规定。

第二十六条　司法鉴定的委托人应当向司法鉴定人提供真实、合法、完整的鉴定材料,不得强迫或者暗示鉴定机构、司法鉴定人作出某种特定的鉴定意见。

第二十七条　司法鉴定机构统一受理司法鉴定委托,司法鉴定人不得私自接受司法鉴定委托。

司法鉴定机构决定受理鉴定委托的,委托人系办案机关的,司法鉴定机构应当接受司法鉴定委托书;委托人系当事人的,司法鉴定机构应当与其签订司法鉴定协议书。

第二十八条　有下列情形之一的,司法鉴定机构不得受理鉴定委托,并说明理由,退回鉴定材料:

(一)委托人不符合法律、法规规定的;

(二)委托鉴定事项超出登记的业务范围的;

(三)鉴定材料取得方式不合法的;

(四)鉴定用途不合法或者违背社会公德的;

(五)鉴定要求不符合执业要求或者鉴定技术规范的;

(六)法律、法规规定应当由其他专门鉴定机构受理的。

第二十九条　司法鉴定机构与当事人签订司法鉴定协议书时,应当就下列事项向当事人提示,并在司法鉴定协议书中载明:

(一)司法鉴定意见由办案机关决定是否采信,司法鉴定人无权决定;

(二)司法鉴定意见只对事实和法律负责;

(三)司法鉴定委托人对鉴定材料的真实性、合法性负责;

(四)司法鉴定文书一经发出,除法定情形外,司法鉴定机构不得自行撤销或者收回;

(五)司法鉴定需要耗尽、可能损坏或者无法完整退还鉴定材料的,司法鉴定机构和司法鉴定人不承担责任。

第三十条　司法鉴定人有下列情形之一的,应当自行回避:
(一)系案件当事人或者当事人、诉讼代理人的近亲属;
(二)与案件有利害关系的;
(三)担任过案件的证人、辩护人或者诉讼代理人的;
(四)与案件当事人有其他关系,可能影响司法鉴定意见公正的;
(五)曾参加过同一案件鉴定事项的。
司法鉴定人回避,由其所在的司法鉴定机构负责人决定。司法鉴定机构负责人有前款规定情形之一的,委托人应当另行选择司法鉴定机构进行鉴定。

第三十一条　司法鉴定的收费项目和标准,执行国家有关规定;国家没有规定的,执行本省规定。
本省司法鉴定业务的收费管理办法、收费项目和标准,由省价格行政主管部门会同省司法行政部门制定。

第三十二条　司法鉴定机构受理鉴定委托后,应当指定本机构两名以上具有该司法鉴定事项执业资格的司法鉴定人实施鉴定。
司法鉴定人实施鉴定,应当遵守司法鉴定程序、有关技术标准和技术规范。

第三十三条　有下列情形之一的,司法鉴定机构可以根据委托人的要求补充鉴定:
(一)增加新的鉴定要求的;
(二)原鉴定事项有遗漏的;
(三)提供新的鉴定材料的;
(四)其他法定需要补充鉴定的情形。

第三十四条　鉴定过程中有下列情形之一的,司法鉴定机构应当终止鉴定,退回鉴定材料并说明理由:
(一)发现鉴定用途不合法或者违背社会公德的;
(二)鉴定材料失实或者取得方式不合法的;
(三)委托人不履行司法鉴定协议书中的义务,致使司法鉴定无法进行的;
(四)委托人撤销鉴定委托或者要求终止鉴定的;
(五)因不可抗力无法进行鉴定的;
(六)司法鉴定协议书约定的其他终止鉴定的情形。
终止鉴定的,司法鉴定机构酌情退还鉴定费用。

第三十五条　有下列情形之一的,办案机关可以委托司法鉴定机构重新鉴定:
(一)鉴定机构、鉴定人不具备司法鉴定资质、资格的;
(二)鉴定事项超出业务登记范围的;

(三)司法鉴定人应当回避而未回避,或者有其他严重违反鉴定程序行为的;
(四)采用的鉴定技术标准、技术规范不当,可能导致鉴定意见不正确的;
(五)办案机关认为需要重新鉴定的其他情形。

重新鉴定不得委托原鉴定机构和鉴定人承担。重新鉴定的司法鉴定机构的资质不得低于原鉴定机构。

第三十六条 司法鉴定机构应当自受理司法鉴定委托之日起三十个工作日内完成委托事项,并出具司法鉴定文书。

司法鉴定事项涉及复杂、疑难、特殊的技术问题或者鉴定过程需要较长时间的,经司法鉴定机构负责人批准,完成司法鉴定的时间可以延长,但延长时间不得超过三十个工作日。

司法鉴定机构与委托人对完成司法鉴定时限另有约定的,从其约定。

司法鉴定过程中补充鉴定或者重新提取鉴定材料所需的时间,不计入司法鉴定时限。

第三十七条 司法鉴定事项完成后,司法鉴定人应当在司法鉴定文书上写明鉴定意见,并签名或者盖章,注明本人专业技术职称。司法鉴定人鉴定意见有分歧的,应当注明。

司法鉴定机构向委托人出具司法鉴定文书,应当加盖司法鉴定专用章。

第三十八条 有下列情形之一的,鉴定及鉴定文书无效:
(一)鉴定机构、鉴定人不具备司法鉴定资质、资格的;
(二)鉴定事项超出登记的业务范围的;
(三)鉴定用途不合法或者违背社会公德的;
(四)鉴定材料失实或者取得方式不合法的;
(五)司法鉴定人应当回避而未回避,或者有其他严重违反鉴定程序行为的;
(六)司法鉴定机构、司法鉴定人弄虚作假,提供虚假鉴定意见的;
(七)司法鉴定人未签名或者未加盖司法鉴定专用章的;
(八)法律、法规规定的其他鉴定无效的情形。

前款第(七)项原因导致鉴定文书无效的,委托人可以要求司法鉴定机构重新制作司法鉴定文书。

第四章 司法鉴定监督管理

第三十九条 省司法行政部门应当坚持高标准、少而精的原则,合理布局司法鉴定机构,严格审批司法鉴定机构,避免重复建设和低水平设立鉴定机构,加强司法鉴定机构专业化、标准化、规范化建设,提高本省司法鉴定的水平和能力。

第四十条 省司法行政部门应当建立司法鉴定机构资质等级评估、司法鉴定质量评估、司法鉴定人诚信评估、鉴定业务档案管理等制度,规范司法鉴定管理工作。

省、设区的市司法行政部门负责司法鉴定机构、司法鉴定人及司法鉴定活动的日常监督管理,查处司法鉴定中的违法违纪行为。

第四十一条 省司法行政部门负责司法鉴定教育培训工作的规划,有计划地组织实施司法鉴定教育培训工作。

第四十二条 省司法行政部门组织对社会司法鉴定机构定期考核。

司法鉴定机构应当向司法行政部门提交年度执业情况报告。执业情况报告包括以下内容:

(一)司法鉴定业务开展情况;

(二)年度业务统计报表;

(三)遵守司法鉴定程序、技术标准和技术规范以及鉴定质量管理情况;

(四)司法鉴定文书档案管理情况;

(五)司法鉴定仪器、设备配置情况及性能状况;

(六)参加教育培训情况;

(七)投诉处理情况。

第四十三条 省、设区的市司法行政部门对公民、法人或者其他组织投诉、举报司法鉴定机构或者司法鉴定人的,应当及时调查处理,并将调查处理结果告知投诉人、举报人。

第四十四条 省司法行政部门应当与省级有关国家机关建立司法鉴定管理工作协调会议制度,及时通报司法鉴定有关情况和问题,研究改进司法鉴定管理工作。

备案的司法鉴定机构、司法鉴定人调整,或者备案情况发生变化的,主管机关应当及时书面告知省司法行政部门。

第四十五条 省司法行政部门应当加强对司法鉴定行业协会的指导和监督,引导社会司法鉴定机构自律管理。

司法鉴定行业协会依照协会章程开展活动,对会员进行职业道德、行业规范以及执业技能培训等自律管理;维护司法鉴定机构和司法鉴定人合法权益,调解处理司法鉴定中的纠纷,受省司法行政部门委托办理有关事项。

第四十六条 司法鉴定机构和司法鉴定人应当加入司法鉴定行业协会,会员依照协会章程享有权利和履行义务。

第四十七条 司法鉴定行业协会根据需要,可以设立专业委员会。专业委员会按照司法鉴定类别由会员推举产生。专业委员会组织专业学术研讨,对重大疑难、特殊复杂鉴定技术问题和鉴定争议事项提供咨询意见。

第五章 法律责任

第四十八条 未经登记的机构从事司法鉴定活动的,由省、设区的市司法行政部门责令停止违法活动,有违法所得的,没收违法所得,并处违法所得一倍以上三倍以下罚款。

第四十九条 司法鉴定机构有下列情形之一的,由省、设区的市司法行政部门给予警告,责令限期改正;逾期未改正的,处五千元以上二万元以下罚款;情节严重的,责令停业整顿直至由省司法行政部门撤销登记,吊销《司法鉴定许可证》:

(一)违反本条例第二十八条规定受理鉴定委托的;

(二)出借、出租、涂改、转让《司法鉴定许可证》的;

(三)未经登记擅自设立分支机构的;

(四)未依法办理变更登记的;

(五)组织未取得《司法鉴定人执业证》的人员进行司法鉴定的;

(六)无正当理由拒绝受理司法鉴定委托的;

(七)支付回扣、介绍费,进行虚假宣传等不正当行为的;

(八)拒绝接受司法行政部门监督检查或者提供虚假材料的。

第五十条 司法鉴定人有下列情形之一的,由省、设区的市司法行政部门给予警告,并责令限期改正;逾期未改正的,处五百元以上三千元以下罚款;情节严重的,由省司法行政部门撤销登记,吊销《司法鉴定人执业证》:

(一)出借、出租、涂改、转让《司法鉴定人执业证》的;

(二)同时在两个以上司法鉴定机构执业的;

(三)超出登记的执业范围进行司法鉴定的;

(四)私自接受司法鉴定委托的;

(五)违反回避、保密规定的;

(六)恶意串通、弄虚作假,故意作出虚假司法鉴定意见的。

第五十一条 司法鉴定机构、司法鉴定人实施司法鉴定,因违法或者过错行为给当事人造成损失的,应当承担民事责任;构成犯罪的,依法追究刑事责任。

司法鉴定机构依法承担赔偿责任后,可以向有过错的司法鉴定人追偿。

第五十二条 司法行政部门作出停业整顿、撤销登记、吊销《司法鉴定许可证》或者《司法鉴定人执业证》决定,应当告知当事人有要求举行听证的权利。

第五十三条 备案的司法鉴定机构和司法鉴定人违反本条例规定,由主管机关依照有关法律、法规和管理权限处理,并将处理情况通报司法行政部门。

省、设区的市司法行政部门发现备案的司法鉴定人违反本条例规定,可以向有关主管机关提出处理建议,由有关主管机关依法处理;有关主管机关未依法处理的,省司法行政部门可以依法作出注销司法鉴定人备案的决定。

第五十四条 司法行政部门和其他国家机关的工作人员在司法鉴定管理工作中滥用职权、玩忽职守、徇私舞弊的,依法给予行政处分;构成犯罪的,依法追究刑事责任。

第六章 附 则

第五十五条 仲裁、调解或者行政复议过程中需要委托鉴定的,参照本条例执行。

第五十六条 本条例自 2011 年 1 月 1 日起施行。

山东省司法鉴定条例

(2011年11月25日山东省第十一届人民代表大会常务委员会第二十七次会议通过)

第一章 总 则

第一条 为了规范司法鉴定活动,维护司法公正,保障当事人的合法权益,根据《全国人民代表大会常务委员会关于司法鉴定管理问题的决定》和有关法律、行政法规,结合本省实际,制定本条例。

第二条 本条例适用于本省行政区域内的司法鉴定及其监督管理活动。

第三条 本条例所称司法鉴定,是指司法鉴定机构和司法鉴定人运用科学技术或者专门知识对诉讼涉及的专门性问题进行检验、鉴别和判断并提供鉴定意见的活动,包括法医类、物证类、声像资料类鉴定以及诉讼需要的会计、知识产权、建设工程、产品质量、海事、交通、电子数据等其他类鉴定。

本条例所称司法鉴定机构和司法鉴定人,是指符合本条例规定条件,经司法行政部门登记,从事前款规定司法鉴定业务的组织和人员。

第四条 省和设区的市人民政府统筹规划本行政区域的司法鉴定事业发展,协调解决司法鉴定管理工作中的重大问题。

设立司法鉴定机构遵循统筹规划、合理布局、优化结构、有序发展的原则。

第五条 司法鉴定机构和司法鉴定人实行统一登记制度。未经司法行政部门登记并编入司法鉴定机构和司法鉴定人名册,任何组织和个人不得从事本条例第三条规定的司法鉴定业务,国家另有规定的除外。

侦查机关因侦查工作需要设立的司法鉴定机构及其司法鉴定人,应当按照有关规定向司法行政部门备案登记,由其主管部门负责管理,不得面向社会接受委托从事司法鉴定业务。

第六条 司法鉴定管理实行行政管理和行业管理相结合的管理制度。

省人民政府司法行政部门制定全省司法鉴定工作发展规划和管理制度并组织实施,负责司法鉴定机构和司法鉴定人登记、名册编制和执业监督,组织司法鉴定科学技术研发、推广和应用,指导下级司法行政部门的司法鉴定管理工作。

设区的市和县(市、区)人民政府司法行政部门依照法定职责管理本行政区域的司法鉴定工作。

司法鉴定协会依照法定职责和协会章程,对会员进行行业自律管理。

有关单位应当支持司法行政部门和司法鉴定协会做好司法鉴定管理工作。

第七条 司法行政部门与审判、检察、侦查等机关建立司法鉴定工作协调机制。司法行政部门应当将司法鉴定机构和司法鉴定人名册及其管理情况定期向同级审判、检察、侦查机关通报;审判机关应当将司法鉴定意见的采信、司法鉴定人出庭作证等情况定期向同级司法行政部门通报;检察、侦查机关应当将所属司法鉴定机构的有关情况定期向同级司法行政部门通报。

第八条 司法鉴定遵循依法、独立、客观、公正原则,实行司法鉴定人负责制度。

司法鉴定机构和司法鉴定人从事司法鉴定业务,应当遵守法律、法规和规章,恪守职业道德和执业纪律,执行统一的司法鉴定程序、技术标准和操作规范,接受社会监督。

司法鉴定机构和司法鉴定人依法开展司法鉴定活动受法律保护,任何组织和个人不得非法干预。

第二章 司法鉴定机构

第九条 司法行政部门应当按照全省司法鉴定机构发展规划,依法核准设立司法鉴定机构。

全省司法鉴定机构发展规划应当公开。

第十条 法人或者其他组织申请设立司法鉴定机构,应当具备下列条件:

(一)有自己的名称、住所和符合规定数额的资金;

(二)有明确的司法鉴定业务范围和必需的仪器、设备、执业场所;

(三)有必需的依法通过计量认证或者实验室认可的检测实验室;

(四)申请从事的每项司法鉴定业务有三名以上专职司法鉴定人,并具备相应的技术能力。

申请从事的司法鉴定业务相关行业有特殊资质要求的,除具备前款规定条件外,还应当具备相应的行业资质。

司法鉴定机构负责人必须是专职司法鉴定人;受到停止执业处罚期满未逾三年的,不得担任司法鉴定机构负责人。

司法鉴定机构设立分支机构,按照国家有关规定执行。

第十一条 法人或者其他组织申请设立司法鉴定机构,有下列情形之一的,司法行政部门不予受理:

(一)法定代表人或者负责人受过刑事处罚或者开除公职处分的;

(二)司法鉴定机构负责人人选不符合本条例规定条件的;
(三)曾被吊销《司法鉴定许可证》的;
(四)法律、法规、规章规定不予受理的其他情形。

第十二条 法人或者其他组织申请设立司法鉴定机构,应当向所在地设区的市人民政府司法行政部门申请并提交相关材料。受理申请的部门应当自受理之日起二十日内进行审查,将审查意见和全部申请材料直接报送省人民政府司法行政部门。省人民政府司法行政部门应当自收到报送材料之日起二十日内予以审核,作出是否准予登记的决定,准予登记的,自作出决定之日起十日内向申请人颁发《司法鉴定许可证》;不准予登记的,书面通知申请人并说明理由。

司法行政部门组织专家对申请人的仪器、设备、执业场所和检测实验室进行评审,所需时间不计算在前款规定的期限内。

第十三条 《司法鉴定许可证》自颁发之日起五年内有效;有效期届满需要延续,应当在届满六十日前依照有关规定向司法行政部门申请。

《司法鉴定许可证》不得涂改、出借、出租、转让。

第十四条 司法鉴定机构变更名称、负责人、业务范围、资金数额、司法鉴定人,以及设立司法鉴定机构的法人或者其他组织变更法定代表人或者负责人,应当依照本条例第十二条规定向司法行政部门申请变更登记;变更其他登记事项,应当自变更之日起十五日内向省人民政府司法行政部门备案。

司法鉴定机构因登记事项发生变化不能保持法定设立条件,可以自发生变化之日起十五日内向省人民政府司法行政部门申请停业整改,期限不超过一年;整改达到设立条件,可以申请恢复执业。

司法鉴定机构因登记事项发生变化不能保持某项司法鉴定业务执业条件,可以依照前款规定申请停业整改,期限不超过一年;整改达到执业条件,可以申请恢复从事该项业务;逾期不申请停业整改或者整改期满仍不符合执业条件以及整改期满不申请恢复从事该项业务的,应当依照本条第一款规定办理业务范围变更登记。

第十五条 有下列情形之一的,由省人民政府司法行政部门依法撤销登记:
(一)以欺诈、贿赂等不正当手段取得登记的;
(二)违反法定程序准予登记的;
(三)对不符合法定条件的申请准予登记的;
(四)法律、法规规定应当撤销登记的其他情形。

第十六条 司法鉴定机构有下列情形之一的,应当终止:
(一)申请终止司法鉴定业务或者自行解散的;
(二)被依法撤销登记的;

(三)《司法鉴定许可证》有效期届满未申请延续的;
(四)《司法鉴定许可证》被依法吊销的;
(五)设立司法鉴定机构的法人或者其他组织终止的;
(六)法律、法规、规章规定应当终止的其他情形。
司法鉴定机构有下列情形之一的,视为终止:
(一)登记设立后未开业或者无正当理由停止执业满一年的;
(二)不能保持设立条件,逾期不申请停业整改或者整改期满仍不符合设立条件以及整改期满未申请恢复执业的;
(三)法律、法规、规章规定视为终止的其他情形。
司法鉴定机构终止的,省人民政府司法行政部门应当依法办理《司法鉴定许可证》注销手续,并予以公告。

第十七条 司法鉴定机构有下列情形之一的,必须停止从事司法鉴定业务:
(一)停业整改期间的;
(二)受到停止执业处罚期限未满的;
(三)发生本条例第十六条规定情形的。
不能保持某项司法鉴定业务执业条件的,必须停止从事该项业务。
前两款规定情形发生前已经受理尚未办结的业务,应当与委托人协商处理。

第十八条 司法鉴定机构应当在司法行政部门登记的业务范围内接受委托从事司法鉴定业务,不受地域限制。
司法鉴定机构从事司法鉴定业务,应当统一接受委托和组织司法鉴定人实施。
司法鉴定机构不得以诋毁其他司法鉴定机构、司法鉴定人或者支付介绍费、进行虚假宣传等不正当手段招揽业务。
有关组织和个人应当支持、配合司法鉴定机构依法开展司法鉴定活动,有义务提供有关材料。

第十九条 司法鉴定机构应当建立健全内部管理制度。
司法鉴定机构可以聘任专职司法鉴定人助理从事司法鉴定辅助业务,对其执业活动进行监督。

第二十条 司法鉴定机构从事司法鉴定业务实行统一收费,收费标准按照国家和省有关规定执行。
当事人申请司法鉴定援助的,参照《山东省法律援助条例》办理。

第三章 司法鉴定人

第二十一条 个人具备下列条件之一的,可以申请登记从事司法鉴定业务:

(一)有与所申请从事的司法鉴定业务相关的高级专业技术职称;

(二)有与所申请从事的司法鉴定业务相关专业执业资格或者高等院校相关专业本科以上学历,从事相关工作五年以上;

(三)申请从事经验鉴定型或者技能鉴定型司法鉴定业务,应当具备相关专业工作十年以上经历和较强的专业技能。

申请从事的司法鉴定业务,相关行业对执业资格有特别规定的,应当符合行业规定。

第二十二条 个人申请登记从事司法鉴定业务,有下列情形之一的,司法行政部门不予受理:

(一)因故意犯罪或者职务过失犯罪受过刑事处罚的;

(二)受过开除公职处分的;

(三)曾被吊销《司法鉴定人执业证》的;

(四)无民事行为能力或者限制行为能力的;

(五)未参加岗位培训或者培训不合格的;

(六)法律、法规、规章规定不予受理的其他情形。

第二十三条 个人从事司法鉴定业务,应当通过司法鉴定机构提出申请,申请和审核登记程序以及《司法鉴定人执业证》的使用和延续,适用本条例第十二条、第十三条的规定。

司法鉴定人变更执业机构、业务范围和其他登记事项,依照本条例第十四条第一款的规定办理变更登记和备案。

司法鉴定人有本条例第十五条规定情形之一的,由省人民政府司法行政部门依法撤销登记。

第二十四条 司法鉴定人有下列情形之一的,省人民政府司法行政部门应当注销其《司法鉴定人执业证》:

(一)申请终止司法鉴定执业的;

(二)死亡或者丧失行为能力的;

(三)司法鉴定人登记被依法撤销的;

(四)所在司法鉴定机构终止后六个月内未依法申请变更执业机构的;

(五)司法鉴定人不能保持执业条件的;

(六)《司法鉴定人执业证》被依法吊销或者有效期满未申请延续的;

(七)受到开除公职处分的;

(八)法律、法规、规章规定应当注销的其他情形。

第二十五条 司法鉴定人应当在司法行政部门登记的业务范围内从事司法鉴定业务,接受所在司法鉴定机构的管理和监督,并且只能在一个司法鉴定机构执业。

第二十六条 司法鉴定人享有下列权利：

（一）查阅、调取与鉴定事项有关的案件资料,询问有关的当事人、证人等；

（二）要求委托人提供和补充所需要的鉴定材料；

（三）拒绝接受不合法的鉴定要求；

（四）进行鉴定所必需的检验、检查,参与委托人依法组织的勘查和模拟实验；

（五）表达和保留不同的鉴定意见；

（六）拒绝回答与鉴定无关的问题；

（七）获得合法报酬；

（八）法律、法规、规章规定的其他权利。

第二十七条 司法鉴定人应当履行下列义务：

（一）接受所在司法鉴定机构的指派,依照法定或者约定时限完成鉴定工作、出具鉴定意见,并对鉴定意见负责；

（二）依法回避；

（三）妥善保管鉴定材料和有关资料；

（四）保守秘密,不得泄露个人隐私；

（五）依法出庭作证,回答与鉴定有关的询问；

（六）依照规定办理司法鉴定援助案件；

（七）法律、法规、规章规定的其他义务。

第四章 司法鉴定程序

第二十八条 诉讼活动中的司法鉴定,应当委托司法鉴定机构和司法鉴定人名册中的司法鉴定机构进行；委托鉴定的事项超出名册中司法鉴定机构登记的业务范围,可以委托其他具备鉴定能力的社会组织进行鉴定。

尚未进入诉讼程序的案件,当事人为举证需要进行鉴定的,可以委托司法鉴定机构进行鉴定。

第二十九条 委托人委托司法鉴定机构进行司法鉴定,应当出具司法鉴定委托书,并向司法鉴定机构提供真实、合法、完整的司法鉴定材料。

委托人不得以任何方式明示或者暗示司法鉴定机构、司法鉴定人作出某种特定倾向的鉴定意见。

司法鉴定机构收到司法鉴定委托书和鉴定材料后,应当依照有关规定进行审查,作出是否受理的决定,并书面通知委托人。

第三十条 司法鉴定委托有下列情形之一的,司法鉴定机构不得受理：

（一）委托事项超出本机构业务范围的；

(二)鉴定材料不真实、不完整、不充分或者取得方式不合法的;
(三)鉴定事项的用途不合法或者违背社会公德的;
(四)鉴定要求不符合司法鉴定执业规则或者相关技术规范的;
(五)鉴定要求超出本机构技术条件和鉴定能力的;
(六)委托人拒绝签订司法鉴定协议书的;
(七)司法鉴定机构负责人应当回避的;
(八)法律、法规、规章规定不得受理的其他情形。

第三十一条 司法鉴定机构决定受理鉴定委托,应当与委托人签订司法鉴定协议书。司法鉴定协议书应当载明下列事项:
(一)委托人和司法鉴定机构基本情况;
(二)委托鉴定的事项、用途和要求;
(三)鉴定事项所涉及案件的情况;
(四)委托人提供的鉴定材料目录和数量以及检材损耗的处理;
(五)鉴定的时限、费用及其结算方式;
(六)双方的权利和义务;
(七)司法鉴定风险提示;
(八)争议处理;
(九)需要载明的其他事项。

第三十二条 司法鉴定机构受理鉴定委托后,应当指定本机构两名以上具有委托鉴定事项执业资格的司法鉴定人进行鉴定。

司法鉴定人有下列情形之一的,应当回避:
(一)本人或者其近亲属与委托人、委托鉴定事项或者鉴定事项涉及的案件有利害关系的;
(二)曾参加过同一鉴定事项的鉴定或者为其提供过咨询意见的;
(三)法律、法规、规章规定应当回避的其他情形。

第三十三条 司法鉴定实施程序和适用的技术标准、操作规范,按照国家有关规定执行。

第三十四条 委托人不按照司法鉴定协议书约定交纳鉴定费用的,司法鉴定机构可以中止鉴定并书面告知委托人;补交鉴定费用的,恢复鉴定。

第三十五条 司法鉴定应当在约定的时限内完成。鉴定事项涉及复杂、疑难、特殊技术问题需要延长鉴定时间的,由司法鉴定机构与委托人协商决定。

司法鉴定过程中,因委托人不交纳鉴定费用而中止鉴定、需要补充或者重新提取鉴定材料的时间,不计算在鉴定时限内。

第三十六条 司法鉴定过程中,有下列情形之一的,终止鉴定:

(一)委托人要求终止的;
(二)发现委托鉴定事项和用途不合法或者违背社会公德的;
(三)发现鉴定材料不真实或者取得方式不合法的;
(四)发现鉴定材料不完整、不充分或者鉴定材料耗尽、毁损,委托人不能补充或者拒绝补充的;
(五)委托人的鉴定要求或者完成司法鉴定所需要的技术超出本机构技术条件和鉴定能力的;
(六)委托人不履行司法鉴定协议书约定的义务或者被鉴定人不予配合,致使鉴定无法进行的;
(七)因不可抗力致使鉴定无法进行的;
(八)委托人拒绝交纳鉴定费用的;
(九)法律、法规、规章规定以及司法鉴定协议书约定应当终止鉴定的其他情形。

终止鉴定的,司法鉴定机构应当书面通知委托人,说明理由,并根据司法鉴定协议书约定退还鉴定材料和费用;没有约定的,按照有关规定处理。

第三十七条 司法鉴定机构对涉及重大案件或者特别复杂、疑难的鉴定事项,经委托人同意,可以申请司法鉴定协会组织有关专家进行论证,提供咨询意见。

第三十八条 司法鉴定完成后,司法鉴定机构应当向委托人出具司法鉴定文书,由承办的司法鉴定人签名并加盖司法鉴定专用章。

司法鉴定机构应当建立鉴定复核制度,发现有违反规定的情形,应当予以纠正。

司法鉴定文书出具后,司法鉴定机构发现有本条例第三十六条第二项、第三项规定的情形,应当撤销司法鉴定文书。

第三十九条 有下列情形之一的,司法鉴定机构可以根据委托人的请求进行补充鉴定:
(一)委托人增加新的鉴定要求的;
(二)委托人发现委托的鉴定事项有遗漏的;
(三)委托人提供或者补充新的鉴定材料的;
(四)需要补充鉴定的其他情形。

第四十条 有下列情形之一的,可以委托司法鉴定机构进行重新鉴定:
(一)原司法鉴定机构、司法鉴定人超出登记的业务范围进行鉴定的;
(二)原司法鉴定机构负责人、司法鉴定人应当回避而未回避的;
(三)原司法鉴定严重违反规定程序、技术操作规范或者适用技术标准明显不当的;

(四)当事人对原鉴定意见有异议,并能提出合法依据和合理理由的,但是,鉴定意见有缺陷可以通过补充鉴定、重新质证或者补充质证等方式解决的除外;

(五)法律、法规、规章规定可以委托重新鉴定的其他情形。

重新鉴定应当委托其他司法鉴定机构进行,受托的司法鉴定机构的资质条件,应当不低于原司法鉴定机构的资质条件;当事人协商一致的,也可以委托原司法鉴定机构鉴定,由其他司法鉴定人实施。

委托司法鉴定机构重新鉴定,应当在司法鉴定委托书中注明。

第四十一条 当事人对司法鉴定意见有异议并经人民法院同意,或者人民法院认为需要的,可以委托司法鉴定协会组织有关专家进行论证,提供咨询意见。

第四十二条 司法鉴定人经人民法院通知出庭作证的,应当出庭作证;经人民法院同意不出庭作证的,应当书面回答质询。

人民法院通知司法鉴定人出庭作证的,应当在开庭三日前将通知书送达司法鉴定人,并为司法鉴定人提供必要的费用和工作条件,保障司法鉴定人的执业权利、人身安全等合法权益。

第五章 监督管理

第四十三条 省人民政府司法行政部门应当按照年度编制司法鉴定机构和司法鉴定人名册,并予以公告;对停业整改的司法鉴定机构及其司法鉴定人或者司法鉴定业务,应当暂缓编入名册;对依法被注销执业证书的司法鉴定机构、司法鉴定人或者终止从事的司法鉴定业务,不得编入名册,已经编入的应当公告删除。

第四十四条 司法行政部门应当建立司法鉴定机构和司法鉴定人年度考核制度,考核结果作为编制名册的重要依据。

司法鉴定机构或者司法鉴定人年度考核不合格的,暂缓编入名册,责令停业整改,期限不超过一年;整改合格的,可以申请恢复执业;整改不合格或者整改期满未申请恢复执业的,注销执业证书。

司法鉴定机构和司法鉴定人无正当理由不接受年度考核,按照考核不合格处理。

第四十五条 司法行政部门应当建立司法鉴定机构资质评估、司法鉴定质量评估和司法鉴定人诚信评估制度并组织实施。评估结果向社会公开。

第四十六条 司法行政部门应当就下列事项,对司法鉴定机构、司法鉴定人进行监督、检查:

(一)遵守法律、法规、规章情况;

（二）执行司法鉴定程序、技术标准和操作规范情况；

（三）业务开展和鉴定质量情况；

（四）恪守职业道德和执业纪律情况；

（五）制定和执行管理制度情况；

（六）法律、法规、规章规定的其他事项。

司法行政部门依法履行监督、检查职责，可以采取现场检查、调阅有关资料等措施。

第四十七条　司法鉴定利害关系人认为司法鉴定机构、司法鉴定人在执业活动中有违法违规行为，可以向有管辖权的县级以上人民政府司法行政部门书面投诉。

司法行政部门应当自收到投诉材料之日起七个工作日内，作出是否受理的决定，并书面告知投诉人。投诉材料不齐全的，应当及时告知投诉人补充，所需时间不计算在规定期限内。

司法行政部门对投诉受理的，应当依照有关规定进行调查处理，并将查处结果书面告知投诉人；不受理的应当告知理由。

司法行政部门对涉及专业技术或者违反行业规范的投诉事项，可以交由司法鉴定协会调查处理。

第四十八条　投诉有下列情形之一的，不予受理：

（一）投诉事项不属于本部门管辖的；

（二）投诉事项已经司法行政部门处理，或者经行政复议、行政诉讼结案，没有新的事实和证据的；

（三）对司法鉴定意见或者人民法院采信司法鉴定意见的决定有异议的；

（四）对司法鉴定程序规则和技术规范有异议的；

（五）法律、法规、规章规定不予受理的其他情形。

第四十九条　省司法鉴定协会、设区的市根据需要设立的司法鉴定协会，依照法定职责和协会章程开展活动，接受司法行政部门的监督、指导。

司法鉴定机构和司法鉴定人应当加入司法鉴定协会，按照协会章程享受权利、履行义务。

第五十条　司法鉴定协会负责制定行业规范，维护会员权益，总结交流经验，组织技术研发，处理投诉和会员申诉，调解执业纠纷，对会员进行教育培训、监督、考核、评估、奖励、惩戒，对重大、复杂、疑难鉴定事项提出咨询意见，承担司法行政部门交办事项。

司法鉴定协会根据需要，可以设立专门委员会和专业委员会，按照协会章程履行职责。

第六章　法律责任

第五十一条　违反本条例,司法鉴定机构有下列行为之一的,由设区的市以上人民政府司法行政部门根据情节轻重给予警告、停止执业三个月以上一年以下的处罚,可以并处一万元以上五万元以下的罚款;有违法所得的,没收违法所得:

(一)超出登记的业务范围执业的;

(二)登记事项发生变化,未依法办理变更登记或者备案的;

(三)涂改、出借、出租、转让《司法鉴定许可证》的;

(四)以诋毁其他司法鉴定机构、司法鉴定人或者支付介绍费、进行虚假宣传等不正当手段招揽业务的;

(五)违反规定接受委托、收取费用的;

(六)应当停业整改或者终止,继续从事司法鉴定业务的;

(七)受理委托后,无正当理由拒绝或者不按时出具司法鉴定文书的;

(八)组织未经登记的人员违反规定从事司法鉴定业务或者组织司法鉴定人超出本人登记的业务范围执业的;

(九)组织司法鉴定人违反司法鉴定程序、技术标准和操作规范进行鉴定的;

(十)拒绝履行司法鉴定援助义务的;

(十一)拒绝接受司法行政部门监督、检查或者采取提供虚假材料等手段弄虚作假的;

(十二)对本机构司法鉴定人疏于管理,造成严重后果的。

司法鉴定机构受到处罚的,对其负责人根据情节轻重给予警告、停止执业三个月以上一年以下的处罚,可以并处二千元以上一万元以下的罚款。

第五十二条　违反本条例,司法鉴定机构有下列行为之一的,由省人民政府司法行政部门吊销其《司法鉴定许可证》:

(一)受到停止执业处罚期间,继续从事司法鉴定业务的;

(二)受到停止执业处罚期满后二年内,又发生应当给予停止执业处罚情形的;

(三)发生本条例第五十一条规定的情形,情节特别严重的。

司法鉴定机构被吊销《司法鉴定许可证》的,其负责人三年内不得申请从事司法鉴定业务。

第五十三条　违反本条例,司法鉴定人有下列行为之一的,由设区的市以上人民政府司法行政部门根据情节轻重给予警告、停止执业三个月以上六个月以下的处罚,可以并处二千元以上一万元以下的罚款;有违法所得的,没收违法所得:

(一)超出登记的业务范围从事司法鉴定业务的;
(二)同时在两个以上司法鉴定机构执业的;
(三)涂改、出借、出租、转让《司法鉴定人执业证》的;
(四)私自接受委托、收取费用或者当事人财物的;
(五)停业整改期间或者所在司法鉴定机构终止,继续从事司法鉴定业务的;
(六)违反保密和回避规定的;
(七)违反司法鉴定程序、技术标准和操作规范进行司法鉴定的;
(八)无正当理由拒绝或者不按时出具司法鉴定文书的;
(九)拒绝履行司法鉴定援助义务的;
(十)拒绝接受司法行政部门监督、检查或者采取提供虚假材料等手段弄虚作假的。

第五十四条 违反本条例,司法鉴定人有下列行为之一的,由设区的市以上人民政府司法行政部门给予停止执业六个月以上一年以下的处罚;情节严重的,由省人民政府司法行政部门吊销其《司法鉴定人执业证》:
(一)因严重不负责任给当事人合法权益造成重大损失的;
(二)经人民法院依法通知,无正当理由拒绝出庭作证的;
(三)发生本条例第五十三条规定的情形,造成严重后果的。

第五十五条 违反本条例,司法鉴定人有下列行为之一的,由省人民政府司法行政部门吊销其《司法鉴定人执业证》:
(一)因故意犯罪或者职务过失犯罪受到刑事处罚的;
(二)故意作虚假鉴定的;
(三)受到停止执业处罚期间继续从事司法鉴定业务的;
(四)受到停止执业处罚期满后二年内,又发生应当给予停止执业处罚情形的。

第五十六条 受到停止执业处罚的司法鉴定机构和司法鉴定人,应当按照司法行政部门的要求进行整改,并在处罚期届满十五日前将整改情况书面报告司法行政部门。司法行政部门收到整改报告后应当及时审查,对达到整改要求的,准予恢复执业;对达不到整改要求的,注销执业证书。

第五十七条 司法鉴定机构和司法鉴定人违法执业或者因过错给当事人造成损失,由司法鉴定机构依法承担赔偿责任;司法鉴定机构不是法人的,设立司法鉴定机构的法人或者其他组织应当承担连带责任。司法鉴定机构赔偿后,可以向有过错的司法鉴定人追偿。

司法鉴定人违法执业构成犯罪的,依法追究刑事责任。

第五十八条 违反本条例,未经省人民政府司法行政部门登记的组织和人员从事司法鉴定业务,由所在地县(市、区)人民政府司法行政部门责令停止违法活动;有违法所得的,没收违法所得,并处违法所得一倍以上三倍以下的罚款。

第五十九条 违反本条例,司法行政部门工作人员在司法鉴定管理工作中滥用职权、玩忽职守、徇私舞弊的,由所在司法行政部门依法给予处分;构成犯罪的,依法追究刑事责任。

第六十条 违反本条例,其他国家机关和社会组织工作人员滥用职权、玩忽职守、徇私舞弊,或者非法干预、阻挠司法鉴定机构和司法鉴定人依法开展司法鉴定活动的,由其所在单位或者主管部门依法给予处分;构成犯罪的,依法追究刑事责任。

第六十一条 对违反本条例的行为,法律、行政法规已有处罚规定的,依照其规定执行。

第七章 附 则

第六十二条 调解、仲裁、行政复议、公证、保险服务过程中需要鉴定的,参照本条例执行。

第六十三条 本条例自 2012 年 5 月 1 日起施行。

青海省司法鉴定条例

(2014年5月29日青海省第十二届人民代表大会常务委员会第十次会议通过)

第一章 总 则

第一条 为了加强司法鉴定管理,规范司法鉴定活动,维护司法公正,根据《全国人民代表大会常务委员会关于司法鉴定管理问题的决定》和有关法律,结合本省实际,制定本条例。

第二条 本省行政区域内司法鉴定机构、司法鉴定人及其司法鉴定活动的监督管理,适用本条例。

第三条 本条例所称司法鉴定,是指司法鉴定机构和司法鉴定人运用科学技术或者专门知识,对诉讼涉及的专门性问题进行鉴别和判断并提供鉴定意见的活动,包括法医类、物证类、声像资料类鉴定以及诉讼需要的其他类鉴定。

本条例所称司法鉴定机构和司法鉴定人,是指依法经省人民政府司法行政部门登记,取得司法鉴定许可证或者司法鉴定人执业证,从事司法鉴定业务的机构和人员。

第四条 司法鉴定遵循科学、客观、独立、公正的原则,实行司法鉴定人负责制度。

第五条 省人民政府统筹规划本行政区域司法鉴定事业的发展,协调解决司法鉴定工作中的重大问题,鼓励、扶持司法鉴定公益性活动。

第六条 司法鉴定管理实行行政管理和行业管理相结合的制度。

省人民政府司法行政部门制定全省司法鉴定工作发展规划和管理制度并组织实施,负责司法鉴定机构和司法鉴定人登记、名册编制、教育培训和执业监督,组织司法鉴定科学技术研发、推广和应用,指导下级司法行政部门的司法鉴定管理工作。

设区的市和自治州人民政府司法行政部门依照职责管理本行政区域的司法鉴定工作。

司法鉴定行业协会依照行业协会章程,对会员实行行业自律管理。

第七条 司法鉴定机构和司法鉴定人实行统一登记管理制度。

任何组织和个人未经司法行政部门登记,并编入司法鉴定机构和司法鉴定人名册(以下简称名册),不得从事本条例第三条规定的司法鉴定业务。法律、法规另有规定的除外。

第八条 侦查机关所属鉴定机构和鉴定人,应当按照有关规定向司法行政部门备案登记,由其主管部门负责管理,不得面向社会接受委托从事司法鉴定业务。

第九条 省、设区的市和自治州人民政府司法行政部门应当与同级人民法院、人民检察院、公安等机关建立司法鉴定工作协调机制。司法行政部门应当将名册及其管理情况定期向人民法院、人民检察院、公安等机关通报;人民法院应当将司法鉴定意见的采信、司法鉴定人出庭作证等情况定期向司法行政部门通报;人民检察院、公安等机关应当将所属司法鉴定机构的有关情况定期向司法行政部门通报。

第十条 省、设区的市和自治州人民政府应当根据经济社会发展状况,建立司法鉴定管理、司法鉴定援助、司法鉴定行业重大专项和民族地区司法鉴定机构专项经费保障机制,推动司法鉴定事业健康发展。

第十一条 司法鉴定机构和司法鉴定人从事司法鉴定业务,应当遵守法律、法规和规章,恪守职业道德和执业纪律,执行规范的技术标准和操作程序。

司法鉴定机构和司法鉴定人依法开展司法鉴定活动受法律保护,任何组织和个人不得非法干预。

第二章 司法鉴定机构和司法鉴定人

第十二条 法人或者其他组织申请设立司法鉴定机构应当具备下列条件:
(一)有自己的名称、住所和符合规定数额的资金;
(二)有明确的司法鉴定业务范围和必需的仪器、设备、执业场所;
(三)有在业务范围内进行司法鉴定所必需的依法通过计量认证或者实验室认可的检测实验室;
(四)每项司法鉴定业务有三名以上司法鉴定人。

申请从事的司法鉴定业务,相关行业有特殊资质要求的,除具备前款规定条件外,还应当具备相应的行业资质。

司法鉴定机构设立分支机构,按照国家有关规定执行。

第十三条 法人或者其他组织申请设立司法鉴定机构,有下列情形之一的,司法行政部门不予受理:
(一)法定代表人或者负责人受过刑事处罚或者开除公职处分的;
(二)曾被吊销司法鉴定许可证的;
(三)法律、法规规定不予受理的其他情形。

第十四条　申请司法鉴定执业的人员,应当具备下列条件之一:

(一)具有与所申请从事的司法鉴定业务相关的高级专业技术职称;

(二)具有与所申请从事的司法鉴定业务相关的专业执业资格或者高等院校相关专业本科以上学历,从事相关工作五年以上;

(三)具有与所申请从事的司法鉴定业务相关工作十年以上经历,具有较强的专业技能。

申请从事的司法鉴定业务,相关行业对执业资格有特别规定的,应当符合行业规定。

第十五条　个人申请登记从事司法鉴定业务,有下列情形之一的,司法行政部门不予受理:

(一)因故意犯罪或者职务过失犯罪受过刑事处罚的;

(二)受过开除公职处分的;

(三)被吊销司法鉴定人执业证的;

(四)无民事行为能力或者限制行为能力的;

(五)法律、法规规定不予受理的其他情形。

第十六条　法人或者其他组织申请设立司法鉴定机构,应当通过所在地设区的市、自治州人民政府司法行政部门向省人民政府司法行政部门申请登记,并提交相关材料。

申请司法鉴定执业的人员,应当由司法鉴定机构通过所在地设区的市、自治州人民政府司法行政部门向省人民政府司法行政部门申请登记,并提交相关材料。

第十七条　设区的市、自治州人民政府司法行政部门收到设立司法鉴定机构申请或者司法鉴定人执业申请后,应当自受理之日起十个工作日内进行审查,将审查意见和全部申请材料直接报送省人民政府司法行政部门。省人民政府司法行政部门应当自收到报送材料之日起二十个工作日内予以审核,作出是否准予登记的决定。准予登记的,向申请人颁发司法鉴定许可证或者司法鉴定人执业证;不准予登记的,书面通知申请人并说明理由。

省人民政府司法行政部门组织专家对申请人的仪器、设备、执业场所和检测实验室进行评审,所需时间不计入前款规定的审核期限。

第十八条　司法鉴定许可证、司法鉴定人执业证有效期为五年,自颁发之日起计算。有效期届满需要延续的,司法鉴定机构和司法鉴定人应当在有效期届满三十日前,向省人民政府司法行政部门提出延续申请。

司法鉴定许可证、司法鉴定人执业证不得出借、出租、涂改、转让。

第十九条　司法鉴定机构变更原登记事项的,应当通过所在地设区的市、自治州人民政府司法行政部门向省人民政府司法行政部门申请变更登记。

司法鉴定人变更有关登记事项的,应当由其执业的司法鉴定机构通过所在地设区的市、自治州人民政府司法行政部门向省人民政府司法行政部门申请变更登记。

变更登记应当予以公告。

第二十条 司法鉴定机构有下列情形之一的,省人民政府司法行政部门应当注销登记并予公告:

(一)申请终止司法鉴定业务活动的;

(二)无正当理由停业六个月以上或者自愿解散的;

(三)司法鉴定许可证有效期届满未申请延续的;

(四)登记事项发生变化,不符合设立条件的;

(五)法律、法规规定的其他情形。

第二十一条 司法鉴定人有下列情形之一的,省人民政府司法行政部门应当注销登记并予公告:

(一)申请终止司法鉴定执业活动的;

(二)司法鉴定人死亡或者丧失行为能力的;

(三)司法鉴定人执业证有效期届满未申请延续的;

(四)所在司法鉴定机构被注销或者被撤销,个人未通过其他司法鉴定机构申请执业的;

(五)个人专业资格被有关行政主管部门撤销的;

(六)法律、法规规定的其他情形。

第二十二条 司法鉴定人有下列情形之一的,省人民政府司法行政部门应当依法撤销登记:

(一)因故意犯罪或者职务过失犯罪受过刑事处罚的;

(二)受过开除公职处分的。

第二十三条 司法鉴定机构应当履行下列职责:

(一)建立健全执业、收费、公示、鉴定材料、业务档案、财务、投诉处理等管理制度;

(二)在登记的业务范围内接受司法鉴定委托,指派司法鉴定人并组织实施司法鉴定,按照规定或者约定的时限完成司法鉴定;

(三)管理本机构人员,监督司法鉴定人执业活动;

(四)为司法鉴定人执业活动提供必要的条件和物质保障;

(五)组织本机构人员的业务培训;

(六)接受司法行政部门的监督检查,按要求提供有关材料;

（七）协助、配合司法行政部门和有关部门调查、处理涉及本机构的举报、投诉；

（八）法律、法规和规章规定的其他职责。

第二十四条 司法鉴定人享有下列权利：

（一）查阅、调取与司法鉴定事项有关的资料，询问有关当事人、证人等；

（二）要求委托人无偿提供和补充司法鉴定所需的鉴定材料；

（三）进行司法鉴定所必需的检验、检查和模拟实验，参与委托人依法组织的勘查；

（四）拒绝承担所在机构指派的不合法、不具备司法鉴定条件或者超出登记执业范围的司法鉴定事项；

（五）拒绝解决、回答与司法鉴定无关的问题；

（六）司法鉴定意见不一致时，保留不同意见；

（七）参加司法鉴定业务培训和继续教育；

（八）获得合法报酬；

（九）法律、法规和规章规定的其他权利。

第二十五条 司法鉴定人应当履行下列义务：

（一）受所在司法鉴定机构指派，按照法定或者约定时限完成司法鉴定事项，出具司法鉴定意见，并对鉴定意见负责；

（二）依法回避；

（三）妥善保管鉴定材料和有关资料；

（四）保守在执业活动中知悉的国家秘密、商业秘密和个人隐私；

（五）依法出庭作证，回答与司法鉴定有关的询问；

（六）受司法行政部门和所在机构的监督管理；

（七）按照规定承办司法鉴定援助案件；

（八）参加司法鉴定业务培训和继续教育；

（九）法律、法规规定的其他义务。

第二十六条 司法鉴定机构之间没有隶属关系，司法鉴定机构接受委托从事司法鉴定业务不受地域范围的限制。

司法鉴定人不得同时在两个以上司法鉴定机构从事司法鉴定业务。

第二十七条 备案登记的司法鉴定机构、司法鉴定人备案登记情况发生变化的，主管机关应当及时书面告知省人民政府司法行政部门。

第三章　司法鉴定的委托、受理与实施

第二十八条 诉讼活动中需要进行司法鉴定的，办案机关应当委托司法行

政部门编入名册中的司法鉴定机构和司法鉴定人鉴定。委托鉴定的事项超出名册中司法鉴定机构登记的业务范围,可以委托其他具备鉴定能力的社会组织进行鉴定。

尚未进入诉讼程序的案件,当事人为举证需要进行司法鉴定的,可以委托司法行政部门编入名册中的司法鉴定机构和司法鉴定人鉴定。

法律、法规对办案机关委托司法鉴定另有规定的,从其规定。

第二十九条 委托人委托司法鉴定机构进行司法鉴定,应当出具司法鉴定委托书,并向司法鉴定机构提供真实、合法、完整、充分的司法鉴定材料。

司法鉴定机构收到司法鉴定委托书和鉴定材料后,应当依照有关规定进行审查,作出是否受理的决定,并书面通知委托人。

第三十条 司法鉴定机构统一受理司法鉴定委托,司法鉴定人不得私自接受司法鉴定委托。

第三十一条 司法鉴定机构决定受理鉴定委托,应当与委托人签订司法鉴定协议书。司法鉴定协议书应当载明下列事项:

(一)委托人和司法鉴定机构基本情况;
(二)委托鉴定的事项、用途和要求;
(三)鉴定事项所涉及案件的简要情况;
(四)委托人提供的鉴定材料目录、数量和检材的损耗及处理;
(五)鉴定的时限、费用及其结算方式;
(六)双方的权利和义务;
(七)司法鉴定风险提示;
(八)争议处理;
(九)需要载明的其他事项。

第三十二条 有下列情形之一的,司法鉴定机构不得受理鉴定委托:
(一)委托鉴定事项超出本机构业务范围的;
(二)鉴定材料不真实、不完整、不充分或者取得方式不合法的;
(三)鉴定事项违背社会公德或者用途不合法的;
(四)鉴定要求不符合司法鉴定执业规则或者相关鉴定技术规范的;
(五)委托人拒绝签订司法鉴定协议书的;
(六)鉴定要求超出本机构鉴定能力的;
(七)法律、法规和规章规定不得受理的其他情形。

对不予受理的,应当向委托人说明理由,退回其提供的鉴定材料。

第三十三条 司法鉴定机构受理鉴定委托后,应当指定本机构两名以上具有委托鉴定事项执业资格的司法鉴定人进行鉴定。

第三十四条 司法鉴定人有下列情形之一的,应当回避:

(一)本人或者其近亲属与委托人、委托鉴定事项或者鉴定事项涉及的案件有利害关系的;

(二)曾参加过同一鉴定事项的鉴定或者为其提供过咨询意见的;

(三)法律、法规和规章规定应当回避的其他情形。

司法鉴定人自行提出回避的,由其所属的司法鉴定机构决定;委托人要求司法鉴定人回避的,应当向该司法鉴定人所属的司法鉴定机构提出,由司法鉴定机构决定。委托人对司法鉴定机构是否回避的决定有异议的,可以撤销鉴定委托。

第三十五条 司法鉴定的收费项目和标准,执行国家有关规定;国家没有规定标准的,执行本省规定。

本省司法鉴定业务的收费管理办法、收费项目和标准,由省人民政府司法行政部门会同省价格主管部门制定。

第三十六条 司法鉴定过程中有下列情形之一的,司法鉴定机构应当终止鉴定:

(一)发现鉴定用途违背社会公德或者不合法的;

(二)鉴定材料失实或者取得方式不合法的;

(三)鉴定材料不完整、不充分或者鉴定材料耗尽、毁损,委托人不能或者拒绝补充的;

(四)委托人的鉴定要求或者完成鉴定所需要的技术要求超出本机构技术条件和鉴定能力的;

(五)委托人不履行司法鉴定协议书约定的义务或者当事人不予配合,致使鉴定无法进行的;

(六)因不可抗力致使鉴定无法进行的;

(七)委托人撤销鉴定委托或者要求终止鉴定的;

(八)委托人拒绝交纳鉴定费用的;

(九)法律、法规和规章规定以及司法鉴定协议书约定应当终止鉴定的其他情形。

终止鉴定的,司法鉴定机构应当书面通知委托人,说明理由,根据司法鉴定协议书约定退还鉴定材料,并根据终止的原因及责任酌情退还鉴定费用。

第三十七条 有下列情形之一的,司法鉴定机构可以根据委托人的申请补充鉴定:

(一)委托人增加新的鉴定要求的;

(二)委托人发现委托的鉴定事项有遗漏的;

(三)委托人提供或者补充新的鉴定材料的;

(四)需要补充鉴定的其他情形。

第三十八条 有下列情形之一的,办案机关可以委托司法鉴定机构重新鉴定:

(一)原鉴定机构、鉴定人不具备司法鉴定资质、资格的;

(二)原司法鉴定机构、司法鉴定人超出登记的业务范围进行鉴定的;

(三)原司法鉴定人应当回避而未回避的;

(四)原司法鉴定严重违反规定程序、技术操作规范或者适用技术标准明显不当的;

(五)当事人对原鉴定意见有异议,并能提出合法依据和合理理由的,但是鉴定意见有缺陷可以通过补充鉴定、重新质证或者补充质证等方式解决的除外;

(六)法律、法规和规章规定可以委托重新鉴定的其他情形。

重新鉴定应当委托其他司法鉴定机构进行,受托的司法鉴定机构的资质条件,应当不低于原司法鉴定机构的资质条件;当事人协商一致的,也可以委托原司法鉴定机构鉴定,由其他司法鉴定人实施。

委托司法鉴定机构重新鉴定,应当在重新鉴定的委托书中注明。

第三十九条 司法鉴定机构应当自受理司法鉴定委托之日起三十个工作日内完成委托事项,并出具司法鉴定文书。

司法鉴定事项涉及复杂、疑难、特殊的技术问题或者鉴定过程需要较长时间的,经司法鉴定机构负责人批准,完成司法鉴定的时间可以延长,但延长时间不得超过三十个工作日。

司法鉴定机构与委托人对完成司法鉴定时限另有约定的,从其约定。

因补充或者重新提取鉴定材料所需的时间,不计入司法鉴定时限。

第四十条 司法鉴定事项完成后,司法鉴定人应当在司法鉴定文书上写明鉴定意见,签名并加盖鉴定专用章。

司法鉴定文书应当加盖司法鉴定机构的司法鉴定专用章。

司法鉴定机构应当建立鉴定复核制度,发现有违反规定的情形,应当予以纠正。

第四十一条 司法鉴定人经人民法院依法通知出庭作证的,应当出庭作证。司法鉴定人确因法律规定的情形不能出庭作证的,应当经人民法院许可。

人民法院通知司法鉴定人出庭作证的,应当在开庭三日以前向司法鉴定人送达出庭通知书,并按有关规定支付必要费用,保障司法鉴定人的执业权利。

第四十二条 对初次鉴定有争议的重大疑难鉴定事项,或者经两次以上鉴定后仍有争议的鉴定事项,办案机关可以委托司法鉴定协会组织有关专家进行论证,提供咨询意见。

第四章　司法鉴定监督管理

第四十三条　省人民政府司法行政部门应当按照年度编制名册,并予以公告。名册实行动态管理,本年度名册编制完成后发生司法鉴定机构和司法鉴定人新增、变更、撤销、注销、停业整改等情形的,应当及时予以公告并更新电子版名册。

司法鉴定机构应当向省人民政府司法行政部门提交年度执业情况报告和名册编制申报材料,经省人民政府司法行政部门审核,对符合本条例规定执业条件的司法鉴定机构和司法鉴定人,编入年度名册,对不符合执业条件的,暂缓编入本年度名册。

第四十四条　省人民政府司法行政部门应当建立司法鉴定机构资质评估、司法鉴定质量评估以及司法鉴定机构、司法鉴定人诚信评估制度并组织实施。评估结果向社会公开。

第四十五条　司法行政部门应当就下列事项,对司法鉴定机构、司法鉴定人进行监督、检查:

(一)遵守法律、法规和规章情况;

(二)执行司法鉴定程序、技术标准和操作规范情况;

(三)业务开展和鉴定质量情况;

(四)遵守职业道德和执业纪律情况;

(五)制定和执行管理制度情况;

(六)法律、法规和规章规定的其他事项。

司法行政部门依法履行监督、检查职责,可以采取现场检查、调阅有关资料等措施。

第四十六条　省、设区的市和自治州人民政府司法行政部门对公民、法人或者其他组织投诉、举报司法鉴定机构或者司法鉴定人的,应当及时进行调查处理,并将调查处理结果书面告知投诉人、举报人,不受理的应当书面告知理由。

第四十七条　省人民政府司法行政部门应当加强对司法鉴定行业协会的指导和监督。

司法鉴定机构和司法鉴定人应当加入司法鉴定行业协会。

司法鉴定行业协会应当对会员进行职业道德、行业规范以及执业技能培训,维护会员的合法权益,调解处理司法鉴定中的纠纷,受省人民政府司法行政部门委托办理有关事项。

司法鉴定行业协会根据需要,可以设立专业委员会。专业委员会按照司法鉴定类别由会员推举产生,对重大疑难、特殊复杂鉴定技术问题和鉴定争议事项提供咨询意见。

第五章 法律责任

第四十八条 违反本条例规定的行为,法律、行政法规已规定法律责任的,从其规定。

第四十九条 未经省人民政府司法行政部门登记的机构和人员从事司法鉴定业务的,由省人民政府司法行政部门责令停止违法活动;有违法所得的,没收违法所得,并处违法所得一倍以上三倍以下的罚款。

第五十条 司法鉴定机构有下列情形之一的,由省或者设区的市、自治州人民政府司法行政部门给予警告,责令限期改正;逾期未改正的,处五千元以上三万元以下的罚款;有违法所得的,没收违法所得:

(一)超出登记的业务范围执业的;

(二)登记事项发生变化,未依法办理变更登记的;

(三)涂改、出借、出租、转让司法鉴定许可证的;

(四)以诋毁其他司法鉴定机构、司法鉴定人或者支付介绍费、进行虚假宣传等不正当手段招揽业务的;

(五)违反规定接受委托、收取费用的;

(六)受理委托后,无正当理由拒绝或者不按时出具司法鉴定文书的;

(七)组织未经登记的人员从事司法鉴定业务或者组织司法鉴定人超出本人登记的业务范围执业的;

(八)组织司法鉴定人违反司法鉴定程序、技术标准和操作规范进行鉴定的;

(九)拒绝履行司法鉴定援助义务的;

(十)拒绝接受司法行政部门监督检查或者采取提供虚假材料等手段弄虚作假的。

第五十一条 司法鉴定机构有下列情形之一的,由省人民政府司法行政部门依法给予停止从事司法鉴定业务三个月以上一年以下的处罚;情节严重的,由省人民政府司法行政部门撤销登记:

(一)以欺骗、贿赂等不正当手段取得登记的;

(二)停业整改期间继续从事司法鉴定业务的;

(三)因严重不负责任给当事人合法权益造成重大损失的;

(四)具有本条例第五十条规定的情形之一,并造成严重后果的。

第五十二条 司法鉴定人有下列情形之一的,由省或者设区的市、自治州人民政府司法行政部门给予警告,责令限期改正;逾期未改正的,处一千元以上五千元以下的罚款;有违法所得的,没收违法所得:

（一）超出登记的业务范围从事司法鉴定业务的；

（二）同时在两个以上司法鉴定机构执业的；

（三）涂改、出借、出租、转让司法鉴定人执业证的；

（四）私自接受委托、收取费用或者当事人财物的；

（五）所在司法鉴定机构停业整改期间继续从事司法鉴定业务的；

（六）违反保密和回避规定的；

（七）违反司法鉴定程序、技术标准和操作规范进行司法鉴定的；

（八）无正当理由拒绝或者不按时出具司法鉴定文书的；

（九）拒绝履行司法鉴定援助义务的；

（十）拒绝接受司法行政部门监督检查或者采取提供虚假材料等手段弄虚作假的。

第五十三条 司法鉴定人有下列情形之一的，由省人民政府司法行政部门依法给予停止执业三个月以上一年以下的处罚；情节严重的，由省人民政府司法行政部门撤销登记：

（一）以欺骗、贿赂等不正当手段取得登记的；

（二）故意作虚假鉴定的；

（三）受到停止执业处罚期间继续从事司法鉴定业务的；

（四）因严重不负责任给当事人合法权益造成重大损失的；

（五）经人民法院依法通知，无正当理由拒绝出庭作证的；

（六）具有本条例第五十二条规定的情形之一，并造成严重后果的。

第五十四条 司法鉴定机构和司法鉴定人违法执业或者因过错给当事人造成损失，由司法鉴定机构依法承担赔偿责任。司法鉴定机构不是法人的，设立司法鉴定机构的法人或者其他组织应当承担连带责任。司法鉴定机构赔偿后，可以向有过错的司法鉴定人追偿。

第五十五条 司法行政部门工作人员在司法鉴定管理工作中滥用职权、玩忽职守、徇私舞弊的，依法给予行政处分；构成犯罪的，依法追究刑事责任。

第五十六条 其他国家机关和社会组织工作人员非法干预、阻挠司法鉴定机构和司法鉴定人依法开展司法鉴定活动的，由其所在单位或者主管部门依法给予处分；构成犯罪的，依法追究刑事责任。

第五十七条 备案登记的司法鉴定机构和司法鉴定人违反本条例规定，由主管机关依照有关法律、法规和管理权限处理，并将处理情况通报省人民政府司法行政部门。

省或者设区的市、自治州人民政府司法行政部门发现备案登记的司法鉴定机构和司法鉴定人违反本条例规定，可以向其主管机关提出处理建议，由其主管机关依法处理;其主管机关未依法处理的,省人民政府司法行政部门可以依法作出注销司法鉴定机构和司法鉴定人备案登记的决定。

第六章 附　则

第五十八条　公民、法人或者其他组织因涉及调解、仲裁、行政复议、公证、保险服务等需要委托鉴定的,参照本条例执行。

第五十九条　本条例自 2014 年 10 月 1 日起施行。

福建省司法鉴定管理条例

(2014年9月26日福建省第十二届人民代表大会常务委员会第十一次会议通过)

第一章 总 则

第一条 为加强对司法鉴定机构和司法鉴定人的管理,规范司法鉴定活动,促进司法公正,根据《全国人民代表大会常务委员会关于司法鉴定管理问题的决定》和有关法律、法规,结合本省实际,制定本条例。

第二条 本条例适用于本省行政区域内的司法鉴定及其监督管理活动。

第三条 本条例所称司法鉴定,是指在诉讼活动中鉴定人运用科学技术或者专门知识对诉讼涉及的专门性问题进行鉴别和判断并提供鉴定意见的活动,包括法医类、物证类、声像资料鉴定以及根据诉讼需要的其他类鉴定事项。

本条例所称司法鉴定机构和司法鉴定人,是指符合国家规定条件,经省人民政府司法行政部门审核登记,从事前款规定司法鉴定业务的机构和人员。

第四条 司法鉴定机构和司法鉴定人实行统一登记制度。未经司法行政部门登记,任何组织和个人不得从事司法鉴定业务,法律、法规另有规定的,从其规定。

第五条 检察机关、公安机关、国家安全机关根据侦查工作需要设立的鉴定机构及其鉴定人员按照国家有关规定从事鉴定业务,实行备案登记制度,由检察机关、公安机关、国家安全机关直接管理,不得面向社会接受委托从事司法鉴定业务。省人民政府司法行政部门收到有关备案登记材料后,应当在一个月内予以备案登记,单独编制名册并公告。备案登记的司法鉴定机构、司法鉴定人情况发生变化的,主管部门应当及时书面告知省人民政府司法行政部门。

第六条 司法鉴定活动应当遵循客观、公正、科学的原则,依法独立进行,实行鉴定人负责制度。

第七条 司法鉴定机构和司法鉴定人应当遵守法律、法规,遵守职业道德和职业纪律,尊重科学,遵守技术操作规范。司法鉴定机构和司法鉴定人依法开展司法鉴定活动受法律保护,任何组织和个人不得非法干预。

第八条 省人民政府司法行政部门负责全省司法鉴定机构和司法鉴定人的登记、名册编制和公告,对其执业活动进行监督管理。设区的市人民政府司法行政部门依照本条例规定管理本行政区域的司法鉴定工作。

第九条 司法鉴定机构、司法鉴定人可以依法组建或者参加司法鉴定行业协会。司法鉴定行业协会应当依照协会章程开展活动,对会员进行行业自律管理。司法行政部门应当加强对司法鉴定行业协会的指导和监督。

第二章 司法鉴定机构和司法鉴定人

第十条 申请从事司法鉴定业务的公民、法人或者其他组织,应当向所在地设区的市人民政府司法行政部门申请并提交相关材料。受理申请的部门应当自受理之日起二十日内进行审查,将审查意见和全部申请材料报送省人民政府司法行政部门。省人民政府司法行政部门应当自收到报送材料之日起二十日内予以审核,作出是否准予登记的决定,符合条件准予登记的,自作出决定之日起十日内向申请人颁发《司法鉴定人执业证》或者《司法鉴定许可证》;不符合条件不准予登记的,书面通知申请人并说明理由。

第十一条 司法鉴定机构或者司法鉴定人要求变更登记事项的,应当依照本条例第十条规定的程序办理变更登记手续。

第十二条 《司法鉴定许可证》和《司法鉴定人执业证》自颁发之日起五年内有效;有效期届满需要延续的,司法鉴定机构或者司法鉴定人应当在届满三十日前向所在地设区的市人民政府司法行政部门提出延续申请,司法行政部门应当在三十日内办结。《司法鉴定许可证》和《司法鉴定人执业证》不得涂改、出借、出租、转让。

第十三条 司法鉴定的收费项目和收费标准,按照国家和省有关规定执行。

第十四条 司法鉴定人应当按照司法行政部门登记的执业类别,从事司法鉴定业务,接受所在司法鉴定机构的管理和监督。司法鉴定人不得同时在两个以上司法鉴定机构执业。

第十五条 司法鉴定机构应当履行下列职责:

(一)依法接受司法鉴定委托,指派司法鉴定人并组织实施司法鉴定,按照规定或者约定的时限完成司法鉴定;

(二)建立健全执业、收费、公示、鉴定材料、业务档案、财务、投诉处理等管理制度;

(三)监督司法鉴定人执业活动;

(四)为司法鉴定人执业活动提供必要的条件和物质保障;

(五)组织司法鉴定人参加教育培训;

(六)接受司法行政部门的监督检查,按要求提供有关材料;

(七)协助、配合司法行政部门和有关部门调查、处理涉及本机构的举报、投诉;

(八)法律、法规规定的其他职责。

第十六条 司法鉴定人执业享有下列权利：

（一）查阅、调取与司法鉴定事项有关的资料,询问有关当事人、证人等；

（二）要求委托人提供和补充司法鉴定所需的鉴定材料；

（三）拒绝接受不合法的鉴定要求；

（四）进行鉴定所必需的检验、检查,参与委托人依法组织的勘查和模拟实验；

（五）拒绝解决、回答与司法鉴定无关的问题；

（六）司法鉴定意见不一致时,保留不同意见；

（七）参加司法鉴定岗位培训和继续教育；

（八）获得合法报酬；

（九）法律、法规规定的其他权利。

第十七条 司法鉴定人执业应当履行下列义务：

（一）受所在司法鉴定机构指派,按时完成司法鉴定事项,出具司法鉴定意见,签名并盖章；

（二）依法回避；

（三）妥善保管送鉴的鉴定材料；

（四）保守在执业活动中知悉的国家秘密、商业秘密和个人隐私；

（五）依法出庭作证,回答与司法鉴定有关的询问；

（六）按照规定承办司法鉴定援助；

（七）接受司法行政部门和所在机构的监督管理；

（八）参加司法鉴定岗位培训和继续教育；

（九）法律、法规规定的其他义务。

第十八条 司法鉴定机构有下列情形之一的,省人民政府司法行政部门应当依法办理注销登记手续并予以公告：

（一）依法申请终止司法鉴定活动的；

（二）自愿解散或者无正当理由停止执业一年以上的；

（三）登记事项发生变化,不符合设立条件的；

（四）《司法鉴定许可证》有效期限届满未申请延续的；

（五）被依法撤销登记的；

（六）法律、法规规定的其他情形。

第十九条 司法鉴定人有下列情形之一的,省人民政府司法行政部门应当依法办理注销登记手续并予以公告：

（一）申请终止司法鉴定执业的；

（二）死亡或者丧失行为能力的；

（三）无正当理由停止执业一年以上的；

（四）《司法鉴定人执业证》有效期届满未申请延续的；

（五）被依法撤销登记的；

（六）所在司法鉴定机构被注销登记，六个月内未依法申请变更执业机构的；

（七）相关的专业执业资格被有关行政主管部门撤销的；

（八）法律、法规规定的其他情形。

第二十条 司法鉴定机构开展司法鉴定援助，参照法律援助的有关规定进行。

第三章　司法鉴定程序

第二十一条 诉讼活动中，对本条例第三条所列鉴定事项发生争议，需要进行司法鉴定的，应当委托《国家司法鉴定人和司法鉴定机构名册》中的司法鉴定机构和司法鉴定人进行鉴定。

第二十二条 司法鉴定委托应当由司法鉴定机构统一受理，司法鉴定人不得私自接受司法鉴定委托。

第二十三条 委托人委托司法鉴定机构进行司法鉴定，应当出具司法鉴定委托书，并向司法鉴定机构提供真实、合法、完整的司法鉴定材料。

第二十四条 司法鉴定机构收到司法鉴定委托书和鉴定材料后，应当依照有关规定进行审查，对符合受理条件的鉴定委托，应当即时作出受理的决定；不能即时决定受理的，应当在七日内作出是否受理的决定，并书面通知委托人。

有下列情形之一的，司法鉴定机构不得受理鉴定委托：

（一）委托事项超出本机构鉴定业务范围的；

（二）鉴定材料不真实、不完整、不充分或者取得方式不合法的；

（三）鉴定事项的用途不合法或者违背社会公德的；

（四）鉴定要求不符合鉴定执业规则或者相关技术规范的；

（五）鉴定要求超出本机构技术条件和鉴定能力的；

（六）其他不符合法律、法规规定情形的。对不予受理的，司法鉴定机构应当书面说明理由并退还鉴定材料。

第二十五条 司法鉴定机构受理司法鉴定委托，应当与委托人签订司法鉴定协议书。

司法鉴定协议书应当载明下列事项：

（一）委托人和司法鉴定机构基本情况；

（二）委托鉴定的事项、用途、要求和时限；

（三）鉴定事项所涉及案件的情况；

（四）委托人提供的鉴定材料目录和数量以及检材损耗的处理；
（五）鉴定的收费项目、收费标准、收费方式、收费金额和结算方式；
（六）双方的权利和义务；
（七）司法鉴定风险提示；
（八）争议处理；
（九）需要载明的其他事项。

在进行司法鉴定过程中需要变更协议书内容的，应当由协议双方协商确定。

第二十六条　司法鉴定机构受理鉴定委托后，应当指派本机构两名以上具有该司法鉴定事项执业资格的司法鉴定人进行鉴定。

司法鉴定人有下列情形之一的，应当回避：

（一）本人或者其近亲属与委托人、委托鉴定事项或者鉴定事项涉及的案件有利害关系的；
（二）曾参加过同一鉴定事项的鉴定或者为其提供过咨询意见的；
（三）法律、法规规定应当回避的其他情形。

第二十七条　司法鉴定实施程序和适用的标准、技术规范，按照国家有关规定执行，并在司法鉴定文书上注明。

第二十八条　司法鉴定应当在司法鉴定协议书约定的时限内完成，未约定时限的应当在签订司法鉴定协议书之日起三十日内完成。司法鉴定事项涉及复杂、疑难、特殊技术问题需要延长鉴定时限的，由司法鉴定机构与委托人协商决定。司法鉴定过程中，因委托人不交纳鉴定费用而中止鉴定、需要补充或者重新提取鉴定材料的时间，不计入鉴定时限。

第二十九条　在进行鉴定过程中有下列情形之一的，司法鉴定机构可以终止鉴定：

（一）鉴定材料耗尽、自然损坏，委托人不能或者拒绝补充提供符合要求的鉴定材料的；
（二）被鉴定人不予配合，致使鉴定无法继续进行的；
（三）委托人撤销鉴定委托或者主动要求终止鉴定的；
（四）委托人拒绝支付鉴定费用的；
（五）因不可抗力致使鉴定无法继续进行的；
（六）司法鉴定协议书约定的其他终止鉴定的情形。

终止鉴定的，司法鉴定机构应当书面告知委托人，说明理由，退还鉴定材料，并按照约定或者酌情退还鉴定费用。

第三十条　有下列情形之一的，司法鉴定机构可以根据委托人的请求进行补充鉴定：

（一）委托人增加新的鉴定要求的；
（二）委托人发现委托的鉴定事项有遗漏的；
（三）委托人在鉴定过程中补充提供新的鉴定材料的；
（四）其他需要补充鉴定的情形。

补充鉴定由原司法鉴定机构进行，是原委托鉴定的组成部分。

第三十一条 进入诉讼程序的案件，当事人对司法鉴定意见有异议，经办案机关同意，并出具重新鉴定委托书的，司法鉴定机构可以接受委托进行重新鉴定。重新鉴定应当委托原司法鉴定机构以外的其他司法鉴定机构进行，并在重新鉴定委托书中注明。

办案机关不同意重新鉴定的，应当出具书面意见并说明理由。当事人未经办案机关同意，私自委托进行重新鉴定，司法鉴定机构不得受理。

第三十二条 司法鉴定完成后，司法鉴定机构应当按照司法鉴定文书规范要求向委托人出具司法鉴定文书。司法鉴定文书应当由实施鉴定的司法鉴定人签名并盖章。多人参加的鉴定，对鉴定意见有不同意见的，应当在司法鉴定文书上注明。

未经委托人的同意，司法鉴定机构和司法鉴定人不得向其他人或者组织提供与鉴定事项有关的信息，但法律、法规另有规定的除外。

第三十三条 司法鉴定人经人民法院通知出庭作证的，应当出庭作证。鉴定人拒不出庭作证的，鉴定意见不得作为认定事实的根据。

人民法院通知司法鉴定人出庭作证的，应当在开庭三日前将通知书送达司法鉴定人，并为司法鉴定人提供必要的工作条件，保障司法鉴定人的执业权利、人身安全等合法权益。

第四章 司法鉴定监督管理

第三十四条 省人民政府司法行政部门应当按照年度编制司法鉴定机构和司法鉴定人名册，并予以公告；对停业整改的司法鉴定机构及其司法鉴定人或者司法鉴定业务，应当暂缓编入名册；对依法被注销执业证书的司法鉴定机构、司法鉴定人或者终止从事的司法鉴定业务，不得编入名册，已经编入的应当公告删除。

第三十五条 司法行政部门应当建立司法鉴定机构和司法鉴定人年度执业考核制度，考核结果作为编制名册的重要依据。司法鉴定机构或者司法鉴定人年度执业考核不合格的，暂缓编入名册，责令停业整改，期限不超过一年；整改合格的，应当同意恢复执业；整改不合格或者整改期满未申请恢复执业的，注销执业证书。

第三十六条 省、设区的市人民政府司法行政部门应当就下列事项,对司法鉴定机构和司法鉴定人进行监督、检查:

(一)遵守法律、法规和规章的情况;

(二)执行司法鉴定程序、标准和技术规范的情况;

(三)业务开展和鉴定质量情况;

(四)遵守职业道德和职业纪律的情况;

(五)制定和执行管理制度情况;

(六)法律、法规规定的其他事项。

第三十七条 省人民政府司法行政部门应当建立司法鉴定质量评估和诚信评估等制度并组织实施。评估结果应当向社会公布。

第三十八条 省、设区的市人民政府司法行政部门应当将司法鉴定机构和司法鉴定人变更、处罚等情况及时向同级人民法院、人民检察院和公安机关通报,并向社会公开。省、设区的市人民法院、人民检察院和公安机关应当将鉴定意见的采信情况和司法鉴定人的违法违规行为及时向同级人民政府司法行政部门通报。司法行政部门应当将通报情况作为对司法鉴定机构资质等级评估、司法鉴定质量评估、司法鉴定人诚信评估、年度执业考核的重要依据。

第三十九条 司法鉴定利害关系人认为司法鉴定机构、司法鉴定人在执业活动中有违法违规行为,可以向设区的市或者省人民政府司法行政部门书面投诉。司法行政部门应当自收到投诉材料之日起七日内,作出是否受理的决定,并书面告知投诉人。投诉材料不齐全的,应当及时告知投诉人补充,所需时间不计算在规定期限内。司法行政部门对投诉受理的,应当依照有关规定进行调查处理,并将查处结果书面告知投诉人;不受理的应当书面告知理由。

第五章 法律责任

第四十条 违反本条例规定,未经依法登记从事司法鉴定业务的,由省或者设区的市人民政府司法行政部门责令停止违法活动,并处一万元以上五万元以下的罚款;有违法所得的,没收违法所得。

第四十一条 违反本条例规定,司法鉴定机构有下列情形之一的,由省或者设区的市人民政府司法行政部门责令改正,并处五千元以上三万元以下的罚款;情节严重的,给予停止从事司法鉴定业务三个月以上一年以下的处罚;有违法所得的,没收违法所得:

(一)超出登记业务范围从事司法鉴定业务的;

(二)未依法办理变更登记手续的;

(三)涂改、出借、出租、转让《司法鉴定许可证》的;

（四）违反司法鉴定业务档案管理规定，导致司法鉴定档案损毁、丢失或者造成其他不良后果的；

（五）组织未取得《司法鉴定人执业证》的人员从事司法鉴定业务的；

（六）以支付回扣、介绍费，进行虚假宣传等不正当手段招揽司法鉴定业务的；

（七）受理委托后，无正当理由拒绝或者不按时出具司法鉴定文书的；

（八）组织司法鉴定人违反司法鉴定程序、标准和技术规范进行鉴定，造成不良后果的；

（九）拒绝接受司法行政部门监督、检查或者向其提供不真实材料的。

第四十二条 违反本条例规定，司法鉴定人有下列情形之一的，由省或者设区的市人民政府司法行政部门责令改正，并处五千元以上三万元以下的罚款；情节严重的，给予停止从事司法鉴定业务三个月以上一年以下的处罚；有违法所得的，没收违法所得：

（一）超出登记的执业类别执业的；

（二）未依法办理变更登记手续的；

（三）涂改、出借、出租、转让《司法鉴定人执业证》的；

（四）私自接受司法鉴定委托或者收取鉴定费用的；

（五）不按委托事项进行鉴定或者擅自增加鉴定事项的；

（六）不履行保密、回避义务的；

（七）违反司法鉴定程序、标准和技术规范进行鉴定，造成不良后果的；

（八）同时在两个以上司法鉴定机构执业的；

（九）拒绝接受司法行政部门监督、检查或者向其提供不真实材料的。

第四十三条 司法鉴定人故意作虚假鉴定的，由省人民政府司法行政部门吊销《司法鉴定人执业证》；构成犯罪的，依法追究刑事责任。

司法鉴定机构负责人指使鉴定人作虚假鉴定的，由省人民政府司法行政部门吊销司法鉴定机构的《司法鉴定许可证》，其负责人不得再申请从事司法鉴定业务；负责人本身具有司法鉴定执业资格的，吊销《司法鉴定人执业证》；构成犯罪的，依法追究刑事责任。

第四十四条 司法鉴定机构收费违法行为，由所在地设区的市人民政府价格主管部门依法给予处罚。

第四十五条 违反本条例规定，司法鉴定机构和司法鉴定人违法执业或者因过错给当事人造成损失，由司法鉴定机构依法承担赔偿责任；司法鉴定机构赔偿后，可以向有过错的司法鉴定人追偿。

第四十六条 违反本条例规定，司法行政部门工作人员在司法鉴定管理工作中滥用职权、玩忽职守、徇私舞弊的,由所在部门或者监察机关依法给予处分;构成犯罪的,依法追究刑事责任。

第六章　附　则

第四十七条　尚未进入诉讼和行政案件办理程序的,公民、法人或者其他组织因涉及民事诉讼、仲裁、调解等举证中的专门性问题需要委托《国家司法鉴定人和司法鉴定机构名册》中的司法鉴定机构进行鉴定的,参照本条例相关规定执行。

第四十八条　本条例自2014年12月1日起施行。

黑龙江省司法鉴定管理条例

(2015年10月22日黑龙江省第十二届人民代表大会常务委员会第二十二次会议通过)

第一章 总 则

第一条 为加强对司法鉴定机构和司法鉴定人的管理,规范司法鉴定活动,提高司法公信力,根据《全国人民代表大会常务委员会关于司法鉴定管理问题的决定》和有关法律、法规,结合本省实际,制定本条例。

第二条 本省行政区域内司法鉴定机构、司法鉴定人从事司法鉴定业务,适用本条例。

第三条 本条例所称司法鉴定,是指在诉讼活动中鉴定人运用科学技术或者专门知识对诉讼涉及的专门性问题进行鉴别和判断并提供鉴定意见的活动。

本条例所称司法鉴定机构和司法鉴定人,是指符合国家规定条件,经省司法行政部门登记或备案,从事司法鉴定业务的机构和人员。

第四条 司法鉴定机构应当统筹规划、合理布局、优化结构、有序发展。

司法鉴定活动应当客观、公正、科学,实行鉴定人负责制度。

司法鉴定机构和司法鉴定人应当遵守法律、法规,遵守职业道德和执业纪律,遵守技术操作规范。

第五条 司法鉴定机构和司法鉴定人依法独立开展司法鉴定活动受法律保护,任何组织和个人不得非法干预。

第六条 省司法行政部门负责本省行政区域内司法鉴定监督管理工作。

市(地)司法行政部门依照本条例有关规定,负责本行政区域内司法鉴定监督管理工作。

第七条 从事法医类、物证类和声像资料等法律规定的司法鉴定业务的司法鉴定机构和司法鉴定人实行登记管理制度。

对从事会计、道路交通事故、资产评估、产品质量、建设工程、食品、药品、知识产权等诉讼活动中经常使用的司法鉴定业务的司法鉴定机构和司法鉴定人实行备案管理制度。

申请从事司法鉴定业务的公民、法人或者其他组织,由省司法行政部门审核,对符合条件的,应当予以登记或者备案,编入司法鉴定人和司法鉴定机构名册并公告。

法律、法规另有规定的从其规定。

第八条 诉讼中需要鉴定的,应当委托登记或者备案范围内的司法鉴定机构和司法鉴定人进行鉴定。

委托鉴定的事项超出名册中司法鉴定机构登记和备案的业务范围,委托人可以委托登记和备案以外的其他具备鉴定能力的社会组织进行鉴定。

第九条 司法鉴定机构、司法鉴定人可以依法组建或者参加司法鉴定行业协会。司法鉴定行业协会应当依照协会章程开展活动,对会员进行行业自律管理,并接受司法行政部门的指导和监督。

第十条 省、市(地)司法行政部门应当将司法鉴定机构和司法鉴定人变更、行政处罚等情况及时向同级人民法院、人民检察院和公安机关通报,并向社会公开。

省、市(地)人民法院应当将司法鉴定机构和司法鉴定人的鉴定意见的采信情况以及违法违规行为及时向司法行政部门提出司法建议。司法行政部门应当将司法建议作为对司法鉴定机构资质等级评估、司法鉴定质量评估、司法鉴定人诚信评估、年度执业审核的重要依据。

省司法行政部门应当对司法鉴定机构和司法鉴定人的相关信息建立电子平台,对其业务范围、资质等级、鉴定意见的采信状况、受到行政处罚情况等信息进行统计,并向社会公开和公示。

第十一条 由省高级人民法院、省人民检察院、省公安厅、省司法厅组成省司法鉴定工作委员会,并邀请有关国家机关、人民团体、行业协会的人员和专家学者参加。省司法鉴定工作委员会负责以下工作:

(一) 指导、协调全省司法鉴定工作;

(二) 协调省内疑难、复杂、有重大社会影响的相关司法鉴定问题;

(三) 建立、完善省司法鉴定工作委员会专家库并制定工作规范。

省司法鉴定工作委员会办公室设在省司法厅,负责日常工作。

第十二条 县级以上人民政府应当根据经济社会发展状况,将司法鉴定必须的工作经费以及符合法律援助条件的司法鉴定经费纳入本级司法行政部门预算。

县级以上人民政府应当将本级人民法院在行政诉讼、公益诉讼中依照职权申请司法鉴定所需费用纳入法院部门预算。

第二章 司法鉴定机构和司法鉴定人

第十三条 法人或者其他组织申请司法鉴定业务登记或者备案,应当具备下列条件:

（一）有司法鉴定机构自己的名称、住所和符合规定的资金；

（二）有明确的司法鉴定业务范围和必需的仪器、设备、执业场所；

（三）有必需的依法通过计量认证或者实验室认可的检测实验室；

（四）申请从事的每项司法鉴定业务有三名以上司法鉴定人。

申请从事的司法鉴定业务相关行业有特殊资质要求的，除具备前款规定条件外，还应当具备相应的行业资质。行业资质被取消后不得从事司法鉴定。

已取得行业资质的法人或者其他组织申请备案的，司法鉴定机构应当与原行业资质主体一致。

成立法医类司法鉴定机构，应当由具有医学或法医学专业的高等院校、科研性质单位或医疗机构申请。市（地）医疗机构申请的，应具有三级甲等级别医院资质；县（市）医疗机构申请的，应具有二级甲等以上级别医院资质。

第十四条 司法鉴定机构负责人应当是专职司法鉴定人；受到停止执业处罚期满后未到五年的，不得担任司法鉴定机构负责人。

司法鉴定机构法定代表人和机构负责人可以为同一人，机构负责人可以依据章程产生，也可以由法定代表人授权或者申请设立的主体任命。

第十五条 申请司法鉴定执业的人员，应当具备下列条件：

（一）身体健康，能够适应司法鉴定工作需要；

（二）具有与所申请从事的司法鉴定业务相关的高级专业技术职称；或者相关的行业执业资格或者高等院校相关专业本科以上学历，从事相关工作五年以上；

（三）申请从事经验鉴定型或者技能鉴定型司法鉴定业务的，应当具备相关专业工作十年以上经历和较强的专业技能；

（四）所申请从事的司法鉴定业务，行业有特殊规定的，应当符合行业规定；

（五）拟执业机构已经取得或者正在申请《司法鉴定许可证》或者司法鉴定备案的。

第十六条 有下列情形之一的，不得申请从事司法鉴定业务：

（一）因故意犯罪或者职务过失犯罪受过刑事处罚的；

（二）受过开除公职处分的；

（三）被司法行政部门撤销司法鉴定人登记或者备案的；

（四）所在的司法鉴定机构受到停业处罚，处罚期未满的；

（五）无民事行为能力或者限制行为能力的；

（六）法律、法规规定的其他情形。

无责任的司法鉴定人申请变更执业司法鉴定机构的，不受前款第四项规定限制。

第十七条 司法鉴定机构应当履行下列职责：

（一）建立健全执业、收费、公示、鉴定材料、业务档案、财务、投诉处理等管理制度；

（二）在登记或者备案的业务范围内接受司法鉴定委托，指派司法鉴定人并组织实施司法鉴定，按照规定或者约定的时限完成司法鉴定；

（三）有权拒绝不合法、不具备司法鉴定条件或者超出登记或者备案业务范围的司法鉴定委托；

（四）管理本机构人员，监督司法鉴定人执业活动；

（五）为司法鉴定人执业活动提供与司法鉴定业务相适应的办公场所，设置案件受理室、司法鉴定室、鉴定档案室和必要的鉴定实验室等；

（六）依法开展司法鉴定法律援助；

（七）组织本机构人员的业务培训；

（八）接受司法行政部门的监督检查，按要求提供有关材料；

（九）协助、配合司法行政部门调查、处理涉及本机构的举报、投诉；

（十）法律、法规和规章规定的其他职责。

第十八条 司法鉴定机构变更原登记、备案事项的，应当向省司法行政部门申请。

司法鉴定人变更登记或者备案事项的，应当由其执业的司法鉴定机构向省司法行政部门申请。

侦查机关所属的司法鉴定机构及司法鉴定人变更备案事项的，应当通过其主管部门在七个工作日内书面告知省司法行政部门。

省司法行政部门应当在变更登记或者备案后十个工作日内予以公告。

第十九条 司法鉴定机构有下列情形之一的，省司法行政部门应当依法注销登记或者备案并予以公告：

（一）依法申请终止司法鉴定活动的；

（二）自愿解散或者无正当理由停止执业一年以上的；

（三）登记或者备案事项发生变化，不符合设立条件，且在六个月内没有补足的；

（四）《司法鉴定许可证》或者司法鉴定备案有效期限届满未申请延续的；

（五）法律、法规规定的其他情形。

第二十条 司法鉴定人有下列情形之一的，省司法行政部门应当依法注销登记或者备案并予以公告：

（一）申请终止司法鉴定执业的；

（二）死亡或者丧失行为能力的；

（三）无正当理由停止执业一年以上的；
（四）《司法鉴定人执业证》或者备案有效期届满未申请延续的；
（五）所在司法鉴定机构被注销或者撤销登记或者备案的，且六个月内未依法申请变更执业机构的；
（六）相关的专业执业资格被有关行政主管部门撤销的；
（七）法律、法规规定的其他情形。

第二十一条　申请从事司法鉴定业务的机构的备案事项包括：名称、住所、法定代表人或者鉴定机构负责人、资金数额、仪器设备和实验室、司法鉴定人、司法鉴定业务范围、工商登记手续或者法定批准文件等。

申请从事司法鉴定的人员的备案事项包括：姓名、性别、出生年月、学历、专业技术职称或者行业资格、执业类别、执业机构等。

第二十二条　省司法行政部门应当当场受理备案申请，对不符合条件的申请，可以要求申请人进行补正。

省司法行政部门应当在受理后的十个工作日内查验司法鉴定机构或者司法鉴定人是否符合本条例第十三条至第十六条规定，对符合条件的申请人应当发放备案文书并予以公示，对不符合条件的申请人应当书面告知理由。

第二十三条　申请备案的司法鉴定机构和司法鉴定人的备案有效期、审验期应当与行业资质的有效期、审验期一致。

第三章　司法鉴定程序

第二十四条　诉讼活动中需要进行司法鉴定的，委托人应当委托司法行政部门编入名册中的司法鉴定机构和司法鉴定人鉴定，并出具委托书，提供鉴定材料。

法律、法规对委托人委托司法鉴定另有规定的，从其规定。

第二十五条　当事人申请进行司法鉴定的，经委托人同意并出具委托书后，申请人与司法鉴定机构应当签订鉴定协议书。鉴定协议书应当载明下列事项：

（一）申请人和司法鉴定机构的基本情况；
（二）鉴定事项及用途和要求；
（三）鉴定材料的目录、种类、数量、性状、保存状况，以及可能耗尽、损坏或者在鉴定后无法完整退还鉴定材料的情况说明；
（四）鉴定事项是否属于重新鉴定；
（五）鉴定时限要求；
（六）鉴定的收费项目、收费标准、收费方式、收费金额、出庭作证费用标准及收取方式；

（七）鉴定终止所产生的费用的计算方法；
（八）对鉴定结果的风险提示；
（九）其他需要载明的事项。

第二十六条　委托人在无当事人申请、根据履行自身职责需要委托司法鉴定机构进行鉴定的，应当出具委托书。委托书应当载明下列事项：

（一）委托人、当事人及其辩护人、代理人，代理人的权限；
（二）鉴定事项及用途和要求；
（三）鉴定材料的目录、来源、种类、数量、性状、保存状况；
（四）鉴定事项是否属于重新鉴定；
（五）鉴定时限要求；
（六）鉴定文书及鉴定材料的移交方式；
（七）鉴定的收费标准；
（八）对鉴定结果的风险提示；
（九）其他需要载明的事项。

省司法行政部门应当会同省高级人民法院、省人民检察院、省公安厅制定委托书标准文本。

司法鉴定机构对有关鉴定事宜有异议的，应当提出书面意见，经委托人书面同意后方可继续鉴定。

第二十七条　司法鉴定机构统一受理司法鉴定委托，司法鉴定人不得私自接受司法鉴定委托。

司法鉴定人和司法鉴定机构的其他工作人员不得私自接触当事人，如因鉴定需要会见当事人的，应当有委托人在场。

第二十八条　司法鉴定委托有下列情形之一的，司法鉴定机构不得受理：

（一）委托事项超出本机构业务范围的；
（二）鉴定材料不真实、不完整、不充分、取得方式不合法；
（三）鉴定事项的用途不合法或者违背社会公德的；
（四）鉴定要求不符合司法鉴定执业规则或者技术规范的；
（五）鉴定要求超出本机构技术条件和鉴定能力的；
（六）委托人要求司法鉴定机构和司法鉴定人按其意图或者特定目的出具鉴定意见的；
（七）其他不符合法律、法规规定情形的。

对不予受理的，司法鉴定机构应当书面说明理由并退还鉴定材料。

第二十九条　司法鉴定机构受理鉴定委托后，应当指派本机构两名以上具有相关专业司法鉴定事项执业资格的司法鉴定人进行鉴定。

实施法医病理司法鉴定,应有一名以上司法鉴定人具有副高级以上法医专业技术职称。

实施医疗损害司法鉴定,应有一名以上司法鉴定人具有与被鉴定主要疾病所属学科相关的专业经历和副高级以上技术职称。

第三十条 司法鉴定人有下列情形之一的,应当回避:

(一)本人或者其近亲属与委托人、当事人、委托鉴定事项或者鉴定事项涉及的案件有利害关系的;

(二)曾参加过同一鉴定事项的鉴定或者为其提供过咨询意见的;

(三)法律、法规规定应当回避的其他情形。

司法鉴定人自行提出回避的,由其所属的司法鉴定机构决定;委托人要求司法鉴定人回避的,应当向该司法鉴定人所属的司法鉴定机构提出,由司法鉴定机构决定。委托人对司法鉴定机构是否回避的决定有异议的,可以撤销鉴定委托。

第三十一条 有下列情形之一的,司法鉴定机构应当中止鉴定,并书面告知委托人:

(一)鉴定材料处于不稳定状态的;

(二)被鉴定人不能在规定的时间、地点接受检验的;

(三)因特殊检验需预约时间或者等待检验结果的;

(四)须补充鉴定材料的;

(五)双方书面约定的其他中止鉴定的情形。

前款规定情形消失后,应当及时恢复鉴定。

第三十二条 在进行鉴定过程中有下列情形之一的,司法鉴定机构可以终止鉴定:

(一)发现鉴定目的不合法或者违背社会公德的;

(二)发现委托人提供的鉴定材料不真实或者取得方式不合法的;

(三)鉴定材料耗尽、自然损坏,委托人不能或者拒绝补充提供符合要求的鉴定材料的;

(四)当事人不予配合,致使鉴定无法继续进行的;

(五)委托人撤销鉴定委托或者主动要求终止鉴定的;

(六)委托人拒绝支付鉴定费用的;

(七)因不可抗力致使鉴定无法继续进行的;

(八)双方书面约定的其他终止鉴定的情形。

终止鉴定的,司法鉴定机构应当书面告知委托人,说明理由,退还鉴定材料,并按照约定退还鉴定费用。

第三十三条 有下列情形之一的,司法鉴定机构可以根据委托人的请求进行补充鉴定：

（一）委托人增加新的鉴定要求的；

（二）委托人发现委托的鉴定事项被遗漏的；

（三）委托人在鉴定过程中又补充提供新的鉴定材料的；

（四）其他需要补充鉴定的情形。

第三十四条 有下列情形之一的，委托人可以委托司法鉴定机构重新鉴定：

（一）原司法鉴定机构、司法鉴定人不具备司法鉴定资质、资格的；

（二）原司法鉴定机构、司法鉴定人超出登记或者备案的业务范围进行鉴定的；

（三）原司法鉴定人应当回避而未回避的；

（四）原司法鉴定严重违反规定程序、技术操作规范或者适用技术标准明显不当的；

（五）当事人对原鉴定意见有异议，并能提出合法依据和合理理由的；

（六）法律、法规和规章规定可以委托重新鉴定的其他情形。

重新鉴定应当委托其他司法鉴定机构进行，受委托的司法鉴定机构的资质条件，应当不低于原司法鉴定机构的资质条件；当事人协商一致的，经委托人同意，也可以委托原司法鉴定机构鉴定，由其他司法鉴定人实施。

委托司法鉴定机构重新鉴定，应当在重新鉴定的委托书中注明。

第三十五条 司法鉴定完成后，司法鉴定机构应当按照司法鉴定文书规范要求向委托人出具司法鉴定文书，实行登记管理的司法鉴定机构加盖司法鉴定专用章，实行备案管理的司法鉴定机构加盖取得行业资质的法人或者其他组织公章。司法鉴定文书应当由实施鉴定的司法鉴定人签名并盖章。多人参加的鉴定，对鉴定意见有不同意见的，应当在司法鉴定文书上注明。

未经委托人的同意，司法鉴定机构和司法鉴定人不得向其他人或者组织提供与鉴定事项有关的信息，但法律、法规另有规定的除外。

第三十六条 司法鉴定人在人民法院指定日期出庭作证所发生的交通费、住宿费、误餐费和误工补贴等必要费用，由申请人先行垫付，司法鉴定机构代为收取。

第三十七条 司法鉴定的收费标准，按照省价格主管部门和司法行政部门共同制定的标准执行。

司法鉴定机构应当在办公场所显著位置公示收费项目、收费标准、收费方式。

第四章 监督管理

第三十八条 司法鉴定机构应当向省司法行政部门提交年度执业情况报告

和名册编制申报材料,经省司法行政部门审核,对符合本条例规定执业条件的司法鉴定机构和司法鉴定人,编入年度名册。

司法鉴定机构和司法鉴定人有新增、变更、撤销、注销、停业整改等情形的,省司法行政部门应当及时更新电子版名册并予以公告。

第三十九条 省、市(地)司法行政部门应当就下列事项,对司法鉴定机构和司法鉴定人进行监督、检查:

(一)遵守法律、法规和规章的情况;

(二)执行司法鉴定程序、标准和技术规范的情况;

(三)业务开展和鉴定质量情况;

(四)遵守职业道德和执业纪律的情况;

(五)制定和执行管理制度情况;

(六)法律、法规规定的其他事项。

第四十条 司法行政部门、价格主管部门对司法鉴定机构执行司法鉴定收费规定情况予以监督管理。

第四十一条 司法鉴定利害关系人认为司法鉴定机构、司法鉴定人在执业活动中有违法违规行为,有权向司法鉴定机构或者司法鉴定人执业机构所在地县级以上司法行政部门投诉。

司法行政部门应当自收到投诉材料之日起七个工作日内,作出是否受理的决定,并书面告知投诉人,不受理的还应当书面告知投诉人理由。投诉材料不齐全的,应当及时告知投诉人补充,所需时间不计算在规定期限内。

司法行政部门受理投诉的,应当自受理之日起六十日内办结;情况复杂,不能在规定期限内办结的,经本部门负责人批准,可以适当延长办理期限,但延长期限不得超过三十日,并应当将延长的理由告知投诉人。

司法行政部门应当将查处结果书面告知投诉人和被投诉人。

第五章 法律责任

第四十二条 违反本条例规定,未经依法登记或者备案从事司法鉴定业务的,由省或市(地)司法行政部门责令停止违法活动,并处以违法所得一至三倍的罚款,罚款总额最高不得超过三万元。

第四十三条 违反本条例规定,司法鉴定机构有下列情形之一的,由省或市(地)司法行政部门警告并责令改正,可以处以一万元以上五万元以下的罚款;有违法所得的,没收违法所得:

(一)超出登记或者备案业务范围从事司法鉴定业务的;

(二)登记或者备案事项发生变化,未依法申请变更登记或者备案的;

（三）涂改、出借、出租、转让《司法鉴定许可证》或者司法鉴定备案文书的；

（四）未经登记或者备案擅自设立分支机构的；

（五）组织未取得《司法鉴定人执业证》或者备案文书的人员从事司法鉴定业务的或者组织司法鉴定人超出本人登记或者备案的业务范围执业的；

（六）以支付回扣、介绍费，进行虚假宣传等不正当手段招揽司法鉴定业务的；

（七）无正当理由拒绝接受司法鉴定委托或者不按时出具司法鉴定文书的；

（八）组织司法鉴定人违反司法鉴定程序、标准和技术规范进行鉴定；

（九）拒绝履行司法鉴定援助义务的；

（十）拒绝接受司法行政部门监督检查或者提供虚假材料的。

第四十四条 违反本条例规定，司法鉴定人有下列情形之一的，由省或市（地）司法行政部门警告并责令改正，可以处以二千元以上二万元以下的罚款；有违法所得的，没收违法所得：

（一）超出登记或者备案执业类别执业的；

（二）同时在两个以上司法鉴定机构执业的；

（三）涂改、出借、出租、转让《司法鉴定人执业证》或者备案文书的；

（四）私自接受委托、收取费用或者当事人财物的；

（五）擅自变更鉴定事项的；

（六）违反保密和回避规定的；

（七）违反司法鉴定程序、标准和技术规范进行鉴定的；

（八）拒绝履行司法鉴定法律援助义务的；

（九）无正当理由拒绝或者不按时出具司法鉴定文书的；

（十）拒绝接受司法行政部门监督检查或者提供虚假材料的。

第四十五条 违反本条例规定，司法鉴定机构有下列情形之一的，由省或市（地）司法行政部门依法给予停止从事司法鉴定业务三个月以上一年以下的处罚；情节严重的，由省司法行政部门撤销登记或者备案：

（一）因违反执业纪律、操作规范等给当事人合法权益造成重大损失的；

（二）具有本条例第四十三条规定的情形之一，并造成严重后果的。

（三）两年内因同一类违法情形被司法行政部门警告两次以上的；

以欺骗、贿赂等不正当手段取得登记或者备案的由省司法行政部门撤销登记或者备案，司法鉴定机构负责人涉嫌犯罪的，移送司法机关。

第四十六条 违反本条例规定，司法鉴定人有下列情形之一的，由省或市（地）司法行政部门依法给予停止执业三个月以上一年以下的处罚；情节严重的，由省司法行政部门撤销登记或者备案：

（一）故意作虚假鉴定的；
（二）因违反执业纪律、操作规范等给当事人合法权益造成重大损失的；
（三）经人民法院依法通知，无正当理由拒绝出庭作证的；
（四）具有本条例第四十四条规定的情形之一，并造成严重后果的；
（五）两年内被司法行政部门警告两次以上的。

以欺骗、贿赂等不正当手段取得登记或者备案的由省司法行政部门撤销登记或者备案。被依法追究刑事责任的，终身不得从事司法鉴定行业。

第四十七条 司法鉴定机构和司法鉴定人在停业整改期间继续从事司法鉴定业务的，由省司法行政部门撤销登记或者备案。

第四十八条 司法鉴定机构违反司法鉴定收费规定的，由司法行政部门或者价格主管部门依法给予处罚。

第四十九条 司法行政部门工作人员和其他国家机关的工作人员在司法鉴定管理工作中有下列行为的，依法给予行政处分；涉嫌犯罪的，移送司法机关：
（一）批准申报材料不符合本条例要求的司法鉴定机构或者司法鉴定人从事司法鉴定业务的；
（二）故意拖延不批准符合条件的司法鉴定机构或者司法鉴定人从事司法鉴定业务的申请的；
（三）收受或者索取司法鉴定机构或者司法鉴定人财物的；
（四）包庇违反本条例的司法鉴定机构或者司法鉴定人的；
（五）干预、阻碍司法鉴定机构或者司法鉴定人依法开展司法鉴定活动的；
（六）其他滥用职权、玩忽职守、徇私舞弊的。

第六章 附　则

第五十条 鉴定机构接受仲裁机构、行政执法机关等委托进行的鉴定，参照本条例有关规定执行。

公民、法人或其他组织基于举证的需要委托鉴定的，鉴定机构可以参照本条例的有关规定执行。

第五十一条 本条例自 2016 年 3 月 1 日起施行。

云南省司法鉴定管理条例

(2016年9月29日云南省第十二届人民代表大会常务委员会第二十九次会议通过)

第一章 总 则

第一条 为了规范司法鉴定活动,促进司法公正,根据《全国人民代表大会常务委员会关于司法鉴定管理问题的决定》和有关法律、法规,结合本省实际,制定本条例。

第二条 本省行政区域内司法鉴定机构、司法鉴定人及其司法鉴定活动的监督管理,适用本条例。

第三条 本条例所称司法鉴定,是指在诉讼活动中司法鉴定人运用科学技术或者专门知识,对诉讼涉及的专门性问题进行鉴别和判断并提供鉴定意见的活动,包括法医类、物证类、声像资料类、环境损害类以及国家规定的其他类鉴定。

本条例所称司法鉴定机构和司法鉴定人,是指依法经省司法行政部门登记,从事司法鉴定业务的机构和人员。

第四条 省、设区的市和自治州人民政府应当加强对司法鉴定管理工作的领导和协调,推动司法鉴定统一管理体制的建立和完善,培养专业人才,健全保障机制,促进司法鉴定工作有序开展。

第五条 省司法行政部门主管全省司法鉴定工作,负责司法鉴定机构和司法鉴定人的登记、名册编制和鉴定类别目录的公告,以及司法鉴定活动的监督管理等工作。设区的市、自治州司法行政部门负责本行政区域内的司法鉴定监督管理工作。

侦查机关设立的司法鉴定机构及其司法鉴定人,应当按照有关规定向省司法行政部门备案登记,其司法鉴定活动的监督管理,由其主管部门依照有关规定执行,不得面向社会接受委托从事司法鉴定业务。

质监、物价等部门在其职责范围内履行监督管理职能。

第六条 司法鉴定活动应当遵循科学、客观、公正的原则,实行司法鉴定人负责制度。

司法鉴定机构和司法鉴定人进行司法鉴定活动,应当遵守法律、法规、规章和执业纪律,恪守职业道德和技术规范。

司法鉴定机构和司法鉴定人依法独立开展司法鉴定活动,受法律保护,任何组织和个人不得干涉。

第七条 司法鉴定管理实行行政管理和行业管理相结合的制度。

司法鉴定协会依照章程开展活动,并接受司法行政部门的监督和指导。

第八条 司法行政部门应当与人民法院、人民检察院、公安等机关建立司法鉴定工作联系制度。

第二章 司法鉴定机构和司法鉴定人

第九条 省司法行政部门应当按照统筹规划、合理布局、优化结构、满足需要、有序发展的原则,依法审核登记司法鉴定机构。

第十条 法人或者其他组织申请设立司法鉴定机构,应当具备下列条件:

(一)有规范的名称和符合司法鉴定要求的执业场所;

(二)有与开展鉴定业务相适应的资金;

(三)有明确的司法鉴定业务范围;

(四)有在业务范围内进行司法鉴定所必需的仪器、设备;

(五)有在业务范围内进行司法鉴定所必需的依法通过计量认证或者实验室认可的检验检测实验室;

(六)每项司法鉴定业务有3名以上司法鉴定人。

受到停止执业处罚期满未逾3年的,不得担任司法鉴定机构的法定代表人或者负责人。

申请从事司法鉴定业务涉及相关行业特殊资质要求的,除具备前两款规定条件外,还应当具备相应的行业资质。法医类司法鉴定机构应当是医学、法医学教学科研单位或者二级甲等以上医院;其他类别的司法鉴定机构应当具有相关行业的高资质。

司法鉴定机构设立分支机构,按照国家有关规定执行。

第十一条 法人或者其他组织申请设立司法鉴定机构,有下列情形之一的,司法行政部门不予受理,并出具不予受理决定书:

(一)不符合本条例第十条规定;

(二)法定代表人或者负责人受过刑事处罚或者开除公职处分。

第十二条 申请司法鉴定执业的人员,应当具备下列条件之一:

(一)具有与所申请从事司法鉴定业务相关的高级专业技术职称;

(二)具有与所申请从事司法鉴定业务相关的专业执业资格或者高等院校相关专业本科以上学历,从事相关专业工作5年以上经历;

（三）申请从事经验鉴定型或者技能鉴定型司法鉴定业务的,应当具备相关专业工作10年以上经历,具有较强的专业技能。

申请从事的司法鉴定业务,相关行业对执业资格有特别规定的,还应当符合其规定。

第十三条 申请司法鉴定执业的人员,有下列情形之一的,司法行政部门不予受理,并出具不予受理决定书:

（一）不符合本条例第十二条规定;
（二）因职务犯罪或者其他故意犯罪受过刑事处罚;
（三）受过开除公职处分;
（四）被吊销《司法鉴定人执业证》;
（五）无民事行为能力或者限制行为能力。

第十四条 法人或者其他组织申请设立司法鉴定机构,应当向所在地的设区的市、自治州司法行政部门申请。受理申请的部门应当在10日内对申请材料进行核实,报省司法行政部门审核。省司法行政部门应当自收到报送材料之日起20日内作出是否准予登记的决定。准予登记的,自作出决定之日起10日内向申请人颁发《司法鉴定许可证》;不准予登记的,书面通知申请人并说明理由。

司法行政部门组织专家对申请人的仪器、设备、执业场所和检验检测实验室进行评审的,应当在30日内完成。因特殊原因需要延长时限的,经省司法行政部门负责人批准,可以延长30日。

个人申请从事司法鉴定业务,应当通过拟执业的司法鉴定机构提出,参照第一款的规定办理。准予登记的,向申请人颁发《司法鉴定人执业证》;不准予登记的,书面通知申请人并说明理由。

第十五条 《司法鉴定许可证》、《司法鉴定人执业证》自发证之日起5年内有效;有效期届满需要延续的,应当在届满30日前向省司法行政部门申请。省司法行政部门应当自收到申请之日起20日内办结,并书面通知申请人。

《司法鉴定许可证》、《司法鉴定人执业证》不得涂改、出借、出租、转让。

第十六条 司法鉴定机构和司法鉴定人变更原登记事项,由司法鉴定机构依照本条例第十四条规定申请变更登记。

司法鉴定机构因登记事项发生变化不能保持法定设立条件或者某项司法鉴定业务不具备执业条件,应当自发生变化之日起15日内向省司法行政部门申请机构停业或者该项鉴定业务停业整改,期限不超过1年。整改后,达到法定条件的,可以申请恢复执业;达不到法定条件或者未申请整改的,予以注销登记并公告。

第十七条 司法鉴定机构有下列情形之一的,省司法行政部门应当注销登记并予公告：

（一）申请终止司法鉴定业务活动；

（二）无正当理由停业6个月以上或者自愿解散；

（三）《司法鉴定许可证》有效期届满未申请延续。

第十八条　司法鉴定人有下列情形之一的，省司法行政部门应当注销登记并予公告：

（一）申请终止司法鉴定执业活动；

（二）无正当理由连续1年以上未开展司法鉴定业务；

（三）死亡或者丧失司法鉴定能力；

（四）《司法鉴定人执业证》有效期届满未申请延续；

（五）所在司法鉴定机构被注销或者被撤销，个人未通过其他司法鉴定机构申请执业；

（六）个人专业资格被有关主管部门撤销。

第十九条　司法鉴定机构应当履行下列职责：

（一）建立健全执业、收费、公示、鉴定材料、业务档案、财务、投诉处理等管理制度；

（二）在登记的业务范围内接受司法鉴定委托，指派司法鉴定人并组织实施司法鉴定，按照规定或者约定的时限完成司法鉴定；

（三）管理本机构人员，监督司法鉴定人执业活动；

（四）为司法鉴定人执业活动提供必要的工作条件和物质保障；

（五）组织本机构人员的业务培训；

（六）接受司法行政部门的监督检查，按照要求提供有关材料；

（七）协助、配合司法行政部门和有关部门调查、处理涉及本机构的举报、投诉；

（八）组织开展司法鉴定援助；

（九）按规定统一收取鉴定费用，出具合法票据。

第二十条　司法鉴定人执业享有下列权利：

（一）查阅、复制与司法鉴定事项有关的资料，必要时询问有关当事人、证人；

（二）要求司法鉴定委托人无偿提供司法鉴定所需的鉴定材料、样本；

（三）进行司法鉴定所必需的检验、检查或者模拟实验；

（四）拒绝承担所在机构指派的不合法、不具备司法鉴定条件或者超出登记执业范围的司法鉴定事项；

（五）拒绝解决、回答与司法鉴定无关的问题；

（六）司法鉴定意见不一致时，保留不同意见；

(七)获得合法报酬。

第二十一条 司法鉴定人执业应当履行下列义务:

(一)受所在司法鉴定机构指派,按时完成司法鉴定事项,出具司法鉴定意见,并对鉴定意见负责;

(二)依法回避;

(三)妥善保管送鉴材料、样本;

(四)保守在执业活动中知悉的国家秘密、商业秘密和个人隐私;

(五)依法出庭作证,回答与司法鉴定有关的询问;

(六)接受司法行政部门和所在机构的监督管理;

(七)依法承办司法鉴定援助事项;

(八)参加司法鉴定业务培训和继续教育。

第二十二条 司法鉴定机构之间没有隶属关系,司法鉴定机构接受委托从事司法鉴定业务不受地域范围的限制。

司法鉴定人不得同时在两个以上司法鉴定机构从事司法鉴定业务。

第二十三条 未经省司法行政部门登记并编入司法鉴定机构和司法鉴定人名册,任何组织和个人不得从事本条例规定的司法鉴定业务,法律、法规、规章另有规定的除外。

第三章 司法鉴定程序

第二十四条 在诉讼活动中当事人申请进行司法鉴定的,经办案机关同意,由双方当事人协商确定具备资格的司法鉴定机构进行鉴定。协商不成或者当事人没有申请但办案机关认为需要鉴定的,由办案机关从司法行政部门公告的司法鉴定机构名册中随机委托司法鉴定机构进行鉴定。

第二十五条 司法鉴定机构应当统一受理委托,与委托人签订司法鉴定委托书。

委托人应当提供真实、合法、完整的鉴定材料,不得强迫或者暗示司法鉴定机构、司法鉴定人作出某种特定的鉴定意见。

第二十六条 司法鉴定委托有下列情形之一的,司法鉴定机构不得受理:

(一)委托事项超出本机构业务范围;

(二)发现鉴定材料不真实、不完整、不充分或者取得方式不合法;

(三)鉴定用途不合法或者违背社会公德;

(四)鉴定要求不符合司法鉴定执业规则或者相关鉴定技术规范;

(五)鉴定要求超出本机构技术条件或者鉴定能力;

(六)委托人就同一鉴定事项同时委托其他司法鉴定机构进行鉴定;

（七）法律、法规、规章规定不得受理的其他情形。

对不予受理的,应当向委托人书面说明理由,退还鉴定材料。

第二十七条 司法鉴定人有下列情形之一的,应当回避:

（一）本人或者其近亲属与委托人、委托鉴定事项或者鉴定事项涉及案件有利害关系;

（二）担任过该鉴定事项涉及案件的证人、辩护人或者诉讼代理人;

（三）曾经参加过同一案件鉴定事项或者为其提供过咨询意见;

（四）法律、法规、规章规定应当回避的其他情形。

司法鉴定人回避,由其所在的司法鉴定机构负责人决定。司法鉴定机构负责人有前款规定情形之一的,应当告知委托人另行选择司法鉴定机构。

第二十八条 司法鉴定机构受理鉴定委托后,应当指派本机构两名以上具有该司法鉴定事项执业资格的司法鉴定人实施鉴定。

司法鉴定人实施鉴定,应当遵守司法鉴定程序、符合有关技术标准和技术规范。

第二十九条 司法鉴定机构可以与委托人对司法鉴定时限进行约定。没有约定的,司法鉴定机构应当自受理委托之日起 30 个工作日内完成委托鉴定事项,并出具司法鉴定意见书。鉴定事项涉及复杂、疑难、特殊技术问题需要延长鉴定时间的,经司法鉴定机构负责人批准,最多可以延长 30 个工作日。

司法鉴定过程中,需要补充或者重新提取鉴定材料的时间,不计入鉴定时限。

第三十条 司法鉴定机构在进行鉴定过程中,遇有特别复杂、疑难、特殊技术问题或者多个鉴定类别的,可以向本机构以外的相关专家进行咨询,但最终鉴定意见应当由本机构的司法鉴定人出具。

对涉及重大案件或者特别复杂、疑难、特殊技术问题的鉴定事项,根据办案机关的委托,司法鉴定协会可以组织有关专家进行论证,提供咨询意见,相关费用由委托方承担。

第三十一条 司法鉴定事项完成后,司法鉴定人应当制作司法鉴定意见书并签名,由司法鉴定机构加盖司法鉴定专用章。

司法鉴定机构应当建立鉴定复核制度,发现有违反法律、法规、规章的情形,应当予以纠正。

第三十二条 司法鉴定过程中,有下列情形之一的,司法鉴定机构可以终止鉴定:

（一）本条例第二十六条第二项至第六项规定的情形;

（二）鉴定材料发生耗损,委托人不能补充提供;

(三)委托人拒不履行司法鉴定委托书约定的义务或者被鉴定人不予配合,致使鉴定无法进行;

(四)委托人撤销鉴定委托或者委托人、诉讼当事人拒绝支付鉴定费用;

(五)因不可抗力致使鉴定无法继续进行;

(六)其他需要终止鉴定的情形。

终止鉴定的,司法鉴定机构应当书面通知委托人,说明理由,退还鉴定材料,并根据终止的原因及责任,酌情退还有关鉴定费用。

第三十三条 有下列情形之一的,司法鉴定机构可以根据委托人的要求进行补充鉴定:

(一)原委托鉴定事项有遗漏;

(二)委托人就原委托鉴定事项提供新的鉴定材料;

(三)其他需要补充鉴定的情形。

补充鉴定是原委托鉴定的组成部分,应当由原司法鉴定人进行。

第三十四条 有下列情形之一的,司法鉴定机构可以接受办案机关委托进行重新鉴定:

(一)原司法鉴定人不具有从事委托鉴定事项执业资格;

(二)原司法鉴定机构超出登记的业务范围组织鉴定;

(三)原司法鉴定人应当回避没有回避;

(四)办案机关认为需要重新鉴定;

(五)法律规定的其他情形。

第三十五条 重新鉴定应当委托原司法鉴定机构以外的其他司法鉴定机构进行;因特殊原因,也可以委托原司法鉴定机构,但该项鉴定应当由原司法鉴定人以外的司法鉴定人进行。

接受重新鉴定委托的司法鉴定机构的资质条件应当不低于原司法鉴定机构,进行重新鉴定的司法鉴定人中应当至少有一名具有相关专业高级技术职称。

第三十六条 司法鉴定收费按照国家及本省有关规定执行。本省司法鉴定收费管理规定,由省价格主管部门会同省司法行政部门制定。

第三十七条 经人民法院通知,司法鉴定人应当出庭作证。司法鉴定人确因法律规定的情形不能出庭作证的,应当经人民法院许可。

人民法院应当保障司法鉴定人出庭作证期间的人身安全等合法权益。司法鉴定人因履行出庭作证义务而支出的相关费用执行国家和省的有关规定。

第四章 监督管理

第三十八条 司法行政部门应当就下列事项,对司法鉴定机构、司法鉴定人进行监督、检查：

(一)遵守法律、法规、规章和执业纪律情况；

(二)执行司法鉴定程序、技术标准和操作规范情况；

(三)业务开展和鉴定质量情况；

(四)恪守职业道德情况；

(五)制度建设及执行情况；

(六)参加司法鉴定教育培训情况。

第三十九条 司法行政部门应当建立司法鉴定信息平台，将司法鉴定机构、司法鉴定人信息和司法鉴定案件委托办理等纳入系统管理，为办案机关和社会公众提供查询服务。

第四十条 司法行政部门对公民、法人或者其他组织投诉、举报司法鉴定机构或者司法鉴定人的，应当及时调查处理，并将调查处理结果告知投诉人、举报人。

设区的市、自治州司法行政部门负责投诉处理工作；对涉及严重违法违规行为的投诉，可以由省司法行政部门直接处理。

违反行业规范的投诉事项，由司法鉴定协会调查处理。司法鉴定协会调查后认为应当给予行政处罚的，向所在地的设区的市、自治州司法行政部门提出处理建议。

第四十一条 省、设区的市和自治州司法鉴定协会负责制定行业规范，加强行业自律，维护会员权益，总结交流经验，组织技术研发，处理投诉和会员申诉，调解执业纠纷，对会员进行教育培训、监督、考核、评估、奖励、惩戒。

根据需要，司法鉴定协会可以设立专门委员会和专业委员会。

第四十二条 司法行政部门应当会同司法鉴定协会和司法鉴定专家代表，建立三方共同参与的司法鉴定质量评估和诚信评估机制，评估结果定期向社会公布。

第四十三条 省、设区的市和自治州司法行政部门应当将司法鉴定机构和司法鉴定人变更、处罚等情况及时向同级人民法院、人民检察院和公安等机关通报。

对司法鉴定人无正当理由拒不出庭作证的情况，人民法院应当通报同级司法行政部门。

备案登记的司法鉴定机构、司法鉴定人调整，或者备案登记情况发生变化的，主管机关应当书面告知省司法行政部门。

第五章 法律责任

第四十四条 未经省司法行政部门审核登记的机构和人员从事司法鉴定活

动,由设区的市或者自治州司法行政部门责令停止违法活动,并处1万元以上3万元以下罚款;有违法所得的,没收违法所得。

第四十五条 司法鉴定机构有下列情形之一的,由省或者设区的市、自治州司法行政部门根据情节轻重给予警告、停止执业3个月以上1年以下的处罚:

(一)超出登记的业务范围执业;
(二)登记事项发生变化,未依法办理变更登记;
(三)涂改、出借、出租、转让《司法鉴定许可证》;
(四)以支付介绍费、进行虚假宣传等不正当手段招揽业务;
(五)违法接受委托、收取费用;
(六)受理委托后,无正当理由拒绝或者不按时出具司法鉴定意见书;
(七)组织未经登记的人员从事司法鉴定业务或者指派司法鉴定人超出本人登记的业务范围执业;
(八)组织司法鉴定人违反司法鉴定程序、技术标准和操作规范进行鉴定;
(九)拒绝履行司法鉴定援助义务;
(十)拒绝接受司法行政部门监督、检查或者提供虚假材料;
(十一)对司法鉴定活动疏于管理,造成严重后果。

司法鉴定机构受到处罚的,对其负责人根据情节轻重给予警告、停止执业3个月以上1年以下的处罚。

第四十六条 司法鉴定机构在受到停止执业处罚期间,继续从事司法鉴定业务的,由省司法行政部门吊销其《司法鉴定许可证》。

司法鉴定机构被吊销《司法鉴定许可证》的,其负责人5年内不得申请从事司法鉴定业务。

第四十七条 司法鉴定人有下列行为之一的,由省或者设区的市、自治州司法行政部门根据情节轻重给予警告、停止执业3个月以上1年以下的处罚:

(一)超出登记的业务范围从事司法鉴定业务;
(二)同时在两个以上司法鉴定机构执业;
(三)涂改、出借、出租、转让《司法鉴定人执业证》;
(四)私自接受委托、收取费用或者当事人财物;
(五)司法鉴定机构停业整改期间,继续从事司法鉴定业务;
(六)违反保密和回避规定;
(七)违反司法鉴定程序、技术标准和操作规范进行司法鉴定;
(八)无正当理由拒绝或者不按时出具司法鉴定意见书;
(九)经人民法院依法通知,无正当理由拒绝出庭作证;
(十)拒绝履行司法鉴定援助义务;

(十一)拒绝接受司法行政部门监督、检查或者提供虚假材料。

第四十八条 司法鉴定人有下列行为之一的,由省司法行政部门吊销其《司法鉴定人执业证》:

(一)因职务犯罪或者其他故意犯罪受过刑事处罚;

(二)受到停止执业处罚期间,继续从事司法鉴定业务的。

第四十九条 司法鉴定机构和司法鉴定人违法执业或者因重大过失给当事人造成损失的,由司法鉴定机构依法承担赔偿责任。司法鉴定机构赔偿后,可以向有过错的司法鉴定人追偿。司法鉴定人违法执业行为构成犯罪的,应当依法追究刑事责任。

鉴定委托人或者当事人送鉴材料失实或者虚假,造成鉴定错误的,应当承担法律责任。

第五十条 司法行政部门的工作人员在司法鉴定工作中滥用职权、玩忽职守、徇私舞弊的,依法给予处分;构成犯罪的,依法追究刑事责任。

第六章 附 则

第五十一条 在诉讼活动之外,司法鉴定机构和司法鉴定人依法开展相关鉴定业务的,参照本条例执行。

第五十二条 本条例自2017年1月1日起施行。

广西壮族自治区司法鉴定管理条例

（2016年9月29日广西壮族自治区第十二届人民代表大会常务委员会第二十五次会议通过）

第一章 总 则

第一条 为了规范司法鉴定活动，加强对司法鉴定机构和司法鉴定人的管理，促进司法公正，保障当事人的合法权益，根据《全国人民代表大会常务委员会关于司法鉴定管理问题的决定》和有关法律、行政法规，结合本自治区实际，制定本条例。

第二条 本自治区行政区域内司法鉴定机构、司法鉴定人及其司法鉴定活动的监督管理，适用本条例。

人民检察院、公安机关、国家安全机关设立的司法鉴定机构、司法鉴定人及其司法鉴定活动的监督管理，按照国家有关规定执行。

国家对司法鉴定机构、司法鉴定人及其司法鉴定活动的监督管理另有规定的，从其规定。

第三条 本条例所称司法鉴定，是指司法鉴定机构和司法鉴定人运用科学技术或者专门知识对诉讼涉及的专门性问题进行鉴别和判断并提供鉴定意见的活动，包括法医类、物证类、声像资料类鉴定以及诉讼需要的其他类鉴定。

本条例所称司法鉴定机构和司法鉴定人，是指经自治区人民政府司法行政部门审核登记，取得《司法鉴定许可证》、《司法鉴定人执业证》，从事前款规定司法鉴定业务的机构和人员。

第四条 自治区和设区的市人民政府应当根据经济社会发展状况统筹规划本行政区域的司法鉴定事业，建立司法鉴定管理、司法鉴定法律援助、司法鉴定行业重大专项和民族地区司法鉴定机构专项经费保障机制，推动司法鉴定事业健康发展。

第五条 自治区人民政府司法行政部门负责本行政区域的司法鉴定活动的监督管理工作。

设区的市和县（市、区）人民政府司法行政部门依照本条例规定负责本行政区域的司法鉴定活动的监督管理工作。

第六条 司法鉴定机构和司法鉴定人实行统一登记管理制度。除法律、法规另有规定外，未经自治区人民政府司法行政部门审核登记并编入名册，任何组织和个人不得从事司法鉴定业务。

人民检察院、公安机关、国家安全机关根据侦查工作需要设立的司法鉴定机构及其司法鉴定人员按照国家有关规定从事司法鉴定业务，实行备案登记制度，由人民检察院、公安机关、国家安全机关直接管理，不得面向社会接受委托从事司法鉴定业务。

自治区人民政府司法行政部门收到人民检察院、公安机关、国家安全机关的有关备案登记材料后，应当在一个月内予以备案登记，单独编制名册并公告。备案登记的司法鉴定机构、司法鉴定人情况发生变化的，应当及时书面告知自治区人民政府司法行政部门。

第七条 司法鉴定机构和司法鉴定人从事司法鉴定业务，实行司法鉴定人负责制度，应当遵守法律、法规，恪守职业道德和执业纪律，执行科学统一的司法鉴定程序、技术标准和操作规范，接受社会监督。

第八条 自治区人民政府司法行政部门与本级人民法院、人民检察院、公安机关、国家安全机关应当建立司法鉴定工作联动协调机制。

第九条 司法鉴定机构、司法鉴定人可以依法参加司法鉴定协会。

司法鉴定协会应当依照本条例和司法鉴定协会章程开展活动，对会员加强职业道德、行为规范以及执业技能等行业自律管理，依法保护会员的合法权益，维护有序竞争。

司法鉴定协会应当接受司法行政部门的指导和监督。

第二章 司法鉴定机构和司法鉴定人

第十条 法人或者其他组织申请登记设立司法鉴定机构的，应当具备下列条件：

（一）有符合规范的名称、符合司法鉴定要求的执业场所和不少于二十万元人民币的资金；

（二）有明确的司法鉴定业务范围；

（三）有在业务范围内进行司法鉴定必需的仪器、设备；

（四）有在业务范围内进行司法鉴定必需的依法通过计量认证或者实验室认可的检测实验室；

（五）申请从事的每项司法鉴定业务有三名以上司法鉴定人。

申请从事的司法鉴定业务相关行业有特殊资质要求的，除具备前款规定条件外，还应当具备相应的行业资质。

司法鉴定机构在本自治区行政区域内设立分支机构的,分支机构应当符合第一款规定的条件,并经自治区人民政府司法行政部门审核登记后,方可依法开展司法鉴定活动。本自治区行政区域外司法鉴定机构在本自治区行政区域内设立分支机构的,还应当报司法鉴定机构所在行政区域的省级人民政府司法行政部门同意。

第十一条　法人或者其他组织申请从事司法鉴定业务,有下列情形之一的,不予登记设立司法鉴定机构:

(一)法定代表人或者负责人受过刑事处罚或者开除公职处分的;

(二)法律、法规规定不予登记的其他情形。

第十二条　公民具备下列条件之一的,可以申请《司法鉴定人执业证》:

(一)具有与所申请从事的司法鉴定业务相关的高级专业技术职称;

(二)具有与所申请从事的司法鉴定业务相关专业执业资格或者高等院校相关专业本科以上学历,从事相关工作五年以上;

(三)具有与所申请从事的司法鉴定业务相关工作十年以上经历,具有较强的专业技能。

申请从事的司法鉴定业务,相关行业对执业资格有特别规定的,还应当符合行业规定。

第十三条　公民有下列情形之一的,不得从事司法鉴定业务,不予登记颁发司法鉴定人执业证:

(一)因故意犯罪或者职务过失犯罪受过刑事处罚的;

(二)受过开除公职处分的;

(三)被吊销《司法鉴定人执业证》或者被司法行政部门撤销司法鉴定人登记的;

(四)所在的司法鉴定机构受到停业处罚,处罚期未满的;

(五)属于无民事行为能力或者限制行为能力的;

(六)法律、法规规定不予受理的其他情形。

第十四条　申请登记设立司法鉴定机构,应当向拟设立司法鉴定机构所在地设区的市人民政府司法行政部门申请并提交相关材料。申请《司法鉴定人执业证》的,应当由拟执业的司法鉴定机构向所在地设区的市人民政府司法行政部门申请并提交相关材料。

第十五条　受理申请的司法行政部门应当自受理之日起五个工作日内进行审查,并将审查意见和全部申请材料报送自治区人民政府司法行政部门。自治区人民政府司法行政部门应当自收到报送材料之日起十五个工作日内予以审核,作出是否准予登记的决定,符合条件准予登记的,自作出决定之日起五个工作日内向申请人颁发《司法鉴定人执业证》或者《司法鉴定许可证》；不符合条件不准予登记的，作出不予登记的书面决定并说明理由，由受理申请的司法行政部门通知申请人。

自治区人民政府司法行政部门对准予登记的司法鉴定机构和司法鉴定人，应当编入登记名册，并向社会公布。

第十六条 司法鉴定机构变更原登记事项的，应当向司法行政部门申请变更登记。

司法鉴定人变更有关登记事项的，应当通过其执业的司法鉴定机构向司法行政部门申请变更登记。

变更登记手续应当依照本条例规定的程序办理。

第十七条 《司法鉴定许可证》、《司法鉴定人执业证》自颁发之日起五年内有效；有效期届满需要延续的，应当在届满三十日前依照有关规定向自治区人民政府司法行政部门申请。

延续的条件和程序执行申请登记的有关规定。

第十八条 司法鉴定机构应当按照登记或者备案的业务范围从事司法鉴定活动并履行下列职责：

（一）依法接受司法鉴定委托，指派司法鉴定人并组织实施司法鉴定，按照规定或者约定的时限完成司法鉴定；

（二）不得以诋毁其他司法鉴定机构、司法鉴定人或者支付介绍费、进行虚假宣传等不正当手段招揽业务；

（三）建立健全的执业、收费、公示、鉴定材料、业务档案、财务、投诉处理等管理制度；

（四）为司法鉴定人执业活动提供与司法鉴定业务相适应的办公场所，设置案件受理室、司法鉴定室、鉴定档案室和鉴定实验室等必要的条件和物质保障；

（五）依照相关规定提供司法鉴定法律援助；

（六）接受司法行政部门的监督检查，按照要求提供有关材料；

（七）管理本机构人员，监督司法鉴定人执业活动；

（八）协助、配合司法行政部门和有关部门调查、处理涉及本机构的举报、投诉；

（九）组织本机构的司法鉴定人参加业务以及教育培训；

（十）法律、法规规定的其他职责。

第十九条 司法鉴定人执业享有下列权利：

（一）要求司法鉴定委托人无偿提供和补充所需要的司法鉴定材料、样本；

（二）拒绝接受不合法、不具备司法鉴定条件或者超出登记的执业范围的鉴定要求；

（三）进行司法鉴定所必需的检验、检查,参与依法组织的勘查和模拟实验;

（四）表达和保留不同的司法鉴定意见;

（五）获得合法报酬;

（六）法律、法规规定的其他权利。

第二十条 司法鉴定人执业应当按照登记的业务范围从事司法鉴定活动并履行下列义务:

（一）不得同时在两个以上司法鉴定机构从事司法鉴定业务;

（二）接受所在司法鉴定机构的指派,按照法定或者约定的时限独立完成司法鉴定工作、出具司法鉴定意见,并对司法鉴定意见负责;

（三）妥善保管司法鉴定材料和有关资料;

（四）保守在司法鉴定执业活动中知悉的国家秘密、商业秘密和个人隐私;

（五）依法出庭作证,回答与司法鉴定有关的询问;

（六）接受司法行政部门和所在司法鉴定机构的监督管理;

（七）按照规定承办司法鉴定法律援助案件;

（八）参加司法鉴定业务培训和继续教育;

（九）法律、法规规定的其他义务。

第二十一条 司法鉴定机构有下列情形之一的,自治区人民政府司法行政部门应当依法办理注销登记手续或者备案手续,并予以公告:

（一）依法申请终止司法鉴定活动的;

（二）自愿解散的;

（三）登记后未实际开展司法鉴定业务或者无正当理由停止执业一年以上的;

（四）登记事项发生变化,不符合登记条件的;

（五）《司法鉴定许可证》或者司法鉴定备案有效期限届满未按时申请延续的;

（六）设立司法鉴定机构的法人或者其他组织终止的;

（七）法律、法规规定的其他情形。

第二十二条 司法鉴定人有下列情形之一的,自治区人民政府司法行政部门应当依法办理注销登记手续或者备案手续并予以公告:

（一）申请终止司法鉴定执业;

（二）死亡或者丧失行为能力;

（三）无正当理由停止执业一年以上;

（四）《司法鉴定人执业证》或者司法鉴定备案有效期届满未按时申请延续;

（五）相关的专业执业证已经失效;

（六）受到开除公职处分；

（七）所在司法鉴定机构登记被注销或者撤销,个人未通过其他司法鉴定机构申请登记；

（八）法律、法规规定的其他情形。

第二十三条 有下列情形之一的,由自治区人民政府司法行政部门依法撤销登记并予以公告：

（一）提供虚假证明材料或以欺诈、贿赂等不正当手段取得登记的；

（二）违反法定程序准予登记的；

（三）不符合法定条件准予登记的；

（四）法律、法规规定应当撤销登记的其他情形。

第三章 司法鉴定的委托、受理和实施

第二十四条 诉讼活动中,对本条例第三条所列鉴定事项发生争议,需要进行司法鉴定的,应当委托司法行政部门登记名册中的司法鉴定机构进行司法鉴定。

进入诉讼程序的案件,当事人要求司法鉴定的,应当向办理案件的机关提出申请；经办理案件的机关同意后,委托司法鉴定机构进行鉴定。办理案件的机关同意司法鉴定的,应当告知案件对方当事人；办理案件的机关不同意司法鉴定的,应当向申请人说明理由。

人民法院、人民检察院、公安机关、国家安全机关在履行法定职责过程中需要进行司法鉴定的,可以委托司法鉴定机构进行。

司法鉴定委托应当由司法鉴定机构统一受理,司法鉴定人不得私自接受委托。

第二十五条 委托人委托司法鉴定机构进行司法鉴定,应当出具司法鉴定委托书,向司法鉴定机构提供司法鉴定材料,并对司法鉴定材料的合法性、完整性、真实性负责。

第二十六条 司法鉴定机构决定接受委托的,应当与委托人签订司法鉴定委托书。司法鉴定委托书应当载明下列事项：

（一）委托人和司法鉴定机构名称等基本情况；

（二）委托鉴定的事项、用途和要求；

（三）鉴定事项所涉及案件的情况；

（四）是否属于重新鉴定；

（五）委托人提供的鉴定材料目录和数量以及检材损耗的处理；

（六）鉴定的时限；

（七）鉴定的费用及其结算方式；

（八）双方的权利和义务；

（九）司法鉴定风险提示；

（十）争议处理；

（十一）需要载明的其他事项。

第二十七条 司法鉴定的收费项目和标准，执行国家有关规定；国家没有规定标准的，执行本自治区规定。没有国家和自治区规定标准的，司法鉴定机构应当与委托人在签订司法鉴定委托书时协商一致。

本自治区司法鉴定业务的收费管理办法、收费项目和标准，由自治区人民政府价格主管部门会同同级司法行政部门制定。

司法鉴定机构应当在办公场所显著位置公示收费项目、收费标准、收费方式。

第二十八条 司法鉴定机构受理委托后，应当指定本机构两名以上具有委托鉴定事项执业资格的司法鉴定人进行鉴定。

第二十九条 司法鉴定人有下列情形之一的，应当回避：

（一）本人或者其近亲属与委托人、委托鉴定事项或者鉴定事项涉及的案件有利害关系的；

（二）曾参加过同一鉴定事项的鉴定或者为其提供过咨询意见的；

（三）作为有专门知识的人出庭，就同一鉴定事项的鉴定意见提出意见的；

（四）法律、法规规定应当回避的其他情形。

司法鉴定人自行提出回避的，由其所属的司法鉴定机构决定；委托人要求司法鉴定人回避的，应当向该司法鉴定人所属的司法鉴定机构提出，由司法鉴定机构决定。委托人对司法鉴定机构是否回避的决定有异议的，可以撤销鉴定委托。

第三十条 司法鉴定实施程序和适用的标准、技术规范，按照国家有关规定执行，并在司法鉴定文书上注明。

第三十一条 司法鉴定机构应当在与委托人签订司法鉴定委托书生效之日起三十个工作日内完成委托事项的鉴定。

鉴定事项涉及复杂、疑难、特殊的技术问题或者检验过程需要较长时间的，经本机构负责人批准并书面通知委托人，完成司法鉴定的时间可以延长，延长时间不得超过三十个工作日。

司法鉴定机构与委托人对完成鉴定的时限另有约定的，从其约定。

在鉴定过程中补充鉴定材料所需的时间，不计入鉴定时限；重新提取鉴定材料，鉴定期限重新计算。

第三十二条 司法鉴定过程中有下列情形之一的,司法鉴定机构应当终止鉴定:

(一)委托人撤销鉴定委托或者要求终止鉴定的;

(二)发现委托鉴定用途不合法或者违背社会公德的;

(三)发现鉴定材料不真实或者取得方式不合法的;

(四)发现鉴定材料不完整、不充分或者鉴定材料耗尽、毁损或者自然损坏,委托人不能在约定时限内补充或者拒绝补充符合要求的鉴定材料的;

(五)委托人的鉴定要求或者完成司法鉴定所需要的技术超出本机构技术条件和鉴定能力的;

(六)委托人不履行司法鉴定委托书约定的义务或者被鉴定人不予配合,致使鉴定无法继续进行的;

(七)因不可抗力致使鉴定无法进行的;

(八)委托人拒绝支付鉴定费用的;

(九)发现委托人就同一鉴定事项同时委托其他司法鉴定机构进行鉴定的;

(十)法律、法规规定以及司法鉴定委托书约定应当终止鉴定的其他情形。

终止鉴定的,司法鉴定机构应当书面通知委托人,说明理由,并根据司法鉴定委托书约定退还鉴定材料,并根据终止的原因及责任酌情退还鉴定费用。

第三十三条 司法鉴定完成后,司法鉴定机构应当按照司法鉴定文书规范向委托人出具司法鉴定文书,由实施鉴定的司法鉴定人签名并加盖司法鉴定专用章。多人参加的鉴定,对鉴定意见有不同意见的,应当在司法鉴定文书上注明。

第三十四条 有下列情形之一的,司法鉴定机构可以根据委托人的请求进行补充鉴定:

(一)委托人发现委托的鉴定事项有遗漏的;

(二)委托人在鉴定过程中就原委托鉴定事项提供或者补充了新的鉴定材料的;

(三)其他需要补充鉴定的情形。

补充鉴定是原委托鉴定的组成部分,应当由原司法鉴定人进行。

第三十五条 有下列情形之一的,委托人可以委托司法鉴定机构重新鉴定:

(一)原司法鉴定机构、司法鉴定人不具备司法鉴定资质、资格的;

(二)原司法鉴定机构、司法鉴定人超出登记的业务范围进行鉴定的;

(三)原司法鉴定人应当回避而未回避的;

(四)原司法鉴定严重违反规定程序、技术操作规范或者适用技术标准明显不当的;

（五）当事人对原鉴定意见有异议,并能提出合法依据和合理理由的;
（六）办案机关认为需要重新鉴定的;
（七）法律、行政法规规定可以委托重新鉴定的其他情形。

重新鉴定应当由原司法鉴定机构以外的其他司法鉴定机构进行;因特殊原因或者当事人协商一致的,也可以委托原司法鉴定机构,但是应当由其他符合条件的司法鉴定人实施。

接受重新鉴定委托的司法鉴定机构的资质条件应当不低于原司法鉴定机构,进行重新鉴定的司法鉴定人中应当至少有一名具有相关专业高级专业技术职称。

第三十六条　对初次鉴定有争议的重大疑难鉴定事项,或者经两次以上鉴定后仍有争议的鉴定事项,司法鉴定协会可以接受司法机关的委托组织有关专家进行论证,提供咨询意见。

第四章　监督管理

第三十七条　自治区人民政府司法行政部门应当按照年度编制司法鉴定机构和司法鉴定人名册,及时更新电子版名册进行动态管理,并予以公告;对停业的司法鉴定机构和司法鉴定人,应当暂缓编入本年度名册;对依法被注销执业证书的司法鉴定机构、司法鉴定人,不得编入名册,已经编入的应当公告删除。

第三十八条　司法行政部门应当就下列事项,对司法鉴定机构、司法鉴定人进行监督检查：
（一）遵守法律、法规、规章情况;
（二）执行司法鉴定程序、技术标准和操作规范情况;
（三）业务开展和鉴定质量情况;
（四）恪守职业道德和执业纪律情况;
（五）制定和执行管理制度情况;
（六）法律、法规规定的其他事项。

司法行政部门依法履行监督检查职责,可以采取现场检查、调阅有关资料等措施。

第三十九条　司法鉴定利害关系人认为司法鉴定机构、司法鉴定人在执业活动中有违法违规行为,可以向有管辖权的县级以上人民政府司法行政部门书面投诉、举报。司法行政部门应当依照有关规定进行调查处理。

县级以上人民政府司法行政部门对公民、法人或者其他组织投诉、举报司法鉴定机构或者司法鉴定人的,应当及时进行调查处理,并将调查处理结果书面告知投诉人、举报人,不受理的应当书面告知理由。

第五章　法律责任

第四十条　违反本条例规定,法律、行政法规已有法律责任规定的,从其规定。

第四十一条　违反本条例规定,未经登记从事司法鉴定业务的,由设区的市以上人民政府司法行政部门责令停止违法活动,并处一万元以上三万元以下的罚款;有违法所得的,没收违法所得。

第四十二条　司法鉴定机构有下列行为之一的,由设区的市以上人民政府司法行政部门根据情节轻重给予警告、停止执业三个月以上一年以下的处罚,可以并处一万元以上二万元以下的罚款;有违法所得的,没收违法所得:

(一)超出登记的业务范围从事司法鉴定业务的;

(二)登记或者备案事项发生变化,未依法办理变更或者备案登记的;

(三)涂改、出借、出租、转让《司法鉴定许可证》或者司法鉴定备案文书的;

(四)未经依法登记擅自设立分支机构的;

(五)以诋毁其他司法鉴定机构、司法鉴定人或者支付回扣、介绍费,进行虚假宣传等不正当手段招揽业务的;

(六)无正当理由拒绝接受司法鉴定委托或者不按时出具司法鉴定文书的;

(七)违反规定接受委托的;

(八)应当停止执业而继续从事司法鉴定业务的;

(九)组织未经登记的人员违反规定从事司法鉴定业务或者组织司法鉴定人超出本人登记的业务范围执业的;

(十)组织司法鉴定人违反司法鉴定程序、技术标准和操作规范进行鉴定的;

(十一)拒绝履行司法鉴定法律援助义务的;

(十二)拒绝接受司法行政部门监督检查或者提供虚假材料的;

(十三)对本机构司法鉴定人疏于管理,造成严重后果的。

第四十三条　司法鉴定机构有下列行为之一的,由自治区人民政府司法行政部门吊销其《司法鉴定许可证》:

(一)受到停止执业处罚期间,继续从事司法鉴定业务的;

(二)受到停止执业处罚期满后二年内,又发生应当给予停止执业处罚情形的;

(三)发生本条例第四十二条规定的情形,情节特别严重的。

司法鉴定机构被吊销《司法鉴定许可证》的,其负责人三年内不得申请从事司法鉴定业务。

第四十四条　司法鉴定人有下列行为之一的,由设区的市以上人民政府司法行政部门根据情节轻重给予警告、停止执业一个月以上三个月以下的处罚,可以并处二千元以上一万元以下的罚款;有违法所得的,没收违法所得:

(一)超出登记的业务范围从事司法鉴定业务的;
(二)同时在两个以上司法鉴定机构执业的;
(三)涂改、出借、出租、转让《司法鉴定人执业证》的;
(四)私自接受委托、收取费用或者当事人财物的;
(五)应当停止执业或者所在司法鉴定机构终止,继续从事司法鉴定业务的;
(六)违反保密和回避规定的;
(七)违反司法鉴定程序、技术标准和操作规范进行司法鉴定的;
(八)无正当理由拒绝或者不按时出具司法鉴定文书的;
(九)拒绝履行司法鉴定法律援助义务的;
(十)拒绝接受司法行政部门监督检查或者提供虚假材料的。

司法鉴定人故意作虚假鉴定或者因严重不负责任给当事人合法权益造成重大损失的,由自治区人民政府司法行政部门给予停止执业三个月以上一年以下的处罚。

第四十五条 违反本条例规定,司法鉴定人有下列行为之一的,由自治区人民政府司法行政部门吊销其《司法鉴定人执业证》:

(一)受到停止执业处罚期间继续从事司法鉴定业务的;
(二)受到停止执业处罚期满后二年内,又发生应当给予停止执业处罚情形的;
(三)因故意犯罪或者职务过失犯罪受到刑事处罚的;
(四)有本条例第四十四条所列行为之一,情节严重的。

第四十六条 司法鉴定机构违反司法鉴定收费规定的,由价格主管部门依法给予处罚。

第四十七条 司法鉴定机构和司法鉴定人违法执业或者因过错给当事人造成损失的,由司法鉴定机构依法承担赔偿责任;司法鉴定机构不是法人的,设立司法鉴定机构的法人或者其他组织应当承担连带责任。司法鉴定机构赔偿后,可以向有过错的司法鉴定人追偿。

第四十八条 司法行政部门及其工作人员在司法鉴定管理工作中滥用职权、玩忽职守、徇私舞弊的,依法给予处分;构成犯罪的,依法追究刑事责任。

其他国家机关和社会组织工作人员非法干预、阻挠司法鉴定机构和司法鉴定人依法开展司法鉴定活动的,由有关部门依法给予处分;构成犯罪的,依法追究刑事责任。

第六章 附 则

第四十九条 司法鉴定机构为调解、仲裁、行政复议、公证、保险服务等提供鉴定的,参照本条例执行。

第五十条 本条例自 2016 年 12 月 1 日起施行。

江苏省司法鉴定管理条例

(2016年12月2日江苏省第十二届人民代表大会常务委员会第二十七次会议通过)

第一章 总 则

第一条 为了规范司法鉴定活动,保障当事人的合法权益,维护司法公正,根据《全国人民代表大会常务委员会关于司法鉴定管理问题的决定》和有关法律、行政法规,结合本省实际,制定本条例。

第二条 本省行政区域内鉴定人、鉴定机构从事司法鉴定活动的监督管理,适用本条例。法律、法规另有规定的,从其规定。

本条例所称司法鉴定,是指在诉讼活动中鉴定人运用科学技术或者专门知识对诉讼涉及的专门性问题进行鉴别和判断并提供鉴定意见的活动。

第三条 从事法医类、物证类、声像资料以及由国务院司法行政部门商最高人民法院、最高人民检察院确定的其他司法鉴定业务的鉴定人和鉴定机构实行登记管理制度。

第四条 司法鉴定应当遵循客观、公正、科学的原则。

鉴定人和鉴定机构应当遵守法律、法规,遵守职业道德和职业纪律,尊重科学,遵守技术操作规范。

第五条 司法鉴定实行鉴定人负责制度,鉴定人应当独立进行鉴定,对鉴定意见负责。

鉴定机构不具备法人资格的,设立该鉴定机构的法人或者其他组织应当保障鉴定机构及鉴定人开展司法鉴定活动的独立性和公正性。

第六条 省司法行政部门负责全省从事本条例第三条规定司法鉴定业务的鉴定人和鉴定机构的登记、名册编制和公告工作,对司法鉴定活动进行监督管理。设区的市司法行政部门依照本条例规定对本辖区内的司法鉴定活动进行监督管理。

侦查机关因侦查工作需要设立的鉴定机构,不得面向社会接受委托从事司法鉴定业务。

第七条 县级以上地方人民政府应当支持司法鉴定行业发展,鼓励鉴定机构加强实验室建设,提高司法鉴定的能力和公信力,适应诉讼活动需要。

第八条 鉴定人和鉴定机构可以依法组建或者参加司法鉴定行业协会。

司法鉴定行业协会在司法行政部门的监督指导下，依照协会章程开展活动，对会员加强职业道德、行为规范以及执业技能等自律管理，处理鉴定人和鉴定机构违反职业道德的行为，协助解决司法鉴定程序规则和技术规范适用等方面的纠纷，依法保护会员的合法权益。

第二章 登记及名册管理

第九条 申请从事本条例第三条规定司法鉴定业务的，由省司法行政部门审核，符合条件的予以登记，并编入鉴定人和鉴定机构名册；未经登记的，不得从事司法鉴定业务。

第十条 个人申请从事司法鉴定业务的，应当品行良好，遵守法律、法规和社会公德，并具备下列条件之一：

（一）具有与所申请从事的司法鉴定业务相关的高级专业技术职称；

（二）具有与所申请从事的司法鉴定业务相关的专业执业资格或者高等院校相关专业本科以上学历，从事相关工作五年以上；

（三）具有与所申请从事的司法鉴定业务相关工作十年以上经历，具有较强的专业技能。

第十一条 个人有下列情形之一的，不得从事司法鉴定业务：

（一）因故意犯罪或者职务过失犯罪受过刑事处罚；

（二）受过开除公职处分；

（三）被司法行政机关撤销司法鉴定人登记的；

（四）拟执业的鉴定机构受到停业处罚，处罚期未满；

（五）法律、法规规定的其他情形。

第十二条 法人或者其他组织申请从事司法鉴定业务的，应当具备下列条件：

（一）有明确的司法鉴定业务范围；

（二）有在业务范围内进行司法鉴定所必需的仪器、设备和执业场所；

（三）有在业务范围内进行司法鉴定所必需的依法通过计量认证或者实验室认可的检测实验室；

（四）每项司法鉴定业务有三名以上鉴定人。

申请从事的司法鉴定业务涉及相关行业特殊资质要求的，申请人还应当具备相应的资质。

第十三条 申请从事司法鉴定业务，应当向设区的市司法行政部门提交申请材料；个人申请从事司法鉴定业务的材料，由拟申请执业的鉴定机构提交。设区的市司法行政部门按照规定对申请材料进行核实,在七日内报省司法行政部门。

省司法行政部门应当依法审核申请材料,作出决定。符合条件的予以登记,向个人颁发《司法鉴定人执业证》,向法人或者其他组织颁发《司法鉴定许可证》;不符合条件的,作出不予登记的书面决定并说明理由。省司法行政部门进行审核时,可以组织专家对申请项目进行评审,评审所需时间不计入审核期限。

第十四条 《司法鉴定人执业证》、《司法鉴定许可证》有效期五年。有效期届满需要继续从事司法鉴定业务的,应当在届满三十日前提出延续申请。提出申请的条件和程序按照本条例有关登记管理的规定执行。

第十五条 鉴定人和鉴定机构申请变更登记司法鉴定业务范围的,依照本条例第十条、第十一条、第十二条、第十三条规定执行;其他登记事项的申请变更,依照本条例第十三条规定执行。

第十六条 鉴定人或者鉴定机构有下列情形之一的,由省司法行政部门注销其《司法鉴定人执业证》或者《司法鉴定许可证》:

(一)申请终止执业;

(二)登记事项发生变化,不符合登记条件;

(三)被撤销登记;

(四)法律、法规规定的其他情形。

第十七条 鉴定人执业应当参加国务院司法行政部门规定的培训。

鉴定人应当在一个鉴定机构执业,其执业范围不得超越执业机构的业务登记范围。

第十八条 省司法行政部门应当建立鉴定人和鉴定机构名册管理制度,向社会公告鉴定人和鉴定机构名册。

省司法行政部门通过政务网站向社会及时发布鉴定人和鉴定机构鉴定资质、认证认可、能力验证、仪器设备、执业处罚、限制执业和继续教育等相关信息。

第三章 司法鉴定活动

第十九条 诉讼活动中对本条例第三条规定的司法鉴定业务范围内的事项有争议,需要司法鉴定的,委托人应当选择鉴定人和鉴定机构名册中的鉴定人和鉴定机构进行鉴定。

第二十条 鉴定机构统一受理鉴定委托。

鉴定机构收到委托文书后,应当对委托的鉴定事项进行审查,在七个工作日内决定是否接受委托,并告知委托人。属于本机构司法鉴定业务范围,委托鉴定事项的用途及鉴定要求合法,提供的鉴定材料真实、完整、充分的,应当接受委托。委托鉴定事项不明确、材料不充分或者有缺陷可能影响鉴定的,应当书面要求委托人确认和补充;委托人拒绝确认、不补充或者补充不齐全的,可以不接受委托。

第二十一条　委托人委托鉴定时,应当向鉴定机构出具委托书,或者与鉴定机构签订委托鉴定协议书,明确鉴定对象、鉴定要求、鉴定目的、鉴定标准、鉴定时限、送鉴材料、费用支付标准和方式等事项。鉴定事项已由其他鉴定机构出具鉴定意见的,委托人应当向鉴定机构说明。

委托人不得就同一鉴定事项同时委托两个以上鉴定机构进行鉴定。

第二十二条　有下列情形之一的,鉴定机构不得接受委托:

(一)委托事项超出本机构业务范围、技术条件或者鉴定能力;

(二)委托人提供的材料不具备鉴定条件;

(三)鉴定要求不符合司法鉴定执业规则或者相关鉴定技术规范;

(四)鉴定机构与委托鉴定事项存在利害关系,可能影响客观、公正鉴定;

(五)明知委托人已就同一鉴定事项委托其他鉴定机构鉴定,且鉴定意见尚未出具;

(六)不符合法律、法规规定的其他情形。

第二十三条　委托人应当对所提供鉴定材料的真实性、完整性和合法性负责。鉴定机构应当对鉴定材料进行检查,鉴定材料在鉴定过程中可能损坏或者无法完整退还的,应当向委托人书面说明。

第二十四条　鉴定人在执业活动中享有下列权利:

(一)了解、查阅与鉴定事项有关的情况和资料;

(二)经委托人同意,可以询问与鉴定事项有关的当事人、证人、勘验人等相关人员;

(三)进行鉴定所必需的检验、检查和模拟实验;

(四)鉴定意见不一致时,保留不同意见;

(五)获得合法报酬;

(六)拒绝接受不合法、不具备鉴定条件或者超出其登记的执业类别的鉴定委托;

(七)拒绝解决、回答与鉴定事项无关的问题;

(八)法律、法规规定的其他权利。

第二十五条　鉴定人在执业活动中履行下列义务:

(一)在规定或者约定的时限内完成鉴定,并对鉴定意见负责;

(二)依法回避;

(三)保守在执业活动中知悉的国家秘密、商业秘密和个人隐私;

(四)遵守司法鉴定程序规则以及相关鉴定技术规范;

(五)妥善保管鉴定材料;

(六)采用笔记、录音、录像、拍照等方式对鉴定过程进行实时记录;

(七)依法出庭作证,回答与鉴定有关的问题;

(八)法律、法规规定的其他义务。

第二十六条　鉴定人有下列情形之一的,应当回避:

(一)鉴定人是委托鉴定事项涉及案件的当事人、诉讼代理人,或者当事人、诉讼代理人的近亲属;

(二)鉴定人或者其近亲属与委托鉴定事项涉及的案件有利害关系;

(三)鉴定人在与委托鉴定事项有关的案件中担任侦查人员、检察人员、辩护人、诉讼代理人、证人;

(四)可能影响鉴定公正性的其他情形。

第二十七条　委托人不得以任何方式明示或者暗示鉴定人、鉴定机构作出某种特定倾向的司法鉴定意见。

第二十八条　鉴定机构接受当事人递交的材料,应当征得委托人的同意。

第二十九条　鉴定机构应当在接受委托之日起三十个工作日内完成鉴定。

鉴定事项涉及复杂、疑难、特殊技术问题或者鉴定过程需要较长时间的,经鉴定机构负责人同意,可以延长鉴定时间;延长时间一般不得超过三十个工作日。鉴定时限延长的,应当及时告知委托人。

鉴定机构与委托人对鉴定时限另有约定的,从其约定。

在鉴定过程中补充或者重新提取鉴定材料所需时间,不计入鉴定时限。

第三十条　有下列情形之一的,鉴定机构可以根据委托人的要求进行补充鉴定:

(一)原委托鉴定事项有遗漏;

(二)委托人就原委托鉴定事项提供新的鉴定材料;

(三)需要补充鉴定的其他情形。

补充鉴定是原委托鉴定的组成部分,一般应当由原鉴定人进行。

第三十一条　有下列情形之一的,鉴定机构可以终止鉴定:

(一)发现鉴定事项存在本条例第二十二条规定的不得接受委托的情形;

(二)被鉴定人不予配合,致使鉴定无法继续进行;

(三)拒绝缴纳鉴定费用;

(四)因不可抗力致使鉴定无法继续进行;

(五)司法鉴定协议书约定终止鉴定的其他情形。

终止鉴定的,鉴定机构应当书面告知委托人,说明理由,退还鉴定材料并按照约定退还鉴定费用。

第三十二条 鉴定机构完成鉴定后,应当出具司法鉴定意见书,并载明鉴定的依据、过程、方法。司法鉴定意见书由鉴定人签名,加盖鉴定机构的司法鉴定专用章。

第三十三条 司法鉴定意见书有下列情形之一的,鉴定机构应当进行补正:

(一)图像、谱图、表格不清晰;

(二)签名、印章或者编号不符合制作要求;

(三)文字表达有瑕疵或者错别字。

补正应当在原司法鉴定意见书上进行,由至少一名鉴定人在补正处签名。必要时,可以出具补正书。

对司法鉴定意见书进行补正,不得改变司法鉴定意见的原意。

第三十四条 当事人对司法鉴定意见有异议的,应当向办案机关提出。

办案机关认为需要重新鉴定的,应当委托原鉴定机构以外的其他鉴定机构进行;因特殊原因,办案机关也可以委托原鉴定机构进行,原鉴定机构应当另行指定鉴定人。接受重新鉴定委托的鉴定机构的资质条件应当不低于原鉴定机构。

第三十五条 人民法院通知鉴定人出庭作证的,应当在开庭三日前将通知书送达鉴定人,为鉴定人出庭设置鉴定人席,保障鉴定人的执业权利和人身安全。鉴定人因出庭而产生的交通费、住宿费、生活费和误工补贴,由人民法院按照相关人员的费用标准代为收取并支付给鉴定机构。

第三十六条 司法鉴定的收费项目和收费标准由省价格主管部门会同省司法行政部门制定。

法律援助受援人交纳司法鉴定费有困难的,鉴定机构应当缓收、减收或者免收。

第四章 监督管理

第三十七条 省司法行政部门应当建立鉴定人和鉴定机构能力建设、质量管理、执业评价、教育培训等制度,完善司法鉴定争议解决机制。

第三十八条 司法行政部门根据鉴定人和鉴定机构执业状况和实际需要,制定本行政区域司法鉴定监督检查计划,确定监督检查的重点、方式并组织实施。

第三十九条 鉴定机构应当建立健全执业、档案、收费、财务、投诉处理等管理制度,建立并完善质量管理体系。

鉴定机构应当按照规定组织、支持本机构鉴定人参加教育培训。

第四十条 鉴定机构应当对本机构鉴定人进行年度执业评价,并向设区的市司法行政部门提交鉴定人执业评价结果和本机构年度执业情况报告。设区的市司法行政部门审核后报省司法行政部门。

第四十一条 案件当事人或者其他利害关系人对鉴定人、鉴定机构的下列行为,可以向司法行政部门投诉:
(一)超出登记的业务范围从事司法鉴定活动;
(二)违反司法鉴定程序规则和技术规范;
(三)因不负责任给当事人合法权益造成损失;
(四)鉴定机构无正当理由拒绝接受司法鉴定委托;
(五)鉴定人经人民法院通知,无正当理由拒绝出庭作证;
(六)鉴定人故意作出虚假鉴定;
(七)违反司法鉴定管理规定的其他行为。

第四十二条 投诉事项具有下列情形之一的,司法行政部门不予受理:
(一)投诉事项已经司法行政部门处理,或者经行政复议、行政诉讼结案,没有新的事实和证据;
(二)对人民法院采信或者不予采信鉴定意见有异议;
(三)仅对鉴定意见有异议;
(四)对司法鉴定程序规则、司法鉴定技术规范有异议;
(五)投诉事项不属于违反司法鉴定管理规定的其他情形。

第四十三条 涉及鉴定人或者鉴定机构登记的投诉,由省司法行政部门负责处理;其他投诉事项由被投诉人所在地设区的市司法行政部门负责处理。

司法行政部门应当及时审查投诉材料,对属于本机关管辖范围并符合受理条件的,应当在七日内受理,并在六十日内将处理结果书面答复投诉人。

第四十四条 司法行政部门应当会同人民法院、人民检察院、公安机关建立信息互通机制。

司法行政部门应当及时将鉴定人和鉴定机构名册及相关管理信息提供给人民法院、人民检察院、公安机关;人民法院应当将鉴定人出庭作证和鉴定意见的采信等情况向司法行政部门反馈。

第五章 法律责任

第四十五条 个人、法人或者其他组织未经登记、超出登记业务范围,或者《司法鉴定许可证》、《司法鉴定人执业证》有效期届满仍从事本条例第三条规定司法鉴定业务的,由省司法行政部门责令停止司法鉴定活动,给予警告、没收违法所得,并可以处五千元以上三万元以下罚款。

第四十六条 鉴定人或者鉴定机构有下列情形之一的,由省司法行政部门给予警告,并责令其改正:

(一)登记事项发生变化,未按规定办理变更登记;

(二)出租、出借《司法鉴定许可证》;

(三)指派未取得《司法鉴定人执业证》的人员从事司法鉴定业务;

(四)无正当理由未在规定或者约定的时限内完成鉴定;

(五)违反司法鉴定程序规则和技术规范,造成后果;

(六)违反规定收取费用或者其他财物;

(七)违反保密和回避规定;

(八)支付回扣、介绍费,诋毁其他鉴定人或者鉴定机构,进行虚假宣传;

(九)在司法行政部门处理投诉过程中拒绝接受调查、配合或者提供虚假材料;

(十)法律、法规规定的其他情形。

第四十七条 鉴定人或者鉴定机构有下列情形之一的,由省司法行政部门给予停止从事司法鉴定业务三个月以上一年以下的处罚;情节严重的,撤销登记:

(一)因严重不负责任给当事人合法权益造成重大损失;

(二)提供虚假证明文件或者采取其他欺诈手段,骗取登记;

(三)经人民法院依法通知,无正当理由拒绝出庭作证;

(四)法律、行政法规规定的其他情形。

鉴定人故意作虚假鉴定,由省司法行政部门撤销登记;构成犯罪的,依法追究刑事责任。

第四十八条 鉴定机构指使鉴定人作虚假鉴定的,由省司法行政部门撤销登记。

第四十九条 鉴定人在执业活动中,因故意或者重大过失行为给当事人造成损失的,由其所在的鉴定机构依法承担民事赔偿责任。其所在的鉴定机构承担赔偿责任后,可以向有过错的鉴定人追偿。

第五十条 司法行政部门或者其他有关部门工作人员在司法鉴定管理工作中滥用职权、玩忽职守、徇私舞弊的,依法给予处分;构成犯罪的,依法追究刑事责任。

第五十一条 鉴定人或者鉴定机构提供虚假证明文件、采取其他欺诈手段骗取登记,或者出具虚假鉴定、指使鉴定人作虚假鉴定受到行政处罚的,由省司法行政部门将其列入省公共信用信息系统。

第六章 附 则

第五十二条 按照本条例登记的鉴定人和鉴定机构在诉讼活动之外开展鉴定活动的,参照本条例有关规定执行。

在诉讼活动中从事本条例第三条规定之外司法鉴定业务的,参照本条例有关规定执行,具体范围和办法由省司法行政部门会同省高级人民法院根据诉讼活动的需要确定。

第五十三条 本条例自2017年5月1日起施行。

安徽省司法鉴定管理条例

(2017年11月17日安徽省第十二届人民代表大会常务委员会第四十一次会议通过)

第一章 总 则

第一条 为了规范司法鉴定活动,维护司法公正,保障当事人的合法权益,根据《全国人民代表大会常务委员会关于司法鉴定管理问题的决定》和有关法律、行政法规,结合本省实际,制定本条例。

第二条 本条例适用于本省行政区域内的司法鉴定机构、司法鉴定人从事司法鉴定及其监督管理活动。法律、行政法规另有规定的,从其规定。

本条例所称司法鉴定,是指在诉讼活动中司法鉴定人运用科学技术或者专门知识对诉讼涉及的专门性问题进行鉴别和判断并提供鉴定意见的活动,包括法医类、物证类、声像资料、环境损害以及国家规定的其他类鉴定事项。

第三条 司法鉴定机构和司法鉴定人实行登记管理,由省人民政府司法行政部门审核登记。

侦查机关根据侦查工作需要设立的鉴定机构及其鉴定人,应当按照国家有关规定向省人民政府司法行政部门备案登记,不得面向社会接受委托从事司法鉴定业务。

第四条 省、设区的市人民政府应当科学制定司法鉴定行业发展规划,支持司法鉴定机构加强技术装备和人才建设,提高鉴定能力,适应诉讼活动鉴定需要。

第五条 省人民政府司法行政部门负责本省行政区域内司法鉴定活动的监督管理,依法履行司法鉴定机构和司法鉴定人的登记、名册编制、公告等管理工作。

设区的市人民政府司法行政部门负责本行政区域内司法鉴定活动的监督管理,协助做好司法鉴定机构和司法鉴定人的登记、名册编制等管理工作。

县级人民政府司法行政部门开展司法鉴定管理相关工作。

第六条 司法鉴定行业协会在司法行政部门的监督指导下,依照协会章程开展活动,对会员加强职业道德、行为规范以及执业技能等自律管理,处理投诉和会员申诉,调解执业纠纷,依法保护会员合法权益。

第七条 司法鉴定活动应当遵循客观、公正、科学的原则,依法独立进行,任何组织和个人不得非法干预。实行司法鉴定人负责制度。

司法鉴定机构和司法鉴定人依法开展司法鉴定活动,受法律保护。

司法鉴定机构和司法鉴定人应当遵守法律、法规和规章,恪守职业道德和执业纪律,尊重科学,遵守鉴定程序、技术标准和操作规范,接受社会监督。

第八条 司法鉴定机构和司法鉴定人应当履行司法鉴定援助义务,对符合法律援助条件的当事人,给予司法鉴定援助。

第二章 司法鉴定机构

第九条 省人民政府司法行政部门应当按照科学规划、合理布局、优化结构、有序发展的要求,对司法鉴定机构依法实行登记管理。

第十条 法人或者其他组织申请设立司法鉴定机构,应当具备下列条件:

(一)有自己的名称、住所和符合规定数额的资金;

(二)有明确的司法鉴定业务范围;

(三)有在业务范围内进行司法鉴定所必需的仪器、设备;

(四)有在业务范围内进行司法鉴定所必需的依法通过计量认证或者实验室认可的检测实验室;

(五)每项司法鉴定业务有三名以上司法鉴定人。

申请从事的司法鉴定业务涉及相关行业特殊资质要求的,申请人还应当具备相应的资质。

第十一条 法人或者其他组织申请设立司法鉴定机构,法定代表人或者负责人因故意犯罪或者职务过失犯罪受过刑事处罚、受过开除公职处分或者被撤销鉴定人登记的,司法行政部门不予受理、登记。

第十二条 申请从事司法鉴定业务的法人或者其他组织,应当按照规定向设区的市人民政府司法行政部门提交申请材料。设区的市人民政府司法行政部门应当对申请材料进行核实,报省人民政府司法行政部门。

省人民政府司法行政部门应当依法审核申请材料,并在受理之日起二十日内作出决定。符合条件的予以登记,颁发《司法鉴定许可证》;不符合条件的,不予登记,书面通知申请人并说明理由。

司法鉴定机构变更有关登记事项的,应当按照申请登记的程序办理。

第十三条 《司法鉴定许可证》自发证之日起五年内有效;有效期届满需要延续的,应当在届满三十日前向省人民政府司法行政部门申请。省人民政府司法行政部门应当自收到申请之日起二十日内办结,并书面通知申请人。

《司法鉴定许可证》不得涂改、出借、出租、转让。

第十四条 司法鉴定机构应当履行下列职责：

（一）建立健全执业、收费、公示、鉴定材料、业务档案、财务、投诉处理等管理制度；

（二）在登记的业务范围内接受司法鉴定委托，指派司法鉴定人并组织实施司法鉴定；

（三）管理本机构人员，监督司法鉴定人执业活动；

（四）接受司法行政部门的监督检查，按照要求提供有关材料；

（五）协助、配合司法行政部门和有关部门调查、处理涉及本机构的举报、投诉；

（六）组织开展司法鉴定援助；

（七）按规定统一收取鉴定费用，出具合法票据；

（八）法律、法规规定的其他职责。

第十五条 司法鉴定机构应当对鉴定业务档案实行集中统一管理，含有鉴定意见的鉴定业务档案保管期限为永久保存。

司法鉴定机构被撤销或者注销的，鉴定业务档案移交当地档案馆。

司法鉴定机构发生分立或者合并的，分立前应当将鉴定业务档案移交当地档案馆或者确定一个分立后的司法鉴定机构保管；合并的，其鉴定业务档案由合并后的司法鉴定机构保管。

第十六条 司法鉴定机构有下列情形之一的，由省人民政府司法行政部门依法注销司法鉴定登记：

（一）申请终止司法鉴定活动的；

（二）停止执业的；

（三）登记事项发生变化，不符合设立条件的；

（四）司法鉴定许可期限届满未申请延续的；

（五）法律、行政法规规定的其他情形。

第三章 司法鉴定人

第十七条 具备下列条件之一的人员，可以申请登记从事司法鉴定业务：

（一）具有与所申请从事的司法鉴定业务相关的高级专业技术职称；

（二）具有与所申请从事的司法鉴定业务相关的专业执业资格或者高等院校相关专业本科以上学历，从事相关工作五年以上；

（三）申请从事经验鉴定型或者技能鉴定型司法鉴定业务的，应当具备相关专业工作十年以上经历和较强的专业技能。

第十八条 有下列情形之一的人员,不得申请从事司法鉴定业务:
(一)因故意犯罪或者职务过失犯罪受过刑事处罚的;
(二)受过开除公职处分的;
(三)被司法行政部门撤销司法鉴定人登记的;
(四)法律、行政法规规定的其他情形。

第十九条 申请从事司法鉴定执业的个人,应当通过司法鉴定机构向设区的市人民政府司法行政部门提交申请材料。设区的市人民政府司法行政部门应当按照规定对申请材料进行核实,报省人民政府司法行政部门。

省人民政府司法行政部门应当依法审核申请材料,并在受理之日起二十日内作出决定。符合条件的予以登记,颁发《司法鉴定人执业证》;不符合条件的,不予登记,书面通知其所在司法鉴定机构并说明理由。

司法鉴定人变更有关登记事项的,应当按照申请登记的程序办理。

第二十条 《司法鉴定人执业证》自发证之日起五年内有效;《司法鉴定人执业证》的使用和延续,适用本条例第十三条的规定。

第二十一条 司法鉴定人应当在一个司法鉴定机构中从事司法鉴定业务。

司法鉴定人应当在登记的业务范围内从事司法鉴定业务,接受所在司法鉴定机构的管理和监督。

第二十二条 司法鉴定人享有下列权利:
(一)了解、查阅与鉴定事项有关的情况和资料,询问与鉴定事项有关的当事人、证人等;
(二)要求委托人无偿提供鉴定所需要的鉴材、样本;
(三)进行鉴定所必需的检验、检查和模拟实验;
(四)拒绝接受不合法、不具备鉴定条件或者超出登记执业类别的鉴定委托;
(五)拒绝解决、回答与鉴定无关的问题;
(六)鉴定意见不一致时,保留不同意见;
(七)接受岗前培训和继续教育;
(八)获得合法报酬;
(九)法律、法规规定的其他权利。

第二十三条 司法鉴定人应当履行下列义务:
(一)受所在司法鉴定机构指派按照规定时限独立完成鉴定工作,并出具鉴定意见;
(二)对鉴定意见负责;
(三)依法回避;
(四)妥善保管送鉴的鉴材、样本和资料;

（五）保守在执业活动中知悉的国家秘密、商业秘密和个人隐私；

（六）依法出庭作证，回答与鉴定有关的询问；

（七）自觉接受司法行政部门管理和监督、检查；

（八）参加司法鉴定岗前培训和继续教育；

（九）法律、法规规定的其他义务。

第二十四条 人民法院通知司法鉴定人出庭作证的，应当在开庭三日前将通知书送达司法鉴定人，为司法鉴定人出庭设置司法鉴定人席，保障司法鉴定人出庭作证时的执业权利和人身安全。

司法鉴定人因出庭而产生的交通费、住宿费、伙食费和误工补贴，按照国家有关规定应当由当事人承担的，由人民法院代为收取。

第二十五条 司法鉴定人有下列情形之一的，由省人民政府司法行政部门依法注销登记：

（一）依法申请终止司法鉴定活动的；

（二）所在司法鉴定机构被注销或者被撤销的；

（三）司法鉴定人执业许可期限届满未申请延续的；

（四）法律、行政法规规定的其他情形。

第四章　司法鉴定程序

第二十六条 司法鉴定机构应当统一受理办案机关的司法鉴定委托。

办案机关应当根据鉴定对象对专业技术的要求，从司法行政机关统一编制并公告的名册中随机选择和委托司法鉴定机构和司法鉴定人。

第二十七条 委托人委托鉴定时，应当向司法鉴定机构出具委托书，明确鉴定对象、鉴定要求、鉴定时限等事项。

委托人委托鉴定，应当向司法鉴定机构提供真实、完整、充分的鉴定材料，并对鉴定材料的真实性、合法性负责。司法鉴定机构应当核对并记录鉴定材料的名称、种类、数量、性状、保存状况、收到时间等。

第二十八条 司法鉴定机构收到委托文书后，应当对委托鉴定事项进行审查，在七日内决定是否接受委托，并告知委托人。委托鉴定事项不明确、材料不充分或者有缺陷可能影响鉴定的，应当书面要求委托人确认和补充；委托人拒绝确认、不补充或者补充不齐全的，可以不接受委托。

司法鉴定机构受理委托后，不得私自接受当事人提交的鉴定材料。当事人对鉴定材料有异议的，应当向委托人提出。

第二十九条 有下列情形之一的，司法鉴定机构不得受理：

（一）委托鉴定事项超出本机构司法鉴定业务范围的；

(二)发现鉴定材料不真实、不完整、不充分或者取得方式不合法的;
(三)鉴定用途不合法或者违背社会公德的;
(四)鉴定要求不符合司法鉴定执业规则或者相关鉴定技术规范的;
(五)鉴定要求超出本机构技术条件或者鉴定能力的;
(六)委托人就同一鉴定事项同时委托其他司法鉴定机构鉴定的;
(七)法律、法规规定的不得受理的其他情形。
对不予受理的,应当向委托人书面说明理由,退还鉴定材料。

第三十条 司法鉴定机构对同一鉴定事项,应当指定或者选择二名司法鉴定人鉴定;对复杂、疑难或者特殊鉴定事项,可以指定或者选择多名司法鉴定人鉴定。

第三十一条 有下列情形之一的,司法鉴定人应当回避:
(一)本人或者其近亲属是诉讼当事人的;
(二)本人或者其近亲属与诉讼当事人、鉴定事项涉及的案件有利害关系的;
(三)曾经参加过同一鉴定事项鉴定的;
(四)曾经作为专家对同一鉴定事项提供咨询意见的;
(五)曾经被聘请为有专门知识的人参与过同一鉴定事项法庭质证的;
(六)可能影响鉴定公正性的其他情形。
司法鉴定人的回避,由其所在司法鉴定机构决定。司法鉴定机构法定代表人或者负责人有前款规定情形之一的,应当书面告知委托人另行选择司法鉴定机构。
委托人对司法鉴定机构作出的司法鉴定人是否回避决定有异议的,可以撤销委托。

第三十二条 司法鉴定机构应当自司法鉴定委托书生效之日起三十个工作日内完成鉴定。
鉴定事项涉及复杂、疑难、特殊技术问题或者鉴定过程需要较长时间的,经本机构负责人批准,完成鉴定的时限可以延长,延长时限一般不得超过三十个工作日。鉴定时限延长的,应当及时书面告知委托人。
司法鉴定机构与委托人对鉴定时限另有约定的,从其约定。

第三十三条 在鉴定过程中有下列情形之一的,司法鉴定机构终止鉴定:
(一)发现有本条例第二十九条规定情形的;
(二)鉴定材料发生耗损,委托人不能补充材料的;
(三)鉴定活动受到干扰,致使鉴定无法继续进行的;
(四)委托人主动撤销委托的;
(五)委托人拒绝支付鉴定费用的;
(六)因不可抗力致使鉴定无法继续进行的;
(七)法律、法规规定需要终止鉴定的其他情形。

终止鉴定的,司法鉴定机构应当书面通知委托人,说明理由并退回鉴定材料。

第三十四条 有下列情形之一的,司法鉴定机构可以根据委托人的要求进行补充鉴定:

(一)委托鉴定事项有遗漏的;

(二)委托人提供新的鉴定材料的;

(三)法律、法规规定需要补充鉴定的其他情形。

补充鉴定是原委托鉴定的组成部分,应当由原司法鉴定人进行。

第三十五条 当事人对司法鉴定意见有异议的,应当向委托人提出。委托人认为需要重新鉴定的,应当另行委托其他司法鉴定机构进行。因特殊原因,委托人也可以委托原司法鉴定机构进行,但原司法鉴定机构应当另行指定其他司法鉴定人。重新鉴定的司法鉴定人中应当至少有一名具有相关专业高级专业技术职称。

第三十六条 司法鉴定人应当独立进行鉴定,对鉴定意见负责并在鉴定意见书上签名。多人参加的司法鉴定,对鉴定意见有不同意见的,应当注明。

鉴定意见书应当加盖司法鉴定机构的司法鉴定专用章。

第三十七条 鉴定意见书有下列情形之一的,司法鉴定机构可以进行补正:

(一)文字表达有瑕疵或者错别字,但不影响司法鉴定意见的;

(二)图像、谱图、表格不清晰的;

(三)签名、印章或者编号不符合制作要求的。

补正应当在鉴定意见书上进行,由至少一名司法鉴定人在补正处签名。必要时,可以出具补正书。

对鉴定意见书进行补正,不得改变鉴定意见原意。

第五章 监督管理

第三十八条 省人民政府司法行政部门统一编制司法鉴定机构和司法鉴定人名册,并予以公告。

对限期整改、责令停业的司法鉴定机构、司法鉴定人,应当在名册中予以标注;对被依法注销登记的司法鉴定机构、司法鉴定人,应当从名册中删除。

未列入名册管理的司法鉴定机构和司法鉴定人,不得从事司法鉴定业务。

第三十九条 省、设区的市人民政府司法行政部门应当建立司法鉴定机构和司法鉴定人能力建设、教育培训、诚信评估和执业考核制度。

省、设区的市人民政府司法行政部门应当建立第三方司法鉴定质量评估和诚信评估机制,评估结果定期向社会公布。

第四十条 省、设区的市人民政府司法行政部门应当建立健全随机抽取检查对象、随机选派检查人员的司法鉴定抽查机制,抽查情况以及查处结果及时向社会公布。

省、设区的市人民政府司法行政部门应当就下列事项,对司法鉴定机构和司法鉴定人进行监督、检查:

(一)遵守有关法律、法规和规章情况;
(二)执行司法鉴定程序、标准和技术规范情况;
(三)业务开展和鉴定质量情况;
(四)遵守职业道德和执业纪律情况;
(五)制定和执行管理制度情况;
(六)执行司法鉴定收费规定的情况;
(七)法律、法规、规章规定的其他事项。

第四十一条 公民、法人和其他组织认为司法鉴定机构和司法鉴定人在执业活动中有下列违法违规情形的,可以向设区的市以上司法行政部门投诉:

(一)超出登记业务范围或者执业类别从事司法鉴定活动的;
(二)违反司法鉴定程序规则从事司法鉴定活动的;
(三)因不负责任对当事人合法权益造成损失的;
(四)违反司法鉴定收费管理规定的;
(五)司法鉴定机构无正当理由拒绝接受司法鉴定委托的;
(六)司法鉴定人私自接受司法鉴定委托的;
(七)司法鉴定人经人民法院通知,无正当理由拒绝出庭作证的;
(八)司法鉴定人故意作虚假鉴定的;
(九)法律、法规规定的其他违反司法鉴定管理规定的行为。

司法行政部门应当自收到投诉材料之日起七日内,作出是否受理的决定,并书面告知投诉人。情况复杂的,可以适当延长作出受理决定的时间,但延长的时间不得超过十五日。投诉材料不齐全的,应当及时告知投诉人补充材料,所需时间不计入规定期限。司法行政部门应当依法调查投诉事项,将查处结果书面告知投诉人。

第四十二条 司法行政部门对违反行业规范的投诉事项,可以委托司法鉴定行业协会协助调查处理。司法鉴定行业协会调查后认为应当给予行政处罚的,向所在地设区的市人民政府司法行政部门提出处理建议。

第四十三条 省、设区的市人民政府司法行政部门应当会同人民法院、人民检察院、公安机关、国家安全机关建立沟通协调和信息共享机制。

省、设区的市人民政府司法行政部门应当将司法鉴定机构和司法鉴定人变更、处罚等情况,及时告知同级人民法院、人民检察院、公安机关、国家安全机关。

省、设区的市人民法院、人民检察院、公安机关、国家安全机关应当将鉴定意见的采信情况和司法鉴定人的违法违规行为,及时告知同级司法行政部门。

第四十四条 司法鉴定的收费标准由省价格主管部门会同省人民政府司法行政部门制定。

法律援助案件受援人申请办理与法律援助案件相关的司法鉴定事项的,司法鉴定机构应当减收或者免收费用。

第六章 法律责任

第四十五条 违反本条例规定,未经依法登记从事司法鉴定业务的,设区的市人民政府司法行政部门应当责令其停止司法鉴定活动;有违法所得的,没收违法所得;并处以违法所得一至三倍的罚款,罚款总额最高不得超过三万元。

第四十六条 违反本条例规定,司法鉴定机构有下列情形之一的,由设区的市人民政府司法行政部门责令改正,给予警告:

(一)超出登记的司法鉴定业务范围开展司法鉴定活动的;
(二)未经依法登记擅自设立分支机构的;
(三)未依法办理变更登记的;
(四)涂改、出借、出租、转让《司法鉴定许可证》的;
(五)违反司法鉴定业务档案管理规定,导致司法鉴定档案损毁、丢失或者造成其他不良后果的;
(六)无正当理由拒绝接受司法鉴定委托的;
(七)违反司法鉴定收费管理规定的;
(八)支付回扣、介绍费,进行虚假宣传等不正当行为的;
(九)受理委托后,无正当理由拒绝或者不按时出具司法鉴定意见书的;
(十)拒绝接受司法行政部门监督、检查或者向其提供虚假材料的。

第四十七条 违反本条例规定,司法鉴定人有下列情形之一的,由设区的市人民政府司法行政部门责令改正,给予警告:

(一)超出登记执业类别执业的;
(二)私自接受司法鉴定委托或者收取鉴定费用的;
(三)不按委托事项进行鉴定或者擅自增加鉴定事项的;
(四)违反保密和回避规定的;
(五)违反司法鉴定程序、标准和技术规范进行鉴定的;
(六)同时在两个以上司法鉴定机构执业的;
(七)拒绝接受司法行政部门监督、检查或者向其提供虚假材料的;
(八)不履行司法鉴定法律援助义务的。

第四十八条 违反本条例规定,司法鉴定机构或者司法鉴定人有下列情形之一的,由省人民政府司法行政部门依法给予停止从事司法鉴定业务三个月以上一年以下的处罚;情节严重的,撤销登记:

(一)因严重不负责任给当事人合法权益造成重大损失的;

(二)提供虚假证明文件或者采取其他欺诈手段,骗取登记的;

(三)指定未取得司法鉴定人执业证或者超出执业类别的人员从事司法鉴定业务的;

(四)经人民法院依法通知,拒绝出庭作证的;

(五)作虚假鉴定的;

(六)法律、行政法规规定的其他情形。

第四十九条 司法鉴定人在执业活动中,因故意或者重大过失行为给当事人造成损失的,由其所在的司法鉴定机构依法承担民事赔偿责任。其所在的司法鉴定机构承担赔偿责任后,可以向有过错的司法鉴定人追偿。

第五十条 司法行政部门及其工作人员在司法鉴定管理工作中有下列情形之一的,对直接负责的主管人员和其他直接责任人员给予警告,责令改正;情节严重的,给予行政处分:

(一)利用职权或者工作便利,在司法鉴定的登记、延续中滥用职权、玩忽职守、徇私舞弊的;

(二)对司法鉴定机构进行监督、检查时,妨碍司法鉴定机构的正常业务活动,收受财物或者谋取其他不正当利益的;

(三)无正当理由,拒绝给符合条件的司法鉴定机构和司法鉴定人发放证书的;

(四)违反本条例的规定,给不具备条件的司法鉴定机构和司法鉴定人发放证书的;

(五)向司法鉴定机构和司法鉴定人非法收取费用的;

(六)授意作虚假鉴定的;

(七)其他滥用职权、玩忽职守、徇私舞弊的情形。

第五十一条 违反本条例规定的行为,有关法律、行政法规已有行政处罚规定的,从其规定;构成犯罪的,依法追究刑事责任。

第七章 附 则

第五十二条 在诉讼活动之外,司法鉴定机构和司法鉴定人依法开展相关鉴定业务的,参照本条例执行。

第五十三条 本条例自 2018 年 2 月 1 日起施行。